Cyrenaica in Antiquity

edited by

Graeme Barker, John Lloyd and
Joyce Reynolds

Society for Libyan Studies Occasional Papers I

BAR International Series 236

1985

B.A.R.

5, Centremead, Osney Mead, Oxford OX2 0ES, England.

BAR -S236, 1985 :'Cyrenaica in Antiquity'.

ISBN 9780860543039 paperback
ISBN 9781407339382 e-book

DOI https://doi.org/10.30861/9780860543039

A catalogue record for this book is available from the British Library

This book is available at www.barpublishing.com

CONTENTS

FIGURES

PLATES

TABLES

CONTRIBUTORS

Lidiano Bacchielli Istituto di Archeologia, Universita 'La Sapienza', Rome, Italy.

Donald Bailey Department of Greek and Roman Antiquities, British Museum, London WC1B 3DG, UK.

Graeme Barker British School at Rome, Via Gramsci 61, 00197 Rome, Italy.

Vanni Beltrami Istituto di Clinica Chirurgica Generale, Universita degli Studi di Chieti, 66100 Chieti, Italy.

Anna Maria Bisi Istituto di Archeologia e Storia dell'Arte Antica, Universita degli Studi di Urbino, Via del Balestriere 2, 61029 Urbino, Italy.

David Braund Department of Classics, University of Exeter, Exeter EX4 4QH, UK.

Enzo Catani Istituto di Archeologia, Universita degli Studi di Macerata, 62100 Macerata, Italy.

Francois Chamoux Avenue Paul-Appell 6, 75014 Paris, France.

John S. Dent Humberside County Council, County Hall, Beverley, North Humberside HU17 9BA, UK.

Catherine Dobias-Lalou Universite de Paris-Sorbonne, Place de la Sorbonne, Rue Victor Cousin 1, 75005 Paris, France.

Simon P. Ellis Robins Court, 54 Fields Road, Alsager, Stoke on Trent, UK.

Faraj Elrashedy Department of Classics, University of Newcastle, Newcastle upon Tyne NE1 7RU, UK.

Emanuela Fabbricotti Via B. Tortolini 29, 00197 Rome, Italy.

Amalia Faustoferri Universita di Perugia, Via Val Seviana 4/2, 00141 Roma, Italy.

Lidio Gasperini Via di Monte Sassano 7, 00060 Canale Monterano, Rome, Italy.

Margherita von Habsburg 25 Peter Merian Strasse, 4002 Basel, Switzerland.

George W.M. Harrison Department of Classics, Johns Hopkins University, Baltimore, Maryland 21218, USA.

R.M. Harrison Department of Archaeology, University of Newcastle, Newcastle upon Tyne NE1 7RU, UK.

G.B.D. Jones Department of Archaeology, Manchester University, Manchester M13 9PL, UK.

Susan E. Kane Art Department, Oberlin College, Oberlin, Ohio 44074, USA.

Philip M. Kenrick Department of Archaeology, Reading University, Whiteknights, Reading RG6 2AA, UK.

André Laronde UER d'Histoire et Histoire des Arts, Universite des Sciences Sociales Grenoble II, BP 25, 38040 Grenoble-Cedex, France.

John Little Field House, Edale Road, Hope, Sheffield S30 2RF, UK.

John A. Lloyd Department of Ancient History and Classical Archaeology, Sheffield University, Sheffield S10 2TN, UK.

Mario Luni Istituto di Archeologia e Storia dell' Arte Antica, Universita degli Studi di Urbino, Via del Balestriere 2, 61029 Urbino, Italy.

Mark Milburn Gernsheimerstr. 12, D-6080 Gross-Gerau, Germany.

Massimo Nafissi Piazza Dante Alighieri 4, 06061 Castiglione del Lago (PG), Italy.

Jennifer Price Department of Adult and Continuing Education, University of Leeds, Leeds LS2 9JT, UK.

Joyce Reynolds Newnham College, Cambridge CB3 9DF, UK.

Denis Roques Departement des Lettres Classiques et Modernes, Universite de Metz, Ile du Saulcy, 57045 Metz-Cedex, France.

Gerald P. Schaus Wilfrid Laurier University, Waterloo, Ontario N2L 3C5, Canada.
Sandro Stucchi Via Gran Sasso 70, Rome, Italy.
Jaimee Pugliese Uhlenbrock Department of Art History, State University of New York, New Paltz, NY 12561, USA.
Alessandra Uncini Via Luigi Lilio 19, 00143 Rome, Italy.
Susan Walker Department of Greek and Roman Antiquities, British Museum, London WC1B 3DG, UK.
Donald White University Museum, 33 and Spruce Street, Philadelphia, Pennsylvania 19104, USA.

Preface

This volume consists of papers presented at the colloquium on Society and Economy in Cyrenaica held at Newnham College, Cambridge, in March/April 1983. The colloquium was the third of a series on ancient Cyrenaica (following those held in Paris and Rome/Urbino) and was organised by Miss Joyce Reynolds. An account of its proceedings, with full acknowledgements, is given by Miss Reynolds in the Introduction.

In the production of this volume we have received help from many quarters. Our thanks go to Jon Clark, Julie Kennedy, Mark Edmonds, John Owen, Sheila Sutherland, and, above all, to Robin Zvelebil for her skilful copy-editing, type-setting (in many languages) and overall design.

In his summing up of the colloquium and its proceedings Professor Chamoux paid tribute to the guidance and inspiration given to all who took part by Miss Joyce Reynolds. Less elegantly, but with no less force, we wish to echo these sentiments and to express our appreciation of the unselfish leadership provided by Miss Reynolds at every stage from planning to publication. The colloquium was her idea and its success was due largely to the spirit of cooperation and common purpose which she has promoted throughout a long and distnguished involvement in Cyrenaican studies. The many and diverse papers collected here, from senior and junior colleagues of many nationalities, stand as a witness, and another tribute, to that achievement.

Graeme Barker
John Lloyd

Introduction

Work on ancient Cyrenaica has been stimulated in the last decade by a series of international colloquia which has brought archaeologists of all kinds, and of all the nationalities whose teams have been operating in the province, together with historians, linguists and sometimes palaeographers, literary critics and geographers. The first, held in Paris, concentrated largely on Synesius of Cyrene and his times, the second, in Rome and Urbino, on the interaction of Libyans and Greeks, the third, in Cambridge in 1983, on more general social as well as economic issues. All were both pleasurable and useful and we hope that there will be more of them in the future.

In presenting the Cambridge Acta, the organisers must begin with an acknowledgement of debts--to The British Academy and The Society for Libyan Studies for financial aid, to Newnham College for the locale and the very happy living arrangements, to the Audio-visual Department of the University of Cambridge for equipment, to David Buck and Philip Kenrick (with their assistants) for administration during the colloquium and of course to all who came, some often from great distances, delivered papers and/or joined in discussions, which were both formal and informal, also to their Universities and Institutions which, in so many cases, assisted their travelling. It was particularly pleasing that Dr. Abdullah Shaibub, Director General of Antiquities in Libya, was able to be present with us on the first day, and a number of Libyan students of archaeology throughout. There was also a most satisfying response to our expressed wish for the participation of younger as well as of established scholars. Those of us on the point of retirement could enjoy the evidence that the subject has engaged the interest of another generation, able and enterprising, that it is one in which new questions are being asked, and new answers suggested to old ones, new techniques being explored, and new uses developed for old ones; and in that connection we should like to recall that, in addition to the papers collected here, Dr. J.A. Allan showed a selection of satellite photographs of a kind which promise an important new source of information.

The papers collected here contain, of course, the results, often provisional, of work in progress on a great variety of aspects of the society and economy of ancient Cyrenaica, provided by scholars each of whom has an individual standpoint. They cannot be expected to provide a coordinated coverage, therefore. In any case the history of ancient Cyrenaica spans a period too long and too diverse in many respects for either its society or its economy to be properly described in the singular case. Throughout, several societies and several economies coexisted--at the very simplest, pastoral with sedentary agricultural, Libyan with Greek, Libyan with Greek influenced by Roman; and while much remained unchanged over many centuries no doubt, much was certainly modified, even in rural areas, and more so, obviously, in urban ones. It is also fair to say that new evidence needs to be sought and much existing evidence needs more reconsideration than there has yet been time to give it before the problems that we sought to address in Cambridge in the Spring of 1983 can be fully explored. We offer a starter, to stimulate further work.

Joyce Reynolds

Towns and Buildings

1. Modelli Politici e Modelli Architettonici a Cirene Durante il Regime Democratico

L. Bacchielli

Con Arcesilao IV termina, come è noto, la monarchia dei Battiadi a Cirene. Lo scoliasta di Pindaro (Drachmann, 1910:93) riferisce che il re fu ucciso dai Cirenei e che questo atto pose fine anche al regime monarchico, che era durato 200 anni. Eraclide Pontico (FHG, 2.212) precisa che venne istituito un diverso regime politico, quello democratico. Chiarimenti ed analisi più dettagliate di questa forma di governo verranno proposti più avanti; a questo punto è necessario, invece, precisarne la data di inizio che coincide, per quanto si è detto, con quella della caduta della monarchia. Le date proposte variano tra il 460 ed il 432 a.C. (Waisglas, 1955; Will, 1972). F. Chamoux colloca la morte di Arcesilao IV attorno al 440 e senza dubbio gli argomenti che porta a sostegno della sua tesi sono i più convincenti (Chamoux, 1953:207 sgg.). La fine del regime democratico a Cirene può essere individuata invece con sicurezza nel 401 a.C., in base ad un passo di Diodoro Siculo (14. 34, 3-6) in cui si riferisce che gli aristocratici esuli, dopo essersi assicurati l'aiuto di circa tremila Messeni cacciati dagli Spartani, diedero battaglia al partito democratico. Le perdite furono notevoli per entrambe le parti, così che i Cirenei si riconciliarono fra loro, giurarono di dimenticare le ingiustizie passate ed istituirono un governo formato da democratici ed aristocratici.

Per circa un quarantennio, dunque, la vita politica di Cirene è diretta dal partito democratico ed in questo periodo si registrano in campo artistico fenomeni ed orientamenti che rompono con la tradizione. Testimoni diretti ed eloquenti di questa variazione sono le opere di scultura ed alcuni monumenti architettonici. Soltanto questi ultimi saranno argomento della mia analisi, mentre per quanto riguarda il campo della scultura ricordo i risultati conseguiti negli studi recenti di L. Beschi, E. Paribeni e L. Polacco. Essi hanno messo in evidenza come per tutto il periodo regio la produzione scultorea documenti una varietà di stili, di motivi, di influssi la cui origine deve essere ricercata in Laconia, in Magna Grecia e nell'ambiente insulare. Per limitarmi alla prima metà del 5 sec. a.C., agli ultimi anni cioè della monarchia, citerò la famosa testina con copricapo a maglia (Paribeni, 1959; Polacco, 1959) e la testa femminile diademata (Paribeni, 1959; Polacco, 1959) in cui si riconoscono ascendenze, rispettivamente, laconiche e magno-greche. Dalla seconda metà del 5 sec. a.C., dal costituirsi cioè della democrazia, la scultura cirenea rivela, invece, una dipendenza stretta, direi quasi unica, da Atene, di cui vengono ripetuti i motivi stilistici ed iconografici e di cui viene importato anche il marmo pentelico. I due rilievi funerari provenienti dalla Necropoli Orientale, che raffigurano Eracle ed Alcesti da una parte ed Ermes e Ferete dall'altra e che si datano attorno al 420 a.C. (Beschi, 1959; Paribeni, 1959), gli esemplari delle Divinità funerarie che si distribuiscono in questo arco di tempo (Beschi, 1969-70:337) sono fra le opere che più chiaramente denotano influenze attiche nette e costanti.

In campo architettonico è frutto degli studi più recenti--infatti la notizia è stata data da Stucchi al Convegno Partenonico di Basilea proprio un anno fa--la constatazione che il progetto dell'Olympieion di Cirene riecheggia quello del Patenone (Stucchi, in corso di stampa). Da una parte ne deriva per il monumento cireneo una cronologia relativa che non può che essere posteriore,anche se di poco, al tempio ateniese e quindi la necessità di interpretare piuttosto come arcaicizzanti quegli elementi che finora erano stati considerati indizi di reale arcaicita e di ritenerli finalizzati ad attribuire al Tempio di Zeus un'anzianità maggiore di quella effettiva. Dall'altra parte la dipendenza del tempio di Cirene dal Partenone si presenta troppo dettagliata e puntuale per potersi giustificare come una semplice eco di un monumento largamente famoso, ma sembrerebbe comportare contatti così diretti e profondi da coinvolgere e richiedere avalli ufficiali.

Ma è soprattutto nell'Agorà, ossia nel luogo politico per eccellenza, che si verifica in questo periodo un profondo mutamento architettonico. Qui infatti nell'ultimo quarto del 5 sec. a.C. viene costruito il primo Edificio per Riunioni Pubbliche. Il suo studio è ancora in corso e non è possibile perciò collegarlo ad una precisa magistratura, ma è chiaro che esso è connesso con il sorgere della vita politica democratica a Cirene (Stucchi, 1967:75 sg.; 1975:63).

Negli stessi anni inoltre è stato innalzato nell'angolo Nord-Ovest dell'Agorà un Edificio a Parasceni, ad avancorpi laterali (Fig. 1.1), che rivela stretti rapporti con la cultura architettonica ateniese (Bacchielli, 1981:65-87). Il monumento è conservato parzialmente: sono documentate le fondazioni di tre lati ed alcuni elementi dell'alzato. La facciata è formata da una parete rettilinea centrale racchiusa tra due avancorpi notevolmente aggettanti (Figs. 1.2, 1.3). La fronte di questi, come il lato di fondo ed i fianchi dell'edificio, si presenta come una parete piena in cui si aprono due porte; gli altri settori della facciata sono invece costituiti da una muratura piena alla quale sono addossate delle semicolonne doriche (Fig. 1.3). All'interno non vi sono tracce di suddivisioni in ambienti mediante pareti piene, nè in navate mediante file di colonne (Fig. 1.2). La lavorazione dell'edificio sembra essere rimasta per alcune membrature architettoniche a stadi di parziale rifinitura e tale incompiutezza potrebbe benissimo trovare spiegazioni sufficienti nelle discordie e negli scontri politici che in quel periodo non garantivano a Cirene una stabilità di governo.

Gli scopi ai quali il monumento doveva rispondere non sono purtroppo conosciuti. Una teoria di R. Martin (1942-43:274-98; 1951:466-75; 1959:59-91), che proponeva per tutti gli edifici con pianta simile la funzione di ospitare assemblee o magistrature particolarmente importanti, non risulta più accettabile come soluzione generale e costantemente applicabile. A suggerire tuttavia una destinazione di questo tipo per l'Edificio a Parasceni di Cirene potrebbe contribuire l'analoga funzione che svolgeranno i portici ellenistici che

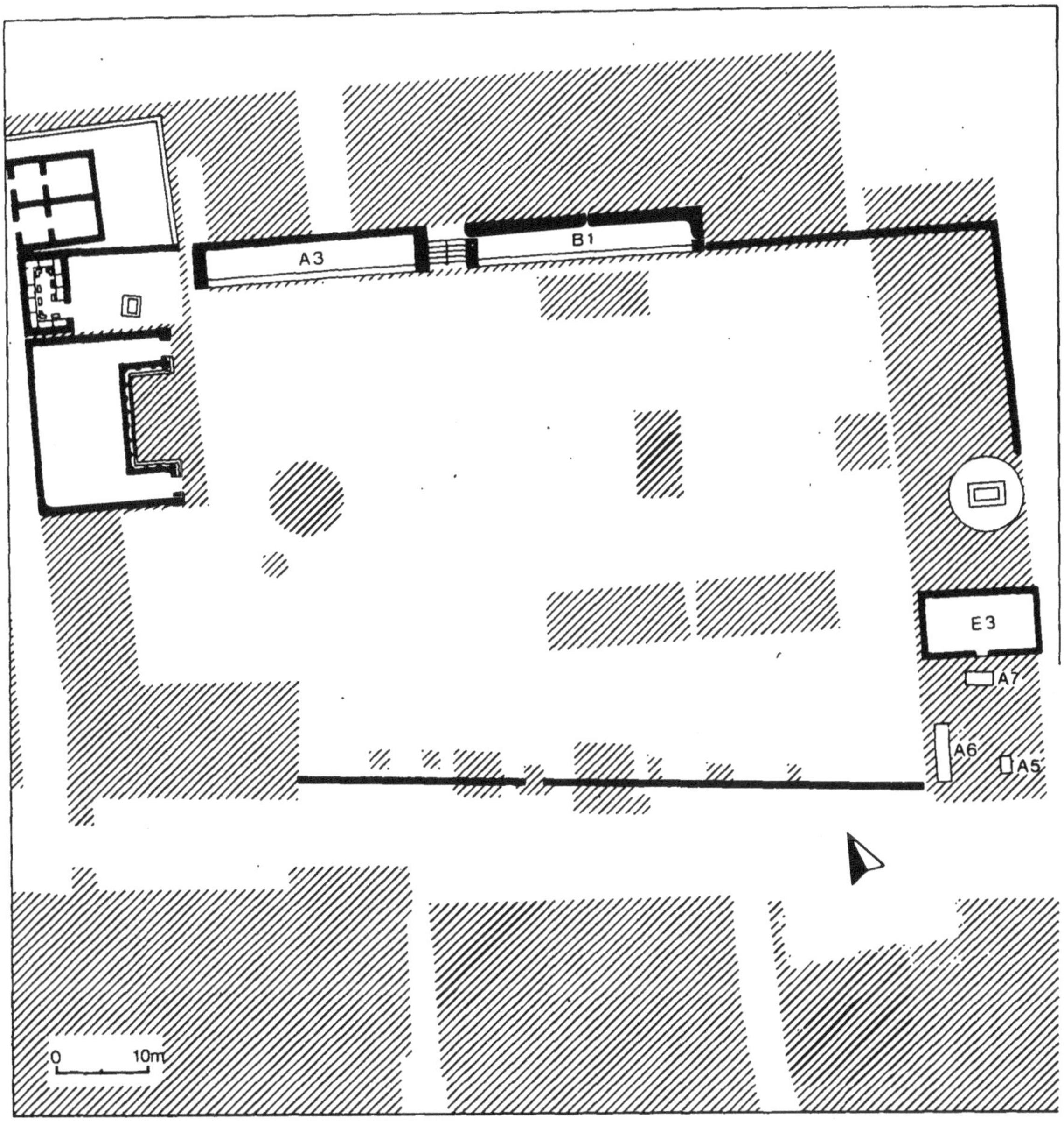

Figure 1.1 Le costruzioni sui lati Nord, Est, Sud e nella parte settentrionale del lato Ovest dell'Agorà di Cirene nella seconda meta del 4 sec. a.C. Le parti tratteggiate indicano le aree coperte nel 3 sec. d.C. (Dis. T. Semeraro).

si insedieranno nella stessa area (Bacchielli, 1981:137 sg.): ma si tratta di elemento troppo fragile, che non riesce ad accreditare fino in fondo tale ipotesi.

Per quanto riguarda gli influssi, i motivi derivati dalla contemporanea architettura ateniese va notato che essi sono presenti in diverse parti dell'alzato: il capitello d'anta trova confronti particolarmente vicini nei monumenti ateniesi dell'ultimo terzo del 5 sec. a.C., la soluzione delle semicolonne addossate nei tratti di congiunzione tra la facciata della parte centrale e quelle delle risalite laterali si incontra anche nella Stoà di Artemide Brauronia sull'Acropoli di Atene, datata in genere attorno al 440/430 a.C. (Coulton, 1976; Dinsmoor, 1947; Edmondson, 1968; Rhodes-Dobbins, 1979; Stevens, 1936; Travlos, 1971). Con questo edificio i termini del raffronto si ampliano e si approfondiscono, investono la pianta, la tipologia dell'edificio, perchè anche la Stoà del Santuario di Artemide Brauronia è classificabile in qualche modo tra gli edifici a risalite laterali. Le riserve con cui ho inserito tale monumento in questa tipologia derivano dal fatto che ad esso manca una profonda e coerente unità architettonica, essendo il suo aspetto definitivo frutto di interventi successivi.

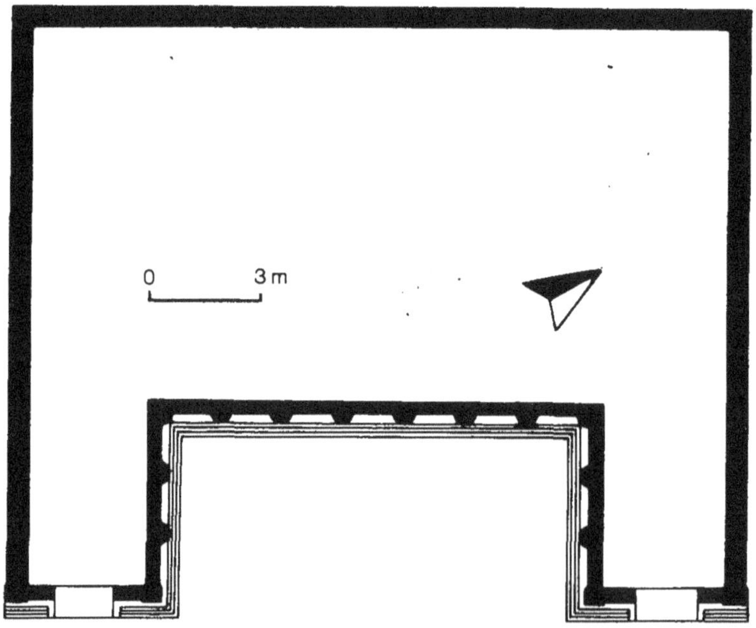

Figure 1.2 Pianta ricostruita dell'Edificio a Parasceni di Cirene (Dis. T. Semeraro).

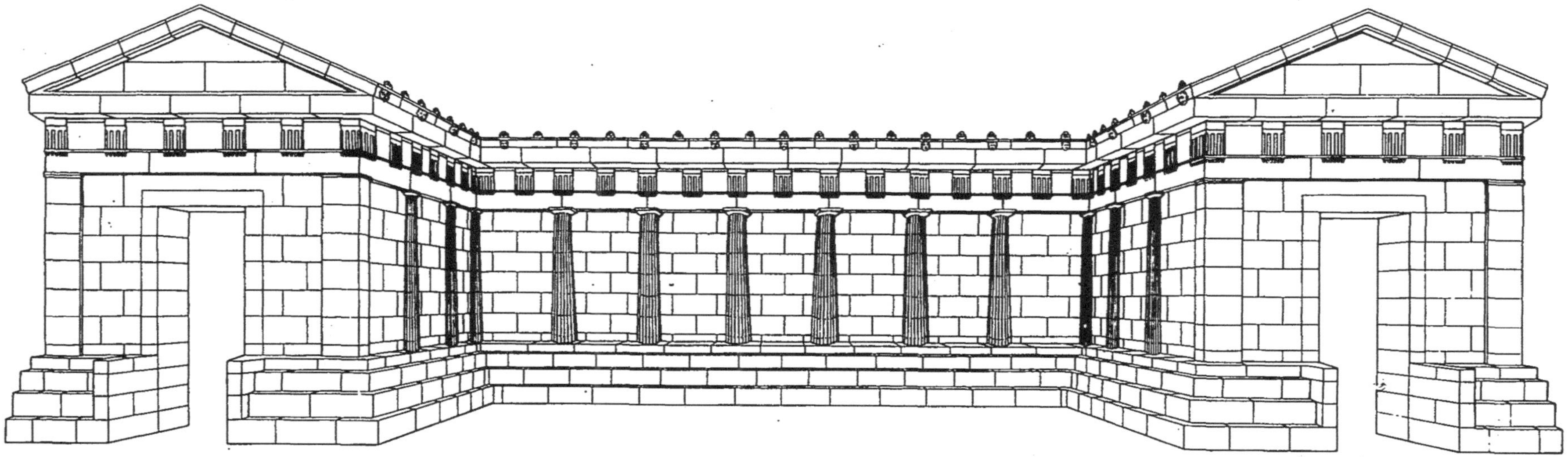

Figure 1.3 Recostruzione ideale dell'Edificio a Parasceni di Cirene (Dis. T. Semeraro).

Il vero capostipite di questi edifici con avancorpi laterali è infatti la Stoà di Zeus Eleutherios, che sorge nell'angolo Nord-Ovest dell'Agorà di Atene tra il 430 ed 415 a.C. (Coulton, 1976; Martin, 1942-3; Shear, 1971; Stillwell, 1933; Thompson, 1937; Thompson-Wycherley, 1972; Travlos, 1971), e da questo, chiaramente, deriva anche il monumento cireneo che si sta esaminando. Alcune osservazioni mi sembrano necessarie per meglio definire i caratteri ed il significato di tale imitazione. Innanzi tutto, benchè non vi sia una documentazione particolarmente esplicita, la stoà ateniese sembra aver avuto una funzione ufficiale, ospitando in certe occasioni sedute di assemblee o di tribunali (Thompson-Wycherley, 1972; The Athenian Agora, 1976). In secondo luogo questo tipo di pianta è utilizzato molto raramente (Bacchielli, 1981:81): tralasciando i casi degli edifici scenici, degli altari e di altri monumenti minori, si conoscono soltanto altre sette stoai con una simile struttura (esse sono situate a Taso, Calaureia, Mantinea, Megalopoli, Delo, Lindos, Eloro). Inoltre queste realizzazioni datano dalla seconda meta del 4 sec. a.C. in poi, mentre la ripresa che di tale tipologia monumentale se ne fa in ambiente cireneo è immediatamente successiva alla costruzione della stoà ateniese. Ma i caratteri di peculiarità che questa imitazione racchiude sono destinati ad aumentare, perchè essa non era limitata alla struttura architettonica, ma, soprattutto, coinvolgeva il significato ideologico e politico che la Stoà di Zeus Eleutherios aveva agli occhi degli Ateniesi, ricordando loro i valori della democrazia e della libertà (Thompson, 1937; The Athenian Agora, 1976). Per quanto riguarda il primo di questi valori va ricordato un passo di Pausania (1.3, 3-4), che, descrivendo le pitture di Eufranore contenute in questa stoà, dice:

> Sul muro opposto sono dipinti Teseo, la Democrazia ed il Demo. La pittura vuole significare che fu Teseo ad introdurre in Atene un regime politico di uguaglianza; del resto fra la gente è diffusa l'opinione secondo cui Teseo avrebbe affidato il potere al popolo e dopo di lui gli Ateniesi sarebbero sempre vissuti in democrazia fino a quando Pisistrato non complottò e divenne tiranno (trad. Musti-Beschi, 1982).

Molto più ricca ed efficace è la documentazione epigrafica e letteraria che si riferisce al secondo valore, quello della liberazione della città e della conservazione di questa libertà. Innanzi tutto esso era reso esplicito dalla consacrazione che di questa stoà si era fatta a Zeus Eleutherios. L'origine dell'eponimo è controversa (Etym. Magnum; Harpocrat.; Suid.): Iperide dice che esso gli derivò dal fatto che furono dei liberti, degli exeleutheroi, a costruire la stoà vicino alla sua statua; ma Didimo ritiene che l'oratore sia in errore e che Zeus fosse chiamato così per aver liberato gli Ateniesi dalla schiavitù e dal dominio dei Persiani. Questa seconda teoria è quella che gode del maggior consenso (Thompson-Wycherley, 1972:101), ma, soprattutto, risulta di totale coerenza con le dediche che anche negli anni sucessivi saranno associate alla Stoà di Zeus Eleutherios. Le statue di Conone ed Evagora, infatti, sembrano essere state collocate accanto a quella di Zeus Eleutherios, davanti alla stoà, proprio in virtù del ruolo che essi avevano avuto nel respingere l'ultima minaccia persiana alla libertà greca. L'onore sarà tributato subito dopo la battaglia di Cnido del 394 a.C. (Demosth. Contra Lept. 70; Isoc. Euag. 57; Paus. 1.3, 2). Ed anche a Timoteo, dopo le imprese del 375, verrà nello stesso luogo innalzata una statua (Aeschin. Ctes. 243; Corn. Nep. Tim. 2,3). Nel 323 e di nuovo nel 318 a.C. Eufrone di Sicione era stato onorato per aver difeso la libertà della Grecia e di Atene ed il decreto era stato collocato accanto alla statua di Zeus Eleutherios (IG 2^2.448). Inoltre in questa stoà potevano venire appesi gli scudi di coloro che erano caduti per difendere contro le invasioni nemiche la libertà della Grecia e di Atene in particolare. E' il caso di Leocrito (Paus. 1.26, 2) che cadde agli inizi del 3 sec. a.C. in una azione contro la guarnigione macedone stanziata ad Atene ed al quale i cittadini "tributarono diversi onori e, in particolare, ne dedicarono a Zeus Eleutherios lo scudo, sul quale avevano scritto il nome di Leocrito e la sua azione vittoriosa". E' il caso anche di Cidia (Paus. 10.21, 5-6) che venne ucciso in battaglia contro i Galli nel 279 a.C. ed il cui scudo fu dedicato a Zeus e posto nella stoà. Infine quando Adriano fu onorato dalla città di Atene lo fu come garante di libertà, Eleutherios: la sua statua fu eretta davanti alla stoà (Paus. 1.3, 2) ed il decreto onorario collocato nella stessa zona (IG 3^2.1075).

E' opportuno a questo punto sottolineare gli elementi più importanti che sono emersi nella presentazione dell'Edificio a Parasceni di Cirene: esso appartiene ad una tipologia estremamente rara; l'imitazione è derivata direttamente dal capostipite, la Stoà di Zeus Eleutherios di Atene; a questa stoà erano intimamente collegati il ricordo della liberazione dai Persiani ed i valori della libertà e della democrazia; l'imitazione cirenea segue immediatamente la costruzione della stoà ateniese e questo comporta che il significato ideologico del monumento era più che mai vivo e presente; la costruzione dell'edificio cireneo si colloca in un periodo molto vicino alla fine della monarchia tirannica dei Battiadi. In base a questa serie di considerazioni mi sembra che la dipendenza dell'Edificio a Parasceni di Cirene dalla Stoà di Zeus di Atene non debba circoscriversi nell'ambito di una mera derivazione architettonica, ma possa piuttosto trovare motivazioni nel profondo mutamento politico e sociale successivo all'uccisione dell'ultimo sovrano battiade.

Per meglio comprendere questo mutamento è necessario ripercorrere brevemente la storia degli ultimi dinasti cirenei (Chamoux, 1953:144-209). Con Arcesilao III, nella seconda metà del 6 sec. a.C., la monarchia battiade aveva assunto aspetti tirannici che non abbandonerà più (Diod. Sic. 8.30, 1): il sovrano aveva cercato di opporsi alla riforma di Demonatte di Mantinea, inimicandosi i proprietari fondiari che ne erano tra i principali beneficiari. Anche in politica estera il re aveva compiuto una notevole variazione di rotta alleandosi ai Persiani, quando Cambise nel 525 a.C. aveva invaso l'Egitto. Da questo momento monarchia battiade e sottomissione ai Persiani appaiono strettamente connesse (Mitchell, 1966:99 sgg.). Anzi le vicende successive dimostreranno che la sopravvivenza della monarchia è dovuta alla protezione delle forze persiane. Arcesialo III infatti venne ucciso alcuni anni dopo a Barce e Feretima, la vecchia regina, si rifugiò in Egitto presso il satrapo Ariande al quale chiese vendetta e protezione ricordando che il figlio era stato assassinato per la sua politica filoachemenide. I Persiani riportarono Feretima in Cirenaica, riconquistarono Barce che si era ribellata e giustiziarono o deportarono gli oppositori dei Battiadi. Batto IV, che doveva il suo regno quindi al diretto intervento delle armate persiane, continuò a pagare tributi a Dario e la Cirenaica fece parte, assieme all'Egitto, della sesta satrapia. Ma la responsabilità di questa politica filoachemenide, stando almeno alla tradizione letteraria, veniva addossata unicamente alla dinastia battiade ed in essa i Cirenei non vorranno mai riconoscersi (Mitchell, 1966:103 sg.). Infatti nel racconto erodoteo (4.203) relativo agli avvenimenti ricordati si cerca di liberare i Cirenei da ogni sospetto di filomedismo: sono essi, d'accordo, che fecero entrare i Persiani in città una prima volta, ma agirono così in deferenza a qualche oracolo e, quando questi ultimi decisero di impadronirsi della citta, i Cirenei non lo permisero e, senza neppure combattere, riempirono di terrore le armate nemiche che fuggirono per sessanta stadi prima di prendere posizione. Le sconfitte dei Persiani nelle guerre contro la Grecia dovettero perciò dar forza agli oppositori della monarchia. Arcesilao IV agli inizi del suo regno si trovò subito alle prese con una rivolta che represse duramente. La potenza achemenide non appariva più costituire un sicuro sostegno per il tiranno, che nel 462 a.C. tentò di riavvicinarsi alla Grecia (Mitchell, 1966:110 sgg.) facendo venire nuovi coloni e merceneri da installare ad Euesperide. In questo momento l'opposizione alla monarchia era sicuramente portata dall'elemento aristocratico (Chamoux, 1953; Mitchell, 1966), come si deduce dalla IV Pitica in cui Pindaro intercede per il suo amico esiliato Damofilo, che promette per bocca del poeta di trascorrere, dopo il suo eventuale rientro in patria, una vita dedicata alle arti e lontana dalla politica. Sull'esistenza di una opposizione anche da parte democratica non si hanno notizie, ma ciò non significa che anche questa fazione non si fosse organizzata, pronta a sfruttare le occasioni favorevoli.

Esse si presentarono con l'uccisione di Arcesilao: non sappiamo da chi essa fosse stata compiuta, ma possiamo essere ben certi che dopo fu instaurato un regime di democrazia. Ce lo dicono il frammento di Eraclide Pontico, già citato, e soprattutto un noto passo di Aristotele (Pol. 1319b) che mi sembra si possa riferire soltanto a questo momento storico e che suona così:

> Per una democrazia di questo genere sono utili provvedimenti simili a quelli che adottarono Clistene ad Atene, desiderando aumentare la democrazia, e a Cirene i fondatori del regime popolare. Infatti è necessario istituire un numero maggiore di tribù e di fratrie, ridurre a pochi e comuni i culti privati, fare di tutto perchè si verifichino delle fusioni e si sconvolgano tutte le associazioni precedenti.

Dalle parole di Aristotele risulta che l'esperienza democratica cirenea si ispira a modelli ateniesi e del resto era naturale che il partito democratico cercasse il sostegno e l'alleanza di Atene. D'altra parte quest'ultima, come rivelano chiaramente la spedizione antipersiana del 462 a.C. in Egitto e l'alleanza politica e militare con il re libyo Inaro, aveva interessi e mire egemoniche nel continente africano (Braccesi, in corso di stampa). Il riferimento alla riforma clistenica ci permette anche di definire il grado di questo rinnovamento costituzionale: esso appare come una forma di democrazia moderata (Mitchell, 1966:112). Questa affermazione può essere inoltre avvalorata da alcuni elementi contenuti nella costituzione del 322-321 a.C. (SEG 9.1) e che sembrano risalire alla riforma democratica della seconda metà del 5 sec. A.C. (Cary, 1928:227, 238). Nella costituzione del 322-321 infatti il numero dei buleuti era di 500 come ad Atene,per cui quello delle tribù deve essere stato di dieci o di cinque. La seconda cifra sembra più probabile, perchè gli efori erano ugualmente cinque e gli strateghi cinque più Tolomeo. Ma se si è d'accordo che tali elementi siano il frutto della riforma democratica del 5 secolo, l'ampliamento della cittadinanza risulta ugualmente di notevole consistenza: soltanto 100 anni prima infatti Demonatte aveva istituito solamente tre tribù.

Accanto a questo partito democratico, che per lunghi periodi deve aver avuto il predominio politico nella città, esisteva anche un forte partito aristocratico che si appoggiava a Sparta. In politica interna la convivenza era tutt'altro che pacifica; in politica estera questo dualismo è all'origine di iniziative che sconcertano per essere completamente opposte fra di loro. Durante la guerra di Sicilia sappiamo che il contingente spartano guidato da Gilippo fu sbattuto sulle coste della Libia e che i Cirenei offrirono due triremi e piloti per il viaggio (Thuc. 7.50, 2). Ma da Demostene (Contra

Lept. 41-3) e da una iscrizione ateniese (IG 2^2.174; Meritt, 1970:111-14) sappiamo anche che fu un cireneo, Epicerde per la precisione, a versare cento mine per soccorrere i prigionieri in Sicilia e "questa--dice Demostene--fu anche la causa principale del fatto che tutti non siano morti di fame". L'aiuto di Epicerde non si limita a quell'occasione, ma si ripete alcuni anni dopo, poco prima della tirannia dei Trenta, quando "vedendo le gravi difficoltà finanziarie di Atene donò alla città un talento".

I disastri militari, la debolezza economica ed infine la caduta di Atene dovettero ripercuotersi negativamente anche sul partito popolare cireneo (Aubonnet, 1973:270). Per aumentarne la forza dall'interno i capi avevano accrescuito smisuratamente il numero dei cittadini, portando la democrazia a forme radicali (Mitchell, 1966:112). E' quanto si desume ancora dal passo di Aristotele (Pol. 1319a) che dice:

> Per istituire questa democrazia e rafforzare l'elemento popolare i capi usano aggregare il maggior numero possibile di cittadini a quelli già esistenti, attribuendo il diritto di cittadinanza non solo a quelli di nascita legittima, ma anche agli illegittimi e ai figli di un solo genitore cittadino. Tutti questi elementi sono infatti idonei per democrazie di questo genere. I capi del popolo dunque ricorrono in genere a questi espedienti; si deve, però, porre un limite a tali allargamenti, cioè si deve fare in modo soltanto che la classe popolare abbia un vantaggio su quella aristocratica e su quella media, ma non superare questo limite. Se lo si oltrepassa infatti si renderà la costituzione più disordinata, si spingeranno gli aristocratici a sopportare ancor meno facilmente il regime democratico: questo fu precisamente il motivo della rivolta di Cirene.

A questo punto interviene Diodoro Siculo (14.34, 4-6) a riferire i risultati di questa radicale democratizzazione. Gli aristocratici si ribellarono e le lotte civili assunsero una durezza maggiore: 500 di essi venero uccisi ed i sopravissuti fuggirono dalla città. Gli avvenimenti successivi sono ormai noti. I due partiti si scontrarono in battaglia e le perdite non risultarono tali da far prevalere una fazione, ma furono sufficientemente pesanti, però, per convincere entrambi i partiti a negoziare tra di loro, a riconciliarsi ed a decidere di istituire un governo misto.

I documenti epigrafici posteriori sono l'eco di questo compromesso tra oligarchia e democrazia: la costituzione del 322-321 a.C. (SEG 9.1) non fa altro che sancirlo in maniera ufficiale, proponendosi in forme di equilibrata moderazione (Cary, 1928:238). Sopravvissero infatti le maggiori conquiste democratiche raggiunte quasi certamente durante il regime popolare: la Bulè dei 500 di ispirazione clistenica, il Dicasterion dei 1500 importato probabilmente da Atene, il numero maggiore delle tribù rispetto a quello stabilito da Demonatte, il metodo popolare nell'elezione degli strateghi e le clausole contro la reiterazione delle cariche pubbliche. Ma vennero recuperati anche gli elementi oligarchici: la Gerusia con la sua carica a vita e soprattutto gli alti limiti di età (50 anni) necessari per l'elettorato passivo. E l'influenza degli aristocratici, abilmente cammuffata dietro la celebrazione e la rievocazione di fatti antichi accettati e riconosciuti da tutte la parti politiche, è riconoscibile anche in due operazioni che hanno comportato la creazione di documenti non autentici, ma ugualmente di sicuro sostegno alla loro azione.

La prima di queste operazioni è quella contenuta nella Stele dei Fondatori (SEG 9.3) in cui Batto il Fondatore gioca un ruolo di primissimo piano ed in cui viene assicurato, mediante l'elaborazione di questo documento non autentico--perchè esso è certamente degli inizi del 4 sec. a.C.--il diritto di cittadinanza ai Terei immigrati dopo la fondazione della colonia: un diritto sancito e garantito dal giuramento dei fondatori. La mossa è chiaramente di origine aristocratica (Mitchell, 1966:113), è tesa ad attribuire o rinverdire importanza e privilegi a vecchi gruppi di potere con l'intervento dei fondatori della colonia. Far parlare i morti con discernimento e pertinenza--dice J. Gracq--è l'abicì dell'arte del governo; saper far parlare i morti per giustificare le loro iniziative politiche--aggiunge C. Berard (1982:102)--è caratteristica degli aristocratici.

Ad essi mi sembra si possa attribuire pure una seconda operazione che investe anche il campo architettonico: la sostituzione della vecchia, originaria tomba di Batto I con un altro monumento funerario sorto nelle immediate vicinanze (Fig. 1.4). Il primo monumento (Büsing, 1978; Stucchi, 1965, 1967, 1975), datato agli inizi del 6 secolo, era costituito da un tumulo di sassi, con la corona esterna formata da blocchi disposti ad intervalli irregolari e con il cuore della tomba individuabile all'interno di questa circonferenza. Questo tumulo fu sostituito da un altro che era posto immediatamente ad Est del precedente e che racchiudeva una cassa coperta in piano (Stucchi, 1965:111-14, 1967:54), mentre il nucleo della tomba era rimasto interrato nel luogo originario (Fig. 1.4). Non si hanno elementi di sicura cronologia per stabilire la data di questo secondo intervento: si possiede soltanto un terminus post quem che è dato dall'innalzamento del livello dell'Agorà, in quanto la base del nuovo tumulo coincide con esso. Tale livello è il frutto di un piano urbanistico che risale al terzo quarto del 5 sec. a.C. Inoltre, come si è potuto notare durante gli scavi, il vecchio tumulo risulta distrutto nell'antichità (Stucchi, 1965:111). Mi sembra sia difficile pensare ad una distruzione legata e finalizzata direttamente alla necessità di ricostruire la tomba a causa dell'innalzamento del livello dell'Agorà, che ne avrebbe altrimenti recoperto la parte inferiore. In questo caso sarebbe stato sufficiente e molto più semplice aumentare il vecchio tumulo nel senso dell'altezza. Infine l'operazione risulterebbe avere dei limiti di carattere religioso particolarmente negativi, perchè il nucleo della tomba era rimasto nel sito originario, senza seguire la trasmigrazione--che era lievissima (Fig. 1.4)--del tumulo. Mi sembra dunque che ci siano diversi elementi che giustifichino una seconda ipotesi, che il vecchio tumulo di Batto il Fondatore sia stato cioè oggetto di violenza e distruzione durante le manifestazioni di odio e di furore che nel periodo del regime democratico si riversarono inevitabilmente sulla dinastia battiade a sui suoi simboli. Un episodio analogo (Berard, in corso di stampa) è documentato ad Anfipoli. Questa era una colonia ateniese fondata da Agnone (Thuc. 4.102,4), che vi era onorato in un primo momento come ecista. In seguito, però, gli abitanti della città si erano alleati con i Lacedemoni, che parteciparono alla difesa di Anfipoli e persero in battaglia il loro comandante Brasida. Gli Anfipolitani allora, distrutti tutti i monumenti dedicati ad Agnone, onorarono Brasida come fondatore ed istituirono in suo onore giochi e sacrifici che erano celebrati in un heroon (Thuc. 5.11, 1).

Del livello della violenza che si abbattè sui Battiadi abbiamo una prova nel trattamento riservato ad un personaggio della famiglia reale, probabilmente Batto figlio di Arcesialo IV, che allo scoppio della rivoluzione era fuggito ad Euesperide, dove venne ucciso e la sua testa gettata in mare (Eraclide Pontico, FHG 2.212). Certo sembrerebbe arduo immaginare che la furia dei rivoluzionari abbia investito anche la tomba del loro ecista, di un

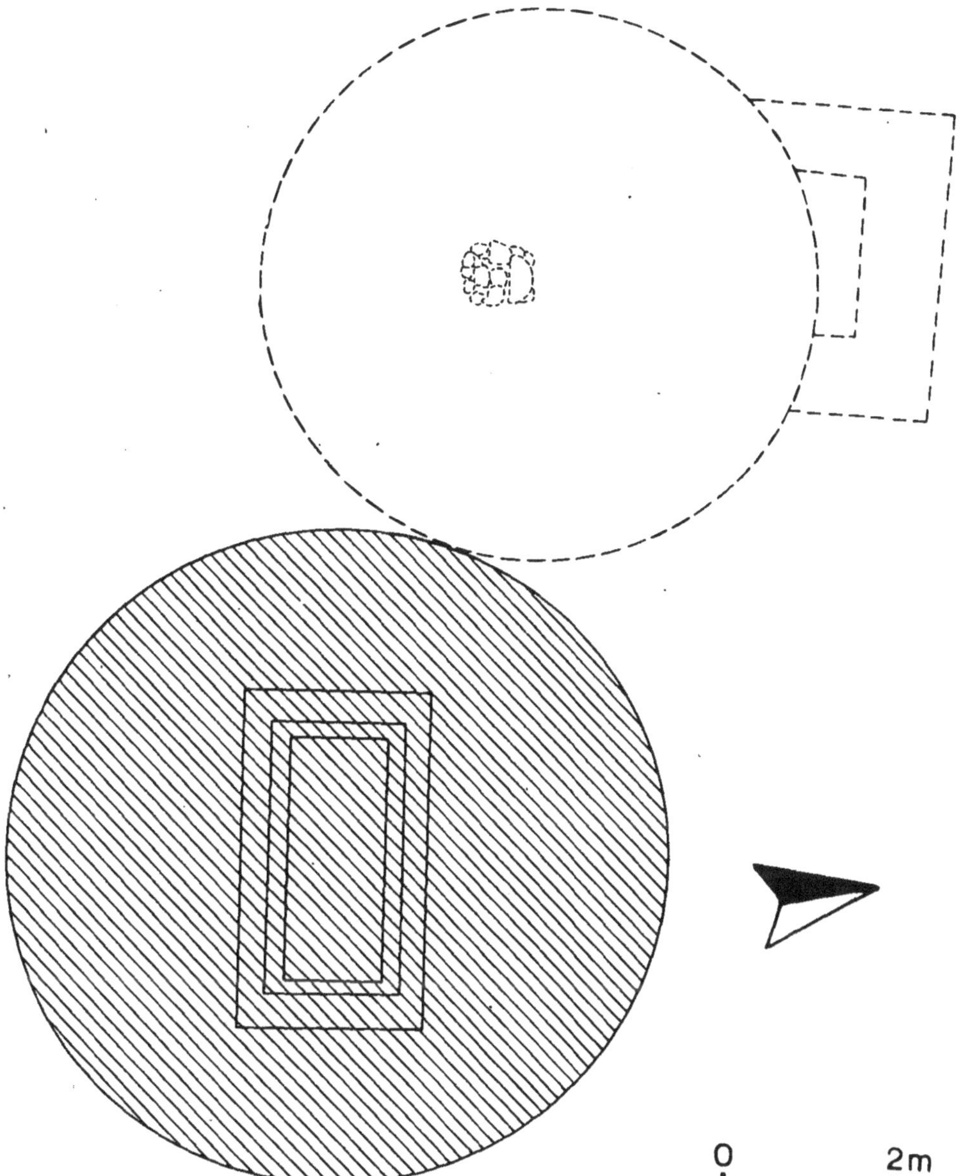

Figure 1.4 Pianta ricostruita dei due tumuli funerari di Batto il Fondatore (a trattini è indicato il monumento originario; a linea intera e campitura il secondo intervento) (Dis. T. Semeraro).

uomo che le fonti descrivono giusto e moderato. Ma egli era pur sempre il capostipite di quella dinastia che nell'ultimo secolo aveva assunto aspetti brutalmente tirannici ed inoltre non si deve dimenticare che la figura di Batto il Fondatore è macchiata da un episodio di empietà, che in occasione dei misteri della Thesmophoros gli costò l'evirazione. La fonte di questa notizia è la Suda (s.v. Thesmophoros) e non si conosce quando tale tradizione si sia formata (Chamoux, 1953; Vitali, 1932). E' chiaro, però, che essa deve risalire agli ambienti ostili alla monarchia ed il periodo del regime democratico può avere in questo senso qualche probabilità. L'ipotesi della distruzione violenta del tumulo spiegherebbe inoltre anche la lieve differenza topografica (Fig. 1.4) tra il nucleo della tomba ed il nuovo tumulo, che non si giustificherebbe, invece, con una distruzione motivata unicamente da ragioni urbanistiche. Una volta distrutto il vecchio tumulo non rimaneva infatti più alcun segno ad indicare in superficie il reale luogo di sepoltura del primo re: il suo ricordo era affidato soltanto alla memoria di quanti lo avevano visto. E la lieve differenza che intercorre tra il luogo in cui sorgeva il primo tumulo e quello in cui viene costruito il secondo si può ben spiegare dopo circa quaranta anni. Attribuirei infatti, come ho già anticipato, la ricostruzione del monumento sepolcrale di Batto al periodo successivo alla riappacificazione del 401 a.C., al ritorno al governo cioè anche degli aristocratici. La forma del monumento, che nella utilizzazione del tumulo è volutamente arcaicizzante, si inquadra in un movimento che può ben risultare caratteristico di questi anni. Esso comporta ricostruzioni e creazioni di documenti non autentici, ma che avevano l'indubbio scopo di avvalorare precise scelte ideologiche e politiche. E niente poteva giovare agli aristocratici, che certamente si appoggiavano anche sui valori della tradizione monarchica, più del recupero del prestigio di Batto il Fondatore, recupero che passava anche attraverso la riattuazione del suo monumento funerario. La sua presenza sulla prua dell'Agorà garantiva e legittimava, a loro che erano i discendenti dei compagni di Batto, la continuità del diritto a partecipare al governo della città.

POSTSCRIPTUM

Dell'Edificio a Parasceni di Cirene si è occupato recentemente H.P. Isler in una recensione (Gnomon 55:249-52) al mio volume sull'Agorà di Cirene (Bacchielli, 1981), apparsa dopo che il presente lavoro era stato consegnato per la stampa.

Ringrazio Isler per l'apprezzamento ed il giudizio positivo che dà di quel volume e vorrei chiarire alcuni dubbi che egli nutre in merito alla ricostruzione grafica dell'Edificio a Parasceni, che risulterebbe--secondo lui--un edificio inutilizzabile per la mancanza di luce. Innanzi tutto va precisato che, a causa della scarsità dei resti, ho sempre definito questa ricostruzione ideale (Bacchielli, 1981: didascalia all. a e qui didascalia Fig.1.3), in cui si indicano cioè la linee generali dell'architettura e non certo le finestre, che dovevano senza dubbio esistere, ma di cui non si hanno, però, tracce. In secondo luogo non si riesce a comprendere, dal momento che nel disegno ricostruttivo (Fig. 1.3) risulta visibile solamente la facciata dell'edificio--in cui compaiono in ogni caso due porte--perchè queste prese di luce dovessero necessariamente trovarsi sulla fronte e non si sia presa in considerazione, invece, anche la possiblità che esse si disponessero sugli altri tre lati o, addirittura, sul tetto, che non sono inquadrati nella ricostruzione grafica.

Per risolvere questo problema della luce Isler avanza due ipotesi: l'Edificio a Parasceni avrebbe potuto avere delle grosse finestre nella facciata, oppure, a somiglianza del successivo Portico 02 (Bacchielli,

1981:116-7, fig. 82, all. c), delle barriere di intercolumnio limitate alla parte inferiore del colonnato. La prima proposta, a livello di possiblità teorica, non incontra assolutamente ostacoli, ma non è sostenuta--e lo stesso Isler non se lo nasconde--da alcun elemento reale ed immetterebbe, perciò, nella ricostruzione dettagli e particolari non documentati,

Anche per la seconda ipotesi non si hanno elementi architettonici di conferma, anzi mi sembra che quelli conservati la rendano poco plausibile. In primo luogo nel Portico 02 abbiamo a che fare con colonne reali, in mezzo alle quali possono essere stesi dei piccoli muretti di chiusura fino ad una certa altezza (Bacchielli, 1981:fig. 82). Essi, secondo la norma generale, hanno spessore minore del diametro delle colonne. Il caso dell'Edificio a Parasceni è totalmente diverso perchè qui si ha una parete più spessa della semicolonna che le si addossa anteriormente, per cui si deve parlare di architettura applicata, in funzione cioè decorativa. Tanto è vero che, se si accettasse l'ipotesi di Isler e si togliesse la parete piena nella parte alta dell'intercolumnio per lasciarvi emergere la sola colonna avremmo dei sostegni che alla base hanno un diametro di cm 40 (quindi al sommo scapo circa cm 35) e che non potrebbero quindi reggere la parte superiore dell'edificio, che ha sicuramente spessore maggiore. Per quanto riguarda tali membrature si conosce infatti la profondità della parte piena del gocciolotoio (quella che appoggia cioè sul fregio), che misura cm 55, ossia quanto lo spessore della parete piena più quello della semicolonna applicata (per le misure cfr. Bacchielli, 1981:70-2).

BIBLIOGRAFIA

Aubonnet, J. (1973) **Aristote, Politique, II.** Paris, Les Belles Lettres.

Bacchielli, L. (1981) **L'Agorà di Cirene, II.1. L'Area Settentrionale del Lato Ovest della Platea Inferiore.** Roma, L'Erma.

Berard, C. (1982) Récupérer la mort du prince: héroïsation et formation de la cité. In G. Gnoli e J.P. Vernant (eds.) **La Mort, les Morts dans les Sociétés Anciennes** :89-105. Cambridge, University Press.

Berard, C. (in corso di stampa) L'héroïsation et la formation de la cité: un conflit idéologique. In **Architecture et Société.** Rome, Congrès École Française.

Beschi, L. (1959) Due rilievi funerari dalla Necropoli orientale. In C. Anti (ed.) **Sculture Greche e Romane di Cirene** :55-80. Padova, Cedam.

Beschi, L. (1969-70) Divinità funerarie cirenaiche. **Annuario della Scuola Archeologica di Atene** 47-8:133-342.

Braccesi, L. (in corso di stampa) Antenoridi, Veneti e Libyi. In **Cirene e i Libyi, Atti del Simposio--Quaderni di Archeologia della Libia** 12.

Büsing, H. (1978) Battos. In T. Lorenz (ed.) **Thiasos, Sieben archäologische Arbeiten** :51-79. Amsterdam, Castrum Peregrini Presse.

Cary, M. (1928) A constitutional inscription from Cyrene. **Journal of Hellenic Studies** 48:222-38.

Chamoux, F. (1953) **Cyrène sous la Monarchie des Battiades.** Paris, De Boccard.

Coulton, J.J. (1976) **The Architectural Development of the Greek Stoa.** Oxford, University Press.

Dinsmoor, W.B. (1947) The Hekatompedon on the Athenian Acropolis. **American Journal of Archaeology** 51:136 sg.

Drachmann, A.B. (1910) **Scholia Vetera in Pindari Carmina** II. Lipsia, Teubner.

Edmondson, C.N. (1968) Brauronion Artemis in Athens. **American Journal of Archaeology** 72:164 sg.
Martin, R. (1942-3) La Stoa Basileios, portiques à ailes et lieux d'assemblée. **Bulletin de Correspondance Hellénique** 46-7:274-98.
Martin, R. (1951) **Recherches sur l'Agora Grecque.** Paris, De Boccard.
Martin, R. (1959) **Etudes Thasiennes, VI, L'Agora, 1.** Paris, De Boccard.
Meritt, B.D. (1970) Ransom of the Athenians by Epikerdes. **Hesperia** 39:111-14.
Mitchell, B.M. (1966) Cyrene and Persia. **Journal of Hellenic Studies** 86:99-113.
Musti, D. and Beschi, L. (1982) **Pausania, Guida della Grecia. Libro I, L'Attica.** Milano, Mondadori.
Paribeni, E. (1959) **Catalogo delle Sculture di Cirene.** Roma, L'Erma.
Polacco, L. (1959) Testina arcaica con copricapo a maglia. In C. Anti (ed.) **Sculture Greche e Romane di Cirene** :9-25. Padova, Cedam.
Polacco, L. (1959) Testa femminile diademata di stile severo. In C.Anti (ed.) **Sculture Greche e Romane di Cirene:** 27-53. Padova, Cedam.
Rhodes, R.F. and Dobbins, J.J. (1979) The sanctuary of Artemis Brauronia. **Hesperia** 48:325-41.
Shear, T.L. (1971) The Athenian Agora: excavations of 1970. **Hesperia** 40:241-79.
Stevens, G.P. (1936) The periclean entrance court of the Acropolis of Athens. **Hesperia** 5:443-520.
Stillwell, R. (1933) Architectural studies. **Hesperia** 2:110-48.
Stucchi, S. (1965) **L'Agorà di Cirene, I.I Lati Nord ed Est della Platea Inferiore.** Roma, L'Erma.
Stucchi, S. (1967) **Cirene 1957-1966. Un decennio di attività della Missione Italiana a Cirene.** Tripoli, Quaderno n.3 dell'Istituto Italiano di Cultura.
Stucchi, S. (1975) **Architettura Cirenaica.** Roma, L'Erma.
Stucchi, S. (in corso di stampa) Il progetto del Partenone ed il progetto dell'Olympieion di Cirene. In **Parthenon Kongress, Basel 1982.**
The Athenian Agora (1976) **A Guide to the Excavations and Museum**[3]**:.** Athens, American School of Classical Studies.
Thompson, H.A. (1937) Buildings on the West Side of the Agora. **Hesperia** 6:1-226.
Thompson, H.A. and Wycherley, R.E. (1972) **The Athenian Agora, XIV, The Agora of Athens.** Princeton, American School of Classical Studies at Athens.
Travlos, J. (1971) **Bildlexikon zur Topographie des antiken Athen.** Tübingen, Wasmuth.
Vitali, L. (1932) **Fonti per la Storia della Religione Cyrenaica.** Padova, Cedam
Waisglas, A. (1955) **A Historical Study of Cyrene from the Fall of the Battiad Monarchy to the Close of the Fourth Century B.C.** Columbia University.
Will, E. (1972) **Le Monde Grec et l'Orient, I.** Paris, Presses Universitaires.
Wycherley, R.E. (1957) **The Athenian Agora, III. Literary and Epigraphical Testimonia.** Princeton, American School of Classical Studies of Athens.

2. The "Palace of the Dux" at Apollonia, and Related Houses

S. Ellis

The so-called 'Palace of the Dux' was excavated by the late Richard Goodchild between 1959 and 1962. He was able to present a detailed analysis of the functions of almost all its rooms in three publications (Goodchild, 1960, 1971, 1976) concerning the building. In the final report (Goodchild 1976:259), he says of the house:

> The well-preserved cities of Asia Minor and Syria have not, as yet provided structures of this type; whilst in the African provinces Byzantine public buildings were normally improvised from the ruins of earlier centuries, and are not easily recognisable.

However during post-graduate research at Oxford on town housing of AD 400-700 and a subsequent Junior Fellowship at Dumbarton Oaks I have been able to study a group of houses with strong similarities to the building at Apollonia. Whilst Goodchild was substantially correct in his interpretations, more precise information can be obtained to determine room function, and it seems unlikely that we should retain the notion of a governor's palace. Our discussion is not concerned with the historical problem of when the governor began to reside in Apollonia, but will concentrate on architectural and archaeological evidence. Before treating the architecture in detail I first want to look at the archaeological development of the complex.

Our discussion will centre around the 'west wing' of the 'palace' (Fig. 2.1) which appears to have been built in one phase of construction. No sondages were made through the floors, and the only element of dating is constituted by the presence of the private chapel which must presumably have been built between AD 300 and 600. The plan of the house was determined by pre-existing structures to the west, a street to the north, and the city-wall to the south. It was built with regular courses of small-stone masonry, with occasional 'headers', and consisted, at its simplest of an orthodox house plan involving a range of rooms on each side of a peristyle court. The 'west wing' was separated from the 'east wing' by a corridor, or roofed alley, running south to the city wall. The east wing originally consisted of a single range of rooms opening onto a yard to the east. In two later phases this yard became covered with other buildings, and an elaborate upper-floor apartment may have been added. During this time the area between the

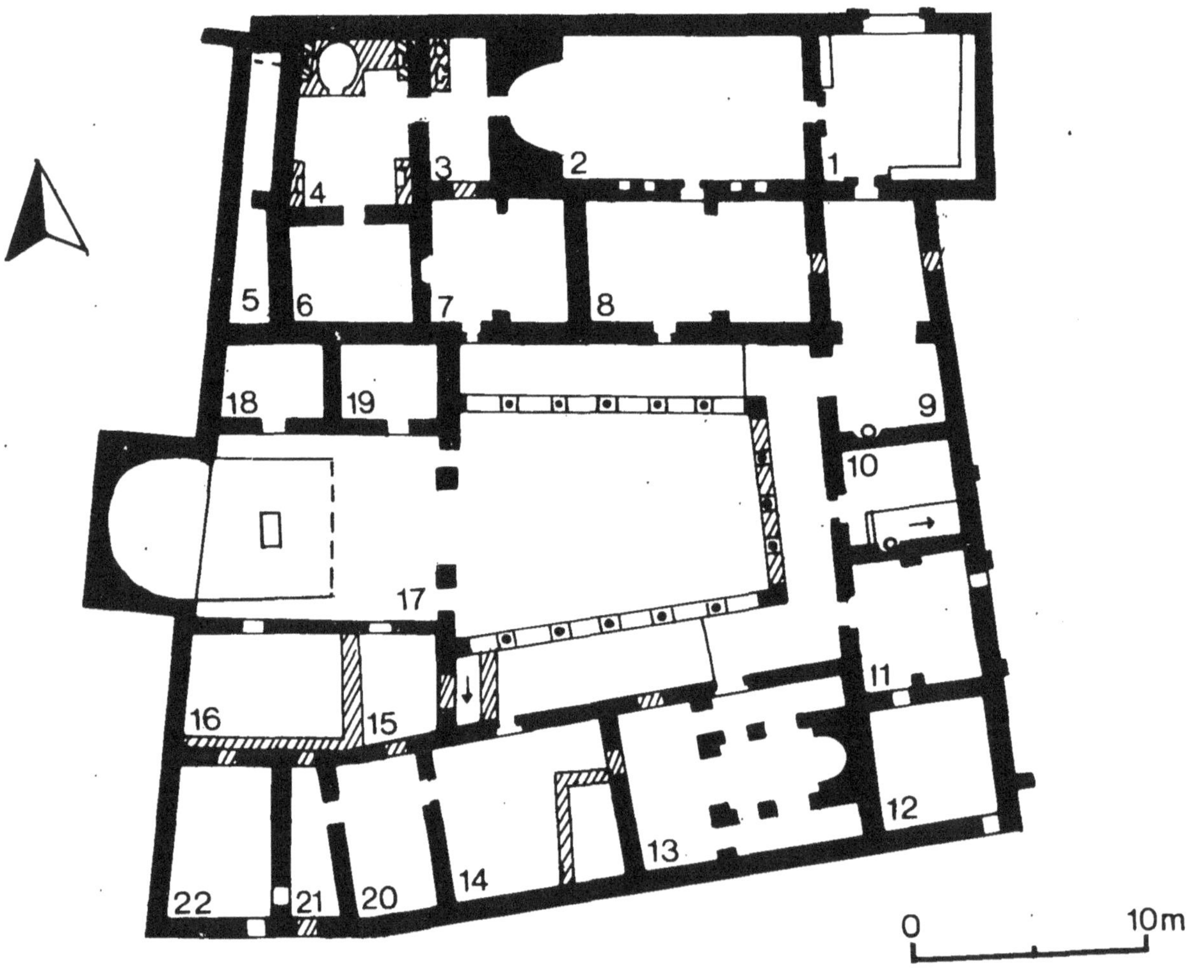

Figure 2.1 The Palace of the Dux: west wing (redrawn from Goodchild 1960 and 1976, secondary constructions hatched).

'west wing' and the city wall to the south was also filled with structures. Some of the latter rooms were later enclosed in a fortified tower which blocked a previous hole in the defences. The main building, the 'west wing' saw no major architectural changes during its history. This in itself implies a different function or ownership. Nevertheless several doors were blocked, rooms 15 and 16 (Fig. 2.1) were subdivided, the intercolumniations of the east portico of the peristyle were filled in, and ovens were built in rooms 3 and 4. Goodchild (1971:186) seems to have viewed the late constructions as having been built by the local population after the Arab Conquest. This need not necessarily be the case. The large amount of 6th and 7th century finds finds from above the floor level of the house (Goodchild, 1976:259-65), including 43 coins of Heraclius suggests that levels of secondary occupation were deposited before the Conquest. The exact provenance of the finds from within the building is not known.

One separate apartment may have been in the south-west corner. Here the door between room 20 and room 15 was blocked, while the thickening of the south wall of room 16 prevented access into rooms 21 and 22. In room 14 the east door was blocked and its south-east corner was walled-off. The resulting enclosure was found to contain a quantity of 'greenish earth' (Goodchild, 1960:253), or 'organic material' (Goodchild, 1976:249). The blocking of the doors restricted access into rooms 14, 21, and 22, turning them into a separate apartment. The rooms could only communicate with the peristyle through the north wall of room 14, and the south door in room 22 was the only one leading to the city wall. The trough in the corner of room 14, as Goodchild (1960) suggests, may have been a latrine. There is a slight suggestion of a second apartment on the east side of the peristyle. The intercolumniations of the portico were blocked, and the flagging of the porticoes was only preserved on this side of the peristyle. To the north, the paving of the apsidal chamber 2 was removed before its roof collapsed. Room 4 had a more complex history. A late oven was added in one corner, blocking two original cupboards. Later the roof collapsed, but on top of the collapse a flagged floor was laid.

There were thus at least two phases of secondary occupation within the building and it is quite possible that the 'palace' lost its original function before the Arab Conquest. There is clear evidence at Apollonia for subdivision during the early Arab period, particularly at the West church (Ward-Perkins, 1976:276-83; Widrig and Goodchild, 1960), but there remains a strong suspicion that this happened before the Arab Conquest in the case of the 'palace', because of the large number of Byzantine finds and the two phases of room 4. If the house had been in continual use till the 640s one would expect it to have been 'clean' of Byzantine finds. There is of course the story by John of Nikiou that the Byzantine governor fled before the Arab attack of 642 and shut himself up at Tocra (Goodchild, 1960:115-24).

We might at this point mention the decree of Anastasius to the Dux Pentapolis, part of which was found in the debris of the house (Goodchild, 1976:254 and inscr. 37). As only one fragment was found in the house it cannot be used to identify the owner, as it was probably re-deposited, or re-used in a later repair, such as we have described.

The closest architectural parallel to the house is undoubtedly the 'Governor's Palace' at Aphrodisias (Fig. 2.2), which has been excavated recently by Prof. K. Erim (1969). This differs from the Apollonia house in only two major ways. At Aphrodisias there is a private baths suite instead of a

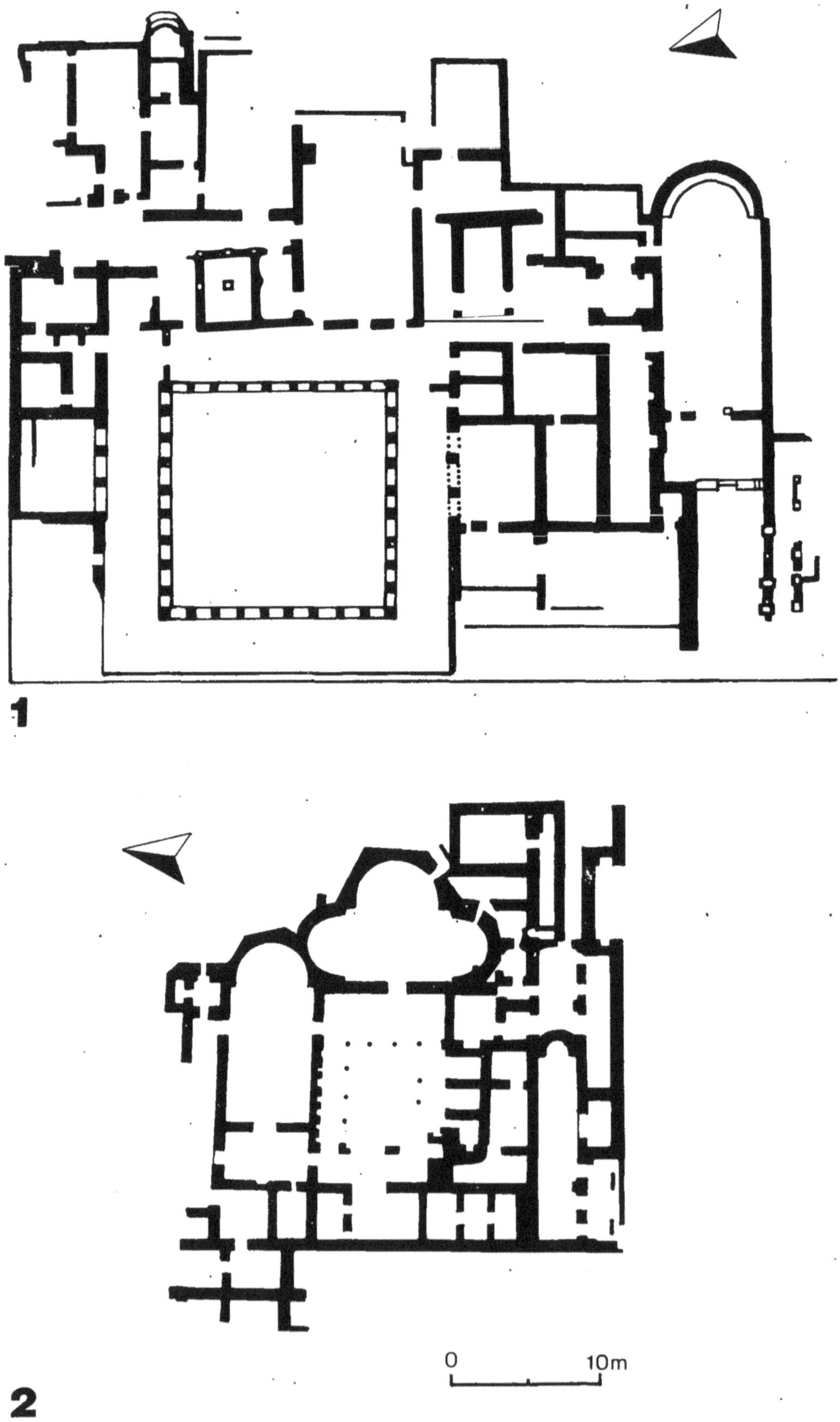

Figure 2.2 1) 'Palace at Ephesus'; 2) 'Governor's Palace', Aphrodisias.

chapel and a triconch instead of a single-apsed triclinium. The triconch is repeated in a third house--the House of the Triapsidal Hall at Ptolemais (see J. Little's paper in this volume). Like the houses at Aphrodisias and Apollonia it has another apsed hall preceded by a vestibule, next to the street. At Ptolemais, however, there is a unique third apsidal hall next to the triconch, but orientated in the opposite direction. Unlike the rather compact plans of Ptolemais, Apollonia, and Aphrodisias, the house above the theatre at Ephesus (Keil, 1932) has a large peristyle, covering about one third of its area. There may have been a private chapel, as at Apollonia, in a rather remote corner of the building. The apsidal chamber and vestibule close to the street are entered by a long passageway. There is a similar passageway leading from the street to the famous seven-apsed hall of the House of Bacchus at Djemila (Lassus, 1971). This room has often been compared to the ceremonial dining-rooms in the Lateran palace at Rome and the palace of the Byzantine emperors at Constantinople. The seven-apsed hall lies adjacent to a second large reception room in the traditional setting on one side of a peristyle court. Finally in the so-called 'Palace of Theodoric' at Ravenna (Berti, 1976; Duval, 1978) a triconch hall lies beside a traditional apsidal reception room in the corner of the house.

All these six houses have at some time been identified as palaces, or residences of governors. None can be securely dated, but may be assumed to fall within the period 300-600. Their identification as 'palaces' is based, with the exception of Djemila, on the single fact that they are the richest domestic architecture in the town (Duval, 1978:31-2). This apart, their plans correspond to the normal plan of a peristyle house, in which an apsidal room opens off the centre of a peristyle. The main architectural innovations are the presence of a second apsidal room, and private facilities such as baths or chapel. The type may be an urban expression of some large villas such as Piazza Armerina (Wilson, 1983). It does not correspond with the richer more monumental settings of what we know of true palaces such as Constantinople (Guilland, 1969), Ephesus (Miltner, 1959), Side (Mansel, 1978), or Split (Duval, 1978:40). Such palaces are on a larger scale, and include more impressive architectural features such as domes, multi-apsed halls, and elaborate porticoes. Only the House of Bacchus at Djemila approaches this style.

To help elucidate the role of the buildings, we may examine the function of the rooms in the Apollonia 'palace', as they were outlined by Goodchild. We will tour only the west wing, as it can quickly be seen from the parallels cited above, that the east wing, built at a later date, and separated from the west by a covered alley, does not fit in with any of the examples of the type (Fig. 2.2), and could well have been a separate property. We enter the house by the main door into room 1 (Fig. 2.1). The door is the largest entry into the building and was probably therefore the entry for most visitors. We are in a stone-flagged vestibule with low benches around each wall. The other examples of the type make it clear that we proceed from here into the apsidal room 2. We may presume that this room functioned in some way for the reception of visitors. The architecture of the hall recalls an apsidal triclinium. The development may be seen as the removal of part of the triclinium function as a reception room to a street-side location in order that the privacy of the main house should remain undisturbed. In the case of the House of Bacchus at Djemila, and perhaps at Ravenna, the seven-apsed room clearly had the role of a formal dining-room. At Apollonia the room may have been an 'audience chamber' or, more mundanely, an office. The four cupboards in the south wall of the room at Apollonia were fitted with shelves and doors, perhaps for documents. The door in the centre of the apse through to room 3 would be very odd in a *triclinium*, where it would be blocked by the semi-circular *sigma* couch. The door would however lend itself to dramatic entry by the owner of the house. Goodchild (1976:248) says that the apse was limewashed and a cross was painted on one voussoir from the apse. The floor of the room had been robbed; at Aphrodisias the room had an *opus sectile* floor. The reception halls in the houses at Ephesus, Aphrodisias and at Ptolemais had no door in the apses but were entered from the side just in front of it. The main exit for people passing through to the main body of the house was also to one side. At Ptolemais it was formed by a triple arch. Not everyone had to enter the hall and at all the houses a second door led off the vestibule to another room. Beyond the apse in the Apollonia house was a sizeable room (4) which also had cupboards, fitted into each corner. These showed no signs of fitted shelves or doors. From the collapsed vault of the room, and the presence of heavy quoins in the south wall, Goodchild (1960; 1976) postulated that this was a guardroom with a watchtower above, but there is no direct evidence for this assertion. The upper floor is not preserved and there is no sign of a staircase. The cupboards and the position of the room in relation to the apsed room 2 might well suggest that this corner of the house was administrative. The north-west room of the house (5) had an open drain covered by a wooden fitment, presumably a latrine (Goodchild, 1960:251), at its north end. The doorways of rooms 7 and 8 suggest that they functioned with the administrative quarter of the house and the apsidal room 2. Room 7 provides a direct passage from the peristyle into the small ante-room 3 located just behind the apse of room 2. Room 7 does not communicate with room 8, which opens into hall 2, the peristyle, and into the east range of rooms. The owner of the house would be able to make a direct passage to room 2 through rooms 7 and 3, unobserved by visitors passing from hall 2 into room 8.

In the east range, room 9 was a corridor used to bypass hall 2. Its function is implied by the articulation of the door frame from the vestibule and the width of the door into the peristyle. Carved door frames were only used for the doors into room 1 from the outside, and out of room 1 into rooms 2 and 9. The floor of room 9, uncovered in excavation, was of stone flags, though this may have been secondary. In the south wall of room 9 a well-shaft led to a cistern below the adjacent room 10. Half the area of room 10 was taken up by a staircase to the upper floor. The stairs lay against the well-shaft at the other end of the cistern. Goodchild (1960:251) suggests that the shaft may have been continued upwards in order to be used from the upper storey. Later a second staircase was added in the south-west corner of the peristyle. Rooms 2 and 17 may not have been the only rich rooms in the house. Excavations at Salamis in Cyprus found the collapsed remains of a large apsed upper-storey room, which had figured stuccoes of the fifth century AD (Callet, 1980). The so-called east wing of the Apollonia house also appears to have had an upper-storey room of some note (35). The upper floor of the Apollonia house may well have contained more of the living quarters of the owners, and perhaps their servants.

Adjacent to room 12 in the south range was the private chapel, an apse constructed within the room was flanked on each side by a small chamber. The nave consisted of two bays, formed from a pair of columns to the east and a pair of L-shaped piers to the west. Pilasters on the outside walls opposite the piers helped to separate an area to the west outside the nave. The two bays of the nave were cut off from the side aisles. Sockets in the columns showed that the east bay was enclosed as a chancel. In the west bay its north side was cut off by a barrier inserted in the pier and the adjacent column, while its south side was blocked by a marble reliquary. Two doorways entered the chapel from the peristyle. The eastern door entered the side aisle just before the pier, whilst the west door entered the area to the west of the nave. A third door originally led west into room 14. Both it and the western door in the north wall were blocked at a later date. One assumes that the east door from the peristyle was the most important. Above the lintel there was a fragmentary paint inscription which cannot be restored (Reynolds 31 in Humphrey, 1976). This might have mentioned the dedication of the chapel or of the reliquary which stood opposite it. It is interesting that this door became the most important, rather than the western one which led more directly into the rear part of the chapel. It is probable that the relics enhanced the religious and hence the political following of the owner (Brown, 1981:32-5).

The characteristics of the other rooms in the south-west corner of the house have been described earlier when discussing the question of secondary occupation. I believe that this is the likeliest position for the living quarters of the owner. It is noticeable in the houses at Aphrodisias, Apollonia, and Ephesus (Fig. 2.1, 2.2) that the private facilities--baths and chapels--are located in the furtherst corner of the house from the apsed hall/vestibule group of rooms. The apsed room was designed to preserve the privacy of the main house, so it is natural that the private apartments and facilities should be as far away as possible. It is also natural that they should be placed adjacent to the main dining room or <u>triclinium</u> to which we now turn.

Although there are many difficulties with the term <u>triclinium</u> I shall use it here, and there are several features of room 17 which permit us to apply one traditionally accepted use of the word. Room 17 is a large apsidal room in the centre of a peristyle portico (this is the definition used by Rebuffat, 1969; 1970). In common with many similar earlier Roman examples it has a triple entrance, and is flanked on each side by two smaller rooms. The floor of the apse at the end was raised (about 40cm--Goodchild, 1976:249) as is often the case for the location of the semi-circular <u>sigma</u> couch in vogue all over the Roman Empire from the fourth century (see several examples at Stobi in Wiseman, 1973). The two columns forming the entrance to the room had slots cut into them for a balustrde or folding doors (Goodchild, 1976:249). The widening of the peristyle towards the room emphasised the triple entrance. The most unusual feature lay in front of the apse. In the middle of a rectangular area of stone flagging (outlined on the plan) four vertical stone slabs were set together to form a rectangular tank 115 x 72 cm, and 85 cm high. Goodchild interprets this installation as a table, though the cover slab was missing, and says that the flagged floor stopped short of the long sides of the room because there were wooden benches there. He points out that the door sills of rooms to the north and south of room 17 were at a higher level.

Similar dispositions are not found in the other houses of this type. In the house at Ephesus a small masonry feature is marked on the left side of the <u>triclinium</u>, or reception room. This might be a tribunal, but during a walk over the site I was unable to locate it. The houses at Aphrodisias and Ptolemais have triconch <u>triclinia</u>. Rather than a wide triple entrance, the example at Aphrodisias has a single wide door. The wall in front of the room, which appears to be original, rises to about 2 m in height, with no sign of any windows. At Ptolemais there was a triple entry, and each of the three apses was also framed with a pair of columns. Columns frame all the apses of the seven-apsed hall at Djemila.

The main apsidal room in the Palace of Theodoric at Ravenna has long been identified with the mosaic of St. Apollinare Nuovo, but Duval (1965) has shown that the representation is of an aisled basilica, not a simple apsidal room. In a fourth-century audience hall converted from the Pharaonic temple at Luxor Kalavrezou-Maxeiner (1975) found traces of a ciborium in front of a niche at the back of the room. The author goes on to note the setting for a possible ciborium and throne in the opus sectile floor of the main apsidal chamber in Piazza Armerina. There is also a niche in the back of this apse wall. Even then there are severe doubts as to the palatial status of the villa (Duval, 1978; Wilson, 1983:86-92).

There is no sign of such an arrangement for a throne and rear niche in either of the apsidal rooms at Apollonia. The most likely candidate for an audience chamber is room 2 (see above). It would seem odd if the house had two audience chambers and yet no dining room. If room 17 had some function as a throne room one would expect some heavy permanent fixtures, including perhaps a ciborium. If it were a more conventional dining-room there would have been a semi-circular couch in the apse, with a semi-circular table placed within the curve of the seat. When such tables do have a permanent masonry support, as at Histria (Condurachi, 1957) and at the Lechaion, Corinth (Daux, 1966), it is a solid block of masonry. The 'table' in room 17 is thus unusual in its position and construction. The slabs might have formed the frame for some kind of tank (this suggestion was made to me by Prof. N. Duval). Waterworks became common in early Christian peristyle houses. Three houses at Stobi (Wiseman, 1973) have a polygonal basin placed in the triclinium in a similar position to the 'table' at Apollonia. The limits to stone flagging may be explicable as well. A bench as Goodchild envisaged, or perhaps just a step, would not be out of place along the sides of the room. The absence of flagging near the entrance could be accounted for by the traditional arrangement of a triclinium. One can divide the area of the Stobi triclinia into thirds--apse, area around basin, and area in front of basin--corresponding to apse, flagged area, and unflagged area in Apollonia room 17. At Stobi these areas could be identified in different mosaic panels, for instance in the House of Psalms (Wiseman, 1973). The area around the basin was probably used for displaying food and for entertainers. The area near the entrance was probably kept clear for circulation. This is the impression gained from a picture in the Vienna Genesis (Plate 2.I; Ritter et al., 1895:plate 34, fol. 17v.).

In an article concerning the origins of the triconch and the multi-apsed hall, Lavin (1962) placed its emergence in the west, in houses from late 3rd century France and 4th century North Africa. He believed that it reached the east via Constantinople later in the fifth century. More precise dating of the eastern houses we have discussed would be very important in adding a new factor to this architectural development. As we have said, the real innovation in these houses is the second apsidal room or 'audience chamber'. Two of the houses, Ravenna and Djemila, are in the west but the houses with the more compact, finished plans--Apollonia, Aphrodisias and, perhaps, Ptolemais--are eastern. It is true, as Goodchild (1976:259) pointed out, that almost all North African houses after the 4th century consist of repairs to earlier structures. If either the Apollonia or the Ptolemais house can be shown to be of a single construction they would be rare examples of 'new' houses. The presence of new constructions in Cyrenaica during the 5th and 6th centuries, but not in the rest of Africa, may relate to increasing Byzantine influence, when the Vandals ruled Proconsularis. The close parallels between the houses at Apollonia and Aphrodisias might also support a Byzantine link.

We have said above that the architecture of these houses is not as monumental as that of the known palaces. The emphasis is on domestic rooms, not on stores and offices. Yet the houses are in each case the richest residences in the towns. Regarding the question of ownership, it seems likely that we should turn to the provincial aristocracy of the senatorial class. A.H.M. Jones (1964:554) says that laws of the mid 5th century encouraged the Constantinopolitan senators of the rank of _illustris_ to reside in the capital, whilst the lower ranks of _spectabilis_ and _clarissimus_ were encouraged to perform provincial duties in person. He still admits that _illustres_ were resident in the provinces during the 5th and 6th centuries. In the later 6th century St. Theodore of Sykeon stayed in the house of an _illustris_ at Amorium (Dawes and Baynes, 1977). The house lay outside the city walls and had a private chapel dedicated to the virgin. It is impossible to say whether the chapel of the house at Apollonia was served by a resident or visiting cleric. The prime function of the apsidal 'reception hall' next to the street would have been for the relations between patron and client.

Plate 2.I Triclinium as portrayed in the Vienna Genesis.

Ammianus Marcellinus (Historiae 28:4, 10-3) describes the throngs of clients around the senators of Rome in the late 4th century. He first describes the clients' flattering salutatio, and then how they hover around the rich houses 'admiring the rows of columns and the walls gleaming with the remarkable colours of precious stones'. Lastly he describes the lavish banquets which patrons customarily gave. In this case it seems that the clients progressed through the columns of the peristyle to a dinner in the main triclinium. We should not however stress such a rhetorical passage. The salutatio of clients was often much more formal. An ordo salutationis was found close to the 'municipal album' of Timgad (Chastagnol, 1978). It gave an order of precedence for audiences with the provincial governor and clarissimus Ulpius Mariscianus, who served under Julian. If this order refers to a clarissimus in office similar formalities were quite possibly used in his private affairs. Of course for the majority of senators private business was probably indistinguishable from public affairs. Liebeschuetz (1972:189-90) has pieced together the scene at a governor's audience in 4th century Antioch. The governor and certain friends sat together on cushions in his office. We could easily imagine the aristocarat in the apses at Apollonia in the same position. Outside in the vestibule the scene is set by a Palestinian text of the early 4th century (Sperber, 1971:234).

> A man who has a patron, if he has trouble, he does not barge in on him suddenly, but comes, stands outside his gateway, and tells the servant 'So and so is standing at the gate of your court; perhaps you will permit him to enter'.

The vestibule made this waiting a little easier, and safer than waiting in the street.

In sum I would see the so-called 'Palace of the Dux' as the house of a wealthy senator. The house provided quarters for his family, servants, and perhaps a chaplain. We may imagine the throng of clients who gathered at this door, and paid him extravagant compliments in return for 'influence'. More favoured friends were permitted to admire the peristyle and the triclinium where they would be magnificently entertained. The aristocrat was someone with an extensive local clientele, but he was not a leading man in the imperial court and preferred to reside in the provinces. Like Synesius he probably had friends at Constantinople, but unlike him he did not seek to spend the day in philosophical inquiry, or on a country estate. The owner of the Apollonia house was committed to local politics. He may have held high rank beyond that of curial status. In Antioch in Libanius' time he would have 'owned' or 'bought' curiales rather than sitting himself (Liebeschuetz, 1972:185). One cannot help feeling that he would have been one of the more unscrupulous of Synesius' political opponents. Though Synesius tried his hand in warfare against the Asturians, this aristocrat may have abandoned the province before the Arabs came too close. In his absence the house was taken over by several poorer families, some of whom continued to live there under Arab rule. This picture is probably typical of many provincial aristocrats, such as the owners of other houses we have discussed.

BIBLIOGRAPHY

Agathias **Historiae** 1975 Translated by J. Frendo. New York, De Gruyter.

Ammianus Marcellinus **Historiae** 1939 Translated by J. Rolfe. Cambridge, Harvard.

Berti, F. 1976 **Mosaici Antichi in Italia, Aemilia—Ravenna I.** Rome, Libreria dello stato.

Brown, P. 1981 **The Cult of the Saints.** Chicago, University of Chicago.

Callet, O. 1980 Présentation des décors en stuc du bâtiment dit de L'Huilerie à Salamine. In **Colloques Internationaux du CNRS 578. Salamine de Chypre, Histoire et Archéologie** (1978):341-73.
Chastagnol, A. 1978 L'album municipal de Timgad. **Antiquitas** III, 22.
Condurachi, E. 1957 Histria à l'époque du Bas-Empire d'après les dernières fouilles archéologiques. **Dacia** I:245-63.
Dawes, E. and Baynes, N. 1977 **Three Byzantine Saints. Vita** of St. Theodore of Sykeon. Oxford, Mowbrays. Pp. 85-192.
Daux, G. (ed.) 1966 Chronique des fouilles 1965--Corinthe, Lechaion. **Bulletin de Correspondance Hellénique** 89:766-70.
Duval, N. 1965 La réprésentation du palais d'après le psautier d'Utrecht. **Cahiers Archéologiques** 15:207-54.
Duval, N. 1978 Comment reconnaitre un palais imperial ou royal? Ravenne et Piazza Armerina. **Felix Ravenna** 115:29-62.
Erim, K. 1969 The ninth campaign of excavations at Aphrodisias in Caria 1969. **Turk Arkeoloji Dergisi** 18(2):87-110.
Goodchild, R. 1960 A Byzantine palace at Apollonia. **Antiquity** 34:246-58.
Goodchild, R. 1971 **Kyrene und Apollonia.** Zurich, Raggi.
Goodchild, R. 1976 The Palace of the Dux. In Humphrey, 1976:245-58.
Guilland, R. 1969 **Etudes de topographie de Constantinople Byzantine.** Amsterdam, Hakkert.
Humphrey, J. (ed) 1976 **Apollonia the Port of Cyrene: Excavations conducted by the University of Michigan 1965-7.** Supplements to Libya Antiquia IV.
Jones, A.H.M. 1964 **The Later Roman Empire.** Oxford, University Press.
Keil, J. 1932 XVI Vorläufiger Bericht über die Ausgrabungen in Ephesos. **Jahreshefte des österreichen archäologischen Institutes** 27:5-72.
Lassus, J. 1971 La salle à sept absides de Djemila-Cuicul. **Antiquités Africaines** 5:193-207.
Lavin, I. 1962 The House of the Lord. **Art Bulletin** 44(1):1-27.
Liebeschuetz, J. 1972 **Antioch. City and Imperial Administration in the Later Roman Empire.** Oxford, Clarendon.
Mansel, A. 1978 **Side.** Turk Tarih Kurumu.
Miltner, F. 1959 Vorläufiger Bericht über die Ausgrabungen in Ephesos. **Jahreshefte des österreichen archäologischen Institutes** 44:243-379.
Rebuffat. R. 1969 Maisons à péristyle d'Afrique du répertoire de plans publiés. **Mélanges de l'Ecole Française de Rome** 81:659-724.
Rebuffat, R. 1970 Thamusida II. **Mélanges de l'Ecole Française de Rome.** Supplement 2.
Ritter, W., et al. 1895 **Die Wiener Genesis.** Wien, Tempsky.
Sperber, D. 1971 Patronage in Amoraic Palestine (c. 220-400) causes and effects. **Journal of Economic and Social History of the Orient** 14:227-42.
Ward-Perkins, J. 1976 The Christian architecture of Apollonia. In Humphrey 1976:267-292.
Widrig, W. and Goodchild, R. 1960 The west church at Apollonia in Cyrenaica. **Papers of the British School at Rome** 28:70-90.
Wilson, R. 1983 **Piazza Armerina.** London, Granada.
Wiseman, J. 1973 **Stobi: a Guide to the Excavations.** Belgrade, University of Texas and Museum of Tito Veles.

3. Beginnings and Endings in Cyrenaican Cities

B. Jones

In 1968, at the invitation of the Libyan Department of Antiquities and under the auspices of the British School at Rome, the author was invited to organise an urgent examination of the city of Euesperides, or Hesperides as it is commonly known, on the north-eastern outskirts of Benghazi. To this in the following year was added a further task at Tocra, the next major city to the east along the Cyrenaican littoral. The work there comprised the completion of the excavation first initiated by the late Professor R.G. Goodchild between 1962 and 1965 on the major late Byzantine structure which he identified as the final stronghold erected by the Byzantine Governor in or very shortly after AD 642 in the face of the invasion of Amr ibn Al Asi. Between Euesperides and Tocra, ancient sources imply that there was also a third settlement of brief duration: this was the site of Hadrianopolis which for a time in the second century converted the Cyrenaican pentapolis into a hexapolis. The initial steps towards the determination of the site of Hadrianopolis were taken in 1968 and firmed in 1969.

The three sites all hold a particular fascination from an historical and archaeological standpoint. Euesperides was a Greek colony in origin, founded from the metropolis of Cyrene; its life must have dwindled in the fourth and third centuries BC with the silting of the Sebka Selmani, the arm of the sea which in antiquity reached north eastwards behind Benghazi to the city site and beyond. The formal ending of the city's importance occurred in 246 BC with the establishment of a new settlement of Berenice beneath the core of modern Benghazi closer to the deeper waters of the sea. Hadrianopolis offers a complete contrast. The ceramic evidence suggests that it may have existed under another name at least by the first century AD. Hadrian's involvement in the province after the Jewish revolt saw it given some evanescent prestige, but its fate was always determined by the lack of an adequate harbour facility. The small defended harbour now known at Tocra, originally the Greek colony of Tauchira, may be one of the reasons, along with an internal water supply, for the selection of Tocra as the last Byzantine stronghold in Cyrenaica. The remarkable conquests of Amr ibn Al Asi between AD 642 and 645 form a fascinating coda to the story of Byzantine control and the discovery of the dux's stronghold created from an amalgam of other buildings beside the east gate of Tocra forms one of those rare instances when the historical and archaeological record combines to illustrate the events of, effectively, a single year. These are the beginnings and endings with which this paper is concerned.

Financial support from the British Academy and the Society for Promotion of Hellenic Studies enabled archaeological teams to be sent into Libya in 1968 and 1969. In both cases the Libyan Department of Antiquities kindly provided excavation teams, although in the latter year the creation of the Jamahiriya meant that more emphasis was placed on survey than excavation. The full and final publication of the material summarised in this paper is naturally intended for Libya Antiqua and this paper simply serves to illustrate the sum of the basic results in abbreviated form.

The first of the settlements under consideration, the city of Euesperides, was founded by Greek settlers from Cyrene or Barce at some time shortly before 515 BC (see below) on the northern bank of the sheltered lagoon known as Sebka es Selmani (Fig. 3.1). The growth of modern Benghazi has made it difficult to understand the nature of the site and the reasons for its position, but since the beginning of archaeological interest it has been clear that the original nucleus of the city lay on a low hill occupied by the Moslem cemetery of Sidi Abeid. Likewise air photography at the end of the Second World War showed that the city had extended south westwards across the dried-up bed of the Sebka Es Selmani. The layout of this south western suburb followed a Hippodamian plan, with apparent provision for an agora in its central area (Fig. 3.2). Pottery found stratified in layers of marine deposited kaolin underneath the buildings of this suburb indicate archaeologically the way in which the lagoon was in the process of silting up from the inception of the city's life. In antiquity, therefore, the lagoon was rapidly drying out and the speed of the process can be inferred from the geographer Scylax who, writing during the early fourth century BC, made a distinction between the city and the port of Euesperides (Scylax Caryandensis, Periplus 108). An effective harbour was always the raison d'etre of the city from its inception. It is not surprising, therefore, to find that the dichotomy was complete by 246 BC, when there is evidence from Strabo to the effect that Euesperides had been superseded by Berenice (named after a Ptolemaic princess) on the promontory between the lagoon and the sea, the western corner of modern Benghazi. There the coastal reef offers deep coastal shelter from the prevailing onshore winds and there the focus of human settlement has remained ever since. These developments did not necessarily mean the end of Euesperides, but the continued silting of the lagoon is implied by the author of the Stadiasmus Maris Magni (57), who stated that the harbour behind Berenice was fit only for small vessels. In recent years the Sebka has become completely silted, a process accelerated first by the causeway built across it in the Turkish period and latterly by the enormous development of the modern city of Benghazi.

Excavation in 1968 and 1969 was prompted by the rescue context created by the Sebka Es Selmani reclamation project, and at a different level by the unpublished results from archaeological work undertaken on the site in 1953. In 1968/9 so many remains were either damaged or destroyed that the main priority was the creation of an adequate general plan from both air photographic and surface indications. In the south western suburb, in particular (hereafter termed the new city), the air photographs showed the grid planning of the street and house systems in the form of weed growth where walls had been robbed out to provide building stone principally, it would

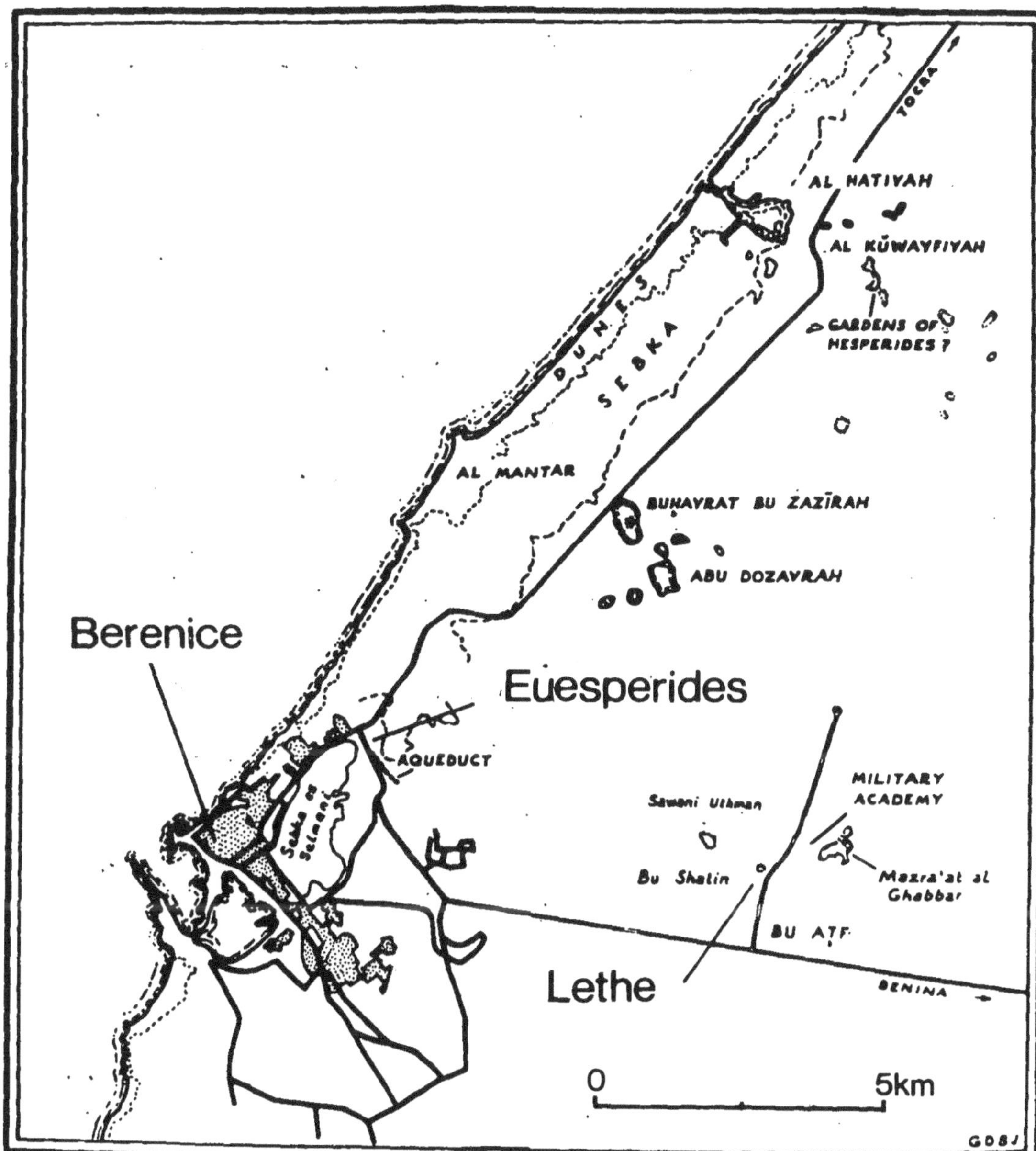

Figure 3.1 Location map of Euesperides.

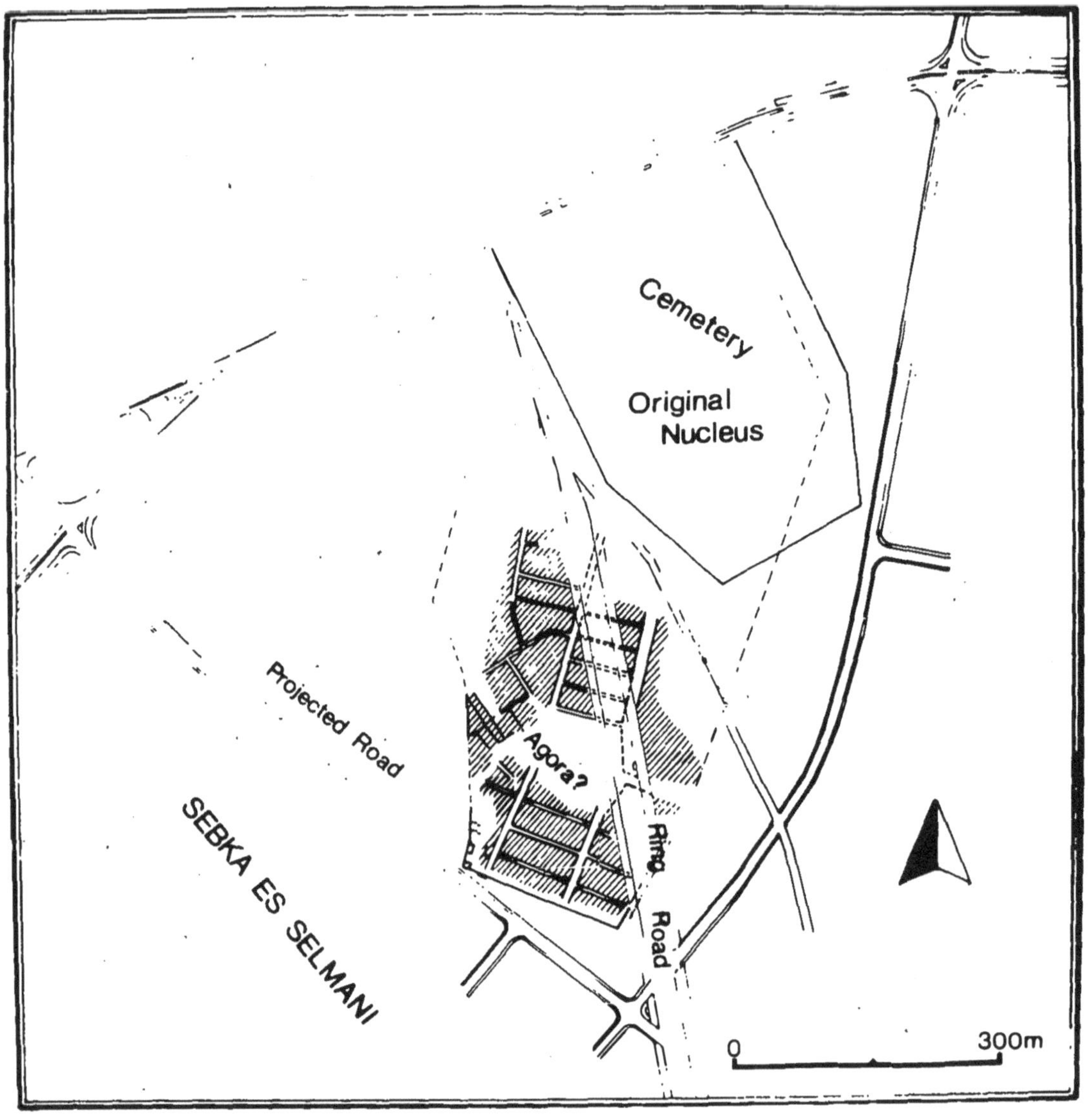

Figure 3.2 General plan of Euesperides (1969).

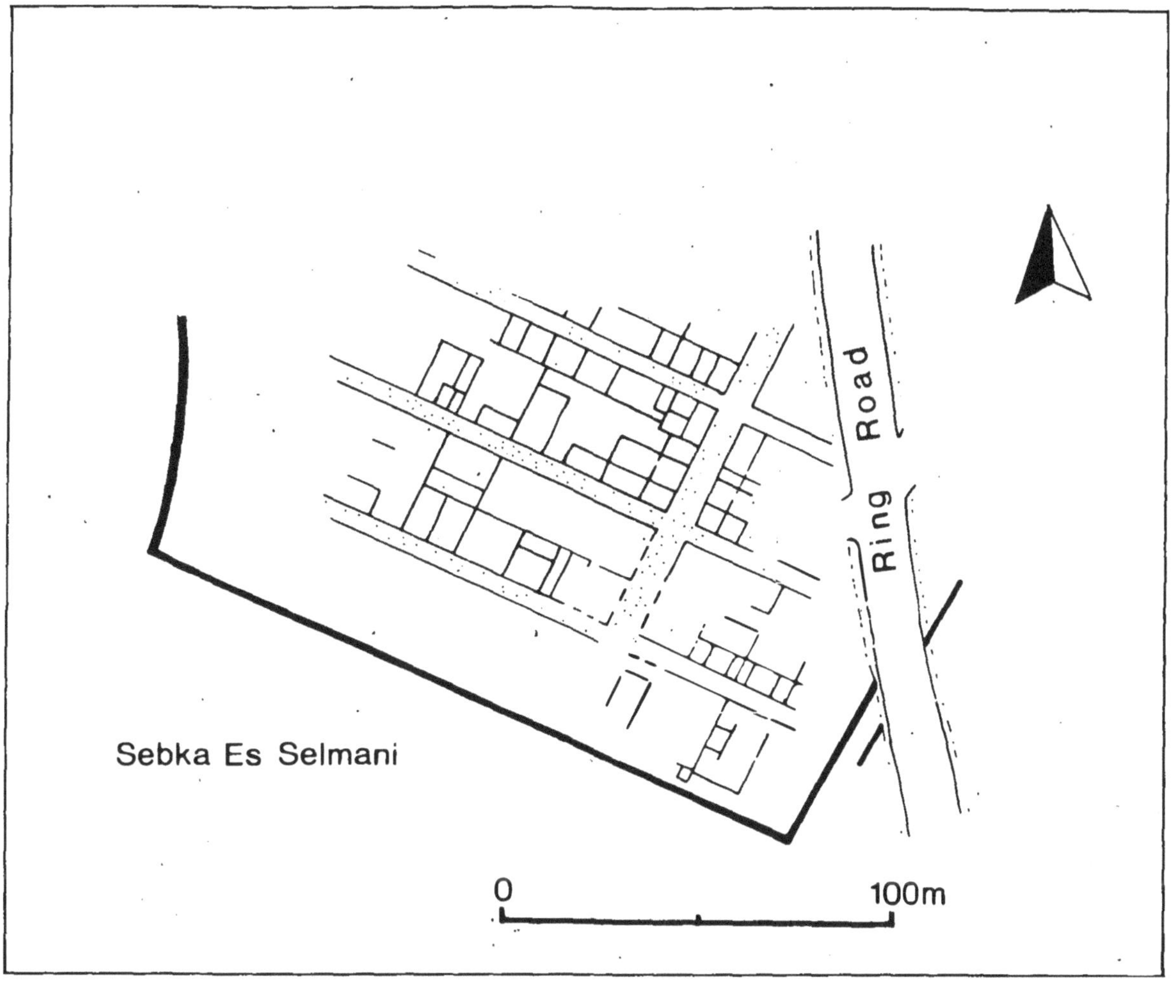

Figure 3.3 Euesperides south side, the layout of the 'new town' south of the Agora.

appear, in the Turkish period (Fig. 3.3). The survival of recognisable remains did not extend north east of the ring road (as it was in 1968/9) and effectively an archaeological blank intervened between the south western suburb and the original nucleus of Sidi Abeid which survives in the form of a low tell. While the latter still survives through its use as a cemetery area the condition of the surviving archaeology has declined still further in recent years with the development of the modern city.

The origins of Euesperides therefore lie stratified at Sidi Abeid, where quarrying in the Italian period has left a small scarp along the western side of the quarry showing stratified deposits reaching a depth of approximately four metres. According to Herodotus (4.198, 204), Euesperides was founded as a colony apparently of Cyrene at the end of the sixth century BC. In 1968 re-examination of the scarp face on the western side of Sidi Abeid (first examined archaeologically in 1953) proved useful in chronological terms by yielding pottery of mid to late sixth century date from the primary levels. Dr. A.J.N.W. Prag (Manchester Museum) has identified a sherd from the lower part of the wall in one primary stratum, of a cup in late Attic black figured, dating to c. 525-500 BC. From a second primary level, a black glaze cup rim finds its closest parallels in late 6th and early 5th century pieces from the Athenian agora. These items are sufficient to show the correspondence between the literary and archaeological evidence for the foundation date of the city. Although the work in 1953 apparently examined primary levels only in section rather than plan, it would appear that the earliest phases of the city life corresponded in character to some subsequent phases identified on the mound of Sidi Abeid. The picture is one of tightly packed houses and irregular streets, contrasting with the unco-ordinated nature of the original nucleus with the Hippodamian plan that developed in the southwestern suburb.

It was in the latter area that work was concentrated in 1968/69. Although it would be hard to prove archaeologically, it appears that both the insulae and the city wall are best regarded as contemporary and on the ceramic evidence were founded by the early 4th century BC, with the occupation continuing until at least into the third century. Most of the city wall was completely robbed away, save for a few places where it was clear that the foundation course had survived, built with massive blocks of local limestone. It measured some 1.6 metres in thickness and in the best preserved section contemporary rampart buildings abutted directly onto its interior face.

The interior is of particular interest for the development of residential architecture. Apart from the central space, presumably forming an agora, all the insulae of the new city appear to be residential in character. The third insula north of the city wall forms the best preserved of the series and contains elements of Greek house plans made familiar from such sites as Olynthus and Priene. The block itself measured approximately 90 m long by 29 m across. Within it at the southeastern end lay a recognisable living unit occupying 29 m x 45 m. A house of similar size could also be observed in the block to the south. In the principal example the entrance opened to the southwest and led directly to a large open courtyard in the interior. The principal living rooms of the house in question lay in the northeastern corner of the building, where the final phase of occupation was represented by a mosaic floor made up of offwhite limestone tesserae with a narrow black border. The walls were decorated with maroon and white wallplaster capped with a miniature stucco frieze. Two periods of battuto floor underlay the final mosaic pavement, suggesting that the life of the buildings was relatively prolonged. Some indication of the overall stratigraphy was derived from a section cut through the insula foundation. This recovered traces of timbered structures which had originally stood on the foreshore of the lagoon, probably in the 5th century BC. In this way stratified levels were traced beneath the insula floors to a depth of two metres. The deepest layers are of special interest, comprising a thick band with evidence of burnt timbers, bone and pottery. The stratum was overlain by a sterile layer, an archaeologial context which can temptingly be identified with the sack of Euesperides by the Persians in 515 BC, the context of Herodotus's first mention of the settlement's existence. At the other end of the chronological scale, the abandonment of Euesperides c. 246 BC in favour of Berenice provides a terminus, though not one as unequivocal as the destruction of Olynthus in 322 BC. From the very extensive body of pottery recovered from the excavations, it is clear that the city cannot have survived as a substantially inhabited settlement long after the recorded date for its implied abandonment. Certainly by the middle of the third century its importance as a harbour (and therefore its economic base) must have been very greatly reduced.

East of Berenice the Antonine Itinerary places the next site, Hadrianopolis, a little over half way to Tocra. The position of this apparently Hadrianic foundation was until recently in doubt (Jones and Little, 1971b). Fieldwork conducted at the same time as the survey and excavation at Euesperides located the remains of the street grid with a major decumanus at Sidi Ibraham al Ghamari, a small mosque which marked the site of old Driana prior to its relocation a kilometre away in the Italian period (Figs. 3.4, 3.5). The reason for the identification of these remains with the site of Hadrianopolis are two-fold. In the first instance two quarries providing Hadrianopolis with limestone for building were located one kilometre southwest of the city nucleus. The smaller quarry of the two yielded four inscriptions from a series of tombs belonging to a phase when the quarry was re-used as a cemetery. The most important inscription from the present point of view is that dedicated to the freedmen of the nearby town (ἐλεύθεροι ἐκ τῆς πόλεως) (The details are given in Jones and Little, 1971a.)

Further corroboration for the importance of the site derives from the discovery of an aqueduct running from a point eleven kms to the southeast of the nucleus from the bottom of the Gebel Akhdar scarp. This aqueduct has been traced for considerable distances across the coastal plain to the final rock scarp south of the city, where it reverts from a mortar line to a rock cut channel and feeds various cisterns evidently designed for agricultural purposes. The destination of the aqueduct was a series of collapsed cisterns beneath the Moslem cemetery at Sidi Ibraham al Ghamari. These cisterns were located roughly in the centre of the Roman settlement, where the survey produced both elements of the street grid shown in the accompanying plan and the outlines of buildings constructed in the familiar North African orthostatic tradition. A further element in the settlement pattern was provided by the discovery of a kiln on a low hill to the southeast of the main site. Its products were mainly coarse ware types in red or buff fabric, broadly speaking of Antonine-Severan date. This would suggest that its potters were attempting to satisfy the demands of a population based on Hadrianopolis in the latter part of the second century.

The danger perhaps lies in treating Hadrianopolis as simply a Hadrianic foundation. Samian fragments of c. AD 60 to AD 80 were located, raising the question of whether the settlement had a longer history. Indeed the geographer Scylax speaks of a site known as Cauculi Vicus between Benghazi and Tocra (Periplus 108). By way of contrast, the Stadiasmus Maris Magni (57), which is usually dated to the late 2nd century AD (though this is disputed), makes no mention of Hadrianopolis or any other intermediate site along the coast to Tocra. The explanation perhaps lies in the fact that, whilst Scylax does mention settlements that are not necessarily ports, the Stadiasmus only lists harbours. This might explain why Hadrianopolis does not appear in the latter account, because there is as yet no evidence to suggest the presence of an associated harbourage.

Again, although the site is mentioned by several late geographers, the use of the term Hexapolis to describe Cyrenaica as attested at Ptolemais

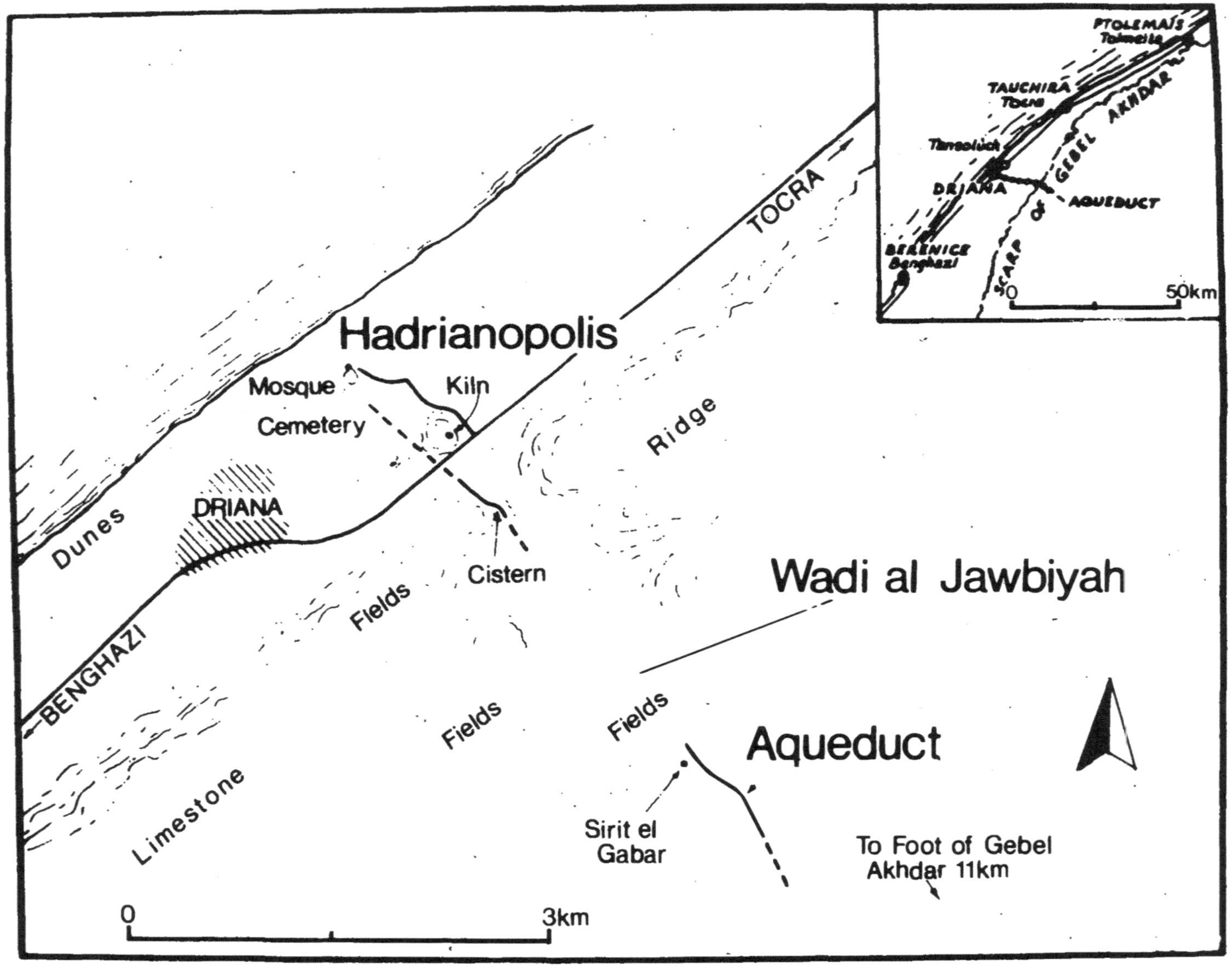

Figure 3.4 The environs of the site of Hadrianopolis and (inset) a location map of the coastal settlements.

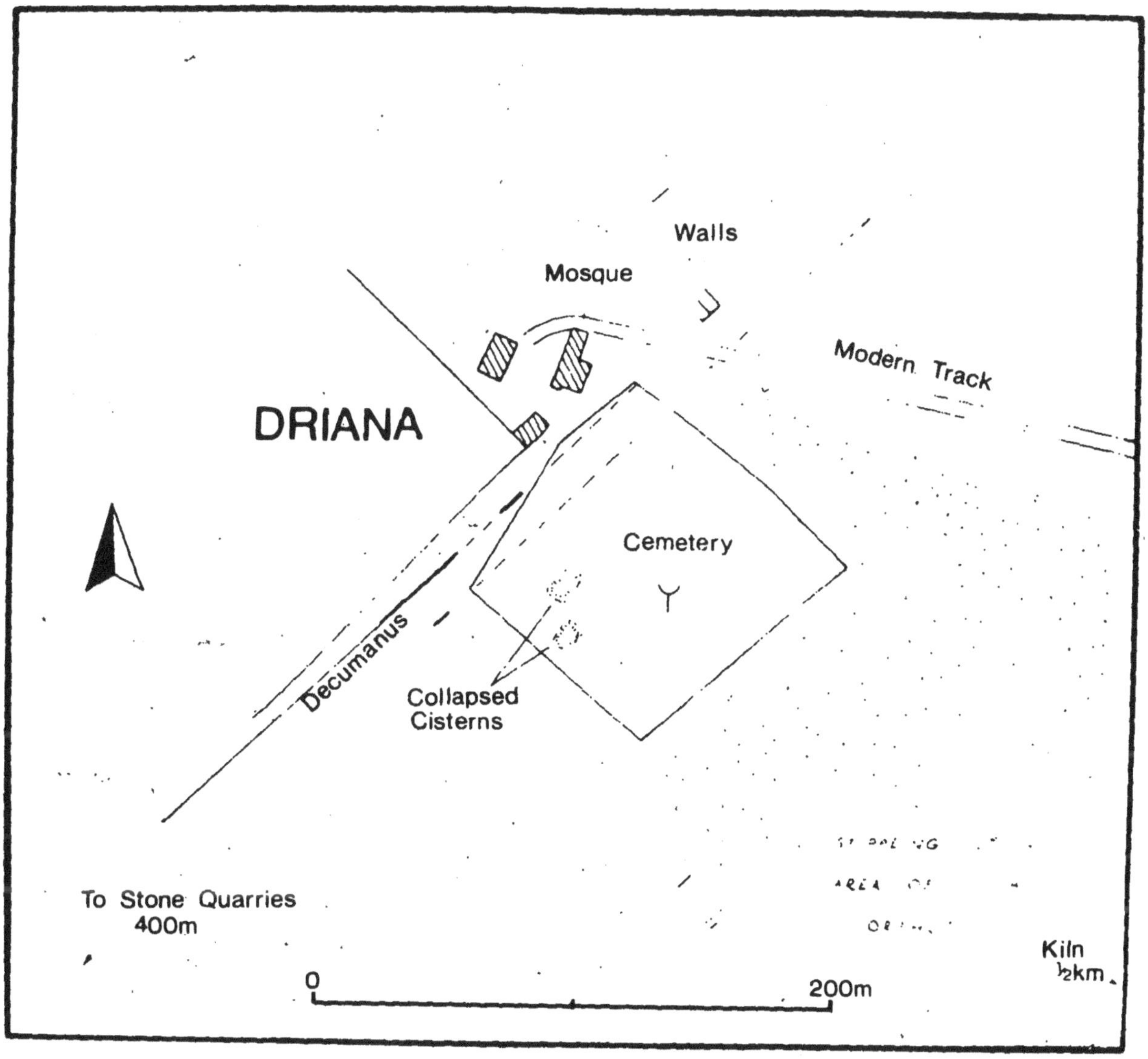

Figure 3.5 Hadrianopolis (modern Driana), centre of settlement area.

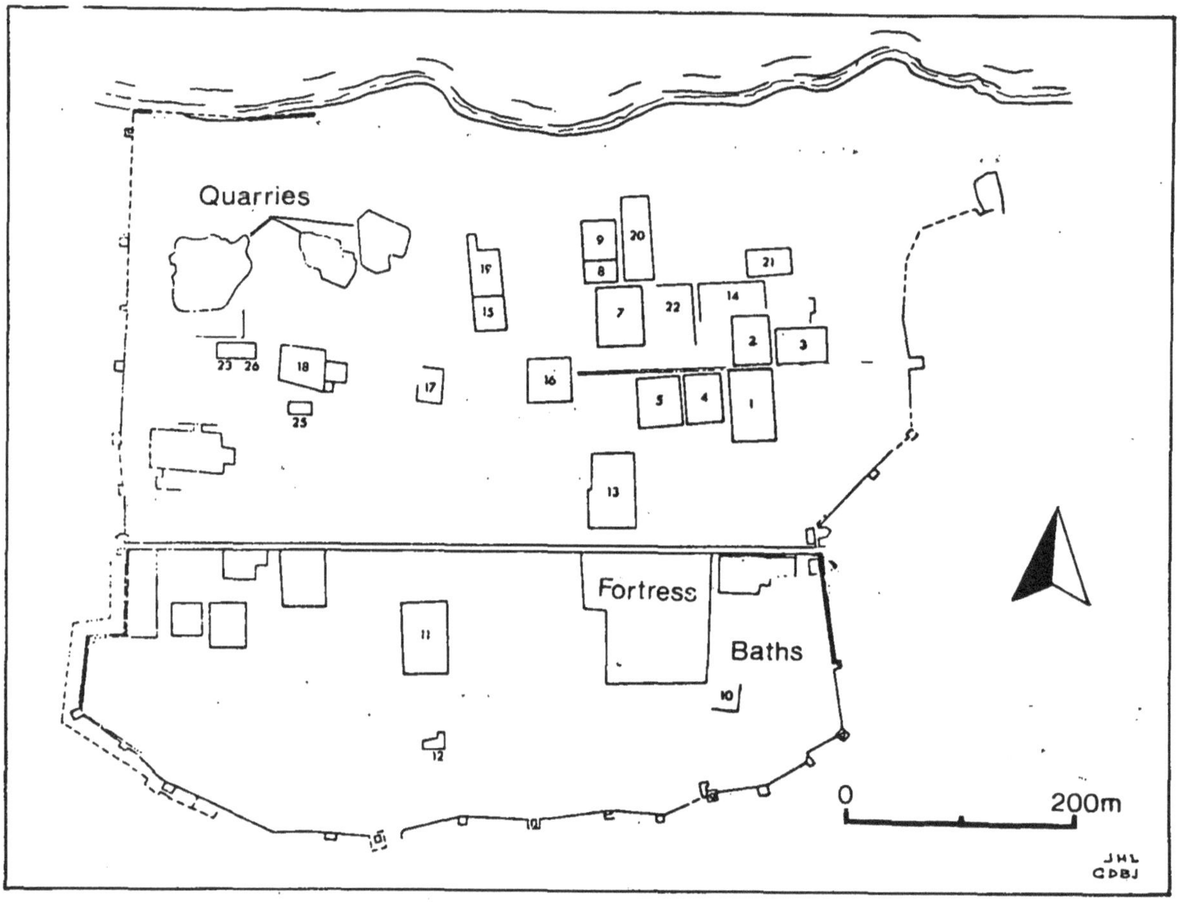

Figure 3.6 Tocra--general plan showing location of building units. The Byzantine fortress and baths occupy the southeastern quarter.

seems to have been shortlived and restricted to the second century, before reversion to the more familiar title of Pentapolis. For the earlier period there is at least a possibility that Hadrianopolis represents a renaming of Scylax's Cauculi Vicus, in view of the first century AD material recovered from the kiln area, not to say the evidence of far earlier occupation at the source of the aqueduct.

Work at Tocra was concentrated on the two major structures on the south side of the decumanus close to the east gate (Fig. 3.6). Both buildings were the sites of excavations undertaken by Goodchild in a prolonged campaign with a large labour force in 1962-65. The smaller of the two structures, namely a Byzantine bath building, does not present any particular problem, and is of exceptional interest because it is probably associated with the construction of similar buildings attested at both Berenice and Apollonia. The baths fall into a three-period sequence and are closely paralleled in structural terms by the late baths at Ptolemais, comprising an atrium at the west leading through to a massively constructed series of hot rooms. Initially there appeared to have been no cold plunge baths in the primary layout, unless reconstruction of the atrium has concealed them. After the insertion of two frigidaria in the eastern angle of the atrium, and associated changes of floor levels, the third period saw the destruction of one of the cold baths and the insertion of a very small piscina in an anteroom alongside the decumanus. This structure was built at the highest surviving floor level and an Arab : inscription from the sill of the main entrance to the baths belongs either to this period or to a still later one, but most significantly shows that the final period of use of the baths belongs to the early Islamic period, a point that has emerged from recent work at Ptolemais but, most significantly, from the adjacent building at Tocra.

The late Byzantine and Arab fortress lies along the southern side of the former decumanus at Tocra alongside the western edge of the bath suite. It comprised a fortified enclosure, the north wall of which flanks the decumanus, with a single entrance occurring down an alleyway in the eastern wall. The corners of the defended area were strengthened by the addition of circular and rectangular towers, the former on the northern side (possibly Arabic additions), the latter to the south, integral with the main structure. The main structure was constructed in great haste, as is evident throughout its whole area. Walls were built entirely from stones robbed out of earlier buildings; no real foundations were constructed and bottom courses simply rested on compacted earth, with the result that some of the interior walls are visibly out of true line or indicate the presence of underlying earlier structures (Fig. 3.7)

With this evidence, Goodchild (1967) first suggested that the fortress should be identified with the last phases of Byzantine rule in Cyrenaica. Inscriptions of later 4th century date incorporated within the structure provide a terminus post quem but more significantly the coins found during Goodchild's earlier excavations belong principally to the reign of Emperor Heraclius (AD 630-648). While there is some evidence that his coinage survived in use in the early Islamic period, this evidence is at least consistent with the suggestion that the fort was constructed on the eve of the Arabic invasion of AD 642 and captured most probably in AD 644. Moreover, as we shall see, there is now reason to suggest that the fortress survived as an entity for an appreciable period beyond the conventional end of urban life normally associated with the Arab invasion of 642 and subsequent years.

First, however, the internal plan of the fortress is of exceptional interest and finds few parallels--one of them being Troesmis on the Danube. The northern part of the interior was centred principally around two courtyards. That to the northwest, although not fully excavated, appears to have been surrounded by a peristyle supported by wooden uprights, with rows of rooms resembling barracks lining at least three sides of the courtyard. The eastern courtyard is smaller in scale and more conventionally residential in character. A series of living rooms lay between the two courtyards and there is some reason for thinking that the dux, the last Byzantine Governor, was quartered in this area. The particular reason for this line of argument was prompted by the presence of a very small bath unit on the south side. The scale of construction, notably two very small caldaria, each designed for only a single person, suggests that the baths could only have been used by a senior officer and his immediate associates. The southern side of the fortress complex was not fully cleared by Goodchild's excavations, or by subsequent investigation, which concentrated on supplying the essential elements to elucidate the overall plan of the fortress and in particular to establish the line of the southern defences. These were located 119 m south of the north wall, in modern agricultural plots. The maximum width of the structure is 112 m. The structural sequence at both the southwestern and southeastern

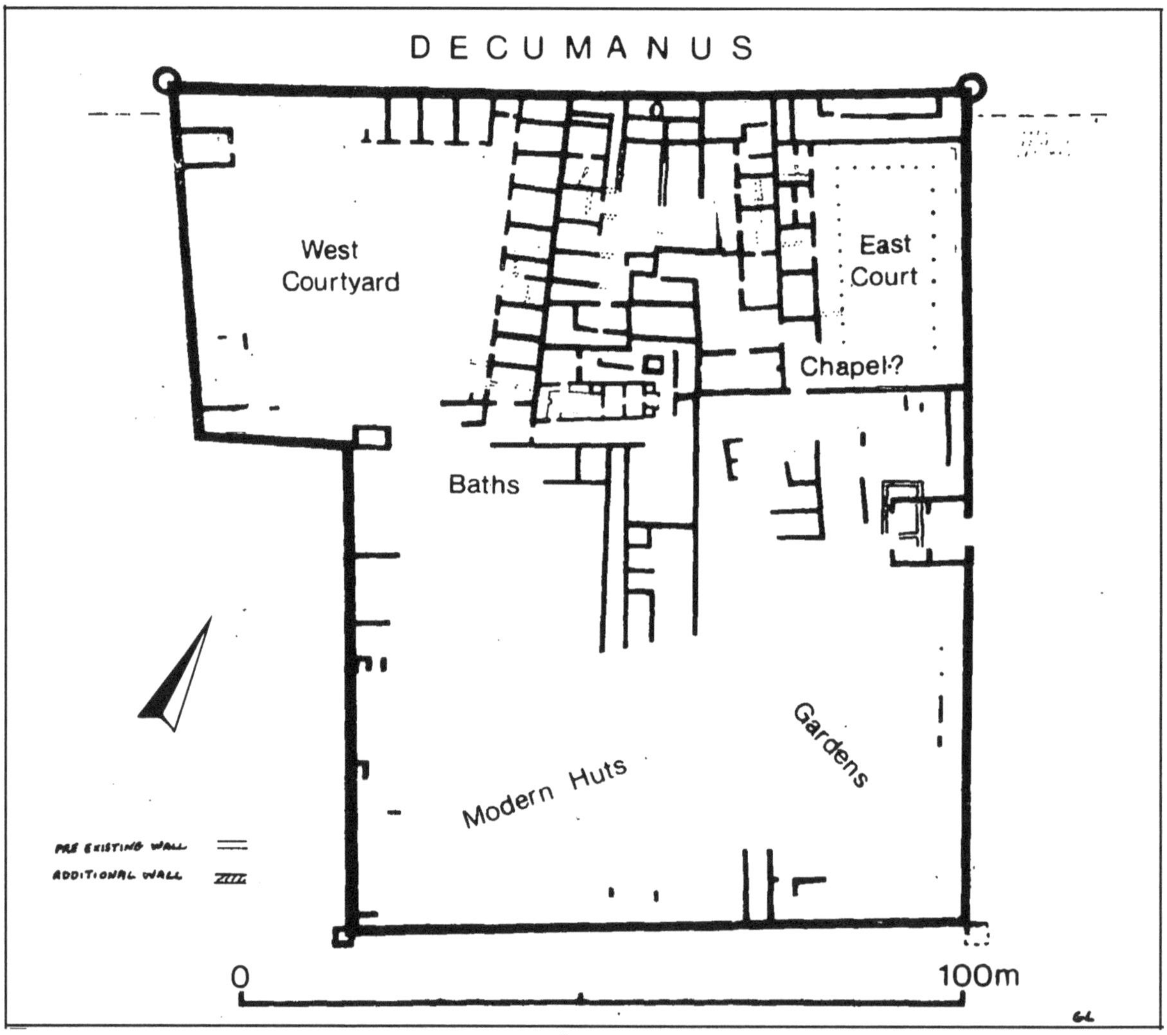

Figure 3.7 Tocra--Byzantine fortress.

corners was roughly similar. In both cases rectangular corner towers (in contrast with the circular towers of the northern corners) abutted from the main fortress wall, incorporating in the southeastern example (the more damaged of the two) elements of pre-existing wall foundations (Jones, 1983). The evidence from the southeastern corner revealed quite clearly post-fortress walls abutting onto the tower structure, suggesting that city life did not end with the Arab invasion. Likewise, although badly damaged, a similar interpretation can be placed on remains at the southeastern corner (Fig. 3.8).

This was of particular importance to the interpretation of features found projecting from the northern wall of the fortress in the original 1962/65 excavations (Fig. 3.9). The presence of these walls suggest that town life continued beyond the end of the Byzantine period, and indeed, to judge from the build up of detritus on the paved stones of the <u>decumanus</u>, to a considerably later time than the Arabic victory in th 640s. For instance, a type of Arabic green-glaze lamp dated at Medina Sultan to the 10th century and found at Tocra in the projecting wall foundation north of the fortress shows that town life amidst a presumably largely Berber population did indeed continue for some time. The same conclusion appears to be evident from the most recent work of Ward-Perkins and Little at Ptolemais to the east. There, projecting walls were also built over Byzantine street levels with, in the case of Ptolemais, a third front wall to demarcate the individual shops and workrooms that were created by this process. Tocra and Ptolemais thus tell us the same story of the end of the Byzantine period. At Tocra we are doubly fortunate in that the extraordinary presence of the last Byzantine fortress, so hastily built over the remains of the Graeco-Roman city, enable us to see a rare conjunction of the historical record with the archaeological reality.

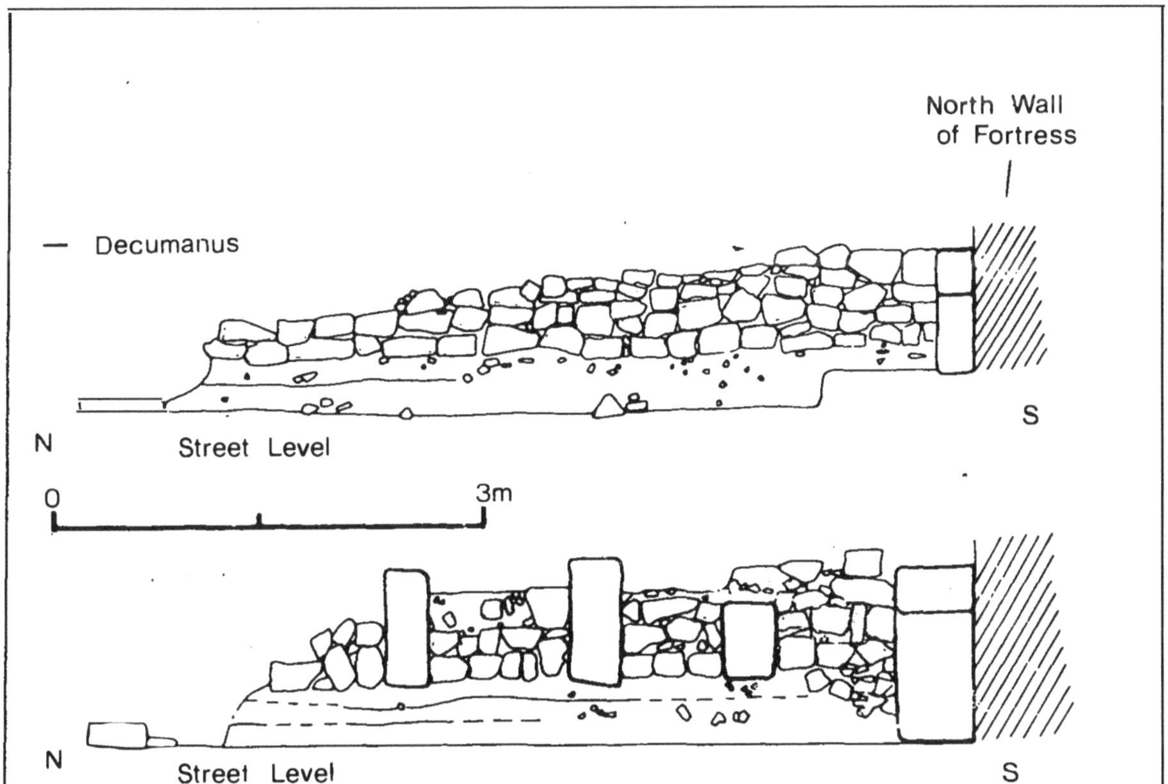

Figure 3.8 Tocra, Post-Byzantine buildings abutting the north wall of the Byzantine fortress.

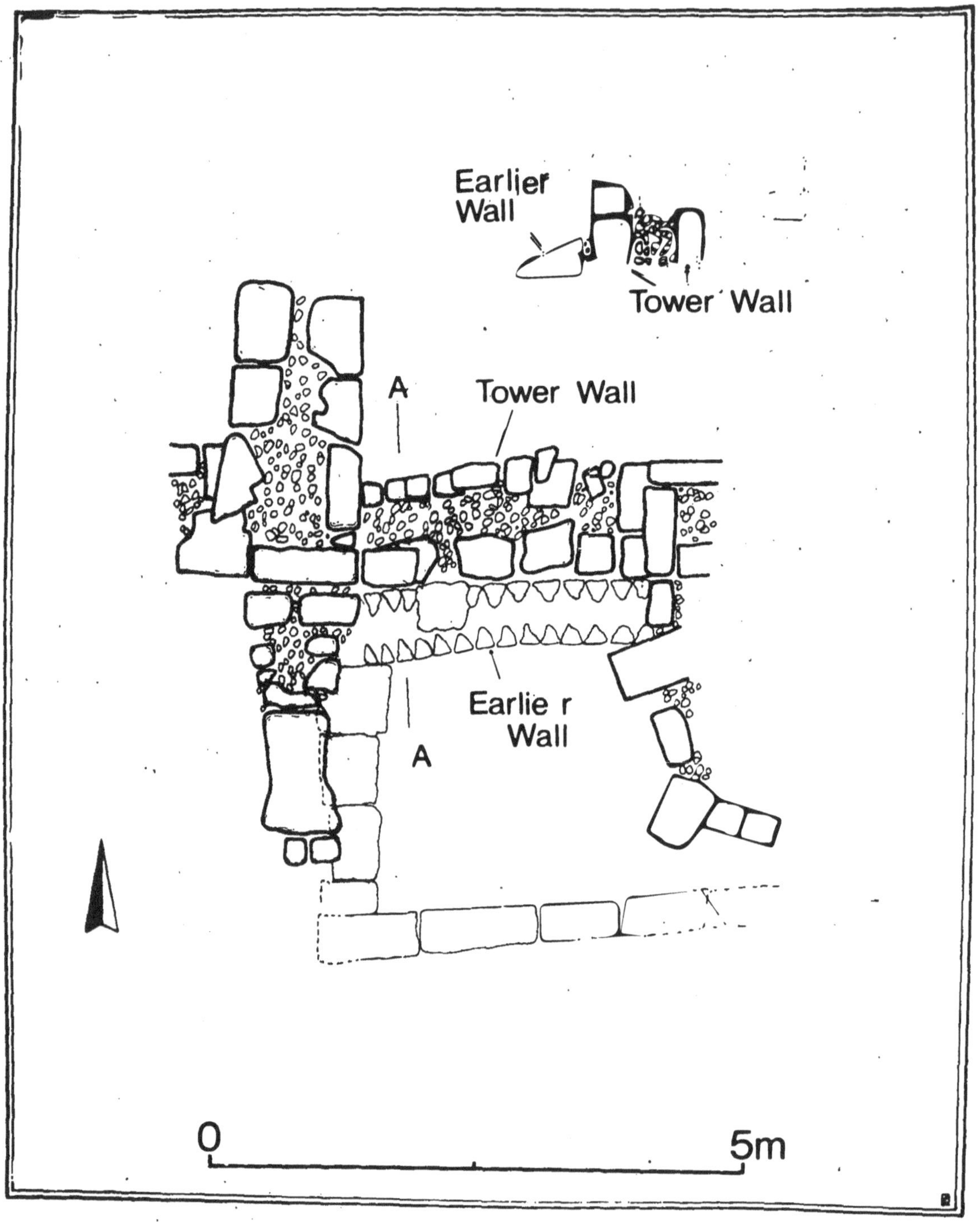

Figure 3.9 Tocra, Byzantine fortress southeast corner showing earlier and later walls.

ACKNOWLEDGEMENTS

The author's thanks are due both to the respective funding bodies, the British Academy and the Society for the Promotion of Hellenic Studies, and to the members of the archaeological team in 1969: Dr. and Mrs. A.R. Birley, Dr. D.G. Bird, Mr. J.O. Terry, Miss R.M. Deeves, Mr. J.N.P. Nichols, together with Mrs. V.A. Jones and Mr. J.H. Little, both of whom also helped in the inception of the project in 1968.

Grateful thanks are also due to the staff of the Department of Antiquities, notably the former Controller, the late Dr. A. Sadawya. The Benghazi and Tocra work was supported by Mr. A. Letrik and Mr. A. Abdussaid. In Britain, Dr. J.A. Riley, Mr. K. Maude and Mrs. S. Hazlehurst assisted with the production of the report in a variety of ways.

BIBLIOGRAPHY

Bond, R.C. and Swales, J.M. (1965) Coins from the city of Euhesperides. **Libya Antiqua** 2:9.

Goodchild, R.G. (1952) Euhesperides--a devastated city site. **Antiquity** 26:208.

Goodchild, R.G. (1962) **Benghazi: the Story of a City.** 2nd edition, Benghazi.

Goodchild, R.G. (1967) Byzantines, Berbers and Arabs in seventh century Libya. **Antiquity** 41:115-24.

Jones, G.D.B. (1983) Excavations at Tocra and Euhesperides, Cyrenaica 1968-1969. **Libyan Studies** 14.

Jones, G.D.B. and Little, J.H. (1971a) Coastal settlement in Cyrenaica. **Journal of Roman Studies** 61:64-79.

Jones, G.D.B. and Little, J.H. (1971b) Hadrianopolis. **Libya Antiqua** 8:53-67.

Lloyd, J.A. (ed.) (1977) **Excavations at Sidi Khrebish, Benghazi (Berenice), Volume 1** (Supplement to Libya Antiqua 5), Tripoli.

4. Urban Change at Ptolemais

J. Little

One of the last areas in Cyrenaica in which Richard Goodchild was active during his long and fruitful official association with the Department of Antiquities was Tolmeta, ancient Ptolemais. The Italian excavations here had been interrupted in 1942 and it was not until 1954 that the Oriental Institute of Chicago under the direction of Carl Kraeling undertook a short exploratory season's work, followed up by three full seasons of excavation in 1956-58. Kraeling's publication of this work will long remain the basis for any further research at Tolmeta.

It was in this context that Goodchild and the Department completed the excavation of the small theatre-like building which has been variously identified as an odeion for intimate theatrical spectacles, and as a bouleuterion, or meeting place of the City Council, and an account of this work was published in Kraeling's volume. This was followed in 1956-57 by an extension eastwards of the Italian excavation of the 'Street of the Monuments', the broad avenue which constituted the principal east-west traffic artery of the classical city, as well as by the clearance of a substantial stretch of the 'east avenue', the easternmost of the two broad parallel avenues which constituted the twin north-south axes of the Hellenistic street layout. In all, nearly 500 m of the east avenue were uncovered, running northwards from the Palazzo dell Colonne towards the sea. At the intersection of the east avenue with the Street of the Monuments the excavators found the shattered remains of a tetrastyle monument of a type familiar in late antiquity in the cities of the eastern provinces such as Ephesus, Gerasa and Bostra.

Following Goodchild's premature death, the Society for Libyan Studies undertook to complete the work of record and publication which he had left unfinished, and accordingly in 1978 a small team, headed by the late J.B. Ward Perkins and the author, began two seasons of work at Tolmeta; a final season is still to take place.

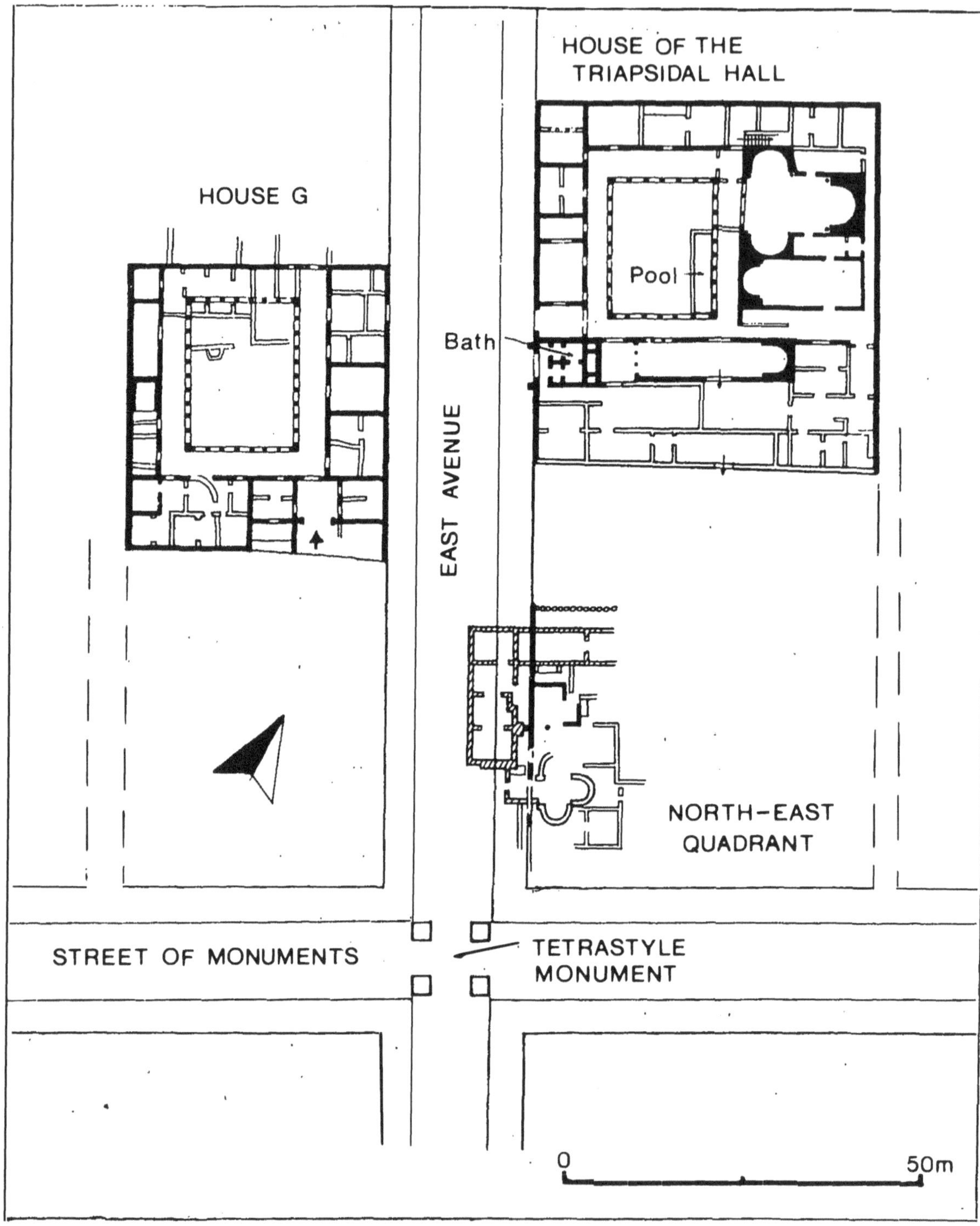

Figure 4.1 Ptolemais: the NE quadrant, House G and the House of the Triapsidal Hall.

The area involved (Fig. 4.1) lies on the northeastern part of this archaeological zone on either side of the east avenue, at this point, a very broad, paved street about 18 m wide. Goodchild had cleared a stretch of some 250 m of this street, northwards from its intersection with the Street of Monuments, as well as a shorter stretch of the latter running eastwards towards the so-called 'Headquarters of the Dux', the massive fortified building which presumably housed the garrison of Ptolemais in late antiquity. In the angle between the two streets, he had begun to clear an area which, pending a more precise identification, we may provisionally refer to as the 'northeast quadrant'. Beyond this, to the north, lies a short, unexcavated area of which the street frontage was occupied by what appears to have been a bath building. Beyond this again, still on the east side of the avenue, lay the principal objective of Goodchild's excavation, a large peristyle house which was later modified to incorporate an audience hall with three apses. This house, which had been cleared down to, and in places, well beyond the late antique floor level has been termed the 'House of the Triapsidal Hall'. Opposite it, on the west side of the avenue, Goodchild had begun to clear a similar but smaller peristyle house which, in the absence as yet of any prominent distinguishing feature, has provisionally been termed 'House G'.

HOUSE G

House G was identifiable as a rectangular building with rooms facing on to three sides of a peristyle of which the columns were Ionic, and the entablature Doric (Fig. 4.1). It was at once evident that many of the architectural elements had been reused out of their original context and that some of this reuse was of a far more systematic character than could be explained simply as a result of the occupation of a derelict building by squatters. Moreover, the stratigraphy of the later phases was still intact enough to merit careful examination. Accordingly, the first season's work was restricted to planning and recording the visible complex and to the systematic dismantling of some of the very late features. The stratified material still awaits study, but it is clearly evident that the house had continued to be occupied well into the Islamic period.

This conclusion was confirmed by surface survey of the surrounding area, and by the remains visible in Goodchild's excavation within the northeast quadrant. In this part of Ptolemais at any rate, urban life did not cease in AD 643, but continued on a substantial scale for a considerable period thereafter.

THE NORTHEAST QUADRANT

The area immediately to the north and east of the tetrastyle monument is occupied by the superimposed remains of a series of buildings, two of which impinge directly upon the 'east avenue', and only one of which has been completely cleared. The area awaits further excavation, but it is already possible to identify four distinct building phases (Fig. 4.2). The earliest of these respects the line of the east wall of the avenue. It is marked by the substantial fragments of four mosaics, among them that of a _triclinium._ Although precise stratigraphical relationships have yet to be established, it would appear that this first building was superseded by a structure of more roughly coursed masonry, whose walls were laid out with no respect for the mosaic floors of its predecessor, and whose western frontage had been advanced by some six metres across the pavement of the east avenue (building 2). Abutting directly upon the south wall of building 2 is another

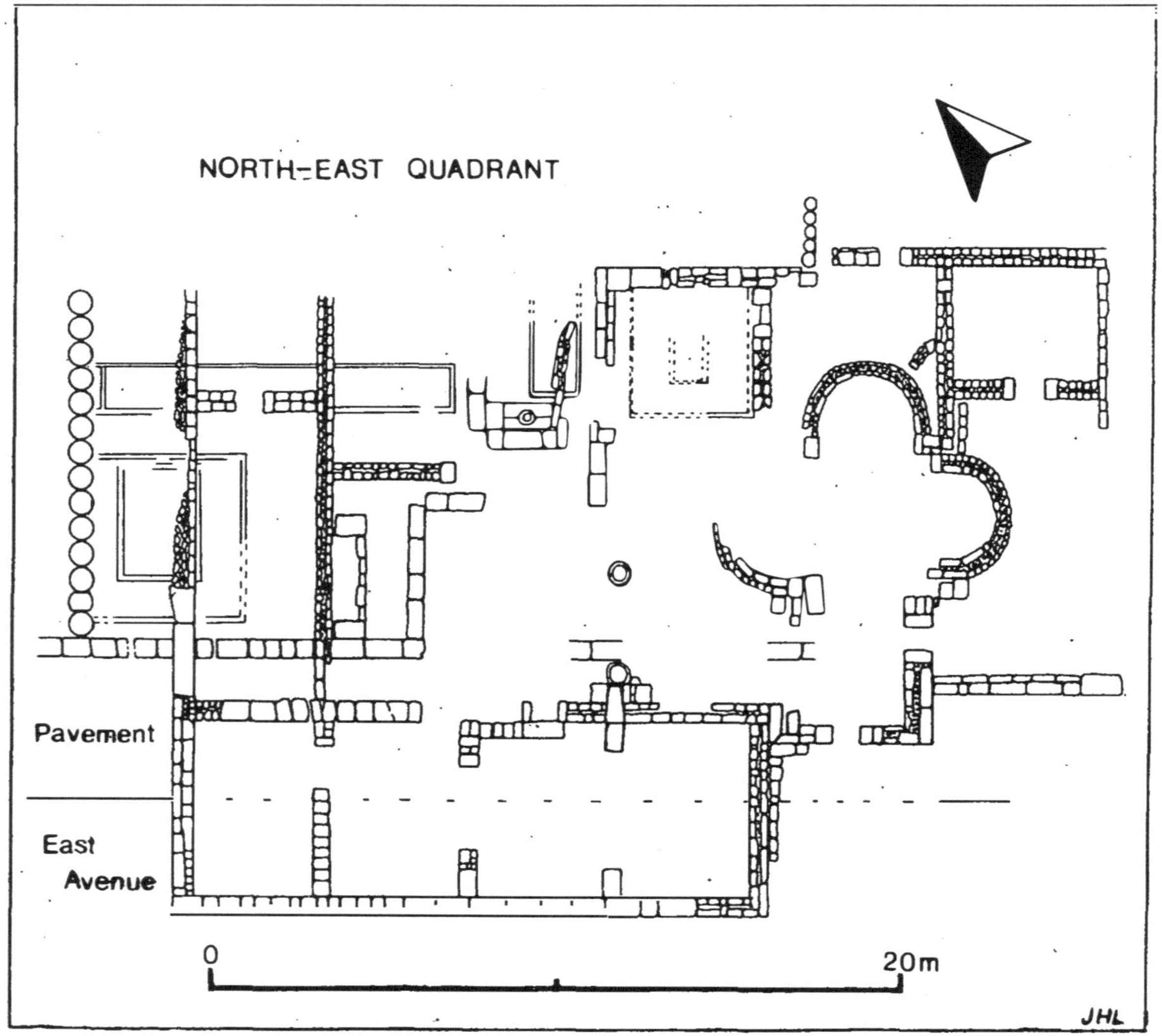

Figure 4.2 Ptolemais: the NE quadrant.

structure (building 3), orientated east-west and constructed partly of reused blocks, partly of small, roughly coursed masonry. The eastern part of this late building consists of a small triconchos, beneath the floor of which can be seen some traces of earlier walls, which in common with some other roughly built walls in the extreme southeast corner of the cleared area diverge at an appreciable angle from the line of the street. These presumably represent a constructional period intermediate between buildings 2 and 3, and the divergence of orientation is in itself a clear sign of late date. This has been confirmed by the discovery of an early Kufic inscription reused in the paving of building 3. Here then there appears to be specific evidence of organised building well on into the early Islamic period.

THE HOUSE OF THE TRIAPSIDAL HALL

The house was originally a slightly larger but in many respects very similar version of House G which faced it directly across the street (Fig. 4.1). Along the north and west sides of the Doric-Ionic peristyle, one can still make out much of the original layout, consisting of single rooms opening off the peristyle porticos, many of them interconnecting and paved with simple mosaics. There are traces of comparable rooms along the south side, but here there is also a complex overlay of later structures, including a long, narrow, apsed hall with transverse bicolumnar screens, the story of which has still to be disentangled by further excavation.

There are indications that this house may have been damaged (in an earthquake?) and for a time lay partly ruined before, in late antiquity, it was remodelled and very possibly enlarged. This involved the building of an entirely new ceremonial block embodying two large halls and obliterating all trace of the early layout. One of the halls was paved with stone slabs; it had a large apse at the east end and, facing each other just inside the entrance, a pair of similar but mosaic paved apses. The other hall had a single western apse and it was paved, nave and apse alike, in opus sectile. In front of this new wing, within the peristyle, a large ornamental tank had been inserted, with provision for rearing fish. At the same time a small private bath building was added at the southwest corner adjoining the street. The stratigraphic associations of all these buildings are still in the process of examination, but it is already clear that the major modifications to the house were made in the time when the ground level, both within the peristyle and in the adjoining street, had risen some 30 cm above that of the original pavements. The building techniques of the new east wing also indicate a late date, lending some plausibility to Goodchild's suggestion that this might perhaps have been the residence of the Governor of Cyrenaica in the 5th century. If not, it was certainly the residence of some wealthy official.

It remains to mention one further group of structures revealed in the course of the excavations directed by Goodchild. The east avenue was cleared for a considerable distance northwards from House G and the House of the Triapsidal Hall and at the northern end of this stretch, there are the remains of houses built out from both sides over the earlier pavement. This invasion of street frontages is a familiar late antique urban phenomenon and this constitutes yet another area that cries aloud for re-examination.

5. Some Aspects of Urban Development at Euesperides/Berenice

J. Lloyd

INTRODUCTION

The westernmost city of classical Cyrenaica, Euesperides (re-named Berenice in 247/6 BC), offers certain advantages to the student of urban development in the region. Most importantly, the physical characteristics of the settlement are known in some detail at three major stages in its evolution; the period from the 6th to the mid 3rd century BC (Euesperides), the 2nd and 1st centuries BC (Berenice), and the 1st to 3rd centuries AD. The isolation of these phases, and to some extent sub-phases within them, allows comparison of a common range of material features across nearly a millennium. This paper concentrates on three: urban layout and size, domestic architecture, and imported clay artefacts. Although there are many imperfections in the data it is possible to discern a set of trends within them. These trends point fairly consistently to growth in size, wealth and extent of trading contacts during the lifetime of Euesperides/Berenice. It was therefore under the Roman empire that the city reached its highest level of material prosperity. (The evidence from the period after the mid 3rd century is insufficient to allow a similar comparison to be made. However, the excavated data suggest that the fortunes of Berenice went into decline [Bailey, this volume; Kenrick, this volume; Lloyd, 1977]).

Before discussion of the evidence, I give first a brief definition of some terms which will be used unconventionally hereafter and, second, an outline of the archaeological history of Euesperides/Berenice.

The terms Greek, Hellenistic and Roman are used as convenient shorthand when referring to the main archaeological phases listed above. Clearly this does not correspond with normal historiographical practice, nor indeed with the political history of Cyrenaica. However, the loss of strict historical accuracy has been preferred to the anonymity of labels such as Period A, Period B etc. Where the terms are used conventionally the context should make this clear.

The site of Euesperides was located in 1946 and much of its layout has been recovered subsequently through aerial photography, surface survey and systematic excavation in the 1950s and 1960s. The earliest pottery belongs to the first quarter of the 6th century BC (Boardman, 1980:157; Vickers, forthcoming).

Towards the middle of the 3rd century BC the inhabitants of the city abandoned their ancestral homes and shrines and set up afresh on a new and quite separate site about 2.5 km away. Numismatic evidence suggests that the transfer had been completed by 258 BC or shortly after (Bond and Swales, 1965). The cause is unclear, but may be related to the silting of Euesperides' lagoonal harbour (Goodchild, 1962:8; Jones and Little, 1971:66). The new site, which was named Berenice probably in 247/6 BC, lay closer to the sea, where better anchorage facilities are presumed to have existed.

Since most Greek cities in Cyrenaica, and elsewhere in the Mediterranean region, continued to be occupied well into the Roman period, if not later, it is often extremely difficult to obtain more than a very partial picture of their early archaeology. The site of Euesperides, abandoned little more than three centuries after its foundation, offers an exceptional opportunity to reconstruct the physical appearance of a city of the 6th to 3rd centuries BC.

Berenice, which lies for the most part beneath the centre of modern Benghazi, was known mainly from chance finds until the 1970s. Between 1971 and 1975 extensive rescue excavations took place in the disused Moslem cemetery of Sidi Khrebish, uncovering many remains of the ancient city. The large majority of buildings and artefacts date from the Hellenistic and Roman periods, but important monuments of Byzantine date also came to light, together with evidence for limited occupation during the Islamic period (see Lloyd, 1977 for a full account of the excavated structures).

In all phases the Sidi Khrebish area seems to have lain some distance from the heart of Berenice, as is demonstrated by the discovery there of part of the Hellenistic defences and a section of a town wall built probably in the mid 3rd century AD. The latter wall is likely to have formed part of the circuit which was rebuilt under Justinian. A round tower was a later, probably Islamic, addition. Because of the outlying position of the Sidi Khrebish site we are not archaeologically well informed about the major public buildings of Hellenistic and Roman Berenice. At Sidi Khrebish a small late Hellenistic and early Roman shrine (building X) and a Roman peristyle (building L1), bearing a monumental Latin inscription, came to light. Epigraphic evidence from the site points to the existence of a temple of Apollo somewhere in the city during the Hellenistic period and almost certainly in Roman times; and, possibly, to a public building of Hadrianic date (Reynolds, 1977: nos. 1-3, 9). The excavations also produced evidence of the city's water-supply system, in the form of a channel aqueduct probably of Augustan date and a piped system which replaced it perhaps half a century later.

Other public buildings of Berenice are known through chance finds of inscriptions from Benghazi. It is possible that an amphitheatre was provided in the Augustan period (Reynolds, 1977: nos. 17-18, with discussion) and we also hear of a synagogue which was repaired in AD 55 (Reynolds, 1977: no. 16). A shrine of Aesculapius, possibly lying outside the city walls, is attested by an inscription from the Sabri area (Goodchild, 1962:11). Another extra-mural building seems to have been a temple of Aphrodite, described by Strabo (17.3.20) as standing on a small island in a lake near the city.

The public buildings of Euesperides are even less well attested. The position of the agora has been deduced from aerial photographs but no excavation has taken place there. Some surface remains to the west of the agora were identified by Wright (Fig. 5.1) as belonging to a public building but this has not been confirmed by further investigation.

At neither Euesperides nor Berenice, therefore, can we turn to the array of well-preserved monuments which vividly document civic affairs at the other Cyrenaican cities. Nor is the literary and artistic record of Euesperides/Berenice very full, although it does contain important items. There are, however, some compensatory factors. As has already been suggested, there exists a series of well-defined archaeological phases stretching from the 6th century BC to the 3rd century AD. In addition, the development of important aspects of domestic architecture (particularly house fittings and fixtures) is better understood here than at any other single major site in the region. Finally, detailed analysis of the ceramic finds from the two settlements allows insights into their trading contacts over a long period of time.

URBAN LAYOUT AND SIZE

One of the most remarkable pieces of testimony for Greek Cyrenaica is the aerial photograph of Euesperides taken in 1949 (Goodchild, 1952:211). It revealed much of the layout of the ancient city and confirmed in dramatic fashion that the Greek pottery collected from the site soon after the Second World War belonged to a major settlement. Information detected from the photograph, together with additional detail, is contained in G.R.H. Wright's plan of Euesperides made in 1954 (Fig. 5.1) and in the general plan recently published by G.D.B. Jones (1983:110, fig. 1).

It can be seen in Figure 5.1 that within the city wall, which is equipped with towers, a large part of the site is laid out in Hippodamian style. Building blocks of regular size are bounded by broad avenues running north-south, with lesser streets running east-west. An important east-west thoroughfare leads from the main east gate (site B, Fig. 5.1) towards a large open area. This piazza, equal in size to four building blocks, was probably reserved for the agora. On its western fringe are the remains of a substantial building whose function is not readily apparent but which may, as Wright suggests, have been of civic importance. This building is not aligned with the main grid but preserves (or influenced) the orientation of the minor streets in the immediate vicinity.

The creation of the 'new' city of Euesperides, as it has been termed, has generally been seen as a single act. Regular, monumental planning was the guiding principle behind the architectural development of the area. The diffusion throughout the Greek world of this style of urban planning is usually attributed to the influence of Hippodamus of Miletus, whose certain achievements in city design centre around the middle of the 5th century BC. It would be very surprising if Euesperides, at the fringe of Greek civilisation on the North African littoral, had enjoyed such a fashionable scheme before this date. Indeed, stratified pottery from the 1968 excavations in the southern half of the new town dates the establishment of the grid in this sector to the

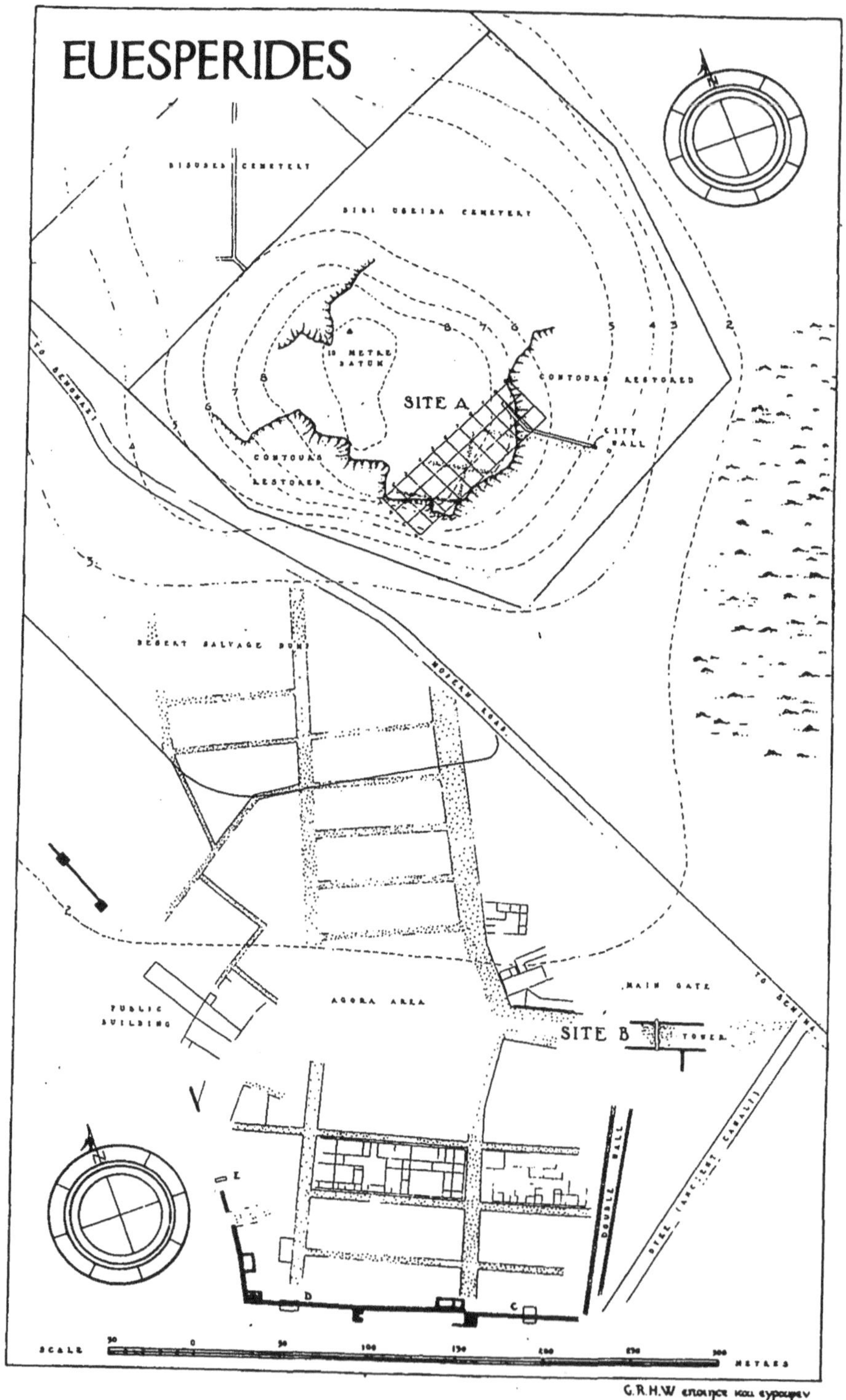

Figure 5.1. G.R.H. Wright's plan of Euesperides.

early 4th century BC (Jones, 1983:111). It may, however, be premature to assume on this evidence that the entire layout belongs to the period soon after 400 BC (Jones and Little, 1971:66), for there are possibly significant variations between the zones to the north and to the south of the agora. In the first instance, as Figure 5.1 reveals, they do not share precisely the same alignment. Second, the complete building blocks north of the agora are slightly smaller than those to the south (c. 25 x 75 m compared with 29 x c. 90 m; but note that the system of proportions is 1:3 in both cases). Complete uniformity is lacking, therefore, and this may be an indication that development took place in two phases, the later phase presumably involving the re-siting of the agora and the construction of the southern grid. Excavation north of the agora would do much to clarify this point.

The so-called 'original nucleus' of Euesperides lay further to the north, in the slightly elevated area now occupied by the Sidi Abeid cemetery. Extensive excavations directed by C.N. Johns in the 1950s and limited soundings by G.D.B. Jones in 1968 recovered pottery of the 6th century BC from the earliest levels. The oldest material seems to have come from Johns' site and has been dated to the early years of the 6th century (Vickers, forthcoming). Four metres of ancient stratigraphy were visible here in 1968, compared with two metres below the pavements of the new city (Jones, 1983:110, 114). In the large (100 x 40 m) area opened up in the 1950s Goodchild (1962:4) noted four or five successive rebuildings, spanning the 6th to 4th centuries BC. The structures were set within a network of cobbled streets. Wright's plan (Fig. 5.1, Site A) shows that the streets, which intersected at right angles, were much narrower than, and not of the same alignment as the streets of the Hippodamian-style city. Furthermore, the recoverable dimensions of the building blocks (c. 18 m and c. 20 m deep) were considerably smaller.

At Euesperides, therefore, two major phases of urban planning can be detected, the first originating probably in the 6th century BC and the second, a much grander scheme, completed by the early years of the 4th century. New defences accompanied the extension of the city to the south (Jones, 1983:111). Whether an earlier circuit existed is uncertain, since no dating evidence is yet available for the section of wall discovered in the 1950s close to Site A.

The course of the later defences can be reconstructed with a fair degree of certainty by reference to the aerial photograph and to the local topography. The main area of doubt is in the northern sector, where only the fragment of wall close to Site A serves to indicate the line of the circuit. However, no ancient buildings show up from the air to the north, east, and west of the Sidi Abeid cemetery, where the original nucleus developed, and no finds are reported from these areas. It is likely that the low ground to the east and west was marshy, if not permanently under water, during the city's lifetime (Goodchild, 1952:210, fig. 1). A reasonable supposition is that the circuit was drawn round the middle contours of the 'old' city mound (the line favoured by Jones, 1983:110, fig. 1), a siting which would have offered a slight defensive advantage against land-based attack from the north. If this reconstruction is correct, the area enclosed by the walls of the city at the moment of its greatest expansion was c. 21 hectares (the estimate being based on a north-south length of 700 m and an average east-west width of 300 m).

Much less is known of the overall plan of Berenice, where detailed knowledge is restricted to the Sidi Khrebish site on the northern fringe of the city. The formal development of this quarter did not take place until the 2nd century BC. It took the shape of an orthogonal layout in which the main street ran north-south. Traces of four building blocks, whose system of proportions was probably 1:2, were recovered (Lloyd, 1977:23-4 and fig. 53). In the 1st century AD, large-scale remodelling of the area occurred, using the framework already established by the Hellenistic grid. The major elements of the street system remained the same and the retention of the preexisting building orientation allowed some better-preserved Hellenistic walls to be re-used as foundations. All later construction, until the widespread abandonment which occurred in the mid 3rd century AD, respected this layout (Lloyd, 1977:24-5 and fig. 54).

It is not known whether the Hellenistic grid at Sidi Khrebish was an extension of an orthogonal plan established at the foundation of Berenice (which is usually ascribed to the mid 3rd century BC) or was part of a late and quite independent design. What evidence there is favours the former possibility, for it is virtually certain that the Hellenistic and Roman building alignments seen at Sidi Khrebish were those used in a part of the city over 500 m distant. In 1932, during construction work close to one of the main streets of modern Benghazi, Sharia Omar Mukhtar, ancient walls were exposed which lay diagonally across the orientation of the neighbouring buildings (Goodchild, 1962:10). Since these, like the modern street pattern, are not aligned on the cardinal points (Lloyd, 1977:fig. 2), the ancient walls were almost certainly oriented north-south, east-west, just as at Sidi Khrebish. The mosaics associated with the walls are of Roman date.

According to Solinus (27.54), writing c. AD 200 but heavily reliant on earlier sources, Berenice was provided with defences by the queen of Ptolemy III, who also gave her name to the city. Part of a Hellenistic city wall was discovered at Sidi Khrebish (Lloyd, 1977:43-52). At a much later date, in an honorific decree which dates probably from 62-1 BC, the city is described as unwalled (Reynolds, 1977: no. 3). In view of the evidence mentioned above this is unlikely to mean that Berenice had never been fortified. A more persuasive interpretation, perhaps, is that its defences had fallen into decay or had been badly damaged by the series of recent disturbances that the text describes. Amongst the many acts for which the beneficiary of the decree, Apollodorus, son of Pancrates, is honoured may be a diateichismos (the reading of the text is uncertain), which would seem to imply that there was a pre-existing circuit to be made use of.

It is extremely difficult to estimate the extent of the Hellenistic fortifications. Over twenty years ago Richard Goodchild, whose sympathetic understanding of Cyrenaican archaeology has rarely been equalled, suggested that the city extended from the modern port to the Fonduk and from the lighthouse to the then stadium (Goodchild, 1962:9). The excavations at Sidi Khrebish fully confirmed part of his hypothesis, for the Hellenistic defences ran immediately below the lighthouse. The precise position of the other corners is still uncertain, however. If Berenice's walls reached the points predicted by Goodchild, the enclosed area was of the order of 100 hectares (Lloyd, 1977:20, fig. 3). This may be an over-generous estimate. Even to reduce it by half, however, which would make it difficult to fit in all significant past finds from Benghazi, would produce a walled city nearly two and a half times as large as Euesperides.

If Berenice occupied more space than its predecessor, was its population also greater? Simple comparison of walled area need not be an accurate guide to city numbers, as Duncan-Jones (1982:261-2) and others have pointed out. The basic problem concerns density of occupation, which will be affected by many factors. The percentage of space given over to public use might vary through time, as might the proportion of the city's population living in the countryside. Not all of the intra-mural area might be built upon, as the evidence from cities like Athens, Priene, Megalopolis and Ptolemais in Cyrenaica (to mention just a few examples) suggests. The predominant type of housing also has important implications for the number of intra-mural inhabitants. At Ostia, for example, where multi-storey dwellings were numerous, estimates of the city's population in the 2nd century AD centre on 40-45,000 people living in a walled area of c. 69 hectares (Meiggs, 1973:532-4). At 3rd century AD Volubilis, a town of c. 45 hectares, there were no tenement blocks and the population has most recently been estimated as 10-12,000 (Whittaker, 1977:71).

We do not know enough about the public buildings (including streets) of Euesperides and Berenice to be able to calculate their relative spatial allotment. We are also poorly informed about their rural populations. It is possible, however, to comment on the extent of intra-mural building and on the character of housing at the two sites.

At Euesperides it can be seen that at Site A and in the southern part of the new town construction was carried very close to the city wall. At Berenice, where we are dependent on the Sidi Khrebish evidence, the expansion of permanent settlement in the 2nd century BC came within easy reach of the northern Hellenistic defences (Lloyd, 1977: fig. 53). In the Roman period the occupied zone was extended further, with the addition of the buildings known as H, W and BB. Some previously used lots, notably in Insula I, were left vacant (Lloyd, 1977: fig. 54), but the balance of the Roman development was weighted towards expansion. The key building in this respect was the spacious and luxuriously appointed mansion W, whose construction in the early 3rd century involved the suppression of a substantial section of the Hellenistic city wall (if, indeed, the defences had not been dismantled as early as the second quarter of the 1st century AD, a thesis for which there is some evidence [Lloyd, 1977:52]).

It is of course a possibility that while the Sidi Khrebish quarter of Berenice was experiencing growth, other parts of the city were declining. Urban history offers many examples of such a process. It has to be remembered that only a small part of Berenice, probably less than 10% of its walled area, has been excavated. The broad currents of archaeological development traceable at Sidi Khrebish may not accurately reflect those of the city as a whole. At Euesperides, too, only a sample of the potential evidence, albeit in some respects a larger one, is available.

Insofar as it is possible to generalise, therefore, it seems that at both Euesperides and Berenice it was usual in periods of growth to use most of the land enclosed by the city walls for building purposes. At Berenice there may have been a period of two or three generations following the foundation of the city when some distance remained between the siting of the walls and the nearest housing blocks. At Sidi Khrebish, however, there was dense settlement from the 2nd century BC through to the 3rd century AD, with some signs of fresh expansion in the Roman period.

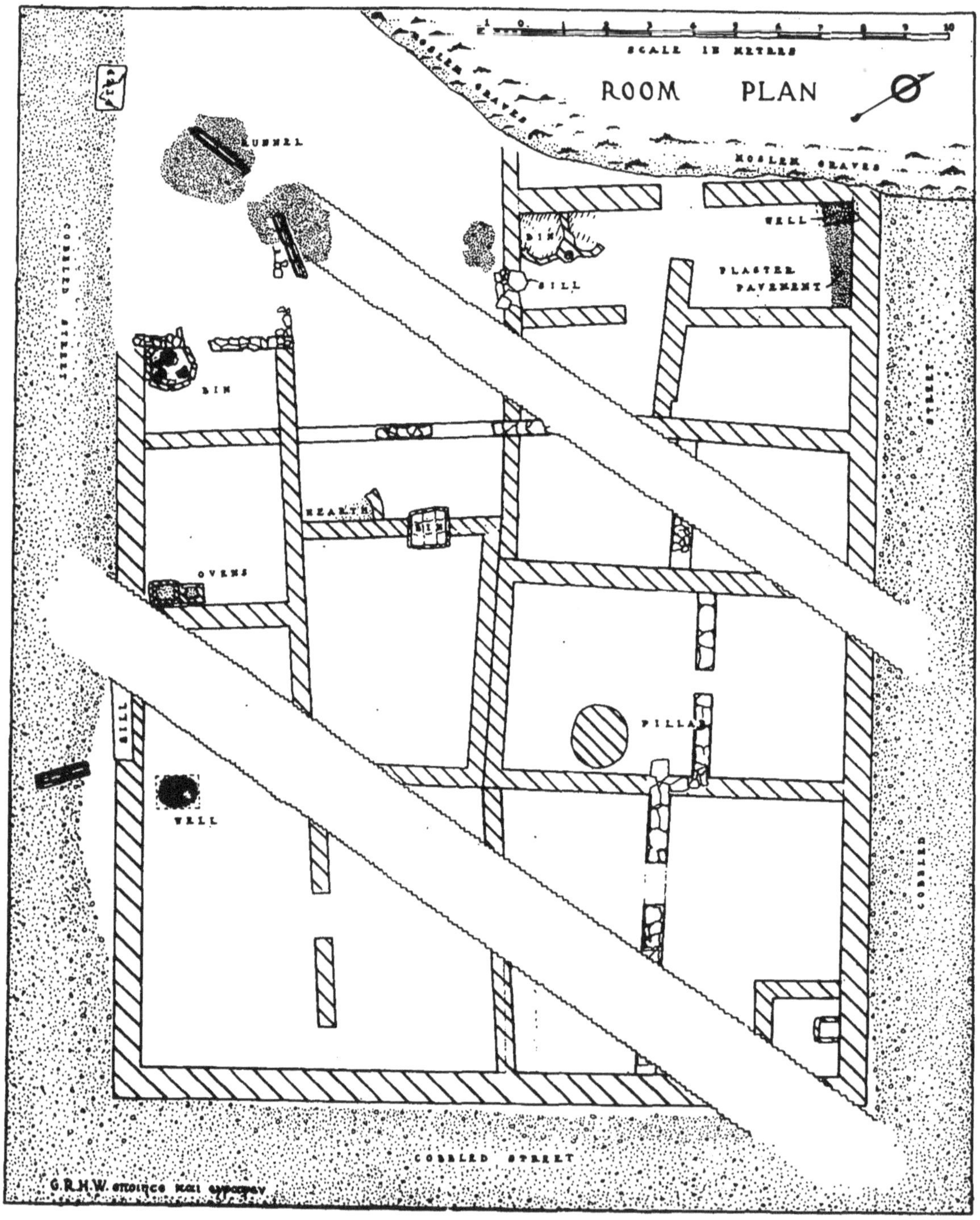

Figure 5.2. G.R.H. Wright's plan of Site A at Euesperides.

The domestic architecture of the two settlements can be examined at several important stages. The decorative elements of the houses will be discussed in the following section. Here the aim is to analyse their basic structure, with a view to determining what changes, if any, occurred in living accommodation.

In the original nucleus of Eusperides, the 1950s excavations uncovered part of a building block which contains the earliest housing yet known from the site, dating from the 6th to 4th centuries BC. Wright's plan (Fig. 5.2) appears to show at least two and probably three back-to-back dwellings of simple character, in what is presumably the latest phase. The external walls of the block were 80 cm wide, the internal walls thinner. Although such foundations could in theory support two or more storeys, there is no indication on the plan (in the shape, for example, of staircases) that this was in fact the case.

In the lower city, survey and excavation in 1968/69 have added welcome detail to the schematic house plans long visible on the surface (Jones, 1983:109-14). The remains are now known to date from the 4th and 3rd centuries BC. The identifiable house units in this area were large (c. 29 x 45 m), with foundation dimensions similar to those in the original nucleus. Careful excavation of part of one house produced no definite evidence of more than one storey, although its walls were substantial enough to support more. This house and its neighbours are in any case unlikely to have possessed more than two storeys, on comparative grounds. The main tradition of late Classical and early Hellenistic architecture, to which these buildings seem to belong, did not favour multi-storey dwellings (Lawrence, 1973:238-49).

At Sidi Khrebish the presence of substantial Roman remains made thorough investigation of the underlying Hellenistic structures impossible. Nonetheless, many soundings into the Hellenistic levels were carried out and systematic exploration was achieved in Insula III, where the Roman buildings were less extensive. The net result was the complete plan of one house and fragmentary plans of several others. All were built of faced rubble and mud brick, with orthostatic masonry used for the lower courses of the outer walls. The intact house (building A1) measured 17 x 25.5 m. Like those of its neighbours its foundations were of similar dimensions to the houses at Euesperides. Once again there was no evidence of multi-storey occupation (Lloyd, 1977:39-41).

In the Roman period some structural and design differences emerge. When the Roman houses were built it was standard practice to begin construction by digging massive foundation trenches, sometimes over 1.5 m in depth, according to the ground plan of the building. These were packed with clean sand which was then rammed firm. On this foundation several courses of large block masonry were laid and the upper part of the walls was completed in mud brick. Occasionally Hellenistic walls were used in place of the sand trenches but for the most part much laborious digging and filling had to be carried out (Lloyd, 1977:85-7).

What was the purpose of this huge effort? The technique was not entirely new, for a much shallower form of the sand trench had been used below some Hellenistic walls. The scale of the Roman operation, however, was vast by comparison. The possibility that the use of the sand trench foundation was a precaution against earth tremors (Lloyd, 1978:103-4) should not perhaps be discounted, but a more obvious explanation of the technique might be that it was designed to provide adequate support for tall buildings. The excavated debris of the structures, however, offered no substantiating evidence. As at Euesperides, one or, at most, two-storey dwellings seem to have been the rule.

The houses in this part of the Roman city were not of uniform design. Some stood independently, like the small house B2, with its attached yard or garden, and (possibly) the larger and richer house H. The greater number was contained within building blocks, notably Insulas II, IV and V, where dwellings ranged in size from small to moderately large. The unsystematic division of space within the blocks recalls the later phases of development in the domestic insulas at Pompeii, when large and small houses, shops and workshops were mixed haphazardly together (Ling, 1983). In Pompeii this was the result of a long history of changes in property boundaries and building functions. At Berenice, although the much reduced nature of the remains makes it difficult to reconstruct property boundaries with anything like the same degree of precision as at Pompeii, the blocks seem to have been planned from the beginning with an unequal allotment of space. There is a marked contrast with the mechanical division apparent in the new city of Euesperides and the Hellenistic period at Berenice.

It has often been suggested with regard to Pompeii, most recently by Ling, that the fragmentation of formerly spacious town houses in the 1st century AD indicates a growing pressure on living and working space within the city. It would be interesting to know whether similar pressure at Berenice led to the provision of both extensive and intensive living arrangements in the same locality, which we see at Sidi Khrebish in the Roman period. Unfortunately, although the question may be raised, the evidence is insufficient to allow a reasonably certain answer.

More positively, it does seem clear that there were many elements of continuity in the domestic architecture of Euesperides and Berenice. Apart from the use of the sand foundation trench, the precise purpose of which is mysterious, materials and methods of construction differed little. High-rise dwellings were lacking, although in the later Greek period at Euesperides and in the Roman period at Berenice both cramped and spacious living quarters were in use. Better data from Hellenistic Berenice would probably reveal a similar pattern.

It appears that no major innovations in the style of housing occurred throughout the period in question. The problem of population, therefore, may be addressed with more confidence. As we have seen, it is probable that Roman Berenice was larger than the Hellenistic town, and much larger than Euesperides. Variation in the density of settlement in the three main phases seems to have been small, with, if anything, traces of greater activity in the Roman period. Thus, although there are undeniable problems with the reliability of the data, the available evidence points towards a rising curve of population numbers, accompanying a growth in urban size, through the history of the two settlements.

No doubt there were troughs in the graph. We know of a number of events which may have left their mark on the city's fortunes. For example, the Persian reduction of Cyrenaica in 515 BC reached as far as Euesperides (Herodotus 4.204); during the period of instability following Ptolemy Apion's death in 96 BC Berenice experienced civil unrest as well as piratical attacks (Reynolds, 1977: no. 3); the Jewish revolt of AD 115 involved heavy loss of life at Cyrene and has been supposed to have affected Berenice severely (Goodchild, 1962:12). However, the archaeological record seems to indicate that such difficulties, together with others which we know of and more, no doubt, of which we are ignorant, were eventually overcome. To judge from the Sidi Khrebish area it was not until the 3rd century AD that Berenice suffered sharp and long-lasting decline.

INTERNAL DECORATION AND ARCHITECTURAL ORNAMENT OF PRIVATE HOUSES

The excavated houses of Euesperides show little trace of elaborate decoration. At Site A in the old city parts of two mortar floors are preserved (indicated as 'plaster pavement' on Fig. 5.2). The remaining floors seem to have been of earth. In the new city of 1968/9 excavations discovered a very simple mosaic floor in a room which also produced a stucco moulding and white and maroon wallplaster (Jones, 1983:114). Goodchild (1962:4) speaks of 'pavements of pebble mosaic' visible 'here and there' amongst the ruined houses, so presumably more decorative floors could be seen at one time.

In the available site records (which are extremely scanty for the 1950s excavations) no trace survives of architectural refinements such as colonnades or carved stone door frames. The original picture may not have been so bleak. It would be surprising if the abandoned city had not served as a stone quarry for the settlers of Berenice and ready cut architectural members may have been especially prized. The Hellenistic defences made much use of cannibalised masonry (Lloyd, 1977:45).

No mosaic pavements of Hellenistic date have yet been recovered from Berenice as a whole and the Sidi Khrebish excavations did not produce even a single, tell-tale tessera from the early levels. The moderately large house A1 had floors of trampled earth throughout. Like the other houses it was without painted wall decoration. Decorative masonry was also lacking, with two exceptions: a very modest limestone altar possibly from house B1, and a pair of painted and moulded stone door jambs from the <u>andron</u> of house A1 (Sear, 1977: A3 [door jambs] ; A4 [altar—perhaps to be associated with the shrine, building X]).

The Roman houses presented a very different appearance. In total one opus sectile (marble) and 27 mosaic pavements are known from the Sidi Khrebish site. Some of the mosaics are of high quality, using marble, glass and a variety of coloured stone tesserae. Floors of this character were not confined to this district of the city. Building operations in central Benghazi in 1932 and 1940, over half a kilometre from the Sidi Khrebish site, uncovered at least four mosaics (Goodchild, 1962:10-11).

The 1970s excavations also recovered numerous fragments of marble wall veneer (all of it imported) as well as wall mouldings of marble and stucco and much painted wallplaster. The finest paintings, depicting the Muses and architectural fantasies, came from house H. Three of the houses had colonnades (H, P1 and P4) and two others (the palatial building W and building R3) almost certainly did. These and other houses produced elements of moulded stone door frames, windows and cippi (Sear, 1977: passim).

At first sight this appears to be impressive testimony of the relative levels of private wealth in the Greek, Hellenistic and Roman cities, pointing to considerably greater prosperity in the 1st to 3rd centuries AD. The truth of the matter may not be quite so simple. Above all, we need to be sure that we are comparing like with like, not only in terms of the cross-section of housing available for each phase but also in terms of the pattern of expenditure of private wealth which was typical of Greek and Roman society (as Susan Walker pointed out to me during the conference). To take the first point first, clearly the Roman houses have been much more fully explored than those of the earlier periods. It is also possible that the Sidi Khrebish area was a poor suburb in Hellenistic times, going 'up market' only with the re-development of the 1st century AD--although it was never a ghetto of the rich in Roman times, as the mixed character of the housing and the existence of other well-appointed homes elsewhere in the city suggest. The probable spoliation of Euesperides upon the transfer to Berenice has already been mentioned. All these factors could contribute towards an unjustifiably exalted view of the size of the private purse in the Roman period.

It would also be highly desirable to know how house owners chose to spend their wealth, since this may well have varied through time. In democratic Athens of the Classical period, the rich citizen would spend most of the daylight hours away from home. His wealth would be displayed in many ways (including the fulfilment of liturgies which benefited the city at large) but not, it would appear from literary and archaeological evidence, through the splendour of his home. If Demosthenes' often-quoted remarks (3.26) are to be believed, it was difficult before his day to distinguish between the houses of Athenians rich and poor. No doubt a pinch of salt would not be inappropriate here (the wealthy Callias, a man of distinguished ancestry), seems to have lived in less than simple surroundings (Plato, _Protagoras_ 314-5). However, the archaeological evidence from Athens, fragmentary though it is, to some extent offers support for Demosthenes. Although there are diffences between wealthy and poor houses of the Classical period, the wealthiest yet known are not characterised by the abundance of luxurious _permanent_ fittings, like mosaics, marble and wall paintings, which are found in some Hellenistic and many more Roman houses (Wycherley, 1978:237-45). This was probably not because rich Athenians could not afford such things but that fashion, social needs and perhaps other factors as well channeled their money in other directions. The wealthy Roman, on the other hand, had much more interest in beautifying his home in accordance with the mode of interior decoration transmitted from the Hellenistic world. At the daily _salutatio_ he was accustomed to receive many clients and might use his residence, amongst much else, to advertise and enhance his social status.

We do not know to what extent, if at all, the codes of behaviour which operated in classical Athens and Republican and Imperial Rome were observed at Euesperides and Berenice. For what it is worth, political power in the Greek and late Hellenistic cities seems to have been in the hands of a small, aristocratic group (Fraser, 1951; Reynolds, 1977: no. 3). In Roman times a collection of graffiti from house H points to a (perhaps transient) Campanian presence in the town (Reynolds, 1977: no. 6, i-iii, v) and there are hints of Italian influence in the funerary architecture of the period (Dent _et al._, 1984:207).

It is very likely that the values of these groups, and others, will have influenced local domestic architecture, but it is hopeless to attempt to estimate the extent of that influence. The evidence of fixtures and fittings does not necessarily permit easy conclusions about relative levels of private prosperity. There is another aspect of it, however, which merits discussion and where we may be on firmer ground. If it is assumed that in Roman times the inhabitants of Berenice spent more on permanent adornment of their houses than their predecessors (which, despite the problem of like samples, seems a reasonable proposition), they were helping to sustain the livelihoods of builders, mosaic artists, painters, stone-carvers, marble merchants and others to a greater degree than had earlier been the case. This will have had implications for employment, and thus population size, within the town. It would be unwise perhaps, to think in terms of large numbers and it is important to remember that some craftsmen, like the painter of the Muses in house H, may have been journeymen whose homes were far away. Nonetheless, a modest growth in the settled artisan community may be predicted. A recent study of the Benghazi mosaics, in the context of the mosaics of Roman Cyrenaica as a whole, comes to the conclusion that several local workshops served the region (Michaelides, 1981:326-7). Given the number of pavements now known from Berenice, the city may well have been able to support its own school.

IMPORTS OF CLAY PRODUCTS

The third category of evidence concerns trade in imported amphoras, fine and plain pottery, and pottery lamps at Euesperides/Berenice. Only one of these products, amphoras, may be representative of bulk, high value trade (in respect of their contents) and the limitations of these data with respect to total trade are acknowledged. However, in the absence of a single text referring to the imports of Euesperides/Berenice we must use what evidence we can.

The following tables are compiled from the studies of the earliest finds at Euesperides (Vickers, forthcoming) and of the fine ware, lamps and amphoras (including other plain wares) at Sidi Khrebish by Kenrick (in press; see also this volume), Bailey (in press; see also this volume) and Riley (1979) respectively.

Table 5.1 shows the range of fine pottery (and one terracotta) which reached Euesperides during the period c. 600-480 BC. No imported lamps of this date were recovered from Johns' excavations (which provided the material studied by Vickers) and the coarse wares have not yet been examined. The range of imports is similar to that found in the sanctuary deposits at Tocra (Boardman and Hayes, 1966) and in other Archaic contexts in Cyrenaica (Vickers, forthcoming). [NB The few published data for Euesperides in the 5th to 3rd centuries BC mainly comprise finds looted from tombs and are not tabulated here.]

Table 5.1 Imported clay artefacts from Archaic Euesperides.

EUESPERIDES: ARCHAIC PERIOD	
Mainland Greece/Aegean	**Asia Minor**
FINE POTTERY (Corinthian, Attic Laconian, 'Parian')	FINE POTTERY (Rhodian, E.Greek)
	TERRACOTTA (1 Rhodian)

Table 5.2 lists the Hellenistic imports found at Berenice (Sidi Khrebish). The finds date mainly from the 2nd and 1st centuries BC, with a little material of the late 3rd century. The very few residual finds of much earlier date are excluded. The timespan of the Hellenistic finds is longer than that of the Archaic finds. Nonetheless, a considerable geographical extension of provenances is clearly indicated, as well as an increased range of goods.

Table 5.3 lists the imports of the Roman period found at Sidi Khrebish. The timespan is slightly longer than that of Table 2. Again there is evidence of an increased variety of goods, and of items reaching the city from even further afield. Virtually every region of the Mediterranean basin is represented. Even Pontus plays a part.

Table 5.2 Imported clay artefacts from Hellenistic Berenice.

BERENICE: HELLENISTIC PERIOD (Late C3 to end C1 BC)

Italy	**Sicily**	**Tripolitiana/ Tunisia**
AMPHORAS FINE POTTERY LAMPS	AMPHORAS? FINE POTTERY	AMPHORAS
Greece/Aegean	**Asia Minor**	**E. Mediterranean**
AMPHORAS FINE POTTERY PLAIN POTTERY LAMPS	AMPHORAS FINE POTTERY LAMPS	AMPHORAS? FINE POTTERY

Table 5.3 Imported clay artefacts from Roman Berenice.

BERENICE: ROMAN PERIOD (AUGUSTUS TO AD 250)

Spain	**Gaul**	**Italy**	**Algeria**	**Tripolitania/Tunisia**
AMPHORAS	AMPHORAS FINE POTTERY	AMPHORAS FINE POTTERY PLAIN POTTERY LAMPS	AMPHORAS	AMPHORAS FINE POTTERY LAMPS
Greece/Aegean	**Black Sea**	**Asia Minor**	**E. Mediterranean**	**Egypt**
AMPHORAS FINE POTTERY PLAIN POTTERY LAMPS	AMPHORAS? FINE POTTERY	AMPHORAS? FINE POTTERY LAMPS	AMPHORAS FINE POTTERY LAMPS	AMPHORAS LAMPS (1 example)

Direct trade with all the areas mentioned in the tables is unlikely. It seens most improbable, for example, that merchantmen from the Black Sea brought cargoes to Berenice or that local ships visited Pontus. Much of the merchandise reaching the city will have been off-loaded at emporia (as, for example, Naucratis/Alexandria) and brought on by tramp ships.

The tables do not attempt to quantify the finds. They are intended only to illustrate the range of products found at the two sites in the three main periods.

We cannot be certain that trade in the items tabulated reflects the main currents of the city's import trade. However, it would be surprising if the tendency suggested by the tables was wildly misleading. The trend is towards a greater variety of goods arriving from further and further afield until, under Roman control of the Mediterranean, more areas than ever before were supplying products which circulated as far as Berenice. In the 1st to 3rd centuries AD the markets of the city offered their customers a wider and more exotic choice of minor luxuries than at any time in the past.

CONCLUSION

The three strands of evidence which have been discussed represent only part of the archaeological information which might inform us about Euesperides/Berenice. Not only are there other categories of finds which could be brought into the discussion, such as the coins (Reece, 1977), the glass (Price, this volume; Price, forthcoming), the terracottas and sculpture (Bonanno, 1979), the archaeozoologial remains (Barker, this volume; Barker 1979), the marble (Michaelides, forthcoming) and the minor finds (Lloyd, forthcoming), but in addition large areas of both towns await excavation. There are also problems with the interpretation of the evidence, as has been stressed above. Individually each could seriously be questioned as a reliable indicator of general developments in the cities, although the previous section has, within its own terms, a considerable degree of strength. Cumulatively, however, each strand reinforces the other and a fairly consistent pattern emerges. This pattern points to the conclusion that in material terms Roman Berenice was more highly developed than all its predecessors. It was larger, probably more populous, enjoyed more refined domestic surroundings and participated in a more active overseas trade. This was not a sudden flourishing but the culmination of slow growth over many centuries following the foundation of Euesperides in the early 6th century BC.

The written evidence for the history of Roman Berenice is lamentably thin but there is one important inscription which provides a context of sorts for the archaeological data, at least for the 2nd century AD. In 1978 Joyce Reynolds published a set of Hadrianic and Antonine documents from Cyrene (Reynolds, 1978). The texts consist in part of the (unfavourable) reply by Pius to a request from Berenice for an opportunity to host the provincial assize courts (conventus). A challenge to Cyrene as metropolis (and perhaps also to Ptolemais, which may have shared the staging of the assizes with Cyrene) is implied. The request is open to a number of interpretations with reference to the economic status of Berenice. Miss Reynolds, noting the results of recent excavations at the city, suggested in 1978 that the petition was probably made from a position of strength rather than weakness. The Sidi Khrebish evidence has now been published in much greater detail and provides further support for the idea of a prosperous Berenice in the 2nd century AD.

ACKNOWLEDGMENTS

Graeme Barker, Joyce Reynolds, James Roy and R.I. Winton read earlier versions of this paper, made many helpful suggestions and gently pointed out numerous errors of judgement, expression and fact. Any deficiencies which remain are entirely my own responsibility.

I am grateful to Donald Bailey, Philip Kenrick and Michael Vickers for allowing me to refer to their work in advance of its publication and to C.N. Johns for permission to use the plans of the 1950s excavations.

BIBLIOGRAPHY

Bailey, D.M. in press The lamps. **In** Kenrick and Lloyd (eds.).

Barker, G. 1979 Economic life at Berenice. **In** Lloyd (ed.), Pp. 1-49.

Boardman, J. 1980 **The Greeks Overseas.** London, Thames and Hudson.

Boardman, J. and Hayes, J.W. 1966 **Tocra: The Archaic Deposits I.** Oxford, Clarendon Press.

Bonanno, A. 1979 The sculpture and terracottas. **In** Lloyd (ed.), Pp. 51-90.

Bond, R.C. and Swales, J.H. 1965 Surface finds of coins from the city of Euesperides. **Libya Antiqua** II:91ff.

Dent, J.S., Lloyd, J.A. and Riley, J.A. 1984 Some Hellenistic and Roman tombs from Benghazi. **Libya Antiqua** 13-14(1976-77):131-212.

Duncan-Jones, R. 1982 **The Economy of the Roman Empire: Quantitative Studies.** Second edition. Cambridge, University Press.

Fraser, P.M. 1951 An inscription from Euesperides. **Bulletin de la Societe Royale d'Archaeologie d'Alexandrie** 39:132-43.

Goodchild, R.G. 1952 Euesperides--a devastated city site. **Antiquity** 26:208-12.

Goodchild, R.G. 1962 **Benghazi, The Story of a City.** Second edition. Benghazi, Lamin Hosni's Press.

Jones, G.D.B. 1983 Excavations at Tocra and Euhesperides, Cyrenaica 1968-9. **Libyan Studies** 14:109-21.

Jones, G.D.B. and Little, J.H. 1971 Coastal settlement in Cyrenaica. **Journal of Roman Studies** 61:64-79.

Kenrick, P.M. in press The fine pottery. **In** Kenrick and Lloyd (eds.).

Kenrick, P.M. and Lloyd, J.A. (eds) in press **Excavations at Sidi Khrebish, Benghazi (Berenice) Vol. III.**

Lawrence, A.W. 1973 **Greek Architecture.** Third edition. Harmondsworth.

Ling, R. 1983 The Insula of the Menander at Pompeii: interim report. **The Antiquaries Journal** 63(1):35-57.

Lloyd, J.A. (ed.) 1977 **Excavations at Sidi Khrebish, Benghazi (Berenice) Vol. I.** Tripoli, Department of Antiquities.

Lloyd, J.A. 1978 **The Historical Development of Early Benghazi.** Unpublished Ph.D. thesis, University of Manchester.

Lloyd, J.A. (ed.) 1979 **Excavations at Sidi Khrebish, Benghazi (Berenice) Vol. II.** Tripoli, Department of Antiquities.

Lloyd, J.A. (ed.) forthcoming **Excavations at Sidi Khrebish, Benghazi (Berenice) Vol. IV.**

Meiggs, R. 1973 **Roman Ostia.** Oxford, Clarendon Press.

Michaelides, D. 1981 **The Pavements of Roman Benghazi (Libya).** Unpublished Ph.D. thesis, Institute of Archaeology, University of London.

Michaelides, D. forthcoming Opus sectile and marble wall veneers. **In** Lloyd (ed.).
Price, J. forthcoming The glass. **In** Lloyd (ed.).
Reece, R.M. 1977 The coins. **In** Lloyd (ed.), Pp. 229-32.
Reynolds, J.M. 1977 The inscriptions. **In** Lloyd (ed.), Pp. 233-54.
Reynolds, J.M. 1978 Hadrian, Antoninus Pius and the Cyrenaican Cities. **Journal of Roman Studies** 68:111-21.
Riley, J.A. 1979 The coarse pottery. **In** Lloyd (ed.), Pp. 91-467.
Sear, F.B. 1977 Architectural decoration. **In** Lloyd (ed.), Pp. 255-87.
Vickers, M. forthcoming The Archaic pottery from Euesperides and the date of the first Greek settlement there. **Libya Antiqua.**
Whittaker, C.R. 1977 North Africa. **In** M.I. Finley (ed.) **Atlas of Classical Archaeology** :66-79. London, Chatto and Windus.
Wycherley, R.E. 1978 **The Stones of Athens.** Princeton, University Press.

6. Gli Approcci al Santuario Cireneo di Apollo in età Greca

S. Stucchi

Invitato a prendere per primo la parola in questo convegno archeologico cirenaico di Cambridge, mi è grato rivolgere un pensiero largamente riconoscente a Miss Joyce Reynolds per aver Ella organizzato questo incontro nel suo Newnham College, che ci ha così graziosamente aperto le porte. E' con grande piacere che rivedo i colleghi delle Missioni europee e americana operanti in Cirenaica, e con sincera gratitudine per l'ospitalità di cui tutti godiamo nella Giamahiryia libica rivolgo un deferente e cordiale saluto al Dottor Abdallah Sciaibub, Direttore del Dipartimento delle Antichità di Tripoli, venuto qui a presenziare al primo giorno dei nostri lavori.

Incontrarci ancora una volta dopo il Convegno di Parigi e quello di Roma-Urbino è non solo gradevole sotto l'aspetto umano e sociale, ma scientificamente di grande utilità, in quanto permette ogni due anni di rinsaldare le nostre conoscenze, di raffrontare i nostri metodi, di ragguagliare tutti gli altri sulle conquiste scientifiche da ciascuno raggiunte. Rinnovo dunque a nome di tutti il più caldo apprezzamento a Miss Reynolds per la sua iniziativa e per la sede magnifica che ci offre e quindi passo a trattare l'argomento che ho scelto.

L'indagine riguarda le vie d'accesso al Santuario per antonomasia di Cirene e della Cirenaica in età greca, considerandole sia dal punto di vista più largo dei percorsi stradali che a Cirene affluivano dal territorio più lontano, sia dal punto di vista dei passaggi stradali nella <u>hora</u> più vicina, sia da ultimo degli ingressi veri e propri all'area del Santuario. I percorsi stradali sono ricostruibili in parte per le tracce che essi hanno lasciato a tutt'oggi sul terreno e che sono abbastanza facilmente seguibili; in parte essi sono anche ravvisabili in carte geografiche del territorio (Goodchild, 1954:15-16, cartina a p. 17; Luni, 1979:63, fig. 11), ma specialmente nella documentazione aerea presa prima che i grandi lavori agricoli e di urbanizzazione in parte queste tracce sconvolgessero o annullassero.

Le strade che affluiscono a Cirene ed al suo Santuario di Apollo, e che ne dipartono inversamente (Fig. 6.1), si possono suddividere in due categorie: quelle di grande comunicazione e quelle di importanza minore, che venivano e

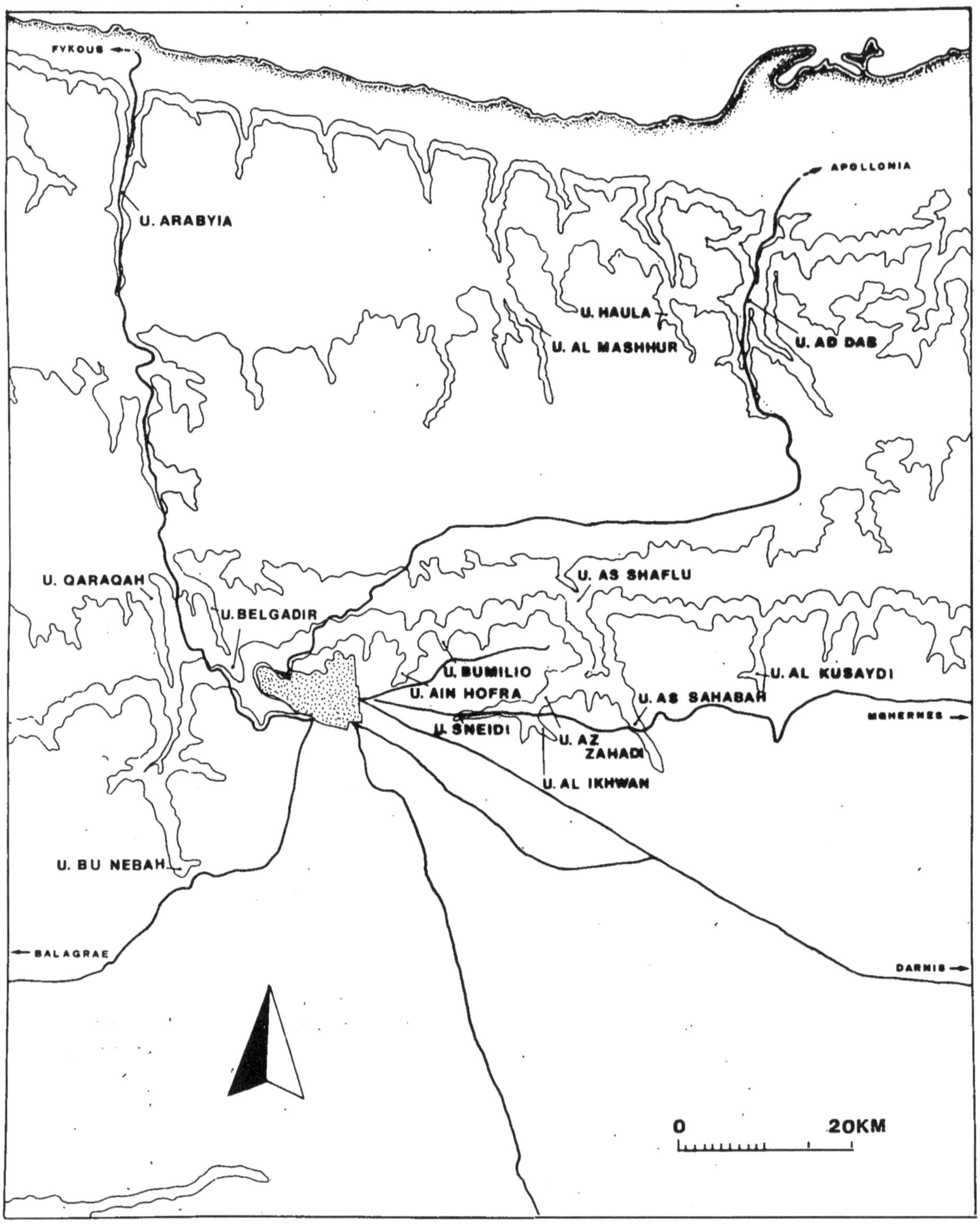

Figure 6.1 Cartina schematica delle vie d'accesso a Cirene.

portavano soltanto da e verso la campagna più vicina. Mi pare opportuno esaminare perciò prima le grandi vie e poi quelle minori, ad esse in qualche modo legate,nonchè di cominciare dal quadrante Nord, da cui provenivano le strade dai porti di Apollonia e Phykous.

La strada proveniente da Apollonia (Fantoli, 1923:167-8; Goodchild, 1969:163; Goodchild, 1971:175), dopo aver seguito verso occidente, ad una distanza piu o meno grande dal mare, la stretta fascia terrestre del gradino inferiore del Gebel, si preparava a salire al secondo gradino attraverso la valle del Uadi ad Dab. Sul fianco orientale di questo, al suo sbocco in pianura, è ancora visibile un tratto del terrapieno che la sosteneva (Fantoli, 1923:167). La strada seguiva tutto il corso del uadi, risalendo fino al secondo gradino del Gebel. Quasi alla testata del uadi raggiungeva le vicinanze di Gasr Khurayibah; da qui volgeva verso occidente, verso Gambu, dove la vecchia camionabile per Apollonia faceva un gomito presso la scuola elementare (Goodchild, 1969:163, n. 3) e da dove il proseguimento della strada verso Est è chiaro. Nel tratto tra la scuola elementare e la zona di Sidi Shahir Ruhah il percorso è segnato e già ben riconosciuto pei solchi ancora rimasti nel terreno e per le tombe che cominciano ad affiancarsi alla strada (Cassels, 1955:figg. 1-4; Fantoli, 1923:165-7; Ghislanzoni, 1915:174). Da questa zona in poi la strada continuava piu o meno a seguire la vecchia camionabile, raggiungendo la zona della necropoli Nord di Cirene presso le tombe che iniziano con il numero N250: vedremo in seguito il suo percorso fino alla Porta Apollonia nel circuito delle mura. Questo percorso stradale non è da riconoscere interamente in quello indicato nel Segmento VIII della Tavola Peutingeriana (Miller, 1962:segm. VIII.5; Purcaro, 1976:305, fig. 4), il quale deve invece riflettere la variante romana, che, in luogo di percorrere il Uadi ad Dab, utilizzava la vallata del Uadi el Haula--come la camionabile che le è succeduta--per guadagnare il secondo gradino del Gebel: ciò è testimoniato, oltre che dai solchi carrai, dalla presenza di cippi miliari di Claudio, di Adriano, dei Tetrarchi e di Costantino (Fantoli, 1923:165-7; Ghislanzoni, 1915:169-70, 1916:153-61, fig. 1; Goodchild, 1950:87-8, 1969:163, 170-1, 1971:175).

Se una strada portava a Cirene dal mare verso oriente, un'altra portava a Cirene dal mare verso occidente (Beechey, 1821: Plan of Cyrene--'To the Plains'; Smith e Porcher, 1864: tav. 41--'road to the coast'), cioè dal porto di Phykous (Goodchild, 1959:39; Lafont, 1977:223-4, 235-6; Roques, 1974:60). Giocoforza il percorso era costiero da Ovest verso Est fino allo sbocco sul gradino inferiore del Gebel del Uadi Arabyiah. La strada si immetteva in questo uadi per risalire fino alla sua radice e raggiungere in questo modo il secondo gradino del Gebel. Da qui essa affrontava una piccola sporgenza montagnosa a forma peninsulare che dal terzo gradino si protende sul secondo tra il Uadi Belgadir e il Uadi Qaraqah e che porta al Marabutto di Sidi Bardis (Cassels, 1955: figg. 1 e 5). Qui la strada si immetteva nella alta valle del Uadi Belgadir (Ghislanzoni, 1915:158, fig. 75; Lafont, 1977:223-4, 235-6) che seguiva fino alla zona della necropoli occidentale dove la riprenderemo (Cassels, 1955: tav. 1).

Se queste due strade mettevano in comunicazione la zona costiera con Cirene, le altre che seguono mettevano in rapporto l'entroterra con la città e, pur raggiungendo questa nella parte più meridionale, provenivano da zone lontane le più varie, dai quadranti Est, Ovest e Sud. La strada che proveniva da occidente, da Balagrae, presso il centro della Beida attuale, e che corrisponde ad un tratto del percorso indicato dalla Peutingeriana (Miller, 1962: segm. VIII.5), puo essere seguito per tutto il tratto del percorso anche odierno che fa la cosiddetta vecchia strada di Beda, lì dove si innesta nella moderna litoranea presso la quota 628. Da questo punto la strada raggiunge la testata del Uadi Bu Nebah e poi si immette nel percorso determinato dalla presenza delle tombe della necropoli meridionale (Cassels, 1955: tav. 1; Fantoli, 1923: 161; Ghislanzoni, 1915:222-36; Goodchild, 1959:73, 1969:162-3; Pacho, 1827:223-4 e pianta delle rovine di Cirene; Purcaro, 1976:305, fig. 4).

La strada proveniente dal quadrante Sud, da Ghernadah e da Faidyiah raccoglieva e il percorso proveniente da Sud, dalla zona del predeserto, e quelli che provenivano da occidente (da Barce-Maraua-Slonta), ai limiti quasi del predeserto (Goodchild, 1969:163), e da oriente (Ghislanzoni, 1915:222; Goodchild, 1969:163) (Agabis-Ghegab la tappa più vicina). Quest'ultimo è riconoscibile nel segmento VIII dell'itinerario della Tabula Peutingeriana (Miller, 1962: segm. VIII.5; Purcaro, 1976:305, fig. 4). Il percorso, ormai unitario, a Nord di Ghernadah, seguiva ad un dipresso la strada attuale, con brevi varianti leggermente ad Est dell'attuale nella zona di Ghawt Tutah ed in quella dell'incrocio con la litoranea, per portarsi leggermente ad Ovest subito dopo nella zona del Marabutto di Sidi Ar Ramli. Da questo punto la strada antica correva sempre ad Est dell'attuale fino ad immettersi nella zona della necropoli Est (Cassels, 1955: figg. 1 e 7).

Altre due strade portavano a Cirene dal quadrante orientale, ma una era la via più importante, che, provenendo da Est partiva in definitiva da Derna (Goodchild, 1969:163). Essa seguiva almeno fino nella zona di Labragh il percorso della litoranea toccando l'abitato antico di Saf Saf (Ghislanzoni, 1915:222-30) e quindi seguendo la litoranea fino alla quota 628, nella zona del Marabutto di Sidi Yahya, dove faceva una curva un po' più violenta che non la strada litoranea. Il percorso di questa era abbandonato presso Qusayr As Sajm. Qui la strada piegava verso Nord-Ovest ed è seguibile in gran parte per le tombe che, prima più isolatamente e poi piu frequentemente, la fiancheggiano accompagnandola verso la città (Cassels, 1955: figg. 1 e 7), alla quale arriva quindi da Sud-Est.

L'altra via del quadrante orientale corre invece lungo il ciglio del terzo gradino del Gebel e costituisce un percorso di importanza intermedia tra quelli di grande comunicazione e quelli di interesse specificatamente locale. Possiamo seguire la strada dalla zona di Mghernes (Ghislanzoni, 1915:222 e 230): da qui essa, in parte ancora oggi percorribile in una sucessione di tratti da località a località, passava per il Marabutto di Sidi Muhammad; quindi, sempre verso occidente, raggiungeva la testata del Uadi Al Qusaydi e quindi quella del Uadi As Sahabah. Attraversata quest'ultima, sempre andando verso Ovest, la strada raggiungeva l'Ain Ash Shalalah. Poco dopo questa sorgente la strada scendeva nella valle del Uadi Az Zahadi, che seguiva fino alla sua testata, presso la quale si immetteva nella zona della necropoli orientale di Cirene (Cassels, 1955:figg. 1 e 6).

Se i percorsi di queste vie pricipali di comunicazione verso la città di Cirene ed il suo santuario principale sono ricostruibili nei modi che ho indicato, specialmente valendosi di vecchie foto aeree, come ho detto più sopra, per i tratti più vicini alla città ci sono di grande aiuto, oltre ai solchi carrai, dove sono rimasti, le necropoli, ossia la posizione delle tombe, che notoriamente seguivano percorsi stradali affacciandosi ai margini delle strade o a ripiani del terreno che le strade assecondavano. Essi sono seguibili, in parte, su una cartina dei dintorni di Cirene pubblicata dal Pacho (1827:Pianta delle rovine di Cirene, del 1825) e sulle cartine della immensa necropoli cirenea pubblicate dal Cassels (1955: figg. 1-7, tav. 1).

A questo proposito va ricordato che la suddivisione delle tombe in Necropoli Nord, Est, Sud ed Ovest è stata de lui operata per ragioni sistematiche, ma senza che esistano comunque dei confini o delle aree vuote tra esse e che il punto cardinale da cui provengono o verso cui tendono le grandi strade non sempre coincide con la denominanzione delle necropoli che attraversano nelle vicinanze della città. Una carta indicante questi percorsi in area di necropoli è pronta ed ora è presentata in diapositiva alla seduta del Convegno, ma non può essere pubblicata in quanto non conforme alle norme tipografiche dei BAR.

Il percorso della strada da Apollonia (Cassels, 1955: figg. 3-4; Ghislanzoni, 1915:106-16, figg. 52-3; Goodchild, 1959:79, 1971:168-9) dalle vicinanze della tomba N250 in poi verso l'ingresso in citta, presso il Santuario di Apollo, è seguibile per l'andamento della strada sul costone del terzo gradino del Gebel, percorso che è accompagnato da tutta una fila quasi ininterrotta di tombe. Si tratta, sul lato a monte, di tipiche tombe scavate nella roccia e, nella parte a valle della strada, di svariati tipi ed esemplari de tombe costruite, presso due delle quali, la N173 e la N408, sono state trovate anche due pietre miliari (Ghislanzoni, 1915:175-6, figg. 52 e 55; Goodchild, 1950:83, 87, nn. 6-7; Robinson, 1913:174, n. 39). Non vi è quindi dubbio che il percorso sia stato uno dei più antichi, anche per il fatto che lungo il suo tracciato si incontrano le tombe rupestri più antiche, che vanno dalla N2 alla N13. Quanto al suo arrivo in città non vi è poi quasi altra possibilità per questa via che di immettersi in Porta Apollonia, o Porta Nord, difesa da una dopia cortina di mura, immediatamente presso l'angolo Sud-orientale del Santuario (Buttle, 1956:fig. 13; Goodchild, 1959:39; Oliverio, 1928-9:148, figg. 54-5; Stucchi, 1967:20, tav. 3).

Dalle immediate vicinanze affluiva alla stessa Porta Apollonia anche una strada di interesse agricolo locale che proveniva dalla attuale zona dell'opedale sanatoriale. Il suo andamento è segnato nella necropoli Nord dalla presenza delle tombe N400 ed N399 e specialmente della N398 (Cassels, 1955:fig. 3), davanti alla quale doveva passare. Da qui il tracciato si addossa (Goodchild, 1971: tav. 48) sempre di più al grande muro di terrazzamento del Santuario di Apollo che gli sta a Sud e che esso finisce poi per costeggiare. Il percorso si avvicina da ultimo, verso Est, alla roccia della collina che è lavorata a gradoni (Buttle, 1956: fig. 13; Oliverio, 1928-9:148, fig. 54, 1930:155, fig. 15; Pernier, 1927:155, fig. 22). Qui incontra un tratto delle mura di difesa, che hanno preceduto sullo stesso luogo l'innalzamento dell'apodyterium delle Terme (Goodchild, 1971:131, fig. 16H; Stucchi, 1975:347, fig. 358) e che lo bloccano. La strada dovette quindi essere annullata al momento dalla costruzione delle mura, mentre un solo passaggio in esse lasciò libero sfogo al deflusso delle acque, che scendevano, prima libere e poi incanalate (Ghislanzoni, 1915:212, fig. 69; Goodchild, 1959:64, 1971:131), dalla vallicella tra i quartieri meridionali e settentrionali della città.

La strada che vien dal mare da Nord-Ovest è ben seguibile per le tombe dalla zona del Haleg Stauat (Cassels, 1955:fig. 1), dove era una cava usata nell'antichità. La posizione di questa è indicativa,in quanto è chiaro che la cava si doveva trovare lungo un percorso stradale perchè il prodotto potesse essere facilmente portato in citta. Da questa zona la strada passava nell'alto Uadi Belgadir davanti alla lunga serie delle tombe della necropoli Ovest che va dal n. W2 in poi fino al W60 (Cassels, 1955:fig. 5; Fantoli, 1923:163-4: Goodchild, 1971:169-70). Da qui la strada continuava alla stessa quota sul costone del uadi passando in prossimità delle tombe W106-W100

(Cassels, 1955: fig. 5) e quindi, con qualche curva (Cassels, 1955: tav. 1), presso la S183 e quindi la S182 e le S181, S180, S179. Poi si immetteva nella parte più alta del Uadi Belgadir, prima scorrendo immediatamente a monte del Santuario extraurbano di Demetra e poi del Tempio fuori Porta Balagrae (Goodchild, 1959:39; Stucchi, 1975:405, fig. 406), e quindi entrava in città da Porta Balagrae, o Porta Sud (Stucchi, 1967:20, tav. 4), difesa da una doppia cortina di mura.

Alla stessa porta arrivava anche la strada da Balagrae, naturalmente. Dalla località Mgata il percorso è seguibile (Cassels, 1955: tav. 1) dalla tomba S262, presso la quale è stata trovata una pietra miliare (Goodchild, 1950:85-6, n. 2) e quindi dalle successive S260, S259, ecc. fino alle S223 e S221, presso le quali vi è un bivio. La strada maggiore seguiva verso destra--della minore, verso Nord si parlerà più tardi--e si immetteva tra la tomba S220 e la S78 e quindi tra la S77 e la S75 proseguendo via via fino a passare tra la S9 e la S65, presso le quali è stata trovata un'altra pietra miliare (Goodchild, 1950:84-5, 86, n.3, 1969:169, 1971:169), e poi tra la S55 e le S1 e S2. Dopodichè la strada transitava di fronte ai templi e santuari alla testata del Belgadir (Stucchi, 1975:405, fig. 406) e quindi raggiungeva la porta.

Oltre a questo percorso principale, nella stessa zona le tombe lasciano supporre una serie di percorsi minori, come quello che portava alla campagna a Sud della città (Cassels, 1955: tav. 1) e che comincia tra le tombe S1 e S2 e che poi segue tra le S16 e S17 e così avanti fino a passare tra le S207 e S208 e continuare poi per la campagna fino alla vallata del Uadi Bu Nebah. Oltre a questa strada di interesse agricolo e qualche altro tratto minore, un altro percorso metteva in rapporto la strada proveniente da Balagrae con quella che proveniva dal mare. Si è detto più sopra del bivio presso la S223; da qui un diverticolo,passando tra la S101 e la S14, e poi tra la S79 e la S15 proseguiva verso Nord, transitando poi tra la S89 e la S90, la S140 e la S137 e quindi tra la S170 e la S165, per toccare, presso la S179, il bivio inverso della strada proveniente dal mare.

La strada proveniente dal quadrante Sud, poco a Sud-Est della tomba circolare E47, si biforcava in due rami, l'uno facente capo a Porta Balagrae, l'altro alla Porta del Caravanserraglio, o Porta Sud-Est (Goodchild, 1959:39; Stucchi, 1969:20). La prima strada, dopo la tomba E47 (Cassels, 1955:fig. 7), passava (Cassels, 1955: tav. 1) tra le tombe S416 e S421, poi tra la S404 e la S408, quindi, più verso Nord-Ovest, tra la S382 e la S380; quindi seguiva tutta una serie di altre tombe che la costeggiavano ad oriente, dalla S379 alla S371, per poi lambire, curvando verso Nord-Ovest, le S372, S373, S423, S362, e poi immettersi nella zona urbana raggiungendo, assieme alla strada proveniente dalla zona di Beida, Porta Balagrae (Stucchi, 1967: tav. 4).

L'altro ramo, poco dopo la tomba E47 (Cassels, 1955: fig. 7), transitava presso una serie di tombe che fiancheggiavano la strada ad oriente e ad occidente, dalla E49 alla E65, per piegare poi leggermente ad Ovest, toccando la E43 e quindi passando tra la E30 e la E29. La strada quindi scorreva (Cassels, 1955: tav. 1) lungo un'altra serie di tombe, dalla E35 alla E40, e poi presso la S422 e infine tra la S392 e la S391, per dirigersi quindi quasi direttamente alla porta del Caravanserraglio, o Porta Est (Buttle, 1956: fig. 13; Goodchild, 1959:39; Stucchi, 1969, tav. 5).

Nell'area compresa tra la strada proveniente da Beida e quella proveniente dal Sud, in zona cimiteriale (Cassels, 1955: tav. 1), sono documentate due altre strade di interesse locale, che dividono l'area in tre fasce. La più ad Ovest delle due si può seguire dalla tomba circolare S295 verso la Porta Balagrae, dove anch'essa doveva affluire, seguendo dapprima il percorso di fronte alle S294-S290 e poi tra la S288 e la S287, tra la S276 e la S279, la S269 e la S272. La strada passava quindi di fronte alle S122-S124 ad oriente e poi alle S125-S129 ad occidente e da ultimo di fronte alla serie su due ripiani del terreno che va dalla S105 alla S113 e dalla S104 alla S112. La seconda strada invece, sempre di valore esclusivamente locale, agricolo, si può seguire dalla S354 alle S353 e S352 e alla S350. La strada proseguiva, passando tra le tombe S343 ed S342 a tra le S332 ed S327 e quindi lungo una serie che va dalla S326 alla S316, e in seguito piegava verso Nord-Est, accanto alle S361 ed S362, per poi immettersi nella via proveniente dal Sud.

Vediamo ora le strade che affluivano dal quadrante Est, cominciando da quella di medio raggio proveniente da Mghernes e che camminava presso il margine del ciglione del terzo gradino del Gebel. Essa affluiva da Nord-Est alla Porta di Mghernes, o di Nord-Est (Goodchild, 1959:39, 1971:65; Stucchi, 1967: tav. 8), oltre la quale un braccio della strada, ancora segnato sulla pianta di Cirene del Beechey (Goodchild, 1971:tav. 1), continuava per un tratto nella stessa direzione anche all'interno della città, segno indubbio della sua preesistenza alle mura di difesa. Il percorso stradale è seguibile bene nella regione sepolcrale (Cassels, 1955:fig. 6) fin dalla testata del Uadi Sneidi, dove passava tra le tombe E186 ed E178. Avvicinandosi a Cirene, la strada transitava poi tra la E161 e la E171 e quindi accanto alla E149 e alla E148; dopodichè in linea retta doveva rivolgersi verso la porta cittadina. Questa strada aveva un raccordo con quella che correva immediatamente più a Sud e che in età romana si legava a quella per Darnis. Questo raccordo è sottolineato da una serie di tombe (Cassels, 1955: fig. 6), che vanno dalla E169, presso la testata del Uadi Sneidi, alla serie di tombe dalla E162 alla E167, presso cui confluiva con l'altra strada. Ma altri diverticoli ancora dovevano servire diverse aree minori della zona, sempre sottolineate dalla presenza di tombe. La più rilevante di queste ramificazioni è quella che si dirigeva (Cassels, 1955: fig. 6) dalla E1 alla E5, alla E6, poi passava tra la E19 e la E20, poi ancora tra la E173 e la E174 presso la testata del Uadi bu Miliu, per piegare infine verso Est, dove si trovano la E261 e la E262.

Sempre nello stesso quadrante, la strada di età greca proveniente da Darnis entra ancora oggi in zona di necropoli al suo incrocio con l'attuale superstrada, mentre purtroppo la carta della necropoli Est del Cassels (1955:fig. 7) arriva fino ad un certo punto e non raggiunge questa zona. Comunque tombe da questo incrocio seguono la strada passo passo sui due bordi; mentre non mi pare dubbio che questa fosse la strada principale, oltre che per la lunghezza della necropoli che l'accompagnava, anche perchè essa alla fine, dopo aver costeggiato la zona del Caravanserraglio, infila direttamente la lunga strada urbana che raggiunge la zona centrale monumentale dell'Agorà e quindi, sempre in linea retta, la Porta dell'Acropoli. Sulla carta che conosciamo (Cassels, 1955: fig. 7; Goodchild, 1971:169) la strada è ravvisabile all'inizio tra le tombe E234 e E235 e quindi tra tutta una serie che va, sul lato meridionale della strada, dalla E232 alla E212, e, sul lato settentrionale, dalla E226 alla E204. La strada poi, quasi in linea retta, costeggia da vicino le tombe E83 e E82 e, poco più distanti, le E84, E80, E79 ed E78. Da qui la strada proseguiva diretta fino a Porta Darnis, o Porta Est, della città (Goodchild, 1959:39; Stucchi, 1967: tav. 8).

Vi era un passaggio di raccordo tra la strada di Darnis e la strada verso il Sud, passaggio di raccordo che è sottolineato dalla presenza delle tombe che vanno dalla E85, all'incrocio con la strada per Derna, alle E90, E92, E96-99; poi il diverticolo piega verso Sud e presso la E64 giunge all'incrocio con la strada del Sud.

In età romana, con la sistemazione urbanistica della valletta posta tra la parte settentrionale e quella meridionale della città, sistemazione che ebbe il suo asse nella via principale di fondo valle che attraversava tutto il Quartiere Centrale (Goodchild, 1959:64-8, 1961:84, 1971:139; Stucchi, 1975:251-2), anche il passaggio dalla Porta di Nord-Est, che in questa si immetteva, ebbe incremento, a vantaggio della Porta del Caravanserraglio. Difatti un nuovo braccio della strada da Darnis si staccava da essa presso la quota 628, presso il Marabutto di Sidi Yahya, e si dirigeva in linea quasi retta verso un gruppo non troppo numeroso di tombe della necropoli Est, che sottintendono il passaggio di una strada, di limitato interesse agricolo e di breve raggio in età greca, ma entrata in età romana a far parte del tracciato di una via di grande comunicazione. La strada, proveniente dalla quota 628, è seguibile (Cassels, 1955, fig. 7) dalla tomba E254 verso la città. Essa passava tra le tombe E252 ed E251, tra la E249 e la E250, la E137 e la E138, tra la E133 e una serie che va dalla E128 alla E131 (Cassels, 1955: figg. 6 e 7) e raggiunge quindi la E121, dopo la quale la strada si trovava di fronte, in linea retta, la Porta Nord-Est della città (Cassels, 1955:fig. 6). Questo percorso penso debba aver fatto parte di quello descritto nei paragrafi 67-68 dell'Itinerario di Antonino (Kuntz, 1929:9-10, paragr. 67, 6-68, 3; Purcaro, 1976:303, fig. 4).

Una strada di collegamento legava in zona di necropoli anche questo tracciato con quello originario di età greca per Derna. Questo breve tratto è sottolineato (Cassels, 1955: fig. 7) da una serie di tombe che comincia all'incrocio presso la E120; vengono poi le sucessive dalla E119 alla E116 e quindi la E74, la E81 e la E78, che è al punto di intersezione con il percorso originario per Derna.

Le grandi strade, quelle provenienti da lontano, e lontano dirette, facevano quindi capo in età greca a tre porte della città (Goodchild, 1959:39; Stucchi, 1967:20, pianta urbanistica a pp. 14-5, 1975:tav. 1), quella da Nord-Est alla Porta Nord, Porta Apollonia (Stucchi, 1967:20, tav. 3), difesa da una doppia cortina di mura; quelle da Nord-Ovest e da Sud-Ovest, cioè dal mare di Ras Sem e da Balagrae confluivano alla porta sul lato Sud, Porta Balagrae (Stucchi, 1967:20, tav. 4), anch' essa difesa da una doppia cortina di mura; la strada da Sud e quella da Ovest si incontravano alla Porta Est, Porta Darnis (Stucchi, 1967:20, tav. 5), difesa sulla destra di chi entrava dallo sperone del Caravanserraglio. Les strade minori, di interesse limitato soltanto alla hora circonstante, si attestavano alle stesse porte, salvo la via da Mghernes costeggiante il ciglione del terzo gradino del Gebel, che affluiva con altre strade minori alla Porta di Nord-Est (Stucchi, 1967:20, Tav. 8) difesa da due torri. Altri piccoli percorsi, qui non descritti, portavano a posterule secondarie nella cinta di mura, ma non hanno interesse per il nostro discorso.

Considerando le strade principali ed i loro punti rispettivi di ingresso in città, esaminiamo ora il percorso urbano che si doveva compiere, dai pellegrini e dagli abitanti dei vari quartieri della città, per raggiungere la zona del Santuario di Apollo (Stucchi, 1967: pianta urbanistica a pp. 14-5; Stucchi,

1975: tav.1). Nessuna difficoltà per chi arrivava da Apollonia e si immetteva nella Porta Nord, in quanto raggiungeva *ipso facto* il perimetro del Santuario, che comunque bisognava aggirare per accedervi.

Più laborioso naturalmente il passaggio per chi doveva entrare dalle altre due porte, Porta Balagrae e Porta Darnis. Chi passava attraverso quest'ultima aveva da compiere un tragitto urbano rettilineo attraverso il Quartiere Meridionale per raggiungere l'angolo Sud-Orientale del Cesareo. A questo punto affluiva anche, con brevissimo percorso, la strada proveniente da Porta Balagrae. Dall'angolo del Ginnasio-Cesareo bisognava costeggiare quest'ultimo, sulla *Skyrotà* (Stucchi, 1967:21), quindi attraversare l'Agorà, per piegare decisamente verso Nord appena oltrepassata questa zona e, mediante uno *stenopos*, arrivare all'inizio della strada che a mezza costa, dal punto dove poi sarà construito l'Arco di Marco Aurelio (Goodchild, 1959:66; 1971:137; Stucchi, 1975:268-9, fig. 267), conduceva verso il Santuario. La strada è ben visibile nel tessuto urbano (Stucchi, 1967: tav. 3) e ancor meglio individuata lì dove, continuando a scendere lungo la fiancata della collina dell'Acropoli, è lavorata nella roccia fino a portare nelle immediate vicinanze della fonte sacra di Apollo (Stucchi, 1975:581-96).

Ma, arrivate le strade alle soglie della *Myrtousa keratoides* (Fig. 6.2) quanti erano, se erano più di uno, gli ingressi al *temenos* sacro? Escluse altre entrate lungo il lato Est del *temenos*, perchè non ve ne sono tracce, nè vi sono indizi, restano gli ingressi da Sud, anche oggi transitabili, a parte quelli odierni di comodo. In primo luogo è da considerare il passaggio in corrispondenza della grande scalinata che sorge ad Est del grande tempio di Giasone Magno (Goodchild, 1971:122; Oliverio, 1928-9:144, fig. 43), tempio che comunque risale all'età romana e che quindi è un semplice punto di riferimento in questa indagine. La larga e grande scalinata a più ripiani si restringe notevolmente a un certo punto per portare ad un passaggio relativamente stretto nella parete a blocchi del terrazzamento (Fig. 6.3). Non vi è quindi logica in questa sistemazione, in quanto si parte dal basso con una scalinata inutilmente molto larga per arrivare ad un passaggio molto stretto; mentre invece vi è una logica quando si consideri soltanto la parte larga della scalinata e si osservi che essa termina lì dove c'è l'ingresso all'*Hestiatorion* (Baldassarre, 1976:211-4; Stucchi, 1975:107). In effetti tutto quanto attiene alla viabilità della parte stretta della scalinata va attribuito ad una fase non anteriore ad un'epoca romana tarda, in cui effettivamente un passaggio in questo lato del muro fu praticato ed attuato.

Rimandando per i particolari alla pubblicazione estensiva di tutto il complesso, posso però preannunciare che in sostanza la cosiddetta scalinata stretta non è altro, in origine, che una serie di brevi gradini che portavano alla base di un *naiskos*, mentre la parete posteriore di blocchi era completamente chiusa (Fig. 6.4). Questa zona del muro ha un tessuto isodomico e presenta solo la parte limitrofa al *naiskos* ben lisciata e curata, a differenza delle regioni più ad Est e ad Ovest, dove invece i blocchi sono piuttosto grezzi. Del *naiskos* rimangono in posto i blocchi inferiori, cioè quelli della base, mentre nelle immediate vicinanze, al momento dello scavo nel 1927, sono stati rinvenuti vari elementi sia di colonnine che di capitelli che lo componevano. Oltre a questi, lo scavo ha ridato negli stessi metri una dedica a *Dionysos Charidotes* da parte di *Poseidonios* figlio di *Poseidonios* (Boehringer, 1929:408; Oliverio, 1928-9:144, fig. 46; *SEG* 9.103), nonchè una testina di Dioniso, andata ormai purtroppo perduta (Boehringer, 1929:408; Oliverio, 1928-9:144, fig. 45; Paribeni, 1959:165, n. 482). Direi che ci sono

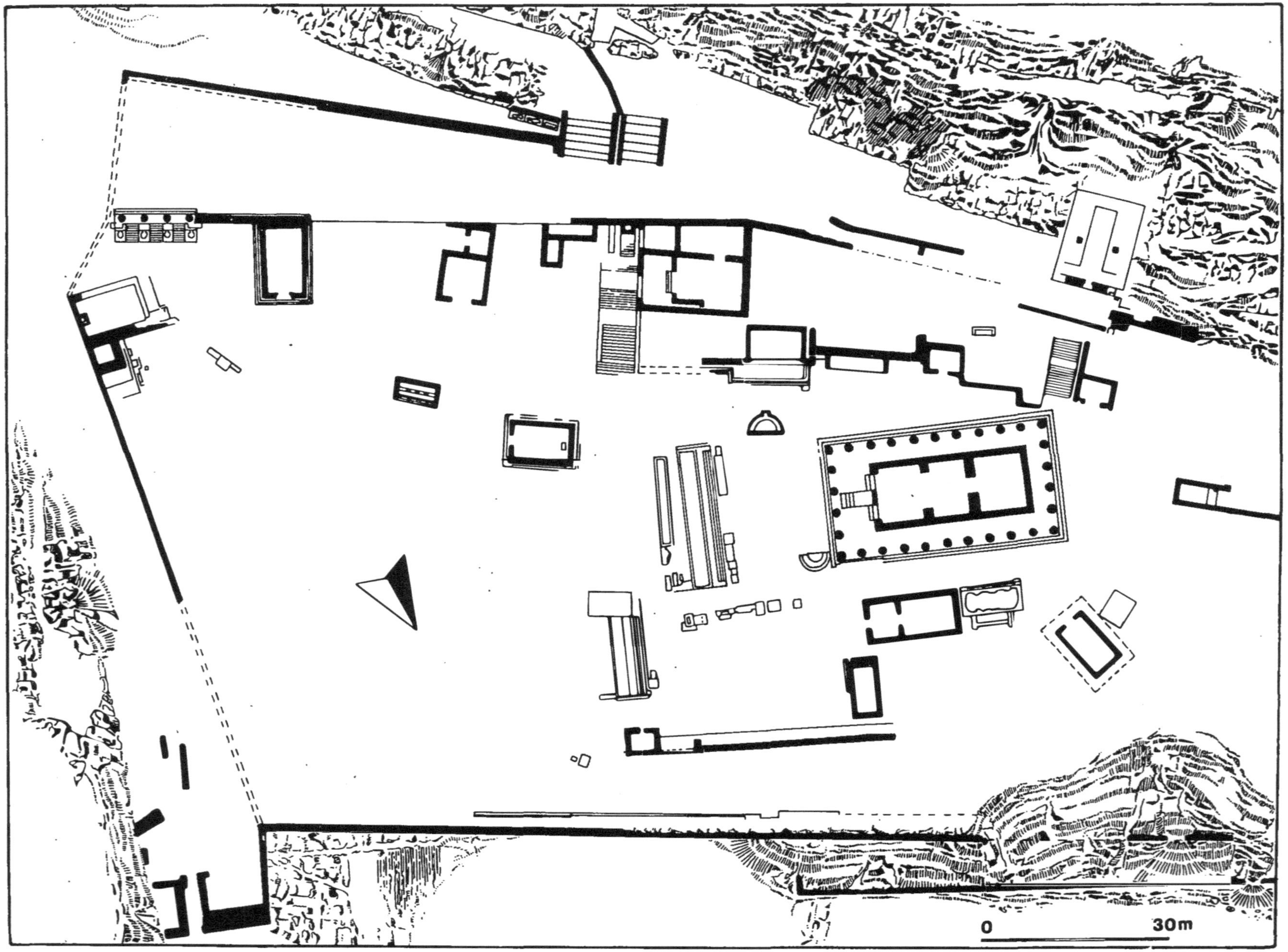

Figure 6.2 Pianta del Santuario d'Apollo (con preferenza ai monumenti anteriori all'eta romana).

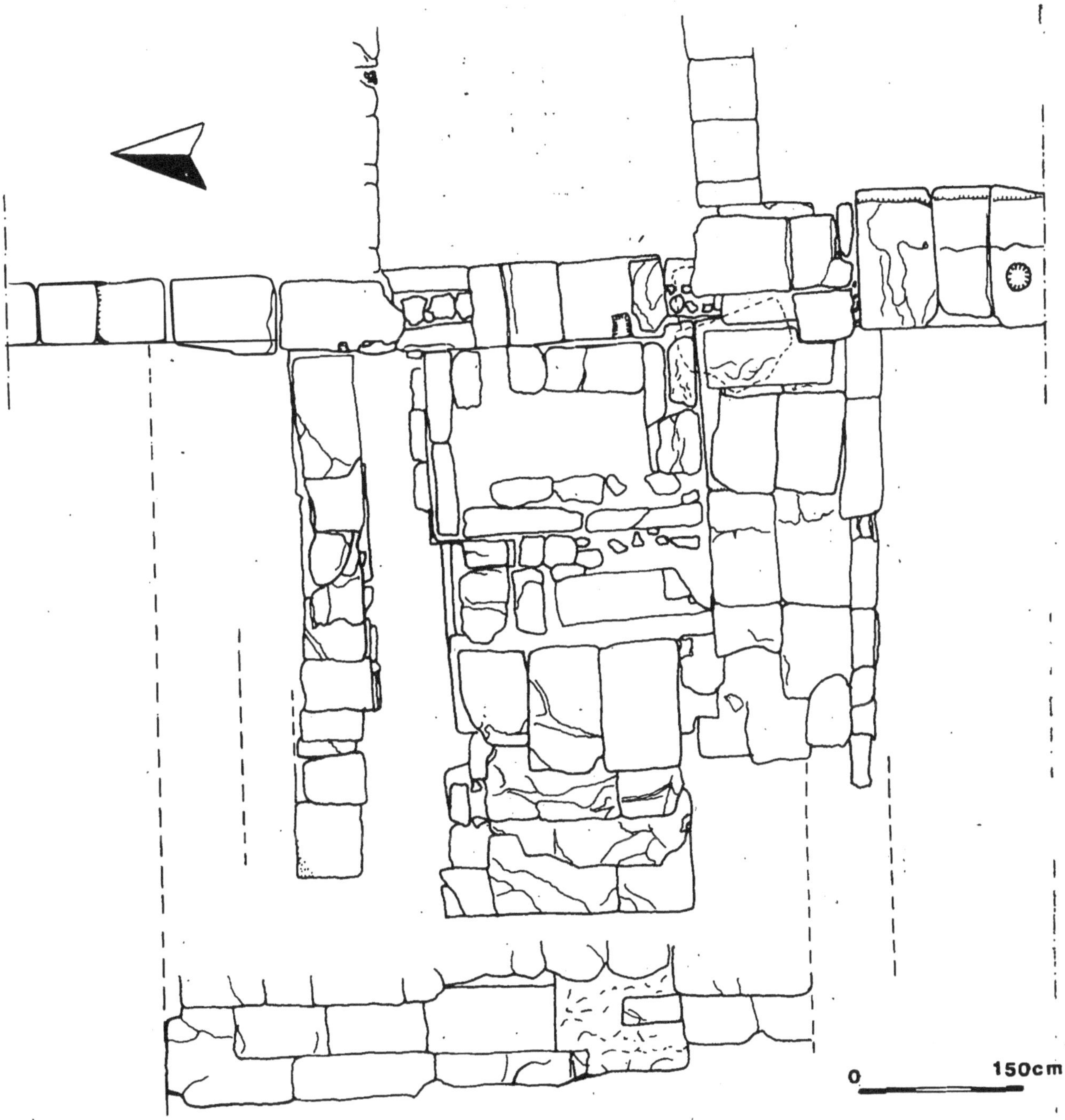

Figure 6.3 Pianta dell'Edicola di Dionisos Charidotes e del portale tardo.

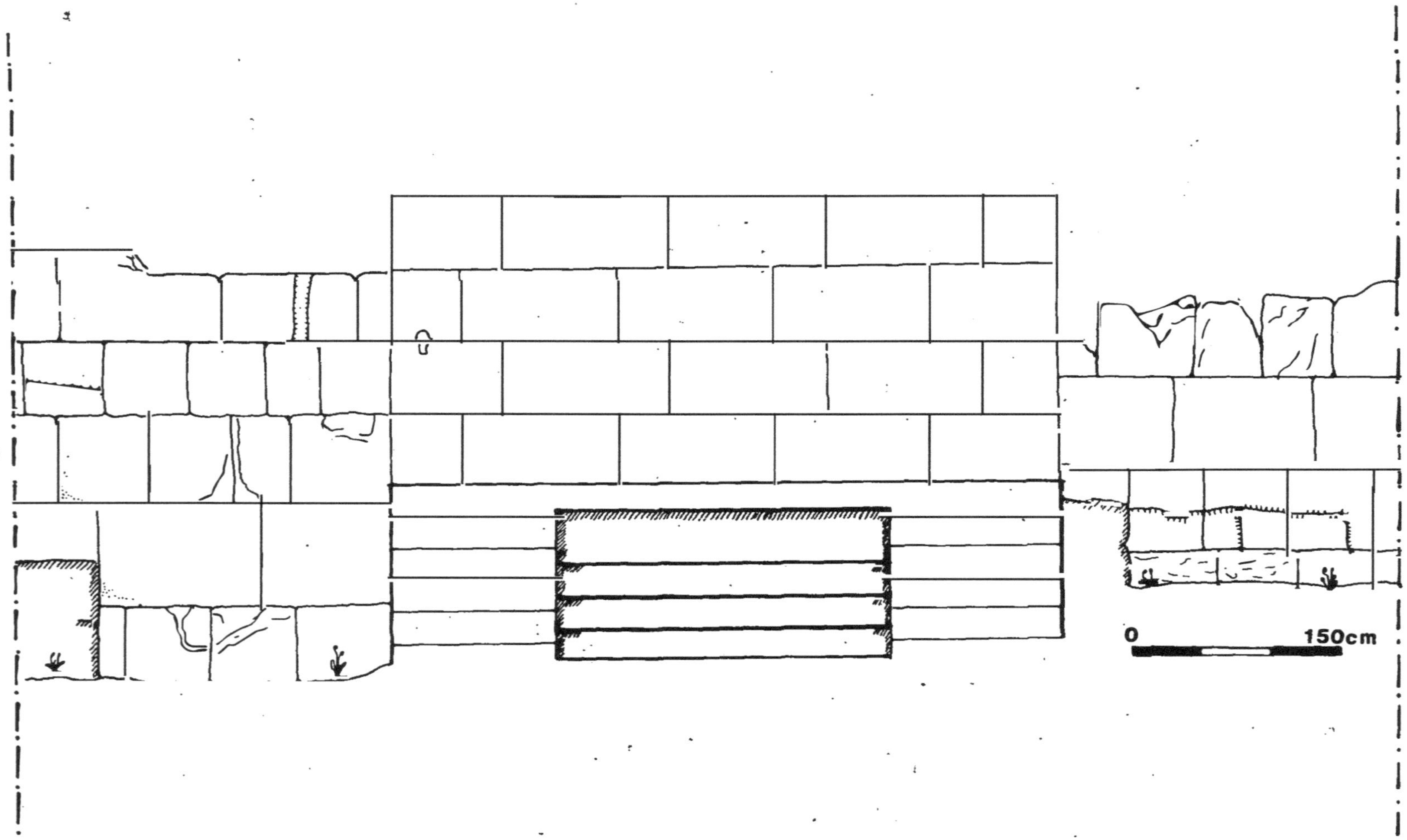

Figure 6.4 Prospetto ricostruito della parete alle spalle dell'Edicola di Dionisos Charidotes (davanti alla parete le fondazioni dell'Edicola).

elementi sufficienti per attribuire a Dionysos Charidotes questo naiskos costruito in cima alla scalinata e che aveva per fondale una zona lisciata della parete di blocchi.

E' solo in epoca tarda che nella parete si apre un passaggio, eliminando ovviamente quanto del naiskos impediva il transito ed utilizzando invece le parti basse come gradini per raggiungere la quota della nuova soglia. Il portale vero e proprio (Fig. 6.5) fu formato con materiale di reimpiego: due piedritti in calcare, di cui quello ad Ovest ancora esistente, ed un architrave di marmo lavorato. Questo era esposto con le modanature verso l'interno del Santuario, quindi verso chi affrontava la scalinata per uscire dal recinto. Gli elementi del portale furono rinvenuti nelle vicinanze al momento dello scavo; mentre risulta dalla documentazione fotografica che l'architrave fu posto su quanto restava del muro di terrazzamento al momento, in epoca moderna, in cui la zona divenne un recinto per animali nelle immediate vicinanze della fonte. In seguito agli scavi, per dare una viabilità di comodo nell'interno del Santuario, il blocco fu ricollocato a terra. Recuperati i pezzi nei lavori recenti, il portale è stato riattivato nel 1982.

Se, da una parte, la documentazione storica ricorda un passaggio nella parete in questo punto, d'altra parte l'analisi dei resti ci dice anche che in epoca greca ed a questa quota qui di passaggio non si è trattato mai. Il discorso potrebbe essere riaperto nel momento in cui si volessero ricostruire le fasi più antiche del Santuario, prima della costruzione dei muri di terrazzamento, anzi prima ancora dello sviluppo stesso del Santuario; allora sì che la vicinanza della fonte e del tempio possono suggerire un passaggio in quella posizione, ma ad una quota inferiore. Siamo però ancora lontani dal poter dimostrare coi fatti questa idea, anche se essa poggia sull'osservazione che in tal modo la posizione degli elementi essenziali del Temenos di Apollo risponde al criterio fondamentale, secondo cui sono conformati nelle generalità i santuari greci arcaici (Bergquist, 1967:128, practical aspects (4), e 133), quello di avere l'ingresso, alla loro periferia, situato in una posizione da cui si veda l'area sacrificale ed orientato secondo un asse che incroci quello del complesso tempio-altare.

Il prossimo passaggio da considerare è quello conosciuto come 'Propilei Greci', dono del sacerdote Praxiades (Buttle, 1956:23-6; Goodchild, 1959:55-6, 1971:113 e nota 8; Hyslop e Applebaum, 1945:23-6; Oliverio, Pugliese Carratelli e Morelli, 1961-2:293, n. 129; Pesce, 1959:658, 676; Stucchi, 1975:123-5, fig. 104); essi in effetti, come oggi si presentano, con le loro quattro colonne doriche e l'architrave che le sovrasta, non costituiscono che una parte del passaggio dalla Terrazza della Fonte alla Terrazza del Santuario vero e proprio, passaggio che era superabile in antico attraverso una scalinata, già da altri supposta per via di logica, ma mai finora documentata.

Il monumento, come oggi appare, è di età ellenistica, ma io avevo già individuato lungo la parete che costituisce la fondazione del monumento ellenistico dei blocchi in posizione verticale, lisciati, che mi avevano fatto supporre essere i piedritti di una fase precedente di passaggio, poi obliterata ed entrata a far parte delle fondazioni. E' stato dunque mio intento quello di andare ad analizzare le fondazioni dei Propilei fino al loro appoggiarsi alla roccia del suolo, per analizzare i risultati e verificare la mia supposizione. Lo scavo corrispondente alla metà dell'ampiezza dei Propilei è avvenuto nell'estate del 1982 (Fig. 6.6); posso quindi dare in questa sede un breve accenno di quanto trovato, rimandando la conclusione della ricerca, e quindi dei dati definitivi, alla chiusura dei lavori. La mia supposizione che si

Plate 6.I Il portale tardo ricostruito (Neg. M.I.C. A 82/3/4, 5, 7).

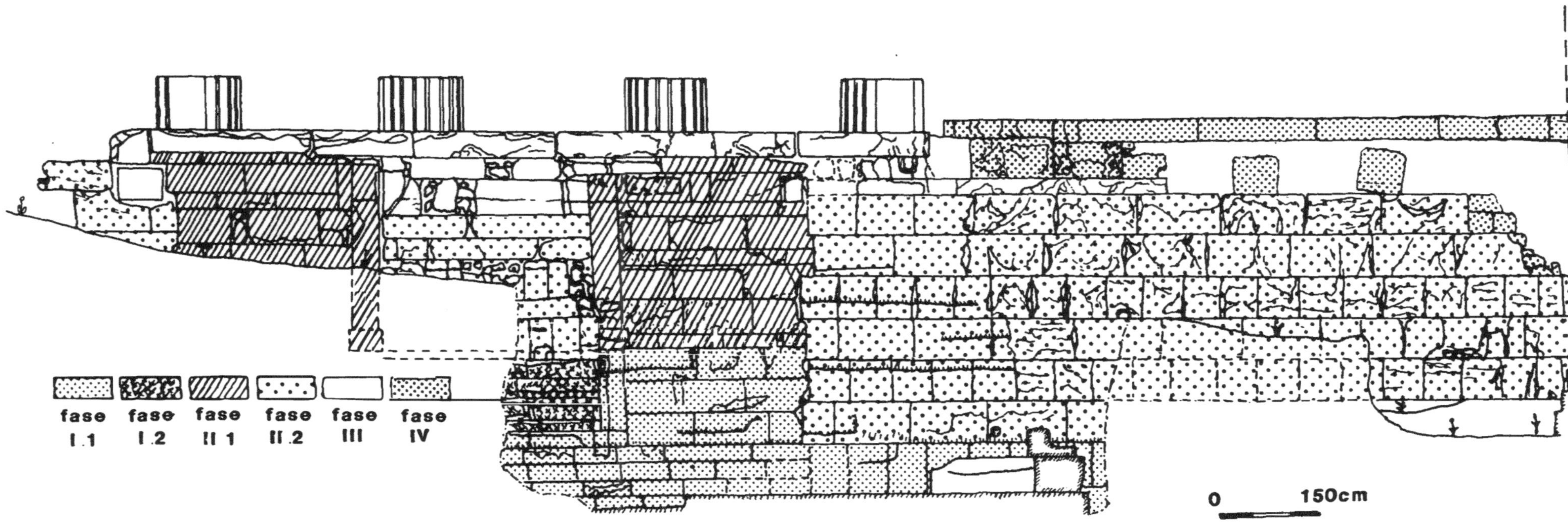

Figure 6.5 Prospetto delle fondazioni (lato Nord) dei Propilei di Praxiades.

potesse documentare una fase precedente di passaggio è stata ampiamente accreditata, ma la sorpresa è venuta crescendo di mano in mano che scavando più in profondità ci si è resi conto che non di una fase solo si trattava, ma di un numero molto superiore di periodi, tutti quanti congelati nella parete.

Cominciando dal basso, e potendo datare questa prima fase, a contatto con la roccia, alla metà del 5 sec. a.C., si è constatato un primo passaggio ad una quota di m 5,70 sotto il livello della quota della fase ellenistica oggi visibile. Si è scavata, in ampiezza, circa metà della porta; sul fianco Ovest e sulla soglia di essa è ben evidente il segno di un contenitore di un grosso cardine di porta. Questa fase ha avuto in un secondo momento un rialzamento della soglia di una certa misura. Sopra questa prima fase compare una seconda, quella visibile in parte anche all'esterno. Anch'essa mostra il segno del cardine di una porta ed è databile al 4 sec. a.C. Anche questa fase ha avuto in un momento successivo un rialzamento della soglia, finchè, in una terza fase, il tutto è finito come fondazione del propileo ellenistico, quello noto come 'Propilei Greci'.

E' da fare ora un breve accenno alla ricostruzione in atto della scalinata di questo monumento (Fig. 6.7). Si sono potuti recuperare vari blocchi dei gradini, per cui risulta che nel suo complesso la scalinata era divisa in tre scalee corrispondenti e facenti capo agli intercolunni, mentre in relazione ad ogni colonna vi era un pilastro-spalliera che terminava sul davanti in una bocca di fontana a protome leonina, che buttava acqua in una vasca sottostante. Questo complesso raccordava quindi ampiamente, ed alla quota dovuta, la Terrazza della fonte con la Terrazza del Santuario.

E' da notare che non c'è nessuna traccia sullo stilobate di età ellenistica o sui resti delle colonne trovate ancora *in situ* al momento dello scavo di alcun segno di cancello o di porta. I propilei erano quindi liberamente transitabili: non si trattava sicuramente di un ingresso al Santurario, ma semplicemente di un passagio architettonico interno tra una parte più elevata e una meno elevata di esso. Ciò a differenza delle fasi precedenti, in cui i cardini e gli stipiti delle porte indicano chiaramente che qui era sistemata una porta e che quindi in questo punto era situato l'ingresso del Santuario. Questo accesso d'altra parte è troppo lontano dall'area sacrificale del Tempio di Apollo, che costituisce il nucleo del Santuario, perchè si possa pensare che esso sia l'erede di un primo, originario ingresso al Santuario, che va ricercato invece in un punto più prossimo all'area sacrificale.

Dal periodo in esame documentabile, cioè dalla metà del 5 sec., fino all'età ellenistica il peribolo del Santuario vero e proprio è da considerarsi quindi il muro di terrazzamento esistente tra la Terrazza del Santuario e la Terrazza della Fonte, che restava estranea al *temenos* del Santuario vero e proprio. L'aver spostato comunque piu ad Est--dal passaggio ipotizzato più sopra presso *l'Hestiatorion* o da un altro punto--l'ingresso al *temenos* corrisponde peraltro ad un'altra costante nel mondo greco, quella dello sviluppo unidirezionale in senso Est-Ovest dell'area dei *temene* (Bergquist, 1967:128, aesthetic qualities, 4). È' dunque allo scorcio tra il 3 ed il 2 sec. che con l'innalzamento dei Propilei di *Praxiades* si connette anche l'allargamento del Santuario con l'annessione della Terrazza della Fonte. Quindi l'ingresso al Santuario diventa quel monumento, in realtà oggi molto mal ridotto, che si trova alla fine della strada scavata nella roccia nelle vicinanze della Fonte di Appolo, anzi accanto al propileo del piccolo *temenos* della fonte (Stucchi, 1975:260, 581-96).

Plate 6.II I Propilei di Praxiades dopo la ricostruzione della scalea occidentale (Neg. M.I.C. A 82/6/8).

A questo punto dell'indagine possiamo ricostruire il percorso del visitatore del Santuario che, in età ellenistica, provenendo dalla via scavata nella roccia, accedeva da questo propileo al Santuario sulla Terrazza della Fonte. Entrato nel temenos, egli girava verso la sua destra, cioè verso Est, percorreva un tratto della Terrazza della Fonte verso le colonne dei Propilei di Praxiades, le attraversava e, scendendo la scalinata, arrivava sulla terrazza inferiore; da questo punto poi poteva raggiungere l'altare di Apollo ed il tempio.

Il temenos allargato in età ellenistica, inglobando la Terrazza della fonte, ebbe ad avere come suoi limiti non la parete della roccia dell'Acropoli, ma il lungo sedile di Elaiitas (Stucchi, 1975:113), che va proprio dal Propileo d'ingresso al Santuario alla fine della strada tagliata nella roccia fino al cospetto dei Propilei di Praxiades. Il sedile è fatto in modo da costituire verso l'esterno anche un limite di muro di temenos. Il suo spigolo che sta all'estrmità Sud-orientale indica chiaramente che dopo la voltata il braccio si dirigeva direttamente all'estremità orientale dei Propilei di Praxiades. In questo braccio, con ogni probabilità, vi doveva essere un altro ingresso per chi giungeva dalla strada di Apollonia, ma niente è ancora apparso. Il suo posto potrebbe essere stato ereditato dallo sbocco in quel punto della romana Via Porticata.

Quanto all'età classica, il percorso doveva essere praticamente identico come itinerario, salvo a svolgersi, nell'area della Terrazza della Fonte, ad una quota inferiore a quella ellenistica e fuori dal Santuario, chè la Terrazza allora non ne faceva parte--come del resto è logico che fosse, soddisfacendo all'importante funzione di approviggionamento d'acqua di uso pubblico. Si entrava quindi nel Santuario dal portale, le cui fasi sono apparse sotto i Propilei di Praxiades.

Dall'età greca all'età romana la situazione naturalmente è cambiata. In eta romana viene attrezzata urbanisticamente, come già ricordato più sopra, anche la vallata del Quartiere Centrale di Cirene (Goodchild, 1959:64-8; 1961:84, 1971:139; Stucchi, 1967, tav. 8) con la Via Porticata che accompagna la strada dall'arco di Marco Aurelio fino all'ingresso nel Santuario al lato orientale della Terrazza della fonte, presso i Propilei di Praxiades (Goodchild, 1959:65-6, 1971:135; Pesce, 1959:660; Stucchi, 1975:275-6, figg. 275-6).

L'aver considerato questo problema delle strade affluenti in età greca dai vari punti cardinali al Santuario cireneo di Apollo non è una forzatura del momento, in quanto non mi sembra che altro centro sia da considerare come l'umbilicus della regione cirenaica se non il Santuario di Apollo, non l'Agorà, non l''isola romboidale' nella strada di fondovalle del Quartiere Central--che poi data soltanto dall'età romana (Goodchild, 1971:142, fig. 19)--ma proprio il Santuario. In esso infatti il konoides kion, la colonna rastremata e rotondeggiante in cima, simbolo di Apollo Carneios (Stucchi, 1975:113-6, sp. nota 2), così come in altre località lo è di Apollo Aghieus, non può che richiamare al primo arrivo dei Greci (Cfr. Apollo Apobaterios; Laronde, 1977:202-13; Smith e Porcher, 1864:113, n. 12, tav. 81; SEG 27.1197; Vitali, 1932:24 n. 74) e poi all'arrivo ditutti i forestieri, i pellegrini, gli interroganti l'oracolo, così come la divinità parallela, Artemide Katagoghis (SEG 9.13, 12), l'epiclesi con cui anche ad Erice era ricordata, per un altro verso, Afrodite reduce da un viaggio in Libia (Athaen., Deipnos. 9.394-5; ed. Peppinki p. 16; cfr. ed. Schweighäuser 5, pp.176-7), non può che far riandare anch'essa col pensiero a partenze perigliose ed a ritorni fortunati proprio in quel punto, piuttosto che ad accompagnamenti sotto terra (Chamoux, 1953:319).

L'idea dell'età greca non è cambiata neppure in età romana, quando, non più all'interno ma all'esterno del Santuario, un passaggio bicollonare ai lati della strada (Goodchild, 1971:134 s.) indicava il punto ideale di partenza della via per Apollonia, sottolineato anche dalla presenza di una particolare pietra miliare (Applebaum, 1950:89; Goodchild, 1950:86, n. 4, tav. 27, 3; 1969:170; 1971:134-5), ma segnava pure l'inizio per tutte le altre strade,o la fine di tutte le altre strade,da qualunque punto arrivassero, anche se le distanze miliari indicate sui cippi più vicini alla città non sempre si adattano esattamente alle misure reali (cfr. Goodchild, 1950:86, fig. 1), ma la sua supposizione non è stata confermata dallo scavo (Goodchild, 1971:142).

BIBLIOGRAFIA

Applebaum, S. (1950) A note on the work of Hadrian at Cyrene. **Journal of Roman Studies** 40:87-90.

Baldassarre, I. (1976) Mosaici ellenistici a Cirene e a Delo: rapporti e differenze. **Quaderni di Archeologia della Libia** 8:193-221.

Beechey, F.W. e H.W. (1828) **Proceedings of the Expedition to Explore the Northern Coast of Africa, from Tripoly Eastward in MDCCCXXI and MDCCCXXII** . London.

Bergquist, B. (1967) **The Archaic Greek Temenos—A Study of Structure and Functions.** Lund, Berlingske Boktryckeriet (Acta Instituti Atheniensis Regni Sueciae, 13)

Boehringer, E. (1929) Archaeologische Funde--Kyrenaika. **Jahrbuch des Deutschen Archaeologischen Instituts- Archäeologischer Anzeiger** 44:396-429.

Buttle, D. (1956) The architecture and planning of the city of Cyrene. **In** A.Rowe **Cyrenaican Expedition of the University of Manchester 1952:** 27-42. Manchester, Manchester University.

Cassels, J. (1955) The cemeteries of Cyrene. **Papers of the British School at Rome** 23:2-43.

Chamoux, F. (1953) **Cyrene sous la Monarchie des Battiades.** Paris, de Boccard.

Fantoli, A. (1923) **Guida della Libia, II—Cirenaica.** Touring Club Italiano.

Ghislanzoni, E. (1915) Notizie archeologiche sulla Cirenaica. **Notiziario Archeologico del Ministero delle Colonie** 1 fasc. 1-2:169-239.

Ghislanzoni, E. (1916) Miliario dell'Imperatore Adriano sulla strada Cirene-Apollonia. **Notiziario Archeologico del Ministero delle Colonie** 2 fasc. 1-2:153-61.

Ghislanzoni, E. (1920) **Escursione Archeologica 1919 nell'Altopiano Cirenaico.** Manoscritto.

Goodchild, R.G. (1950) Roman milestones in Cyrenaica. **Papers of the British School at Rome** 18:83-91.

Goodchild, R.G. (1954) **Tabula Imperii Romani, H.J. 34, Cyrene. Map of Roman Libya—East Sheet (Cyrenaica).** Oxford, Society of Antiquaries, London.

Goodchild, R.G. (1959, 2nd ed. 1963, 3rd ed. 1970, 4th ed. 1981) **Cyrene and Apollonia—An Historical Guide.** London, Glen Freebairn.

Goodchild, R.G. (1961) The decline of Cyrene and the rise of Ptolemais: two new inscriptions. **Quaderni di Archeologia della Libia** 4:83-95.

Goodchild, R.G. (1969) The Roman roads of Libya and their milestones. In F.F. Gadallah (ed.) **Libya in History--Historical Conference, Benghazi 16-23 March, 1968:** 155-71. Beirut, Dar el Mashreq.

Goodchild, R.G. (1971) **Kyrene und Apollonia.** Zürich, Raggi Verlag.

Hyslop, C.G.C. e Applebaum, S. (1945) **Cyrene and Ancient Cyrenaica.** Tripoli.

Kuntz, O. (1929) **Itineraria Romana, I—Itineraria Antonini Augusti et Burdigalense.** Leipzig, Teubner.

Lafont, J.M. (1977) **Reserches archéologiques sur le Sanctuaire d'Apollon à Cyrène.** Lyon, Thèse de troisième Cycle. Manoscritto.

Laronde, A. (1977) Néron, Apollon et Cyrène. **Mélanges L. Senghor** :201-13. Dakar, Les Nouvelles Editions Africaines.

Luni, M. (1979) Il Caravanserraglio di Cirene ed indagine preliminare sui percorsi interni della Cirenaica. **Quaderni di Archeologia della Libia** 10:49-65.

Miller, K. (1962) **Die Peutingersche Tafel-Neudruck.** Stuttgart, Brockhaus.

Oliverio, G. (1928-9) Campagna di scavi a Cirene nell'estate del 1927. **Africa Italiana** 2:111-54.

Oliverio, G. (1930) Campagna di scavi a Cirene nell'estate del 1928. **Africa Italiana** 3:141-229.

Oliverio, G., Pugliese Carratelli, G. e Morelli, D. (1961-2) Supplemento epigrafico cirenaico. **Annuario della Scuola Archeologica di Atene** 39-40:219-376.

Pacho, J.R. (1827) **Relation d'un voyage dans la Marmarique, la Cyrénaïque, et les Oasis de Audjelah et de Mardèh.** Paris, Didot.

Paribeni, E. (1959) **Catalogo delle Sculture di Cirene.** Roma, L'Erma di Bretschneider.

Pernier, L. (1927) Campagna di scavi a Cirene nel 1925. **Africa Italiana** 1:126-55.

Pesce, G. (1959) Cirene. **Enciclopedia dell'arte Antica** 2:655-90. Roma, Istituto dell'Enciclopedia Italiana.

Purcaro, V. (1976) Le rotte antiche tra la Grecia e la Cirenaica e gli itinerari marittimi e terrestri lungo le coste cirenaiche e della Grande Sirte. **Quaderni di Archeologia della Libia** 8:285-354.

Robinson, D.M. (1913) Inscriptions from the Cyrenaica. **American Journal of Archaeology** 17:157-200.

Roques, D. (1974) **Topographie Cyrénéenne: Φυκοῦς, ἐπίνειον τῶν Κυρηναίων —Contribution à la Connaissance du Système Portuaire de Cyrène.** Paris, Thèse de troisième Cycle. Manoscritto.

Smith, R.M. e Porcher, E.A. (1864) **History of the Recent Discoveries at Cyrene Made During an Expedition to the Cyrenaica in 1860-61.** London, Day and Son.

Stucchi, S. (1967) **Cirene 1957-66—Un Decennio di Attività della Missione Archeologica Italiana a Cirene.** Tripoli, Istituto Italiano di Cultura.

Stucchi, S. (1970) Cirene. **Enciclopedia dell'Arte Antica.** Suppl. 1:221-7.

Stucchi, S. (1975) **Architettura Cirenaica.** Roma, L'Erma di Bretschneider.

Vitali, L. (1932) **Fonti per la Storia della Religione Cyrenaica.** Padova, CEDAM.

7. Considerazioni su Alcuni Fenomeni di Litizzazione di Strutture Lignee nell'Architettura della Cirenaica

A. Uncini

L'architettura funeraria cirenaica, grazie alla ricchezza delle testimonianze monumentali conservate, offre un panorama estremamente vasto e differenziato di tipi architettonici e di schemi decorativi. In esso si può isolare un numero ristretto di edifici funerari che presentano tutti la medesima caratteristica, quella di riprodurre nella pietra una struttura di legno; si tratta di un gruppo di enormi sarcofagi, poggiati su di uno zoccolo a gradini, che per le dimensioni e lo schema decorativo rientrano nel tipo comunemente definito 'a tempietto', ma imitano in realtà, su scala monumentale, un'arca lignea.

Un gruppo di questi edifici si trova presso Gasr Jebra, pochi chilometri ad Ovest di Cirene, lungo la strada che conduce a Derna (Pacho, 1827:155-6, tav. 22; Rosenbaum, 1960: tav. 1; Stucchi, 1975:77-8). Su di un banco di roccia affiorante si trovano otto giganteschi sarcofagi calcarei, mentre altri, di minori dimensioni, sono sparsi nelle vicinanze. Tre di essi riproducono una cassa di legno del tipo più diffuso, con quattro sostegni angolari ed una specchiatura ribassata su ciascun fianco (Plate 7.I,1). I sarcofagi sorgono su di un basamento a tre gradini, l'inferiore più alto dei due superiori; questi ultimi, inoltre, sono ricavati in un unico filare di blocchi e portano alla base un sottile listello ribassato. Nell' esemplare più accurato, la zoccolatura riposa su una piattaforma di grosse lastre poggiate sul banco di roccia (Plate 7.I,2). I sarcofagi sono monolitici (in un caso la parte inferiore della cassa è in blocchi) come pure il coperchio, a forma di tetto a due spioventi, con acroteri ed, alla sommità, la caratteristica base allungata per stele o busti funerari. Che si tratti di tombe di famiglia, destinate a ricevere più di una deposizione, risulta evidente non solo dalle notevoli dimensioni dei monumenti (il sarcofago meglio conservato misura m 3,40 per 1,40 circa, ed è alto m 1,70 senza la krepis), ma soprattutto dal fatto che ciascun monumento comprende due zone differenti destinate alle sepolture. Oltre al sarcofago vero e proprio, all'interno del basamento è ricavata una camera accessibile da uno dei lati brevi del monumento, dove la zoccolatura è costituita da un unico grosso blocco, che poteva essere spostato liberando così l'ingresso.

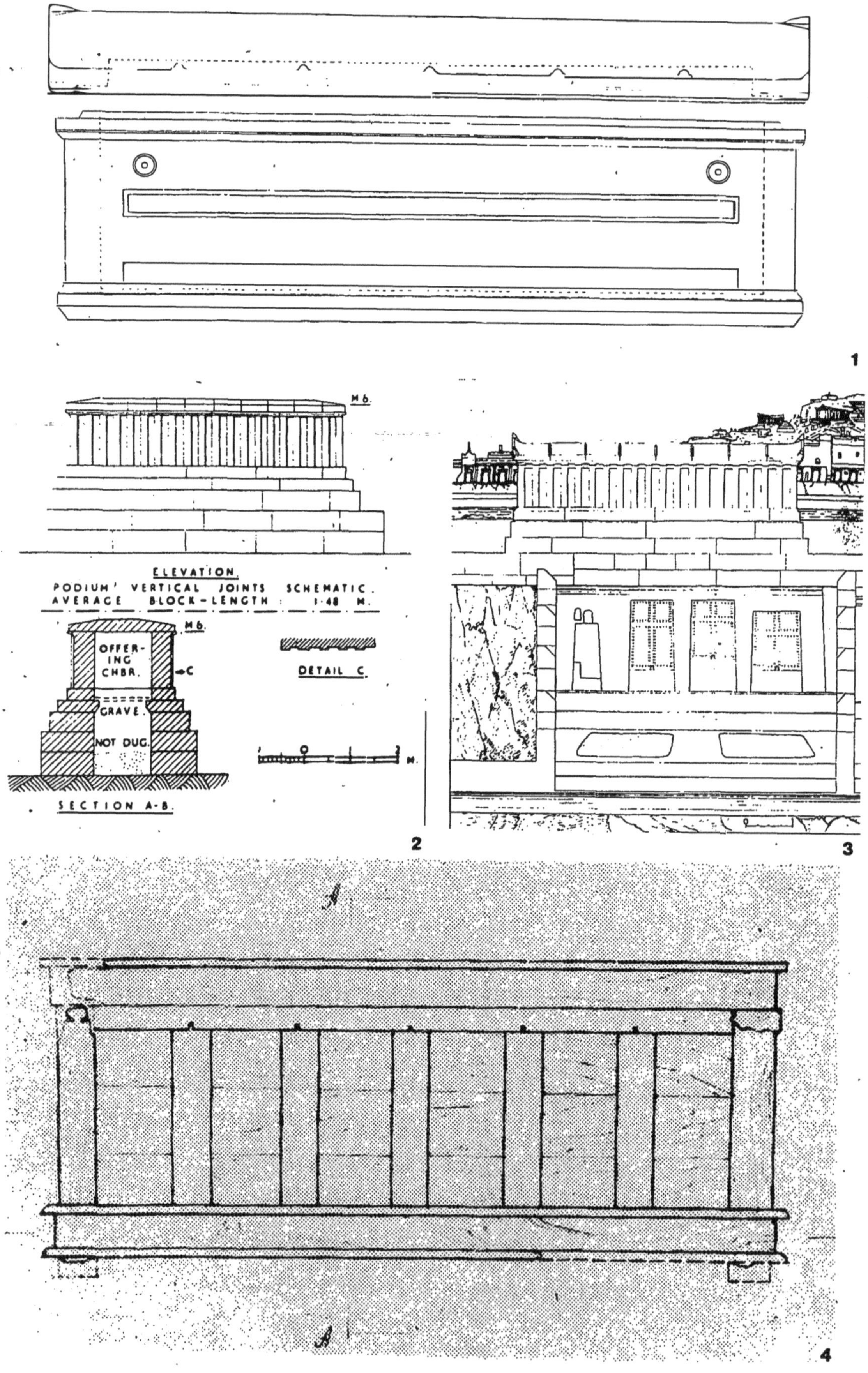

Figure 7.1, 1 Sarcofago al Museo di Heidelberg (da Hafner), 2 La tomba M6 (da Rowe), 3 La tomba N57 (da Stucchi), 4 Sarcofago ligneo da Kertç (da Vaulina and Wasowicz).

Al gruppo di Gasr Jebra si avvicina la cassa di un sarcofago marmoreo, priva del coperchio, che proviene dalla zona della Necropoli Ovest di Cirene ed è conservata nel giardino di Casa Parisi. Come nei monumenti già descritti, anche in questo si trova riprodotta un'arca di legno, su quattro piedi e con specchiature su ciascun lato (Plate 7.III).

L'esistenza, nell'antichità, di sarcofagi in legno di questo tipo è testimoniata da alcune rappresentazioni vascolari—un'anfora di Losanna ed una loutrophoros al Museo Nazionale di Atene, entrambe attribuite al Pittore di Saffo (Beazley, 1971:247; Kurtz and Boardman, 1971:149, tavv. 36-8; Rhomaios and Papaspyridi: tav. 8)—in cui è riprodotta una scena di sepoltura; inoltre, nella camera ipogeica del Charmyleion di Cos (Plate 7.II,2), sulle lastre di chiusura dei loculi, è scolpito in bassorilievo il lato breve della cassa lignea che si trovava all'interno (Schatzmann, 1934:110-27, figg. 2, 10).

Ma, più ancora, ci troviamo in questo caso nella fortunata condizione di possedere degli originali: esistono cioè alcuni sarcofagi di legno che, grazie alle eccezionali condizioni climatiche dei luoghi di ritrovamento, si sono potuti conservare fino ad oggi. Un gruppo che proviene dalla necropoli di Abusir, datata al 4 sec. a.C., immediatamente prima del periodo tolemaico (Watzinger, 1905:25-32, figg. 27-55), è attualmente disperso in vari musei (Plate 7.II,1); un altro esemplare, rinvenuto nella zona del Serapeion di Memphis, si trova al Museo del Cairo (Edgar, 1905:33101; Watzinger, 1905:32-3, fig. 56); infine, una serie assai cospicua è stata ritrovata in tombe della Russia meridionale (Plate 7.II,3), nelle regioni di Kertç, Olbia e nella penisola di Taman (Vaulina and Wasowicz, 1974; Wasowicz, 1966): uno studio recente ha stabilito che si tratta di prodotti dell'artigianato attico o dell'Asia Minore, tra il 4 e la metà del 3 sec. a.C. (Vaulina and Wasowicz, 1974:35-7). Il nucleo più significativo è conservato al Museo dell'Hermitage, mentre altri esemplari isolati si trovano in collezioni locali. Nella stessa Cirenaica, infine, ad Aslaia, è stata recentemente ritrovata una tomba a cassone della fine del 5 sec. a.C., nella quale si sono conservati numerosi frammenti di un sarcofago in legno che, sebbene incompleto e non ancora restaurato, si può riconoscere come appartenente a questa medesima classe di monumenti (Vickers and Bazama, 1971).

Alcuni di questi sarcofagi ci attestano l'esistenza di un tipo di arca di legno che è evidentemente imparentata alle λάρνακες di uso domestico (Richter, 1966:76-8, figg. 380-410), ed è esattamente identica a quelle riprodotte nei monumenti cirenaici: una cassa in cui i montanti verticali agli spigoli si prolungano verso il basso, per formare i quattro piedi, mentre le pareti sono costituite da assi orizzontali, che creano un pannello ribassato al centro di ogni lato. L'arca è spesso decorata da pitture, modanature in stucco, appliques figurate; ma la caratteristica piu importante, che sembra distintiva dei sarcofagi rispetto alle casse e cassapanche di arredamento, è la presenza di elementi tipici della decorazione architettonica, soprattutto nella parte superiore: modanature, fregio a dentelli, coperchio a doppio spiovente con acroteri e talvolta col timpano decorato.

Esistono inoltre alcuni sarcofagi litici che riproducono questo genere di arca di legno; in questi casi ci troviamo allora di fronte ad una mescolanza di elementi di imitazione lignea e di derivazione architettonica, così come avviene nei monumenti funerari di Gasr Jebra. Conviene ricordare, a questo proposito, un esemplare degli inizi del 3 secolo a.C., che proviene, ancora una volta, dalla penisola di Taman, nella Russia meridionale, ma è sicuramente di produzione greca, forse microasiatica (Belin de Ballu, 1952; von Graeve,

1

2

3

Plate 7.I, 1 Gasr Jebra: panorama, 2 Gasr Jebra: uno dei sarcofagi, 3 Sarcofago in marmo nel giardino di Casa Parisi.

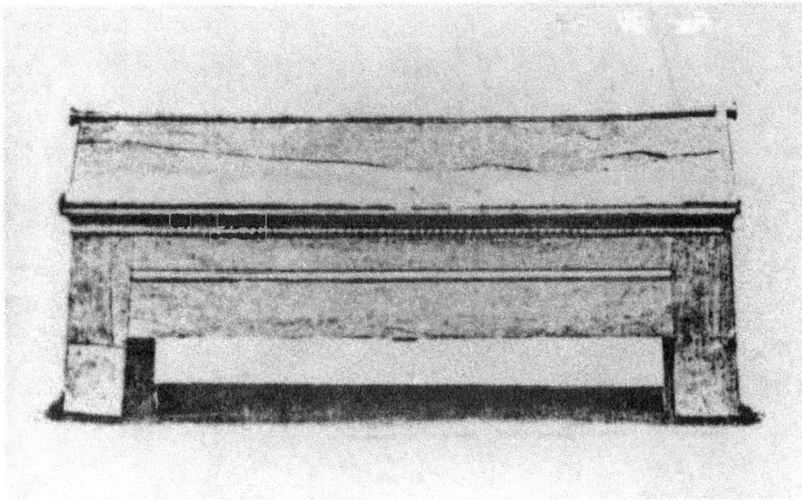

1

2

3

Plate 7.II, 1 Sarcofago ligneo dalla necropoli di Abusir (da Watzinger).
2 Cos, Charmyleion: lastra di chiusura di un loculo (da Schatzmann).
3 Sarcofago ligneo da Kertç, al Museo dell'Hermitage (da Vaulina and Wasowicz).

1

2

Plate 7.III, 1 Cirene: tomba N34, 2 La tomba N57.

1970:21, tav. 22, 1-2); un'altro, conservato ad Heidelberg (Hafner, 1939:449-55, figg. 1-8) (Fig. 7.1), è anch'esso opera greca ed appartiene alla fine del 4-inizi del 3 sec. a.C.; ad essi si aggiungono alcuni sarcofagi dalla necropoli di 4 - 3 sec. a.C. presso Santa Monica a Cartagine (Delattre, 1902:484-91; Hafner, 1939:455; Héron de Villefosse, 1905:86), ed un altro, in calcare, nella chiesa di San Lazzaro a Larnaka di Cipro (Goethert, 1934:104, fig. 15; Hafner, 1939:455).

In conclusione, l'uso di questo tipo di sarcofago ligneo ci è documentato, nel mondo greco, dalla fine del 6 secolo all'Ellenismo avanzato; l'imitazione in esemplari litici, complicata dall'immissione di elementi di derivazione architettonica, sembra d'altra parte limitata ad un più breve spazio di tempo, che dalla fine del 4 sec. a.C. giunge a comprendere anche il secolo successivo. Anche per le tombe di Gasr Jebra lo schema generale dei monumenti, come pure alcuni elementi della sintassi decorativa, sembra suggerire una datazione nell'alto Ellenismo.

Nella necropoli settentrionale di Cirene si trova un gruppo di tombe, omogeneo nella tipologia, che deriva anch'esso da un modello in legno. La caratteristica distintiva è quella della decorazione delle pareti dell'edificio, formate da grossi ortostati; esse presentano una serie di stretti pannelli verticali, alternativamente sporgenti e rientranti, che imitano le assi di un sarcofago in legno.

La tomba N14 (Cassels, 1955:23-6; Stucchi, 1975:175) e quella senza numero al di sopra della N34 (Cassels, 1955:26; Rowe, 1959:6, figg. 4, 8) si conservano soltanto nella parte inferiore, tagliata nella roccia viva (Plate 7.III,1); un'altra, pure non catalogata, non è stata mai scavata (Beschi, 1969/70:148-50, fig. 9). Di essa è visibile quindi soltanto un angolo del sarcofago, che si appoggia al muro occidentale della recinzione della tomba circolare N1, usandolo come lato di fondo. A Cirene, gli unici due monumenti interamente conservati sono la tomba N57 (Cassels, 1955:15-7, 26, tav. 13, a; Pacho, 1827: tav. 36; Rowe, 1956:20, fig. 7; Stucchi, 1975:175, figg. 167-8, 171) (Plate 7.III,2) e la M6 della classificazione del Rowe (1956:20, fig. 6) (Fig. 7.1,2), che non rientra nel catalogo del Cassels (1955:43). Questi due edifici, insieme a quanto rimane degli altri, consentono di conoscere nelle linee generali la tipologia di questi monumenti che, tutti di dimensioni ragguardevoli, rientrano nello schema delle tombe a tempietto (Cassels, 1955:16-7; Stucchi, 1975:175 sgg.): hanno un podio ed uno zoccolo a due o tre gradini, ricavati nella roccia viva oppure costruiti; la copertura, in grandi blocchi, ha doppio spiovente, frontoni, acroteri ed il plinto allungato alla sommità del tetto per ricevere stele o busti funerari. Nei particolari esistono alcune lievi differenze: la presenza o meno dell'ombretto sul gradino più alto dello zoccolo, il diverso profilo delle cornici alla base ed alla sommità della cassa, il trattamento delle lastre di copertura, che possono imitare delle tegole piane. La tomba N57, che è senza dubbio la più elaborata ed accurata nei dettagli, ha sul lato breve settentrionale la lastra di chiusura che riproduce una porta a due battenti e, lungo i fianchi, al di sopra di ciascun listello sporgente, una regula con sei guttae in leggero rilievo. In tutte le tombe sono ricavate due camere funerarie sovrapposte, una all'interno del basamento e l'altra in corrispondenza del sarcofago. Bisogna ancora aggiungere che due di questi monumenti—N34 e N57--sono in stretta correlazione con una tomba rupestre che si trova ad una quota inferiore e la cui facciata corrisponde al fianco lungo del sarcofago (Fig. 7.1,3). In queste composizioni architettoniche è evidente il gusto scenografico ellenistico, che giustappone due tombe di concezione differente, creando un complesso articolato ma unitario.

Ritorniamo ora al problema della singolare decorazione delle pareti del sarcofago: i pannelli verticali sono stati in un primo momento interpretati come paraste (Cassels, 1955:16, 26; Rowe, 1956:20). D'altra parte, nè il confronto con altri sarcofagi a pilastri o a colonne, nè l'evidente assurdità della finzione strutturale prestano credito a questa ipotesi: i pannelli sono troppo accostati fra loro perchè si possa ravvisarvi delle lesene. Per primo lo Stucchi (1975:174) ha riconosciuto in queste tombe l'imitazione di un'arca lignea. Non sono riuscita a trovare, nel mondo greco e grecizzato, esempi di sarcofagi litici che portino una decorazione delle pareti che possa essere utilmente avvicinata a questa di Cirene; tuttavia, l'interpretazione che vede in essa la litizzazione di una cassa di legno ha dalla sua parte, oltre ad una palese verosimiglianza, anche una rispondenza nella realtà monumentale. Ancora una volta, i ritrovamenti delle tombe della Russia meridionale forniscono testimonianze preziose. Al Museo dell'Hermitage sono conservati due lati di un sarcofago in legno, proveniente da una tomba di Kertç, le cui pareti sono formate da assi orizzontali, tenute insieme da sottili travicelli verticali applicati all'esterno della cassa (Vaulina and Wasowicz, 1974:129-31, figg. 73-7, tavv. 113-115a; Wasowicz, 1966:81; Watzinger, 1905:55). Il sarcofago dell'Hermitage viene datato dalle editrici al 2 sec. d.C.: questa cronologia non si accorda, evidentemente, con quella dei monumenti di Cirene, che sono concordemente attribuiti alla piena età ellenistica. Tuttavia questa documentazione rimane importante, perche testimonia l'esistenza nell'antichità di questa particolare classe di oggetti (Fig. 7.1,4), ne chiarisce la natura e lo schema di costruzione.

Si può dire a questo punto che dal panorama dell'architettura funeraria ellenistica della Cirenaica è possibile isolare un ristretto numero di monumenti con particolarità comuni: enormi sarcofagi, con evidenti caratteristiche architettoniche, e che tuttavia riproducono nelle linee fondamentali una cassa di legno. Oltre al sarcofago vero e proprio, essi hanno una camera funeraria ricavata all'interno del basamento o nel banco di roccia sottostante.

Nell'architettura antica, fin dall'età arcaica è largamente noto il fenomeno della riproduzione nella pietra di una struttura eterogenea, costruita in materiale diverso da quello litico, ma che tuttavia viene in esso fedelmente imitato, anche quando non ne sussista più una giustificazione funzionale (Martin, 1965:6-16; Orlandos, 1966:1-7). Per limitarci all'architettura funeraria, basterà ricordare come, nella stessa Cirene, alcune tombe circolari imitino la forma del tumulo di terra (Stucchi, 1975:80-1), mentre, in Asia Minore, i sepolcri della Licia costituiscono senza dubbio il complesso più importante ed omogeneo di monumenti che riproducono nella pietra una costruzione di legno (Borchhardt, 1975:95-115; Demargne, 1958, 1974; Kjeldsen and Zahle, 1975).

A questo proposito si potrebbe ricordare che la Licia ha fatto parte del regno tolemaico per tutto il 3 sec. a.C. (Magie, 1950:522-4, 1379-80): senza pensare, di certo, ad un rapporto di derivazione, sarebbe possibile avanzare l'ipotesi che le tombe licie su ὑποσόριον possono aver esercitato un qualche influsso sul progetto dei monumenti esaminati. In Cirenaica, l'imitazione del sarcofago ligneo non ha una tradizione architettonica alle spalle, nè d'altra parte questa scelta sembra giustificata da motivi ideologici, religiosi: per quanto conosciamo delle cerimonie funebri dell'antichità, non pare che il sarcofago avesse un ruolo importante nel rituale. Esso compare soltanto alla fine dell'ἐκφορά, al momento della sepoltura vera e propria (Kurtz and Boardman, 1971:149).

Direi che, invece, si potrebbe pensare al desiderio di sottolineare ulteriormente la destinazione funeraria dell'edificio, facendone una specie di 'struttura trasparente', che riproducesse nel suo aspetto esterno ciò che conteneva. Vanno ricordate qui, di nuovo, le lastre di chiusura dei loculi del Charmyleion (Schatzmann, 1934:figg. 2, 10), che raffigurano le casse lignee che si trovavano all'interno: è interessante notare che il rilievo ne riproduce il lato breve, cioè quello rivolto verso l'imboccatura del loculo; l'illusione è che la lastra non esista, o sia trasparente. Non bisogna trascurare però il fatto che la scelta dell'architetto ha avuto indubbiamente anche forti motivazioni decorative. I pannelli ribassati o a rilievo hanno lo scopo di creare un gioco di sottili linee d'ombra per animare le pareti del monumento che, completamente liscie, dovevano apparire troppo vuote e monotone.

BIBLIOGRAFIA

Beazley, J.D. (1971) **Paralipomena. Additions to Attic Black-Figure Vase Painters and Attic Red-Figure Vase-Painters**[2]. Oxford, Clarendon Press.

Belin de Ballu, E. (1952) Sur une nouvelle Cuve funéraire de Taman et les Sarcophages de la Russie méridionale. **Révue Archéologique** 39:89-93.

Beschi, L. (1969/70) Divinità funerarie cirenaiche. **Annuario della Scuola archeologica di Atene e delle Missioni Italiane in Oriente** 47/48 N.S. 31/32:133-341.

Borchhardt, J. (1975) **Myra. Eine lykische Metropole in antiker und byzantinischer Zeit. Istambuler Forschungen** 30. Berlin, Mann.

Cassels, J. (1955) The cemeteries of Cyrene. **Papers of the British School at Rome** 21:1-43, tavv. 1-13.

Delattre, C. (1902) Sixième sarcophage de marbre blanc peint trouvé à Carthage. **Comptes rendus des Séances de l'Académie des Inscriptions et Belles-Lettres:** 484-91.

Demargne, P. (1958) **Fouilles de Xanthos, I, Les Piliers funéraires.** Paris, Klincksieck.

Demargne, P. (1974) **Fouilles de Xanthos, V, Tombes-Maisons, Tombes rupestres et Sarcophages.** Paris, Klincksieck.

Edgar, M.C.C. (1905) **Catalogue générale du Musée du Caire, Graeco-Egyptian Coffins, Masks and Portraits.** Le Caire, Imprimerie de l'Institut Française.

Goethert, F.W. (1934) Archäologische Funde aus Cypern. **Archäologischer Anzeiger:** 70-123.

von Graeve, V. (1970) **Der Alexandersarkophag und seine Werkstatt. Istambuler Forschungen** 28. Berlin, Mann.

Hafner, G. (1939) Ein bemalter Marmorsarkophag in Heidelberg. **Archäologischer Anzeiger:** 449-74.

Héron de Villefosse, C. (1905) Les sarcophages peints trouvés à Carthage. **Monuments et Mémoires. Fondation E. Piot** 12:86.

Kjeldsen, K. and Zahle, J. (1975) Lykische Gräber. Ein vorläufiger Bericht. **Archäologischer Anzeiger:** 312-50.

Kurtz, D.C. and Boardman, J. (1971) **Greek Burial Customs.** London, Thames and Hudson.

Magie, D. (1950) **Roman Rule in Asia Minor to the End of the Third Century after Christ.** Princeton N.J., Princeton University Press.

Martin, R. (1965) **Manuel d'Architecture Grecque, I, Matériaux et Techniques.** Paris, Picard.

Orlandos, A. (1966) **Les Matériaux de Construction et la Technique Architecturale des Anciens Grecs, I.** Paris, De Boccard.

Pacho, M.J.R. (1827) **Rélation d'un Voyage dans la Marmarique, la Cyrénaique et les Oasis.** Paris, F. Didot.

Rhomaios, K.A. and Papaspyridi, S. (s.d.) **Corpus Vasorum Antiquorum, Athénes I.** Paris, Champion.

Richter, G.M.A. (1966) **The Furniture of the Greeks, Etruscans and Romans.** London, The Phaidon Press.

Rosenbaum, E. (1960) **A Catalogue of Cyrenaican Portrait Sculpture.** London, Oxford University Press.

Rowe, A. (1956) **Cyrenaican Expedition of the University of Manchester, 1952.** Manchester, Manchester University Press.

Rowe, A. (1959) **Cyrenaican Expeditions of the University of Manchester, 1955, 1956, 1957.** Manchester, Manchester University Press.

Schatzmann, P. (1934) Das Charmyleion. **Jahrbuch des Deutschen Archäologischen Instituts** 49:110-27.

Stucchi, S. (1975) **Architettura Cirenaica.** Roma, L'Erma di Bretschneider.

Vaulina, M. and Wasowicz, A. (1974) **Bois Grecs et Romains de l'Hermitage.** Wrocław, Warszawa, Kraków, Gdánsk, Zakład Narodowy Imienia Ossolińskich.

Vickers, M. and Bazama, A. (1971) A Fifth Century Tomb in Cyrenaica. **Libya Antiqua** 8:69-84, tavv. 24-32.

Wasowicz, A. (1966) **Obròbka drewna w starożytnej Grecji (Le Travail du Bois en Gréce Antique).** Wrocław-Warszawa-Kraków, Zakład Narodowy Imienia Ossolińskich.

Watzinger, C. (1905) **Griechische Holzsarkophage aus der Zeit Alexanders des Grossen.** Leipzig, J.C. Hinrichs.

8. The Architecture of Cyrene and the Panhellenion

S. Walker

Note:

This paper is adapted from a much longer paper, written with A.J. Spawforth to be published shortly.

No references are given in the introduction, which summarises the views developed at length in the longer paper. However, some earlier works on the Panhellenion are included in the bibliography.

INTRODUCTION

Before the reign of Hadrian, interest in the historic cities and sanctuaries of old Greece was well-established among educated Greeks. Hadrian visited Greece three times in his reign, having already served as archon at Athens and patronomos (one of a board of senior magistrates) at Sparta. His personal concern for Greece transformed the preoccupations of cultured individuals into activities pursued by Greek communities as a whole. By his reign a Roman career had been open to two generations of Greeks, a sign of progress in the long process of reconciliation between the Greeks and Romans. The advancement of Greek interests under the Flavians led to a spectacular elaboration of civic amenities in the major cities of Asia. A similar process, not yet fully analysed, may be observed in the epigraphical and archaeological record of mainland Greece in the 2nd and early 3rd century AD. As with the change in Greece's cultural role, the impetus for this development came from Hadrian's concern for Greece.

The foundation by Hadrian of the Panhellenion provided the constitutional framework for an adjustment in the relationship between the cities of old Greece and Greek cities elsewhere. The conditions of membership of this league allowed admission only to communities of Greek origin. Historic relationships between mother-cities and colonies, notably between Athens and Sparta and their colonies, were thus emphasised. However, some cities of contemporary importance, Hellenised but non-Greek in origin, including conventus centres in Asia Minor such as Cibyra and Synnada, employed fictitious

Greek pedigrees to gain admission to the league. Hadrian thus successfully used the claims of history to elevate cities in Greece which in economic terms were of little contemporary significance.

Certain Greek institutions already developed in the Classical and Hellenistic periods lent themselves to the expression of that sense of unity among Greeks which Hadrian wished to foster through his Panhellenic programme. First and foremost of these was the federal league itself, which Hadrian adapted to the changed political geography of the Greek world, now subject to Rome. Formal 'renewal' of kinship beween communities, the sending of sacred ambassadors for the joint celebration of sacrifices, and the exchange of judges, also features of Hellenistic city life, provided means of contact betweeen cities.

Well-established Hellenistic practices were thus mobilised to allow contacts between Greek communities widely dispersed within the Roman empire. Such contacts could have been negotiated, formally or informally, through shared membership of the Panhellenion, which gave other cities a means of access to the historic centres of Greece. In addition to offering a means of expressing Greek unity, the Panhellenion could also shoulder part of the increasing burden of Rome's administration of the Greek cities. There is evidence to suggest that the league could provide a channel of communication between the emperor and the Greek cities, and that the Panhellenion was intended to encourage greater autonomy in certain aspects of civic jurisdiction.

At the time of the league's foundation, Hadrian furnished Athens, the traditional embodiment of Greek cultural unity, as a federal capital. The scale and quality of the Athenian building programme distinguished it from Hadrian's activity as a patron of architecture elsewhere in the Greek world. Many of the new buildings served the needs of the vastly increased numbers of foreign visitors to Athens following Hadrian's revival of prestigious religious festivals and his institution of new ones. After Hadrian's death the building programme was completed mostly by non-imperial patrons.

Late Hadrianic and Antonine buildings at Athens were designed in a distinctive style new to the city. The origins of the style lay in the prosperous cities of Asia Minor, where Hellenistic traditions of design remained strong. But, like the building material, much of the decorative detail was of local origin and served as a visual reminder of Athens' glorious past. In contrast, the plans of at least three important buildings were Roman, and would have appeared alien without the Greek styling and local material. In Hadrianic Athens, then, we see a synthesis of archaising, Hellenistic and Roman elements of design used to make an appropriate physical setting for the activities of a Panhellenic League of a similarly synthetic nature.

ANTONINE ARCHITECTURE AT CYRENE

The immediate spur to build at Cyrene was the devastation caused by the Jewish Revolt of AD 115. Here too Hadrian had played a vital part, giving the initiative to refound and resettle the city and to rebuild administrative centres and public amenities. These activities were accompanied by a surge of civic pride, encouraged by the emperor, who appealed to the links of the Cyrenaeans through their Theran colonist Battus with Sparta, the venerable mother-city of Dorian Greece (Oliver, 1979; Reynolds, 1978; J. and L. Robert, 1979; L. Robert, 1960). The colonial history of Cyrene qualified the city for membership of the Panhellenion; the league offered the Cyrenaeans a means to express their Greek identity and the opportunity for contacts of various kinds with other Greek communities.

Among individual Cyrenaeans associated with the Panhellenion, at least two are known to have been patrons of architecture in their native city, either personally or through their families. Tiberius Claudius Jason Magnus and his house have been the subject of a recent study (Bacchielli, 1979), in which archaeological evidence is set against a background of epigraphic data collected and discussed in the late 1960s (Moretti, 1969; Robert, 1969). Three generations of the family are known, each bearing the same name. Approximate dates of birth are calculated at *c.* AD 110, 140 and 170. [1]

The eldest served as *archon* of the Panhellenion in AD 157. His son obtained permission from the Athenian Areopagus to dedicate an over-life-sized bronze statue of his father at Athens. The statue was probably erected in the Athenian Agora shortly after tenure of the archonship. It probably stood until AD 267, after which the inscribed base was incorporated in the city's new fortifications (Benjamin, 1968; Oliver, 1970).

The second Tiberius Cladius Jason Magnus may have served as gymnasiarch at Cyrene, occupying an official residence extending over an entire *insula* in the centre of the city, near the *xystos* of Hermes and Herakles, thought to be the gymnasium given to the Cyrenaeans by Hadrian. Apart from the two heads thought to represent Jason Magnus himself, the house contained several imperial portraits (Huskinson, 1975: nos. 70, 73, 77; Smith, 1899: nos. 1463-6). The architectural decoration included figured capitals adorned with heads of Battus and of the reigning emperor Commodus, whose portrait was subsequently deliberately destroyed (Bacchielli, 1979:161, tav. 13, 1; Stucchi, 1975:297, fig. 305, 326, fig. 339).

In his capacity as eponymous priest of the founder Apollo (an office reserved for members of the most distinguished families of Cyrene) Jason Magnus supervised the reconstruction of a shrine in the Sanctuary of Apollo (Fig. 8.1, 8). The shrine was dedicated in AD 176-180, in the reigns of Marcus Aurelius and Commodus (*SEG* 9, 172). When approached from the entrance to the sanctuary, the shrine appeared as the first of a line of modest structures facing in towards the temple of Apollo from the southern edge of the temenos (Fig. 8.1; Goodchild, 1971:109-28). To the east was a flight of steps leading up to the fountain of Apollo (Fig. 8.1, 2). The shrine occupied a commanding position, emphasised by its site on a high podium approached by flights of steps which enveloped the *pronaos* on three sides. The dedication was inscribed on two epistyle blocks of poros limestone. Within the temple the floor was dedicated by another priest of Apollo, Marcus Aurelius Euphranor (Pugliese Carratelli, 1961:361). This shrine was paid for with revenues accruing to the sanctuary. With his own money Jason Magnus paid for two marble basins set in the adjacent Baths of Trajan (Fig. 8.1, 14), reconstructed under Hadrian (*SEG* 9, 161; Moretti, 1969: no. 5). He was also connected with the erection of a cult statue of Zeus dedicated in the huge temple to the east of the city between AD 185 and 192 (Goodchild *et al.* 1958:35), and is probably to be identified with *Tiberios Klaudios Iason Magnos ho kai Leokrates* who dedicated a column paid from his own funds in the newly reconstructed Temple of Apollo (Fig.8.1, 7: Oliverio, 1961:363, no. 36; Robert, 1969:32). The evidence of the inscribed column, showing that Jason Magnus styled himself 'also known as Leokrates', offers further insight into the contrived archaism of Antonine Cyrene. The name is apparently an

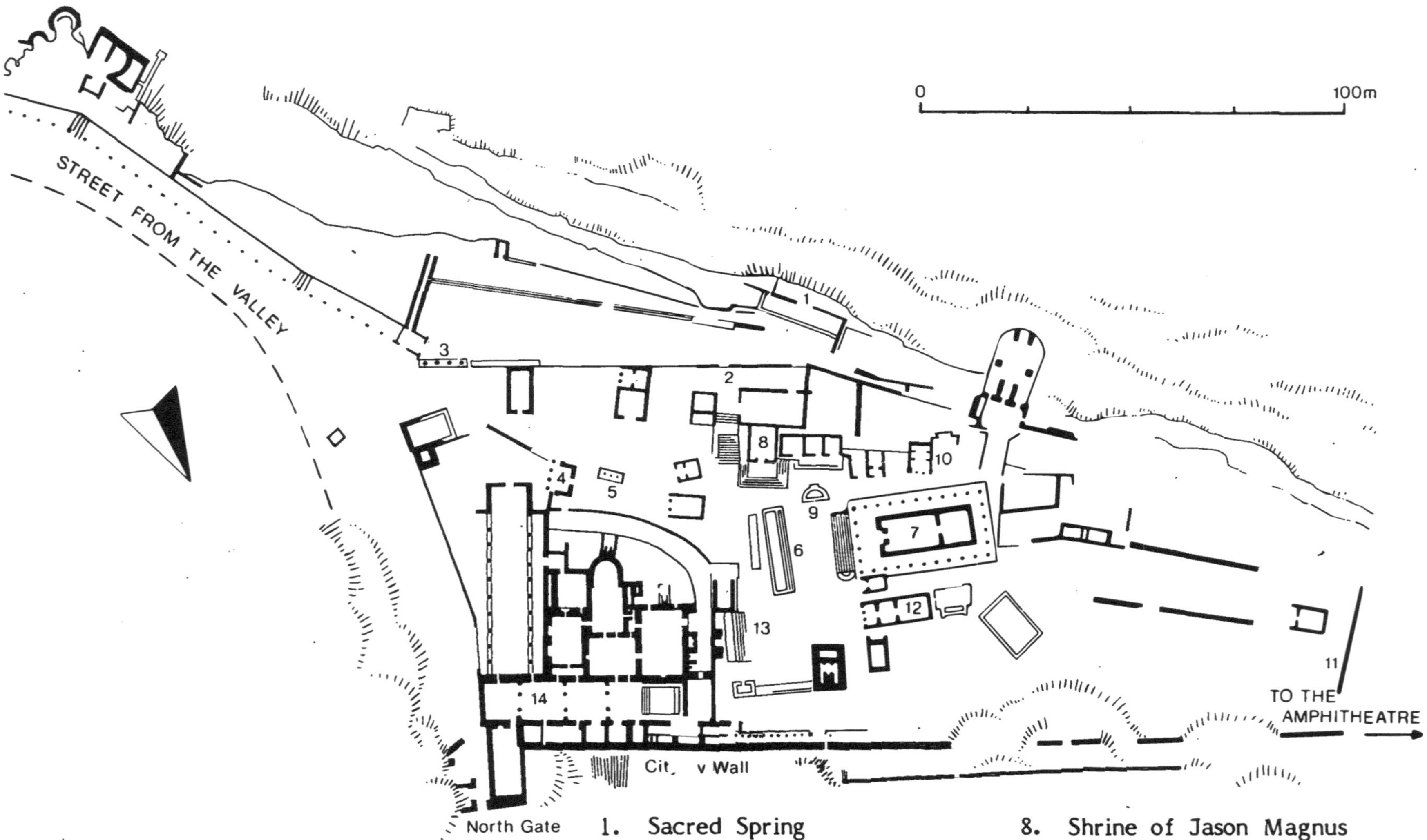

1. Sacred Spring
2. Steps to the spring
3. Greek propylon
4. Roman propylon
5. Hellenistic fountain
6. Altar of Apollo
7. Temple of Apollo
8. Shrine of Jason Magnus
9. Fountain of the nymph Cyrene
10. Temple of Isis
11. Nicodamian wall
12. Temple of Artemis
13. Altar of Artemis
14. Baths of Trajan

Figure 8.1 The Sanctuary of Apollo at Cyrene.

affectation recalling the great Athenian naval commander who defeated the Aiginetans in 457 BC and had earlier fought with Aristides at Plataea. In the same sanctuary, two statue bases were dedicated to Apollo by Tiberius Claudius Aristomenes Magnus, also known as Pericles (Oliverio, 1961:237-9, nos. 25b, 26); this man was probably related to Jason Magnus. And a few years ago an inscription was published recording a Marcus Julius Cocceianus Peithagoras Platon, priest of Athena in the sanctuary of Apollo, contemporary with or slightly later than Jason and Aristomenes Magnus (Reynolds, 1975:21-3).

Appropriately in view of his family's role in promoting traditional Greek culture, the son of this Jason Magnus as a young man in AD 189 won the _stadion_ (men's foot-race) at Olympia (Sextus Julius Africanus, Ὀλυμπιάδων Ἀναγραφή, Moretti, 1969: no. 7). It is perhaps he rather than his father who is commemorated in an inscribed mosaic pavement dedicated by his slave Januarius in a shrine to Hermes within the House of Jason Magnus (Bacchielli, 1979:163; Moretti, 1969: no. 6). The text invokes an expression of victory normally reserved for military use, but in this context is better understood as exaggerated praise for athletic prowess.

Decimus Cascellius Aristoteles served as _patronomos_ at Sparta in the 150s or early 160s (Woodward, 1948:257-8). As an old man he was eponymous priest of Apollo under Commodus (_SEG_ 9, 173) and consecrated the rebuilt temple to which he, like Jason Magnus, had contributed the cost of a column (Oliverio, 1961:246, no. 44). The dedication is commemorated in an inscription probably set into the wall of the _cella_. In an epigram inscribed on the marble revetment of the _pronaos_, Aristoteles' consecration of the temple is compared with that of the first Temple of Apollo at Cyrene, allegedly by Battus, who was also known as Aristoteles (_SEG_ 9, 189; Ferri, 1923:5; Oliverio, 1961:230, no. 9b, 9-12).

These men donated and dedicated buildings by virtue of their tenure of the priesthood of Apollo. All their buildings were of the Doric order. Many decorative elements were salvaged from earlier structures and were drastically recut, thereby modifying the traditional canon. Moreover at Cyrene Doric capitals were set on both fluted and unfluted column shafts, which often had Attic-Ionic bases. In some cases Doric capitals and epistyles were topped by Ionic cornices (Stucchi, 1975:252).

At the same time, however, the Corinthian order began to appear. It has been thought that the innately conservative architects of Cyrene were finally unable to resist its arrival. Pressures for the acceptance of Corinthian are thought to have been aesthetic (i.e. the increasing interest shown by Antonine sculptors in the effects of light and shade (Stucchi, 1975:244)) or economic, for in the Antonine and Severan periods the trade in white and coloured marbles reached its greatest extent. Almost every Mediterranean city like Cyrene with no local marble quarries could then import marbles, which were usually cut to a standard size at the quarry and shipped in certain combinations for use in architectural decoration, free-standing and relief sculpture and for sarcophagi (Koch-Sichtermann, 1982; Ward-Perkins, 1982). Formal patterns of trade were apparently established. Cyrene's major source of marble was unsurprisingly mainland Greece and the Cyclades (Ward-Perkins, 1982:368).

No evidence has survived of the price of Pentelic marble. Quarried far from the sea, it must have been relatively expensive (Day, 1942:197, 203; Walker, 1979). Cost may have been a factor influencing the reuse of marble in Antonine buildings at Cyrene, though it is important to note that no Corinthian elements (e.g. column captials) seem to be reused and it may have been impossible for the Cyrenaeans to obtain partially prefabricated Doric elements which did not conform to contemporary standard sizes.

The difficulties created by the retention of non-standard Doric in an age of virtually universal standard Corinthian suggest that its use was a matter of conscious choice rather than of blind conservatism. This impression is strengthened by the way in which the order was used at Cyrene. For example, in the Doric Temple of Zeus, Corinthian capitals (probably of Pentelic marble) were used with cipollino columns from Euboea to form an arc enclosing the cult statue. This, as we have seen, was dedicated during the reign of Commodus (Goodchild et al., 1958). Such usage of Corinthian to enhance the most important element within a sacred building recalls the very earliest recorded use of the order in the late 5th century BC (Onians, 1979:72-3).

As late as c. AD 200, the Cyrenaeans commissioned a monument of remarkable contradictions in style. This took the form of a propylon marking the entrance from a main street to a stepped alley leading down to the Agora. The column capitals were the latest Corinthian fashion, with 'wind-blown' acanthus leaves. But the frieze above them, the only example of Roman historical relief yet known from Cyrene, commemorated an eastern victory of the Roman emperor Septimius Severus in allegorical fashion, the style of the frieze derived from the friezes of the great classical monuments of mainland Greece and Asia Minor. As in some Roman mythological sarcophagi, some of the figures were given portrait heads, thus equating the leaders of the day with heroes of the past, just as in the inscription on his arch at Athens Hadrian had been equated with Theseus. The propylon at Cyrene presents a striking contrast with the portrayal of Severus and members of his family on the arch dedicated to the same emperor in his native city of Lepcis Magna in the neighbouring province of Tripolitania (Strong, 1973).

The patrons of architecture at Cyrene, some of whom were linked directly or through their families with the Panhellenion, thus deliberately chose to reject current fashions. Evidence from other sources, not least that of their own names, shows that throughout the 2nd century many Cyrenaeans maintained a vigorous interest in their past. Such sentiment, encouraged by Roman emperors, was fuelled by the racial snobbery of the Panhellenion and the desirability of Athens and Sparta as model ancestors.

Nowhere was the Doric ancestry of the city more important than in the sanctuary of Apollo, patron of the city's founders. In the reconstructed shrines lasting expression was given to an historic identity of fundamental importance to the Greek community. Though the impetus to build in this fashion came from within Cyrene, patrons may also have been influenced by contemporary Doric buildings at Eleusis, where the Cyrenaican city of Apollonia honoured the reigning emperor Marcus Aurelius through its representative on the council of the Panhellenion (Oliver, 1970:99, no. 8; IG 2^2, 3409).

Patronage of building in late Antonine Cyrene, by encouraging monumental expression of the city's Dorian heritage, reflected the Greek traditions of a community living at the margins of the Greek world. By this time the ideals of the Panhellenion were diffused beyond the formal structures of the league. And following the endowment by Marcus Aurelius of chairs in philosophy and rhetoric, Roman emperors had made Athens both the institutional and the cultural focus of the Greek world, a role later to be fulfilled by Constantinople.

BIBLIOGRAPHY

Bacchielli, L. (1979) Due noti su alcuni ritratti romani della Cirenaica. **Archaeologia Classica** 31:158-64.

Benjamin, A. (1968) Two dedications in Athens to Archons of the Panhellenion. **Hesperia** 37:338-44.

Day, J. (1942) **An Economic History of Athens under Roman Domination.** New York, Columbia University Press.

Ferri, S. (1923) **Contributi di Cirene alla Storia della Religione Greca.** Rome.

Follet, S. (1976) **Athènes au IIe et IIIe Siècle.** Paris, Les Belles Lettres.

Goodchild, R. (1971) **Kyrene und Apollonia.** Zurich, Raggi Verlag.

Goodchild, R., Reynolds, J. and Herington, C. (1958) The Temple of Zeus at Cyrene. **Papers of the British School at Rome,** New series 13:30-62.

Huskinson, J. (1975) Roman Sculpture from Cyrenaica in the British Museum. **Corpus Signorum Imperii Romani** II, 1. London, British Museum.

Koch, G. and Sichtermann, H. (1982) **Römische Sarkophage.** Munchen, C.H. Beck.

Moretti, L. (1969) Tiberio Claudio Giasone Magno di Cirene. **Epigraphica** 31:139-43.

Oliver, J. (1970) Marcus Aurelius. Aspects of civil and cultural policy in the East. **Hesperia** Supplement 13.

Oliver, J. (1979) Antoninus Pius to Ptolemais Barca about the Capitolia. **Greek, Roman and Byzantine Studies** 20:157-63.

Oliverio, G. (1961-2) Supplemento Epigrafico Cirenaico. **Annuario della Scuola Archeologica di Atene** 23-4:237-9.

Onians, J. (1979) **Art and Thought in the Hellenistic Age.** London, Thames and Hudson.

Pugliese Carratelli, G. (1961-2) Supplemento Epigrafico Cirenaico. **Annuario della Scuola Archeologica di Atene** 23-4:361.

Reynolds, J. (1975) Epigraphic disjecta membra in Cyrenaica. **Libyan Studies** 6:21-3.

Reynolds, J. (1978) Hadrian, Antoninus Pius and the Cyrenaican cities. **Journal of Roman Studies** 68:111-21.

Robert, J. et L. (1979) Bulletin Epigraphique. Cyrenaique. **Revue des Etudes Grecques** 92:536-7.

Robert, L. (1960) Décret de Thera. **Hellenica** 11-12:111-21.

Robert, L. (1969) Inscriptions d'Athènes et de la Grèce centrale. **Archeologike Ephemeris** 30-4.

Smith, A. (1899) **A Catalogue of Sculpture in the Department of Greek and Roman Antiquities,** Vol. 2. London, British Museum.

Strong, D.E. (1973) Septimius Severus at Lepcis Magna and Cyrene. **Libyan Studies** 4:27-35.

Stucchi, S. (1975) **Architettura Cirenaica.** Rome, L'Erma di Bretschneider.
Walker, S. (1979) Corinthian capitals with ringed voids: the work of Athenian craftsmen in the 2nd century AD. **Archaeologischer Anzeiger:** 103-29.
Ward-Perkins, J.B. (1982) **The Architecture of the Roman Empire.** London, Penguin.
Woodward, A. (1949) Inscriptiones Graecae, v.1: Some afterthoughts. **Annual of the British School at Athens** 43:259.

9. Cyrene's Suburban Expansion South of its Ramparts

D. White

Cyrene has been the object of intense topographical study since the 1920s in as far as the intramural portions of the city are concerned (here defined as what lies inside the circuit of its Hellenistic walls). On the other hand, relatively sparse attention has been directed toward its extramural extensions, with the clear and obvious exception of the outlying network of roads and cemeteries that have excited the interest of visitors and scholars alike since the days of Pacho and the Beecheys.

There are of course other exceptions, as for example Luni's recent investigation of the Caravanserei, linked to the southeast corner of the city walls, if this complex is indeed to be regarded as separate from the nucleus of the walled city (Luni, 1979:48-65).

One may also recall the site of the quarry bed brought to light in 1966 ca. 200 m to the southeast of the Caravanserei where it had served as a dump for the remnants of a destroyed Archaic sanctuary (Goodchild, Pedley and White, 1966-7:179-84, 197-8). However, it is yet to be determined if its rich contents of marble statues, bronze repousse sheeting, dedicatory sphinx column and smashed building debris were originally part of an extramural sanctuary or rather did not in fact derive from some feature of the intramural town, perhaps, as has been suggested, the pre-monumental phase of the Zeus Temple (White, 1971:54). Here a lack of specific information about the line of the Archaic defences contributes to our topographic confusion.

In addition, sporadic discoveries made by the Libyan Department of Antiquities within the area of New Shahhat east of the ancient city for the past decade have provided indications of the presence of campestral shrines and domestic installations from that suburban quarter, still awaiting their publication.

Moreover, Stucchi (1975:plan V) has plotted several extramural features in a 5 km radius of the city: Gasr ar Ramli to the southwest, Ferri's Ain Hofra sanctuary to the southeast, his Budarag sanctuary to the northwest, and

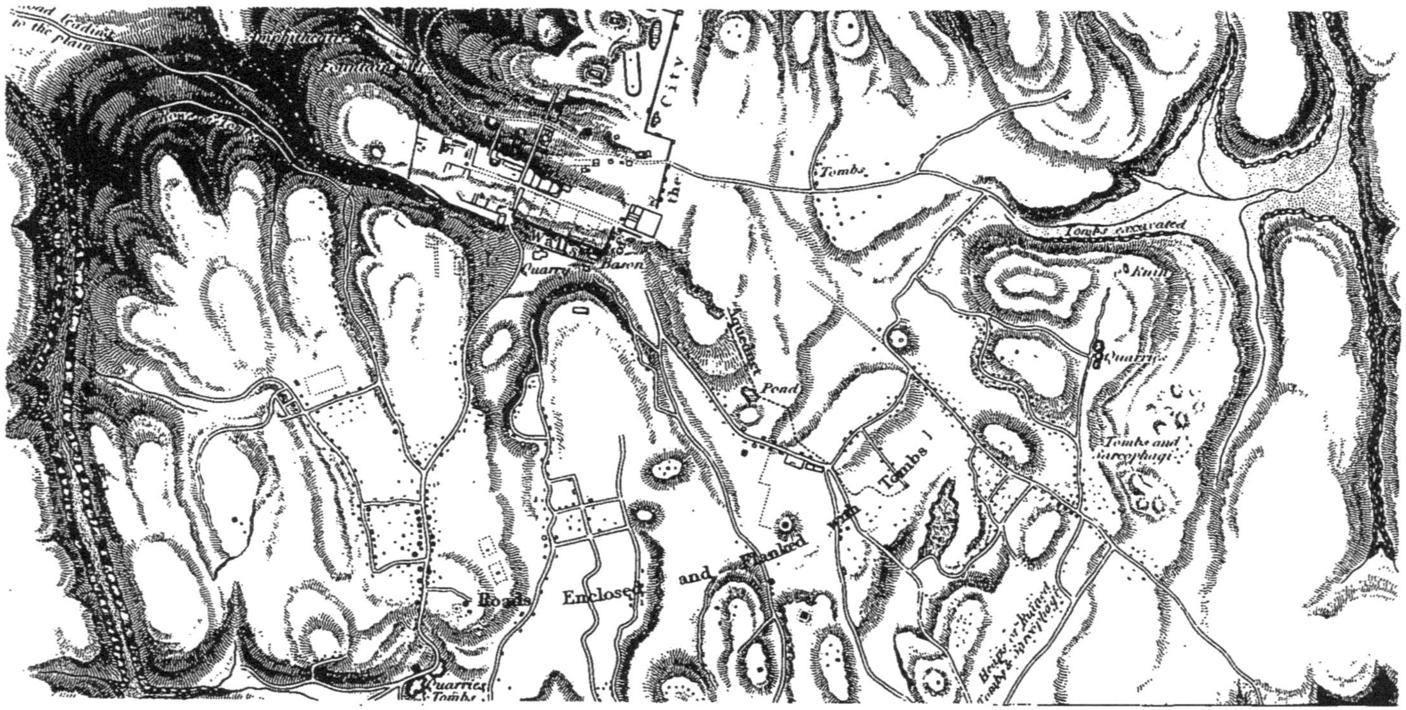

Figure 9.1 Detail of the Beechey plan of Cyrene and its features to the south and east of the walled city, drawn in 1822.

the villa rustica at Sambar to the northeast. On the other hand, none of these sites (which incidentally were mainly discovered before the Second World War) are in any immediate sense extensions of the city proper.

Possibly because they were less hampered by preconceived ideas of what constituted the true core of the city, the early travellers conducted a broader sweep of its extramural elements than what is normally encountered in more recent studies. The Beecheys supply a case in point: their 'plan of the ruins and environs of Cyrene' (F. and H. Beechey, 1828: plan opp. p. 405) mark a network of roads south of the walled town (Fig. 9.1). The dots that flank these routes are used to designate tombs, while 'quarries', 'sarcophagi', and a stretch of aqueduct comprise some of the other remaining topographical frusta that survive on their map.

Pacho, who normally gets low marks for the accuracy of his cartographic representations (Goodchild, 1976:278), was equally attracted to Cyrene's southern environs. Some of the more noteworthy features of his plan (Pacho, 1827: plan opp. p. 1) include the 'temple de Bacchus' (which in actuality refers to the extramural Sanctuary of Demeter and Persephone), the "agglomérations de pierres formées de ruines d'anciens edifices", and his so-called hippodrome located further to the south (Fig. 9.2).

Finally, in more recent years Stucchi has drawn attention to the land lying southeast of the city which occupies the low vale at the head of Wadi Bel Gadir and the gently rolling hill to its south. His survey (Stucchi, 1975:405, fig. 406, here our Fig. 9.3) records a number of features that exist today above ground in varying stages of disrepair. Among the more important of these are (Fig. 9.3) the temple set within a peribolos outside the Balagrae Gate (Stucchi, 1975:252), the prostyle temple located in the wadi vale (Stucchi, 1975:260), the two open-air precincts in the zone of the eastern necropolis (Stucchi, 1975:261), the so-called funeral basilica, Gasr Grescendi, that encloses a martyrium (Stucchi, 1975:404, 418), and a suburban villa which preserves traces of a bathing facility (Stucchi, 12975:515). Since none of these monuments have been excavated, their dates and identities are by necessity still tentative, but in Stucchi's judgement they date as a group to after the Jewish rebellion of AD 115; indeed, the basilica and its nearby villa may be considerably later.

Moving west to shift our attention down the widening course of Wadi Bel Gadir, the evidence for urban expansion alters from that of individual, independent structures to something more akin to an actual enlargement or extension of the urban core. The point of departure for the investigation of this phenomenon is the extramural Sanctuary of Demeter and Persephone on the south slope of the wadi. The sanctuary originated ca. 600 BC (White, 1981:27), but the bulk of its remains belong to its Imperial development before AD 262 (Fig. 9.4). The excavated parts of the site cover ca. 4,200 sq m of terrain, which by Imperial times had been divided into what is termed the Upper, Middle, and Lower Sanctuaries. These elements are dispersed over a rise in ground amounting to some 25 m, measured from the floor of the wadi drain to stylobate level of the Upper Sanctuary's Propylaeum (S20).

Preliminary survey carried out in the last days of our 1981 study season has made it clear that the east-west distribution of the wadi's architecturalised south slope was far more extensive than what merely constitutes today the excavated core of the sanctuary. Roughly hewn chamber tombs penetrated the wadi's limestone face just west of the old Italian-period agora

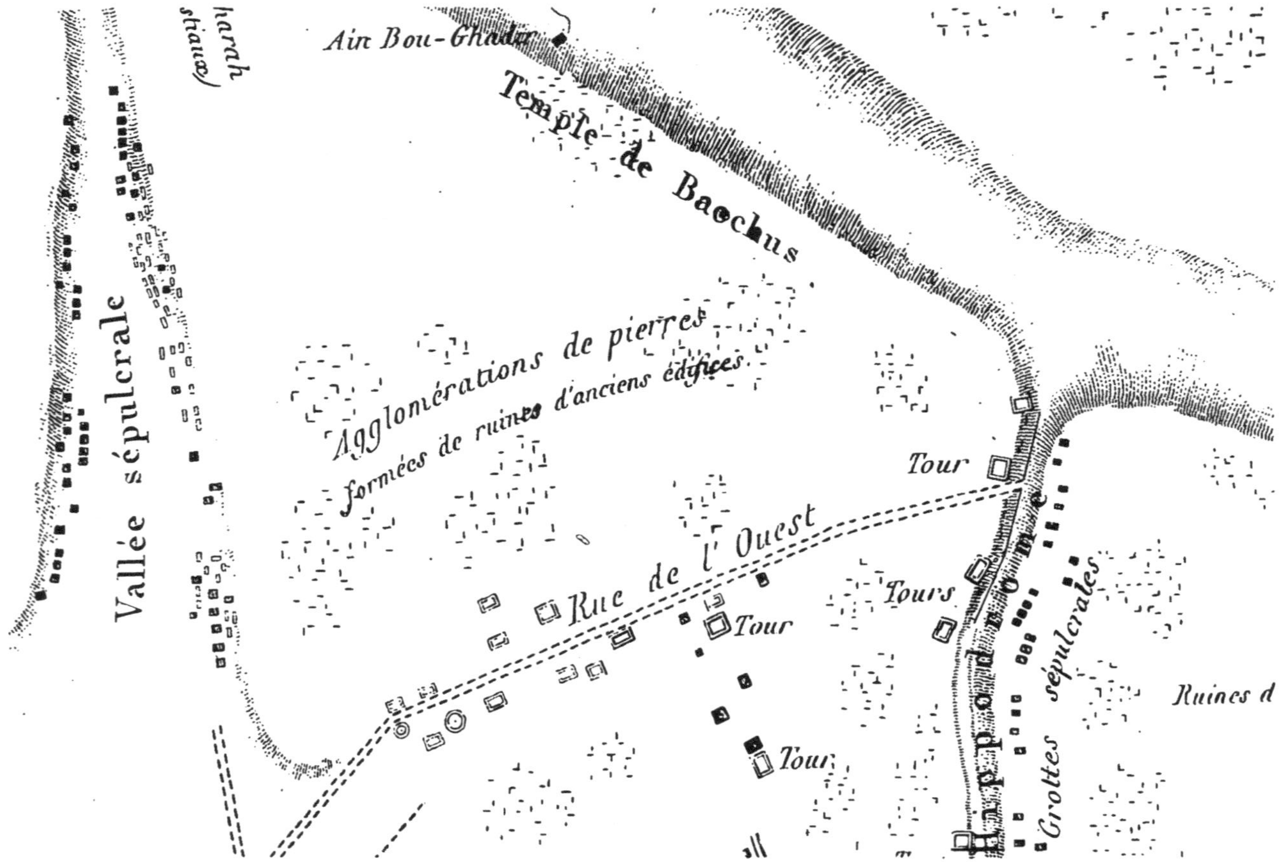

Figure 9.2 Detail of the 1825 plan of Cyrene by Pacho, showing the Wadi Bel Gadir and nearby features.

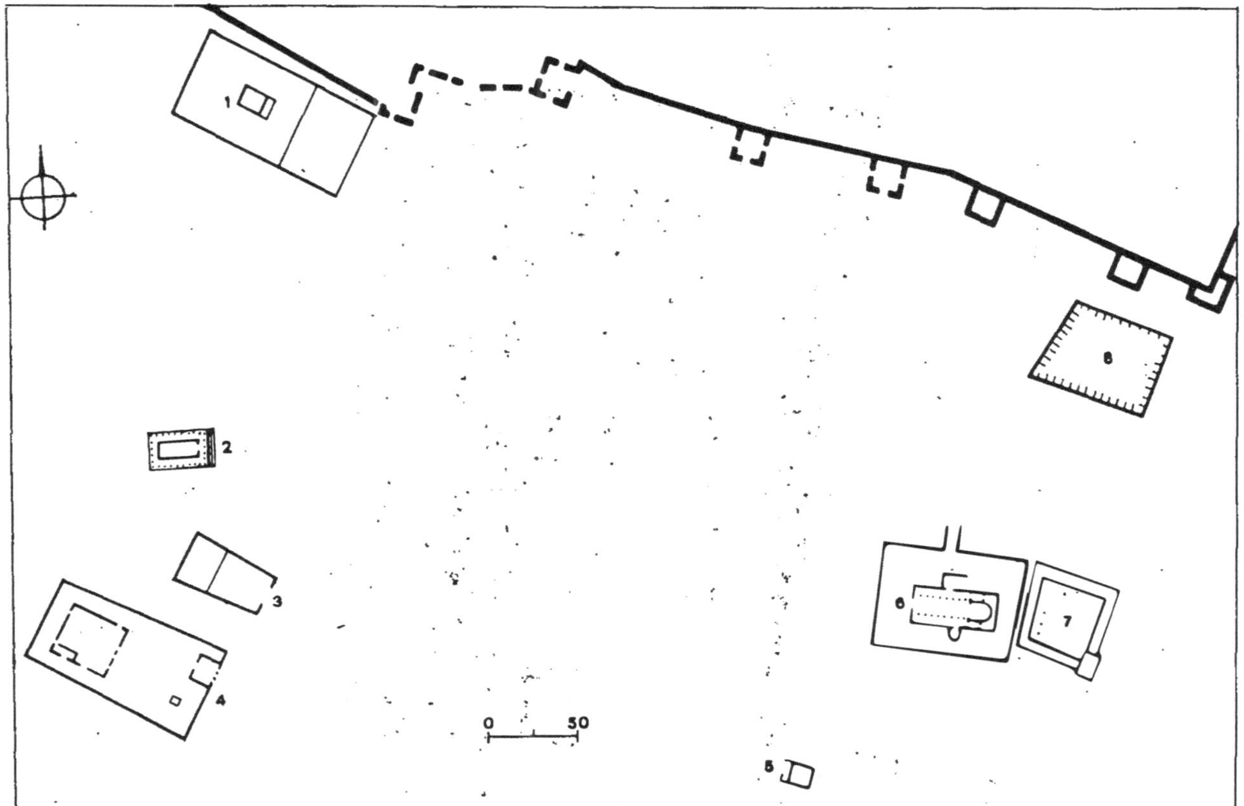

Figure 9.3 Survey plan by Stucchi of the extramural features lying to the southeast of Cyrene. 1 - Temple outside the Balagrae Gate. 2 - Prostyle Temple in the wadi vale. 3 - Temenos 2 in the South Necropolis. 4 - Temenos 1 in the South Necropolis.
6 - Extramural Basilica (Gasr Grescendi). 7 -Suburban Villa. From S. Stucchi (1975, fig. 406).

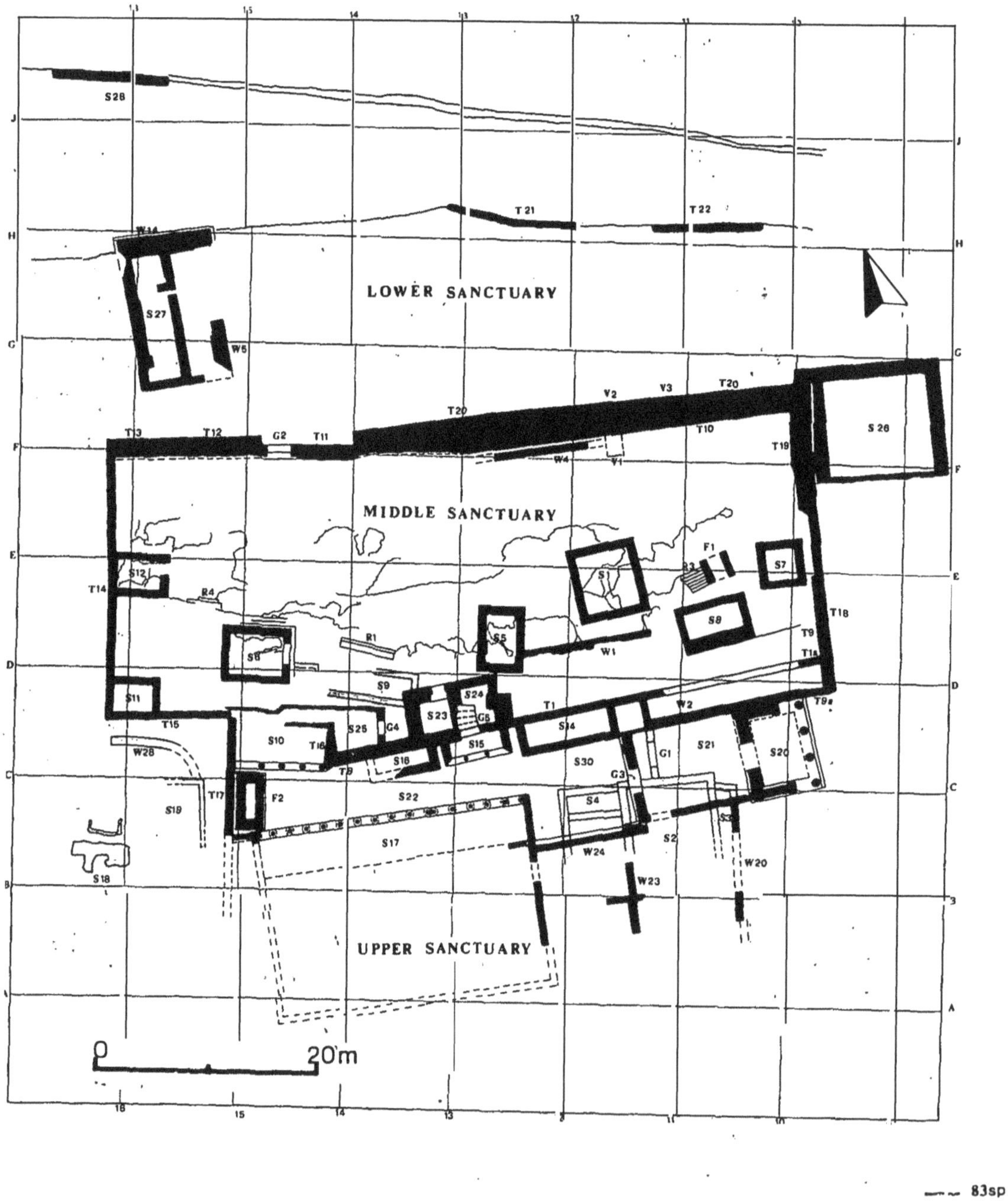

Figure 9.4 Plan of the extramural Sanctuary of Demeter and Persephone at its greatest development prior to AD 262. The walls shown in stipple were no longer in use during the 3rd century AD.

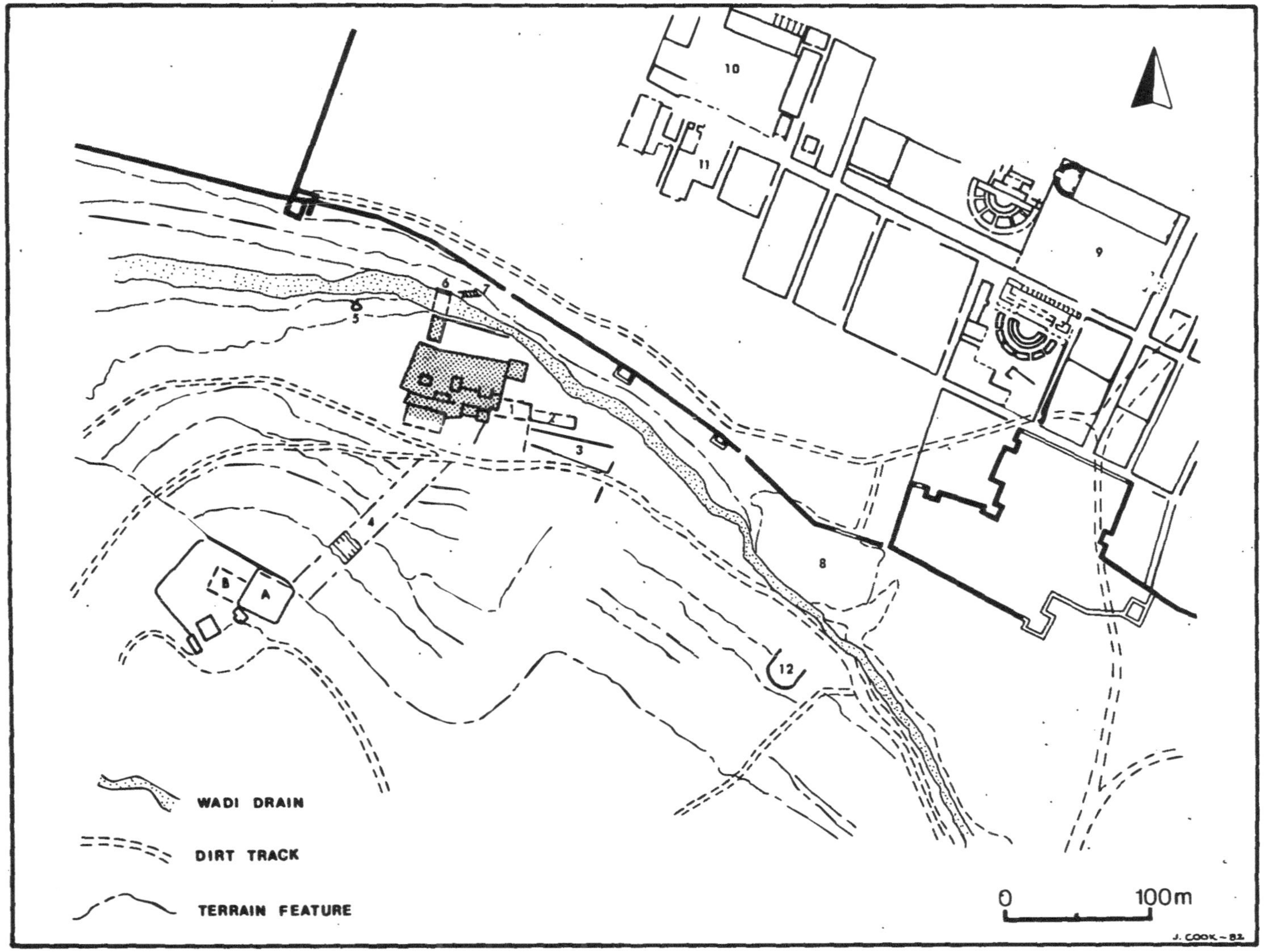

Figure 9.5 Map of the area south of Cyrene's Agora-Forum Hill and the city's southern defensive circuit. The excavated portions of the Sanctuary of Demeter and Persephone are shown stippled.

dump (today partially bulldozed away for construction in the modern town). Running from a point west of the tombs to join the upper southeast corner of the Middle Sanctuary are the remains of substantial terraces, which are readily traceable for a distance of over 80 m as either low walls sticking out of the ground or as the lines of earth-covered hummocks (Fig. 9.5). The divergence in the axis of the east-west walls of Unit 3 from those of the lower two units, 1 and 2, suggests that there originally existed two or, as seems more likely, three terraced components east of the Demeter Sanctuary.

Units 1 and 2 share the same level of hillslope as the southern half of the Middle Sanctuary as well as establishing a basic congruity with the orientation of its outer walls. What is presently not known is whether or not Unit 1 actually abuts the main east wall (T18) of the Middle Sanctuary. The south wall of Unit 3 perceptively departs from the orientation of the nearby Propylaeum (S20), but seems to share an alignment with the large Southwest Building (S17), which in its final phase was added to the sanctuary between ca. AD 115 and 262. When traced on the ground, the line of the east wall of Unit 3 appears to run beyond the modern road (i.e. back up the hill), and this would seem to suggest that the terraced grounds originally extended further south than has been drawn on the area plan, Fig. 9.5.

Given the inadequacy of our current state of topographical information, it would be premature to attempt to define the functional character of these three units. A concentration of votive lamps was unearthed north of Unit 1 in 1971 when we laid out the excavation railway line, but this could merely reflect the burial of cult detritus outside the temenos walls. If one were to argue that their proximity as well as their shared basic alignments indicate that Units 1, 2 and 3 were built as extensions of the Upper and Middle Sanctuaries and therefore must have serviced the same cult, namely Demeter's, it is worth recalling that the terraced hillside Demeter sanctuary at Pergamon connected directly with a gymnasium and a Hera sanctuary (Gruben, 1963:490-1, figs. 145, 151-2). Consequently it is not possible to say definitely whether the units east of the Cyrene Demeter Sanctuary were either religious or secular. Instead, for purposes of the present discussion the point to grasp is simply that at some time in Cyrene's urban development a major tract of ground east of the core of its extramural Demeter Sanctuary was exploited for an intensive architectural buildup.

I did not become aware until the autumn of 1980 that a report had been published over twenty years earlier of the existence of monumental stairs and a hilltop complex south of the Demeter Sanctuary (Fig. 9.6). Its author was Shi'mon Applebaum (1957:159-61; 1979:194) who, while serving as Antiquities Officer between 1943 and 1945, had observed on a wartime aerial reconnaissance photograph (now unfortunately lost) traces of a 'broad masonry stairway'. According to Applebaum, the stairs ran south for a distance of c. 150 m up the hill to connect with an L-shaped complex, which measured c. 28 m north-south and 30 m east-west.

The L-shaped complex seen by Applebaum may be what Pacho drew and labelled an accumulation of stones from ruined ancient buildings south of what he called the temple of Bacchus but which today is identified with the Demeter Sanctuary. It is strange that the presence of such monumental remains have eluded the attention of all commentators both before and after Applebaum with the possible exception of Pacho. The hilltop complex and stairs are, in addition, virtually undetectable on every aerial photograph available to me. Deep-level ploughing must have begun in this sector of modern-day Shahhat by the late 1960s, and this activity must have erased most of the surface traces of the stairs, which I have learned through private correspondence were well enough preserved for Applebaum to be able to ascend during the war years. Despite the fact that there was insufficient time and resources during the final study season to clear away the vegetation and soil cover which today obscures the surviving remains of the stairs, it was nevertheless possible to verify the fact that some of its limestone risers are still intact and that the walls of Applebaum's Building A are visible on the hilltop. On the other hand, the companion structure, Building B, appears to have largely disappeared into the courtyard of a modern farm.

The stairs were described as c. 14 m wide, and this dimension could be corroborated in 1981. They were, moreover, said to be divided longitudinally by a spine wall into two unequal segments, 5 and 9 m wide respectively. This suggests that the stairs may have been flanked by a parallel covered portico, echoing the arrangement of the Sacred Way leading from the city's urban centre into the Apollo Sanctuary (Goodchild, 1971:135, fig. 13, no. 1, pl. 80; Stucchi, 1975:275, 318). The Sacred Way is dated by inscriptional evidence to the later 2nd century AD. The only evidence for the date of Applebaum's hilltop complex stems from his observation of the masonry of Building A, which he says has well-cut drafted faces with bosses that have been obliquely tooled. This conforms to a well-known Cyrenaican masonry finish, associated with the defensive walls of Apollonia, the lower level of Cyrene's agora Portico B5, and the main west wall (T14) of the Demeter Sanctuary. Since all three have been independently dated to the 3rd/2nd

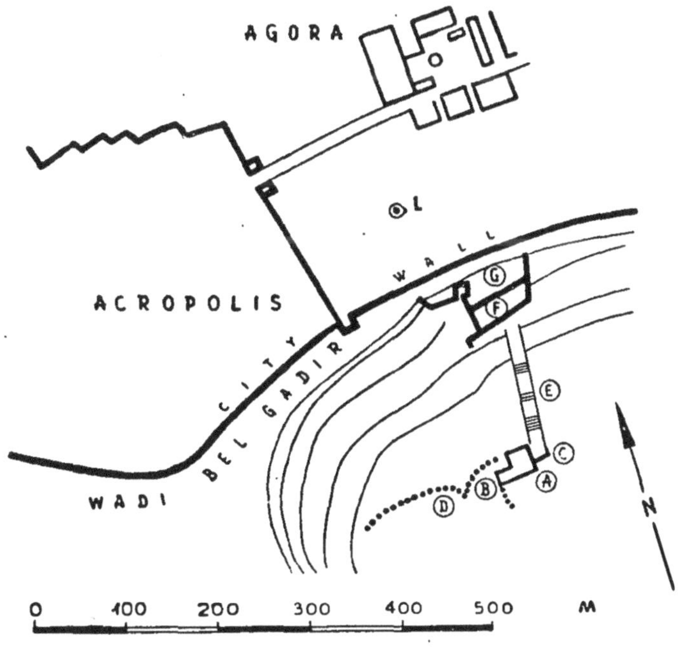

Figure 9.6 Applebaum's sketch plan of the Sanctuary of Demeter and Persephone (G and F), and monumental stairs to the south (E), and the L-shaped hilltop complex (A and B). From S. Applebaum (1957:160).

centuries BC, the hilltop complex ought to belong to the Hellenistic period. If the analogy of the monumental stairs with the Sacred Way leading to the Apollo Sanctuary means anything, the stairs connecting the hilltop complex with the Demeter Sanctuary may be considerably later.

Access into the Demeter Sanctuary from the direction of the city was permitted by rock-cut steps leading down the north face of the wadi (White, 1972-3:172, pl. 73, b) and a bridge that led across the wadi drain to the southwest corner of the Lower Sanctuary (W14, S28). Because the sanctuary grounds look across the wadi toward the acropolis and agora, it has always been assumed that their principal orientation was toward the city. The rediscovery of Applebaum's stairs forces upon us a somewhat more involved interpretation. It is not yet known exactly where the stairs halted south of the Upper Sanctuary to integrate with its individual components. On the other hand, it seems clear enough in general terms that they must have terminated somewhere in the area of the Propylaeum and its neighbouring Court (S21) to the west.

The sanctuary propylaeum bears a striking resemblance in plan and date to the post AD 115 gateway to the Apollo Sanctuary (Stucchi, 1975:271, 324, fig. 269). It occupied a position where it could handle traffic that had gathered at the foot of the monumental stairs somewhere in the still unexplored space south of the Unit 1 terrace. This resembles in functional terms the placement of its counterpart Roman period gateway leading into the Apollo Sanctuary which was set up about 35 m north of the lower end of the porticoed Sacred Way. Moreover, the Demeter Sanctuary Propylaeum also served to connect the sanctuary with the terrain covering the wadi shoulder to it seat as well as the hilltop suburban region to the south.

Indeed, Applebaum believed that the sanctuary, stairs and hilltop complex were each part of a single, unified complex that served as a temple zone for Cyrene's Jewish inhabitants (Applebaum, 1957:159-61). The identification has been invalidated by the results of the excavations undertaken since 1969. Moreover, it seems unlikely that the hilltop complex had any direct functional association with the Demeter Sanctuary 175 m to its northeast. Nevertheless, the fact remains that the Demeter Sanctuary was architecturally connected with the lands to its south through its own gateway and the monumental porticoed stairs. This in turn makes it difficult to state with much conviction what constitutes for the sanctuary either its 'front' or its 'back'. Instead, it seems closer to the mark to think of the sanctuary as facing in both directions, i.e. north across the wadi toward the walled city and south to the countryside.

This last observation leads to a further consideration, namely the hypothetical economic dependency of the sanctuary on the rural estates to its south. The terrain flattens off beyond the crest of the hill to give way to rolling open spaces well suited for agriculture and herding. Traces of stone field dividers are today visible on the ground as well as from the air, making it clear that the countryside was partitioned in antiquity by some method of <u>limitatio</u>. Survey work should be undertaken at some future time to determine what gromatic units were employed. To date little research has been directed toward determining what types of rural establishments were constructed in this particular region. The villa recorded by Stucchi to the southeast of the city (1975:515) seems to provide an example of a rather elaborate residence, which may in turn reflect the diffusion of an urban villa type into the countryside, as opposed to a typical rural farm dwelling, to rephrase the point already made by Stucchi. In any case, the establishments occupying the rural properties south of Applebaum's hilltop complex must certainly differ sharply from the suburban Demeter Sanctuary and its adjacent elements, which, as has already been noted, have the character of fully developed extensions of the urban civic-religious core.

The possession of land properties by temples, i.e. sacred lands, is a well documented feature of the ancient world. The evidence is especially abundant for Delos, which probably represents a special case, since the entire island was consecrated to Apollo until the middle of the 2nd century BC when foreign cults began gradually to be introduced (Kent, 1948:243-338). Temple lands are also well-attested in Asia Minor and Hellenised Egypt (Rostovtzeff, 1959:1743, 'temples' passim), where extensive rural estates were worked by corps of hieroduli, who should not be regarded as slaves in a strictly Greek sense, as Rostovtzeff reminds us, but more as simply 'tillers of the sacred lands' (Rostovtzeff, 1959:280-2). The Egyptian properties were capable of generating substantial incomes. Under the Ptolemies these became part of the king's household revenues, but were in large part conventionally earmarked to defray the often heavy costs of administering the temples. While the situation in non-Greek Italy was somewhat different in that temple properties in Rome and throughout Latium are recognised to have been more restricted than their Greek counterparts, nevertheless property-derived revenues were a standard feature of Italic temple finances (Bodei-Giglioni, 1977:42-3).

In the case of Cyrene the Battiad kings during the sixth century BC served as the priests of Apollo, disbursing a percentage of the revenues generated by their domains to the support of the god's cult (Applebaum, 1979:33, 88). By the time of the collapse of monarchy around 440 BC the royal lands had been extensively enlarged through the expropriation of the land-holdings of the native Libyan element and by the confiscation of properties belonging to the proscribed enemies of the state. At the outset of the Republic the royal holdings evidently passed to the control of the polis and possibly fell under the management of the priests of Apollo and certain other magistrates (Applebaum, 1979:87-8).

The stelai of the demiurgi, which as a series began in the fifth century and continued down to the 2nd century BC, record the activities of three magistrates, the demiurgi, who were responsible for managing estate lands for the polis (Applebaum, 1979:33, 87). Their office may have been set up close to the Temple of Apollo Arachegetes in the southwest corner of the agora where most of the inscriptions were excavated (Stucchi, 1975:50, fig. 38). Revenues gathered from these properties were used at least in part to maintain the cults of Apollo, Artemis, and Athena (Applebaum, 1979:87-8). Temple estates were retained in use until as late as the 2nd century AD (Applebaum, 1979:88). Apollo's own cult possessed sacred groves, whose trees were harvested to supply timber for secular use (Hondius, 1937:72). Private bequests occasionally led to the increase in the size of temple properties, as for example when in the 1st century BC Barkaios, son of Theochrestos, willed an olive plantation to Apollo, Artemis, Hermes, and Heracles (Applebaum, 1979:88; Oliverio, 1936: no. 547). The crops that are specifically listed by the demiurgic stelai are barley, wheat, cummin, hay, grapes, raisins, figs, winter vegetables, summer legumes, olives, and olive oil (Applebaum, 1979:90).

Demeter is not mentioned in the demiurgic texts. The sole inscription brought to light in her extramural sanctuary referring to property is a fragmentary boundary stone (Inv. 71-695) which Joyce Reynolds believes may record a restoration of a tract of the ager publicus to the Roman people in the first century AD. It is not clear how or why the stone, which survives in badly mutilated condition, made its way into the sanctuary, but it may relate to the surveyed lands south of the sanctuary, which in turn might have belonged to the cult.

In any event, as Guiraud pointed out nearly a century ago, the evidence from Attica makes it certain that Demeter's cult did not have to retain direct possession of land in order to receive revenues from agricultural products, since the entire Attic wheat and barley crop was subject by law to taxation for the benefit of her cult (Guiraud, 1893:516-7). Eleusis appears to have levied an eight percent tax on the annual grain crop, and an inscription of 329/8 BC records the amounts of tithes remitted to the Eleusinian cult from Attic properties (Jardé, 1925:92, n. 2, 116, n. 2; 155, n. 1). On the other hand, given the ownership of property by the other major cults at Cyrene already mentioned, it would be surprising if the priesthood administering Demeter's extramural sanctuary did not retain some direct fiscal control over the grain lands south of Applebaum's hilltop complex. Moreover, it seems likely that her cult derived additional tax income from the remaining agricultural properties producing grains elsewhere in the region of Cyrene.

The Demeter Sanctuary in its greatest phase of development, the neighbouring terraced units to the east, and the monumental stairs to the south appear at this stage in their investigation to have been products of the Imperial period. The Propylaeum (S20) has been assigned to the years that followed the Jewish rebellion of AD 115, which is a period that appears in round terms to be compatible with the Unit 3 terrace, while the stairs may, as has been suggested, supply some kind of parallel to the later 2nd century AD Sacred Way leading into the Apollo Sanctuary. No evidence has been brought to light to suggest that the Demeter Sanctuary suffered directly at the hands of the Jewish rebels. The likelihood is that its sheltered location south of the formidable natural barrier of the wadi saved it from the ravages that destroyed the temples of Zeus and Apollo, along with a good deal else of the walled city (Goodchild, 1971:41-3). On the other hand, to judge from the number of renovations and additions that the sanctuary received during the 2nd century AD, the cult's finances must have been bolstered by the relief programme initiated late in the reign of Trajan and more fully implemented under Hadrian (Stucchi, 1975:233, n. 1).

Given the shattered state of the intramural civic and religious quarters following the rebellion, it is at least theoretically possible that the planners in charge of Cyrene's urban renewal evolved a policy to utilise the underdeveloped and largely unharmed south slope of Wadi Bel Gadir for fresh construction instead of the damaged crest of the acropolis-agora hill. But until further research can be brought to bear on the date and character of the components surrounding the sanctuary, we will continue to possess only a marginal understanding of what must be reckoned as a major phase in the growth of the city.

BIBLIOGRAPHY

Applebaum, S. (1957) Remains of the Jewish Community at Cyrene. **Israel Exploration Journal** 7:157-61.

Applebaum, S. (1979) **Jews and Greeks in Ancient Cyrene.** Leiden, Brill.

Beechey, F. and H. (1828) **Proceedings of the Expedition to Explore the Northern Coast of Africa from Tripoly Eastward.** London, John Murray.

Bodei-Giglioni, G. (1977) Pecunia fanatica. L'incidenza economica dei templi laziali. **Rivista Storica Italiana** 89:33-76.

Goodchild, R.G. (1971) **Kyrene und Apollonia.** Zurich, Raggi.

Goodchild, R.G. (1976) A hole in the heavens. In J. Reynolds (ed.) **Libyan Studies. Select Papers of the Late R.G. Goodchild**:271-341. London, Paul Elek.

Goodchild, R.G., Pedley, J., and White, D. (1966-7) Recent discoveries of Archaic sculpture at Cyrene. A Preliminary report. **Libya Antiqua** 3-4:179-98.

Gruben, G. (1963) **Greek Temples, Theaters, and Shrines.** London, Thames and Hudson.

Guiraud, P. (1893) **La Propriété Foncière en Grèce Jusqu'à la Conquête Romaine.** Paris, Hachette.

Hondius, J. (1937) **Supplementum Epigraphicum Graecum** 9. Leiden.

Jardé, A. (1925) **Le Céréales dans l'Antiquité Grecque.** Paris, Boccard.

Kent, J. (1948) The temple estates of Delos, Rheneia, and Mykonos. **Hesperia** 17:243-338.

Luni, M. (1979) Il caravanseragglio di Cirene ed indagine preliminare sui percorsi interni della Cirenaica. **Quaderni di Archeologia della Libia** 10:49-65.

Oliverio, G. (1936) **Documenti Antichi dell'Africa Italiana** II, **Cirenaica** ii. Bergamo.

Pacho, J. (1827) **Relation d'un Voyage dans la Marmarique et la Cyrenaïque.** Paris.

Rostovtzeff, M. (1959) **The Social and Economic History of the Hellenistic World.** Oxford, Clarendon.

Stucchi, S. (1975) **Architettura Cirenaica.** Rome, L'Erma di Bretschneider.

White, D. (1971) The Cyrene Sphinx, its capital and its column. **American Journal of Archaeology** 75:47-55.

White, D. (1972-3) Excavations in the Demeter Sanctuary at Cyrene 1971. Second Preliminary report. **Libya Antiqua** 9-10:171-95.

White, D. (1981) Cyrene's sanctuary of Demeter and Persephone. A summary of a decade of excavation. **American Journal of Archaeology** 85:13-30.

Rural Settlement and Agriculture

10. Agricultural Organisation in Classical Cyrenaica: the Potential of Subsistence and Survey Data

G. Barker

Much has been written about the agricultural economy of the Mediterranean region in the classical period, but the role of archaeology in the debate has tended to be both piecemeal and haphazard. At worst, historians have regarded archaeology as a source of useful secondary information if it fitted in with existing historical models, and as a collection of misleading or irrelevant pots and pans if it did not. The purpose of this paper is to illustrate the kind of information about the ancient agricultural economy which can be provided by two branches of modern archaeological enquiry.

Cyrenaica is a typical area of interest for agricultural research by ancient historians and archaeologists. To Pindar, the land of Cyrene was 'the choicest garden of Zeus' (Pyth. 9.57) and some historians have held as lyrical a view of the agricultural economy of classical Cyrenaica in general. Thus Coster (1951:16) concluded from the historical sources that during the early Roman empire "the coastal plain and the terraces of the Jebel were one of the granaries of the ancient world; reference to the region is seldom made without mention of its fertility; real wealth lay in its herds of horses and camels and cattle" (1951:15). However, whilst we can generalise from the historical sources about farming here in the classical period, in fact we have hardly any detailed knowledge from them about rural settlement behind the coastal cities, or about the nature and extent of agricultural production in this hinterland and the export of any surplus to the coastal cities or overseas markets.

Two categories of archaeological evidence relevant to this enquiry are discussed here: food refuse (animal bones and plant remains) and survey data (rural settlements and related agricultural remains). To illustrate the potential of these approaches for the study of the ancient agricultural economy of Cyrenaica, I shall discuss first the analysis of the food refuse collected between 1972 and 1975 from the excavations of the ancient Cyrenaican city of Berenice (modern Benghazi) directed by J.A. Lloyd of Sheffield University (Barker, 1982a); and second, the survey project I have been co-directing in Tripolitania since 1979 with Prof. G.D.B. Jones of

Manchester University (Barker and Jones, 1981, 1982; Barker et al., 1983; Gilbertson et al., 1983; Jones and Barker, 1980), studying a landscape and a range of settlement archaeology very like those of inland Cyrenaica.

The zoological and botanical data recovered during the excavations of the Sidi Khrebish area of Benghazi are the first major sample of their kind from classical Cyrenaica, and for north Africa as a whole during the classical period are rivalled only by the biological materials from Carthage (Reese, 1981; Schwartz, 1984). The faunal sample from Sidi Khrebish totalled 14,055 fragments, 5733 of which (40.8%) were identifiable. The sample was divided into three main groups of material: first, a single context, the fill of a cistern (Cistern 2 in Building H) excavated in 1975 using intensive sieving procedures; second, from Area CC, an area of occupation and dump layers excavated in 1975, most of which was also sieved; and third, material from the excavations prior to 1975, consisting of small collections of bones recovered by hand from a wide range of contexts (cisterns, pits, destruction levels, clearance and levelling operations, road surface debris, and robber trenches), which were lumped into four major chronological groups: SK 1 (2nd century BC to late 1st century AD); SK 2 (late 1st to mid 3rd centuries AD); SK 3 (a destruction period in the mid 3rd century AD); and SK 4 (4th to 7th centuries AD). The bones can be separated into two major taphonomic groups: food animals represented by butchery waste, and complete discarded carcasses (mainly cats and dogs, but there were also a few complete bones of camel, donkey, and horse). Chicken bones occurred in small numbers in many deposits, but the food value they represented was very small, and virtually all the meat eaten at Berenice was provided by four species: sheep, goat, cattle, and pig (Tables 10.1, 10.2, 10.3).

By far the most common species represented for most of the period of settlement were sheep and goats: according to both the number of identifiable fragments and the minimum number of individuals (the two standard techniques of assessment), these two species made up at least half of the total sample in the unsieved units, and about 80-90% in most of the sieved units--sieving normally recovers many more of the smaller bones of the smaller animals like these than normal excavation techniques (Payne, 1972). Cattle and pig bones occurred in roughly equal proportions in all these deposits. This ratio of stock represented at Berenice remained more of less stable throughout the history of the town from the 2nd century BC to the 7th century AD, except in the early/mid 3rd century AD when cattle and pigs together were twice as numerous as sheep and goats. Most small fragments of bone from the sheep and goat skeleton cannot be identified securely as belonging to one or other species, but the horn cores all belonged to goats, and according to morphological criteria most metapodials likewise belonged to goats rather than sheep (Boessneck, 1969). The main meat-bearing bones of the shoulder and upper leg dominated the faunal sample in the case of all four of the stock species, but the regular occurrence of head and feet bones (in Table 10.3: mandible, tooth, metacarpal, metatarsal, phalange; and skull fragments, which are not shown in the table) in most levels suggests that the animals were normally brought to the site on the hoof and slaughtered there.

The ages of the animals at death were estimated from long bone epiphyseal fusion and tooth eruption and wear. In Table 10.4, the dentition stages are as follows: 1 - deciduous molars only; 2 - M1 erupted; 3 - M2 erupted; 4 - M3 erupted; 5 - M3 part worn; 6 - M3 very worn. The ages of eruption and fusion are those given for modern improved breeds of domestic stock by Silver (1969), although it is generally assumed that most stock in

Context:	SK 1	SK 2	SK 3	SK 4	Area CC 2/4	Area CC 7.1	Area CC 7.2	Area CC 9/11	H 2
Approximate date (in centuries)	2nd BC -late 1st AD	late 1st AD - mid 3rd AD	mid 3rd AD	4th-7th AD	1st AD	1st AD	1st BC	2nd BC	early 3rd AD
Bird (chicken)	6	58	3	6	-	-	3	1	19
Camel	-	1	10	1	-	-	-	-	4
Cat	1	42	3	-	-	-	-	-	62
Cattle	80	255	114	38	5	11	7	24	76
Dog	12	146	120	46	-	-	-	-	2254
Donkey	-	68	30	4	-	3	-	-	58
Fox	-	-	2	-	-	-	-	-	-
Gazelle	1	2	-	1	-	-	-	-	-
Horse	3	53	15	1	-	-	-	1	1
Pig	51	255	32	42	1	17	3	1	264
Sheep/goat	91	641	63	110	71	197	74	27	142
Total identifiable	245	1521	392	249	77	228	87	54	2880
Total unidentifiable	110	1780	450	412	67	200	115	53	5135
Total	355	3301	842	661	144	428	202	107	8015

Table 10.1 Berenice: number of identifiable fragments.

Context	Approximate date (in centuries)	Cattle		Pig		Sheep/goat	
		N	%	N	%	N	%
SK 1	2nd BC-late 1st AD	80	36.0	51	23.0	91	41.0
*Area CC 9/11	2nd BC	24	46.2	1	2.0	27	52.0
*Area CC 7.2	1st BC	7	8.3	3	3.6	74	88.1
*Area CC 7.1	1st AD	11	4.9	17	7.5	197	87.6
*Area CC 2/4	1st AD	5	6.3	3	3.8	71	89.9
SK 2	late 1st AD-mid 3rd AD	255	22.1	255	22.1	641	55.8
*H2	early 3rd AD	76	15.6	264	54.8	142	29.4
SK 3	mid 3rd AD	114	54.5	32	15.4	63	30.1
Sk 4	4th-7th AD	38	20.0	42	22.1	110	57.9

Table 10.2 Berenice: number and percentages of the main stock animals (* sieved units).

		mandible	tooth	scapula	humerus	radius	ulna	metacarpal	pelvis	femur	tibia	calcaneum	astragalus	metatarsal	phalange
SK 1	cattle	5	7	4	-	-	-	9	4	7	8	-	2	4	6
	pig	3	12	1	11	-	-	-	-	3	8	1	-	1	1
	sheep/goat	7	7	12	3	2	-	2	5	9	10	-	4	3	-
Area CC 9/11	cattle	1	-	-	2	1	-	-	-	4	7	-	-	-	-
	pig	-	-	-	-	-	-	-	-	-	-	-	-	-	-
	sheep/goat	1	-	1	1	9	-	-	2	3	4	-	1	-	2
Area CC 7.2	cattle	-	-	-	-	-	-	-	-	-	2	-	-	-	3
	pig	1	1	-	-	1	-	-	-	-	-	-	-	-	-
	sheep/goat	5	6	4	2	1	-	-	-	17	17	2	4	4	-
Area CC 7.1	cattle	3	1	-	-	1	-	1	-	1	1	1	-	-	1
	pig	2	2	-	1	-	1	1	-	-	4	1	-	-	1
	sheep/goat	16	33	12	13	13	1	2	3	16	40	-	4	4	6
Area CC 2/4	cattle	-	-	2	1	-	-	-	-	-	1	-	-	-	1
	pig	-	-	-	-	-	-	-	-	-	-	-	-	-	-
	sheep/goat	5	10	2	13	4	-	2	2	5	10	-	-	1	1
SK 2	cattle	21	21	11	15	11	6	11	3	10	25	2	3	8	16
	pig	30	59	10	22	18	6	18	3	7	20	10	5	15	36
	sheep/goat	49	51	45	27	35	8	8	35	60	64	5	6	33	5
H 2	cattle	-	2	1	4	2	1	1	-	2	13	1	4	-	4
	pig	22	11	24	47	19	17	3	23	28	30	1	6	2	4
	sheep/goat	10	15	8	11	3	4	3	6	19	23	2	2	10	5
SK 3	cattle	5	10	9	9	7	3	1	3	14	9	3	4	4	2
	pig	5	4	1	3	-	-	2	-	1	1	1	1	1	2
	sheep/goat	5	4	7	2	3	3	4	4	14	9	3	4	4	2
SK 4	cattle	-	1	-	6	6	-	-	-	3	4	-	2	-	2
	pig	8	8	2	4	1	1	1	-	2	4	1	-	-	1
	sheep/goat	12	6	8	11	7	1	1	1	-	2	4	1	-	1

Table 10.3 Berenice: skeletal representation of the main stock animals.

	Dentition Stage	Age in Months	N	Fusion stage	Age in Months	Unfused N	Fused N
Cattle	1	-5/6	0	1	12/18	1	51
	2	5/6-15/18	1	2	24/30	8	20
	3	15/18-24/30	4	3	36/42	6	1
	4	c. 24/30	2	4	42/48	5	15
	5	24/30+	4				
	6	24/30++	7				
Pig	1	-4/6	0	1	12	34	35
	2	4/6-7/13	5	2	24/30	64	18
	3	7/13-17/22	18	3	36/42	2	1
	4	c. 17/22	21	4	42	19	0
	5	17/22+	8				
	6	17/22++	0				
Sheep/goat	1	-3/5	0	1	10	2	15
	2	3/5-9/12	5	2	18/24	17	19
	3	9/12-8/24	23	3	30/36	16	7
	4	c. 18/24	9	4	36/42	8	4
	5	18/24+	20				
	6	18/24++	0				

Table 10.4 Mortality data from the Berenice faunal sample; dentition and fusion ages after Silver (1969).

antiquity must have matured at slower rates. Dentition stages 4-6 are on the basis of Grant's criteria of tooth wear (Grant, 1975); the single plus of stage 5 denotes an age at death probably several months at least beyond the stage 4 age, and the double plus of stage 6 probably denotes animals at least a year beyond the stage 4 age. Compared with the relative precision of ageing jaws, a long bone fragment with a fused or unfused epiphysis can only be aged as older than or younger than (respectively) the age at which that particular epiphysis fuses onto the long bone in modern stock--there is no further indication of by how many months. However, whilst individual specimens are therefore not very informative, different parts of the skeleton fuse at about the same time, so the data can be grouped into a series of fusion stages which give a useful guide to the rate at which animals were killed. The mortality data from the different phases at Berenice were shown separately in the original publication (Barker, 1982a:14-5), but have been lumped together in Table 10.4 for simplicity as no chronological trends could be discerned in what is in any case a rather small sample.

The cattle data are rather limited, but suggest that beef was normally derived both from animals at the prime age of about two years and from older animals, including one or two very old beasts which may have been plough cattle killed at the end of their working lives. Most of the pigs were about two years old, more than twice the age at which pork and bacon pigs are slaughtered today but the normal age in classical antiquity at which pigs reached sufficient weight for slaughter--presumably on a less intensive feeding regime. Some sheep and goats died as lambs or kids up to about a year old, but most animals seem to have been two or three years old, and a few were older still. It is difficult to reconstruct animal husbandry in the countryside from meat consumption in the city (Maltby, in press), but whereas a sample of sheep and goats I studied from Imperial Rome consisted almost entirely of prime animals killed at a standard age for the urban market (Barker, 1982b), the wider range of deaths at Berenice suggests that the animals brought to the town were either surplus juveniles (presumably males) or older breeding animals, selected from a rather generalised husbandry system in which sheep and goats were bred--in the classic system of Mediterranean subsistence farming—for a combination of products (dairy products, wool, hides, and meat), rather than for a really specialised meat market.

Botanical material recovered by flotation from an early Imperial context at Berenice consisted mainly of barley seeds, and both the morphology of the grains and the associated weed flora indicated that a poor crop grown on acid soils had been brought into the city for processing (cleaning) for consumption (Barker, 1982a:31). Other food residues consisted of a few cockles and limpets collected on the shores and fish caught in the shallows near the city. The clear impression from the dietary evidence is that diet in the classical city was much the same as the subsistence diet of the rural population of Cyrenaica in recent times (Johnson, 1973). There were presumably always a few rich people with a better standard of living than the rest of the population, but the fact that the food refuse from the prosperous suburban houses prior to c. AD 250 at Sidi Khrebish is identical to that of the poorer industrial quarter which grew up on the site in the late empire suggests that most people in the city shared in the traditional diet.

Although Berenice was a port of trade, exporting probably grain, olive oil, silphium, and perhaps wool, it was a city surrounded by poor agricultural resources: the real agricultural wealth of Cyrenaica lay further inland in the Gebel Akhdar, where easily worked and well watered arable soils were intensively cultivated in the Roman period. The poor barley crop being processed for local consumption at Berenice is exactly the kind of crop we would expect to find grown on the soils around Benghazi. Around the city there must have been a small area of agricultural land, very much as today, tilled by farmers living by their fields or in the city. These holdings probably also supplied most of the small numbers of cattle and pigs eaten in the city. Where the sheep and goats came from, however, is open to question. In his study of traditional systems of land use in Cyrenaica, Johnson (1973) pointed out that the goat herders who remained on the coast throughout the year lived at a very poor level of subsistence, whereas a far more reliable and successful system of sheep/goat husbandry was that of the pastoral nomads and patch cultivators of the Gebel Akhdar, who summered in the northern Gebel and on the coastal plain, and wintered in the southern Gebel and on the pre-desert plateau, thus making efficient use of seasonal variation in pasture and water supply.

We cannot tell whether the Berenice citizens organised their own meat supply, owning stock and hiring shepherds and herdsmen, or whether an inland pastoral population was producing animals for the urban market. Probably the two systems operated side by side--in peaceful times at least. It is noteworthy that evidence at Sidi Khrebish for a social and cultural decline during the mid 3rd century AD coincides with other evidence for a serious breakdown in the relationship between settled farmer and pastoral nomad in Cyrenaica, following the expansion of Roman agricultural settlement into the Gebel in the previous two centuries, a process of land appropriation which forced the traditional pastoral economy to contract into increasingly marginal regions. A reasonable interpretation of the dramatic fall in sheep and goat frequencies at Berenice in the two units dating to the mid 3rd century AD (Table 10.2) is that the normal grazing systems and marketing arrangements which supplied the city in normal times had broken down and that the citizens had to obtain their meat supply from local stock.

The analysis of the dietary data from the Sidi Khrebish excavations inevitably raised more questions than it provided answers, as the first study of such material from a classical site in Cyrenaica. It has provided considerable information on food consumption in the city, and some more tenuous insights into the production systems which supplied that food. There is every reason to expect that if such data could be analysed at a regional scale in Cyrenacia, from the different classes of rural settlement as well as the coastal towns, they could provide a wealth of new information about differing production and consumption patterns, and thus about agricultural organisation at the regional scale. In southern England, for example, where such a regional approach has been adopted by archaeobotanists and archaeozoologists, differences between the types of food residues at different kinds of late prehistoric settlement have indicated that some communities were primarily involved in the production of foodstuffs, and others in their storage, processing and trade (Jones, in press; Maltby, in press)--precisely the kind of processes we wish to document archaeologically in classical Cyrenaica.

The rural archaeology of Cyrenaica in this period is also extremely rich in other agricultural evidence: the Gebel farms are frequently associated with water channels, dams, cisterns, terrace walls and such like, which have never been studied systematically (Goodchild, 1952-3; Raven, 1969). The potential of a multi-disciplinary survey of such data for agricultural reconstruction can be illustrated by the results obtained since 1979 by the Anglo-Libyan team of the Unesco Libyan Valleys Survey working in the Tripolitanian pre-desert (Fig. 10.1).

Like Cyrenaica, Tripolitania consists of a populated, urbanised and economically productive coastal zone, and a more or less empty interior. The coastal zone (the Gefara plain and the adjacent limestone hills of the Tarhuna Gebel) receives more than 200 mm of rainfall a year, regarded as the minimum necessary for cereal cultivation without irrigation. South of the hills is the pre-desert plateau, where rainfall decreases rapidly to less that 25 mm a year, most of which falls as sporadic cloudbursts on a few days each year, causing torrential floodwaters to fill the wadis (the Sofeggin and ZemZem and their tributaries) for a few hours or a few days. The traditional system of land use adapted to this environment has been semi-nomadic pastoralism and patch cultivation supporting a very low density Bedouin population--very similar to the systems of land use in the Gebel Akhdar described by Johnson (1973). Late prehistoric and Islamic land use in the pre-desert was probably much the same, but it is apparent that there was a much denser pattern of settlement in the classical period: there are scores of stone 'castles' or fortified farms (in arabic, gsur) of the Roman period along the wadi edges, as well as hundreds of less substantial sites of the same period, often associated with evidence for contemporary cultivation in the form of dry stone walls built at frequent intervals across the wadis. The Libyan Valleys Survey was initiated to investigate the nature of this agricultural system and the reasons for its inception, maintenance and eventual collapse.

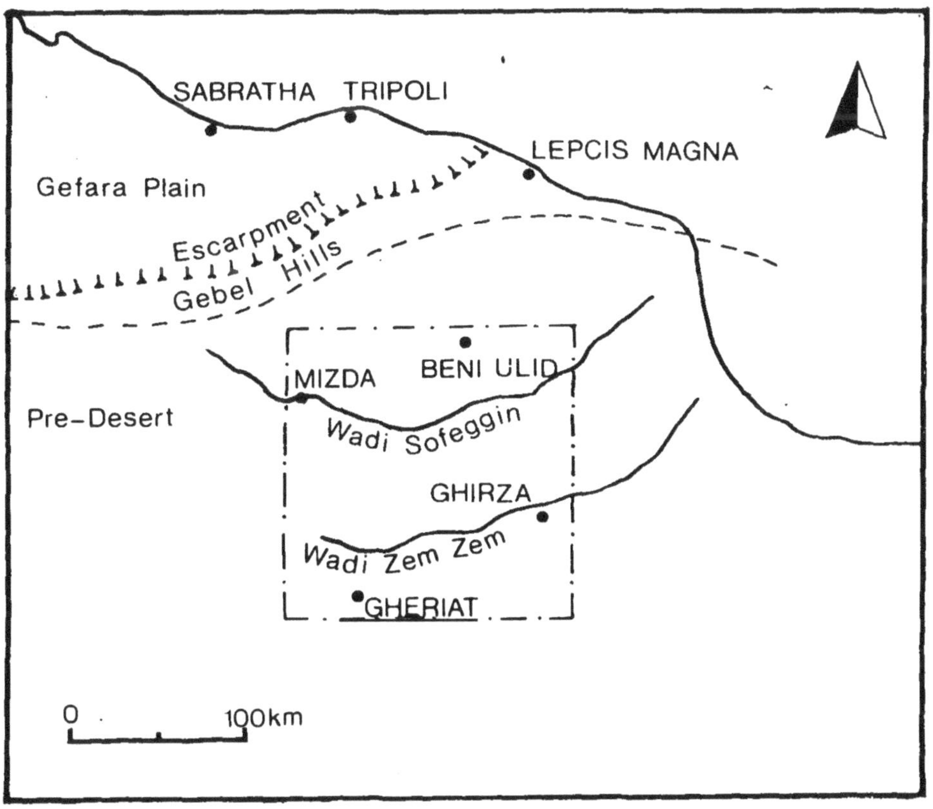

Figure 10.1 Tripolitania, showing the survey area of the UNESCO Libyan Valleys Survey. The dashed line to the north of the survey area marks the 200 mm isohyet.

Our survey has been the first in this inhospitable region to use intensive searching on foot as well as traditional vehicle prospecting, and to integrate geomorphological, hydrological, and palaeoeconomic studies with the archaeological survey. The survey area is colossal--some 150 kms by 150 kms, and our resources in terms of time, manpower and equipment are limited, whilst the logistical problems of working safely and accurately in this environment are obviously substantial. We have combined two approaches in our survey strategy. Original prospection by Goodchild and Brogan in the postwar period had already recorded the location and basic structural details of most of the major upstanding monuments of the Roman period (Reynolds, 1976). Our first approach has been to investigate overall trends in settlement by surveying individual wadis (or major lengths of wadis) using vehicle-based teams: they have had to make base maps (as map coverage is rudimentary), then visit and map all the major sites visible along the wadi edges (where virtually all the major monuments are located), recording architectural details on standard forms and sherding them on a systematic basis. Formal architectural plans have then been made of a representative sample of the archaeology. We have also conducted selected surveys on foot on a transect system both along the wadi edges and away from the wadis on the intervening plateaus, to detail something at least of the minor sites of all periods--small huts, tent footing, burial cairns, small water-control systems (such as sections of rubble walls a few metres long, built to guide rainwater into depressions on the plateau), and lithic scatters--though our data base for this critical aspect of the archaeological record is still inadequate. The research strategy for the key agricultural investigation has been based primarily on detailed analyses of individual farming systems selected at different points on a north/south transect across the study area.

The survey has found that there was a complex hierarchy of domestic and funerary sites, and that the phase of intensive settlement represented by them began much earlier than Goodchild had originally suspected, in the mid 1st century AD. The earliest major sites were large open courtyard farms, some built of well-cut masonry and often equipped with what are clearly presses for olives and vines, others consisting of loosely arranged and less finely built rooms and yards round a central enclosure. The open farms were then replaced after a century or so by the massive fortified farms, the gsur. Before our survey, the evidence for the agricultural systems associated with these and the other minor sites consisted of carved reliefs of ploughing and harvesting scenes at the major site of Ghirza, and the wadi walls known to be associated with the farms but which had not been studied in detail. Our investigation, however, has embraced a wide range of data. First, there are the settlements themselves, the rooms and yards of which can provide important spatial information whilst the presses of varying sizes are a further useful indicator of production capacities. Carved reliefs like those of Ghirza have been found at several sites, though their interpretation is often ambiguous. Attached to the sites are refuse middens, containing a wealth of food refuse of the kind discussed above from Berenice. The cisterns have also survived in many cases, so we can measure the water storage capacity of a farming unit. Finally and most crucially, in many wadis the farmed area can be mapped from the distribution of walls, critical palaeoenvironmental data can often be extracted from the geomorphology of the sediments associated with these walls, and measurements of sluice systems and studies of their refurbishments are further guides to (respectively) the scale of the floodwaters with which they were designed to cope and the extent to which the design was successful.

A preliminary report on these agricultural systems was published by Barker and Jones (1982), and further information on the geomorphological studies has been provided by Gilbertson et al. (1983). The main components of the system were cereals, olives, perhaps vines, sheep, and goats. Everywhere the farms we have studied have demonstrated that the farmers had detailed local knowledge of runoff characteristics. It has often been argued that intensive farming developed in the pre-desert in antiquity because the climate was wetter, but our detailed geomorphological investigations have found little evidence to support this hypothesis, although there is mounting evidence for a detrimental impact of the farming system on soil and vegetation cover. Present rainfall is insufficient for most of the crops represented in the middens, and the elaborate system of walls was clearly designed in most cases to concentrate the run-off from a large area of the plateau into a small area of cultivable soil on the wadi floor.

The complexity of the capacity data which can be obtained from the settlements, cisterns, and fields, integrated with the excavated subsistence data, has provided an unusual wealth of information about the potential productivity of these farms. In the example illustrated as Figure 10.2,

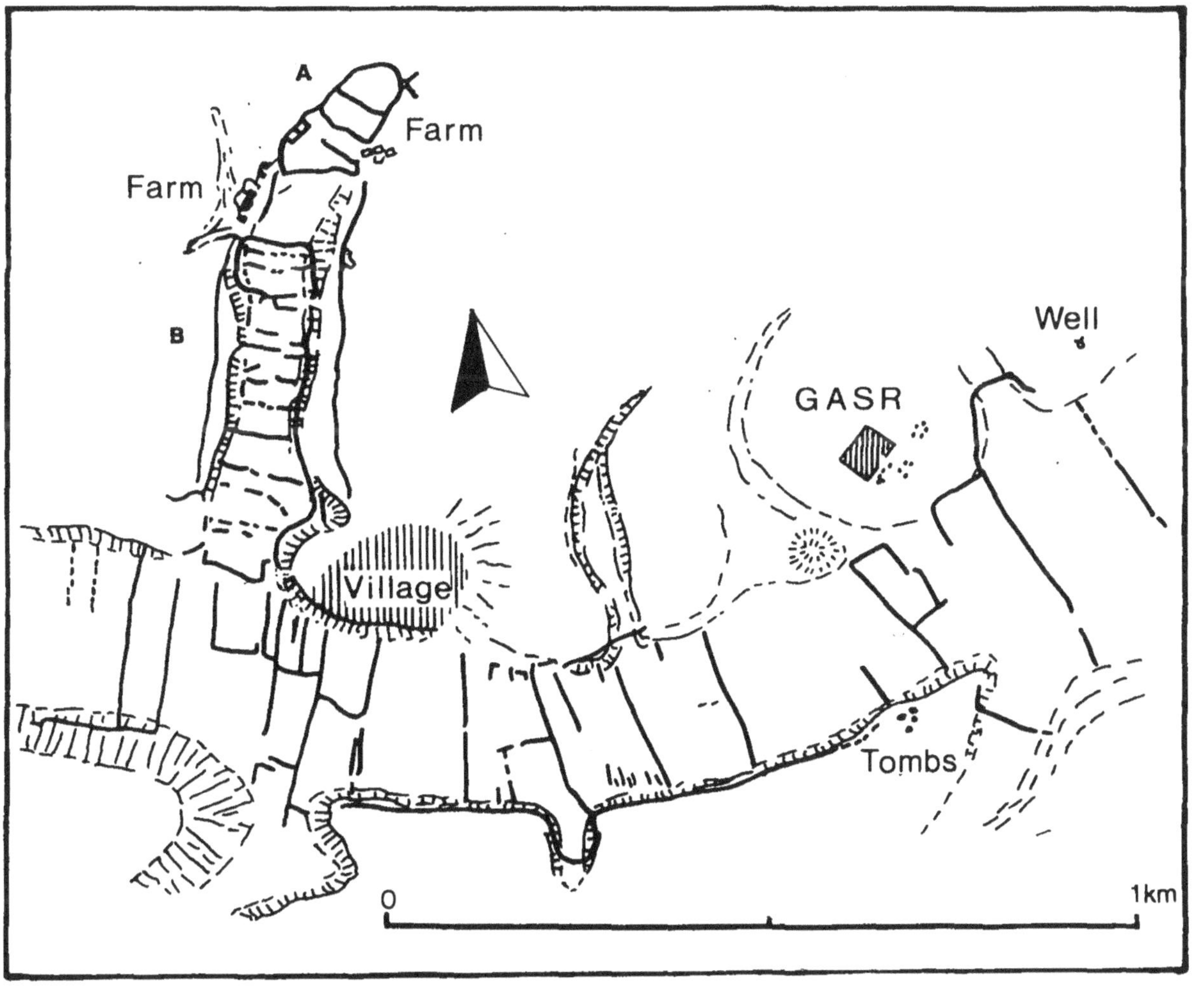

Figure 10.2 Romano-Libyan farms in the Wadi Mimoun; the gasr is the principal fortified farm.

analysis suggested that a single family in Unit A would have been more or less self sufficient, with perhaps an occasional surplus of a few lambs or kids; Unit B could have supported two families and produced a surplus of 500-1500 litres of olive oil and a few stock each year; the whole system managed together from the central fortified farm could have sustained about 50 people, a flock of about 500 sheep or goats, and produced a substantial surplus of oil and lambs or kids (or dairy products), presumably for selling to the coastal markets. It is not clear whether the first major open farms with olive presses of the mid 1st century AD belonged to colonists or to local people supported by external capital investment. What is clear, however, is that in the next few centuries the indigenous Libyan society here (for inscriptions on the gsur are invariably of local Libyan names and much of the Romano-Libyan architecture has its roots in pre-existing traditions) became more sedentary and more numerous as they adopted the new crops and techniques of water control, transforming the traditional subsistence economy into one that was to a greater or lesser extent market oriented. The increased densities of population supported by this system eventually led to increased competition for water and soil, with adjacent communities living in the massive fortified farms only a few hundred metres apart, farming increasingly small segments of wadi. Fieldwork is still in progress, and a substantial programme of laboratory work will take still longer to complete, but it already seems clear that, whilst the collapse of the agricultural system was certainly related to social and political changes on the coast, part of the answer also probably lies in the internal social pressures of a high population, exacerbated by the impact of the farming system on what was a marginal and unstable environment. Cyrenaica has much the same range of rural archaeology dating to this period in the Gebel Akhdar amenable to similar multi-disciplinary investigations, and as the Berenice faunal study indicated, the history of the Cyrenaican towns cannot be understood without comparable work on settlement trends in the hinterland.

As I have tried to argue in this paper, archaeology can provide an entirely new perspective on the study of the ancient agricultural economy in Cyrenaica. For over a century, most classical archaeology in the Mediterranean has concentrated on the excavation of urban sites and on the study of their architectural history; yet most people in antiquity lived in the countryside, not in the major cities, and it seems very likely that their lives can be investigated in the future at least as effectively by archaeology as by re-working the ancient texts. I have only described two approaches here; of course there are many others, such as artifact analyses of technology and trade, cemetery analyses of social differentiation, and the full range of modern settlement studies. The archaeological data have to be studied in their own terms first, just like prehistoric data, and not simply worked into a historical framework from the outset, with dubious data from one discipline 'explained' by similarly dubious data from the other: in this case archaeological data will invariably tell you what you knew already--comfortingly, but quite spuriously, and expensively at that. Using archaeology to confirm and perhaps amplify historical events, whilst traditionally a mainstream role for archaeologists working in historical periods, increasingly seems likely to diminish the real strengths of archaeological data, which are surely capable of greatly enhancing our understanding of major social and economic processes in the classical world.

BIBLIOGRAPHY

Barker, G. (1982a) Economic life at Berenice: the animal and fish bones, marine mollluscs and plant remains. (with contributions by A. Wheeler and D. Webley). In J.A. Lloyd (ed.) **Excavations at Sidi Khrebish, Benghazi (Berenice)** 2:1-49. Tripoli, Department of Antiquities, Supplements to **Libya Antiqua** 5(2).

Barker, G. (1982b) Food consumption and marketing in late Imperial Rome: the animal bones from the Schola Praeconum. In D.B. Whitehouse, G. Barker, R. Reese and D. Reese (eds.) The Schola Praeconum 1: the coins, pottery, lamps and fauna. **Papers of the British School at Rome** 50:53-101.

Barker, G. and Jones, G.D.B. (1981) The UNESCO Libyan Valleys Survey 1980. **Libyan Studies** 12:9-48.

Barker, G. and Jones, G.D.B. (1982) The UNESCO Libyan Valleys Survey 1979-1981: palaeoeconomy and environmental archaeology in the pre-desert. **Libyan Studies** 13:1-34.

Barker, G. and Jones, G.D.B. (1983) The UNESCO Libyan Valleys Survey IV: the 1981 season (with contributions by D. Bulk, R. Burns, J. Dore, D. Mattingly and D. Welsby). **Libyan Studies** 14:39-68.

Boessneck, J. (1969) Osteological differences between sheep (Ovis aries Linne) and goat (Capra hircus Linne). In D. Brothwell and E.S. Higgs (eds.) **Science in Archaeology**:331-58. London, Thames and Hudson.

Coster, C.H. (1951) The economic position of Cyrenaica in classical times. In P.R. Coleman-Norton (ed.) **Studies in Roman Economic and Social History**: 4-26. Princeton, University Press.

Gilbertson, D.D., Barker, G., Griffin, C.M., Hayes, P.P. and Jones, D.A. (1983) The UNESCO Libyan Valleys Survey: sedimentological properties of Holocene wadi floor and plateau deposits in Tripolitania, northwest Libya. **Libyan Studies** 14:69-85.

Goodchild, R.G. (1952-3) Roman farming in Libya. **Geographical Magazine** 25:70-80.

Grant, A. (1975) The animal bones. In B. Cunliffe (ed.) **Excavations at Portchester Castle I: Roman**: 373-408, 437-450. London, Reports of the Research Committee of the Society of Antiquaries of London 32.

Johnson, D.L. (1973) **Jabal al-Akhdar, Cyrenaica: an Historical Geography of Settlement and Livelihood.** Chicago, University Press.

Jones, G.D.B. and Barker, G. (1980) The Libyan Valleys Survey 1979. **Libyan Studies** 11:11-36.

Jones, M. (in press) Archaeobotany beyond subsistence reconstruction. In G. Barker and C. Gamble (eds.) **Beyond Domestication: Subsistence Archaeology and Social Complexity in Ancient Europe.** New York, Academic Press.

Maltby, M. (in press) Patterns in faunal assemblage variability. In G. Barker and C. Gamble (eds.) **Beyond Domestication: Subsistence Archaeology and Social Complexity in Ancient Europe.** New York, Academic Press.

Payne, S. (1972) Partial recovery and sample bias: the results of some sieving experiments. In E.S. Higgs (ed.) **Papers in Economic Prehistory**: 49-64. Cambridge, University Press.

Raven, S. (1969) **Rome in Africa.** London, Evans Brothers.

Reese, D. (1981) Faunal remains from three cisterns. In J. H. Humphrey (ed.) **Excavations at Carthage 1977 Conducted by the University of Michigan**: 191-258. Ann Arbor, University of Michigan Press.

Reynolds, J.M. (1976) (ed.) **Libyan Studies—Selected Papers of the Late R.G. Goodchild.** London, Paul Elek.

Schwartz, J. 1984 The (primarily) mammalian fauna. **In** H. Hurst and S.P. Roskams (eds.) **Excavations at Carthage: The British Mission** Vol I(1): 229-256. Sheffield, British Academy from the University of Sheffield.

Silver, I.A. (1969) The ageing of domestic animals. **In** D. Brothwell and E.S. Higgs (eds.) **Science in Archaeology:** 283-302. London, Thames and Hudson.

11. Population of Cyrenaica and Eastern Sahara before the Greek Period

V. Beltrami

The subject of this paper can be investigated using five categories of evidence: the archaeological record of prehistoric settlement sites; rock art; descriptions in Egyptian documentary records; descriptions in classical literature; and deductions from classical archaeology. The fourth and fifth categories are well known (Abitine, 1979; Bacchielli, 1978; Desanges, 1962, 1978; Gostinsky, 1975; Romanelli, 1945; Stucchi, 1967), and this paper therefore attempts to synthesise the contribution of the first three.

Cyrenaica can be considered from the perspective of prehistory not only as part of the littoral between the Sirte gulf and the Nile delta, but also as the northern side of the huge desert triangle which lies between Tripolitania and Fezzan to the west, the Nile to the east, and the Mediterranean to the north (Fig. 11.1). This area is termed the eastern or Libyan Sahara, and except for a number of cases, Cyrenaica is the only part of it which has been occupied permanently since prehistoric times. Surface finds of flint artifacts are abundant and have long been known throughout the region (Petrocchi, 1941), and the prehistoric settlement has also been investigated by the excavation of key sites in Cyrenaica such as the Haji Creiem near the Wadi Derna, the Hagfet et Tera ('cave of the birds') studied first by Petrocchi (1941), the Hagfet et Dabba ('cave of the hyena'), and above all the deeply stratified Haua Fteah (McBurney, 1967). The only human remains of Pleistocene date in Cyrenaica were found at the latter site, bearing similarities with the European Neanderthals.

The dominant feature of Cyrenaica, the Jebel al Akhdar massif, drops southwards to the Aujila depression; here a chain of oases begins, some 150 km south of Benghazi, extending to the east and southeast in the direction of Wadi Natrum and the Nile. South of the Aujila depression is an uninterrupted sand sea, the Kalanscio, extending as far as the Jebel en-Nari and the isolated Kufra oasis east of the Fezzan-Tibesti complex. The chain of oases which begins in the eastern part of the Aujila depression has been aptly termed an archipelago, from Jagbub (or Jarabub) 240 km south of Tobruk to Kharga 200 km from Luxor, and includes Siwa, Bahariya, Farafra, and Dakhla. Some are now inhabited, others abandoned, but for thousands of years they

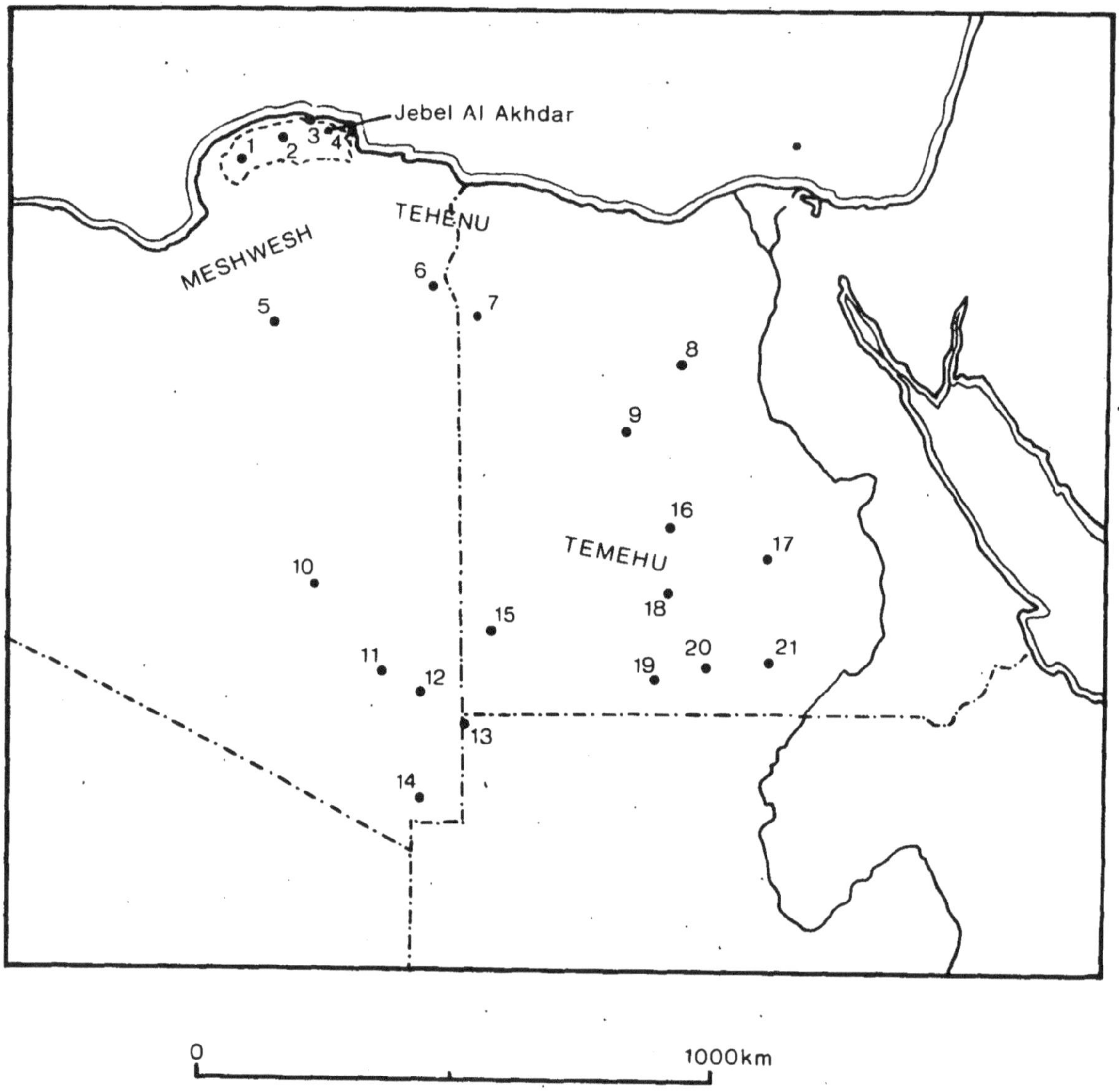

Figure 11.1 Cyrenaica and the eastern Sahara: archaeological sites and other locations mentioned in the text.

1. Hagfet et Tera
2. Hagfet et Dabba
3. Haua Fteah
4. Haji Creien
5. Aujila oasis
6. Giagbub oasis
7. Siwa (Ammon) oasis
8. Baharyia oasis
9. Farafra oasis.
10. Jebel en Nari
11. Kufra oasis
12. Jebel Arkenu
13. Jebel Uweinat
14. Jebel Jargueda/Jerhuda
15. Gilf el Kebir
16. Dakhla oasis
17. Kharga oasis
18. Dyke
19. Bir Sahara
20. Bir Tarfawi
21. Jebel Nabta

Meshwesh, Tehenu and Temehu signify the probable territories of the Libyan tribes of those names described by the Egyptians.

have offered the only homogeneous and relatively fertile habitat in the eastern Sahara west of the Nile. Pioneering fieldwork in the Kharga and Dakhla oases is described by Caton-Thompson and Gardner (1932:369-406).

South and southeast of Kufra, important finds of prehistoric material (middle and late palaeolithic and neolithic artifacts, as well as rock carvings and paintings) have been published since the 1930s by Almasy (1936), Graziosi (1942) and others, with the most recent work by Barich (1978), Mori (1965), van Noten (1978) and Wendorf and Schild (1980). Rock paintings and carvings have been found in Jebel Uweinat, Jebel Arkenu, Jebel Jerhuda, and Gilf el Kebir, the eastern boundary of our study area. Palaeoenvironmental data have been well preserved by the physical characteristics of this region, notably in the limited surface drainages and wadi sediments (Gilf el Kebir) and enclosed basins and deposits of fossil artesian springs such as Bir Sahara, Bir Tarfawi and Dyke.

A quarter of a century ago, McBurney (1960:77) commented that "little has been said of the climatic history of the eastern Sahara; meanwhile great attention has been concentrated on the Maghreb and the western Sahara". More recent work has also concentrated on the Fezzan and other central regions such as Air and Tenere (Beltrami, 1982a, b), and the climatic history of the eastern Sahara remains comparatively less understood . However, some observations on the relative age of this part of the desert can be deduced from the extent to which wind erosion has replaced water erosion: the network of wadis draining the Libyan Sahara becomes less and less extensive to the east of the Gulf of Sirte, suggesting that this region has been arid for a longer period than the western and southern part of the Sahara. The available data indicate at least four major wetter periods in the eastern Sahara, which can be correlated with four major phases of prehistoric settlement: late Acheulean, Mousterian, Aterian, and Neolithic (Wendorf and Schild, 1980:223). These periods were charactered by settlement that was both widespread (covering the whole of the eastern Sahara) and yet highly localised: restricted to the highlands at the northern and southern limits of the desert, to the permanent oases, and to the depressions where standing water was available then in the moister conditions (Beltrami, 1982b; Camps, 1982; Clark, 1982; Hugot, 1970; O'Connor, 1982; Smith, 1982).

The first Acheulean assemblages of the Lower Palaeolithic, found in many regions of Africa, are also present in Cyrenaica and in the Eastern Sahara: surface finds have been recorded near Benghazi, in the Aujila depression, in the Kalanscio sand sea, and in the south at localities such as Bir Sahara and Bir Tarfawi. In the Kharga and Dakhla oases, the artifacts were clearly incorporated in ancient lacustrine sediments. According to Wendorf and Schild (1980:243), the taxonomy of the Acheulean assemblages of the eastern Sahara and the oases differs formally from the Acheulean material along the Nile. The period represented is of course very long, and ecological variations in the environments exploited by Acheulean groups could well have been considerable and had a significant impact on technology, but these issues cannot be resolved with the data currently available.

After c. 100,000 bp, the dominant technological mode in Cyrenaica and the eastern desert was an industrial tradition characterised by two similar specialised methods of flake production, the 'Levallois' and 'disc core/Mousterian' techniques of the Middle Palaeolithic. Both were designed to minimise wastage of raw materials. Artifacts prepared with these two methods are present in the Haua Fteah cave in Cyrenaica and bear some resemblance to

Mousterian industries in the Middle East; the Mousterian levels in the Haua Fteah also contained two left mandible fragments of young *Homo sapiens neanderthalensis* dated by radiocarbon to *c.* 47,000 bp. Levallois-Mousterian assemblages have been found in several cases of the Jagbub/Kharga 'archipelago' and in the southern area at sites such as Bir Sahara and Dyke. The final phase of the Mousterian in the Bir Sahara/Bir Tarfawi area *c.* 47,000 bp includes a new taxonomic entity, the Aterian, an eastern extension of the industrial tradition best known in the Maghreb.

The date of *c.* 40,000 bp marks a major change in settlement trends in the eastern Sahara, for the creation of the Kalanscio sand sea at about this time meant that cultural developments on either side were now more or less isolated from each other. In Cyrenaica and in the northern oases, the Mousterian industries were followed by the Dabban or Khargan late palaeolithic blade industries, followed in turn at the end of the last glaciation *c.* 12,000 bp by Siwan final palaeolithic industries, as well as by assemblages with similarities to the Oranian (or Ibero-Maurisian) and Capsian traditions of the Maghreb (McBurney, 1960, 1967; Smith, 1982). In the southeastern Sahara, the Mousterian tradition survived right up to the Neolithic as the Mousterian /Aterian complex mentioned earlier. It seems likely that there was little contact between the northern and southern populations at this time, and it is significant that the cultural connections that have been discerned in the lithic material of the two regions are with the Maghreb and other areas to the west and not across the sand sea.

Neolithic settlement (or rather, settlement associated with neolithic pottery--see below) is represented by rather different features in different parts of the study area. Cyrenaica shared in a Capsian-type neolithic culture of the kind known along much of the north African coast; hunting equipment by *c.* 8000 bp included microlithic tools such as very small burins and scrapers. In the oases, the first settlement with neolithic pottery known was at Kharga *c.* 5500 bp; hunting equipment here included tanged and winged arrowheads of small size, very like those used to the south. In the southern part of the eastern Sahara, the earliest site known is Nabta Playa, *c.* 8000 bp. The material from this site is within the Saharo-Sudanese neolithic tradition, roughly contemporary with the first sites of this culture elsewhere such as Amekni/Hoggar (8050 bp), Fozzigiaren/Tassili (8072 bp), Gabrong/ Enneri Girennao (8065 bp), Ti-n-Torha/Lybian Acacus (dates from 9080 bp to 8640 bp), and Tamaya Mellet/Air-Niger (9350 bp). Skeletons at Nabta Playa also have closer physical similarities with those of other central Saharan neolithic sites than with the coastal peoples. Subsistence data and lithic technologies suggest that all these populations with neolithic pottery in the beginning at least relied as much on hunting and gathering as on pastoralism (Camps, 1982), a conclusion supported by the rock art. The earliest representations in the rock art of Wadi Graga in Cyrenaica and in the Jebel Uweinat which has been ascribed to the neolithic period are of wild animals, and are executed with a technique close to the *Bubalus antiquus* phase of the earlier Saharan rock art (van Noten, 1978; Paradisi, 1965a, b). The southern sites with rock art (Gilf el Kebir, Jebel Uweinat, Jebel Arkenu, Jebel Jargueda) have material of several major phases, with engravings of what are thought to be early and late hunter-gatherers, pastoralists, and typical Libyan warriors of the late prehistoric period; phasing is clearest in the Jebel Uweinat.

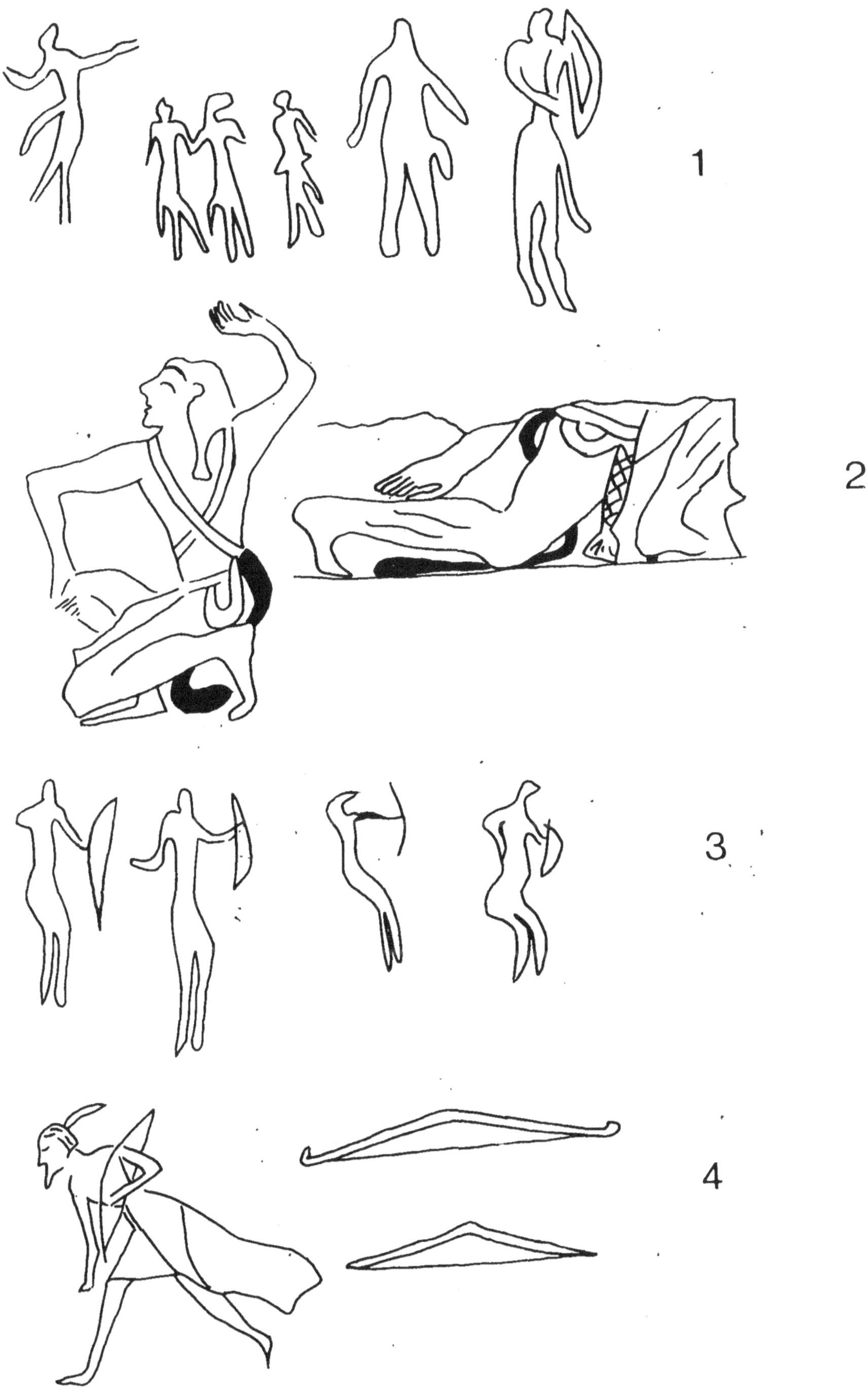

Figure 11.2 Parallelisms between Libyan rock art (1, 3) and Egyptian reliefs of Libyans (2, 4): the presence of 'tails' (1, 2) and the use of archery (3, 4). (1 and 2 after Graziosi, 1942; 3 and 4 after Bates, 1914).

Figure 11.3 Parallelisms between Libyan rock art (1, 3) and Egyptian reliefs of Libyans (2, 4): the use of short weapons and sticks (1, 2) and of penis sheaths (3, 4). (1 and 2 after Grazioni, 1942; 3 and 4 after Bates, 1914).

An important source of information about late prehistoric populations in the eastern Sahara is Egyptian references to the peoples on their western border in the predynastic and dynastic periods. The general term 'Libyans' is apparently derived from 'Lebu' or 'Rebu' as used by the Egyptians. Other tribes are named, the location of which was already shown by Bates in 1914 (Fig. 11.1). In the north, two important tribes were the Tehenu and the Meshwesh. Free or prisoner, they are described as fair and blue eyed, tall, Mediterranean in physical appearance, wearing their hair long in tresses adorned with feathers. When first encountered by Greek and Phoenician colonists, they were essentially neolithic in culture, and Egyptianised only to a very small degree. Herodotus states that they were mainly nomadic pastoralists, owners of sheep and goats, but that on the coast of Cyrenaica they also cultivated crops; agriculture (cereal cultivation) was practised too in the northern oases, fruits of wild trees were collected, and there were seasonal expeditions to Aujila to harvest dates. These northern Libyans were in contact with the western Berber peoples (Camps, 1982) and with the Phoenicians; they used chariotry and cavalry, and their principal weapon was the long javelin.

We are told of a very different tribe further south, the Temehu. They lived in the southern oases and on the west bank of the Nile at the level of the second cataract. They were aparently of African origin, and were in direct contact with a Nubian people (the Wawak negroids) mentioned in the Harkhuf papyrus of the VIth dynasty. They could also be the traders of the Timhy stones offered by Ramses III for his temple and mentioned in the Harkhuf papyrus. The Egyptians described the Temehu as wearing feathers, a tail and a penis sheath, and as using short weapons and bows and arrows. They grew cereals, and their principal stock were cattle. There is an impressive correlation in the occurrence of all these details (tails, feathers, penis sheaths, short weapons, bows and arrows) in the Egyptian representations of the Temehus and in a number of rock carvings in the southern part of the eastern Sahara (Figs. 11.2 and 11.3).

Figure 11.4 Saharo-Sudanese (1) and Mediterranean (2) physical types of Libyans in Egyptian reliefs. (After Bates, 1914).

In conclusion, I would argue that a basic unity of culture, technology, and perhaps even physical type can be observed in the eastern Sahara from the Middle to the Late Palaeolithic; and that a dichotomy then emerged between the littoral populations of Cyrenaica and the peoples of the eastern desert in the Epipalaeolithic and Neolithic periods. Whilst we are clearly only at an early stage in the reconstruction of the prehistoric sequence of this part of Africa, it is tempting to regard the Tehenu of the Egyptian records as the heirs of the Mediterranean and Levantine neolithic traditions, and the Temehu as the descendants of the Saharo-Sudanese nomadic neolithic populations, a fundamental dichotomy in culture and way of life that reached far back into prehistory (Fig. 11.4).

BIBLIOGRAPHY

Abitino, G. (1979) La Cirenaica negli autori antichi. **Memorie Società Geografica Italiana** 32:9-123.

Almasy, L. (1936) **Az Ismeretlen Szahara.** Budapest, F.Tarsulat.

Bachielli, L. (1978) Aspetti dell'acculturazione dei Libyi di Cirenaica. **Africa** 33:605-22.

Bagnold, R.A. (1935) **Libyan Sands.** London, Hodder.

Barich, B.E. (1978) **Recenti Risultati della Missione Palentologica Italiana nel Saraha Libico.** Roma, Consiglio Nazionale Ricerche.

Bates, O. (1914) **The Eastern Libyans.** London, MacMillan.

Beltrami, V. (1982a) Neolithic and post-neolithic in the Air region. **Africa** 38:123-7.

Beltrami, V. (1982b) **Una Corona per Agades. Sahara, Air, Sahel.** Chieti, Università degli Studi.

Camps, G. (1980) **Berbères—Aux Marges de l'Histoire.** Toulouse, Hesperides.

Camps, G. (1982) Beginning of pastoralism and cultivation in north Africa and the Sahara. **In** J.D. Clark (ed.) **The Cambridge History of Africa** I:548-623. Cambridge, University Press.

Caton-Thompson, G. and Gardner, E.W. (1932) The prehistoric geography of Kharga oasis. **Geographical Journal** 80:369-406.

Clark, J.D. (1982) The cultures of the Middle Palaeolithic-Middle Stone Age in North Africa. **In** J.D. Clark (ed.) **The Cambridge History of Africa** I:248-341. Cambridge, University Press.

Desanges, J. (1962) **Catalogue des Tribus Africaines de l'Antiquité Classique a l'Ouest du Nil.** Dakar, Faculte de Lettres de l'Université.

Desanges, J. (1978) **Recherches sur l'Activité des Méditerranéens aux Confins de l'Afrique.** Rome, Ecole Française.

Ferri, S. (1976) Fenomeni ecologici della Cirenaica costiera nel II millennio av. C. **Quaderni Archeologia della Libia** 8:11-21.

Gostinsky, T. (1975) La Lybie antique et ses relations avec l'Egypte. **Bulletin de l'IFAN** 37:473-588.

Graziosi, P. (1942) **L'Arte Rupestre della Libia.** Napoli, Edizioni Mostra d'Oltremare.

Hugot, H.J. (1970) **L'Afrique Pré-Historique.** Paris, Hatier.

McBurney, C.B.M. (1960) **The Stone Age in Northern Africa.** London, Penguin.

McBurney, C.B.M. (1967) **The Haua Fteah (Cyrenaica) and the Stone Age of the Southeast Mediterranean.** Cambridge, University Press.

Mori, F. (1965) **Tadrart Acacus.** Torino, Einaudi.

Noten, F. van (1978) **Rock Art of the Jebel Uweinat.** Graz, Akademische Druck und Verlagsanstalt.

O'Connor, D. (1982) Egypt and Libya. **In** J.D. Clark (ed.) **The Cambridge History of Africa** I:918-24. Cambridge, University Press.

Paradisi, U. (1965a) Prehistoric art in the Gebel el Akhdar (Cyrenaica). **Antiquity** 39:95-102.

Paradisi, U. (1965b) Arte rupestre preistorica nel Gebel el-Akhdar in Cirenaica. **Quaderni Archeologia della Libia** 5:5-15.

Petrocchi, A. (1941) Ricerche preistoriche in Cirenaica. **Africa Italiana** 7:31-48.

Reynolds, J.M. (1976) (ed.) **Libyan Studies: Selected Papers of R.G. Goodchild.** London, Elek.

Romanelli, P. (1949) **I Libi di Fronte alla Romanità e all'Ellenismo.** Napoli, Annali Istituto Orientale.

Smith, P.E.L. (1982) The late palaeolithic and epipalaeolithic of northern Africa, Cyrenaica and northern Libya. **In** J.D. Clark (ed.) **The Cambridge History of Africa** I:342-409. Cambridge, University Press.

Stucchi, S. (1967) Prime tracce tardo-minoiche a Cirene: i rapporti della Libya con il mondo Egeo. **Quaderni Archeologia della Libia** 5:29-38.

Wendorf, F. and Schild, R. (1980) **Prehistory of the Eastern Sahara.** New York, Academic Press.

12. La Coltura della Vite e la Produzione di Vino nella Cirenaica Greca e Romana: le Fonti Storiche e l'Arte Figurativa Antica

E. Catani

Leggendo i saggi storici ed i capitoli di opere monografiche relativi all'economia agricola della Cirenaica greca e romana, in particolare quelli di Thrige (1828: 349-384), Rainaud (1894:*passim*), Romanelli (1942:46-53), Coster (1951:3-26), Goodchild (1952:70-80; 147-156), Abitino (1979:96-105), mi ha più volte sfiorato il dubbio che l'organizzazione delle colture agricole della Libia Orientale antica fosse in realtà molto piu complessa ed articolata di quanto emerge dalla lettura della moderna letteratura sull'argomento. In molti dei suddetti studi predomina infatti la tendenza a porre l'accento sulle maggiori attività agricole della regione, quali la cerealicoltura e l'olivicoltura, trascurando la viticoltura, alla quale viene reconosciuto un ruolo appena minore, fondato spesso su una documentazione generica ed incompleta. Anche lo specifico studio di Dalmasso (1966-67:81-116), esperto ampelografo, manca di un'approfondita ricerca sulla viticoltura della Cirenaica antica.

Dall'esigenza d'indagare ed approfondire il ruolo effettivo della viticoltura nell'economia agricola della Cirenaica antica trae motivo il presente lavoro preliminare, il cui fine immediatio è la raccolta, in ordine cronologico e per categorie di documenti, di quelle testimonianze storiche che le fonti letterarie e le arti figurative antiche hanno tramandato, direttamente o indirettamente, circa la coltura della vite e la produzione, il consumo, l'esportazione del vino nella Cirenaica dal 5 secolo a.C. fino alla conquista araba. Da questo lavoro sono esclusi intenzionalmente la ricognizione e l'esame delle testimonianze e persistenze più specificamente archeologiche, largamente documentate sul suolo cirenaico e delle quali intendo occuparmi in seguito.

Non si conosce quando e come la vite fu introdotta nel territorio dei Libyi e se le popolozioni indigene ne appresero mai la coltura. E' tuttavia opinione diffusa fra gli studiosi dell'argomento che la coltivazione dell *Vitis vinifera, Species sativa,* fosse diffusa nell'Africa settentrionale già fin dai tempi della influenza fenicia verso Occidente e di quella egiziana verso Oriente (Abitino, 1979:102; Dalmasso 1966-67:83). E' altresì provato in base a documentazione archeologica che l'Egitto—nonostante la testimonianza contraria di Erodoto (2.77)—conobbe una florida viticoltura già sotto le dinastie IV, V, XII, XVII-XIX, con pratica della disposizione della vite a spalliera e pergolato (Ricci, 1924:V-VII).

Pertanto è assai verosimile che l'introduzione della vite sul suolo libyo possa essere avvenuta con la mediazione dell'Egitto, paese che dominò a lungo politicamente e culturalmente i Libyi Orientali (Bates, 1914). Quanto poi all'epoca in cui collocare questa migrazione storica della vite dall'Egitto alla Libya non mi sembra del tutto infondata l'ipotesi che tale passaggio abbia avuto luogo ancor prima dell'arrivo di coloni greci da Thera attorno all metà del 7 secolo a.C., se è vero che alcune tribù libiche in epoca pregreca, accanto alla prevalente attività pastorale, si dedicavano anche ad occupazioni agricole (Abitino, 1979:65-7; Johnson, 1973:92).

Vera o falsa che sia questa ipotesi, il silenzio pressoché totale delle fonti sulla presenza della vite in Cirenaica durante i secoli immediatamente successivi all'arrivo dei Greci appare un fatto significativo anche se di segno dubbio. Erodoto stesso (4, 199), il quale sembra aver visitato parte della Libya, descrive con ammirazione la fertilità della 'chòra' cirenea senza alcun accenno alla viticoltura. Tuttavia non è da escludere del tutto che il silenzio dello storico di Alicarnasso--il quale gia in precedenza era caduto in errore negando la presenza della vite in Egitto (2, 77)--sia piuttosto da attribuire al fatto che la viticoltura era ancora scarsamente diffusa nella parte di Libya visitata da Erodoto. Forse per la stessa ragione Teofrasto (Hist. Plant. 4, 3) non menziona la vite fra le piante e le colture tipiche della Cirenaica.

Nel corso del 4 secolo le testimonianze delle fonti storiche sono più frequenti e ricche di dati. Alla vite e ad una sicura coltura della stessa nell'arco di costa libica ad Est di Cirene va collegato il toponimo parlante 'Ámpelos', attestato dall'itinerario marittimo dello Pseudo-Scylace (GGM 1, 108) e corrispondente al villaggio moderno di Hamama (Purcaro, 1976:286, 295, 326). Il toponimo sembra perdurare a lungo nel tempo estendendosi all'intera regione circostante, la quale verrà per ciò detta Ampelitide (Catani, 1983:109). Dalla stessa fonte (Peripl. 108) si apprende che la vite vegetava rigogliosamente e produceva copiosi frutti in un leggiadro Giardino delle Esperidi, situato lungo la costa cirenaica fra Ras Sem e Hamama (Stucchi, 1976:19-23, figg. 1, 2).

Dati più particolareggiati e precisi sulla coltura vitivinicola della 'chòra' cirenea nei secoli 4-2 si possono ricavare dall'esame delle tavole epigrafiche con i conti dei damiurghi della città di Cirene (Oliverio, 1933; SEG 9, 18). Il diagramma dei dati vitivinicoli contenuti nelle suddette tavole marmoree (Fig. 12.1) mostra chiaramente che questi documenti sono, purtroppo, mal ripartiti nell'arco dei tre secoli e spesso lacunosi nelle parti che interessano la nostra ricerca. Tuttavia si può affermare che almeno il quadro vitivinicolo della regione di Cirene nel 4 secolo appare relativamente ben documentato e tale da consentire un uso, benché minimo, dei dati a fini statistici.

Nei conti dei damiurghi--accanto ad altri prodotti agricoli, soprattutto cereali, probabilmente raccolti nelle terre del Santuario di Apollo--sono menzionati anche l'uva di stagione, l'uva passa ed il vino. L'uva fresca è presente nelle due varietà, dette respettivamente, 'mélaina' e 'psythìa'. La prima è indubbiamente una qualità di uva nera, mentre la seconda è da ritenere una qualità di uva bianca sulla base di un puntuale passo dei Geoponici (5, 2, 47): ..μόνη μέντοι ἡ ψιθία καί ἡ Κερκυραία καί ἡ

PREZZI DELL'UVA E DEL VINO A CIRENE NEI SECOLI IV-II A.C. SECONDO I CONTI DEI DAMIURGHI (Cfr.G.OLIVERIO,in *DAI I*,*Cirenaica II*,Bergamo 1933,pp.103ss.					
PRODOTTO	RIFERIMENTI BIBLIOGRAFICI	COSTO IN DRAMME PER METRETE (..26,26) O TALENTO(Kg.26̇19) IV sec.	III sec.	II sec.	OSSERVAZIONI
UVA	*SEG*. IX,11,16;	dr.3	- - - -	- - - -	
PSYTHIA A	*SEG*. IX,12,9-10;	dr.5	- - - -	- - - -	
SCELTA: Σταφυ-	*SEG*. IX,13,7-8;	dr.5	- - - -	- - - -	
λὰ ψυθία ἔνδος	*SEG*. IX,15,10-11;	dr.4	- - - -	- - - -	
τᾶς προκλησίας	*SEG*. IX,19,4-5;	dr.6 (?)	- - - -	- - - -	Cfr.OLIVERIO,
	SEG. IX,29,4-5;	dr.8	- - - -	- - - -	*op.cit.*,p.111
UVA NERA A	*SEG*. IX,11-12;	dr.2 $\frac{2}{5}$ $\frac{1}{10}$	- - - -	- - - -	
SCELTA: Σταφυ-	*SEG*. IX,12-10;	dr.4	- - - -	- - - -	
λὰ ψυθία ἔνδος τᾶς προκλησίας	*SEG*. IX,13,8-9;	dr.4	- - - -	- - - -	
	SEG. IX,15-11;	dr.3	- - - -	- - - -	
UVA PSYTHIA	*SEG*. IX,11,12-13;	dr.2 $\frac{2}{5}$ $\frac{1}{10}$	- - - -	- - - -	
NON A SCELTA:	*SEG*. IX,12,10-11;	dr.4	- - - -	- - - -	
Σταφυλὰ ψυθία	*SEG*. IX,13,8,;	dr.4	- - - -	- - - -	
ἔξος τᾶς προ-κλησίας	*SEG*. IX,15,15;	dr.3	- - - -	- - - -	
UVA NERA NON	*SEG*. IX,11,13;	dr.2	- - - -	- - - -	
A SCELTA: Στα-φυλὰ μέλαινα	*SEG*. IX,12,10-11;	dr.3	- - - -	- - - -	
ἔξος τᾶς προ-	*SEG*. IX,13,9;	dr.3 $\frac{2}{5}$ $\frac{1}{10}$	- - - -	- - - -	
κλησίας	*SEG*. IX,15,15;	dr.2 $\frac{2}{5}$ $\frac{1}{10}$	- - - -	- - - -	
	SEG. IX,11,14-15;	dr.1	- - - -	- - - -	
	SEG. IX,12,13;	dr.1	- - - -	- - - -	
	SEG. IX,13,9;	dr.1 $\frac{1}{5}$	- - - -	- - - -	
UVA PASSA:	*SEG*. IX,14,14;	dr.$\frac{4}{5}$	- - - -	- - - -	
Σταφίς	*SEG*. IX,15,16;	dr.1	- - - -	- - - -	
	SEG. IX,23,10;	dr.1 $\frac{2}{5}$ $\frac{1}{10}$	- - - -	- - - -	
	SEG. IX,29,4;	dr.3 $\frac{2}{5}$	- - - -	- - - -	
	SEG. IX,35,5;	- - - - -	dr.20	- - - -	Per 1 talento
	SEG. IX,41,23;	- - - - -	- - - -	dr.7	nel II seme-stre.
	SEG. IX,33,5;	- - - - -	dr.[-]	- - - -	Per 1 metrete di otto choes
	SEG. IX,41,21;	- - - - -	- - - -	dr.7	nel II seme-tre.
VINO: Οἶνος	*SEG*. IX,44,6-7;	- - - - -	- - - -	dr.ı-	Per 1 smireo
	SEG. XVIII,743,8;	- - - - -	dr.40	- - - -	la cui capa-cità non è nota.
	L.GASPERINI,*Cirene 1957-66*,*p.169*,*n.17*	- - - - -	- - - -	dr. -	

Figure 12.1 Diagramma dei prodotti vitivinicoli e dei relativi prezzi di vendita a Cirene, secondo i conti dei damiurghi della città (secc. 4-2 a.C).

καλουμένη Χλωρίς, λευκαὶ οὖσαι, χαίρουσι τοῖς λεπτογείοις, διὰ τὸ εἶναι λιπαρώτεραι. Entrambe le qualità di uve vengono offerte al doppio mercato. cioè 'a scelta' e 'non a scelta', come indicherebbe la formula greca: ἔνδος/ἔξος τᾶς προκλησίας (Dobias Lalou, in questo stesso volume; Oliverio, 1933:111).

L'uva passa (Σταφίς) appare il prodotto vitivinicolo più spesso citato nei conti dei damiurghi ed il suo prezzo di vendita, se confrontato con quello dell'uva fresca, è sorprendentemente basso. Nel documento non è detto se anche l'uva passa era disponibile nelle varietà bianca e nera.

Il vino è tra i prodotti meno frequentemente registrati. Esso non compare sui rendiconti riferibili al 4 secolo, bensì solo in quelli dei due secoli successivi.

Il prezzo di vendita di tutti questi prodotti, stabilito in dramme e frazioni delle stesse, viene fatto registrare anno per anno a cura dei damiurghi in carica nella città. Per l'uva passa ed il vino, essendo prodotti destinati a durare nel corso dell'anno, il prezzo è talvolta distinto per semestre (SEG 9. 41, 23; 9. 41, 21).

Come unità di peso per i prodotti solidi vale il talento, considerato oscillante fra kg 24,74 (Viedebannt, 1921:49) e kg 26,196 (Oliverio, 1933:141). Per il vino viene indicato il metrete di otto chöes, pari a litri 21,74 (Viedebannt, 1921:60) o litri 26,26 (Oliverio, 1933:141). In un solo caso è nominato lo smireo (SEG 18. 743, 8), misura della quale non si conosce la reale capacità ma che Esichio (Lex.s.v. Σμιρεύς) asserisce essere stata in uso nella Pentapoli cirenaica per la misurazione de vino.

Per mancanza di riferimenti cronologici atti a stabilire una precisa successione cronologica dei documenti all'interno dei vari secoli, non possiamo ancora ricostruire il diagramma reale dei prezzi registrati nei rendiconti dei damiurghi di Cirene. La successione che si presenta nella stesura della tabella riassuntiva è quella indicata nei volumi 9 e 18 del Supplementum Epigraphicum Graecum. Tuttavia, sulla base dei dati raccolti, i costi dei prodotti vitivinicoli a Cirene durante il 4 secolo possono essere così riepilogati: uva bianca a scelta, da 3 a 8 dramme; uva nera a scelta, da 2,5 a 4 dramme; uva nera non a scelta, da 2 a 3,5 dramme; uva passa, da 8 oboli a 3,4 dramme; il vino è assente.

A commento parziale di questa situazione va però osservato che l'uva bianca non a scelta presenta le stesse quotazioni dell'uva nera a scelta, fatto che indica un maggiore apprezzamento della prima qualità rispetto alla seconda. In questo senso va inteso anche il prezzo eccezionale di 8 dramme, fissato per un talento di uva bianca a scelta (Oliverio, 1933:111; SEG 9. 29, 4-5).

Per i secoli 3 e 2 i conti dei damiurghi della città forniscono dati quantitativamente pressoché irrilevanti e relativi soltanto all'uva passa e al vino. Un talento di uva passsa, che nel 4 secolo non raggiungeva il costo di 4 dramme, in un anno imprecisato del 3 secolo viene valutato ben 20 dramme (SEG 9. 35, 4) per ribassare poi fino a 7 dramme nel corso del secolo seguente. Anche il prezzo del vino--non considerando il prezzo di 40 dramme pagato per uno smireo, misura di capacità non quantificabile (SEG 28. 743,

8)--sembra aver seguito un andamento di mercato simile a quello dell'uva passa. Un' analoga flessione dei prezzi dei prodotti vitivinicoli sembra verificarsi contemporaneamente anche in Egitto. Qui un metrete di vino di 12 'chóes' (e non di 8 come a Cirene) nei secoli 4-3 viene pagato 32 dramme circa, mentre nei secoli successivi ribassa fino al prezzo di 20 dramme in età augustea (Ricci, 1924:79; Segrè, 1922:34). Questa tendenza dei prezzi al ribasso, comune sia all'Egitto che alla regione di Cirene, pare in gran parte dovuta ad una più vasta diffusione della vite e dei suoi prodotti. E' noto infatti che la dinastia lagida, soprattutto Tolemeo II, favorì su tutto il territorio un ampio sviluppo della viticoltura per soddisfare la sempre crescente richiesta di vino da parte delle popolazioni greche (Rostovtzeff, 1941:372; Will, 1975:258).

Anche i testi poetici e letterari coevi sembrano confermare un maggior consumo di vino nella vita quotidiana di Cirene. Così Theaitetos di Cirene, contemporaneo di Callimaco, ricorda in un epigramma la tragica conclusione di un 'allegra serata invernale con abbondante consumo di vino, trascorsa nel palazzo rurale di un certo Antagoreo: Χείματος οἰνωθέντα τὸν Ἀνταγόρεω μέγαν οἶκον / ἐκ νυκτῶν ἔλαθεν πῦρ ὑπονειμάμενον.. (Chamoux, 1977:37-41).

Ai primissimi anni dell'era volgare risale un altro epigramma cireneo in lingua greca, il quale accompagna il dono di un rilievo marmoreo da parte di un cittadino romano di nome Lucius Orbius. Il rilievo ritrae il sacerdote Pausanias giacente a banchetto con in mano una comune coppa (Oliverio, 1933:100, Tav. 15). L'epigramma, inciso sul plinto del rilievo, ricorda e commenta garbatamente quando, dove e perché Pausania si concesse una meritata ubriacatura (Chamoux, 1976:47-57; Robert, 1977:443).

Con il passaggio della Cirenaica sotto il dominio romano tutta l'attività agricola della nuova provincia, viticoltura compresa, recevette un nuovo impulso, dovuto sia all'opera di trasformazione e potenziamento degli impianti rurali mediante la costruzione di terrazzamenti, dighe, serbatoi, sia all'apertura del mercato di Roma ai prodotti della regione cirenaica (Goodchild, 1952:75). Tuttavia le testimonianze delle fonti letterarie di età romana non sempre riflettono la nuova realtà.

Strabone (17.3-20) riferisce che a Charax—località ad Ovest della Grande Sirte e corrispondente all'odierna Medina es-Sultan (Purcaro, 1976:338)--mercanti cartaginesi scambiavano il vino con il silfio che lì, di contrabbando, facevano affluire i Cirenei. La testimonianza di Strabone non è da porre in dubbio ma i Cirenei menzionati nel passo sono, assai verosimilmente, gli abitanti della fascia predesertica della Cirenaica sud-occidentale, dove la vite non attecchiva per mancanza di terreno adatto.

Più precisa ed utile è invece la testimonianza di Diodoro Siculo (3.50), il quale afferma che la regione attorno a Cirene non soltanto è ricca di cereali ma anche di vigneti: οὐ μόνον ὑπάρχει σιτοφόρος, καὶ πολλὴν ἄμπελον.

Plinio il Vecchio (8.33) riferiscse dell'uso presso gli abitanti della regione di Cirene di trattare il vino mescolandolo al succo ricavato dal nocciolo del dattero (paliurus) per migliorarne la qualità. Infine, ancora un passo pliniano in cui si elogia apertamente un vino passito di Creta (14.81), unitamente alla constatazione che a Cirene si usava praticare da tempo l'appassimento delle uve, inducono a pensare che anche nella regione cirenea si producesse una qualità di passum, del quale non abbiamo altra notizia.

Un'importante fonte per lo studio dell'agricoltura in generale, e della viticoltura in particolare, nel tratto di costa a confine tra la Pentapoli cirenaica e la Marmarica occidentale è il Papiro Vaticano Greco 11 (Norsa and Vitelli, 1931:51-62). Redatto da tre mani diverse negli anni fra il 189 ed il 190 d.C., il papiro registra dati catastali e vicende processuali di circa 190 parcelle private distribuite in più distretti (Gallavotti and La Pira, 1931:25; La Pira, 1933:103-41). Una importanza particolare per il nostro studio hanno le colonne IX-XII del papiro (Plate 12.I), le quali contengono un estratto dei dati catastali relativi al Cherrhónesos, un distretto immediatamente ad Est di Darnis (od. Derna).

Il Cherrhónesos all'epoca della redazione del papiro, cioè in età commodiana, amministrativamente faceva già parte dell'Egitto (Plate 12.II) ma solo da poco tempo era stato staccato dalla Pentapoli cirenaica (Romanelli, 1940:215-223). Anche il sistema metrico, ponderale ed amministrativo attestati nella redazione del papiro tradiscono chiaramente gli stretti e recenti legami con la Cirenaica. Sono questi legami geografici e storici ad attribuire particolare valore di documentazione alle colonne del papiro relative al distretto Cherrhónesos.

In questo distretto i dati relativi alla viticoltura sono numerosi e di grande rilevanza storica. Infatti ben 22 delle oltre 77 scritturazioni catastali relative al Cherrhónesos attestano la presenza della vigna fra le colture praticate nei terreni. In percentuale un terreno su tre ospita una vigna. Nella unita tabella riassuntiva (Fig. 12.2) sono confluiti solo i dati relativi a quei terreni nei quali la vigna è chiaramente indicata come ἀμπελικῆ γῆ (col.11. 11-12; 35-6), oppure è altrettanto provata dalla produzione di vino, come avviene nella quasi totalità dei casi. La supreficie dei terreni è misurata in arure, e non in artabe come si usava in Egitto. Un'arura in questo contesto geografico e periodo storico sembra corrispondere a 2025 metri quadrati (Montevecchi, 1973:71), anziché al valore massimo di m.q. 2756 (Wilchen, 1899:775).

Trattandosi di un estratto catastale tutte le scritturazioni di parcelle relative al Cherrhónesos registrano ordinatamente l'intestazione del terreno, l'esatta misura della superficie, il tipo di coltivazione praticata, i confini delle proprietà ed, in fine, la stima produttiva dei terreni stessi. Ad ogni parcella sono attribuite due distinte valutazioni: una prima valutazione, espressa generalmente da misure quntitative dei prodotti, rappresenta la produzione media dei terreni nel quinquennio 175-180 d.C.; la seconda valutazione, espressa tassativamente in denari, indica la rendita aggiornata all'atto della revisione catastale dell'anno 190. La rendita dei terreni piantati a vigna è stimata in cerami di vino prodotti o producibili. Il ceramio usato per la stima sembra contenere 7 chóes (col. 1. 6-10; 4.4) e non 6 chóes come accadeva più frequentemente (Montevecchi, 1973:71). Un ceramio di 7 chóes equivale a litri 34 circa.

La superficie dei singoli appezzamenti di terra con vigna risulta mediamente contenuta tra 1-2 arure con una rendita media, nei casi più sicuri e significativi, di 4-5 cerami di vino per arura. Questo calcolo

Plate 12.I Riproduzione fotografica delle colonne X-XII del Papiro Vaticano Greco 11 (recto). Archivio fotografico della Biblioteca Apostolica Vaticana.

Plate 12.II Londra, British Museum. Rilievo marmoreo con Cirene e Libia sotto una regogliosa pergola di vita (da EAA vol. II, fig. 920).

DATI CATASTALI SULLA VITICOLTURA NEL DISTRETTO CHERRHONESOS DELLA MARMARICA OCCIDENTALE REGISTRATI SULLE COLONNE IX-XII DEL PAP.GR.VAT.11 (Cfr.M.NORSA-G.VITELLI, Il Papiro Vaticano Greco 11, Città del Vaticano 1931, pp.51-62)

TESTO	SUPERFICIE DEI TERRENI ESPRESSA IN ARURE (1 Arura= m^2 2756~2027)	TIPO DI COLTURA	RENDITA CATAST. MEDIA DEL QIUNQUENNIO 175/76-179/80 d.C.	REND.CATAST ANNO 190 dC IN DENARI	INDICAZIONI TOPOGRAFICHE DI CONFINI
X.12-13	Arure [- -] ;	viti	2 cerami di vino	Den.20	---------------
X.16-17	Ar. [--] $\frac{1}{128}$;	viti	4 $\frac{1}{2}$ cerami di vino	Den.10	NS. γῆ σιτική; O. Βουνός;
X.25-26	Ar. [--] $\frac{1}{2}$ $\frac{1}{4}$ $\frac{1}{32}$;	viti	2 cerami di vino	Den. [--]	O. ἰσαγ. ὑδάτων, terreni; NSE. τρυχῶν;
X.27-28	Ar. [--] ;	viti	1 ceramio di vino	Den.40	NSE. terreni ;
X.29-30	Ar. [--] $\frac{1}{2}$ $\frac{1}{4}$ $\frac{1}{8}$;	viti	6 cerami di vino	Den. [--]	NOE. terreni ; S. τοῖχος ;
X.33-34	Ar. 1 $\frac{1}{4}$ $\frac{1}{8}$;	viti	5 cerami di vino	Den. [--]	N. τοῖχος ; ESO. terreni ;
X.37-38	Ar. $\frac{1}{8}$;	viti	1 ceramio di vino	Den.20	--------------
X.42-43	Ar. 1 $\frac{1}{2}$ $\frac{1}{8}$;	viti	3 cerami di vino	Den.40	N. πλευρὰ νάπη; S. τρυχῶν, ἡ νάπη; E. terreno;
X.44-45	Ar. $\frac{1}{8}$;	viti	$\frac{1}{2}$ ceramio di vino	Den. [--]	SEO. terreni; N. πλευρὰ νάπη, terreni;
X.46-XI.1	Ar. $\frac{1}{8}$;	viti	$\frac{3}{4}$ di ceramio	Den.10	N. πλευρὰ νάπη; SEO. terreni;
XI.2-3	Ar. 1 $\frac{1}{16}$ $\frac{1}{32}$;	viti	9 cerami di vino	Den. [--]	S. πλευρὰ νάπη; EO. terreni ;
XI.5-6	Ar. 1 $\frac{1}{4}$ $\frac{1}{8}$ $\frac{1}{16}$ $\frac{1}{32}$;	viti	5 cerami di vino	Den.20	SE. terreni ; O. νάπη;
XI.7-8	Ar. [---] ;	viti	2 cerami di vino	Den.10	νάπη Σύκης { NEO. terreni ; S. πλευρὰ νάπη;
XI.11-12	Ar.1 $\frac{1}{4}$ $\frac{1}{8}$ $\frac{1}{32}$;	fichi+ viti	2 metreti di fichi 1 ceramio di vino	Den.20	SE. terreni ; O. πλευρὰ νάπη ;
XI.15-16	Ar.1 $\frac{1}{4}$ $\frac{1}{64}$;	viti	8 cerami di vino	Den.35	NO. terreno; S. τοῖχος, ὑδραγωγός;
XI.17-18	Ar.1 $\frac{1}{16}$ $\frac{1}{32}$;	viti	6 cerami di vino	Den.100	NS. terreno; E. νάπη ;
XI.19-20	Ar.4 $\frac{1}{2}$ $\frac{1}{4}$ $\frac{1}{16}$ $\frac{1}{32}$ $\frac{1}{64}$ $\frac{1}{128}$ $\frac{1}{256}$;	viti	12 cerami di vino	Den.125	NS. terreno; O. πλευρὰ νάπη ;
XI.35-36	Ar.4 $\frac{1}{2}$ $\frac{1}{32}$ $\frac{1}{64}$;	viti + fichi	2 cerami di vino 5 medimni di fichi	Den.800	N. terreno ; O. τοῖχος ;
XI.37-38	Ar. $\frac{1}{2}$ $\frac{1}{4}$;	viti	10 + [--] cer.vino	Den.65	S. τρυχῶν;
XI.41-42	Ar.18 ;	viti	[- -] cerami di vino	Den.35	N. terreno ; S. νάπη ; E. πλευρὰ νάπη ;
XI.43-44	Ar.2 $\frac{1}{16}$ $\frac{1}{32}$;	viti	2 + [--] cerami	Den. [--]	S. πλευρὰ νάπη - γῆ σιτική; O. Βουνός;
XII.10-11	Ar. [- -];	viti	[--] cerami di vino	-------	-------------

Figure 12.2 Diagramma dei dati sulla viticoltura nel distretto Cherrhŏnesos della Marmarica occidentale negli anni 175-190, elaborato sulla base delle colonne X-XII del Pap. Vat. Gr 11.

statistico, benché approssimato, evidenzia comunque una non alta produzione di vino, fatto da mettere in relazione non tanto con l'estensione dei terreni quanto con la natura degli stessi ed il tipo di viticoltura praticato.

Di preferenza i vigneti del distretto Cherrhónesos sono dislocati nella media e bassa collina, compresi tra la pianura di fondo valle (Πλευρὰ Νάπη; Νάπη Σύκης) e la sommità sassosa della collina (Βουνός Τραχῶν). Gli appezzamenti coltivati a viti presentano spesso una superficie inferiore all'arura e sono delimitati sul terreno da muri artificiali, oppure da altri elementi come fossi naturali o canali d'irrigazione (ὑδραγωγόι, ἰσαγωγὸι ὑδάτων) (Calderini, 1939:70). La superficie di 18 arure registrata per un terreno (col. 11.41-2) è da ritenere senza dubbio eccezionale in questo contesto: si tratta di un terreno situato ai margini della Pleurà Napè e molto poco produttivo, come prova la bassa stima agraria dell'anno 190 d.C.

Talvolta poi la vite non è isolata dalle altre colture. In almeno due casi si ha infatti la prova che la vite ed il fico crescevano e fruttificavano in uno stesso terreno (col. 11.11-12; 25-6). La coltura mista della vite e del fico, piuttosto che un fatto isolato e casuale, sembra a me rispecchiare lo antico uso--già praticato nei giardini di epoca omerica (Perpillou, 1981:42)--di 'maritare' la vite ad alberi da frutto. La pratica continua in ambiente greco (Theophrastus, De caus. pl. 5.5) e si estende all'Egitto greco-romano (Ricci, 1924:39); in ambiente romano l'abbinamento non era del tutto insolito se Plinio (<u>Nat. Hist</u> 17.23) menziona il fico e l'olivo fra gli alberi meno adatti alla vite.

Infine, ritornando all'aspetto produttivo della vigna va ribadito che le cause vere di questo basso rendimento possono essere molteplici e di varia natura. Esse sono però da ricercare, <u>in primis</u>, nella scarsa fertilità del terreno (la denominazione di Cherrhónesos data al distretto è assai significativa al riguardo) e nel fatto che la vigna in questi terreni appare coltivata in maniera estensiva e talvolta mista ad altre colture arboree e cerealicole. Se poi si mettono a confronto i dati relativi alla viticoltura del distretto Cherrhónesos con quella di altri distretti della Marmarica occidentale (Septymiakè, Bassàchis, Gareàthis) anch'essi registrati nel papiro, risulta che nel Cherrhónesos la vigna è meno diffusa che nel resto della regione (Calderini, 1939:68).

Nonostante il fatto--già più sopra ribadito--che questi distretti nell'epoca in cui vanno riferite le registrazioni del papiro non appartengono più alla Cirenaica, bensì all'adiacente nòmos della Marmarica, tuttavia si può asserire che le colture agricole praticate nei relativi terreni sono rapresentative e significative perché comuni ad una vasta area costiera della Libia orientale con analoghe caratteristiche geomorfologiche, indipendentemente dalle sopravvenute divisioni politico-amministrative. Per le suddette ragioni ritengo anche che la viticoltura, così com'essa appare praticata nel Cherrhónesos rifletta, in maniera quasi speculare, le condizioni vitivinicole di gran parte della costa appartenente alla Cirenaica orientale.

Le fonti antiche non sono molto loquaci circa il generale stato della economia agricola della Cirenaica durante i secoli 3 e 4. Questi sono secoli travagliati per la vita della provinicia romana, durante i quali si verifica un lento e progressivo 'esodo' della popolazione dai centri urbani verso le campagne alimentato da lotte religiose, calamità naturali, mutamenti climatico-ambientali (Figs. 12.3, 12.4) ed altri fattori storici che concorsero a determinare il decadimento delle principali città (Reynolds, 1977:55). Nella

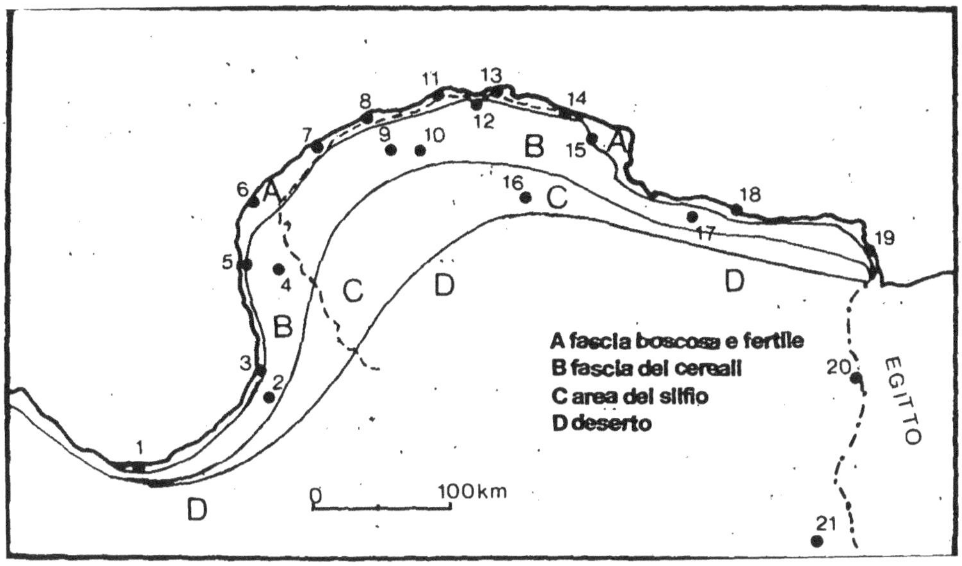

Figure 12.3 Le fasce paleoclimatiche della Cirenaica secondo A. Fantoli (da G. Abitino, 1979:44).

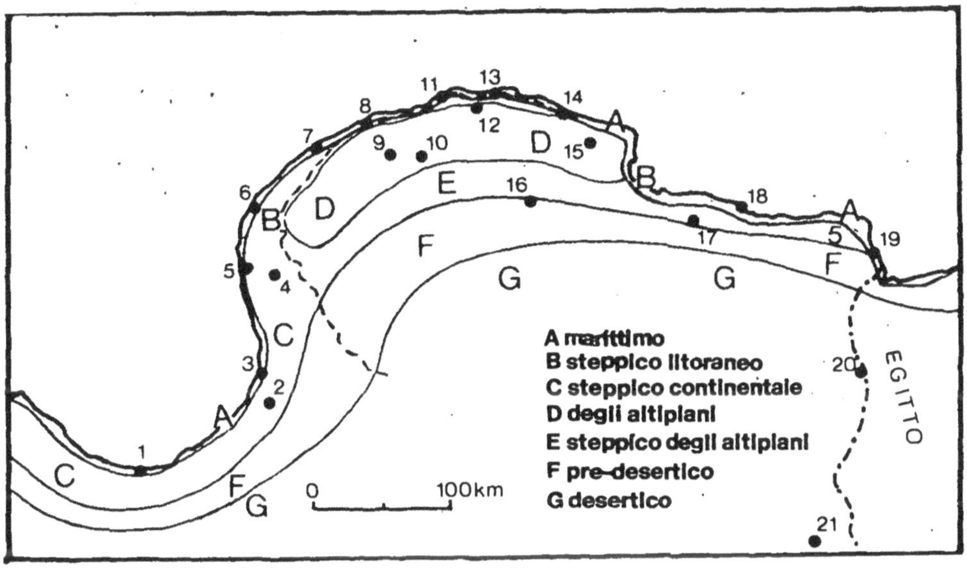

Figure 12.4 Le fasce climatiche della cirenaica secondo A. Fantoli (da G. Abitino, 1979:44).

1 El Agheila
2 Agedabia
3 Ez Zuetina
4 Soluch
5 Ghenines
6 Bengazi
7 Tocra
8 Tolmeta
9 Tecnis
10 Maraua
11 Hania
12 Cirene
13 Apollonia
14 Derna
15 Zimarivea
16 El Mechili
17 Acroma
18 Tobruch
19 Bardia
20 Esc Scegga
21 Giarabub

campagna cirenaica--grazie anche agli stanziamenti di capisaldi militari schierati, in una sorta di 'limes', a difesa delle aree più vitali e fertili della regione--sorgono 'ex novo' villaggi, fattorie agricole riunite a gruppi o distanziate a vista, cenobi, ecc. Le popolazioni rurali traggono--com'è naturale--dall'agricoltura il loro sostentamento e benessere individuale. In altri termini, la vita economica della Pentapoli, o 'Libya Superior' con capitale a Tolemaide, quale risulta dopo il nuovo assetto dato alla Cirenaica da Diocleziano (Romanelli, 1943:135), appare più che mai basata sull'agricoltura e sulla pastorizia: cerealicoltura ed olivicoltura sembrano aver avuto un ruolo predominante (Goodchild, 1952:76).

In questo quadro di generale ripresa della vita rurale nella Pentapoli riesce veramente difficile concepire un arretramento o un momentaneo abbandono della viticoltura. E' infatti in questa rinascita della vita rurale nella regione che acquista valore e significato la testimonianza dell'autore della 'Expositio totius mundi et gentium (62.3): ...regio pentapolitana, pauca, sed fructibus et iumentis dives'.

Ma questo felice stato dell'economia rurale della Pentapoli non dovette durare a lungo poiché gli Austuriani, dopo aver letteralmente tagliate le piantagioni di olivi e di viti della Tripolitania, presero di mira la Cirencaica e nei primi anni del V secolo attaccarono Cirene ed il suo territorio (Amm. Marc. <u>Historia</u> 38.6, 13-14). Del conseguente stato della provincia abbiamo un'immagine viva nell'opera di Sinesio di Cirene. In un passo della 'Katástasis' (<u>Patr.Gr.</u> 66, col. 1569) Sinesio lamenta la devastazione, avvenuta ad opera degli Austuriani, di una florida regione costiera della Pentapoli denominata Ampelitide (Catani, 1983:109).

Da quanto ci dice Sinesio e da quanto sappiamo dall'itineraio marittimo dello Pseudo-Scylace (cfr. supra) l'Ampelitide abbracciava un settore di costa, non molto ampio, compreso fra il moderno villagio di Zauiet el Hamama ad Est, la foce dello Uadi Kuf a Ovest e l'antica strada che collegava Tolemaide con Cirene a Sud. Qui la costa si inarca e forma una conca naturale, riparata dai venti secchi e caldi del Sud, con precipitazioni costanti e ricca di acque sorgive. Questi fattori geografici e climatici fanno di questo tratto di costa cirenaica un luogo ideale per la viticoltura, dove la vite non ha mai cessato di essere intensamente coltivata dall'antichità ad oggi (Dalmasso, 1966-67:85-8). Pertanto l'identificazione dell'Ampelitide costituisce una sicura pietra miliare sulla via della ricostruzione della carta vitivinicola della Cirenaica antica.

Anche sulla costa più orientale della Pentapoli, fra Apollonia e Derna, il vigneto e l'oliveto erano molto diffusi. Sinesio (<u>Epist.</u> 66) riferisce una contesa fra Dioscoro, vescovo di Darnis, e Paolo, vescovo di Erythron (od. Latrun), sorta per il possesso del castello di Hydrax (od. Ain Mara) e dei relativi terreni (Goodchild, 1953:70; Stucchi, 1975:529). In seguito all'intervento diretto di Sinesio, il vescovo di Erythron ottenne il possesso del castello e del colle con i relativi vigneti ed oliveti: Ἐγένετο (Παῦλος) πρὸς τῷ λόφω, καὶ τῶν ἀμπελώνων καὶ τῶν ἐλαιώνων ἐγκρατής.

In un'altra lettera (<u>Epist.</u> 148), scritta all'amico Olimpio che si trovava a Seleucia di Siria, Sinesio menziona un vino 'leptòtaton', cioè assai leggero, fra le bevande di cui fanno uso gli abitanti di una contrada molto interna della Cirenaica, dove si trova anche la tenuta sinesiana di Anchemachus (Goodchild, 1976:240). Il 'vinello' di cui parla Sinesio pare prodotto 'in loco', come gli altri prodotti citati nella lettera. Se ciò corrisponde à verità--come io credo--bisogna dedurne che la vite era coltivata, sebbene con risultati modesti, anche in alcune aree del versante meridionale del Gebel Akhdar.

Oltre alle suddette notizie circa la produzione e consumo di vino nei suoi tempi, Sinesio ricorda in più occasioni carichi di vino cirenaico spedito, via mare, ad amici o intermediari. In una lettera al fratello Euopzio (Epist. 45) Sinesio lo prega di rimpatriare un suo servo indisciplinato, consegnandolo al comandante di una nave che si appresta a salpare dal porto di Cirene (Phýkous) con un carico di vino. Sinesio consiglia quindi il fratello di far legare il servo ubriacone sul ponte della nave, onde evitare il rischio che il carico di vino venga dimezzato: ..πλεῖτω δὲ δεδεμένος ἐπὶ τοῦ καταστρώματος· μὴ γὰρ εἰς κοίλην ναῦν καταβαίη, ἐπεὶ μὴ θαυμάσῃς εἰ συχνὰ τῶν κεραμίων ἡμιδεῆ σοι ποιήσειεν... Dallo stesso passo apprendiamo che il carico di vino imbarcato apparteneva ad Euopzio e che la nave era diretta al vicino porto di Alessandria d'Egitto.

Qualche anno più tardi Sinesio scrive all'amico Pilemone di Costantinopoli, annunciandogli in questi termini l'invio di un piccolo quantitativo di vino cirenaico (Epist. 134): ...οἶνος οὖν μόνος ἐστὶ τὸ φορτίον... τοσάδε οὖν οἴνου ξεστία λαβέ Dalla medesima lettera si apprende inoltre che un imprecisato quantitativo di vino è stato inviato all'amico paterno Proclo, anch'egli residente a Costantinopoli: Καὶ τῷ πατρὶ Πρόκλῳ γεγράφηκα, καὶ ταῦτα πέπομφα. La lettera termina con un esplicito invito a Proclo a richiedere l'invio di altro quantitativo di vino che Sinesio avrà cura di fargli recapitare, insieme ad altri tipici prodotti della Cirenaica (silfio, olio, croco, penne di struzzo), quando potrà disporre di un'altra nave.

Nonostante che Sinesio lamenti la scarsa presenza di navi onerarie greche nei porti della costa cirenea, le testimonianze da lui riferite provano l'esistenza di una discreta attività d'esportazione del vino cirenaico, diretta principalmente verso Alessandria, Costantinopoli ed altri importanti centri del Mediterraneo orientale.

La vite e l'uva sono entrate ben presto a far parte del repertorio figurativo dell'arte greca e romana. Anche nella Cirenaica antica troviamo documentata questa tradizione su rilievi, fregi, statue, mosaici e manufatti minori. La vite ed il suo frutto sono però spesso introdotti come motivi ornamentali, talvolta con valore sacrale legato ad un culto e, solo raramente, con sicuro riferimento alla loro coltura in un determinato contesto storico o geografico. Risulta pertanto evidente che il valore di questi documenti è alquanto diverso e va stabilito caso per caso.

Il documento per molti aspetti più significativo è un rilievo di età antonina, rinvenuto all'interno del Santuario di Apollo a Cirene (Plate 12.II) (Catani, 1981; Toynbee, 1934:121). Il soggetto ispiratore del rilievo marmoreo è il locale mito della ninfa Kyrene che strangola il leone infestante la contrada. La dea Libya in persona assiste alla scena incoronando solennemente l'audace ninfa. L'impresa si svolge in un paesaggio reale, chiaramente allusivo--se non direttamente ispirato--al sito su cui sorse la città di Cirene. Due alti e robusti alberi di vite fanno da cornice alla mitica scena: dai loro tralci pendono rari grappoli di uva matura, beccati da colombi. I grappoli hanno una composizione piuttosto triangolare, formata da acini rotondetti e grandi all'incirca quanto un occhio umano. Da tutto il contesto appare evidente l'intento dell'anonimo artista di significare la fertilità e la ricchezza del luogo ispirandosi alla vite, quale doveva sicuramente crescere nel Giardino di Afrodite (Stucchi, 1975:593) e nelle pendici intorno a Cirene.

Pampini e grappoli di uva compaiono su un ragguardevole numero di statue cirenaiche raffiguranti Dionyso-Bacco nei vari aspetti del mito (McAleer, 1978:59; Paribeni, 1959:113-19). Quali attributi propri del dio e del suo culto in tutti i luoghi ed i tempi antichi, questi elementi non hanno alcuna specifica importanza ai fini di una ricerca sulla viticoltura antica. Semmai, sarà proprio la diffusione e la persistenza del culto di Dionyso nella Cirenaica antica a fornire un'ulteriore prova della larga diffusione della viticoltura nella regione, soprattutto lungo la costa orientale, dove è nota anche un'antica località chiamata Dionysos (DIOD. 3.68; GLM 44, 45; Jeanmarie, 1951; Vitali, 1932:70).

Scene campestri con lavori agricoli connessi con la vigna non figurano--a quanto mi risulta—fra i soggetti musivi della Cirenaica greca e romana. Le ragioni di questo fenomeno possono essere tante e varie, ma a questa assenza non va dato troppo peso, anche a causa della limitata esplorazione archeologica di ville e fattorie agricole della regione (Stucchi, 1975:513).

La vite e l'uva figurano invece sui mosaici pavimentali delle principali basiliche cristiane della Pentapoli nei secoli 5 e 6, soprattutto in età giustinianea (Rosenbaum and Ward-Perkins, 1980:23-5). Benché il valore simbolico-cristiano di tali prodotti appaia preminente--specie se abbinati con altri simboli mistici per eccellenza, quale il pesce (Rosenbaum and Ward-Perkins, 1980:112, Pl. 77, 1)--tuttavia non è da escludere a priori ogni rapporto tra le forme e le specie d'uva raffigurate nei mosaici locali e la realtà vitivinicola del circostante territorio. Con queste premesse la nostra analisi si estende ai mosaici di tre basiliche cristiane, le uniche finora con scene ispirate alla vite: la Basilica Orientale di Cirene, la Basilica Orientale di Apollonia, la Basilica Orientale di Gasr Elbia (Stucchi, 1975:364, 371, 381).

Nel mosaico pavimentale della cappella Sud-Est della Basilica Orientale di Cirene--ritenuta anche la Cattedrale della città (Goodchild, 1966: 207; Rosenbaum and Ward-Perkins, 1980:4, nota 6; contra Stucchi, 1975:364, nota 2)--tralci di vite con grappoli d'uva costituiscono il motivo che racchiude il pannello centrale con epigrafe dedicatoria (Rosenbaum and Ward-Perkins, 1980:24, Pl. 55, 63, 77-8). I grappoli sospesi ai tralci hanno una forma piuttosto triangolare, con acini grossi, rotondi ma non troppo serrati; il colore dell'uva è il nero con sfumature grige e riflessi chiari. L'uva bianca non vi figura.

Anche nel mosaico pavimentale del transetto Sud della Basilica Orientale di Apollonia (Plates 12.III,2, 12.IV,1-2, 12.V,1) la vite e l'uva compaiono in uno schema disegnativo analogo al precedente: i grappoli hanno però forme allungate, acini più radi e rotondi. Inoltre il colore dell'uva presenta un contorno grigio con interno chiaro per indicare che si tratta di uva di qualità bianca (Rosenbaum and Ward-Perkins, 1980:24, 85-90; Pl. 79-82).

La vite e l'uva si ritrovano, infine, lungo il bordo Ovest del mosaico pavimentale della Basilica Orientale di Gasr Elbia, o Gasr el-Lebia, località che sorge su uno dei punti più elevati dell'area gebelica a Ovest dello Uadi Kuf (Plate 12.VIII) (Rosenbaum and Ward-Perkins, 1980:23, 121; Pl. 76, 93). Con uno schema disegnativo simile a quello impiegato nella Basilica Orientale di Apollonia, i tralci di vite scandiscono spazi circolari all'interno dei quali la

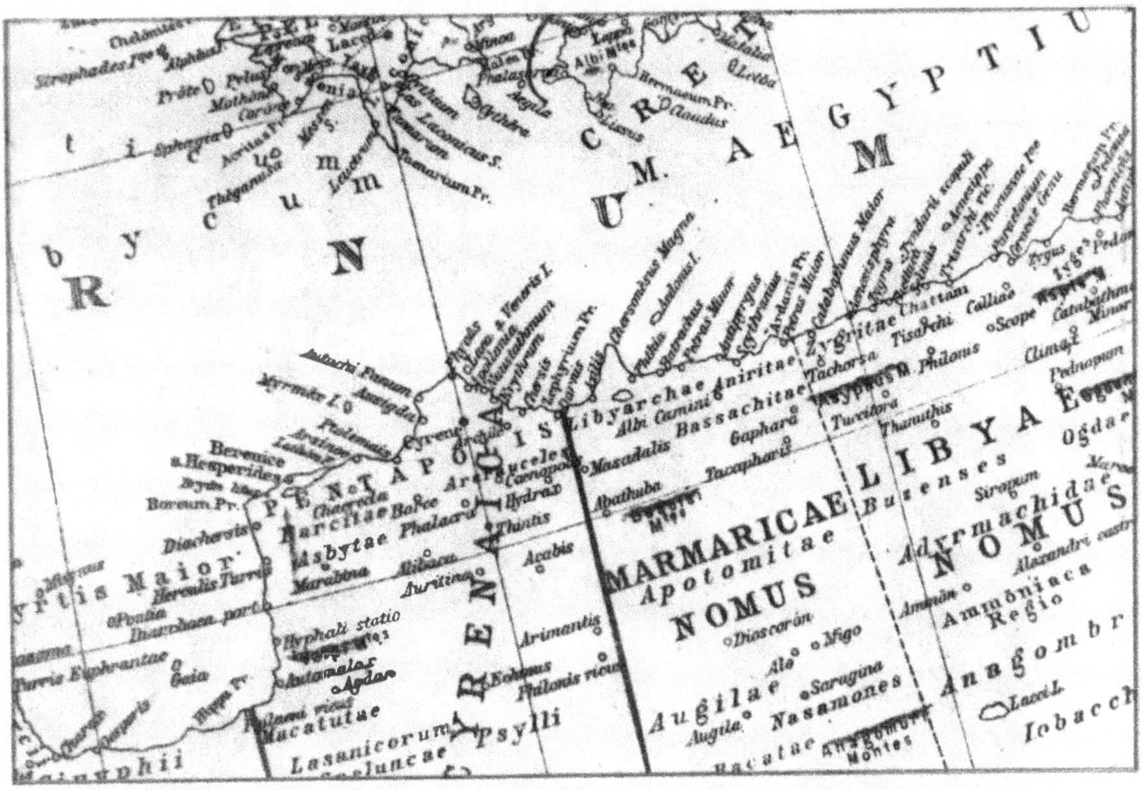

Plate 12.III, 1 La Libya orientale secondo la descrizione di Tolemeo: Darnis (od. Derna) segna il nuovo confine fra la Pentapoli e la Marmarica (da Kiepert, 1893-1913, tav. 35).
2 Apollonia. Basilica Orientale, angolo Sud-Est. Mosaico policromo con fauna locale che becca grappoli di uva bianca (da Rosenbaum and Ward-Perkins, 1980: pl. 79, 4).

Plate 12.IV, 1 Apollonia. Basilica Orientale, transetto Sud. Particolare del mosaico policromo con pernice che becca un grappolo di uva bianca (da Rosenbaum and Ward-Perkins, 1980: pl. A).
2 Apollonia. Basilica Orientale, transetto Sud. Particolare del mosaico policromo con anatra selvatica che becca un grappolo di uva bianca (da Rosenbaum and Ward-Perkins, 1980: pl. 80, 4).

Plate 12.V, 1 Apollonia. Basilica Orientale, transetto Sud. Particolare del mosaico policromo con gallo che becca un grappolo di uva bianca (da Rosenbaum and Ward-Perkins, 1980: pl. 82, 5).
2 Gasr el-Lebia. Basilica Orientale. Mosaico policromo con girali di viti e grappoli di uve nere beccati da volatili (da Rosenbaum and Ward-Perkins, 1980: pl. 76, 3).

fauna locale (gallinacei, conigli, gazzelle) mangia il frutto della vite. I grappoli hanno forma triangolare; gli acini sono piuttosto grossi è rotondi; il colore dell'uva è nero con qualche sfumatura grigia.

Questa limitata ma signifativa rassegna dei mosaici cirenaici ispirati alla vite sembra fornire una suggestiva indicazione sulla distribuzione delle due diverse qualità di uva nella regione: uva bianca nella fascia costiera; uva nera nelle aree medio-collinari e gebeliche. E' una ipotesi da sottoporre alla verifica dei dati archeologici.

Già i risultati di questa prima indagine storica ci permettono di indicare come area cirenaica più intensamente interessata dalla viticolura antica tutta la fascia costiera che si estende tra Derna e Tolemaide e comprende tutto il secondo gradone del gebel. Va detto anche che sono esistite sicuramente altre aree interne alla Cirenaica, nelle quali la particolare conformazione del suolo, la natura geologica dello stesso e soprattutto la presenza di acqua hanno favorito e permesso la coltivazione della vite.

Per quanto il quadro complessivo della coltura della vite e della produzione di vino nella Cirenaica antica si vada progressivamente chiarendo ed assuma contorni sempre più netti, bisognerà tuttavia attendere l'acquisizione e l'esame dei dati forniti dalla ricognizione archeologica del territorio per poter tracciare una mappa più attendibile della viticoltura antica in quella regione.

BIBLIOGRAPHIA

Abitino, G. (1979) La Cirenaica negli autori antichi. **Memorie della Società Geografica Italiana** 32:11-123.

Bates, O. (1914) **The Eastern Libyans.** London.

Calderini, A. (1939) Ancora del Papiro Greco Vaticano 11. **Rendiconti della Pontificia Accademia di Archeologia** 15:57-71.

Catani, E. (1976) I frantoi della fattoria bizantina de el-Beida. **Quaderni di Archeologia della Libia** 8:435-48.

Catani, E. (1981) Per un'iconografia di Libya in età romana. **Quaderni di Archeologia della Libia** 12 (in corso di stampa).

Catani, E. (1983) Nota sinesiana: Epist. 122; Katast. 3.302, B. **Quaderni di Archeologia della Libia** 13:105-10.

Chamoux, F. (1976) Le dédicace de L. Orbius à Cyrène. In **Recueil Plassart. Etudes sur l'Antiquité Grecque Offertes à André Plassart:** 47-57. Paris.

Coster, Ch. E. (1951) The economic position of Cyrenaica in classical times. **In** P.R. Coleman-Northon (ed) **Studies in Roman Economic and Social History in Honor of Allan Chester Johnson:** 3-26. Princeton.

Dalmasso, G. (1966-7) La viticoltura in Cirenaica. Ieri,oggi e domani? **Annali dell'Accademia di Agricoltura di Torino** 109:81-116.

Fantoli, A. (1969) **Contributo alla Climatologia della Cirenaica.** Roma, Ministero Affari Esteri.

Gallavotti, C. and La Pira, G. (1931) Un registro catastale e un libro processulae della Marmarica nel nuovo papiro vaticano. **Bullettino dell'Istituto di Diritto Romano** 39, fasc. 1-3:19-39.

Goodchild, R.G. (1952) Farming in Roman Libya. **Geographical Magazine** 25:70-80.

Goodchild, R.G. (1952a) The decline of Libyan agriculture. **Geographical Magazine** 25:147-56.

Goodchild, R.G. (1953) The Roman and Byzantine Limes in Cyrenaica. **Journal of Roman Studies** 43:66-75.

Goodchild, R.G. (1966) Chiese e battisteri bizantini della Cirenaica. **Corsi di Cultura sull'Arte Ravennate e Bizantina** 13. Ravenna.

Goodchild, R.G. (1976) Synesius of Cyrene: Bishop of Ptolemais. **In** J.M. Reynolds (ed) **Libyan Studies. Selected Papers of the late R.G. Goodchild:** 239-54. London, Elek.

Jeanmarie, H. (1951) **Dionysos.** Paris (ed. ital. Torino, Einaudi 1972).

Johnson, D. (1973) **Jabal el-Akhdar:Cyrenaica.** Chicago, University of Chicago, Dept. of Geography research paper n. 148.

Kiepert, H. (1893) **Formae Orbis Antiqui.** Berolini.

La Pira, G. (1933) Esegesi del papiro vaticano (Documento della Marmarica.) **Bullettino dell'Istituto di Diritto Romano** 41, fasc. I-IV:103-41.

McAleer, J. Ph. (1978) **A Catalogue of Sculpture from Apollonia.** Supplement to **Libya Antiqua** 6. Tripoli, Department of Antiquities.

Montevecch, O. (1973) **La Papirologia.** Torino.

Norsa, M. and Vitelli, G. (1931) Il Papiro Vaticano Greco 11: registri fondiari della Marmarica. **Studi e Testi** 53:51-62.

Oliverio, G. (1933) I conti dei demiurgi. **Documenti Antichi dell'Africa Italiana** I(2).

Oliverio, G. (1933a) La stele dei nuovi comandamenti e dei cereali. **Documenti Antichi dell'Africa Italiana** II(1).

Paribeni, E. (1959) **Catalogo delle Sculture di Cirene.** Roma, Erma.

Peroillou, J.L. (1981) Vinealia I. Vignes mycéniennes, homériques, historiques: permanence de formules? **Revue de Philologie, de Littérature et d'Histoire Anciennes** 55:41-55.

Purcaro, V. (1976) Le rotte antiche tra la Grecia e la Cirenaica e gli itinerari marittimi e terrestri lungo le coste cirenaiche e della Gran Sirte. **Quaderni di Archeologia della Libia** 8:285-352.

Rainaud, A. (1894) **Quid de Natura et Fructibus Cyrenaicae Pentapolis Antiqua Monumenta cum Recentioribus Collata Nobis Tradiderunt.** Paris.

Reynolds, J.M. (1977) The cities of Cyrenaica in decline. **In** M.Duval and E. Frezouls (eds) **Thèmes de Recherches sur les Villes Antiques d'Occident:** 53-83. Paris, CNRS.

Ricci, Cl. (1924) **La Coltura della Vite e la Fabbricazione del Vino nell'Egitto Greco-Romano.** Milano.

Robert, J. and Robert, L. (1977) In **Revue des Etudes Grecques** 90:443, n. 589.

Romanelli, P. (1940) Il confine orientale della provincia romana di Cirene. **Rendiconti della Pontificia Accademia di Archeologia** 16:215-23.

Romanelli, P. (1942) L'economia della Libia nell'antichità sulla base delle scoperte archeologiche. **Rassegna Italiana** Gennaio.

Romanelli, P. (1943) **La Cirenaica Romana: 96 a.C.-642 d.C.** Verbania, Airoldi.

Rosenbaum, E. and Ward-Perkins, J.B. (1980) **Justinianic Mosaic Pavements in Cyrenaican Churches.** Roma, Erma di Bretschneider.

Rostovtzeff, M. (1941) **Social and Economic History of the Hellenistic World.** London (Trad. it. Firenze 1966).

SEG = **Supplementum Epigraphicum Graecum.**

Segrè, A. (1922) **Circolazione Monetaria e Prezzi nel Mondo Antico ed in Particolare in Egitto.** Roma.

Stucchi, S. (1975) **Architettura Cirenaica.** Roma, Bretschneider.
Stucchi, S. (1976) Il Giardino delle Esperidi e le tappe della conoscenza greca della costa cirenaica. **Quaderni di Archeologia della Libia** 8:19-24.
Thrige, J.P. (1828) **Res Cyrenensium.** Copenhagen. (ed. S. Ferri; Verbania, Airoldi 1940).
Toynbee, T.M.C. (1934) **The Hadrianic School. A Chapter in the History of Greek Art.** Cambridge.
Viedebannt, O. (1921) Forschungen zur Metrologie des Altertums. **Abhandlungen der philologisch-historischen Klasse der Wissenschaften** 34(3):140 ss.
Vitali, L. (1932) **Fonti per la Storia della Religione Cyrenaica.** Padova, Cedam.
Wilchen, U. (1899) **Griechische Ostraka.** Leipzig, Berlin.
Will, E. (1975) **Le Monde Grec et l'Orient.** Paris.

13. Du Silphion

F. Chamoux

Le silphion, en grec σίλφιον, en latin *laserpicium* ou par abreviation *laser*, a été tenu dans l'Antiquité pour une plante propre à la Cyrénaïque. Il a fait longtemps la fortune de Cyrène, qui l'exportait à très haut prix sur les marchés méditerranéens. Il a servi de type favori sur les monnaies de cette cite à l'époque classique, jouant ainsi le rôle, pour reprendre une heureuse expression de Léon Lacroix, de 'blason' pour cette ville grecque. Il a retenu l'attention des botanistes anciens, comme Théophraste ou Pline, des géographes et des historiens, des littérateurs et des poètes, depuis Solon et Aristophane jusqu'à Synésios, et il est même passé en proverbe dans l'usage de la langue. Enfin il semble avoir complètement disparu dès l'Antiquité et les savants modernes ne sont pas encore parvenus à retrouver cette plante mystérieuse sur le sol de la Libye. Mon propos est de faire le point sur cette question controversée, qui irrite toujours notre curiosité sans qu'on ait beaucoup progressé depuis l'étude synthétique que je lui ai consacrée il y a trente ans (Chamoux, 1953:246-63). Je rappellerai d'abord quelles sont les études fondamentales et les principales sources antiques. Je passerai ensuite aux documents figurés, dont le témoignage est important. Enfin j'essaierai d'esquisser sommairement l'histoire de la récolte et du commerce du silphion dans le monde gréco-romain. Chemin faisant, comme l'abondance des documents est grande, mais que leur interprétation reste souvent conjecturale, je m'en tiendrai à l'essentiel, laissant délibérément de côté les tentatives d'identification botanique, qui échappent à ma compétence, et les discussions de détail, qui nous entraîneraient trop loin: j'espère montrer en tout cas comment se pose actuellement le problème du silphion.

Les données des textes anciens ont été rassemblées depuis longtemps: déjà le Danois Thrige (1828:356) les mentionnait presque tous. Deux exposés synthétiques sont commodément accessibles et fournissent toutes les références nécessaires: l'article de Rainaud (*DA* 4, 1337 s.v. *silphium*) et celui de Steier (*RE* 3A, 103: *silphion*). Ce dernier surtout représente toujours l'étude la plus *détaillée* à partir des sources textuelles. La dissertation de Strantz (1909) reste utile pour commenter un texte capital, celui de Théophraste. Elle est à compléter par l'article de Capelle (1954).

Le problème étymologique n'est pas résolu, comme l'indique Chantraine (1980) qui renvoie à un article de Nencioni (1939). La glose d'Hésychius, σέλπον· σίλφιον, et le latin sirpe (Plaute, Rudens 630; Solin 17, 48) ont fait songer à une racine non grecque σιρφι ou σιλφι, qui pourrait appartenir à une langue africaine. Mais cela reste hypothétique. En revanche on suit bien la formation du mot latin (Ernout-Meillet, s.v. laser) l'expression lac serpicium, 'lait (ou suc) du sirpe', a donné le substantif laserpicium qui, n'étant plus compris, a été abrégé en laser. Le sens respectif des deux mots est bien défini par Pline l'Ancien (19, 38): laserpicium quod Graeci σίλφιον vocant....cuius sucum vocant laser.

Les deux témoignages essentiels sont celui de Théophraste (Historia Plantarum 6, 3, 1-7) de beaucoup le plus détaillé, et celui de Pline l'Ancien (Nat Hist 19, 3, 38-45), qui, pour une large part, traduit l'ouvrage de Théophraste, en ajoutant quelques indications sur l'histoire ultérieure du silphion. Les autres textes ne contiennent guère que des mentions très brèves, d'ailleurs utiles pour mesurer le rôle que cette plante a joué dans l'économie antique, en particulier dans l'art culinaire et dans la pharmacopée, mais ils ne nous aident pas à définir les caractères botaniques du silphion.

Le long passage de Théophraste (HP 6, 3, 1-7) commence par un rapprochement avec le papyrus, car, pour l'auteur, les deux plantes sont l'une et l'autre des férules, ναρθηκώδη γὰρ καὶ ταῦτά ἐστιν. Théophraste décrit ensuite le silphion: c'est une plante annuelle, ἐπετειόκαυλος, comme la férule, νάρθηξ. Elle a une grosse racine massive, ῥίζαν πολλὴν καὶ παχεῖαν une tige épaisse comme celle de la ferule, des feuilles semblables a celle de l'âche, σέλινον, et une graine munie d'une large voilure, que pour cette raison on appelle 'la feuille', τὸ φύλλον. Les feuilles du silphion, qu'on appelle τὸ μάσπετον, apparaissent au printemps et les moutons en sont friands. Plus tard pousse la tige, καυλός, qui est comestible. On utilise la plante principalement pour son suc, ὀπός, que l'on tire soit de la racine, soit de la tige: le produit ainsi obtenu s'appelle en conséquence soit ῥιζίας soit καυλίας (ὀπός). La racine a une peau noire qu'on pèle: ἡ δὲ ῥίζα τὸν φλοιὸν ἔχει μέλανα καὶ τοῦτον περιαιροῦσι. Ces racines du silphion représentent une véritable mine pour l'herboristerie, ὥσπερ μέταλλα τῶν ῥιζοτομιῶν. On pratique en effet sur ces racines des coupes successives à mesure des besoins pour recueillir le suc qui suinte sur la tranche après chaque coupe. Ce suc doit être traité immédiatement, sans quoi il se corrompt. Pour le conserver et l'exporter, on le recueille dans des vases et on l'y mélange avec de la farine en le malaxant jusqu'à ce que le produit prenne sa couleur (une couleur rouge claire selon Pline, NH 19, 46): dès lors il peut être conservé et c'est sous cette forme qu'il était vendu à l'étranger, et en particulier au Pirée. Le silphion pousse dans une vaste région de la Libye, qui s'étend, selon Théophraste, sur plus de 4000 stades, soit environ 700 kilomètres, évaluation sans doute excessive. La principale zone de récolte se trouve près de la grande Syrte, a partir d'Euespérides. La plante n'aime pas les terres cultivées et disparaît quand on livre le sol à la culture: c'est, selon Théophraste, essentiellement une plante sauvage.

A cette notice, qui est assez précise et détaillée, Théophraste en joint une seconde, qui provient d'une autre source: οἱ μὲν οὖν οὕτω λέγουσιν...

οἱ δε... φασιν...Selon cette deuxième source, la racine du silphion serait longue d'une coudée (environ 0.45 m) ou un peu plus. Elle présenterait en son milieu une protubérance, κεφαλή, qui affleure à la surface du sol et qu'on appelle 'le lait', γάλα. De là surgit la tige, καυλός , qui produit la graine, à laquelle on donne le nom de μαγύδαρις . Le vent du sud disperse cette semence et permet à la plante de se reproduire chaque année. Théophraste note que, selon cette seconde source, si l'on travaille le sol autour de la racine, le silphion pousse mieux, ce qui lui paraît en contradiction avec l'affirmation de la première source, suivant laquelle le silphion est une plante sauvage qui ne supporte pas la culture. Enfin il signale que l'on mange les racines fraîches coupées en morceaux et confites dans du vinaigre: on obtient ainsi une sorte de 'pickles'.

Ce témoignage de Théophraste, dont Pline s'est inspiré au point de le traduire à peu près textuellement, est le document fondamental sur le silphion, comme l'a bien montré autrefois E. Strantz. Il est clair que ce témoignage ne dérive pas d'une expérience directe, mais de deux sources écrites que l'auteur distingue clairement. Les deux versions lui paraissent diverger en ce que l'une tient le silphion pour une plante sauvage, l'autre pour une plante susceptible d'une forme de culture si l'on ameublit le sol autour d'elle. Mais cette contradiction est purement rhétorique et formelle: toute plante est évidemment cultivable dans les conditions naturelles où elle croît habituellement. L'idée que le silphion serait sauvage par nature vient simplement du fait que c'est une plante de la steppe, qui poussait non dans la zone de la Cyrénaïque qui était favorable aux cultures pratiquées par les Grecs, mais dans l'arrière-pays où nomadisaient les tribus pastorales des Libyens, c'est-à-dire dans la steppe subdésertique où, à cause de la sécheresse du climat, on ne pratiquait pas l'agriculture. C'est dans cette région que l'on recueillait le silphion, comme l'attestent, outre Théophraste (*HP* 9, 7, 7), Hérodote (4, 169) et les géographes (Ps. Skylax 108; Strabon 17, 837; Ptolémée 4, 4, 6). Les tentatives pour acclimater le silphion sur un autre terrain et sous d'autres cieux échouèrent: Hippocrate (Maladies 4, 34) note qu'on avait essayé vainement d'en transplanter en Ionie et dans le Péloponnèse. En revanche le frère de Synésios, Euoptios (Syn, Lettre 106), en cultivait quelques pieds dans son jardin près de Phycous où, comme Synésios le dit ailleurs (Lettre 114), le climat est plus chaud et plus sec qu'à Cyrene.

Ainsi la contradiction que Théophraste croit reconnaître entre les deux sources écrites dont il s'inspire est en réalité purement verbale. Pour le reste, les deux descriptions du silphion ne sont pas fondamentalement differentes: toutes deux soulignent les grandes dimensions de la racine, ῥίζα, *radix*, ou κεφαλή, *tuber*. Le nom de γάλα donné à cette racine dans la seconde source evoque le nom latin du suc qu'on en tirait, *lac serpicium*. Tout cela est assez cohérent et c'est à partir de ces données, auxquelles les autres auteurs anciens n'ajoutent rien d'essentiel, que les botanistes doivent mener leur enquête. Mais il faut enquêter sur le bon terrain: non pas dans la Cyrénaïque fertile, autour de Cyrène ou de Barcé, mais dans l'arrière-pays subsaharien, qui reste encore tres imparfaitement prospecté. C'est là, dans la zone où paissaient les troupeaux de moutons ou de chèvres conduits par les Libyens nomades jusqu'aux confins du désert, qu'on a chance de découvrir un jour, entre Benghazi et Bomba, sur le revers méridional du haut plateau, le véritable silphion.

Sur les documents figurés, qui ont été souvent et abondamment commentés, je me bornerai à faire brièvement le point. Ils se répartissent en trois catégories: la fameuse coupe d'Arcésilas, les monnaies et les terres cuites.

La coupe d'Arcésilas, conservée à Paris au Cabinet des Médailles de la Bibliothèque Nationale (inv. 189; *CVA France 7, Paris, Biblio. Nat.* I, pl. 20-2), a été acquise en 1836 et provenait de Vulci en Etrurie. C'est le plus célèbre des vases produits au 6ème siècle dans les ateliers laconiens. On y voit le roi de Cyrène Arcésilas II, en costume de cérémonie, assis sur un tabouret à pieds croisés. Il est identifié par une inscription et il surveille la pesée et l'empaquetage d'une denrée que l'on s'accorde à reconnaître comme du silphion. Les spécialistes de la céramique laconienne ont souligné depuis longtemps l'importance de ce vase pour la série qui les intéresse: après Droop et Lane, qui ont définitivement établi le caractère laconien de cette production, tous les céramologues sont aujourd'hui d'accord pour l'attribuer à un atelier de Sparte. Les travaux récents cherchent à regrouper autour de la coupe d'Arcésilas d'autres oeuvres attribuables au même artiste, appelé par convention 'The Arkesilas-Painter' (Shefton, 1954; Stibbe, 1972:117 sqq.). Le dernier commentateur est Simon (Simon et Hirmer, 1976:60, avec bibl.): elle se range (d'ailleurs sans me citer) à l'opinion que j'avais défendue en 1953 (Pp. 258 sqq.). J'avais montré alors que la scène ne se déroule pas sur le pont d'un bateau, comme on le croyait généralement, mais à Cyrène même. Le roi s'abrite sous un *velum* qui le protège du soleil. Les inscriptions qui figurent auprès des personnages les désignent soit par leur nom, soit par leur fonction. Elle viennent d'être réétudiées par Neumann (1979) avec beaucoup de soin, après un nouvel examen des traces de lettres (dont j'ai pu vérifier l'exactitude sur l'original). Neumann admet que le nom Σλιφόμαχος signifie "le manipulateur (ou le pétrisseur) du silphion". Le nom Ὄρυξος, "celui qui creuse", fait allusion au procédé employé pour recueillir la racine du silphion en la déterrant, ὀρύττειν, comme le dit Théophraste. On peut traduire ce nom par 'le deterreur'. Les autres noms sont moins faciles à lire en raison de la disparition de certaines lettres, mais leur interprétation d'ensemble n'est pas douteuse. Il s'agit bien de la pesée du silphion, que le roi de Cyrène contrôle, car le silphion représente une part importante de ses revenus. Un fragment d'Aristote (Fr. 528 Teubner) nous apprend que les Cyrénéens "accordèrent à l'un des Battiades le privilége du silphion", ἑνὶ τῶν Βάττων ἐξαίρετον ἔδοσαν τὸ σίλφιον. Ce tribut, vraisemblablement versé au roi par les Libyens qui récoltaient la plante sur leurs territoires de l'intérieur, est enregistré, après vérification du poids des précieuses denrées, par les fonctionnaires royaux. Le silphion est ensuite ensaché dans de grands sacs en vannerie, que des portefaix descendent dans les caves de Cyrène, représentées en exergue sous la scène principale et surveillées par un gardien, φυλακός. Cette interprétation du monument, que j'avais clairement exposee en 1953, se trouve désormais admise sans conteste: la coupe d'Arcésilas apparaît donc comme un témoignage capital sur la vie économique et administrative de Cyrène sous le règne d'Arcésilas II, vers 560 avant J.C.

Il reste toutefois un point de désaccord: sous quelle forme le silphion était-il pesé et ensaché? J'avais proposé en 1953 l'interprétation suivante: les gros objets blanchâtres que manipulent les serviteurs du roi seraient les racines ou les tubercules du silphion. E. Simon objecte que, selon Théophraste, ces racines avaient une peau noire; elle suppose donc que les objets manipulés sur la coupe d'Arcésilas ne sont pas des racines, mais des portions (ou mottes) du produit d'exportation élaboré par le mélange du suc de silphion avec la fleur de farine. Mais cette argumentation n'est pas convaincante: en effet ce mélange, dont selon Pline la couleur était rouge, était préparé dans des récipients, ἀγγεῖα, et ne pouvait évidemment être transporté sans son contenant, pas plus qu'on ne pourrait transporter de la moutarde hors de son pot. Les objets qu'on voit sur la coupe d'Arcésilas sont de forme allongée et irrégulière et ne peuvent représenter des récipients, que d'ailleurs on n'aurait pas idée de mettre dans des sacs. Rappelons-nous que, selon Théophraste, les racines du silphion étaient pelées et dépouillées de leur peau noire (τὸν φλοιὸν..τοῦτον περιαιροῦσιν) avant d'être stockées en vue de l'extraction ultérieure du suc. Cette extraction se faisait au moyen de découpes successives de ces racines. En attendant d'être soumises à cette opération, les racines étaient conservées dans des couffins ou des sacs en vannerie, où l'air circulait et les préservait de la corruption. Ainsi se constituaient dans les caves de Cyrène ces "mines de silphion destiné à être découpé", μέταλλα τῶν ῥιζοτομιῶν, pour reprendre l'expression de Théophraste.

Les représentations du silphion sur les monnaies sont bien connues et n'ont pas fait l'objet d'une nouvelle étude systématique depuis celle que leur avait consacrée Robinson (1927:251 sqq.). On constate que la plante figure comme type de revers sur presque toutes les monnaies autonomes en argent de Cyrène jusqu'au début de l'epoque hellénistique. Sa disparition progressive à l'époque lagide serait due, selon Robinson, à la disparition progressive de la plante dans la région. Le noveau corpus des monnaies d'Afrique que prépare André Laronde pour remplacer le vieux recueil de Muller (1860) permettra de contrôler cette hypothèse sur des bases mieux assurées. En tout cas les représentations monétaires donnent une image bien caractérisée du silphion, avec sa tige épaisse et cannelée, ses deux ou trois étages de feuilles opposées et sa grosse ombelle sommitale en forme de boule. C'est en confrontant cette image avec les indications tirées des textes que les botanistes peuvent espérer reconnaître le silphion authentique, s'il subsiste encore en Libye.

Il est toutefois un point que les monnaies ne permettent pas d'établir: quelles étaient les dimensions de la plante? On peut aujourd'hui répondre à cette question, grâce aux statuettes de terre cuite, dont la contribution à la solution du problème a été négligée jusqu'à présent. En 1978, la mission archéologique française d'Apollonia a découvert sous le rempart de la ville, près de la tour 12, une fosse creusée dans le roc qui était remplie entièrement de statuettes de terre cuite plus ou moins brisées. Parmi ces offrandes figuraient en grand nombre des figurines de femmes drapées, debout, accompagnées parfois d'une gazelle. Leur étude et leur publication ont été confiées à Alain Davesne. Or certaines de ces figurines tiennent en main un pied de silphion, tantôt serré verticalement contre la poitrine, tantôt tenu obliquement contre la cuisse, l'ombelle étant dirigée vers le bas. Dans les deux cas l'identification de la plante ne fait aucun doute: ses caractères botaniques correspondent tout à fait à ce que nous montrent les monnaies. Des terres cuites semblables avaient déjà été découvertes à Cyrène par la mission Norton, mais n'avaient guère retenu l'attention. Or ces statuettes apportent un témoignage décisif sur les dimensions de la plante, qui se calculent aisément par rapport à celles de la femme qui la tient: la hauteur d'un pied de silphion était de 25 à 30 cm. C'était donc une tige fort courte, presque deux fois moins haute que sa racine n'était longue, puisque cette dernière était longue d'environ une coudée (45 cm environ). Cette précision est précieuse pour orienter correctement les recherches des botanistes sur le terrain.

Il reste, pour conclure, à esquisser le rôle que joua le silphion dans l'économie de la Cyrénaïque, en nous bornant à l'essentiel.

Les Grecs découvrirent cette plante inconnue dès leur arrivée en Afrique, dans la région de Platéa (golfe de Bomba), comme il ressort du passage de Théophraste selon qui le silphion apparut sept ans avant la fondation de Cyrène: or la ville fut fondée en 631, précisément, nous dit Hérodote (4, 158), sept ans après le débarquement des premiers colons théréens à Platéa. La première mention du silphion dans nos textes remonte au début du 6eme siècle: c'est un iambe de Solon, conservé par le grammairien Pollux (10, 103; Solon fr. 39 Bergk fr. 33 Gentili-Prato). Le produit était donc déjà connu à Athènes à cette époque. Aristophane (Plutus 925) atteste que l'expression proverbiale τὸ Βάττου σίλφιον était couramment employée de son temps dans le sens de "tout l'or du monde", pour évoquer une extrême richesse. Le scholiaste qui commente ce passage (FHG 2, 166) dit que les Libyens, pour faire honneur à Battos le Fondateur, lui offrirent le silphion, la plus précieuse de leurs plantes: d'où l'expression métaphorique appliquée à ceux qui reçoivent des privilèges exceptionnels. Il ajoute la référence au passage d'Aristote que j'ai mentionné plus haut à propos de la coupe d'Arcésilas. On peut en déduire que, dès les débuts de l'installation des Grecs en Libye, la récolte du silphion fut considérée comme un monopole royal et que son commerce fut une des sources principales de l'opulence du monarque et de la richesse de la cité. La scène de la pesée, sur la coupe d'Arcésilas, illustre cette réalité historique avec évidence.

La chute de la monarchie, vers 440, ne semble pas avoir eu de répercussion sur le commerce du silphion: sans doute la cité de Cyrène avait-elle repris à son compte, sur ce point comme sur d'autres, les privilèges royaux. En tout cas les allusions au silphion ne manquent pas dans les textes littéraires du 5ème siècle. Hérodote, qui mentionne la plante (4, 169), n'éprouve pas le besoin de lui consacrer un développement, preuve qu'elle était fort connue. Sophocle en parle une fois (Fr. 603 Pearson) et Aristophane à plusieurs reprises (Eq 895 sqq; Av 534; Eccl. 404, 1170; Plut 719, 925). Hippocrate enfin signale plusieurs fois dans ses traités les vertus curatives du silphion comme plante médicinale. Ainsi les deux emplois principaux du silphion sont désormais bien définis: d'une part il est utilisé en médecine et restera un élément constant de la pharmacopée antique, d'Hippocrate à Dioscoride et à Galien en passant par le médecin-poète Nicandre de Colophon qui, au 2ème s. a.C., n'oublie pas de le mentionner dans son poème des Alexipharmaka (309); d'autre part le silphion est un condiment fort apprécié en cuisine, où il est tenu pour un produit de grand luxe que les gourmets n'hésitent pas à payer à des prix très élevés. Toute une famille de mots se développe à partir du nom de la plante, montrant combien l'usage de ce condiment était répandu: σιλφιοῦν "assaisonner avec du silphion"; σιλφιωτός, "relevé avec du silphion"; σιλφιόεις , "qui se rapporte au silphion". Au 4ème siècle, le poète Alexis en parle lui aussi dans une de ses comédies: on comprend que, vers la fin du siècle, Théophraste se soit arrêté longuement sur le cas de cette plante si curieuse et si célèbre.

Toutefois aucune mention du silphion n'apparaît dans les documents épigraphiques. Il n'en est pas question dans les comptes des démiurges, qui énumèrent les principaux produits du sol cyrénéen: l'explication est probablement que la plante n'était pas récoltée sur les terres mises en culture dont s'occupait le collège des démiurges. Son absence dans leurs comptes corrobore ce que nous savons d'autre part de la région où croissait le silphion: il arrivait à Cyrène par l'intermédiaire des tribus libyennes qui entretenaient des relations suivies avec les Grecs. La seule inscription où l'on peut supposer une allusion au silphion est la fameuse stèle des Syla publiée naguère par Pugliese-Carratelli (SEC:103). On y lit en effet que les membres de l'ambassade cyrénéenne à Mégalépolis ont rencontré un certain Nicias τὸν φαρμακοπώλαν. Ce marchand de drogues ou apothicaire, selon la suggestion de J. et L. Robert (1964:565), pourrait avoir fait le commerce du silphion médicinal.

On ne sait à quelle époque la bourgade d'Ampélos, située dans les terres entre Cyrène et Barcé (mais son emplacment exact est inconnu), consacra à Delphes une colonne votive en forme de tige de silphion: cette offrande signalée par la Souda (s.v. Βάττου σίλφιον) devait ressembler à la fameuse colonne aux acanthes érigée dans le sanctuaire d'Apollon au 4ème siècle, à une date qui est encore controversée. Il serait intéressant d'être mieux renseigné sur ce monument remarquable, qui était certainement en rapport avec la récolte et le commerce du silphion.

Pendant toute l'époque hellénistique, les documents relatifs au silphion font défaut: rien chez Callimaque le Cyrénéen, rien chez Diodore, qui consacre pourtant à la Libye une bonne partie du livre 3 de sa Bibliothèque historique. Le seule allusion se trouve dans le Rudens de Plaute (533 sqq.), qui imite une comédie de Diphilos: un Cyrénéen y déclare en effet "si speras tibi multum hoc anno futurum sirpe et laserpicium", indice qu'on récoltait encore du silphion au temps de Diphilos, un contemporain de Ménandre. Sous Auguste, Strabon signale (17, 836) qu'au fond de la grande Syrte, au lieu dit Χάραξ, "se tenait un marché où les Carthaginois venaient vendre du vin contre du silphion que les gens de Cyrène leur fournissaient en secret". Mais cette indication n'a qu'une valeur rétrospective, car le même Strabon, un peu plus loin (17, 837), nous apprend que le silphion était sur le point de disparaître par suite des incursions des Libyens nomades qui, par hostilité, κατ᾽ ἔχθραν τινά, détruisaient les racines de la plante. La rapidité de cette disparition ressort bien des faits rapportés par Pline (NH 19, 40): en 93 avant J.-C., Cyrène envoya à Rome, en guise de tribut, trente livres de silphion; au milieu du siècle, César trouva dans le Trésor public, à côté de l'or et de l'argent, une réserve de 1500 livres de silphion, évidemment constituée à partir des envois adressés à Rome par les cités de Cyrénaïque au cours des années précédentes; en revanche, un siècle plus tard, sous le règne de Néron, on offrit à l'empereur un pied unique de silphion considéré comme un cadeau exceptionnel. La plante était donc devenue à cette époque d'une extrême rareté. Pline attribue cette disparition rapide à l'avidité des publicains qui avaient pris à ferme les terres à silphion, en tant qu'ager publicus, et les livraient sans mesure au pacage des troupeaux. Ceux-ci dévoraient les jeunes pousses et empêchaient ainsi la plante de se reproduire. Cette exploitation imprudente rejoignait l'action destructrice des Libyens nomades signalée par Strabon et mentionnée aussi par Solin (27, 48) au milieu du 2ème siècle de notre ère: d'où l'extinction totale du silphion, constatée déjà par Pline (NH 22, 100) "extincto omni Cyrenaico (laserpicio)". Cette source antique de la fortune de Cyrène avait définitivement disparu.

Toutefois on en conserva quelques plants dans des jardins, comme à Phycous, chez le frère de Synésios, au début du 5ème siècle. La tradition continuait à présenter la Cyrénaïque comme "la terre productrice du silphion", γῆ σιλφιοφόρος, comme l'appellera encore Eustathe (ad Dion. Perieg. 787): c'est pourquoi Synésios tient à envoyer en présent à son ami Pylaemène, qui séjournait à Constantinople (Lettre 134, in fine), ὀπὸν σιλφίου πολὺν "une bonne quantité de suc de silphion", qu'on savait encore élaborer à Cyrène à partir des quelques plants conservés. Et l'épistolier érudit ajoute à l'intention de son ami: "car, bien entendu, tu as entendu parler, toi aussi, du silphion de Battos", Βάττου γὰρ ἀκούεις αὐτὸ δήπου . Le souvenir lointain du Fondateur, transmis par l'enseignement des grammairiens et des rhéteurs, restait indissolublement lié au silphion cyrénéen.

BIBLIOGRAPHIE

Capelle, W. (1954) Theophrast in Kyrene? **Rheinisches Museum** 97:169-89.

Chamoux, F. (1953) **Cyrène sous la Monarchie des Battiades.** Paris, de Boccard.

Chantraine, P. (1980) σίλφιον. **Dictionnaire Etymologique de la Langue Grecque** 4. Paris, Klincksieck.

Ernout, A. et Meillet, A. **Dictionnaire Etymologique de la Langue Latine.** Paris, Klincksieck.

Müller, L. (1860) **Numismatique de l'Ancienne Afrique.** Copenhagen.

Nencioni, G. (1939) Innovazioni Africani nel lessico latino. **Studi Italiani di Filologia Classica** 16:16-30.

Neumann, G. (1979) Die Beischriften der Arkesilas--Schale. **Zeitschrift für Papyrologie und Epigraphik** 33:85-92.

Rainaud, A. **Silphium. Dictionnaire des Antiquités Grecques et Romaines** 4:1337 sqq.

RE = (Pauly-Wissowa) **Real Encyclopädie.**

Robert, J., et Robert, L. (1964) Bulletin épigraphique. **Revue des Etudes Grecques** 77.

Robinson, E.S.G. (1927) **Catalogue of the Greek Coins of Cyrenaica.** Oxford, University Press.

SEC = **Supplemento Epigrafico Cirenaico, Annuario Scuola Arch. Atene** 1961-2.

Shefton, B.B. (1954) Three Laconian vase painters. **Annual of the British School of Athens** 49:299-310.

Simon, E., et Hirmer, A. (1976) **Die griechischen Vasen.** Munich.

Stibbe, C.M. (1972) **Lakonische Maler des 6 Jahrhunderts v. Chr.** Amsterdam, Londres.

Strantz, E. (1909) **Zur Silphionfrage.** Berlin.

Thrige, J.P. (1828) **Res Cyrenensium.** Copenhagen (éd. S. Ferri; Verbania, Airoldi 1940).

14. Le Vocabulaire des Produits Agricoles en Cyrénaïque

C. Doblas-Lalou

L'agriculture, premier objet de la colonisation grecque en Cyrénaïque, trouve un écho dans les textes littéraires et épigraphiques. Je voudrais proposer ici un lexique des produits agricoles cyrénéens assorti de remarques sur certaines formes rares ou difficiles.

Les inscriptions représentent la plus grande part de notre documentation. Il s'agit d'abord et surtout des comptes des produits du domaine d'Apollon, établis sous la responsabilité des δαμιϵργοι: quatre comptes complets du 4e siècle et une trentaine de fragments d'ampleur très variable descendant jusqu'au 2e siècle, magnifiquement étudiés par Oliverio (1933) et repris dans le SEG 9. S'y sont ajoutés depuis: un fragment important publié par Fraser (1958), daté entre 290 et 280, devenu SEG 18.743; le fragment SEC 104 donné sans datation par Pugliese Carratelli (1961); un fragment daté de la deuxième moitié du IIe siècle par son éditeur Gasperini (1965:268 et 1967:169).

Les datations d'Oliverio, quelque peu déformées par les éditeurs du SEG 9, sont généralement confirmées par les travaux récents. André Laronde, dans ses recherches prosopographiques, à paraître prochainement, donne les précisions suivantes pour des inscriptions placées au 4e siècle par Oliverio: la série SEG 9.11 à 15 se place entre 350 et 340, SEG 9.22 se place vers 335.

Pour ma part, j'ai revu tous les fragments que j'ai pu retrouver dans les réserves épigraphiques de Cyrène. Outre quelques modifications de détail dans la lecture, j'ai abouti à la conclusion que SEC 104 appartient au même compte que SEG 9.36, que je place, avec SEG 9.37, 38, 39, et 44, au début du 2e siècle, comme Oliverio (1933:136) et non à la fin du 3e avec le SEG.

D'autres inscriptions variées comportent des allusions à l'agriculture. J'ai pu revoir toutes celles dont je ferai mention dans cette étude.

Les témoignages littéraires sur la fertilité de la Cyrénaïque et sur les produits de son sol sont assez nombreux. Sans reprendre ici le relevé détaillé de Chamoux (1953:231-7), je rappellerai simplement les traditions mythologiques situant en Cyrénaïque le jardin des Hespérides et les clichés poétiques sur Cyrène πυρόφορος 'riche en blés' et εὔιππος 'aux beaux chevaux'.

En troisième lieu, nous disposons d'indications provenant de toute une tradition lexicographique ancienne, recueillie essentiellement par Hésychius.

LES PRODUITS AGRICOLES

Καρπός désigne le 'fruit' et semble employé en ce sens à Knossos et Pylos au deuxième millénaire. Mais souvent le sens est plus largement 'produits agricoles, récolte', tantôt au pluriel, tantôt au singulier avec valeur collective. Les comptes des démiurges détaillent pour chaque année le cours de vente de certains produits de la récolte: le singulier collectif s'emploie aux 5e et 4e siècles, καρπὸς ἐτιμάθη ou καρπῶ τίμασις (SEG 9.11, 12, 13, 15, 22, 25, 27, 28) de même que dans la grande loi sacrée du 4e siècle (SEG 9.72 1.125) on a γᾶς καρπόν; mais le pluriel remplace le singulier au début du 3e siècle: καρποὶ ἐτιμάθεν dans SEG 18.743 entre 290 et 280 permet de préciser la date du changement, confirmé par SEG 9.32, 41, 42, 43, et restituable dans SEG 9.36 et 37.

Les céréales

En ce domaine, les inscriptions cyrénéennes reproduisent exactement la classification lexicale, et probablement la situation économique des tablettes mycéniennes, ou 'sito' désigne les 'céréales' en général, précisé par les idéogrammes 'orge' et 'blé' respectivement (Chadwick et Baumbach, 1963:244). Le terme général σῖτος n'apparaît pas dans les comptes des démiurges, mais dans d'autres inscriptions où il est question de disette: vers 330, c'est du que σῖτος Cyrène a fourni aux cités de Grèce touchées par la σιτοδεία (SEG 9.2). C'est le σῖτος qui manque et dont les prix montent de façon inquiétante à Arsinoè-Taucheira au 1er siècle avant J.C. (SEG 26.1817). C'est le σῖτος encore qui intervient dans un contexte moins clair comme 'inespéré' ἀνέλπιστος et instrument de salut des Grecs Ἕλλανες σώζεσθε dans l'épigramme placée en tête d'une liste de prêtres éponymes à Cyrène peu après l'époque d'Hadrien (SEC 68).

L'importance de l'approvisionnement en céréales a donné lieu à la charge spécifique et probablement occasionnelle d''acheteur de céréales' σιτώνας. Ce mot, qui figure dans le décret d'Arsinoè (SEG 26.1817, 1.36) est attesté à Athènes, Sparte, Histiée, Panamara, Assos, comme le montrent les exemples réunis par Robert (1937:347). Dans le même décret d'Arsinoè, je propose de lire 1.48 ἐχοράγη[σε τ]ῷ σιτών[ιο]ν avec le nom de la charge assumée.

A la même époque à peu près, un autre décret honorifique, émanant d'une bourgade de campagne au Sud-Est de Cyrène, aujourd'hui Ngarnes, prévoit comme privilège accordé à un bienfaiteur le choix de l'inscription qu'il fera graver sur le σιτών (SEG 9.354, 1.16). Roussel (1935) a éclairé la construction de cette phrase et identifié ce nom, rare mais non isolé. Prenant place parmi les dérivés en -ών désignant des noms de lieux, il peut se comprendre soit comme 'champ de céréales', comparable à ἀμπελών, ἐλαιών, κυαμών, soit comme 'grenier à céréales', comparable à ἀχυρών, οἰνών βοῶν, ἱππῶν, ὀρνιθῶν. Comme Roussel et les commentateurs qui l'ont suivi, je préfère la seconde interprétation, plus vraisembable à cause de l'inscription qui doit être gravée. Quoi qu'il en soit, cet exemple fait remonter d'un siècle ou deux l'antiquité de ce nom, attesté jusqu'alors pour la première fois chez Plutarque.

Les comptes des démiurges font état de deux types de céréales: σπυροί 'blé' et κριθαί 'orge'. Σπυροί est une variante dialectale qui s'oppose à πυροί, plus fréquent partout ailleurs et possédant des répondants en balto-slave. On a donc généralement admis que la sifflante initiale est une innovation grecque. C'est le cas notamment de Schwyzer (1953:334), contrairement à ce qu'indique Chantraine (1974:959). Fraenkel (1944:304-5 et 1948:168) a proposé d'y voir un développement analogique à partir d'un mot sémantiquement proche, soit σῖτος qui finira par évincer πυροί dans l'usage lexical, soit σπόρος selon la proposition d'Hérodien. Quoi qu'il en soit, σπυροί est une forme caractéristique des dialectes doriens: un exemple épigraphique douteux à Théra à l'époque archaïque (IG 12.3.450), d'autres plus clairs à Epidaure, à la fin du 5e siècle (Syll 998 l.8 et 26) et à Cos à la fin du 4e siècle (Syll 1027 l.11-2), tandis qu'Hérodien considère cette forme comme syracusaine. Il est significatif que tous les comptes cyrénéens où le nom figure en toutes lettres présentent la forme dialectale (4e siècle SEG 9.11-3, 15, 22, 25, 28; 3e siècle SEG 18.743, 9.32; 2e siècle SEG 9.42-3). Par contre, dans les textes, par ailleurs dialectaux, où le blé est représenté par un monogramme, celui-ci combine les lettres ΠΥΡ. J'ai pu le remarquer moi-même pour SEG 9.40, alors qu'Oliverio (1933:139) voyait seulement ΠΥ. La vérification est impossible pour SEG 9.41, dont les lignes 1 à 23 semblent perdues, mais la photographie d'Oliverio autorise cette lecture.

La présence de κριθαί 'orge', connue depuis le grec mycénien, est normale en Cyrénaïque dans des comptes de toutes les époques. Au IVe siècle, elle figure avant le blé (SEG 9.11-3, 15, 19, 20, 22, 23, 28). Plus tard, hormis un cas douteux (SEG 9.32) au 3e siècle, on trouve l'ordre inverse au début du 3e (SEG 18.743) et au 2e siècle (SEG 9.41-3). Comme pour le mot précédent, un monogramme est utilisé, associant les lettres KP (SEG 9.41-2).

Le fourrage

Cette rubrique regroupe le fourrage proprement dit et la paille. Le fourrage existe en deux qualités: 'cultivé' ἥμερος et 'sauvage' ἄγριος. Le 'foin' change de dénomination au 2e siècle, où apparaît χόρτος, répondant au latin hortus et désignant en grec un enclos pour l'élevage ou l'herbe dont on nourrit le troupeau. Ce mot se lit une fois (SEG 9.41) et se restitue avec certitude une autre fois (SEG 9.43). Le pluriel restitué par Pugliese Carratelli (SEC 104) doit être écarté.

Le nom utilisé plus anciennement mérite un examen philologique et sémantique. Au frequent κάρφη du 4e siècle (SEG 9.11-3, 15, 20) succède au 3e siècle καρφέων, lisible dans un cas sans unité de mesure conservée (SEG 9.35), restituable avec sûreté une autre fois, accompagnée de l'unité de mesure ἅμαξα (SEC 104). Il s'agit donc du pluriel du nom neutre τὸ κάρφος, pour lequel les dictionnaires donnent toutes sortes d'autres sens: 'paille, brindilles, copeaux, brins de laine', tandis que le sens de 'foin' est enregistré seulement pour le féminin attique κάρφη, employé par Xénophon et Arrien.

A Cyrène donc, κάρφος désignait le 'foin' et c'est un autre mot, τά ἄχυρα, qui était employé pour la 'paille', dans des comptes du 4e (SEG 9.11-13, 15, 28), du 3e (SEG 18.743, 9.35, SEC 104) et du 2e siècle (SEG 9.41, 43). Ce vieux mot d'origine indo-européenne, dont la structure morphologique a été étudiée par Benveniste (1935:20 et 36) et rappelée par Chantraine (1968:152), apparaît pour la première fois dans la littérature grecque chez Hérodote.

Les fruits

Un produit apparait au 3e siècle dans les comptes de démiurges sous le nom pluriel ἀμυσγέλαι. Oliverio a compris ce mot comme une variante d' ἀμυγδάλαι 'amandes', d'autant plus légitimement qu'on trouve distinguées les 'fraîches', c'est-à-dire 'tendres' μαλακαί, et les 'sèches', c'est-à-dire 'dures' σκληραί (3e siècle SEG 9.32, 35, SEC 104; 2e siècle SEG 9.41, 44). Trouvant dans une inscription du 2e siècle (SEG 9.43) la variante ἀμυσγύλαι il la reproduisait sans commentaire. Un exemple supplémentaire de cette forme est apparu depuis pour confirmer qu'il ne s'agissait pas d'une graphie fautive (Gasperini). Ce nom, qui n'est pas d'origine indo-européenne, présente donc deux variantes locales en Cyrénaïque. Leur structure consonantique confirme le caractère hasardeux des hypothèses sémitiques développées par Lewy (1895:26) dans son ouvrage peu sûr (Masson, 1967:16-7). Les divers rapprochements suggérés par ce savant reposaient en effet sur la séquence -μυγδ- de la seule forme connue alors en grec. On pourrait, il est vrai, imaginer que les Cyrénéens, en raison de leur situation géographique, aient emprunté le mot au groupe sémitique par une voie différente de celle des autres Grecs. Mais nous manquons totalement de données sur ce point. Je pencherais plutôt pour une déformation par étymologie populaire à Cyrène. Il existe chez Hésychius un adverbe ἄμυς glosé ὁμοῦ σὺν αὐτῷ qu'on peut placer dans une petite série d'adverbes de lieu en -υς caractéristique du groupe occidental, quelles que soient les incertitudes sur l'interprétation de cette finale (Schwyzer, 1953:199-200 et 622). La question de la présence ou de l'absence d'une aspiration initiale n'est pas pertinente dans le dialecte cyrénéen, où la psilose est assez ancienne. Dans ces conditions, le nom de l'amande--et de l'amandier—peut avoir été réinterprété en Cyrénaïque comme un composé à premier membre ἀμυσ- . Deux possibilités peuvent être entrevues pour le second membre. On peut penser à rapprocher une autre glose d'Hesychius: γελεῖν· λαμπεῖν, ἀνθεῖν. La notion de brillance, de splendeur conviendrait assez bien à la floraison de l'amandier. Le processus de réfection se serait fait conformément à la chronologie suggérée par les inscriptions, ἀμυσ-γέλα devenant ἀμυσ-γύλα par assimilation progressive du timbre vocalique dans deux syllabes voisines. Cette interprétation, que je propose avec prudence, me semble préférable à celle qui partirait de la forme en -γυλ-. Il existe un groupe énigmatique autour de γυλιός (Chantraine, 1968:241). Les deux seuls arguments en faveur de ce rapprochement seraient la coloration dialectale dorienne des éléments en notre possession (Bechtel, 1923:280 et 1917:112-3) et la forme allongée que désigne probablement le radical γυλ- et qui conviendrait pour décrire l'amande. Mais la question reste fort obscure.

Les 'olives' ἐλαῖαι figurent sans particularité notable dans les comptes du 4e (SEG 9.11-3, 15) au 2e siècle (SEC 104, SEG 9.39). Oliverio (1933:112) avait cru à l'existence d'une mention isolée d'olives 'noires' (SEG 9.35). En fait cet adjetif est un vestige du formulaire usuel concernant les différentes qualités de raisin, répété deux fois sur cette pierre, ou les comptes sont établis par semestres.

En effet le raisin, σταφυλά, figure dans les comptes aux 4e et 3e siècles, avec un classement très precis des types vendus. A partir des mentions complètes de SEG 9.11-3, 15 on peut restituer le même formulaire dans SEG 9.14, 19, 20, 26-9, 18.743, 9.35. Au 2e siècle, le raisin disparaît des comptes. Deux critères interviennent pour répartir le raisin en quatre catégories. Selon l'espèce, on distingue μέλαινα 'noir' et ψυθία, adjectif qui nous est transmis par différents témoignages antiques, comme épithète de la vigne, du raisin ou du vin: au 4e siècle, par deux comiques (Euboulos, fr. 138; Anaxandride, fr. 71), puis par Nicandre et par divers auteurs grecs et latins d'époque impériale. Enfin les Géoponiques d'une part (ed. Beckh 5. 2.4), Héssychius d'autre part, permettent d'entrevoir le sens de cet adjectif. Par opposition au raisin noir (μέλας), plus propre à la vinification, le ψύθιος fait partie des espèces blanches, s'accomodant de terres plus légères, offrant un rendement moindre et se conservant moins longtemps. Il se vendait donc probablement pour la table. Virgile et l'Etymologicum Magnum nous apprennent qu'on pouvait aussi le sécher. Le flottement enregistré dans les dictionnaires entre ψυθ- et ψιθ-, d'où en latin psyth- et psith-me paraît signaler un iotacisme récent de l'ancien ψυθ- par confusion avec la famille de ψιθυρίζω. La glose d'Hésychius est redigée de manière à amener de proche en proche cette explication étymologique: ψύθιος· ἀραία, ὀλιγή, ψιθυρίς 'clairsemée, peu abondante, bruissant faiblement'. Le genre féminin de l'explication est dû aux noms comme ἄμπελος ou σταφυλή qui l'accompagnaient. Même si l'on admet une ancienne forme *ψυθυρ- à la base de ψιθυρίζω l'homonymie des deux radicaux est certainement fortuite. Quant à l'étymologie de ψύθιος elle est inconnue et la position prudente de Perpillou (1980:1291) est la plus raisonnable.

Les deux qualités μέλαινα et ψυθία etaient soumises à une classification supplémentaire: ἔνδος ou ἔξος τᾶς προχλησίας, distinction qui conserve un certain mystère.

Les deux prépositions-adverbs sont des équivalents de ἔνδον et ἔξω de l'attique dans les dialectes occidentaux (Lejeune, 1939:339). Les substantif προχλησία est un hapax. Sa formation en fait fonctionnellement un doublet de πρόχλησις, lequel est connu dans des emplois juridiques n'ayant pas leur parallèle ici. Les sens littéral est celui d'un 'engagement pris à l'avance'. On peut, je pense, rapprocher cette expression de nos procédures de garantie: garantie portant sur une certaine quantité fixée à l'avance, sur laquelle l'acheteur peut compter, tandis qu'un surplus (ἔξος τᾶς προχλησίας) serait vendu au rabais. Ou garantie portant sur la qualité--et nous aurions ici l'équivalent de notre 'premier choix', 'deuxième choix'. Ou encore garantie de fraîcheur, limitée à un certain temps. Cette idée, défendue par Fraser (1958:107), trouve un écho dans les dates limites de vente apposées aujourd'hui sur les produits frais. Oliverio (1933:111) avait suggéré très sommairement qu'il entendait προχλησία au sens de 'demande', c'est-à-dire que l'acheteur pouvait choisir le raisin ('a scelta') ou l'acheter en vrac. Ce sens ne paraît pas convenir pour ἐνδός et ἔξος et je préfère m'en tenir à l'idée d'une limite 'en-deçà' ou 'au-delà' de laquelle le prix change.

Les 'raisins secs' σταφίς sont attestés dans les comptes du 4e (SEG 9.11-5, 23, 29), du 3e (SEG 18.743, 9.32, 35) et du 2e siècle (SEG 9.41).

Les 'figues' σῦκα egalement au 4e (SEG 9.11-3, 23), au 3e (SEG 9.33, 35) et au 2e siècle (SEG 9.41, 44). Aucune de ces deux rubriques n'appelle de remarque particulière.

Les produits élaborés

L'huile est naturellement attestée à Cyrène, en tant que produit agricole sous le nom ἔλαιον dans les comptes des démiurges (4e siècle SEG 9.11-3, 15, 23 (ou olives?), 30; 3e/2e SEC 104, SEG 9.39, 2e SEG 9.41, 44 Gasperini). Nous trouvons aussi l'huile sous le nom ἄλειμμα, représentant à la fois le symbole de l'activité gymnique et le produit du terrain offert par Barkaios à sa cité au 1er siècle (SEG 9.4).

Tandis qu'aux 4e et 3e siècles l'huile et les olives figurent dans les mêmes comptes, au 2e siècle seule l'huile est mentionnée. Le vin οἶνος apparaît seulement assez tard dans les comptes. Dans un seul compte du 3e siècle (SEG 18.743), ou peut-être dans deux (SEG 9.33) sont inventoriés à la fois du raisin et du vin. Plus tard, le vin apparaît seul (SEG 9.41, 43-4), Gasperini).

La farine de blé est présente dans un seul compte, datant du 4e siècle (SEG 9.13), sous une forme originale: σπυράμινα. Forbes (1958) a très bien expliqué la formation de cet adjectif sur le radical de σπυροί déjà vu, avec un morphème -άμινος qui s'est dégagé des dérivés en -ινος de noms comme κύαμος, les légumineuses fournissant aussi de la farine dans l'alimentation des anciens.

Les légumes

Les légumes à cosse, sujets à dessication et à conservation, répondent au nom générique d'ὄσπρια. On en trouve dans les comptes de toutes les époques. Au 4e siècle, une rubrique ὄσπρια sans détails prend place immédiatement après les céréales (SEG 9.11-5, 23, 28), ce qui confirme leur transformation potentielle en farine. A partir du 3e siècle, six espèces individuelles apparaissent, pois chiches, vesces, fèves, pois, lentilles, haricots, jamais tous ensemble, suivis de la mention τἆλλα ὄσπρια. Les productions variant selon les années, en-dessous d'un certain stock l'un ou l'autre de ces produits retombait dans l'anonymat de τἆλλα ὄσπρια.

Dans le détail, nous trouvons:
-ἐρέβινθοι 'pois chiches' au 3e (SEG 9.32) et au 2e siècle (SEG 9.40-3, Gasperini).
-κύαμοι 'fèves' au 2e siècle (SEG 9.40-3, Gasperini). Le nom est représenté une fois (SEG 9.41) par un monogramme combinant KY.
-ὄροβοι 'vesces'. Un exemple fin 3e ou début 2e siècle (SEC 104) et un fin 2e (Gasperini).
Ce nom, bien que distinct fonctionnellement de ἐρέβινθος, lui est apparenté étymologiquement. La présence dans l'un des deux du suffixe -νθ- ainsi que les aires de culture de ces deux légumes dénoncent une origine très probablement méditerranéenne pour ce radical. Mais il s'est bien intégré au système morphologique hérité de l'indo-européen, avec une alternance e/o.

-πίσσαι 'pois', dans deux comptes du 2e siècle (SEG 18.743, 9.35), est une forme remarquable, car on connaît ailleurs πίσος ou πίσον. Tout le monde s'accordant à y voir un nom emprunté, la variation σσ/σ ne doit pas étonner et une géminée est assez normale dans un dialecte dorien. Mais la forme en -α est ignorée des dictionnaires grecs, si bien qu'Oliverio (1933:115), disposant d'un seul exemple, comprenait comme le pluriel de πίσσα (attique πίττα) 'poix', tout en manifestant quelques velléités de corriger en πισσοί. En fait les textes latins nous transmettent trois formes du nom du pois: 'pisus', 'pisum' et 'pisa' (André, 1956 s.v. 'pisum'), cette dernière justement connue pour la variété 'pisa Afra', qui devait provenir de la province romaine d'Afrique ou du continent africain en général. Depuis 1958, le doute ne peut plus exister sur l'origine grecque de cette forme puisque le fragment publié par Fraser conserve la mention πίσσαι immédiatement suivie de τἆλλα-ὄσπρια (SEG 18.743). Il convient désormais d'ajouter πίσσα aux dictionaires grecs.

-φακοί 'lentilles', trois fois au 2e siècle (SEG 9.41-2, Gasperini).

-φάσηλοι 'haricots', une seule fois à la fin du 3e ou au début du 2e siècle (SEC 104).

Les autres noms attestés sont plutôt ceux de condiments que de légumes. Les 'oignons' κρόμμυα figurent dans des comptes du 3e (SEG 9.35) et du 2e siècle (SEC 104, SEG 9.39, 41). L''ail' se rencontre au 3e et au 2e siècle et pose un petit problème philologique et phonétique. D'une part, dans deux comptes publiés par Oliverio (SEG 9.35 et 41) apparaît un talent de σκοραδᾶν. Ce génitif pluriel suppose un nom σκοράδα jusqu'ici inconnu. D'autre part, dans le compte publié par Fraser (SEG 18.743) subsiste une séquence -]ΔΩΝΤΑΛΑΝΤΟΝ qui révèle une forme en -δον. Il n'est pas licite pour autant de poser avec Fraser un prétendu :*σκόραδον. Nous avons probablement affaire à l'une des deux variantes connues ailleurs, σκόροδον ou σκόρδον. Les dates d'apparition de ces deux variantes ont incité la plupart des auteurs (Lejeune, 1972:223; Schwyzer, 1953:259; Szemerényi, 1964:261) à faire découler σκόρδον e σκόροδον par une syncope qui n'est pas sans paralléle. Cependant la présence de deux voyelles de timbre o dans deux syllabes successives du radical constitue le principal obstacle à une étymologie indo-européenne par *(s)ker-d-, la racine de κείρω 'couper'. Malgré la chronologie des deux autres variantes et à la lumière des faits cyrénéens, je propose de partir d'un archétype σκορδ-,représentant grec du thème I indo-européen. Selon un processus rare mais non sans exemple (Lejeune, 1972:205), une voyelle d'appui se serait développée dans le groupe liquide + occlusive, revêtant un timbre o ou a selon que le radical était suivi de la voyelle thématique ou du suffixe -a-: d'où σκόροδον d'une part, σκοράδα d'autre part.

Le 'cumin' κύμινον se rencontre dans des comptes de différentes époques: 4e (SEG 9.11, 13), 3e (SEG 18.743, 9.35) et 2e siècle (SEG 9.41, 43-4).

LES UNITES DE MESURE

On trouve dans les comptes établis par les démiurges l'estimation des produits à l'unité, non du revenu total de chaque produit. Au IVe siècle et encore dans certains documents du 3e, la denrée est séparée de l'indication chiffrée par ἄν (attique ἀνά) employé en valeur distributive: 'à l'unité'. Dans certains cas, ces unités sont précisées. Rappelons les plus banales, qui apparaissent à Cyrène au 3e siècle, et sont connues dans tout le monde grec:

-τάλαντον 'talent', utilisé pour les figues et l'ail.

-μέδιμνος 'médimne', utilisé pour le blé, l'orge, les olives, les fèves, les oignons, le cumin.

-μετρητής 'métrète', utilisé pour l'huile.
Dans les comptes disposés en deux colonnes correspondant aux semestres (SEG 9.41-3), il est possible que certains produits dont l'unité n'est pas explicitée soient mesurés de la même façon que ceux qui les précèdent.

Trois noms d'unité plus originaux retiennent l'attention. La paille, dès les plus anciens comptes, est mesurée en ῥῖπος (4e siècle SEG 9.11-2, 15, 28; 3e/2e SEC 104; 2e SEG 9.41, 43), à l'exception d'un seul cas: ἄχυρα ἄν, au 4e siècle (SEG 9.13). On connaît mieux ῥίψ, qui désigne une natte ou tout autre objet fait de végétaux entrelacés. Ici, il doit s'agir d'une sorte de grand couffin d'osier, ou d'un filet de corde, permettant le transport de grosses bottes de paille. Ce mot devait pouvoir désigner les récipients utilisés pour le silphion, d'après la coupe d'Arcésilas (Chamoux, dans ce volume). La forme cyrénéenne ῥῖπος serait isolée, si elle ne venait pas confirmer la leçon des plus anciens manuscrits d'Hérodote en 2.96. Les datif requis par la construction de la phrase est bien ῥίπει, de ῥῖπος et non ῥιπί, de ῥίψ selon une correction introduite tardivement dans la tradition.

Le foin, lui, est estimé par charettes:(ἁ)ἅμαξα explicite à partir de la fin du 3e siècle, s'emploie aussi bien avec κάρφη qu'avec χόρτος.

Enfin le nom σμιρεύς présente un des cas privilégiés ou une glose d'Hesychius se trouve confirmée par l'épigraphie. Publiant un compte du début du 3e siècle (SEG 18.743), Fraser (1958:107) a eu le grand mérite de reconnaitre dans -ΙΡΕΥΣ la fin de ce nom, expliqué par Hésychius μέτρον οἰνικὸν εἰς πεντάπολιν Λιβύης. Il ajoutait que les autres comptes mentionnant du vin n'ont pas d'unité explicite. En réalité un fragment (SEG 9.44), qui doit dater de la fin du 3e ou du début du 2e siècle, en présente une abréviation: l'unité est un monogramme constitué d'un M surmonte d'un Σ. Ce n'est pas l'abréviation de μ(ετρητή)ς comme l'avait cru Oliverio (1933:155) avec hésitation mais bien celle de σμ(ιρεύς). Nos deux exemples épigraphiques révèlent pour ce nom une date plus ancienne que celle de la source d'Hésychius, qui ne parle pas de Cyrénaïque, mais de Pentapole de Libye: cette unité était encore en vigueur à l'époque romaine.

L'ELEVAGE

La documentation sur ce point est formée d'éléments disparates. Un certain nombre d'animaux d'élevage sont mentionnés comme victimes de sacrifices dans les inscriptions religieuses:
-αἴξ 'caprin', οἶς 'ovin', ὗς 'porc' dans une loi sacrée du 2e siècle (SEC 158);
-βοτόν 'ovin ou caprin' dans la grande loi sacrée du 4e siècle (SEG 9.72);
-βοῦς dans l'hécatombe d'Hermèsandros, au 3e siècle (SEC 161 et 162).

Deux noms désignant des petits sont attestés. L'un, χίμαρος 'chevreau', est banal; mais employé dans une expression mal comprise. Au lieu de ΜΑΛΑ ligne 5 il faut lire ΑΛΛΑ, ce qui rend caduques les diverses interprétations proposées (Pugliese, 1960:295; Robert, 1963:no. 307; Sokolowski, 1962:197; SEG 20.719). La victime offerte à Apollon Apotropaios est donc αἴξ ἀλλὰ χίμαρος 'un caprin, du reste mâle et de l'année', avec la valeur restrictive ancienne de ἀλλά (Humbert, 1960:375-6).

D'autre part il existe un nom ἄμναμος glosé par Hésychius υἱός, ἀπόγονος. Κυρηναῖοι est transmis également par l'Etymologicum Magnum, qui a permis à Schmidt d'améliorer le lemme perverti d'Hésychius. Ce lexique proposait une explication étymologique ἀμνῶν ἀμνοί et l'on a jusqu'ici considéré ce nom comme issu de la réduplication du radical ἀμνο- 'agneau'. On y voyait donc un mot du vocabulaire pastoral employé figurativement au sens de 'petit-fils'. Bader, tout récemment (1982:152-3), se fonde sur différents éléments comparatifs, en particulier en louvite, pour proposer une autre explication étymologique sans rapport avec ἀμνός et ayant l'avantage de rendre compte des variantes avec un ou deux μ. Reste la référence des lexicographes à Cyrène, confirmée par une attestation dans une liste de prêtres au debut du 2e siècle après J.C. (SEC 9a) non-dialectale. Mais ce mot ne semble plus devoir être rangé dans le vocabulaire pastoral.

Il semblerait qu'Hésychius nous donne encore un nom cyrénéen de l' 'âne': βρίχον· ὄνον, Κυρηναῖοι· βάρβαρον. Le second sens pouvait être un emploi figuré du premier. Mais cette glose est suspecte et pourrait être issue d'un dédoublement par iotacisme de βρύχος, nom de la sauterelle, dont ὄνος peut désigner une espèce et qui a fourni des sobriquets, notamment Βροῦχος à Cyrène (SEG 9.46 1.8 et 35).

Deux dédicaces à Artémis datées du 4e siècle constituent l'offrande de premices et nous révèlent par la même occasion l'existence d'élevages d'oiseaux et de chiots:
SEG 9.123 (vers 350): ἀπὸ σκυλακίων· ἀπ' ὀρνίχων.
SEG 9.124 (4e siecle): ὀρνίχων· [σκ]υλακίων.
La forme dialectale ὄρνιχες est normale en dorien. A quelques siècles ~~d'intervalle~~, cet élevage d'oiseaux d'espèce non définie préfigure celui d' Anastase, le marchand de colombes dont le souvenir est perpétué par un graffitto dans les thermes byzantins. Mais nous sortons ici de l'agriculture proprement dite.

BIBLIOGRAPHIE

André, J. (1956) **Lexique des Termes de Botanique en Latin.** Paris.
Bader, F. (1982) Autour du réfléchi anatolien: étymologies pronominales. **Bulletin de la Société de Linguistique de Paris** 77:83-156.
Bechtel, F. (1917) **Die historischen Personennamen des Griechischen bis zur Kaiserzeit** Halle (réimpr. Tuebingen 1982).
Bechtel, F. (1923) **Die griechischen Dialekte, II, die westgriechischen Dialekte.** Berlin (réimpr. 1963).
Benveniste, E. (1935) **Origines de la Formation des Noms.** Paris.
Chadwick, J. et Baumbach, L. (1963) The Mycenaean greek vocabulary. **Glotta** 41:157-271.
Chamoux, F. (1953) **Cyrène sous la Monarchie des Battiades.** Paris.
Chantraine, P. (1968) **Dictionnaire Etymologique de la Langue Grecque I, A-Δ.** Paris, Klincksieck.
Chantraine, P. (1974) **Dictionnaire Etymologique de la Langue Grecque III, Λ-Π.** Paris, Klincksieck.
Forbes, K. (1958) The suffix of (σ)πυράμινος, κριθάμινος. **Mnemosyne** 11:157-8.
Fraenkel, E. (1944) Zum anorganischen Anlaut-s vor Konsonanten. **Indogermanische Forschungen** 59:304-5.
Fraenkel, E. (1948) Zur griechischen und lateinischen Grammatik und Wortforschung. **Philologus** 97:161-76.
Fraser, P.M. (1958) Inscriptions from Cyrene. **Berytus** 12:101-19.
Gasperini, L.(1965) In S. Stucchi **L'Agorà di Cirene, I, I lati Nord ed Est della Platea Inferiore:** passim. Roma, L'Erma.

Gasperini, L. (1967) Le epigrafi. In S. Stucchi, **Cirene 1957-1966:** 165-80. Tripoli, Quaderni dell'Istituto Italiano di Cultura di Tripoli 3.

Humbert, J. (1960) **Syntaxe Grecque.** 3e édition, Paris, Klincksieck.

Lejeune, M. (1939) **Les Adverbes Grecs en θεν.** Bordeaux.

Lejeune, M. (1972) **Phonétique Historique du Mycénien et du Grec Ancien.** Paris, Klincksieck.

Lewy, H. (1895) **Die semitischen Fremdwoerter im Griechischen.** Berlin.

Masson, E. (1967) **Recherches sur les Plus Anciens Emprunts Semitiques en Grec.** Paris, Klincksieck.

Oliverio, G. (1933) I conti dei demiurgi. **Documenti Antichi dell'Africa Italiana** I(2).

Perpillou, J.L. (1980) In P. Chantraine, **Dictionnaire Etymologique de la Langue Grecque** 4.2, Ω–Φ. Paris, Klincksieck.

Pugliese Carratelli, G. (1960) Legge sacra di Cirene. **La Parola del Passato** 15:294-7.

Robert, L. (1937) **Etudes Anatoliennes. Recherches sur les Inscriptions Grecques de l'Asie Mineure.** Paris.

Robert, J. et L. (1963) Bulletin Epigraphique. **Revue des Etudes Grecques** 76.

Roussel, P. (1935) Σιτῶν. In **Mélanges Offerts à Octave Navarre par ses Elèves et Amis:** 375-81. Toulouse.

Schwyzer, E. (1953) **Griechische Grammatik,** I. Munich, Beck.

SEC = **Supplemento Epigrafico Cirenaico.**

SEG = **Supplementum Epigraphicum Graecum.**

Sokolowski, F. (1962) **Lois Sacrées des Cités Grecques Supplément** Paris.

Szemerényi, O. (1964) **Syncope in Greek and Indo-European and the Nature of Indo-European Accent.** Naples.

15. Aspects de l'Exploitation de la Chôra Cyrénéenne

A. Laronde

Notre connaissance de la vie agricole de Cyrène repose avant tout sur le témoignage d'Herodote (4, 199). Les autres sources antiques, assez dispersées, donnent des indications fragmentaires qui ont été collectées par Thrige (1828:349). Les auteurs modernes, quant à eux, ont tendance à donner une vision globale de l'exploitaiton de la chôra cyrénéenne, soit pour en minimiser l'importance (Rohlfs, 1880:32) soit, plus rarement,pour l'amplifier (Ayra, 1896:25). Il existe cependant bien des nuances, auxquelles Hérodote avait été sensible, ainsi que l'avait bien vu Chamoux (1953:230). Hérodote mettait l'accent sur l'étagement des récoltes, selon que l'on se place dans la zone côtière, sur le premier emmarchement ou, enfin, sur le haut plateau. Mais la mise en valeur opérée par les Anciens en Libye ne repose pas uniquement sur cet étagement, et l'enquête que je poursuis actuellement dans le Djebel Akhdar me conduira plutôt à distinguer les plateaux découverts et le contrebas des falaises, la zone côtière et enfin les lits des wadis.

Décrivant la chôra cyrénéenne, Strabon (17, 3, 23) notait que

> à l'entrée du pays, sur un espace de 100 stades, le sol produit jusqu'à des arbres, et de très grands arbres, mais les 100 stades qui suivent n'offrent plus que des champs ensemencés, les racines des arbres ne trouvant plus apparemment dans le sol assez d'humidité.

Ce que confirme Pline l'Ancien (*NH* 5, 5):

> le territoire cyrénéen est riche en arbres depuis la côte sur une largeur de 15 milles; à l'intérieur sur le même espace, il y a une grande quantité de céréales.

100 stades representent 18.5 km, est 15 milles équivalent à 22.2 km. Une bande de terrain de cette largeur correspondrait à la plaine côtière et au premier gradin dans leur plus grande extension, soit entre le ras Aamer, cap Phycous des Anciens, et Beida, l'ancienne Balagrai (Fig. 15.1). Pour Strabon et Pline l'Ancien, il existait donc une nette différence de paysage entre le pays situé au nord du second emmarchement et le haut plateau. Celui-ci était dénudé, c'était le domaine des champs ouverts, et celui-là était complanté d'arbres. Une information complementaire se trouve chez Aristote (*Hist. Anim.* 5, 30), qui observe qu'

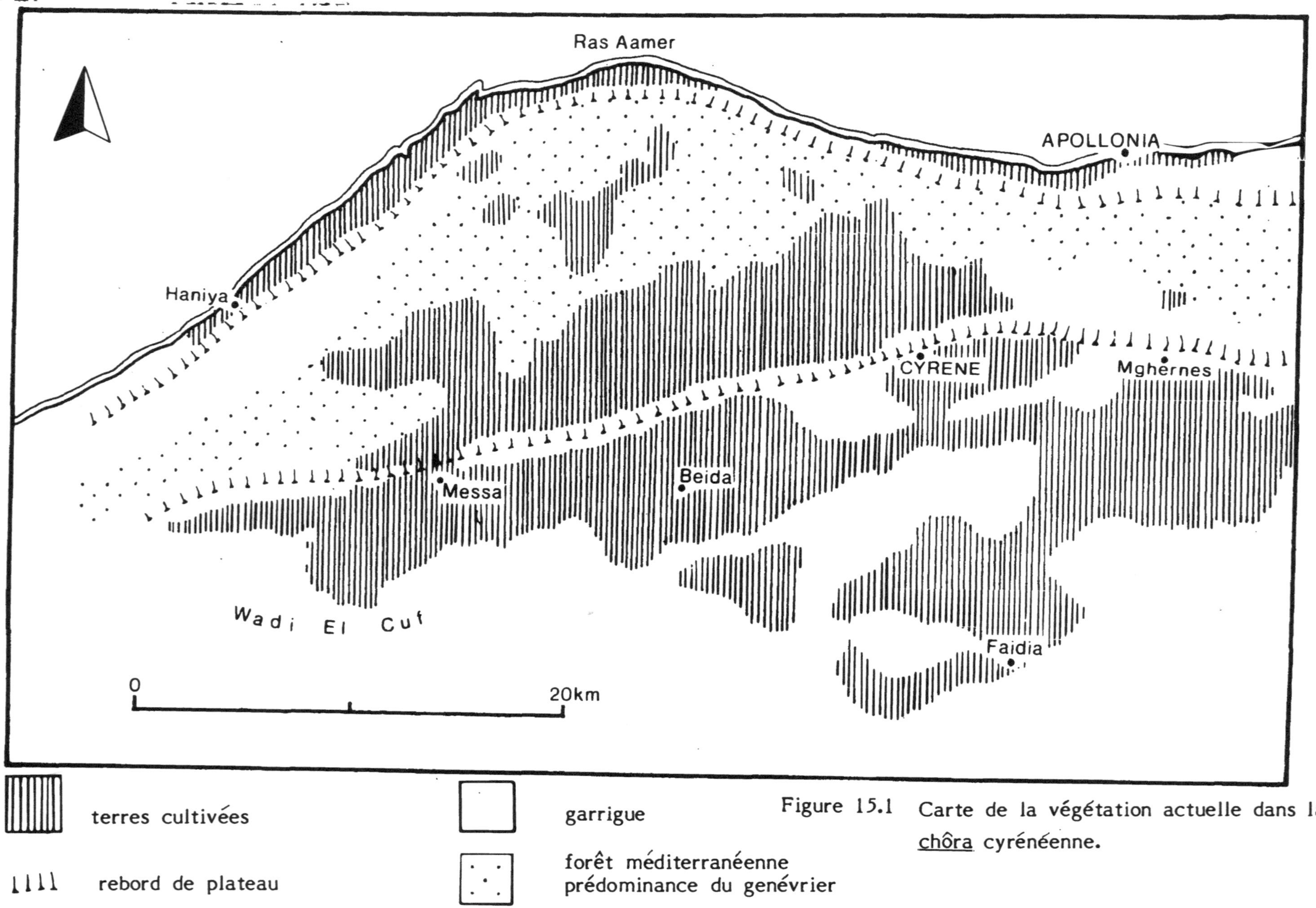

Figure 15.1 Carte de la végétation actuelle dans la <u>chôra</u> cyrénéenne.

> il n'y a pas de cigales là où il n'y a pas d'arbres. C'est d'ailleurs pourquoi à Cyrène il n'y en a pas dans la plaine, tandis qu'il y en a beaucoup autour de la ville, surtout dans les oliveraies: car les oliviers ne font pas trop d'ombre.

Cette plaine, ou pédion, est bien le haut plateau au sud de Cyrène, domaine de la culture extensive des céréales et de l'élevage. Par opposition, la zone arborescente située plus au nord n'est pas en friche, puisqu' Aristote précise que, autour de Cyrène, croissent des oliviers qui devaient être assez espacés, puisqu'ils ne donnaient pas trop d'ombre. L'examen de la photographie aérienne confirme cette indication d'Aristote, puisque les traces de cadastration visibles sur le haut plateau se retrouvent sur le premier gradin pour ne s'évanouir que dans la partie nord de celui-ci, à 2km environ au sud du premier emmarchement, et cette zone devait être, dans l'Antiquité comme de nos jours (Fig. 15.1) le domaine des bois et de la garrigue. La zone de la forêt méditerranéenne était donc moins étendue que ne le ferait croire le témoignage de Strabon et de Pline l'Ancien. Les traces de cadastration attestent au contraire que les trois quarts du premier gradin étaient défrichés. Il ne s'ensuit pas que le témoignage des deux auteurs soit sujet à caution: Strabon et Pline l'Ancien n'ont jamais dit que la zone arborescente était dépourvue de cultures; ils ont simplement opposé un paysage plus épais à un paysage de champs ouverts.

Le premier gradin est en effet abrité des vents desséchants du sud qui balaient le haut plateau. Il dispose aussi de quantités d'eau supérieures grâce aux sources qui s'échelonnent au pied du second emmarchement, à la faveur de couches marneuses imperméables qui affleurent à la base des calcaires oligocènes qui constituent la falaise (Moret, 1936:560). La carte dressée par Ahlmann (1928: pl. 2) est à cet égard éclairante. Bien exposé et bien irrigué, le premier gradin, outre des oliviers, pouvait accueillir des cultures plus délicates comme le figuier, l'amandier, la vigne. Aujourd'hui encore, les habitants de Shahat entretiennent des jardins au pied même de la terrasse du sanctuaire d'Apollon est aussi au débouché du wadi Bilgadir, d'où des conduits canalisent l'eau vers les terrasses plus éloignées, hier comme aujourd'hui. Là, à l'ombre des figuiers et des treilles, ce sont des cultures maraîchères que chacun vient entretenir. Parmi toutes ces cultures délicates, l'une de celles qui réclament le moins d'eau et qui a obtenu la plus belle réputation auprès des Anciens est celle de la rose, vantée par Théophraste (6, 6, 5) par le Cyrénéen Callimaque, cité par Athénée (15, 669 d) et par Pline l'Ancien (NH 21, 10, 19), qui résume l'opinion de ses prédécesseurs lorsqu'il note, a propos de la rose, que "celle de Cyrène est la plus odorante, c'est pourquoi le parfum qu'on y obtient est le plus beau". Un lieu-dit des environs de Cyrène portait le nom de l'unguentarius, Μυροπωλᾶς , comme l'a indiqué Comparetti (1914:167) en commentant une inscription de la nécropole Nord.

Strabon et Pline l'Ancien paraissaient englober la zone côtière dans la même description que le premier gradin, ce qui peut paraître surprenant pour qui a parcouru le sahel de Susa, plaine côtière aride, dont l'herbe rare jaunit dès le mois de Mai, faisant contraste avec de gros buissons de lentisques; l'occupation humaine y est faible. Il n'en fut pas de même dans l'Antiquité,comme le montrent les premiers résultats de l'enquête conduite par la mission archéologique française d'Apollonia (Chamoux, 1980:33). Que ce soit sur la ligne de dunes consolidées qui ourlent le rivage à l'est d'Apollonia, ou bien sur le rebord septentrional de la terrasse du piedmont du premier emmarchement, à l'est comme à l'ouest du port de Cyrène, les installations antiques se suivent à environ 700 m l'une de l'autre, témoignant de l'existence d'un fort habitat dispersé, cependant que les traces du cadastre antique apparaissent fort bien sur la photographie aérienne. Les installations agricoles proprement dites ont généralement une forme quadrangulaire. La partie la mieux conservée de la construction est toujours le pyrgos de pierres sèches qui forme l'un des angles de l'ensemble, et qui peut mesurer 4 à 5 m de côté cependant que les murs ont environ 75cm d'épaisseur au niveau du sol. Le reste des construcions était bati en matériaux moins résistants, sous la forme de murs de torchis dont seule la base était en gros moellons irréguliers, qui permettent aujourd'hui encore de lire le plan. Le mur de clôture, d'environ 60cm d'épaisseur, était percé d'une seule porte d' 1.20 m de large; contre la face interne de ce mur, diverses constructions s'adossaient,corps de logis et étables mais aussi réserves pour les outils, sans qu'il soit possible de préciser la destination de chaque bâtiment. La tour pouvait servir de grenier, mais aussi de réduit défensif. Quelques constructions adventices s'élevaient à l'extérieur de ce groupe, et dans sa proximité immédiate, donnant ainsi naissance à une forme de hameau; on observe de nombreux pressoirs pour le raisin. Le sol est abondamment jonché de céramique à vernis noir, attique ou d'imitation locale, ainsi que de céramique commune de facture locale. L'installation qui se trouve au lieu-dit Eluet Baya, à 5 km à l'ouest de la moderne Susa, est un bon exemple de ces fermes, dont l'interêt est encore rehaussé ici par la présence d'un pigeonnier en pierres de taille unique jusqu'à présent (Chamoux, 1980:34) (Pl. 15.I).

Les champs antiques sont facilement repérables au sol en raison des pierriers qui les délimitent; allongés, en forme de lanière, ils épousent les courbes de niveau qu'ils soulignent par de légers terrassements, afin d'éviter tout ravinement et afin aussi de conserver au mieux l'humidité du sol au terme des pluies hivernales.

Ces dernières observations prennent tout leur sens si on les relie aux données pédologiques et hydrologiques (Soil and Water Resources Survey Map, 1972): la couche de terra rossa a généralement moins de 40cm d'épaisseur, et atteint au mieux 80cm dans les meilleurs des cas. La moyenne annuelle des précipitations varie entre 300 et 400 mm, alors qu'elle est toujours supérieure à ce dernier chiffre sur le haut plateau. Actuellement la zone paraît vouée au 'dry farming' et à l'élevage extensif.

Les Anciens ne durent pas ignorer ces préoccupations si l'on en juge d'après le nombre des citernes qui accompagnent bien souvent les installations. Seules de rares zones bénéficient en effet de sources, comme au débouché du wadi Susa. La proximité de la mer et de ses ressources comme les facilités de communication que celle-ci offrait, la présence de centres aussi importants que Cyrène et son port, la sécurité enfin que connaissait la région entraînèrent sa dense occupation en dépit des difficultés du milieu naturel.

Ce sont les mêmes considérations qui rendent compte des aménagements que l'on peut observer dans le lit des wadis, dans l'intérieur comme dans la zone côtière. Dès le début du 20ème siècle, Mühlhofer (1928:15) notait l'existence de murs de terrassements dans le lit des wadis, à l'intérieur de la région, le long de la route de Cyrène à el-Marj, par Slonta et Gerdes el-Abid. Ces observations ont été précisées et étendues à l'occasion de la reconnaissance conduite par Attiyah et Stucchi (1974:256) dans le wadi Senab, dans la partie amont du système de vallées du wadi el Cuf, à l'ouest de la route transcyrénéenne actuelle. Lors de cette reconnaissance, Bacchielli (Attiyah et Stucchi, 1974) s'est occupé plus particulièrement de ces aménage-

Plate 15.I Ferme antique d'Eluet Baya; dans la partie gauche du cliché, le pyrgos (photo A. Laronde).

Plate 15.II Maaten al Uqla. Murs de terrassements dans la vallée à l'Est du site (photo A. Laronde).

Plate 15.III Maaten al Uqla. Mur de terrassement à l'Ouest du site (photo A. Laronde).

Plate 15.IV Wadi Senab. Mur de terrassement à Kaf el Kebir (photo A. Laronde).

ments agricoles; le mur de terrassement proprement dit est formé de gros blocs de pierre, de forme irrégulière, qui mesurent de 50 cm à 1 m d'épaisseur, et environ 30 cm de hauteur. Ces ouvrages, dont la hauteur n'excède pas 2 m, barrent perpendiculairement le lit des wadis, à intervalles à peu près réguliers, de 70 à 100 m environ. Bacchielli (Attiyah et Stucchi, 1974:265) a dressé une liste de ces ouvrages qu'il retrouve dans la région du wadi el Cuf, à Shariz et à gasr Benigdem, mais aussi dans le wadi Bu Nabeh, à l'ouest de Cyrène, a Mghernes, à l'est de Cyrène, dans le wadi esc-Sciaaba, que suit la route d'el Merj à Tolmeta, et dans les wadis qui débouchent sur la côte, entre Haniya et Giargiarummah. C'est dire qu'il s'agit d'un type d'aménagement extrémêment fréquent, dont la liste pourrait être encore développée à la faveur d'une enquête systématique. J'ai moi-même eu l'occasion d'examiner de tels aménagements dans les vallées qui entourent Maaten al Uqla, sur la côte, à 6 km à l'ouest d'ain Giargiarummah (Laronde, 1983:77). Ces aménagements (Pl. 15.II et 15.III) répondent aux caractéristiques notées plus haut. Il reste à en préciser la finalité.

Il ne saurait s'agir de barrages destinés à provoquer la formation d'une réserve d'eau; certes, on pourrait imaginer que de tels réservoirs se fussent comblés avec le temps, entraînant la formation de la couche de <u>terra rossa</u> que l'on observe aujourd'hui en amont. Contre une telle hypothèse, il suffit de retenir que le mur (Pl. 15.IV) est formé de pierres sèches très irrégulièrement appareillées; de plus, la succession rapprochée des murailles interdit de penser à une succession de lacs réservoirs. Ces observations permettent aussi de faire justice de l'affirmation de Scaetta (Mühlhofer, 1928:51) selon qui les hydrauliciens de la Cyrénaïque étaient réputés au point que l'empereur Trajan Dèce aurait fait appel à l'un d'entre eux pour des travaux en Italie. La source antique est Cassiodore (Variarum libri 2, 32 et 33); en réalité, cet auteur du VIème siècle ap. J.C. s'adresse au patricien Décius à propos de l'assèchement des marais de Decemnovium en Italie, sans qu'il soit question de la Libye.

Nous avons donc bien affaire à des murs des terrassements, qui permettaient de retenir la <u>terra rossa</u>, cette terre fertile mais lourde et imperméable, qui devait du même coup emmagasiner les eaux pluviales et provoquer le maintien d'un taux satisfaisant d'humidité. Ces terrasses devenaient propres à des cultures délicates analogues à celles que nous avons notées dans les jardins des environs de Cyrène. Ces fonds de vallée étaient donc garnis d'une couche de bonne terre, avec un degré suffisant d'humidité, et de surcroît ils étaient bien abrités. Ces conclusions sont renforcées par la présence, dans les habitats qui longent les parois du wadi Senab, de très nombreux pressoirs pour l'huile et pour le vin (Gambini, in Attiyah et Stucchi, 1974:277) (Pl. 15.V). Que ce soit au wadi Senab ou dans les environs de Maaten al Uqla, ces vallées n'ont jamais de parois très abruptes, et la dénivellation qui les sépare des plateaux environnants n'excède jamais la centaine de m; et la même remarque pourrait être faite pour tous les autres fonds de vallées amenagés de main d'homme. Il me paraît clair qu'une communication devait s'établir tout naturellement entre la vallée et le plateau voisin, tout comme elle se fait aujourd'hui encore à Shahat, sur l'emplacement de Cyrène, où les possesseurs des jardins situés en contrebas de la cité antique ont aussi des champs sur le haut plateau. Il y avait une complementarité entre la céréaliculture et l'élevage extensif des plateaux découverts, et les cultures maraîcheres et arbustives des fonds de vallées. Cette association était, on le voit, la source d'un équilibre harmonieux dans la vie rurale de la <u>chôra</u>. Tout à fait logiquement, l'habitat s'installe de préférence au contact <u>des deux</u> zones ainsi associées, sur le rebord du plateau, à Cyrène,

Plate 15.V Wadi Senab. Pressoir antique à Got Giaras (photo A. Laronde).

mais aussi à Mghernès, ou encore à Maaten al Uqla où le village se trouvait sur une indentation du plateau formant une véritable acropole (Laronde, 1983:77); dans le wadi Senab, la presence de nombreux abris sous roches a entraîné le glissement de l'habitat au pied des versants de la vallée. Seule une enquête qui reste à faire permettra de préciser s'il s'agit toujours d'habitats permanents, comme dans les grandes kômés déjà mentionnées, ou bien s'il s'agit d'un habitat saisonnier lié à des travaux bien définis dans les champs.

L'exploitation de la chôra cyrénéenne présente donc une diversité bien plus grande que ce que le simple examen des conditions naturelles laisserait supposer. Si l'étagement des cultures noté par Hérodote a de l'importance, c'est surtout en raison du raccourcissement de la période de la 'soudure' à la fin de l'hiver, mais plus encore par la possibilité qu'il offre d'utiliser la même main d'oeuvre sur les divers points du territoire.

La complémentarité qui existe entre les diverses zones est remarquable; ces associations ne s'établissent pas tellement entre les trois grandes unités du relief cyrénéen, zone côtière, premier gradin et haut plateau mais bien plutôt, à l'intérieur de chacune de ces régions, elles permettent d'unir les vallées et les plateaux, en tirant parti de la facon la plus judicieuse de l'extrême complication du relief dans la partie nord du Djebel Akhdar, celle-là même qui bénéficie des meilleures terres et des meilleures ressources en eau.

Cette complémentarité n'est que le reflet de la science agronomique atteinte par les Anciens à Cyrène, et qui rend compte de la réputation gagnée par les Cyrénéens dans le domaine des productions agricoles. Enfin, cette exploitation judicieuse permit de tirer parti de toutes les potentialités de la région, autorisant une très nombreuse population à prospérer pendant des siècles, comme le démontre la forte densité des vestiges, dans des zones aujourd'hui inhabitées et inexploitées, il y a peu d'années encore, du fait d'une population nomade peu nombreuse et plutôt tournée vers les routes de l'intérieur, est non vers la mer comme pendant toute l'Antiquité classique.

BIBLIOGRAPHIE

Ahlmann, H.W. (1928) La Libye septentrionale. Etudes de géographie physique et humaine. **Geografiska Annaler** 10:1-118.

Attiyah, B. et Stucchi, S. (1974) Prima escursione nello Uadi Senab e nel Got Giaras. **Libya Antiqua** 11-2:251-96.

Ayra, G. (1896) **Tripoli e il suo Clima.** Turin.

Chamoux, F. (1953) **Cyrène sous la Monarchie des Battiades.** Paris, de Boccard.

Chamoux, F. (1980) Les travaux de la mission archéologique française à Apollonia de Cyrénaïque. **Bulletin de la Société Nationale des Antiquaires de France:** 32-5.

Comparetti, D. (1914) Iscrizione cristiana di Cirene. **Annuario della R. Scuola Archeologica di Atene** 1:161-7.

Laronde, A. (1983) Kainopolis de Cyrénaïque et la géographie historique. **Académie des Inscriptions et Belles-Lettres. Comptes rendus:** 67-85.

Moret, L. (1936) La Cyrénaïque, esquisse géologique et géographique. **Revue de Géographie Alpine** 24:539-78.

Mühlhofer, F. (1928) **Speleologia Cirenaica.** Bengasi, Governo della Cirenaica, Ufficio Studi (Rapporti e Monografie Coloniali, serie 2a, n. 10); trad. italiana.

Rohlfs, G. (1880) Kolonisation in Kyrenaika. **Unsere Zeit:** 32.

Soil and Water Resources Survey Map (1972) Tripoli, Libyan Arab Republic, et Paris, GEFLI, carte au 1/250.000ème.

Thrige, J.P. (1928) **Res Cyrenensium.** Copenhagen (éd. S. Ferri; Verbania, Airoldi 1940).

Trade and Manufacture

16. The Lamps of Sidi Khrebish, Benghazi (Berenice) : Imported and Local Products

D. Bailey

A very large number of lamps and lamp-fragments was found in the excavations at Sidi Khrebish during the years 1971-75, and it is safe to assume that the pattern of lamp acquisition by the inhabitants of this part of the city of Berenice over a period of more than a thousand years can be assessed with some degree of confidence (except in the case of metal lamps: only one bronze lamp was found, but many more must have been in use in antiquity; they presumably finished up in the melting-pot rather than the rubbish-dump. Glass lamps of the later Imperial period were also found in some quantity, but are not discussed here). Over 5650 lamps and fragments were excavated, and a large proportion of these came from tolerably acceptable archaeological contexts; those which were unstratified or from unsealed deposits can still add to our knowledge of the site by dint of their manufacturing sources. However, it is fortunate that the chronological framework of many lamp types has already been worked out in closely datable sites elsewhere: there were many deposits of late date which had a large quantity of earlier material in them. For example, of Italian lamps made in the 1st century AD and found in datable contexts, 398 came from 1st century deposits and 69 from 2nd century deposits, whereas no fewer than 511 were residual in levels of the first half of the 3rd century AD. To complete the picture, 77 Italian lamps of the 1st century came from later contexts, of the 4th century to Islamic times, and 9 were intrusive in Hellenistic levels.

Three lamps were found which were made before the move from Euesperides to Berenice took place, a possibly Corinthian example and two Athenian lamps, one of which, Lamp C 1, is shown in Plate 16.I, 1. Lamps of Hellenistic types were both imported and manufactured by entrepreneurs and artisans of Berenice during the three hundred years following its foundation in the middle of the third century BC, although at Sidi Khrebish they amount to under 7% of the total lamps found. The proportion of locally made lamps to imports is two to one. The most active period of importation and of local production of Hellenistic lamps was in the years immediately following the founding of the city, down to about the middle of the 1st century BC. Rhodian lamps, (as Bailey 1975:Q380-402), of the 3rd and early 2nd centuries, had a great deal of influence on the shape of local products

(Lamp C 72, Plate 16.I, 2 is one of the latter), as did also Athenian lamps; however, whereas some imported Rhodian lamps were found (Lamp C5, Plate 16.I, 3), no Athenian examples were discovered which were like their Berenice copies. The influence of Athenian lamp shapes, like Howland (1958) Type 25 (perhaps through Cyrenaican black-glaze copies, as Bailey, 1975:Q624-5--which were not found either) is clear to see: Lamp C 60, Plate 16.I, 4. A third source of influence on local lamps, from about the middle of the 2nd century BC, was the grey-ware wheelmade products of Cnidus in Asia Minor: locally made lamps based upon these, like Lamp C 94 (Plate 16.I, 5) continued to be made well after the Cnidian source dried up, probably about 75 BC (Bailey, 1975:124-31; Howland, 1958:Type 40A). The Berenice makers preferred side-lugs to the applied handles of the Cnidian originals; poor developments of these copies, with swept-back, fluked nozzles, were the main local wheel made products of the late Roman Republican period and the early Empire (Lamp C 100, Plate 16.1, 6). At the same time as the Cnidian wheelmade lamps were coming into Berenice, mouldmade lamps from Asia Minor (including Ephesian lamps as Howland, 1958:Type 49A) were also imported, but these had no influence whatsoever on local lampmakers. Lamp C 23 (Plate 16.I, 7) is rather an exotic example of an Asia Minor lamp; its seven wicks may indicate Jewish use, as does a similar example from Tel Dor (Stern, 1982: pl. 14b). As far as the evidence from Sidi Khrebish goes, no local atelier produced mouldmade lamps of Hellenistic type until copies (as Lamp C 114, Plate. 16.I, 8) of imported Cretan Lamps (as Lamp C7, Plate 16.I, 9) were made in some quantity during the first half of the 1st century AD, by which time local copies of imported Italian mouldmade volute-lamps were also being produced. For Cretan lamps of Hellenistic type, compare Carington Smith (1982:pl. 44) and Wardle (1972:274). Many examples of Italian lamps of Hellenistic shape, <u>Warzenlampen</u> and early <u>Vogelkopflampen</u> of late Republican and Augustan date (Bailey, 1975:Q 710-14, Q744; Bailey, 1980:262; Dressel, 1899:pl. III, 2, 4) were found, but these too had no influence on the products of the local workshops (Lamp C 44, Plate 16.II, 1; Lamp C 45, Plate 16.II, 2). In fact, during this time, the second half of the first century BC, local production was very slight, and this remained the case throughout much of the 1st century AD, a period which saw, continuing directly from and over-lapping with the Italian <u>Warzenlampen</u> and early <u>Vogelkopflampen</u>, the largest influx of imported lamps into Berenice (as reflected by the Sidi Khrebish excavations), namely, the Italian volute-lamp (Broneer, 1930: Type XXI; Loeschcke, 1919: Types I, IV, V), examples of which include Lamp C 156 (Plate 16.II, 3) and Lamp C 183 (Plate 16.II, 4).

Roman lamps were found in great quantity in the excavations, and the proportion of imports to local products is more than three to two. The greatest period of importation was between Augustan and Hadrianic times, a period when local lamp-workshops must have been small and few, some of them still making wheelmade lamps of Hellenistic types, at least in the early Empire, and others, as mentioned before, copying Cretan lamps of Hellenistic shape. Italy was the source of the vast majority of the imports during this time, which included the volute-lamps described above and round-nozzled lamps as Lamp C 455 (Plate 16.II, 5) and Lamp C 468 (Plate 16.II, 6). The products of many Italian lampmakers were found: Clodius Heliodorus, Erotis, C. Fab[ ] Fus[ ], Gabinia, Justus, L. Munatius Adiectus, Myron, N. Naevius, C. Oppius Restitutus, PRI, LVC, PVF and P. Ve[ ] Hi[ ]. One of the more interesting Italian lamps of the middle of the first century (Lamp C 188, Plate 16.II, 7), shows a victorious charioteer named Gegas, possibly identical with the Gigas mentioned on a funerary inscription from the via Salaria at

Rome. He was a charioteer of the Green Faction, who won many victories at Rome and Bovillae (Dessau, 1902: no. 5280; Gatti, 1886:383, no. 215; Huelsen, 1902: no. 33946).

From Flavian times until well towards the end of the 2nd century, Cnidus, once more a huge pottery manufacturing and exporting centre (Bailey, 1972-3:11-25), sent lamps to Berenice in some quantity, the earlier examples including products of the Romanesis workshop (Heres, 1968:185-211). Cnidian lamps include Lamp C 635 (Plate 16.II, 8), Lamp C 648 (Plate 16.II, 9) and Lamp C 666 (Plate 16.III, 1). A few Ephesian lamps (as Lamp C 674, Plate 16.III, 2) and Tunisian lamps (as Lamp C 491, Plate 16.III, 3) came in during the first half of the 2nd century; the latter manufacturing source included lamps from the workshops of Anchialis, Aufidius Frontinus, Junius Alexis, C. Junius Draco, M. Novius Justus and Syrtepis. It might have been expected that several Egyptian lamps would have been found, owing to the comparative nearness of Alexandria, but only one example, of the 2nd century AD, came to light (Lamp C 628, Plate 16.III, 4). A few lamps of 2nd century date from Syria were also found (Lamp C 691, Plate 16.III, 5). After the middle of the 2nd century AD, and for the next hundred years, Corinthian and Athenian lamps of Broneer Type XXVII were much in evidence (as Lamp C 722, Plate 16.III, 6), and the following makers' names appear at Sidi Khrebish: Dionysios (Corinthian), Domestichos (Corinthian) Elpidephoros (local surmoulage copy of an Athenian lamp), Eunomos (Corinthian or Athenian), Eutychedos (local surmoulage copies of Corinthian lamps), Kallistos (local surmoulage copy of Corinthian lamps), Loukios (Corinthian), Pireithos (Athenian), Posphoros (Corinthian), Sekoundos (Corinthian) and Synekdemos (apparently a hitherto unknown lampmaker, probably Athenian). For Athenian and Corinthian lampmakers, see Broneer (1930:207-12, 307-12), Perlzweig (1961:8, 24-59, 96-8), Williams (1981:89).

From about the Trajanic period the hitherto small output of local workshops expanded and the Berenice ateliers began producing on a large scale, until, at Sidi Khrebish, if not elsewhere in Berenice, the mid-3rd century destruction of the area caused a cessation of deposition. These local lamps tended to copy imports quite closely. They remained, by and large, local to Berenice and did not have a wide circulation or influence in the Pentapolis. Two local workshops signed their lamps: late first century lamps bear the name Justus, probably a short-lived atelier, but the most interesting workshop is that of the maker Gamos, who produced the finest and most individualistic lamps made at Berenice during the first half of the 2nd century (and, indeed, the finest local mouldmade lamps of any period); Lamp C 915 (Plate 16.III, 7) is one of his products. From the middle years of the 2nd century, Corinthian and Athenian lamps, particularly the Vine-and-Ray lamp (Broneer, 1930: nos. 1472-1566; Perlzweig, 1961: nos. 566-79) were copied in the local workshops in vast numbers (Lamp C 1089, Plate 16.III, 8 and Lamp C 1044, Plate 16.III, 9); imported lamps were often used as archetypes for mould-production. The majority of these local copies also ceased production at the time of the mid-3rd century destruction.

After the mid-3rd century, local lamp-production seems to be almost non-existent, represented perhaps only by material from a poor lamp-kiln situated in a workshop complex in Building B 3 (Lloyd, 1977:123-6, 212, 303: deposit 107, 124, fig. 24, 218, fig. 39A). The lamps appear to be the work of a rather incompetent lampmaker, a squatter in a derelict area. However, he was probably in business for several years, but not necessarily in the particular area of Berenice in which this kiln was found. It seems unlikely that he bothered to make archetypes, as his best lamps appear to be surmoulage copies taken from imported Greek Vine-and-Ray lamps (Lamp C 1187, Plate 16.IV, 1), and his less competent lamps are all later generation products based upon Vine-and-Ray lamps, but made from a succession of retouched moulds (Lamp C 1188, Plate 16.IV, 2). What is surprising is to find these different generation moulds in the same kiln-load. It must be assumed that the lampmaker had and used moulds of varying degrees of quality, and had not hesitated to make new moulds from poor lamps, following this practice through until some of the final products had only tenuous relationships with the copies of Vine-and-Ray lamps of which he still had moulds. Thus it appears that a lampmaker, with a stock of moulds produced over a long period of time, set up a workshop in an abandoned area of the city, perhaps late in the 3rd century or early in the 4th, and then for some reason abandoned his kiln-load.

It was not before the end of the 4th century AD that imported lamps appear again at Sidi Khrebish, a few from Greece (Broneer, 1930: Type 28) and a few from Tunisia, all too fragmentary to be illustrated here. These Tunisian lamps of the late 4th century are the earliest type of African Red Slip Ware lamps to be made (Hayes, 1972:310-3, Type I), and there is thereafter continuous importation of lamps of this fabric during the 5th century (Lamp C 580, Plate 16.IV, 3) and into the 6th century (Hayes, 1972:311-4, Type II). At the same time Greek copies of African Red Slip Ware lamp shapes (as Broneer, 1930: pl. 22), were imported (Lamp C 805, Plate 16.IV, 4), and also many Tripolitanian lamps (Hayes, 1972:314-5; Joly, 1974: nos. 916-1022) (Lamp C 609, Plate 16.IV, 5). Also at this period, a few lamps from Asia Minor, probably from Ephesus, came in (Lamp C 682, Plate 16.IV, 6); for this shape see Miltner (1937: pls. 2-10). There is even the odd example from Sicily (Lamp C 601, Plate 16.IV, 7). During this time, from the end of the 4th century AD until well into the 6th century, few locally made lamps are in evidence. They appear again in large numbers during the 6th century until the time of the Arab conquest in the form of the widely distributed Cyrenaican Carinated, Channel Lamp, as Lamp C 1203 (Plate 16.IV, 8), the manufacturing source of which is, as far as I know, not yet known, examples being found in most cities of the Pentapolis. For the shape see Kraeling (1962:pl. LXIID, left), from Ptolemais. It was probably around this time also that some Late Roman wheelmade lamps were produced, a method of lamp-production not seen at Berenice since the first half of the 1st century AD. After the Arab conquest, although the archaeological evidence is not clear, it seems that much of the Sidi Khrebish site was abandoned. However, a number of wheelmade Islamic lamps were found (Lamp C 1244, Plate 16.IV, 9); a date for these in the 10th or 11th centuries seems likely.

This is a very brief summary of the general picture given by the lamps found at Sidi Khrebish, but it indicates how widely spread were the sources of imported lamps at Berenice over many centuries. The histogram (Table 16.1) shows in graphic form the numbers and proportions of local and imported lamps found on the site. Full details will be published in Kenrick and Lloyd (forthcoming). The C Numbers of the lamps illustrated are the catalogue numbers appearing in this volume.

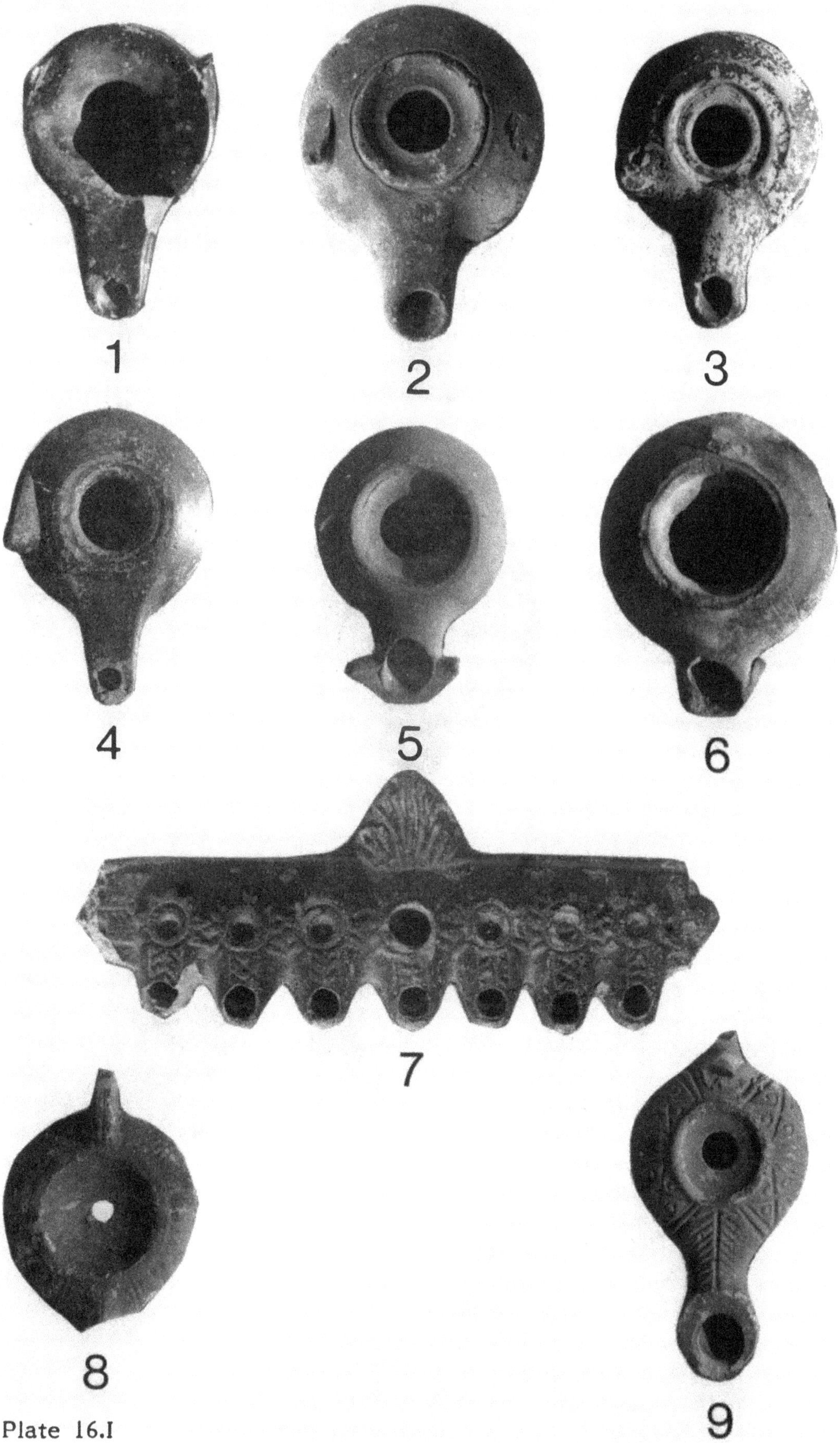

Plate 16.I

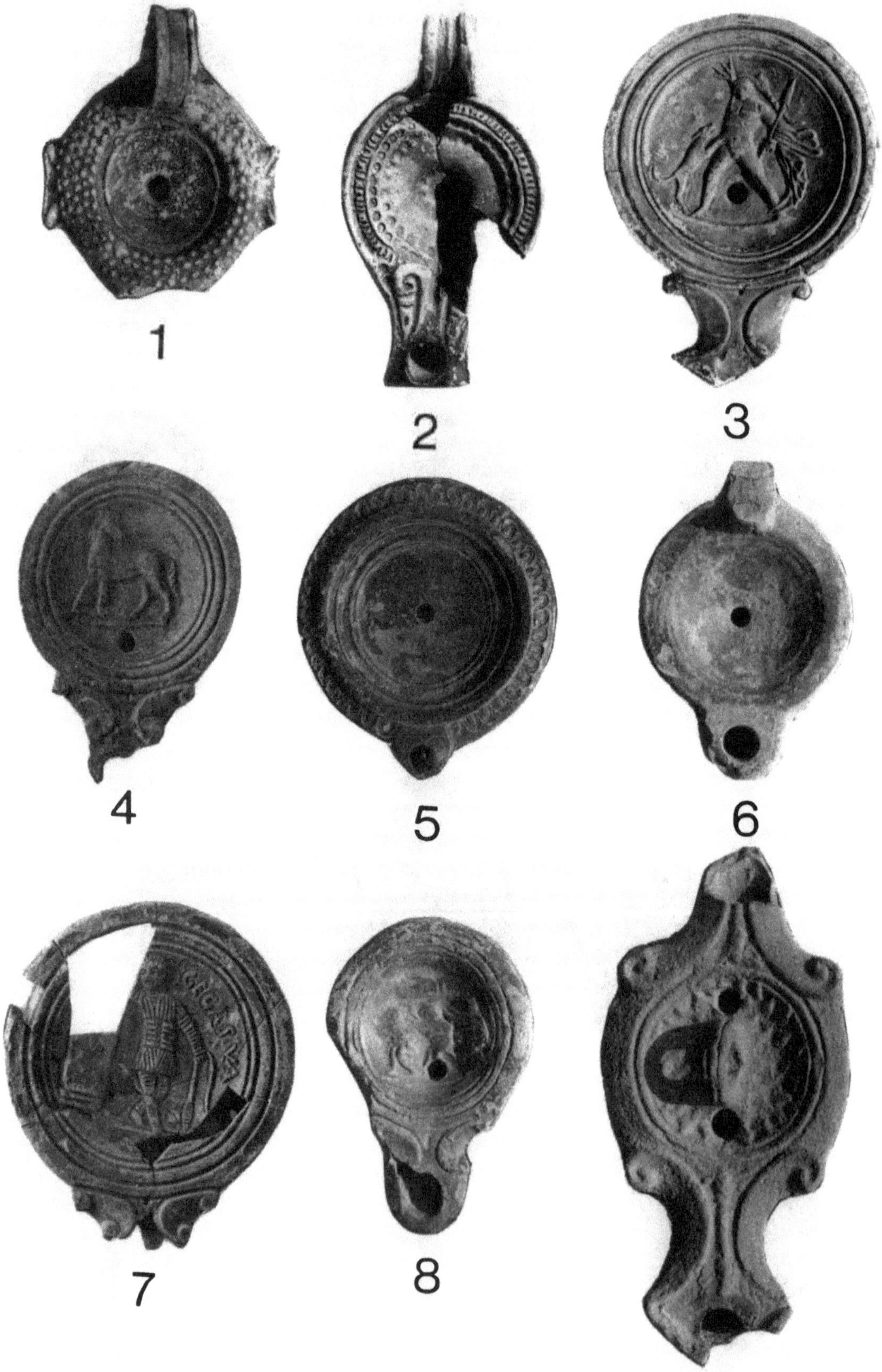

Plate 16.II

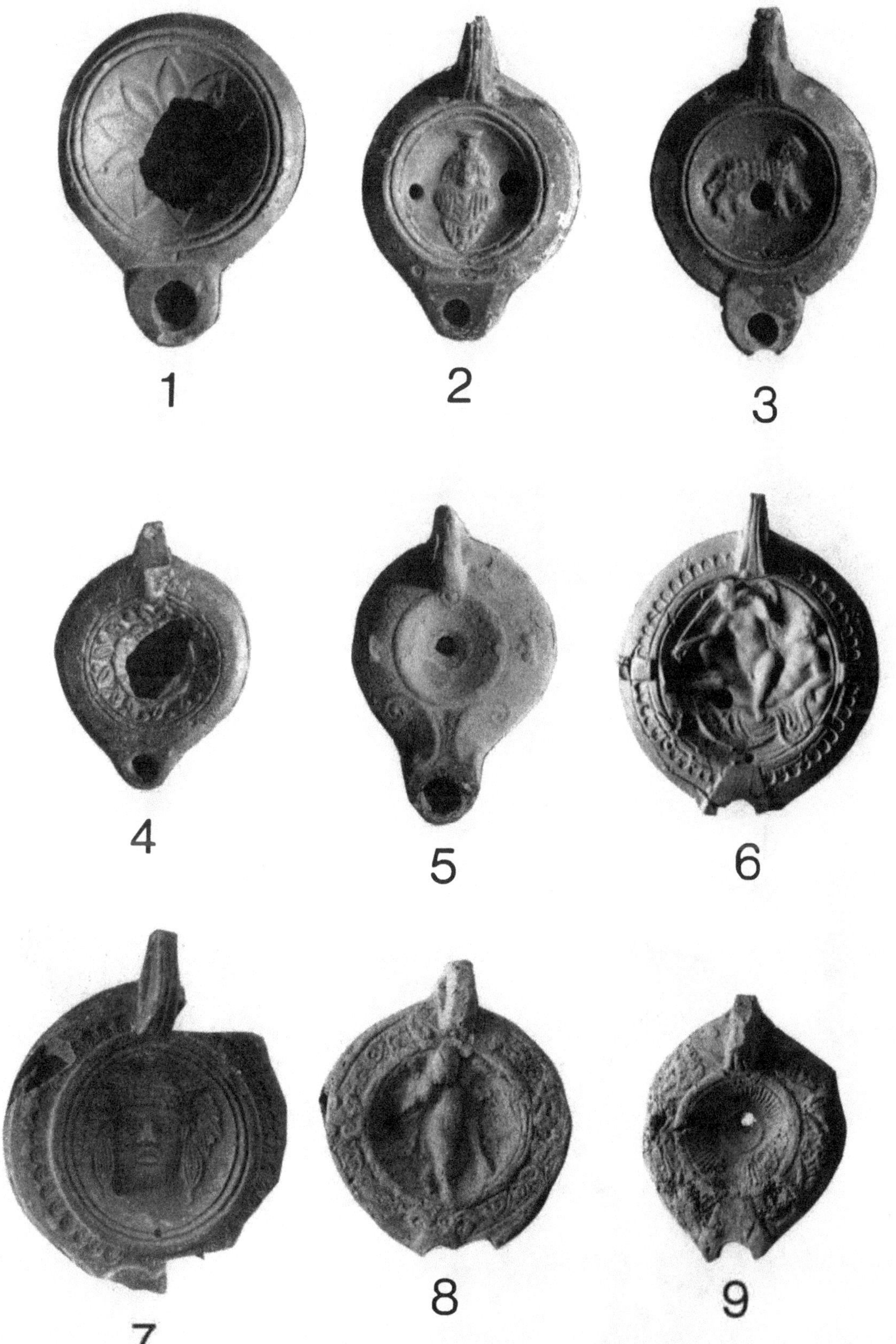

Plate 16.III

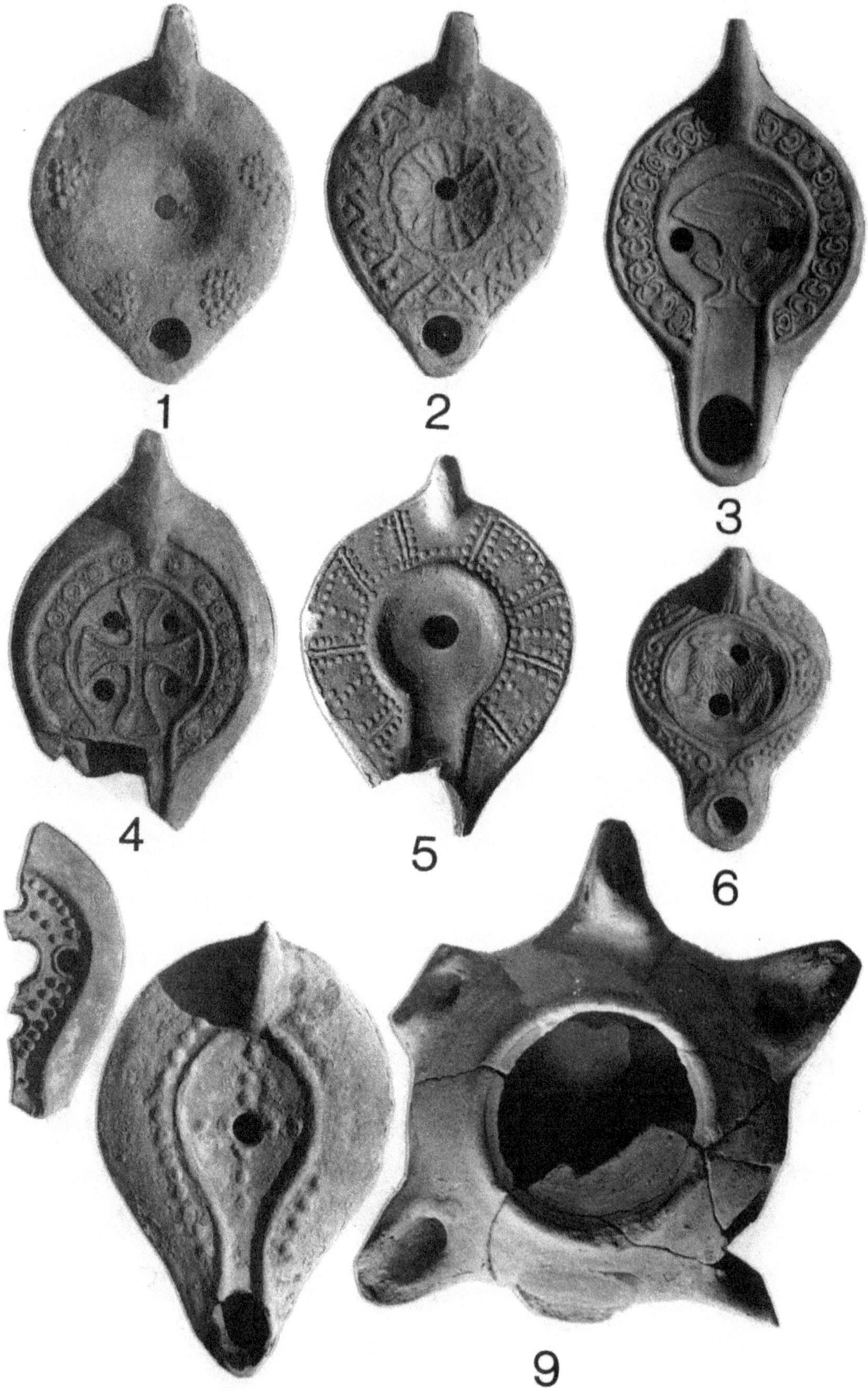

Plate 16.IV

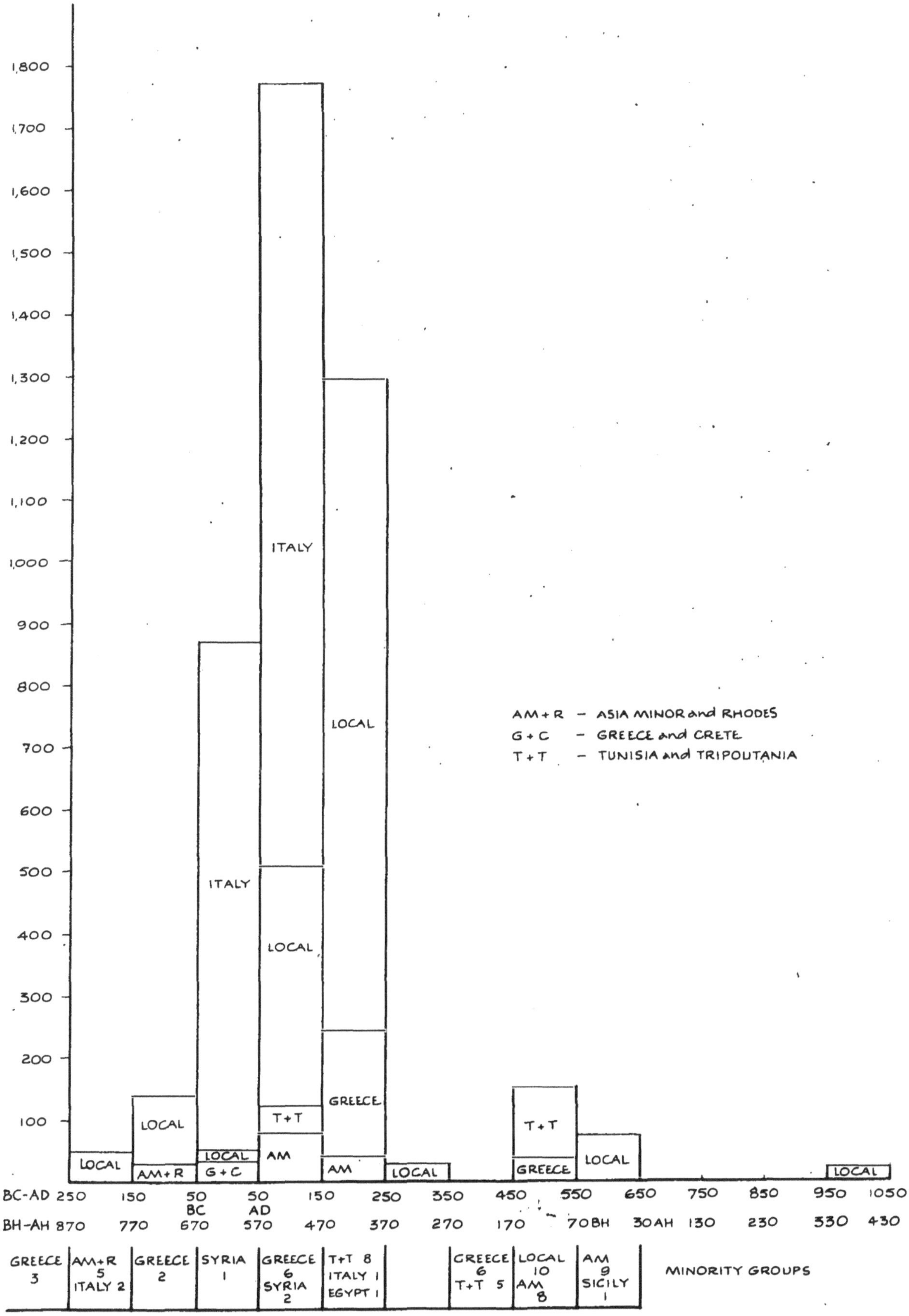

1,800
1,700
1,600
1,500
1,400
1,300
1,200
1,100
1,000
900
800
700
600
500
400
300
200
100
LOCAL
LOCAL
AM+R
ITALY
LOCAL
G+C
ITALY
LOCAL
T+T
AM
LOCAL
GREECE
AM
LOCAL
T+T
GREECE
LOCAL
LOCAL
AM+R – ASIA MINOR and RHODES
G+C – GREECE and CRETE
T+T – TUNISIA and TRIPOLITANIA
BC-AD 250 150 50 BC 50 AD 150 250 350 450 550 650 750 850 950 1050
BH-AH 870 770 670 570 470 370 270 170 70BH 30AH 130 230 330 430
GREECE 3
AM+R 5 ITALY 2
GREECE 2
SYRIA 1
GREECE 6 SYRIA 2
T+T 8 ITALY 1 EGYPT 1
GREECE 6 T+T 5
LOCAL 10 AM 8
AM 9 SICILY 1
MINORITY GROUPS

BIBLIOGRAPHY

Bailey, D.M. (1972-3) Cnidian Relief Ware vases and fragments in the British Museum. **Rei Cretariae Romanae Fautorum, Acta** 14-5:11-25.

Bailey, D.M. (1975) **A Catalogue of the Lamps in the British Museum** 1, **Greek, Hellenistic and Early Roman Pottery Lamps.** London.

Bailey, D.M. (1980) **A Catalogue of the Lamps in the British Museum** 2, **Roman Lamps made in Italy.** London.

Broneer, O. (1930) **Corinth** 4, 2, **Terracotta Lamps.** Cambridge, Mass.

Carington Smith, J. (1982) A Roman chamber tomb on the south-east slopes of Monasteriaki Kephala, Knossos. **Annual of the British School at Athens** 77:255-93.

Dessau, H. (1902) **Inscriptiones Latinae Selectae** 2, 1. Berlin.

Dressel, H. (1899) **Corpus Inscriptionum Latinarum** 15, 2, 1. Berlin.

Gatti, Prof. (1886) No title. **Notizie Degli Scavi**:364-404.

Hayes, J.W. (1972) **Late Roman Pottery.** London.

Heres, G. (1968) Die Werkstatt des Lampentopfers Romanesis. **Staatliche Museen zu Berlin, Forschungen und Berichte** 10, **Archaologische Beitrage**: 185-211.

Howland, R.H. (1958) **The Athenian Agora** 4, **Greek Lamps and Their Survivals.** Princeton.

Huelsen, C. (1902) **Corpus Inscriptionum Latinarum** 6. Berlin.

Joly, E. (1974) **Lucerne del Museo di Sabratha.** Rome.

Kenrick, P. and Lloyd, J.A. (eds.) (forthcoming) **Excavations at Sidi Khrebish, Benghazi (Berenice)** 3. Tripoli, Department of Antiquities.

Kraeling, C.H. (1962) **Ptolemais, City of the Libyan Pentapolis.** Chicago.

Lloyd, J.A. (ed.) (1977) **Excavations at Sidi Khrebish, Benghazi (Berenice)** 1. Tripoli, Department of Antiquities.

Loeschcke, S. (1919) **Lampen aus Vindonissa.** Zurich.

Miltner, F. (1937) **Forschungen in Ephesos** 4, 2, **Das Cömeterium der sieben Schlafer.** Baden.

Perlzweig, J. (1961) **The Athenian Agora** 7, **Lamps of the Roman Period.** Princeton.

Stern, E. (1982) Excavations at Tel Dor, 1981. **Israel Exploration Journal** 32:107-17.

Wardle, K.A. (1972) Two notes from Knossos. **Annual of the British School at Athens** 67:271-84.

Williams, H. (1981) **Kenchreai, Eastern Port of Corinth** 5, **The Lamps.** Leiden.

17. Attic Imported Pottery in Classical Cyrenaica

F. Elrashedy

Cyrenaica's prosperity was due not only to her agriculture and other resources, but also to her advantageous location on the land routes of North Africa, and on the circle of the Mediterranean communication, which facilitated trade with the rest of the Greek world.

None of the ancient authors was interested enough in economics to leave a description of early Greek trade and therefore classical allusions to pottery are few. For solid evidence there are archaeological finds. Pottery is among the most important, offering a range of imported types from the late 7th century onwards, with fabrics originating from both the mainland and the islands (Cook 1959:114).

My concern, however, in this paper is mainly Attic pottery. Here I shall try simply to shed some light on the types imported to Cyrenaica and discuss their significance to the region. Few of the examples cited in this paper are known and most are to be discussed for the first time.

Attic pottery reached Cyrenaica in quantity, and on some sites we may judge the result of this trade not merely from sherds but from a good number of complete vases. The bulk of these, mainly from necropoleis, is the well known collection of the Louvre, the Bibliotheque Nationale and the British Museum which was brought to Europe in 1848 and 1864 by the then French and British consuls to Benghazi, the ancient Euesperides and westernmost city state of the Pentapolis (Dennis, 1850:135; Vattier de Bourville, 1848:150, 1849:56, 1850:580-6).

Of primary importance for the study of pottery from Cyrenaica, especially of the archaic period, is the report by J. Boardman and J.W. Hayes (1966) of their excavations at Tocra. It is an account of stratified pottery mainly from votive deposits of the later 7th century to the late 6th century BC. The imported wares, which comprised about 85% of the total pottery in the period, were mainly from Corinth and Rhodes and after c. 590 BC from Attica.

The massive deposit of the Sanctuary of Demeter at Cyrene excavated by a team from Pennsylvania University has also produced much stratified pottery of the period. As an example of the wealth of the material, in 1978 the sanctuary yielded a total of 4,014 sherds. These were recovered from behind the wall which separates the lower from the middle sanctuary. Of these 21.85% were Attic (White, 1981:26). By contrast the excavation of the Agora in Cyrene and other sites directed by Professor Stucchi produced less Attic pottery (Stucchi, 1967:158-9).

The examples which I intend to cite here comprise published pieces including some which already were attributed by Sir John Beazley. Some pieces I have encountered at first hand, others through photographs. Among these, many fragments, though they offer scant opportunity for discussion of subject or style, obviously represent work of high quality; and as this paper concentrates on discussion of the Red-figured (RF) imports to Cyrenaica I will not proceed with full analytical and chronological study of the imported Black-figured (BF) pottery. Instead I will present only two examples. One represents the very early examples of BF that reached Cyrenaica in the early 6th century. The other is a piece from the mature BF period, which I think is significant for the types of pottery which were imported to the region at that period.

Athenian pottery appears to have reached Cyrenaica in the early 6th century BC. Examples of the early BF period are in the Museum of Cyrene. One is reported by Boardman and Hayes (1966:152).

At Tocra a considerable amount of BF wares was recovered from deposit III of the area excavated by Boardman and Hayes in 1963-5. This deposit was found to illustrate the beginning of the period in which Attic products virtually monopolised the field. The earliest examples from Tocra, however, were represented in deposit II. No. 1 (Plate 17.I) is a BF Olpe fragment which is an excellent piece from the workshop of the Gorgon painter (Boardman and Hayes, 1966:96; Scheibler, 1961:41-7).

The Demeter Sanctuary in Cyrene provides us with an excellent example of mature BF. No. 2 (Plate 17.I) is a handle of an amphora decorated with a horsesman followed by another male figure. From the style of the drawing we can be sure who the artist was. There is no doubt that this is the style of the Affecter Painter. There is a similar handle with identical decoration in Copenhagen belonging to an amphora by the same artist (Beazley, 1956:241, 30; CVA Copenhagen 8 pl. 316, 1; Mommsen, 1975:pl. 27 no. 22).

The Affecter is known for decorating ovoid amphorae. His pattern work is careful, but he exaggerates in the proportion of his figures. He complements his painting with added elements such as little palmettes, tendrils and well formed lotuses (Mommsen, 1975:33 ff). Of the more than 100 vases attributed to the Affecter only one was found at Naucratis. The rest are all from Etruria (Beazley, 1956:236-48) and now this important piece from Cyrene. It is therefore very significant that Naucratis and Cyrene should be the exception.

Early Attic Red figured pottery from Cyrenaica is on the whole disappointing in quantity and quality. No. 3 (Plate 17.I) is a fragment from the shoulder of a column-krater. Only parts of the heads of the two painted figures remain. On the right the head of a male figure, probably Dionysus,

Plate 17. I 1 - Black-figure olpe fragments. Tocra 1025. 2 - Handle of a Black-figure amphora. Cyrene, Demeter Sanctuary. 3 - Red-figure column-krater. Cyrene, Demeter Sanctuary. 4 - Red-figure kylix. Cyrene Museum. 5 - Alabastra fragments. Cyrene, Demeter Sanctuary. 6 - Red-figure fragments from a closed vessel. Cyrenaica, Louvre CA 952.

likely to be walking to the right but turning round as he goes to look at a female figure who has her hair in a Sakkos. The wreathed Dionysus is holding a vine branch (part of it remains). This is likely to be in his right hand while the left usually holds a kantharos.

This piece is very close to the style of Myson whose work dates from the turn of the 6th century and continues into the first two decades of the 5th century (Arias and Shefton, 1962:130). He was both a potter and painter, as is known from his signature (Beazley, 1963:237-42). He worked mostly with column-kraters and his style marks the beginning of the mannerist movement (Richter, 1967:74). Characteristic rendering on our piece consists of his narrow eyes, the ear formed by interlocking areas and the row of dots edging the hair at the forehead and temple. We may compare our Dionysus with a similar Dionysus by Myson on a krater in the Metropolitan Museum and probably of about the same date, between 500 and 490 BC (Richter and Hall, 1936 pl. 23, 2 and pl. 170, 20).

The bulk of the vases attributed to Myson was found in Etruria: outside it only Athens and now Cyrene acquired pottery attributed to him.

No. 4 (Plate 17.I) is an exceptionally well preserved type C kylix (Sparkes andTalcott, 1970:91, figg. 398-413). The interior medallion shows a naked man balancing himself on a wine skin, seated to the left with knees bent; both legs are drawn in three-quarter view. Shoulders are frontal and the bearded head is in profile to the left. The right arm is raised and the hand is extended with two fingers visible while the left is holding one end of the skin. The hair line and the tip of the beard are preserved. This piece is very close to the style of Epiktetos, the master cup painter of the early archaic RF style. He apparently flourished between 520 and the beginning of the 5th century BC (Arias and Shefton, 1962:319-20; Beazley, 1918:18; Kraiker, 1929:1-51). A good illustration of his work is the cup E38 in the British Museum from Vulci (Beazley, 1963:75, 59). Satyrs on the outside of the pot are among his favourite mythological themes. His figures, like the one on the Cyrenaica kylix, are neatly drawn and generally with few anatomical markings. Clearly he was interested in outline, of which he had a sure grasp. The figures shown on the inside of this cups are nicely adapted to the curve of the space provided.

Next we have fragments of two alabastra. No. 5A (Plate 17.I) is the bottom of an alabastron with a tondo filled with a palmette painted in silhouette. From the very small part of the remaining figure zone, this fragment appears to be from a white-ground alabastron. The Paidikos group (Beazley, 1963:98-101) in the early red-figure period were familiar with such a technique, i.e. having ornament in black silhouette, a figure zone in the centre of the body of the alabastron, with a tondo on the bottom filled with a palmette either in RF or silhouette technique (Wehgartner, 1983:115; Mertens, 1977:132). On an alabastron in Paris (Louvre CA1920) by the same group, the bottom as well as the body of the vase comprise circumscribed palmettes drawn in silhouette (Mertens, 1977:129, no. 3, Pl. XVIII, 4).

The second fragment, No. 5B (Plate 17.I), is from a white-ground alabastron. Only a small part of the figure zone remains. It is painted with white slip; a chevron band in black glaze separates this zone from the wide bottom which is painted in black glaze.

This piece very probably belong to the so-called negro alabastra group. Sixty-two of them are listed (Beazley, 1963:267-9, 1971:352; Mertens, 1977:132 ff; Neils, 1980:13-23). Their exceptional feature is the representation of figures with African appearance on the main figure zone (Thimme, 1970:7 ff). The reverse displays a tall palm tree. The greatest number of this type of alabastron belongs to the first two decades of the 5th century (Mertens, 1977:134).

The ethnic origin of the warrior is uncertain. The racial type is that of the inhabitants of the upper Nile and the Sudan. One may ask the question whether this is an illustration of the so-called Ethiopians frequently mentioned by the classical authors. Frazer calls them eastern Ethiopians since he takes them to be mercenaries in the Persian army from India or Baluchistan (Frazer, 1936:35-45). Consequently he dates the group after the Persian War.

The familiarity of Greek artists with the indigenous population of Africa is nothing new. From the 7th century onward the Greeks lived in Egypt and no doubt had daily contact with its diverse ethnic inhabitants (Boardman, 1980:152-3; Snowdon, 1970:121-9). The palm tree may in fact allude to the environment to which these indigenous blacks belong. All this may reflect the influence of the region of North Africa on the Greek artists who, no doubt, paid an occasional visit to the area, especially Egypt.

It has been suggested that the presence of the Ethiopians on these flasks may serve as labels or advertisement of an exotic product of Egypt, namely perfume or unguent (Winnefeld, 1889:49).

Alabastra were usually suspended by leather thongs attached to the vessels' neck (Haspels, 1936:101, no. 2). They were not designed to stand on their round bottom, which, therefore, became suitable ground for decoration. The date of the two Cyrenaican alabastra is about 500 BC.

Fragment No. 6 (Plate 17.I) comes from a closed vessel, perhaps an amphora, with part of a woman and a man in the act of pouring a libation. Only the arm of the woman remains. She is facing left and holds an oinochoe in her right hand. Facing her, a man, likely to be a warrior, holds a stick or a spear with his left hand. With the right hand he extends a broad phiale in which part of the oinochoe is hidden.

The nearest parallel is the Attic Nolan amphora in the Kelsey Museum in Michigan where a similar scene is represented (Moon, 1979: fig. 91). This is attributed to the Berlin painter (c. 476 BC), who is responsible for the innovative placement of one or two figures as an important theme for the composition of the subject (Beazley, 1963:31 ff; Robertson, 1950:55 ff). Our fragment is very close to the Michigan amphora and could well be by the same artist or one of his circle.

There is another similar scene by the same painter on a kalpis in the Kunsthistorisches Museum in Vienna (CVA Vienna 3, p. 140, nos. 1-3). This represents Artemis pouring a libation for Apollo who holds out a phiale as shown on our fragment and on the amphora of the Kelsey Museum.

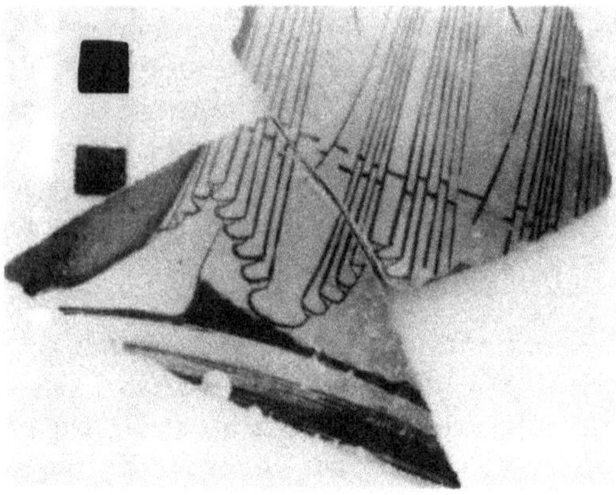

1

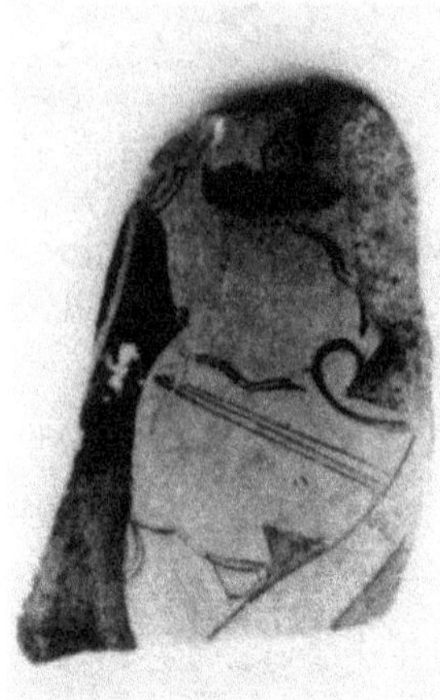

2

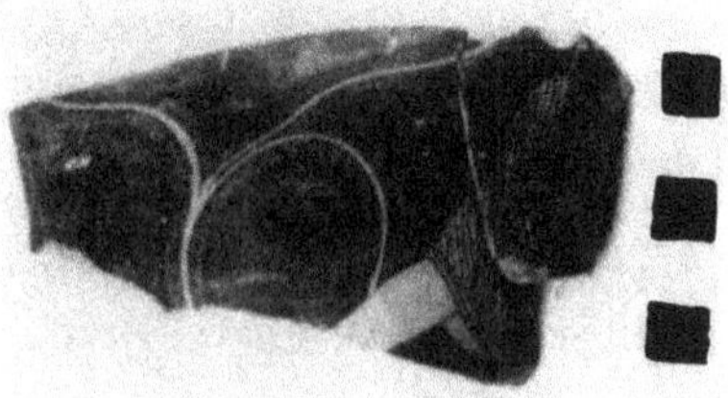

3

4

5

6

Plate 17.II 1 - Red-figure fragment. Cyrene, Demeter Sanctuary. 2 - Red-figure fragment. Cyrene, Demeter Sanctuary. 3 - Red-figure fragment. Cyrene, Demeter Sanctuary. 4 - Red-figure pelike fragment. Cyrene Museum. 5 - Red-figure column-krater. Cyrenaica, London 1914.5-20.1. 6 - Red-figure fragment from a stemless cup. Cyrene (from the Manchester 1955-57 Expedition to Cyrenaica).

The scene on our fragment is most likely to be a sacrificial scene before a young warrior's departure for or upon his return from battle. The military subject of the scene may in fact reflect Athenian political events at the end of the first quarter of the 5th century after the Persians had been defeated by the Greeks.

The next three pieces are from large vessels. They are close in style and could well be by the same hand. In No. 7 (Plate 17.II) we see a figure moving left, dressed in a himation. The archaic drawing of the folds of the himation which end in arcs is reminiscent of the Pan painter (Beazley, 1974, 1963:550-61; Richter, 1967:94 ff).

Fragment No. 2 (Plate 17.II) preserves part of the head, chest and right arm and shoulder of a bearded figure, likely to be Dionysus, probably moving to left but looking round to the right. He wears a plain chiton with a kantharos raised in his right hand. The painting is by the hand of one of the mannerists and he is likely to be the Pan painter.

The last fragment in this group is No. 3 (Plate 17.II) which preserves the mouth, beard, right shoulder and arm of a male figure moving to the right, with a vine-branch. He is Dionysus. The nearest parallel for this composition is the bell-crater in Palermo by the Pan painter (Palermo Museo Nazionale v. 778; Beazley, 1963:550, 2).

There is one large fragment of a pelike, No. 4 (Plate 17.II), with part of a scene probably depicting the story of Kephalos and Eos. A youth (Kephalos) is striding rapidly to the right. His head is turned and he is apparently pursued by another figure (Eos), the goddess of dawn, who is being attacked by the youth's hound. Kephalos here is in his regular hunter's costume. He wears a short belted chiton with overfolds, a black bordered chlamys fastened with a large brooch on his chest and a sun hat or petasus is hanging round his head by a string. He holds a lagobolon in his left hand. Only the feet of Eos and part of her chiton remain.

This vase has been attributed by Beazley to the Niobid painter 465-400 BC (Beazley, 1963:603, 43). He is an original artist, representing the painting of the early classical period and reflecting the painting which we know of from literature (Webster, 1935:15-9). It is worth noting that the presence of a pelike by the Niobid painter in the region of Cyrenaica is indeed significant, for we know that the number of pelikai painted by this artist is very small (about 8). Large kraters (about 41 examples) were his favourite size for monumental compositions (Arias and Shefton, 1962:354; Beazley, 1963:603 ff).

Cyrenaica appears to have been favoured by the products of this major artist whose work is mostly found in Greece and Etruria. The last area appears to have got the lion's share of the vases so far recovered, although isolated examples have been found elsewhere.

Vase No. 5 (Plate 17.II) is a column-krater, intact and in perfect condition. Both sides of the pot show youths, men and women. Beazley (1963:522-8) has attributed it to the Orchard painter. The style of the mantled male figures with their sticks is typical of this artist and is usually taken as a useful clue for identifying his work. The namepiece of the artist is the column-krater in New York (NY 07 286.47) which is comparable to the Cyrenaican krater.

Red-figure cups and skyphoi are represented in Cyrenaica but the number of fragments is relatively small. No. 6 (Plate 17.II) is a fragment of a stemless cup. The painting on what is left of the tondo appears to be a symposium within a concentric circle in reserve. We see the elbow of a man reclining to the right on a couch with cushions decorated with black stripes. Beneath the couch is a stool and below this there is an exergue in reserve.

The style of painting is that of the Marley painter (Beazley, 1963:1276-82). Two similar stemless cups, one in New York and the other in Los Angeles, are useful for comparison (CVA Gallatin Collection NY pl. 24; CVA Los Angeles p. 39:1-6). The Cyrenaican piece was painted around 430 BC.

No 1 (Plate 17.III) is a fragment of part of the body and lip of a skyphos. A woman, perhaps Aphrodite or a bride, is presented in a richly drawn chiton painted with great elaboration. She is busy adjusting the diadem on her head. The style is that of the Meidias School (Arias and Shefton, 1962:375-6; Beazley, 1963:1312-32; Hahland, 1930) and the vase could well be by the master's hand (about 410 BC). The drawing of the figures, the elaborate garments and gesticulating hand are typical of his style. The nearest example for comparison is the famous hydria in Florence (Museo Archeologico, 81947).

Loutrophoroi too were acquired by Cyrenaica in the classical period. Maidens brought water for the bridal bath in the loutrophoros. It was also placed on the tombs of unmarried persons. No. 2 (Plate 17.III) is the only known example from Cyrenaica. It was recovered from the necropolis of Euesperides (modern Benghazi). This is the hydria type with two horizontal and vertical handles. Its neck is slim and the curve of the mouth is wider than other types (Richter, 1935: fig. 42).

The neck is decorated with a standing female figure wrapped in a himation. On the main body there is an Epaulia scene continuing around the vase, composed of a bride on a klismos in three-quarter form. She is approached by Eros and surrounded by maidens carrying various objects. This loutrophoros has already been attributed to the Meidian School (Beazley, 1963:1320, 3).

The epinetron or onos is also represented in Cyrenaica, but fragment No. 3 (Plate 17.III) is the only example to be found in the region so far. The upper part of this fragment is ornamented with incised scale-pattern and on what is left of its long side there is a meander or snake-like line painted in white on a black ground. This is separated from the scale section by a black line.

The epinetron was usually placed by women over their thigh as protection during the task of carding wool. The plain type of epinetron found at the Athenian Agora is the practical version for daily use (Sparkes and Talcott, 1958: fig. 57). The decorated type, on the other hand, was probably a special gift. An elaborate example is the one from Berezan (South Russia) painted in the BF tradition. The figures were carefully drawn and the scales were meticulously incised (Gorbunova, 1973: figs. 1-3). On a complete BF epinetron in Leiden the long sides are decorated with a panel of men, women, klismoi, a stool and a dog (CVA Leiden:2, pl. 68 1-2). An epinetron from Copenhagen, on the other hand, like the Cyrenaican piece, is decorated on the long side with only a panel of meanders but painted in black on red

1

2

4

3

5

Plate 17.III 1 - Red-figure skyphos fragment. Cyrene, Demeter Sanctuary. 2 - Red-figure loutrophoros. Benghazi, Louvre MN 85. 3 - Red-figure epinetron. Cyrene, Demeter Sanctuary. 4 - Red-figure bell-krater. Cyrene Museum. 5 - Red-figure pelike. Cyrenaica, London E 434.

clay. The meaders of the Cyrenaican piece is somewhat different. It was drawn in a snake-like manner in white and on a black background. We have yet to find an example close to its decoration. But the Louvre loutrophoros by the Kleophrades painter has similar snaky lines in white on its lip and on the outer surfaces of the handles (CVA Louvre 8 111, Ic, pl. 56-7). The date of the Cyrenaican fragment is early 5th century.

The scene on No. 4 (Plate 17.III), a fragment of a bell-krater, is a symposium. Two youths are seated on couches and are leaning on pillows (painted white). Between them is a female dancer, also painted in white. Black bunches of grapes are shown in the background. Below, there are three-legged tables.

The painting is in the manner of the Black-Thyrsus painter (350-340 BC). If it is not by his hand then it is likely to be by one of his circle. A bell-krater in Copenhagen (Beazley, 1963:1433, 31) could be taken as an example of this artist's style of painting.

Cyrenaica had its share of Kerch vases. The Kerch period is considered the last phase in Athenian RF. pottery (Schefold, 1930, 1934). It seems that in the period between 370-320, the period assigned to the Kerch style, Athens acquired an extensive market in the cities of the Greek colonists in Southern Russia. Hence quantities of Athenian pottery have been found at Kerch (Pantikapaeum) on the Black Sea and although this type of pottery has been found in other places like Alexandria, Kameirus and Cyrenaica, it is still called Kerch after the chief findspot. The Louvre, the Bibliotheque Nationale in Paris and the British Museum have acquired a good collection of Kerch style vases from Cyrenaica.

The subjects on Kerch vases are taken largely from the life of women, but mythological scenes are common too. Added colour, chiefly white, pink and gold leaf is commonly used.

The subject on Pelike No. 5 (Plate 17.III) is a Grypomachy. Three arimasps, colourfully and elaborately dressed in a typically oriental fashion, are fighting three griffins. The arimasp in the centre of the picture appears to be the main target of the attack by these creatures. He is shown desperately defending himself with his crescent shape shield (pelta) and his axe (sagaris). The other two arimasps are coming to the rescue. One (behind the griffin) is in the act of thrusting a spear in the back of the monster, while the other, above the central figure, holds a huge rock and is ready to hurl it down on one of the griffins.

There are a good number of vases which are similar in style of drawing and composition to the Cyrenaican pelike. One may compare especially the pelike in Castle Ashby (CVA Britain 15, pl. 44) and the one in Baltimore, Robinson Collection 3 (CVA USA 7, pls. 15-6), for the subjects and style. In the last example, on side B there are marks on the bottom on the youth's garments which are identical to side B of the Cyrenaican pelike. Yet this does not necessarily mean that they are by the same hand. The drawing on our pelike is better executed. Beazley lists the Cyrenaica vase under the Helbig Reverse-Group, dating between 360-350 BC (Beazley, 1963:1474 London E 434).

What has been presented is a sample of the Attic ware imported to Cyrenaica. It has turned up mostly from cemeteries and sanctuaries rather than dwellings. Such imported items are no doubt of potentially great value not only for welcome revelations of chronology, but also for the history of ancient trade in general and for other various implications of political, economic, and social concern. For Cyrenaica, however, it is not possible at this stage to draw any conclusion before more investigations have taken place and before the publication of the Attic pottery from the Demeter Sanctuary of Cyrene.

What one can say, however, is that these examples and others from the British Museum, the Louvre and other sources show the broad range of Attic pottery within the region of Cyrenaica in the classical period.

Most shapes appear to have been reaching Cyrenaica but we do not know the statistics. When we do, we will be in a position to judge the volume of trade to the region in successive periods compared with the record of other sites around the Mediterranean, and its overall proportion to the local wares. It would be of interest to see whether the Attic imports were luxury items for the elite or for the consumption of ordinary people. We can make such an investigation into the archaic non-Attic pottery (Boardman 1968:86-91, 1979:33-9); for the Attic such an investigation has to wait. We can deduce, however, that in the 4th century many of the vases are pelikai and hydriae. There are few imported amphoras, if we disregard the Panathenaic examples, and conspicuously few lekythoi and cups. One should remember that most of these finds were recovered from tombs.

Further investigation could perhaps lead to the conclusion that particular shapes or a particular scene were favoured, thus creating a social demand for these items. An interesting piece such as the Affecter fragment may prompt questions and ideas. Since we know that the artist's work was mostly confined to Etruria, apart from the Naucratis piece, what is the connection between the three areas? It might be possible to detect individual preference or approach to a particular style of painting which could have led to a deliberate direction of trade.

The choice of subject matter has been dealt with by Keith De Vries in his publication of Greek pottery from Gordion. When examining the distribution of Attic pottery within the Persian Empire, he observed that some scenes on the vases show battles between the Persians and the Greeks. If these scenes are repeated it could then be explicable in terms of local needs (De Vries, 1977:546-7).

Among 4th century Greek pottery are numerous vases which bear scenes of arimasps and griffins. The last example No. 17 (Plate 17.III), and indeed a good proportion of the Kerch style, is representative.

More has to be done before any attempt is made to deal with these interesting problems.

ACKNOWLEDGEMENTS

I am most grateful to Professor Donald White of the University of Pennsylvania for giving me access to the material from the Demeter Sanctuary of Cyrene. I also extend thanks to Professor Brian Shefton of the University of Newcastle upon Tyne, for his assistance and help. He should, however, be freed from any blame regarding interpretation and points of view.

BIBLIOGRAPHY

Arias, P.E. and Shefton, B.B. (1962) **History of Greek Vase Painting.** London, Thames and Hudson.

Beazley, J.D. (1918) **Attic Red-Figured Vases in American Museums.** Cambridge, Harvard University Press.

Beazley, J.D. (1956) **Attic Black-Figure Vase-Painters.** Oxford.

Beazley, J.D. (1963) **Attic Red-Figure Vase Painters.** Oxford.

Beazley, J.D. (1971) **Prolipomena.** Oxford.

Beazley, J.D. (1974) **The Berlin Painter.** Mainz.

Boardman, J. (1966) Evidence for dating Greek settlement in Cyrenaica. **Annual of the British School at Athens** 61.

Boardman, J. (1968) Reflections on the Greek Pottery Trade with Tocra. **In** F. Gadallah (ed) **Libya in History**:86-91.

Boardman, J. (1975) **Athenian Red-Figure Vases.** London, Thames and Hudson.

Boardman, J. (1979) The Athenian pottery trade. **Expedition**:33-9.

Boardman, J. (1980) **The Greeks Overseas.** London, Thames and Hudson.

Boardman, J. and Hayes, J. (1966) **Excavation at Tocra 1963-65.** The Archaic Deposits I. London, Thames and Hudson.

Cook, R.M. (1959) Bedutung der bemalten keramik für den griechischen Handel. **Jahrbuch des deutschen archaeologischen Instituts** 74:114-23.

CVA = **Corpus Vasorum Antiquorum**

Dennis, G. (1850) On recent excavation in the Greek cemeteries of the Cyrenaica. **Transaction of the Royal Society of Literature** 2nd Series 9:135-82.

De Vries, Keith (1977) Attic pottery in the Achaemenid Empire. **American Journal of Archaeology** 81:544-8.

Frazer, A.D. (1935) The panoply of the Ethiopian warrior. **American Journal of Archaeology** 39.

Gorbunova, K.C. (1973) Onosy iz Raskopok na Berezani. **Archaeologia Polona** 14:79-85.

Haspels, C.H.E. (1936) **Attic Black-Figured Lekythoi.** Paris.

Hahland, W. (1930) **Vasen Um Meidias.** Berlin.

Johnson, F.P. (1938) Red-Figured pottery at Chicago. **American Journal of Archaeology** 42:345-62.

Kraiker, W. (1929) Epictetos. **Jahrbuch des deutschen archaeologischen Instituts** 44.

Mertens, J. (1977) **Attic White-Ground.** New York.

Mommsen, H. (1975) **Der Affecter.** Mainz.

Moon, W.G. (1979) **Greek Vase-Painting in the Midwestern Collection.** Chicago.

Neils, J. (1980) The group of negro alabastra. **Antike Kunst** 23.

Richter, G.M. (1967) **Attic Red-Figured Vases — A Survey.**

Richter, G.M. and Hall, L.F. (1936) **Red-Figured Athenian Vases in the Metropolitan Museum of Arts.**

Richter, G.M. and Milne, M.J. (1935) **Shapes and Names of Athenian Vases.** New York.
Robertson, C.M. (1950) Origin of the Berlin Painter. **The Journal of Hellenic Studies** 70.
Schefold, K. (1930) **Kertscher Vasen.**
Schefold, K. (1934) **Untersuchungen Zu den Kertscher Vasen.**
Scheibler, I. (1961) Olpen und Amphoren des Gorgonmalers. **Jahrbuch des deutschen archaeölogischen Instituts** 76:1-47.
Snowdon, F.L. (1970) **Blacks in Antiquity.** Cambridge.
Sparkes, B.A. and Talcott, L. (1958) **Pots and Pans of Classical Athens.** Princeton.
Sparkes, B.A. and Talcott, L. (1970) **The Athenian Agora** Vol. 12. Princeton and New Jersey.
Stucchi, S. (1965) **L'Agora di Cirene.** Roma, L'Erma di Bretschneider.
Stucchi, S. (1967) **Cirene. 1957-1966 un Decennio di Attività Dell Missione Archeologica Italiana a Cirene.** Tripoli.
Thimme, J. (1970) Griechische Salbgefüsse mit Libyschen Motiven. **Jahrbuch der Statlichen Kunstsammlungen in Baden-Wurttemberg** 7.
Vattier de Bourville, J. (1848) **Revue Archéologique** 5(1):150 ff.
Vattier de Bourville, J. (1849) **Revue Archéologique** 6:56 ff.
Vattier de Bourville, J. (1850) Rapport au Ministre. **Archives des Mission Scientifique** 580-86.
Webster, T.B.L. (1935) **Der Niobiden Maler.** Leipzig.
Wehgartner, I. (1983) **Attisch Weissgrundige Keramik.** Mainz Am Rhein.
White, D. (1981) Cyrene's sanctuary of Demeter and Persephone. A summary of a decade of excavation. **American Journal of Archaeology** 85:13-30.
Winnefeld, H. (1889) Alabastra mit Negerdarstellungen; Mitteilungen des deutschen Archaologischen Instituts. **Athenische Abteilung** 14.

18. Influenza Attica a Tolemaide nel 2 sec. d.C.

E. Fabbricotti

Il ritrovamento a Tolemaide di Cirenaica, da parte della Missione americana dell'Oriental Institute di Chicago, di una base di statua di Eracle in riposo (Kraeling, 1962:183, 196, 214) con il nome del dedicante M. Ulpios Kominios e la firma dello scultore ateniese Asklepiades, ci pone di fronte ad uno dei più discussi problemi dell'arte antica, cioè quello di individuare la data e la località di esecuzione delle copie.

La base in questione (Plate 18.I, 1), in marmo pentelico, è quasi ottagonale e lunga m 1.10; fu rinvenuta tra le nicchie del frigidario delle c.d. Terme Bizantine di Tolemaide. Sul piano di base restano, a partire da destra, una parte della leontè che era posta su una roccia, i due piedi di grandezza maggiore del vero (lungh. c. cm 40 l'uno), di cui il destro in appoggio completo perchè evidentemente corrispondeva alla gamba portante, e il sinistro un po' arretrato, divaricato e leggermente sollevato, perchè lascia in vista l'arco della pianta del piede, che era quasi aderente al masso con la leontè. La posizione della gamba sinistra non è delle più comuni nelle numerose copie e varianti dell'Eracle in riposo, c.d. Farnese dalla più nota di queste; è però presente nel gruppo Dresda-Copenaghen (Moreno, 1982:406). Sulla sinistra della base, verso la zona posteriore, è un tronco d'albero nodoso sul quale è appunto incisa la firma: Ἀσκλεπιάδες Ἀθηναίος ἐποίεσε. Sulla fronte della base è invece scritta la dedica: M. Οὔλπιος Κομίνιος ἐκ τῶν ἰδίων τῇ πατρίδι. Vi è poi un frammento di gamba che già il Brinkerhoff aveva ritenuto appartenere alla stessa statua, che però non attacca, ma le dimensioni corrispondono e il tipo di marmo anche (Plate 18.II, 1). Credo anche che appartenga alla statua una mano sinistra in pentelico, incompleta, colossale, certamente di un Eracle perchè stringe i pomi delle Esperidi. E'stata da me rinvenuta nei Magazzini del Museo (Plate 18.II, 2). In genere la mano sinistra dell'Eracle tipo Farnese è rilassata oltre la clava, oppure la stringe per attenuare la pressione sotto l'ascella. Esistono però varianti, monete e statuette (Moreno, 1982:412, 435, 489, 500) in cui Eracle tiene i pomi delle Esperidi con la sinistra, e potremmo suggerire anche nel nostro caso, una soluzione simile anche se paradossale, perchè verrebbe a mancare la prova definitiva della tridimensionalità della statua, che avrebbe avuto la mano destra portata dietro o appoggiata al fianco senza i pomi delle

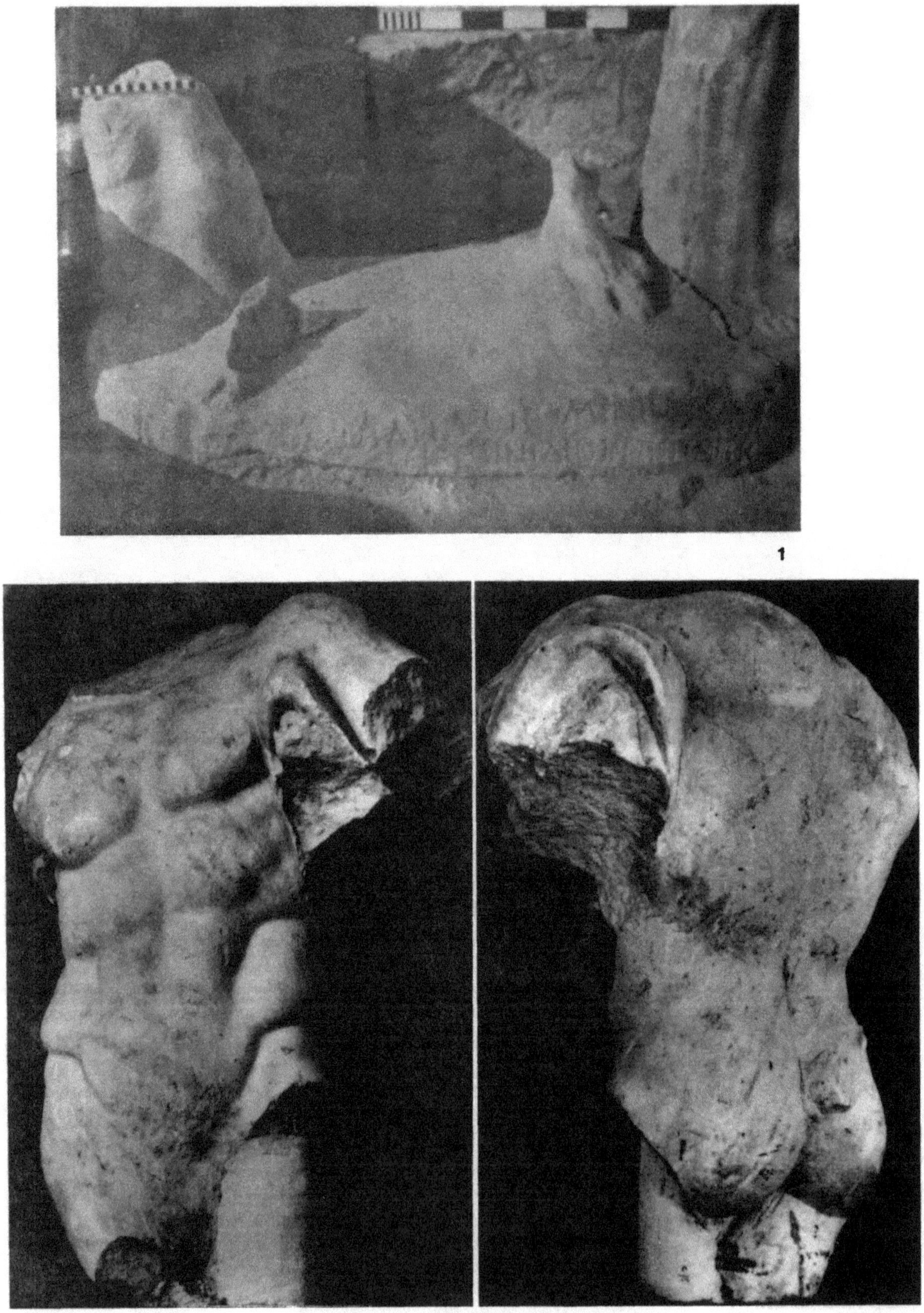

1 2 3

Plate 18.I 1 Base di statua di Eracle in riposo con firma del dedicante e dell'artista. 2, 3 Torso di Eracle.

Esperidi, perche 'scivolate' nella parte opposta. Anche il sostegno a forma di tronco d'albero presso la gamba destra, è raro; lo si ritrova però nella copia Farnese della reggia di Caserta (Moreno, 1982:380).

Nel Museo di Tolemaide è esposto uno stupendo torso di Eracle tipo Farnese rinvenuto dalla missione italiana d'anteguerra (Pesce, 1966:892), che è ora pubblicato da P. Moreno (1982:452), che lo assegna al tipo Farnese-Pitti (Plate 18.I, 2-3). Purtroppo non sappiamo dove fu ritrovato. Si tratta di un torso possente che ha la spalla sinistra più alta perchè sotto l'ascella costretta si appoggiava la clava (ora mancante) ricoperta dalla leonté piegata due volte. Al movimento delle spalle corrisponde la curvatura della linea alba; i muscoli giugulari, pettorali, addominali sono molto evidenziati, ma non esagerati, quelli dell'anca sporgenti. La linea dorsale è profondamente incurvata, i muscoli dei glutei in tensione. Resta la traccia della mano destra portata dietro appoggiata sulla natica destra, secondo un 'innovazione forse di Apelle, che si riflette nell'affresco di Eracle e Telefo da Ercolano (Moreno, 1982:415). In conclusione, è la gamba destra più bassa a portare il peso, mentre la sinistra leggermente avanzata doveva appoggiarsi solo parzialmente, tanto più che da quella parte vi era l'aiuto della clava per sostenere il corpo. Il marmo è pentelico.

La posizione attuale nel Museo, dovuta ad un puntello in gesso troppo alto sotto la gamba sinistra, è un po' forzata; in realtà il fianco destro doveva sporgere di più e la spalla sinistra ruotare abbassandosi per permettere un appoggio più naturale.

Avevo ritenuto che il torso di Eracle nel Museo potesse appartenere alla base (Plate 18.I, 1) rinvenuta dalla missione americana nelle Terme, ma l'ipotesi, basata su ricerche fatte 'a tavolino' a Roma, non è risultata esatta dopo un riscontro fatto a Tolemaide nell'estate del 1983. Cosi dobbiamo supporre che nella città esistevano due statue di Eracle in riposo in marmo pentelico, una leggermente più grande del vero (di cui rimane il torso) ascrivibile nella prima meta del 2° sec. d.C. e probabilmente importata, e una colossale di cui restano la base, un frammento di gamba e la mano sinistra con i pomi delle Esperidi che, nonostante la scarsezza dei resti, sembra più accademica e fredda. Mi era sembrato incredibile che l'artista della prima citata, pur cosi sensibile nell'esecuzione della copia, avesse poi incompreso e sotto-valutato l'importanza della presenza dei pomi delle Esperidi nella mano destra portata dietro. Invece è piu plausibile che lo scivolamento dei pomi dalla destra alla sinistra sia avvenuto nella seconda statua presente a Tolemaide, espressamente ordinata per essere inserita in una nicchia, dove comunque si sarebbe annullato il valore tridimensionale della statua, bloccata in una visione solo frontale. Allora è possibile che la base, ritrovata nelle c.d. Terme Bizantine fosse in situ a avremmo quindi anche a Tolemaide, come a Roma, a Ostia e a Ippona (Moreno, 1982:435, 453, 500), una replica-variante dell'Eracle in riposo, nelle Terme della città.

Asklepiades quindi è l'esecutore della statua colossale e non di quella, artisticamente più vicina all'originale, ritrovata dagli Italiani, e si potrebbe supporre che questa fosse servita di modello al copista ateniese Asklepiades.

Chi era Asklepiades? Il suo nome è sconosciuto, è ateniese come Glykon, che firma la più famosa copia Farnese (Moreno, 1982:435, 502), e non sappiamo altro. Dove lavora? Visto che ad Atene non sono state trovate statue firmate da artisti che aggiungono il loro etnico 'athenaios', non credo che la sua officina fosse ad Atene (Guarducci, 1974:398; Toynbee, 1951:25 s.), a meno che egli non sapesse che il suo lavoro era commissionato per l'esportazione, ma non so se l'organizzazione commerciale delle officine dei marmorari arrivasse a tanto. E'piu probabile che Asklepiades 'athenaios' lavorasse all'estero. E'possibile che un 'atelier' di scultura fosse presente a Tolemaide?

Innanzitutto cerchiamo di datare la copia. Essa viene donata da M. Ulpios Kominios che, dato il nome, nasce probabilmente in età traianea e vive nel corso del 2° sec. d.C. Egli è un mecenate della citta di Tolemaide (probabilmente in età matura) e fa scrivere il suo nome in altre quattro basi:

1) Athena tipo Farnese, in marmo pentelico (Caputo, 1954:458 ss; Kraeling, 1962:183, 204; Wace, 1946:96).
2) Base di un gruppo che sebbene conservato solo nei piedi delle figure (Plate 18.II, 3), può essere riconosciuto in quello ben noto del Dioniso ebbro sostenuto da un giovane satiro (Kraeling, 1962:196; Sichtermann, 1962:337).
3) Base frammentaria che non conosco personalmente; citata come esistente nel Museo di Tolemaide (Kraeling, 1962:196).
4) Base in pietra nel 'bouleuterion' (Plate 18.III, 1). Questa, ha nell'iscrizione, oltre la solita formula M. Οὔλπιος Κομίνιος ἐκ τῶν ἰδίων τῇ πατρίδι anche l'indicazione dell'oggetto dedicato, cioè τὸ ἄγαλμα Il fatto che il materiale usato sia pietra locale e non marmo, fa ritenere che la statua, a meno che non fosse di bronzo, fosse in pietra, quindi probabilmente eseguita localmente.

Ma vediamo se ci sono altri elementi a favore di un 'atelier' locale, e credo di poterne individuare alcuni:
- le statue di Claudia Eupomane (Kraeling, 1962:184, 203; Rosenbaum, 1960:94) e di M. Aurelio Flaviano (Kraeling, 1962:184, 204; Rosenbaum, 1960:81) di età antonina, insieme ad altre di tipo iconico, sono statue-ritratto e se il corpo poteva essere stato eseguito ad Atene, le teste e i volti dovevano avere tratti fisionomici dei rappresentati, i quali vivevano a Tolemaide e quindi almento i ritratti dovevano essere eseguiti 'in loco'. Il marmo è pentelico.

-'in loco' erano certamente rifiniti i sarcofagi attici (Giuliano, 1962:55; Giuliano-Palma, 1978:19; Ghislanzoni, 1915:117; Kraeling, 1962:185, 206; Pietrogrande, 1930:108 ss.). Ve ne sono tre a Tolemaide di cui due casse (Achille a Sciro inedito e Amazzonomachia) di livello esecutivo molto elevato. Dei tre coperchi frammentari rimasti con i defunti sdraiati sulla 'kline', purtroppo non restano le teste; uno è certamente non finito e quindi qualche artigiano o artista doveva terminarlo. Anche a Cirene ce n'è uno con i volti non finiti e il problema è lo stesso.

-il Monumento delle Menadi (Caputo, 1948; Gullini, 1953:141 ss; Kraeling, 1962:186, 193) sul quale non mi dilungo in questa sede e che certamente fu importato da Atene, aveva una cornice liscia e un doppio bordino finissimo che penso sia stato eseguito o per lo meno rifinito dopo il montaggio del monumento, qualsiasi esso fosse, per farlo 'girare' perfettamente una volta montate le lastre.

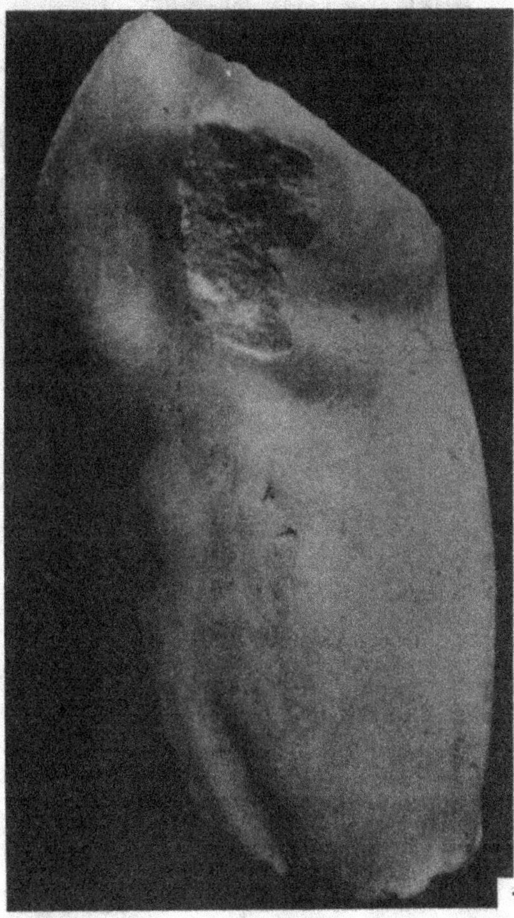

1

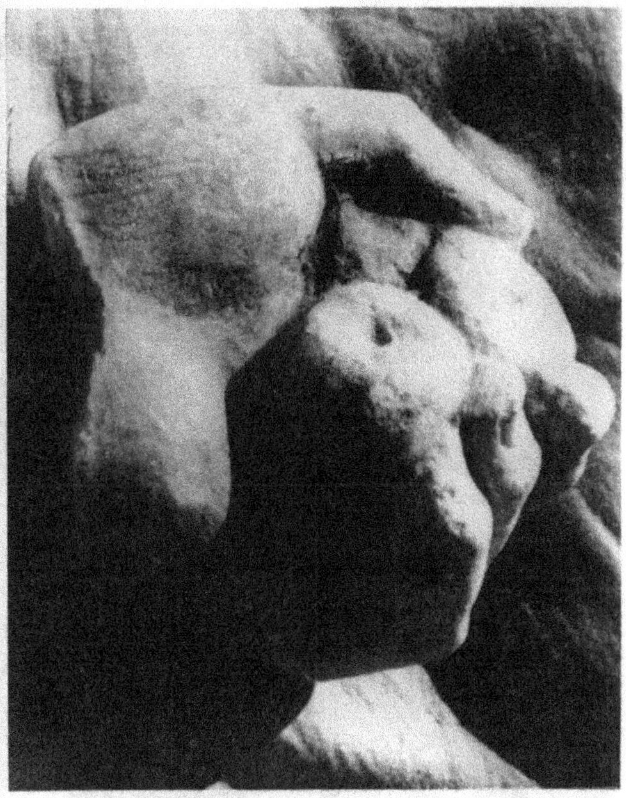

2

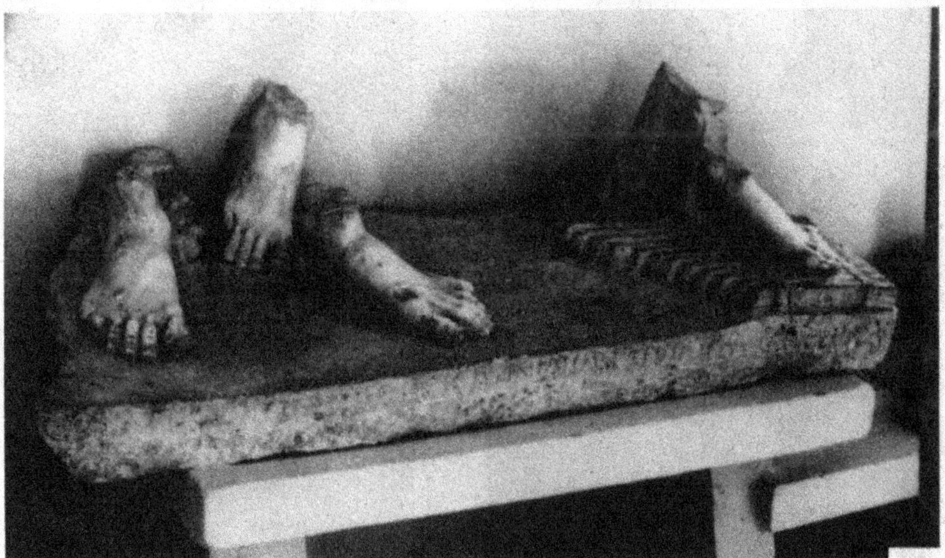

3

Plate 18.II 1 Gamba di Eracle; 2 Mano sinistra di Eracle con pomi delle Esperidi; 3 Base del gruppo di Dioniso e satiro con dedica.

1

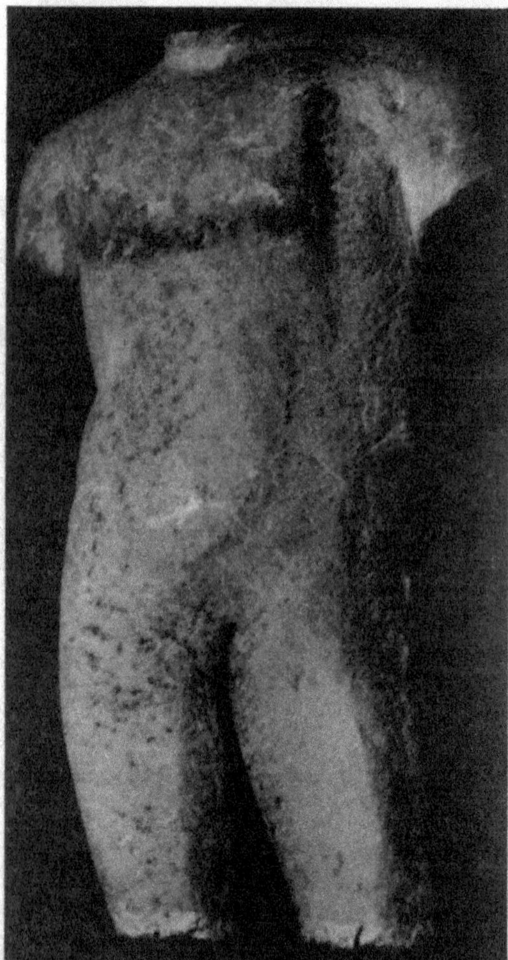

2

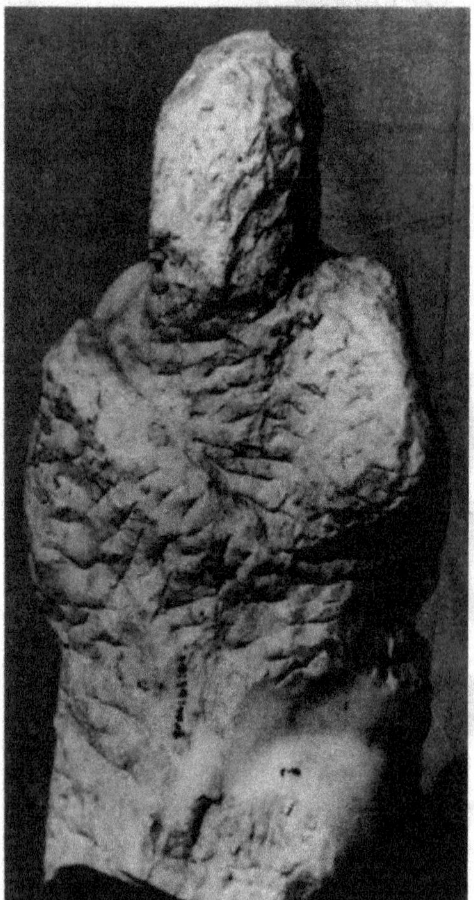

3

4

Plate 18.III 1 Base in pietra con il nome del dedicante; 2 Torso maschile rilavorato; 3, 4 Torso maschile rilavorato in un Aristeo.

Ancora:
-tra i pezzi esposti ora nel Museo di Tolemaide, vi è un torso maschile inedito di marmo pario che sto studiando insieme al resto del materiale di Tolemaide, totalmente distrutto in superficie da uno scalpello a gradina per essere rilavorato in altra statua (Plate 18.III, 2). Il procedimento di rilavorazione delle statue è noto anche a Cirene (Ferri, 1927:116). E'comprensibile che le officine di marmorari, in un paese dove il marmo non c'è, cercassero quanto più possibile di utilizzare anche i frustuli e riutilizzare le statue ormai rovinate o non più usate. Ovviamente non conosco la datazione del procedimento di distruzione, ma questo non è un esempio solitario, ne ho un altro più significativo.

-si tratta di una statua maschile in pentelico di grandezza naturale (Pesce, 1950:88; 1966:897) rilavorata e trasformata in un personaggio maschile di proporzioni mezzine che credo di riconoscere in un Aristeo, e che non fu mai portato a termine (Plate 18.III, 3-4). Dagli studi della Vitali (1928/29:25) sappiamo che Aristeo è conosciuto in Cirenaica dalle fonti fin dal 5° sec. a.C. ed è considerato una divinità amica e salutare, ma solo dall'età adrianea acquista una sua propria iconografia, derivata da quella di Asclepio. E l'Aristeo di Tolemaide che è l'unico a grandezza rilevante (gli altri sono di dimensioni molto ridotte), non può che essere stato eseguito dall'età di Adriano in poi.

Mi sembra che da queste ipotesi si possa arguire che a Tolemaide esisteva un 'atelier' di scultura, forse guidato da artisti attici, che lavoravano o marmo (in predominanza pentelico) importato grezzo, o che rifinivano statue e sarcofagi importati già parzialmente lavorati. Tra l'altro esistono innumerevoli statuette, conservate nei magazzini del Museo, che sono da considerare elementi decorativi e che quindi, non necessitando di modelli diretti, potevano benissimo essere eseguiti 'in loco'. Tutte hanno, per ripetere le parole del Pesce (1950:88), un' 'aria di famiglia', e questa osservazione segna un punto in favore dell' 'atelier' locale, che inoltre ripete gli stessi tipi della grande statuaria (Artemis Rospigliosi, Satiro vicino al tronco, Eracle in riposo, ecc.). Vi sono poi frammenti che indicano chiaramente una lavorazione 'in loco', ad es. uno con una gamba avvolta da un panneggio trasparente ancora attaccata al blocco marmoreo solo sbozzato (Plate 18.IV, 1).

Non vorrei insistere su altri minuti dettagli, ma certo molti particolari anche tecnici sono simili in varie statue presenti nel Museo, ad es. le pieghe del panneggio dell'Athena Farnese citata sono vicine a quelle della c.d. Claudia Eupomane, specie nella parte inferiore del chitone (Kraeling, 1962:184); poi il modo di scolpire i piedi con l'alluce piuttosto corto e il mignolo di lunghezza molto inferiore a quella delle altre dita, è presente in tutte le statue esaminate; vi è poi la preferenza per le basi ottagonali con i lati paralleli anteriore e posteriore più lunghi degli altri. Tutto questo non è determinante per stabilire la presenza di un 'officina locale, ma vi vedrei almeno una prova della provenienza dallo stesso 'atelier', e dato che piccoli dettagli sono simili nella grande statuaria e nella piccola e piccolissima, certamente locale, la deduzione è evidente. Del resto il problema si pone anche per Cirene e con le stesse ipotesi.

La Cirenaica non ha marmo e deve comunque importarlo grezzo o lavorato; l'Attica esportava pentelico (vedi il carico di Anticitera, del Pireo e di Misurata) e aveva mantenuto attraverso l'età ellenistica una fiorente scuola di artisti. La città di Cirene abbonda di statuaria in pentelico dall'età tardo-arcaica in poi (Beschi, 1969-70:313; Chamoux, 1953:374 ss). Di questa, una parte, più generica e fedele ai tipi statuari ormai celebri poteva essere importata già eseguita e finita, ma una parte risponde solo alle commissioni greco-cirenaiche. Le innumerevoli statue di Dioscuri (Traversari, 1959:181, 208), copie di un'originale di metà 5° sec. a.C., secondo il Traversari sono state eseguite a Atene e poi importate, anche se personalmente ho dei dubbi. Ma le c.d. divinità funerarie cirenaiche (Beschi, 1969-70:313) sono certamente eseguite 'in loco', tanto è vero che i primi esempi in marmo sono quelli c.d. ascellari che si spiegano, a mio parere, solo per la mancanza o per l'alto prezzo del marmo. La presenza di scuole locali di scultura è perciò sicura a Cirene fin dall'età severa e Chamoux (1953:295) l'aveva già chiaramente indicata; per quello che concerne Tolemaide invece, possiamo esserne certi solo in età romana imperiale.

Asklepiades ateniese potrebbe quindi aver lavorato a Tolemaide e potrebbe essere stato uno dei maestri che hanno guidato la scuola locale, la quale lavorava preferibilmente ma non unicamente il marmo pentelico, almeno nel 2° sec. d.C. Del resto non è solo dall'Attica o dal mondo greco che vengono copiati i modelli, dei quali abbiamo visto che si potevano importare i calchi (Barone, 1980:35): esistono statue o altro tipo di scultura che si rifanno a modelli egiziani o egittizzanti. Una è la statua di Cleopatra I incredibilmente smembrata tra il museo di Tolemaide e quello dell'Oriental Institute di Chicago. A Tolemaide resta la bellissima testa (Plate 18. IV, 2)(Kraeling, 1962:178, 188, 195) con il copricapo elefantino; si tratta di una variante della statua trovata a Creta (Kraeling, 1962:179, 214; Sanders, 1982:51) e databile nella seconda metà del 2° sec. d.C. eseguita da Eisodotos ateniese, in marmo pentelico, e che non conosco di persona. Non è da escludere che a Atene stessa un 'officina ricreasse tipi dell'Egitto ellenistico per esportarli dove ancora potevano avere un significato che non fosse soltanto una questione 'di moda'. In Egitto sono conosciute firme di scultori (Graindor, 1936:28) ed esistevano quindi 'in loco' officine o scuole di scultura. Nel 2° sec. d.C. comunque Creta e la Cirenaica facevano parte della stessa provincia (Romanelli, 1943:50, 70) e l'officina poteva essere localizzata in una delle due, più vicine al mondo egiziano. Certamente eseguito a Tolemaide invece è l'altare in pentelico (Plate 18.IV, 3) (Kraeling, 1962:188, 197) trovato nelle Terme che ripropone in maniera approssimativa e con molte incomprensioni, una specie di 'naiskos' egizio alla maniera egittizzante che è propria dell'età adrianea.

In conclusione, Tolemaide gravita nell'area attica per quel che riguarda la sua formazione artistica, nel 2° sec. d.C. o meglio dopo la rivolta giudaica e credo a partire dall'età adrianea, quando Cirene entra a far parte del Panhellenion (Walker, questo volume). Forse ne fu promotore proprio Adriano, σωτῆρ καί κτίστης (Ghislanzoni, 1916:196; Romanelli, 1943:117) e sotto il suo regno la Cirenaica 'tumulto iudaico eversa', come si legge in un cippo milliario del 117-8 d.C. (Ghislanzoni, 1916:155), si solleva moralmente ed economicamente, nonostante che il Romanelli (1943:123) affermi che 'la Cirenaica non si sollevò dalla guerra giudaica e dalla sua repressione inizia un declino lento ed irrimediabile'. Ma anche il Kraeling (1962:184) ritiene che i disagi economici si avvertiranno più tardi, nel 3° sec. d.C.

Artisticamente le copie di 2° sec. d.C. presenti a Tolemaide sono da attribuire ad una scuola guidata da maestri attici che prediligono il marmo pentelico e che sono coerenti a modelli attici soprattutto di 4 sec. a.C. senza essere influenzati dall'ecclettismo allora altrove imperante, peccando se mai solo di frettolosità o di trascuratezza nell'esecuzione delle parti posteriori delle statue.

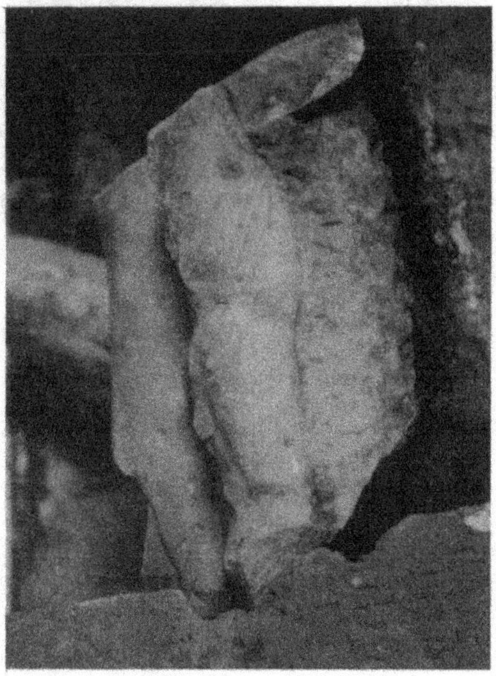

1

2

3

4

Plate 18.IV 1 Blocco di marmo con inizio di lavorazione; 2 Testa di Cleopatra; 3 Altare egittizzante; 4 Testa di Asclepio.

La scuola è sopravvisuta ai suoi maestri e si è resa indipendente alla fine del 2° sec. d.C. e soprattutto nel 3° sec. d.C. quando vi è una più forte importazione anche di marmo proconnesio ed insulare che era presente anche prima, sebbene in minima parte (Kraeling, 1962:192, 194). E'assente il marmo lunense, e nonostante la profonda romanità della città e forse dei suoi abitanti, Tolemaide culturalmente è da considerare una provincia greca o per lo meno romano-orientale. Anche per il problema delle copie fornisce una pagina di storia dell'arte greca non indifferente e che la diversifica qualitativamente dalle analoghe copie di Roma, delle province occidentali e perfino dalle città della Tripolitania.

Nel corso del 3, sec. d.C. invece, vi è uno scadimento graduale, l'insegnamento diretto attico viene meno, la scuola resta aperta con scultori locali e certamente locale è la testa di Asclepio (Plate 18.IV, 4)(Kraeling, 1962:186, 189) in marmo proconnesio, dove l'allontanamento dagli schemi classici a favore di forme ecclettiche è evidente, insieme ad una tecnica con forti trapanature, più rapida e meno accurata, cosi come è locale un piccolo sarcofago trovato in una delle recenti case signorili dai colleghi inglesi. Anche la scuola scultorea cirenaica di Tolemaide rientra nelle norme e nelle mode più vicine a quelle romano-occidentali e la città cede per il momento (per riprendersi effimeramente in età tarda) a favore di altri centri, che per i loro legami con personaggi imperiali diversi, avranno maggiore fortuna.

BIBLIOGRAFIA

Barone, G. (1980) Gessi di Sabratha. **Quaderni Archeologia della Libia** 11:35-74.

Beschi, L. (1969-70) Divinità funerarie cirenaiche. **Annuario Scuola Archeologica di Atene** 47-8:133-341.

Caputo, G. (1948) **Lo scultore del grande bassorilievo con la danza delle Menadi in Tolemaide di Cirenaica.** Roma, L'Erma.

Caputo, G. (1954) Atena tipo Farnese e Tyche della città di Tolemaide in Cirenaica. **Rendiconti Accademia Nazionale dei Lincei** 9:458-66.

Chamoux, F. (1953) **Cyrène sous la Monarchie des Battiades.** Paris, De Boccard.

Ferri, S. (1927) L'Apollo Pitio di Cirene. **Africa Italiana** 1:116-22.

Ghislanzoni, E. (1915) Notizie archeologiche sulla Cirenaica. **Notiziario Archeologico** 1:65-239.

Ghislanzoni, E. (1916) Milliario dell'imperatore Adriano sulla strada Cirene-Apollonia. **Notiziario Archeologico** 2:155-61.

Giuliano, A. (1962) **Il Commercio dei Sarcofagi Attici.** Roma, L'Erma.

Giuliano, A. e Palma, B. (1978) La maniera ateniese di età romana, I, I maestri dei sarcofagi. **Studi Miscellanei** 24. Roma, L'Erma.

Graindor, P. (1936) **Bustes et Statues Portraits d'Egypte Romain.** Le Caire, P. Barbey.

Guarducci, M. (1974) **Epigrafia Greca III.** Roma, Poligrafico dello Stato.

Gullini, G. (1953) Kallimachos. **Archeologia Classica** 5:133-62.

Kraeling, C. e altri (1962) **Ptolemais, City of the Libyan Pentapolis.** Chicago, University Press.

Moreno, P. (1982) Il Farnese ritrovato ed altri tipi di Eracle in riposo. **Mélanges de l'Ecole Française de Rome** 94:379-526.

Pesce, G. (1950) **Il Palazzo delle Colonne in Tolemaide di Cirenaica.** Roma, L'Erma.

Pesce, G. (1966) **Enciclopedia dell'Arte Antica** VII, s.v. Tolemaide: 891-2.

Pietrogrande, A.L. (1930) Sarcofagi decorati dalla Cirenaica. **Africa Italiana** 3:107-40.

Romanelli, P. (1943) **La Cirenaica Romana.** Roma, Airoldi.

Rosenbaum, E. (1960) **A Catalogue of Cyrenaican Portrait Sculpture.** London, Oxford University Press.

Sanders, I.F. (1982) **Roman Crete.** Warminster, Aris and Philips.

Sichtermann, H. (1960) Archäologische Funde und Forschungen in der Kyrenaika 1942-1958. **Archäologischer Anzeiger** 74, 1959:239-347.

Toynbee, J.M.C. (1950) Some notes on artists in the Roman world II. **Latomus** 9:49-65.

Traversari, G. (1959) I dioscuri di Cocceiano. **Sculture Greche e Romane di Cirene.** Padova, Cedam. Pp. 181-208.

Wace, A.J. B. (1946) An altar from the Serapeum. **Bulletin de la Société Royale d'Archéologie de Alexandrie** 36:83-97.

19. The Building Materials of Churches in Cyrenaica

R. Harrison

The paper by John Ward-Perkins and Richard Goodchild on the Christian Antiquities of Tripolitania has become a classic (Ward-Perkins and Goodchild, 1953), and they had planned something similar for Cyrenaica. But time went by, Goodchild died, and Ward-Perkins in the end planned two books, the first with Elisabeth Alfoldi-Rosenbaum on the mosaic pavements, which duly appeared two years ago (Alfoldi-Rosenbaum and Ward-Perkins, 1981), the second on the architecture. The latter was well advanced at the time of Ward-Perkins' own death, and I have been asked to help see it through to publication. Much of it is complete, including Sheila Gibson's drawings, but inevitably there are gaps, including, unfortunately, the major part of a projected chapter on materials; there is nothing on the marbles.

In his book on Roman architecture, Ward-Perkins wrote: "Roman Cyrenaica...was a poor province, richer in history than it was in fine contemporary monuments, and, although much of Cyrene itself has been excavated, as well as considerable areas of Ptolemais and Apollonia, there are few Roman buildings that are of more than local significance" (Ward-Perkins, 1981:368). Certainly the province was generally conservative, both in architectural forms and in materials. In the 2nd century marble columns and capitals from Greece and the islands made their appearance in Hadrian's rebuilding of the sanctuary-baths at Cyrene, and cipollino columns from Carystus in Euboea in the Temple of Zeus there and in Apollonia; but this was nothing like the marble style which hit the cities of Greece and Asia Minor at this time (Ward-Perkins, 1981:300), and we should remember that the temple of Apollo at Cyrene was rebuilt then in limestone and in Doric (Stucchi, 1975:237-9), and that the splendid columns and capitals of the House of Jason Magnus and the windswept acanthus capitals of the Severan portico and the Severan figured frieze are also of local limestone (Sichtermann, 1959:271-6, 313).

The principal constructional material is in fact limestone, everywhere available but varying considerably in quality and strength. At Cyrene and Apollonia it was easily cut and dressed but did not weather well unless protected by a facing of stucco. Ptolemais, however, had abundant supplies of a fine tough stone, and, although this too was used with a facing of stucco, it was there applied rather for visual effect than for protection.

This limestone masonry might be of true ashlar, opus quadratum, or, more often than not, it was stone-faced rubble, with larger blocks as quoins, jambs, and piers, or as a levelling course, and smaller blocks only roughly dressed and coursed. The irregularity of masonry is apparent in the East Church at Limnias (Lamluda), in both the primary structure and in the additional protective facing and narrowed doorway. The church at Ras el-Hilal has an apse of carefully cut opus quadratum, and monolithic piers for the two arcades; the lower courses of the apse had a neat stucco finish. The Eastern Church at Cyrene has the same features, an ashlar apse and masonry arcade, but there we find a well-built synthronon too (Sichtermann, 1959:289-90), whereas at Ras el-Hilal it had been of timber, to judge from a row of beam-slots in the apse (Harrison, 1964:5).

The decorative use of stucco is well exemplified at Ras el-Hilal, in the baptistery, where rough interior walls were brought to a fine plaster finish, with dado and relief pilasters (Harrison, 1964:8-9). The baptismal font was here rock-cut and lined with plaster which also covered the floor. Mention may indeed be made too of native rock as a building material, in view of a rock-cut crypt in the Western Church at Limnias (Stucchi, 1975:349, 395) (admittedly reused from an earlier period) and rock-cut chapels at Messa (Stucchi, 1975:348-50) and near Derna.

Another building-material consists of spolia, the reuse of elements from earlier structures. Whereas the apse and outer walls of the East Church at Apollonia are of limestone opus quadratum, the nave and transepts are defined by reused columns of cipollino from Euboea, and capitals and bases which appear to be of Aegean marble, perhaps from Thasos. The columns were a job-lot, requiring plinths of differing heights to raise the capitals to a common entablature-line.

The forests which once covered the Jebel Akhdar had long since vanished, and, although some scattered remnants may have survived in the wadis, they are unlikely to have been able to supply the massive roof-beams required by 5th- and 6th- century basilicas. Some may have been reused but much must have been imported, as it was imported (presumably from the north) for the construction of Justinian's Church of St. Catherine in the mountain-wilderness of Sinai, where there is an intact mid- 6th century timber-roof (Forsyth, 1968:8-10).

The Central Church at Cyrene was constructed largely of spolia, including granite columns (probably Egyptian rather than from the Troad), capitals from Greece and other columns of a dark marble, which may have been from Thasos. Chancel screens and posts, however, are prefabricated imports of Proconnesian marble, from the island of Proconnesus in the sea of Marmara. The wreath and flanking crosses and the twisting ivy-leaf tendril are diagnostic, exactly comparable with a screen of Proconnesian marble from a shipwreck off Marzamemi near Syracuse (Kapitan, 1969:128).

The 6th century Central Church at Apollonia consists largely of imported Proconnesian elements: bases, columns, capitals, imposts, plinths, screens, chancel-posts (Ward-Perkins, 1976). The bases are simple in the extreme, the shafts are decorated each with a cross upon an orb in relief, and the capitals are of a distinctive mass-produced type.

We can again turn to the Marzamemi wreck, which sank with the cargo of a prefabricated church, for precise parallels. The wreck included columns of Proconnesian marble, and many small fragments of *verde antico* recognised by the excavator as part of an ambo. This can be reconstructed accurately on paper, and is an example of one type of church-furniture which was widely exported in the 6th century (Kapitan, 1969:130-1).

Cyrenaica has no such splendid ambo, and indeed the only ambo fragments in the province appear to be small double-steps of limestone, in the West Church at Apollonia and at Ras el-Hilal (Harrison, 1964:13); it has been conjectured that the ambo itself in each case was of wood.

Although the Central Church at Apollonia contained, as we have seen, prefabricated marble elements, these were insufficient, and the western end of the nave had to be completed in local materials. We may speculate whether only one shipment out of two from Proconnesus actually arrived, whether the second shipment, containing more columns and perhaps an ambo, was wrecked en route, whether Marzamemi might indeed be the missing cargo, and indeed, if one shipment ~~reached Apollonia~~ Apollonia and the other Sicily, whether they had both been intended for Apollonia in the first place; the storm which wrecked one might have blown both off course.

The Proconnesus quarries are on an island in the sea of Marmara, where the waterfront is backed by the scars of ancient and modern workings. Recent study of these quarries has shown that they were one of the major producers of white marble in the Roman and Early Byzantine periods, and there are abundant traces there of ancient activity (Asgari, 1978). Generally speaking, once the marble had been extracted, three things might happen. Either the marble was prepared for export as plain blocks, or it was given its rough form in the quarry, be it statue or sarcophagus or cornice or capital, to be completed at its eventual destination, or (and this applied to the mass production of standard capitals and of chancel screens) it might be finished in the quarry.

Ward-Perkins studied the distribution patterns of sarcophagi in the Roman period, and we may note that, whereas Proconnesian sarcophagi reached the Adriatic, the Black Sea, the Levant, and Alexandria in considerable numbers, with only two examples in Cyrenaica, the Attic distribution was to the Adriatic, Rome, the Levant, and Cyrenaica--but not Alexandria (Ward-Perkins, 1980:44-8). Contacts, which in the 2nd century brought sarcophagi from Greece, also in the 2nd century brought *cipollino* columns from Carystus in Euboea and columns and capitals of Thasian and other Aegean marbles to Cyrene and Apollonia. I think of the Hadrianic Baths at Cyrene, the *cipollino* columns in the Temple of Zeus, and *cipollino* of the East Church at Apollonia (which may have been salvaged from the theatre).

Proconnesian imports for the churches are something of a novelty. It is worth remarking too that, whereas Cyrenaica has prefabricated material from Proconnesus, it does not have any of the more ambitious Proconnesian capitals, of the kind which were shipped in roughed-out state for churches in Constantinople, Costanza and Ravenna, to be finished on the spot.

There was, however, a long tradition of limestone carving in Cyrenaica, and it is perhaps not surprising that, outside the towns, in the absence of available spolia or prefabricated imports, one finds chancel-screens with elaborate designs cut into the soft stone, at Ras el-Hilal for example (Harrison, 1964:12) or in a number of pieces at Barce (Ward-Perkins, 1943: pls. 7-8). This is rather refreshing, and one might indeed wish that we had more.

Mosaic pavements could absorb scrap materials and indeed were a much cheaper form of flooring than marble flags, as we know from the legal codes. The great series of Justinianic pavements at Cyrene, Apollonia, Gasr el-Lebia, and Ras el-Hilal, laid by workers who seem to have come from Greece, may represent an imperial programme of renovation, in the wake of the reconquest of Carthage (Alfoldi-Rosenbaum and Ward-Perkins, 1981). But, if it is an imperial initiative, it is a fairly cheap one, and we look in vain for traces of buildings like Justinian's Church of St. Catherine on Sinai, which was decorated with a magnificent mosaic of gold and silver and coloured glass.

There is some *opus sectile*, as in Apollonia's West Church: but there again the constituent pieces are probably spolia: one can recognise *pavonazzetto* from Phrygia and *cipollino*, but one looks in vain (although this may simply be my ignorance—it is twenty years since I was in Libya) for the brighter coloured marbles, *giallo antico* from Numidia, red porphyry from Egypt, green porphyry from Laconia, *verde antico* from Thessaly.

Finally, there are materials I have not mentioned, like roof-tiles, window-panes, timber for window-frames, shutters, and doors, and curtains which could be hung in doorways, as we know from the brackets for curtain-poles at Ras el-Hilal or mosaic depictions of curtains at Gasr el-Lebia and elsewhere. Suffice it that all these latter items will have been locally available.

All in all, Cyrenaica's constructional imports were few, although timber remains a question-mark. It was a conservative province and frankly something of a backwater (perhaps none the worse for that). Despite marble imports in the 2nd century, much major building at Cyrene, whether the rebuilding of the Temple of Apollo or the Severan frieze and propylaea or the capitals of the House of Jason Magnus, continued to be carved in stone. Again, at a later period, there was little or no marble in the palace of the *Dux* at Apollonia, and, apart from the Central Church there and a few *elements* in the Western Church, the only marble specifically imported was for church-furnishings.

BIBLIOGRAPHY

Alföldi-Rosenbaum, E. and Ward-Perkins, J.B. (1981) **Justinianic Mosaic Pavements in Cyrenaica Churches.** Rome.

Asgari, N. (1978) Roman and Early Byzantine marble quarries of Proconnesus. **The Proceedings of the 11th International Congress of Classical Archaeology**:467-80, pls. 137-42. Ankara.
Forsyth, G.H. (1968) The Monastery of Saint Catherine at Mount Sinai. **Dumbarton Oaks Papers** 22:1-19.
Goodchild, R.G. (1976) The "Palace of the Dux". **In** J. Humphrey (ed) **Apollonia, the Port of Cyrene.** Tripoli.
Harrison, R.M. (1964) The sixth-century church at Ras el-Hilal in Cyrenaica. **Papers of the British School at Rome** 32:1-20.
Kapitan, G. (1969) The church wreck off Marzamemi. **Archaeology** 22: 122-33.
Sichtermann, H. (1959) Archäologische Funde und Forschungen in der Kyrenaika 1942-1958. **Archäologischer Anzeiger** 74:239-348.
Stucchi, S. (1975) **Architettura Cirenaica.** Rome.
Ward-Perkins, J.B. (1943) Christian antiquities of the Cyrenaican Pentapolis. **Bulletin de la Société d'Archéologie Copte** 9.
Ward-Perkins, J.B. (1976) The Christian architecture of Apollonia. **In** J. Humphrey (ed) **Apollonia, the Port of Cyrene.** Tripoli.
Ward-Perkins, J.B. (1980) Nicomedia and the marble trade. **Papers of the British School at Rome** 48:23-69.
Ward-Perkins, J.B. (1981) **Roman Imperial Architecture.** Harmondsworth.
Ward-Perkins, J.B. and Goodchild, R.G. (1953) The Christian antiquities of Tripolitania. **Archaeologia** 95:1-82.

20. Sculpture from the Cyrene Demeter Sanctuary in its Mediterranean Context

S. Kane

This paper, based upon a collaboration between a geologist and a classical archaeologist, illustrates how scientific techniques, in this case isotopic signature analysis, coupled with stylistic analysis of marble sculpture from the Sanctuary of Demeter, can help to reconstruct some of the commercial connections of Cyrene.

Ten years of excavation in the Sanctuary of Demeter, under the direction of Donald White (White, 1981:13-30) of the University Museum, Philadelphia, have unearthed 724 catalogued pieces of sculpture. These include large-scale statues, statuettes, heads, reliefs, and other fragments. The sculptures span the life of the Sanctuary, from the archaic Greek through the Roman periods (6th century BC - 3rd century AD). They reflect, both in quality and quantity, the wealthy economy of Cyrene. The city's wealth is further underscored by the fact that marble, which is not native to the Cyrenaican region, is the most frequently used material for the sculpture from the Sanctuary; works in local limestone are a distant second (645 [89.1%] vs. 79 [10.9%]). All marble had to be imported, presumably from the Aegean region. If the specific origins for the marbles in the Sanctuary could be pinpointed, they might provide new evidence to amplify current knowledge of Cyrene's commercial connections in the ancient Mediterranean.

Until recently, a consistently accurate identification of the many visually similar Aegean marbles has been difficult (Ashmole, 1970; Renfrew and Peacey, 1968). Characteristics such as grain or colour do not provide a secure enough basis for reliable 'naked-eye' identification. Now an increasingly precise determination of geographical sources for marble is possible using stable isotopic signature analysis (Conforto et al., 1975; Craig, 1972; Herz and Wenner, 1978; Manfra et al., 1975). Isotopic ratios of C12/13 and O16/18 are measured in each sample and expressed in terms of their deviation from a conventional isotopic standard. These ratios are the distinctive 'signatures' or geological identities of each stone. Certain ratios are generally characteristic for marble from a specific quarry.

Using these techniques, Herz (1978, 1981) at the University of Georgia is building a data base of the ancient quarries of Greece, Turkey, Italy and Tunisia. To date, thirteen quarry areas have been defined on the basis of 157 analyses. These data, in conjunction with other information such as the petrographic characteristics of each source, are being used to create an index of ancient marble types. Such a data base is of great utility in assigning quarry provenance to artifacts carved from unknown marble, as in the statuary from Cyrene.

The analysis of the material from Cyrene is in a preliminary phase. While 61 pieces of sculpture from the Sanctuary of Demeter were selected for isotopic testing, due to technical problems only 30 have been analysed to date. The final analysis of the material, as well as the scientific details of the project will be presented at a later time. But now, with one-half of the samples analysed, certain observations may be noted.

Table 20.1 shows the C^{13} and O^{18} ratios for the Cyrenean samples now analysed. These isotopic ratios are compared to the data base of quarry signatures through a computer statistical routine, the SPSS (Statistical Package for the Social Sciences) Discriminant Analysis programme run by W. Hayes of the University of Georgia. This programme assigns each sample to two potential quarry groups and calculates the probability that the sample belongs to each group. The results show a variation in first choice from 0.26 to 0.92; in the second from 0.07 to 0.41. The statistical first and second choices given to each sample are also listed in the table.

Using this approach, the following quarries have been designated as statistical first choices, listed by order of the number of pieces in each: Ephesos area - 7; Carrara - 7; Thasos - 7; Paros - 3; Naxos - 3; Pentelicus - 2; and Hymettos - 1. The second choice quarries are: Paros -8; Marmara (Proconnesus) - 8; Denizli - 4; Pentelicus - 3; Thasos - 3; Naxos - 2; and Ephesos area - 2. Figure 20.1 gives a rough idea of how some of the samples are distributed across Herz's isotopic 'map' of ancient quarries.

Considering the first choices only, of the 30 samples analysed to date over half appear to have been imported from Greece and the islands, with the remainder equally divided between Turkey and Italy. From these preliminary figures, the sculptural marble from the Sanctuary appears to be predominantly of eastern Mediterranean origin.

Such a predominance of Greek and island marbles might be expected on the basis of the historical evidence. Cyrene seems always to have been a city of Greek character, even during the Roman period, and to have kept its ties primarily within the eastern Mediterranean (Rosenbaum, 1960:5; Stucchi, 1965: chapter 4). Often used for sculpture, Aegean marbles were especially prized for their fine grain and light colour. These isotopic analyses now confirm that many of these quality marbles were used for sculpture at Cyrene. A corresponding study of the city's architectural marbles, especially the colourful stones used as veneers in the Roman period, should be made to expand the work done on other areas of Libya by scholars such as Ward-Perkins (1951:89-104). It might show a very different trade pattern, perhaps one that reflects imperial tastes from the West.

Exc.Inv.No.	^{18}O PDB	^{13}C PDB	First	Second
CY 69- 292	-1.04	1.79	Carrara	Denizli
CY 69- 293	-1.13	1.82	Carrara	Denizli
CY 69- 360	-1.89	2.05	Carrara	Denizli
CY 71- 235	-2.57	5.58	Ephesos	Paros
CY 71- 297/ 78- 728	-4.54	4.66	Ephesos	Paros
CY 71- 304/ 76- 618	-3.12	4.85	Ephesos	Paros
CY 71- 500	-6.75	2.21	Pentelicus	Naxos
CY 71- 700	-2.23	4.03	Paros	Ephesos
CY 71- 704	-5.33	2.75	Naxos	Pentelicus
CY 71- 829	-0.54	2.37	Carrara	Thasos
CY 71- 830	-1.77	3.91	Paros	Marmara
CY 73- 109/ 73- 142	0.67	3.58	Thasos	Marmara
CY 73- 263	-0.64	1.95	Carrara	Denizli
CY 73- 444	-1.77	5.48	Ephesos	Paros
CY 73- 876	-0.09	2.10	Carrara	Thasos
CY 73- 978	-0.19	2.10	Carrara	Thasos
CY 73- 1255	0.54	3.35	Thasos	Marmara
CY 73- 1287	-4.00	3.28	Hymettos	Paros
CY 73- 1288	-1.37	5.14	Ephesos	Paros
CY 74- 025	-1.69	6.68	Ephesos	Paros
CY 74- 094	-6.09	3.98	Naxos	Pentelicus
CY 74- 180/ 74- 517	-1.37	6.81	Ephesos	Paros
CY 74- 295	0.05	3.09	Thasos	Marmara
CY 74- 415	-0.15	4.49	Thasos	Marmara
CY 76- 460	-6.43	4.07	Naxos	Pentelicus
CY 78- 047	-7.83	1.99	Pentelicus	Naxos
CY 78- 196	0.43	3.54	Thasos	Marmara
CY UNK-60	0.74	3.35	Thasos	Marmara
CY UNK-61	-2.93	3.65	Paros	Ephesos
CY GR	1.12	3.79	Thasos	Marmara

Table 20.1 Isotopic ratios and quarry groups.

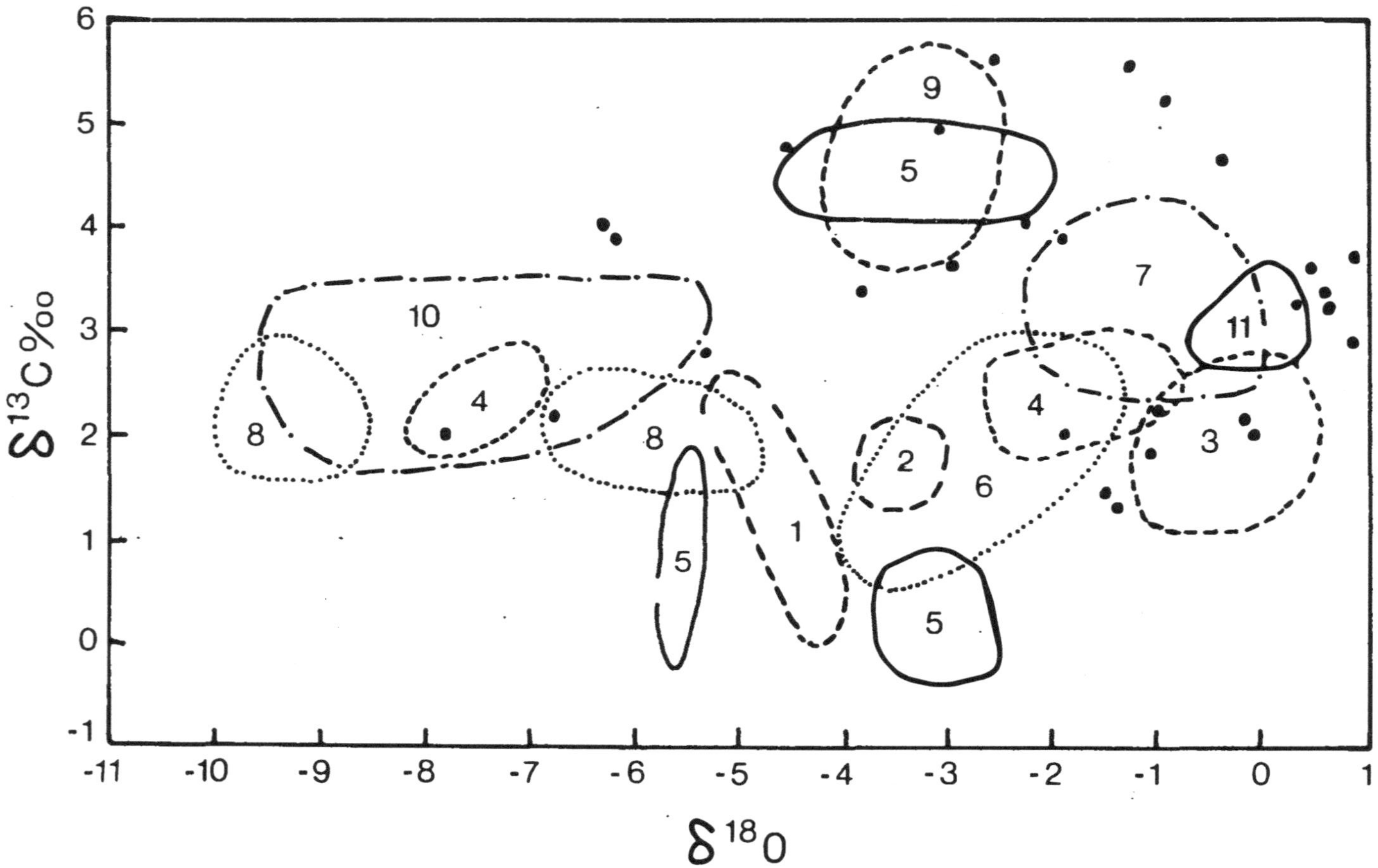

Figure 20.1 Distribution of samples across Herz's Isotopic Map.
1) Afyon; 2) Aphrodisias; 3) Carrara; 4) Doliana; 5) Ephesos; 6) Hymettos; 7) Marmara; 8) Naxos; 9) Paros; 10) Pentelicus; 11) Thasos.

The isotopic and stylistic analyses done so far can aid in some preliminary investigation of several important issues: are there specific connections between certain quarries and certain time periods, is the marble imported as unworked blocks or as finished statues, and are the artists natives or foreigners?

An approximately ordered stylistic chronology of the 30 works now analysed shows that certain marbles were used in one time period more than another. Preliminary figures suggest that marbles from the Ephesos area and Paros are used most frequently in the sketchily represented Hellenistic period. The Roman period is better documented. While marbles from the Ephesos area and Paros are still used frequently, marbles from Thasos and Carrara appear in quantity. Carrara marble seems to have been used often in the 2nd-3rd centuries AD, particularly in the Severan period. The use of Pentelic marble for several works in the Antonine period underscores some stylistic connections with Athens in this same period.

One such Attic stylistic connection can be clearly documented by a small-scale statuette group of two women with one seated cross-wise in the other's lap (Plate 20.I,1), one of four known examples of this particular iconographic type (Harrison, 1967:9, figs. 18-9; Kane, 1977:16, 1979:58; Lindner, 1982:376, fig. 50; Mylonas, 1961: fig. 73). The figures clearly represent Demeter with her daughter Kore seated in her lap. Our Cyrene group derives from the same iconographical type as the other groups, one that likely was developed in Attica where the remainder of the groups were found. Two of the Attic groups are, in fact, from Eleusis, home of one of the most important Greek cults of Demeter and Persephone, one being from an Antonine pediment on the so-called Treasury or Building F. The importance of Eleusis as a cult place for the two goddesses would provide a strong impetus to create a varied iconography for them. Two of the three Attic groups are known to be of Pentelic marble and of Antonine date, probably the same marble and date of the Cyrenean group. In this case Athens can be seen to be the source of both the iconography and the stone, and, because of the work's small size, perhaps of the artist and of the finished product itself. The discovery of the group from the Sanctuary of Demeter also shows what influence the Eleusinian cult may have exercised at Cyrene, especially in the Antonine period, a theory supported by another paper given by Walker in the Colloquium. Furthermore, it shows the extent, paralleled by other examples as well, to which sculpture from the Sanctuary tends toward conservative Greek iconography.

Another statue, that of an over life-size female (Plate 20.I,2), again of Antonine date and of Pentelic marble, also appears to be part of an Attic Classicising style. The statue represents a variant of a type (possibly developed from a 4th century BC or early Hellenistic prototype) which was in popular use for portrait statues in the Roman period. Cyrene has produced two closely related copies of the so-called Vatican variant of this type (Rosenbaum, 1960: no. 159). Other replicas of this particular variant are widely distributed in the East; examples have been found in North Africa, Greece, and Asia Minor. The closest stylistic parallel to the Cyrene copies may be found in Olympia, however, in the statue of Regilla, wife of Herodes Atticus, which was found in the Exedra built in AD 147-150 by that Athenian-loving philanthropist. Regilla's statue is also made from Pentelic marble and represents her as a priestess of Demeter (according to an inscription found on a statue of a bull also located in the Exedra). The Cyrenean statues's close relationship to the Olympia work in general form,

1

2

Plate 20.I,1 Sculpture from the Cyrene Demeter Sanctuary: group of two women (exc. inv. no. 76-460; maximum preserved height: 0.415 m).
2 Sculpture from the Cyrene Demeter Sanctuary: over life-sized female (exc. inv. no. 71-500; maximum preserved height: 1.60 m) (White, 1977-2:184-5, n. 66 pl. 72c).

proportions, treatment of folds and certain technical details representative of Attic Classicising style may be considered another proof that Cyrene maintained artistic contacts with the Greek mainland in the 2nd century AD. The paper given at the Colloquium by Fabbricotti on an Athenian artist working at Ptolemais also provides evidence for such contact.

Most sculpture from the Sanctuary, however, reflects a more general eastern Mediterranean connection. Three togati are examples of more eclectic Mediterranean style. One (Plate 20.II,1), made from Thasian marble and dated in the Antonine period, is a work of good quality with stylistic parallels in mainland Greece--Corinth, Eleusis, and Olympia. Two others (Plates 20.II,2 and 20.II,3), however, both made from Carrara marble and dated in the late Severan period, may be compared primarily to Italian types. These latter two togati are noteworthy among the sculpture from the Sanctuary in having an Italian source for both marble and style. However, the togatus is a Roman type which, in general, was not as popular in Cyrene as the himation draped male type, a clear reflection of Cyrene's more traditionally Greek character.

Some sculptures seem to be examples of pastiche work or creative adaptation which were made locally. A half-length bust of a life-size female (Plate 20.III,1), made of Parian marble, seems to be a combination of a local style (represented by the half-length female busts associated with Cyrenean tombs) and a more dispersed draped female type, the so-called Polla Valeria, of which several stylistically related examples have been found on the west and south coasts of Asia Minor.

Some sculptures seem to exhibit more purely local styles. One male head (Plate 20.III,2), dated in the late Hadrianic-early Antonine periods, is a probable example of such local style. Made of Ephesian area marble, the head exhibits a distinctive physiognomy, usually thought to be that of a Libyan, which can be compared to other similar heads from Cyrene, Sabratha, and Alexandria (Bacchielli, 1977:97-110; Bonacasa Carra, 1980:101-12). Of the five heads analysed isotopically so far, three are of Parian or Ephesian are marble, while two are of Pentelic or Thasian stone. Perhaps the fine grain of the marbles from Paros and Ephesos was considered especially suitable for the finely detailed carving necessary for portraiture.

Were these sculptures carved by local or foreign artisits? The discovery of a statue base (exc. inv. no. 71-801; White, 1977-2:185 ns. 70-1, pl. 79b) in the Sancturary of Demeter signed by one Aristis Tabalbios (a Cyrenean name) and discussed by Reynolds and Gasperini at this Colloquium would argue for some local talent, as would Chamoux's (1946:67-77) analysis of a Cyrenean base inscribed with Zenion, son of Zenion. It would also seem that Cyrenean artists did not always work at home, some at least travelled and took commissions abroad, such as the sculptor Polianthes who, if Marcade (1957:103-5, 1969:73-4, 407 n.1) is correct, worked in Delos in the 2nd century BC. It is likely that foreign sculptors, as well as marbles and styles, travelled to Cyrene from other Greek cities, too, in similar fashion to the Athenian artist at Ptolemais mentioned above.

Whether finished works often were imported is still uncertain. A small scale statuette such as the Demeter and Persephone group previously discussed is a more easily portable object than a life-size statue. Yet it is tempting to imagine some of the very flat-backed togati being shipped to Cyrene in stacks like so many plates. Certainly there appears to be an increasing

1

2

3

Plate 20.II,1 Sculpture from the Cyrene Demeter Sanctuary: Togati (exc.inv.no. 73-1255; maximum preserved height: 1.31 m) (White 1977-3:203 n. 7, pl. 98a)
2 Sculpture from the Cyrene Demeter Sanctuary: Togati (exc.inv. no. 69-292, maximum preserved height: 1.05 m) (White, 1971:100, n. 34, pl. 37c)
3 Sculpture from the Cyrene Demeter Sanctuary: Togati (exc.inv. no. 71-829, maximum preserved height: 1.63 m) (White, 1977-2:189, n. 82, pl. 83a)

1

2

Plate 20.III,1 Half-length bust of female (exc.inv.no. 71-830; maximum preserved height:0.86 m) (Ghislanzoni, 1915:212-21, fig. 70; White, 1977-2:175 n. 17, pl. 82a).
2 Male head (exc.inv.no. 73-1288; maximum preserved height: 0.255 m) (White et al. 1976:27-8; White, 1977-3:203 n.9, pl. 98b c).

amount of evidence, particularly in the Roman period, to support the existence of local workshiops. The reoccurrence of certain stylistic and technical features, the continued use of certain types, the existence of near duplicate or reused works and the discovery of artists with Cyrenean names may be used as arguments for a local production of sculpture. There is also evidence that imported marble may have been used frugally. Not only are there examples of statue bases recarved as statuary in the Sanctuary, but certain technical features, such as the extensive amount of joining found in statuettes, may reflect an economical utilisation of all scraps of stone as well as possible division of workshop labour.

Finally, some last comments about the sculpture from the Sanctuary of Demeter. Not suprisingly, given the extensive use of imported marble and the probably expensive cost of large-scale works, there are more statuettes (155) than statues (88). It is interesting, however, that there are more life-size statues (54) than half-life size (17), two-thirds life-size (8) or over life-size (9) works, a fact that may reflect the popularity of a format more than anything else.

In my previous work (Kane and Carrier, 1982), statistical techniques have been used to analyse the distribution of the sculptural finds within the Sanctuary. In this paper such quantitative methodology has been extended to include stable isotopic signature analysis. These efforts are part of an ongoing programme intended to provide additional perspectives on the study of this sculpture. Hopefully, further research on and testing of the Sanctuary of Demeter sculpture will continue to elucidate the position of Cyrenaean sculpture both as an art form and as a commercial commodity within the Cyrenaica and the ancient Mediterranean.

BIBLIOGRAPHY

Ashmole, B. (1970) Aegean marble: science and common sense. **Annual of the British School at Athens** 65:1-2.

Bacchielli, L. (1977) Un ritratto cirenaico in gesso nel Museo greco-romano di Allessandria. **Quaderni di Archeologia della Libia** 9:97-110.

Bonacasa Carra, R.M. (1980) Ritratto di un dignitario libio nel Museo di Sabratha. **Quaderni di Archeologia della Libia** 11:101-12.

Chamoux, F. (1946) Un sculpteur de Cyrene: Zenion, fils de Zenion. **Bulletin de Correspondance Hellénique** 70:67-77.

Conforto, L. et al. (1975) A preliminary evaluation of chemical data (trace element) from classical marble quarries in the Mediterranean. **Archaeometry** 17(2):201-13.

Craig, H. and V. (1972) Greek marbles: determination of provenance by isotopic analysis. **Science** 176:401-3.

Ghislanzoni, E. (1915) Notizie archeologiche sulla Cirenaica. **Notizario Archeologico** I(1-2):212-21.

Harrison, E. (1967) U and her neighbours in the west pediment of the Parthenon. **In** D. Fraser et al. (eds) **Essays in the History of Art Presented to Rudolf Wittkower:** 1-9. London, Phaidon.

Herz, N. and Wenner, D. (1978) Assembly of Greek marble by isotopic methods. **Science** 199:1070-2.

Herz, N. and Wenner, D. (1981) Tracing the origins of marble. **Archaeology** 34:14-21.

Kane, S. (1977) Votive and portrait sculpture from the Sanctuary of Demeter and Persephone at Wadi bel Gadir, Cyrene (Shahat). **Society for Libyan Studies, Eighth Annual Report 1976-77**:15-18.

Kane, S. (1979) The Sanctuary of Demeter and Persephone in Cyrene, Libya **Archaeology** 32:57-9.

Kane, S. and Carrier, S. (1982) Computer analysis of statuary finds from the Demeter Sanctuary at Cyrene. **American Journal of Archaeology** 86:258.

Lindner, R. (1982) Die Giebelgruppe von Eleusis mit dem Raub der Persephone. **Jahrbuch des Deutschen Archaologischen Instituts** 97:303-400.

Manfra, L. et al. (1975) Carbon and oxygen isotope ratios of marbles from some ancient quarries of Western Anatolia and their archaeological significance. **Archaeometry** 17:215-21.

Marcade, J. (1957) **Recueil des Signatures de Sculpteurs Grecs.** Paris.

Marcade, J. (1969) **Au Musée de Délos.** Paris.

Mylonas, G. (1961) **Eleusis and the Eleusinian Mysteries.** Princeton.

Renfrew, C. and J. Peacey (1968) Aegean marbles: a petrological study. **Annual of the British School at Athens** 63:45-66.

Rosenbaum, E. (1960) **A Catalogue of Cyrenaican Portrait Sculpture.** London.

Stucchi, S. (1965) **L'Agorà di Cirene** 1. Rome.

Ward-Perkins, J.B. (1951) Tripolitania and the marble trade. **Journal of Roman Studies** 41:89-104.

White, D. (1971) Excavations of the Demeter Sanctuary at Cyrene 1969. A preliminary report. **Libya Antiqua** 8:85-104.

White, D. (1977-2) Excavations in the Demeter Sanctuary at Cyrene 1971. Second preliminary report. **Libya Antiqua** 9:171-95.

White, D. (1977-3) Excavations in the Sanctuary of Demeter and Persephone at Cyrene 1973. Third preliminary report. **Libya Antiqua** 10:197-219.

White, D. (1981) Cyrene's Sanctuary of Demeter and Persephone: A summary of a decade of excavation. **American Journal of Archaeology** 85:13-30.

White, D. et al. (1976) Seven recently discovered sculptures from Cyrene, Eastern Libya. **Expedition** 18:14-32.

21. Patterns of Trade in Fine Pottery at Berenice

P. Kenrick

Between 1971 and 1975, a substantial rescue excavation was carried out in the Sidi Khrebish quarter of Benghazi, under the joint auspices of the Society for Libyan Studies and the Libyan Department of Antiquities, and two volumes of the report are now in print (Lloyd *et al.*, 1977; Lloyd, 1979). This article is concerned with the study of the fine wares made by the writer (Kenrick, in press), and it will be convenient here to set the scene by summarising the results of the excavation which are contained in the first volume (Lloyd *et al.*, 1977:11-227).

The area investigated was found to lie near the edge of the city of Berenice, and though the settlement which acquired that name in 246 BC probably first came into existence in the 4th century, few traces found on the site could be attributed to that period. The area seems first to have been systematically built over in the early 2nd century, at which time it was filled principally with residential blocks. During the 1st century AD many of these buildings were replaced, following the same street alignments, and on part of the site (Area L) was found a large peristyle belonging to a public building, perhaps baths, which lay outside the area available for study. The community evidently prospered and many of the buildings were subsequently embellished with mosaics. Around the middle of the 3rd century AD, no doubt in connection with the general insecurity of the region at that time, a reduced defensive circuit was constructed, part of which ran across the centre of the site. The area outside the wall was abandoned and probably levelled, and this seems also to have affected the buildings immediately inside the wall. For the 4th and 5th centuries, there is evidence of patchy occupation in one or two areas outside the wall, probably associated in the main with industrial activities. Within the wall, much of the evidence of previous occupation was swept away in the late 5th or very early 6th century by the construction of a massive church (Building G), whose foundations cut away what might otherwise have been found. There is more substantial evidence of occupation between then and the Arab conquest in AD 645, after which there are modest traces of activity in and around the church persisting until the 10th century or thereabouts.

Within this general framework, the sequence is dated by a range of substantial deposits and the finds from the site are prolific. (See the articles by Donald Bailey and Jennifer Price in the present volume, and the reports on the terracottas and the coarse wares in Lloyd, 1979). There are construction levels of various dates, cistern fills and widespread destruction levels of the 3rd century AD, and a number of useful stratified deposits of later date. (See the 'Summary of Dated Deposits' in Lloyd et al., 1977:289-310). The key to the dating of the sequence has been provided principally by the imported fine wares and by the lamps, with lesser but often important contributions from the coins, the glass and other finds.

The fine wares are impressive for their variety. It was only in the Hellenistic period that there was any substantial regional production of fine ware, and even then much was imported. The geographical location of Berenice meant that it was well placed to receive the products that were circulating in both the eastern and the western Mediterranean. To illustrate the range of wares present, I show in Figures 21.1 - 3 source-maps combined with pie-charts showing the total number of sherds that has been recorded in each ware. (These figures are derived from Kenrick, in press: Appendix III). This simple approach makes no use of the stratigraphy, but as a guide to the kinds of wares present the larger sample which can be treated in this way is probably more useful than one restricted only to sherds found in well-stratified deposits. It also evades the problem of assessing what is residual in any one context.

In the first part of the Hellenistic Period (Fig. 21.1), for which the evidence is meagre, Attic black-glazed ware was being imported, and alongside it Gnathia ware from southern Italy. But in the 2nd century BC (which is well represented) the principal imported black-glazed ware is Campana A ('Black-Glazed A Ware'), from the Naples/Ischia region of Italy. This is outnumbered by locally produced black-glazed ware in a ratio of approximately 3 : 2, but otherwise outnumbers the combined total of all other imported plain black-glazed wares. The Black-Glazed 'B' wares shown on the pie-chart include Attic and 'pre-Campana' ware ('B^1'), a few sherds of central Italian Campana B ('B^4'), a similar ware from western Asia Minor ('B^2') and some south Italian black-glazed ware which is the plain counterpart to the painted Gnathia ware ('B^3'). Also shown on the pie-chart are Campana C ('Black-Glazed C^1 Ware'), probably correctly identified as coming from Sicily, and a class which I have called Knidian Grey Ware. This is a class of pottery in a fine, hard fabric with a partial, dull or semi-lustrous slip. The colours of both clay and slip are extremely variable, most frequently grey, but sometimes pink or orange, varying even on different parts of a single vessel. The ware was made at Knidos, where evidence of manufacture has been found and where it was the standard Hellenistic fine ware. A few of the shapes, and principally the carinated cup with twisted strap-handles, were widely exported and can be recognised on sites throughout the Mediterranean. (Examples from the Athenian Agora are Thompson, 1934: nos. D17-18, E52-53 and Robinson, 1959: nos. F29-32 and G51-52).

Next to this are shown all the imported black-glazed wares with painted or applied relief decoration as a single group. It is not possible to give detailed figures for the breakdown of this group, but 80 or 90% of it is composed of Apulian Gnathia ware. Furthermore, the vast majority of the Gnathia seems to represent the products of a single workshop, which has been characterised by J.R. Green as the 'Alexandria Group' (Green, 1976:12 f., 1977:556 ff.). Two points of considerable interest follow from this. The first is that the sheer quantity of late Gnathia found in the early 2nd century construction-levels alongside Campana A is such that it cannot all be residual: therefore some substantial Gnathia production was continuing until the late 3rd or early 2nd century, at least 70 years after most of it has been supposed to have come to an end (Webster, 1968:3 f.). And the second point is the evidence that it gives for market specialisation. The Alexandria Group has been so named because the majority of specimens upon which its identification was based had been found in Alexandria. Now we see the same group exceptionally well represented at Berenice, and the few sherds of Gnathia from Prof. Donald White's excavations in the Sanctuary of Demeter at Cyrene also include a piece from this workshop (no. 22 in a forthcoming report by the writer). We see, therefore, the phenomenon of a workshop somewhere in the vicinity of Taranto, which is exporting selectively along one specific long-distance trade-route serving the coastal markets of Cyrenaica and Egypt.

Also shown on the pie-chart for the Hellenistic period are the Megarian Bowls. These are almost entirely of Ionian manufacture (see Laumonier, 1977), and chemical analysis has shown that they may share a common, or closely related, origin with two of the plain black-glazed wares found at Berenice (See Hatcher et al., 1980 and Kenrick, in press, Appendix I). One of these, with a buff fabric, is included here amongst the black-glazed B wares ('B^{2}' ware, mentioned above); the other is a class of large platters in a grey fabric, shown separately here as Black-Glazed C^{2} Ware.

The information presented in the pie-chart for the Early Roman Period in Figure 21.2 is confined to the proportions recorded of the various terra sigillata wares found on the site. As an indication of the wares of this kind circulating at Berenice in the 1st century AD it is inevitably a crude approximation, for a substantial part of the Eastern Sigillata A may belong in reality to the 1st century BC and some of the Eastern Sigillata B and Çandarli wares belong to the 2nd century AD or even later. But the sherd-count upon which the chart is based includes unclassified body-sherds, and does not readily allow for finer subdivision. Nonetheless, I think that the diagram has useful points to make.

The dominance of Italian Sigillata in this period is not surprising. There is much that could be said about this, but in the present context it will suffice to mention just two points of interest. Firstly, a chronological one, that Italian Sigillata seems to have been imported to Berenice between the late Augustan period and the first quarter of the 2nd century AD; and secondly, that as in the case of Gnathia Ware, there is clear evidence of market specialisation. A high proportion of the Italian Sigillata found at Berenice was probably made at Pozzuoli (possibly 20 - 30%), and of that coming from Arezzo the list of potters identified by stamps or decorated pieces is quite distinct from that of Arretine potters who exported their wares northwards, for instance to Magdalensberg (see Schindler and Scheffenegger, 1977). It is possible that the coastal factories at Pisa played an important role in this maritime distribution, but their contribution cannot as yet be adequately defined (see Picon et al., 1973).

Amongst the other terra sigillata wares at Berenice, South Gaulish Sigillata is barely represented. The principal competitor against Italian Sigillata is Eastern Sigillata A, though its relative importance may be artifically enhanced on this chart by its presence at Berenice throughout the 1st century BC, when it seems to have supplanted Campana A as an imported fine ware. (It is possible that this development was due to the disruption of

PROPORTIONS OF BLACK-GLAZED WARES FOUND AT BERENICE
(ALL CONTEXTS: 3865 SHERDS)

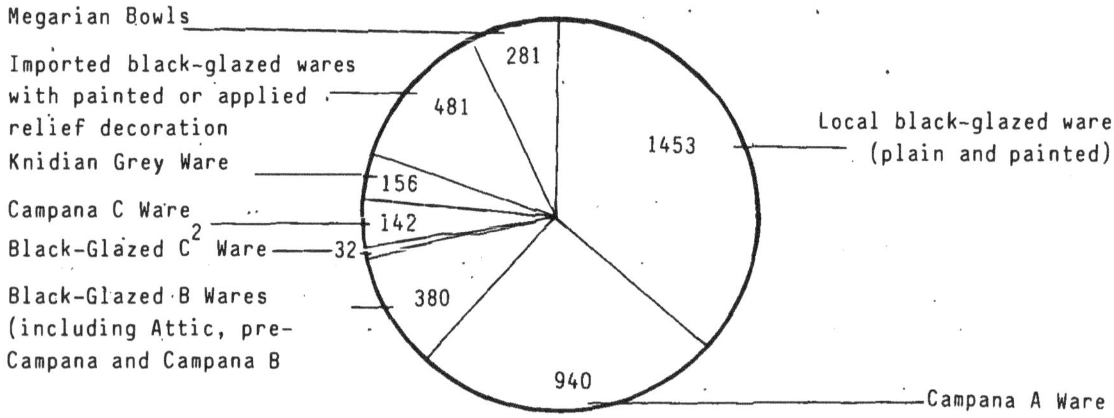

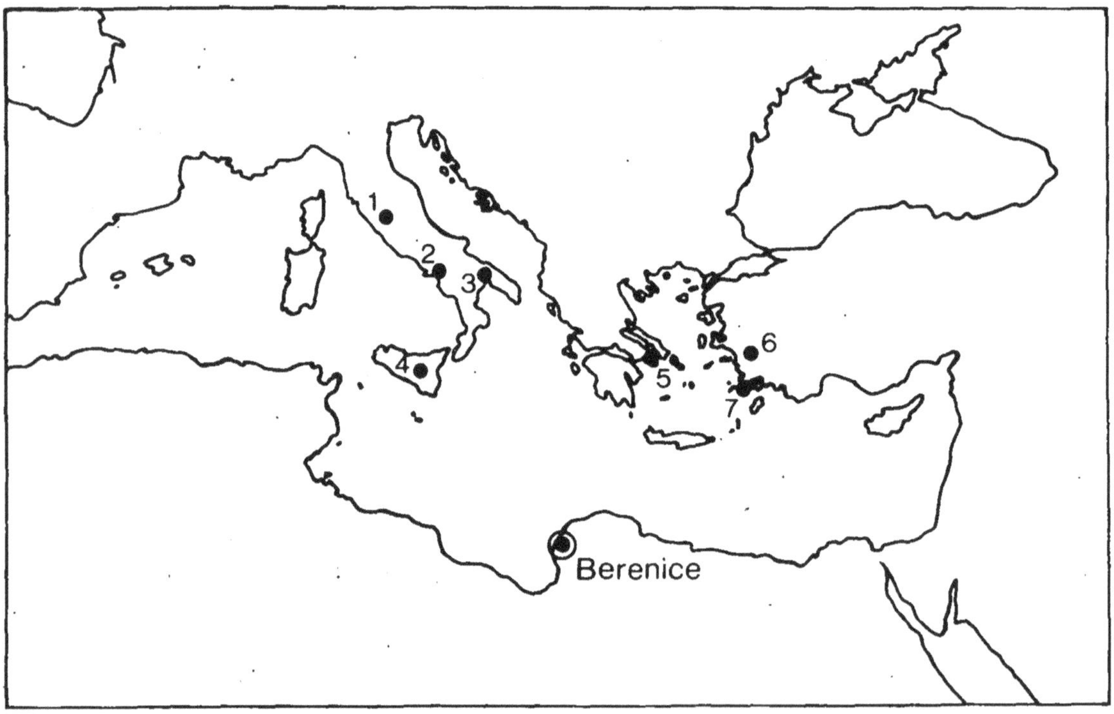

1) Campana B
2) Campana A
3) Gnathia, black glaze
4) Campana C
5) Attic black glaze
6) Megarian Bowls, black glaze
7) Knidian Grey Ware
Berenice: black glaze

Figure 21.1 Sources of fine ware at Berenice: Hellenistic Period.

trade-routes to and from Italy by the activity of pirates, whilst access to the Levant was less affected.) Otherwise, the next most significant contributor is 'Tripolitanian' Sigillata. This is the name which I have proposed (Kenrick, in press) for a class which is not otherwise well known, but which is certainly well represented on sites in Tripolitania (e.g. Sabratha, Tripoli, Lepcis Magna) and which has also been found at Carthage (Hayes, 1976:75 ff., 'imitation sigillata'). The ware seems also to be present in Sicily, and there is a slight possibility that it was manufactured there. The body-clay of this ware is finely granular, of an orange or pale orange-buff colour; it contains a small quantity of fine mica, and sometimes a few dark particles. The slip is evenly applied but varies between orange and red on different vessels: it regularly covers the whole vessel, but may be patchy inside the foot; surfaces are well smoothed and the slip, though porous, usually has the high gloss of western _terra sigillata._ It is characteristically dull on the inside of the foot. The forms found at Berenice are attributable in the main to the Augustan and Tiberian periods, though later forms are certainly present in Tripolitania.

Other eastern sigillata wares are present on the site, such as Eastern Sigillata B, Çandarli Ware and Cypriot Sigillata. Their identification at sites further west such as Pompeii (Pucci, 1977) and Ostia (see _Studi Miscellanei_ 13 [1968] , 16 [1970] and 21 [1973]) makes their appearance at Berenice unremarkable; their widespread distribution is presumably a reflection of the security and density of maritime traffic in the Mediterranean during this period.

Pontic Sigillata is another ware which is surprisingly well represented at Berenice. It has not always been recognised in the past, probably because it is often found only in very small quantities, but again its distribution is remarkably widespread. Examples have been recognised and published from Corinth (Hayes, 1973:457,no. 168) and from Ostia (Berti _et al._, 1970 and Carandini _et al._, 1973 _passim_), and I have been able to confirm the attribution to this ware of several examples from Athenian Agora (Robinson, 1959: nos. G61, G69, H31, H32). It is possible that the ware is also represented at Tarsus, Antioch, Pompeii, Portorecanati and Ravenna (see Kenrick, in press). The home of this ware seems to be in or near the Crimea, where it is most plentifully attested (see e.g. Knipowitsch, 1929: 'Gattungen C, D, E'; Knipovich, 1952), and there is probably a plurality of sources. The very small proportions in which it is found on Mediterranean sites can hardly be explained as the outcome of deliberate marketing policy. Presumably its widespread distribution reflects a commerce in some other commodity--perhaps grain or timber--which provided the economic rationale for the traffic; merchant ships carrying such cargoes might readily fill corners of their holds with some of the local pottery, which would thus achieve a distribution out of all proportion to its intrinsic value.

The map of sources in Figure 21.2 includes certain other wares of the first three centuries AD which are not shown on the pie-chart as they are not readily comparable with the _terra sigillata._ These are Pompeian-Red Ware from Campania, and the relief wares of Corinth and Knidos, which serve to emphasise the diversity of the fine wares in use at Berenice during this period.

Moving on, finally, to the _Late Roman Period_ shown in Figure 21.3, the longevity of the wares listed under the single heading of African Red Slip Ware forces a slightly different form of presentation. (The very simple statistics on which this article is based also preclude the presentation of a

PROPORTIONS OF TERRA SIGILLATA WARES FOUND AT BERENICE
(ALL CONTEXTS: 4844 SHERDS)

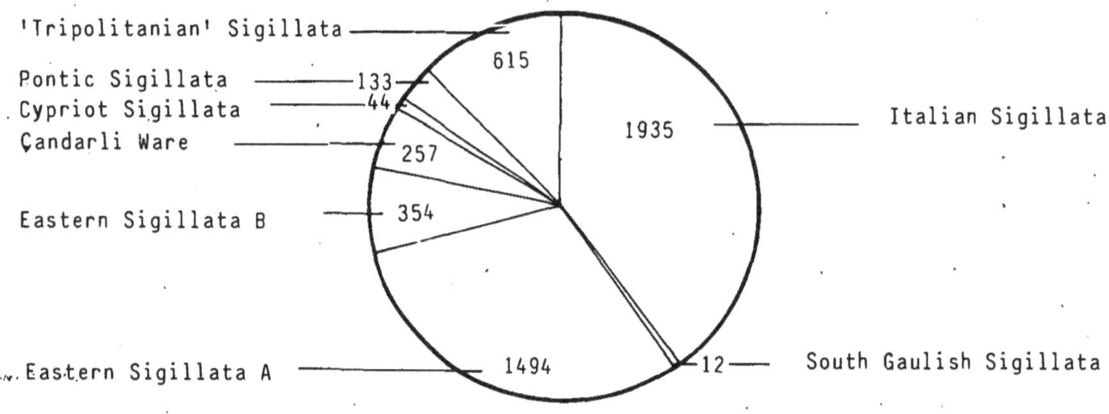

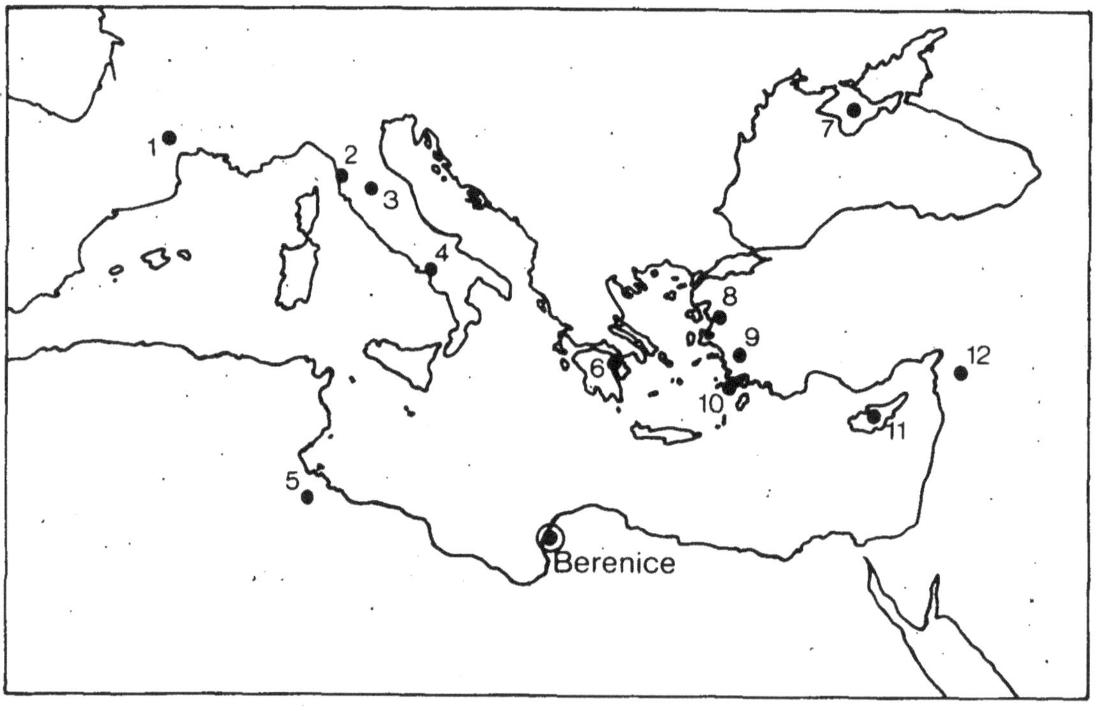

1) South Gaulish Sigillata
2, 3, 4) Italian Sigillata
5) 'Tripolitanian' Sigillata?
6) Corinthian Relief bowls
7) Pontic Sigillata?
8) Çandarli Ware
9) Eastern Sigillata B
10) Knidian Relief Ware
11) Cypriot Sigillata
12) Eastern Sigillata A

Figure 21.2 Sources of fine ware at Berenice: Early Roman Period.

PROPORTIONS OF LATE ROMAN RED SLIP WARES FOUND AT BERENICE IN FOURTH TO SEVENTH CENTURY CONTEXTS (1629 SHERDS)

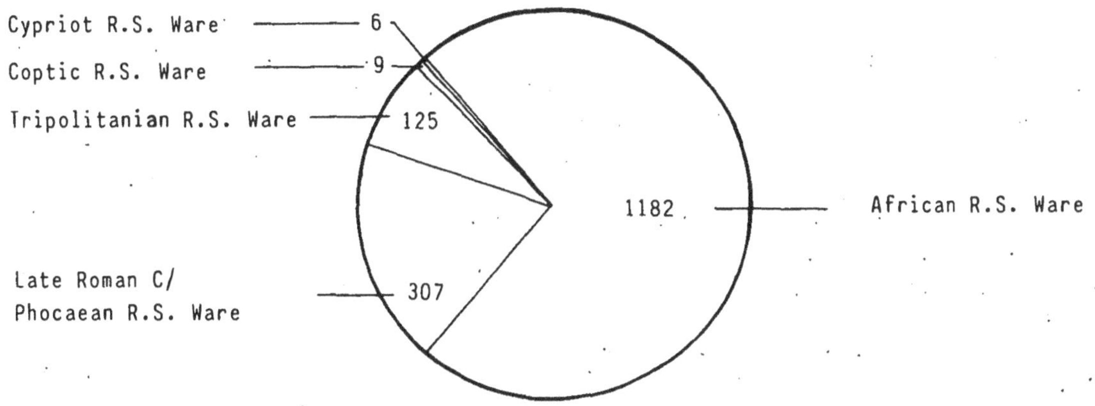

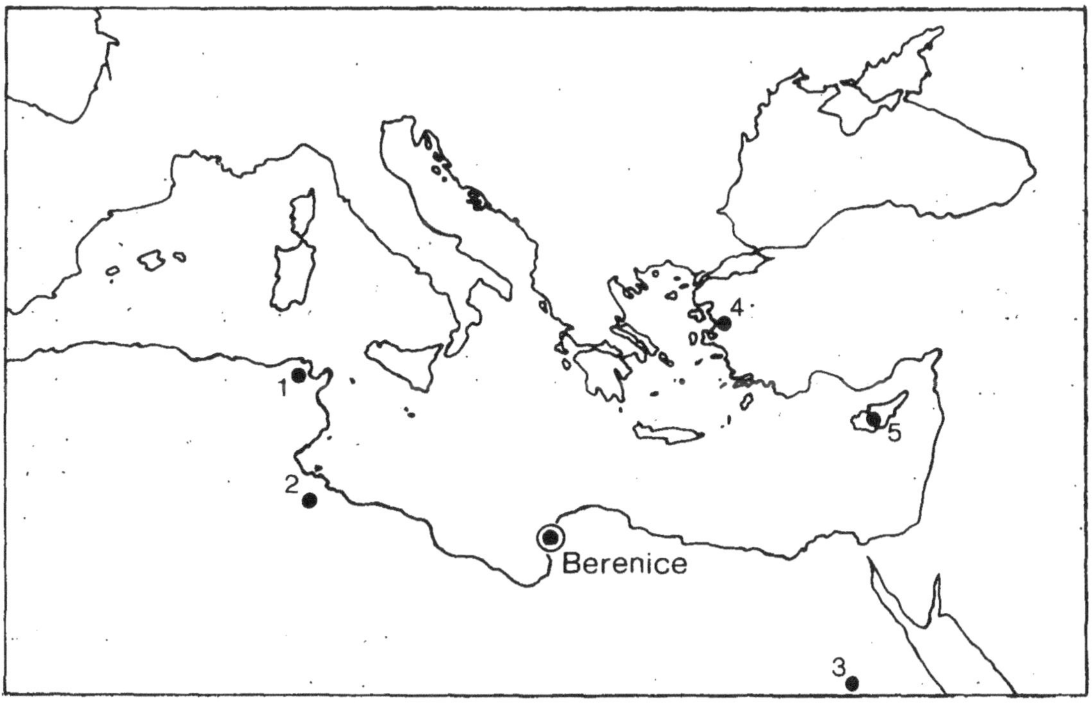

1) African R.S. Ware
2) Tripolitanian R.S. Ware
3) Cypriot R.S. Ware
4) Coptic R.S. Ware
5) Late Roman C Ware

Figure 21.3 Sources of fine ware at Berenice: Late Roman Period.

satisfactory chart for the 2nd and 3rd centuries AD). Whereas the previous charts were concerned with the total quantity of each ware recorded, regardless of stratigraphy, the figures used in the final chart have been derived only from stratified deposits with terminal dates later than the mid 3rd century. (Hence the much smaller figures involved here). The figure for African Red Slip Ware has also been adjusted by the exclusion of earlier (i.e. residual) forms identified in these deposits, though they are still slightly inflated relative to their proper value for the later period owning to the inclusion of unclassified body-sherds, a proportion of which must also be assumed to be residual.

However, it is only the simplest inferences which I wish to draw from this chart. At the time of the mid 3rd century destruction-levels, the ascendancy of African Red Slip Ware over all other fine wares was almost total. In the 4th to 7th centuries, however, there was substantial penetration of the market by Late Roman C/Phocaean R.S. Ware, and there was a considerable quantity of Tripolitanian R.S. Ware in circulation. The excavations at Berenice provided ample evidence for the persistence of this latter ware in production well into the 6th century. Sherds of Cypriot and Coptic R.S. Wares were also found, but in wholly insignificant quantities. The same is true of 'Asia Minor light-coloured ware' (Hayes, 1972:408-10), which is not shown in Figure 21.3 as none of the sherds was found in a securely stratified context. The period following the Arab conquest is characterised by coins, glazed and unglazed pottery and Islamic glass ware, but these fall outside the scope of this paper.

Such, then, is the conspectus of the major categories of fine ware found in the Berenice excavations. Their variety draws attention to the geographical position of Berenice and its accessibility to the markets of both the eastern and western Mediterranean, and one would expect to find a similar, perhaps gradually shifting, pattern in the wares circulating in the other coastal cities of Cyrenaica further east. To the west, the gulf of the Greater Syrtis imposes a very much larger distance between Berenice and comparable sites in Tripolitania. Finds from Carthage, beyond, show a very marked western bias with respect to those from Berenice (many of the eastern wares I have mentioned are absent), and the long overdue study of the material from the British excavations at Sabratha should provide a valuable and interesting point of comparison in between. (A report on the excavations there by Kathleen Kenyon and John Ward-Perkins is currently being prepared by the writer).

POSTSCRIPT

A revised and extended version of this paper was presented at the 14th International Congress of the Rei Cretariae Romanae Fautores in September 1984 and will be published in the **RCRF Acta** 27-28.

BIBLIOGRAPHY

Berti, F. et al. (1970) Ostia ii, le Terme del Nuotatore: scavo dell' ambiente IV. **Studi Miscellanei** 13.

Carandini, A. et al. (1973) Ostia iii, le Terme del Nuotatore: scavo degli ambienti III, V, VI, VII... **Studi Miscellanei** 21.

Green, J.R. (1976) **Gnathia Pottery in the Akademisches Kunstmuseum, Bonn.** Mainz.

Green, J.R. (1977) More Gnathia pottery in Bonn. **Archäologischer Anzeiger** :551-63.

Hatcher, H. et al. (1980) Analysis of Hellenistic and Roman fine pottery from Benghazi. **Archaeometry** 22:133-51.

Hayes, J.W. (1972) **Late Roman Pottery.** London, The British School at Rome.

Hayes, J.W. (1973) Roman pottery from the South Stoa at Corinth. **Hesperia** 42:416-70.

Hayes, J.W. (1976) Pottery, stratified groups and typology. **In** J.H. Humphrey (ed) **Excavations at Carthage 1975 conducted by the University of Michigan** 1:47-123. Tunis.

Kenrick, P.M. (in press) The fine pottery. **In** P.M. Kenrick and J.A. Lloyd (eds) **Excavations at Sidi Khrebish, Benghazi (Berenice)** iii. Tripoli, Department of Antiquities

Knipowitsch, T.N. (1929) **Untersuchungen zur Keramik römischer Zeit... aus Olbia in der Sammlung der Eremitage.** Frankfurt a.M.; reprinted Bonn 1968.

Knipovich, T.N. (1952) Red-glazed pottery of the first centuries AD from the excavations of the Bosphorus Expedition 1935-1940. (In Russian.) **In** V.F. Gaidukevich and M.I. Maximova (eds) **Bosporskiye Goroda** i; **Materialy i Issledovaniya po Arkheologii SSSR** 25:289-326.

Laumonier, A. (1977) **Exploration archéologique de Délos** xxxi, **la céramique hellénistique à reliefs 1, ateliers "ioniens".** Paris, De Boccard.

Lloyd, J.A. et al. (1977) **Excavations at Sidi Khrebish, Benghazi (Berenice)** i. Tripoli, Department of Antiquities.

Lloyd, J.A. (ed) (1979) **Excavations at Sidi Khrebish, Benghazi (Berenice)** ii. Tripoli, Department of Antiquities.

Picon, M. et al. (1973) Recherches sur les céramiques d'Ateius trouvées en Gaule. **Rei Cretariae Romanae Fautorum Acta** 14-15:128-35.

Pucci, G. (1977) Le terre sigillate italiche, galliche e orientali. **In** A. Carandini (ed) **L'instrumentum domesticum di Ercolano e Pompei nella prima età imperiale:** 9-21. Rome, L'Erma di Bretschneider.

Robinson, H.S. (1959) **The Athenian Agora** V, **Pottery of the Roman Period, Chronology.** Princeton, The American School of Classical Studies at Athens.

Schindler, M. and Scheffenegger, S. (1977) **Die glatte rote Terra sigillata vom Magdalensberg.** Klagenfurt.

Thompson, H. (1934) Two centuries of Hellenistic pottery. **Hesperia** 3:311-480.

Webster, T.B.L. (1968) Towards a classification of Apulian Gnathia. **Bulletin of the Institute for Classical Studies** 15:1-33.

22. Atelier di Lucerne di Cirene

M. Luni

Numerose matrici di lucerne sono state recuperate nel 1960 nel corso di un saggio di scavo praticato all'interno del 'Cesareo' di Cirene (Luni, 1976:223-8; Stucchi, 1975:124-5), situato nel Quartiere dell'Agorà (Plate 22.I). Più precisamente, il rinvenimento è avvenuto in connessione con uno dei numerosi ambienti che in periodo tardo romano hanno occupato la vasta area del complesso monumentale; qui parecchie centinaia di frammenti di stampi delle parti superiori e delle vasche erano stati ammassati in un angolo assieme ad altro materiale. Solo poche matrici erano integre; numerose altre sono state recentemente in gran parte ricomposte.

Il gruppo di matrici si presenta nel complesso omogeneo sia per quanto riguarda il tipo, sia per i motivi decorativi, sia infine per identità di argilla e lavorazione. L'argilla è in genere color marrone chiaro, talvolta rossastra e mal cotta, ma facile a fratture naturali. L'impasto è compatto e ben lisciato, anche sul dorso degli stampi; spesso sono qui visibili tracce di consumo nel punto di presa delle dita ed anche sbavature di vernice diluita rosso-violetto e arancione. Alcuni esemplari sono dipinti per intero, rozzamente, di color rosso-bruno opaco.

L'interno delle matrici è generalmente inciso a crudo appena in superficie o con decorazione impressa, ma raramente stanca o logora per il consumo; talvolta si nota qualche traccia di incrostazione di argilla, per altro assai limitata. I motivi decorativi sono incisi con scarsa profondità ma in genere in modo nitido sia nel disco che nella spalla (Fig. 22.1); solo in alcuni esemplari essi sono frutto di una lavorazione affrettata ed appossimativa.

Il complesso di matrici rinvenuto a Cirene supera per consistenza quello recuperato a Sabratha, che, con i suoi 21 esemplari, era la città che aveva fin'ora restituito il maggior numero di stampi fra i centri di produzione dell'Africa settentrionale (Joly, 1974:83-4). Si prenderanno qui in esame prima le matrici delle parti superiori e successivamente quelle delle vasche, assieme alle sigle per il combaciamento delle due valve incise sul dorso. Nel complesso si tratta di molte decine di esemplari tra integri e frammentari.

Plate 22.I Fotografia aerea del 'Cesareo' e zona circostante al momento dello scavo. Il luogo del rinvenimento è indicato con la freccia bianca.

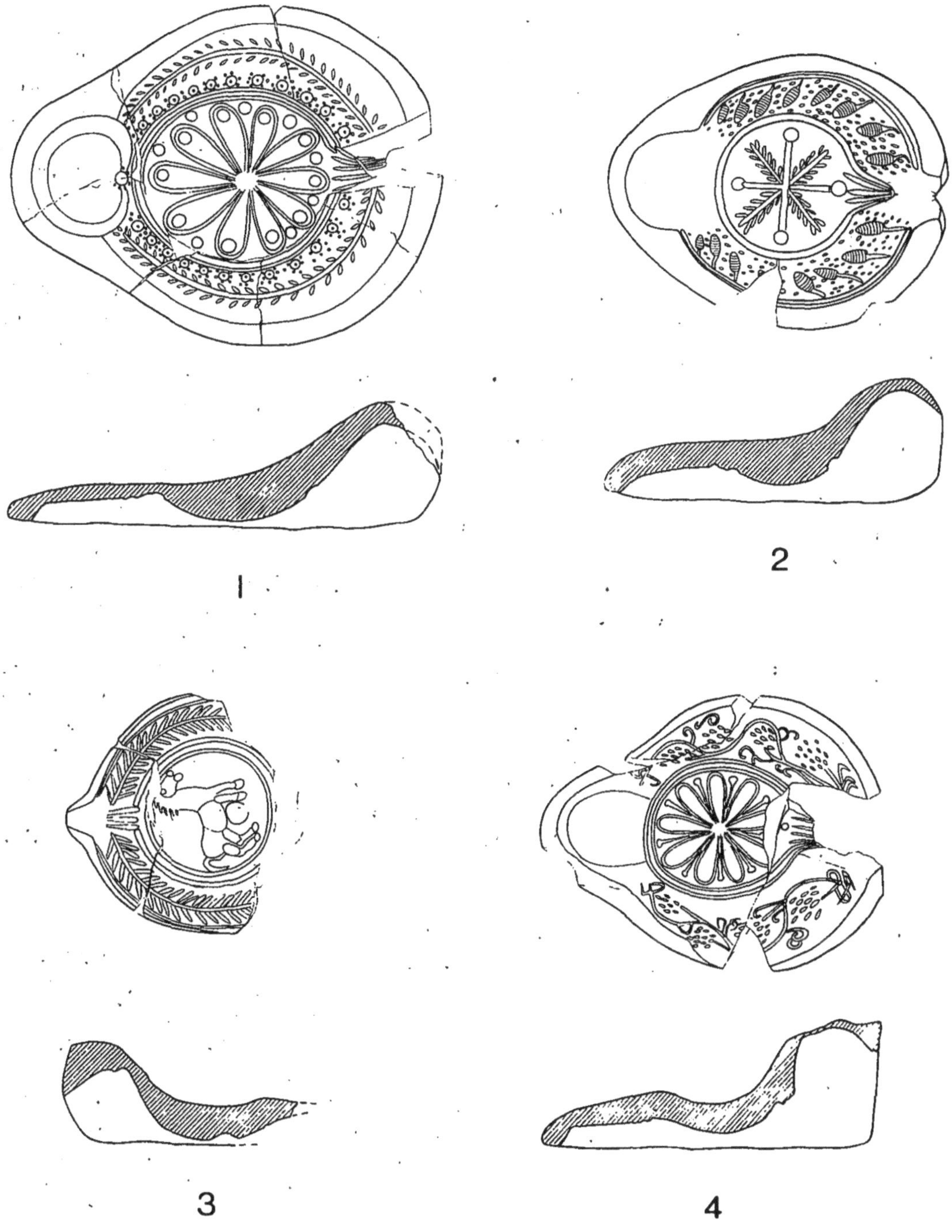

Fig. 22.1 Prospetti e sezioni delle matrici: 1 - n. 4; 2 - n. 5; 3 - n. 9; 4 - n. 21. (Rapp. 1 : 3).

Le matrici di Cirene presentano il disco decorato e delimitato da uno o due anelli concentrici incisi (Fig. 22.1, 2). La spalla è rotondeggiante, inclinata verso l'esterno e sempre con decorazione graffita a crudo. L'ansa è impostata verticalmente e di poco sporgente dalla parte posteriore del serbatoio; essa nel positivo doveva essere piena e a presa schiacciata, collegata talvolta da nervature col disco. Il becco è in genere arrotondato e solo in quattro casi presenta qualche ridotto elemento decorativo. Una sola matrice è a due luci (Plate 22.II, 1). Cinque esemplari hanno il discocanale, in parte delimitato da un anello inciso (Plate 22.II, 2). Il serbatoio è ovale e un po' schiacciato (Plate 22.III, 1-2). Il fondo degli stampi della vasca è liscio, ad eccezione di un esemplare, caratterizzato da quattro anelli concentrici incisi debolmente.

Il repertorio figurativo delle matrici di Cirene si presenta in modo abbastanza omogeneo e, nella maggior parte dei casi, modellato dal figulo con tecnica sempre uguale. Tutti gli esemplari, infatti, sono decorati a tratti o a punti incisi e con animali resi a impressione sul disco (in solo cinque stampi). Si prenderanno in esame i temi ricorrenti sulle matrici distinti in: motivi vegetali, animali e scene figurate. Però, prima di passare alla descrizione del repertorio decorativo dei dischi è il caso di presentare i motivi ricorrenti della decorazione accessoria della spalla. Si può notare con maggior frequenza la fronda di palma con nervatura incisa, presente su una decina di matrici (Fig. 22.1, 3); segue per ordine di diffusione il tralcio di vite con grappoli (Fig. 22.1, 4), file alternate di perline, raggi obliqui e un motivo a lingue, anch'esse incise a crudo superficialmente e in modo assai stilizzato.

Circa i motivi dei dischi, quelli vegetali presentano gli stessi caratteri stilistici notati nella decorazione della spalla. Il motivo che ricorre con maggior frequenza è la rosetta a più petali, sempre incisa debolmente e assai stilizzata (Fig. 22.2, 1) il fiore è presente in otto stampi ed è caratterizzato da un minimo di otto ad un massimo di quattordici petali. Su due matrici il disco è interamente occupato dal nodo gordiano (Plate 22.IV, 1) e su altre due è rappresentato il crescente lunare (Plate 22.IV, 2). Infine un esemplare presenta un motivo a spirale.

Il repertorio animalistico è limitato a sei soli stampi, resi in modo assai schematizzato. Il cavallo è rappresentato in due matrici, di profilo e notevolmente stilizzato (Fig. 22.2, 2). Su singoli esemplari è presente il toro (Fig. 22.3, 2), il cammello (Fig. 22.3, 1), resi sempre di profilo e con semplicità, e l'aquila. Quest'ultimo animale è riprodotto con le ali spiegate, con gli artigli e il piumaggio in evidenza. Un uccello, raffigurato frontalmente e anch'esso ad ali spiegate, è disegnato con piccoli punti e poche linee incise (Fig. 22.2, 3). Su un solo esemplare, infine, è disegnata una testa umana di prospetto e contornata da una ghirlanda; i tratti del volto ed i grandi occhi sono resi sommariamente e con poche linee incise superficialmente (Fig. 22.3, 3).

Gli stampi rinvenuti a Cirene presentano tutti dimensioni diverse tra loro, sebbene talvolta esse differiscano solo di poco; la loro lunghezza varia da un minimo di cm 12,8 ad un massimo di cm 19,8. La sagoma è invece sempre assai simile. Pressoché la metà delle matrici reca sul dorso singole sigle, incise a crudo in corrispondenza della punta, per favorire il riconoscimento della parte superiore e della vasca della stessa lucerna (Plate 22.V, 1). Si sono infatti rinvenuti tre esemplari di vasche, di misure diverse e con sigle distinte, ciascuno dei quali combacia in modo perfetto con altrettanti stampi di parti superiori che presentano respettivamente uguale dimensione e

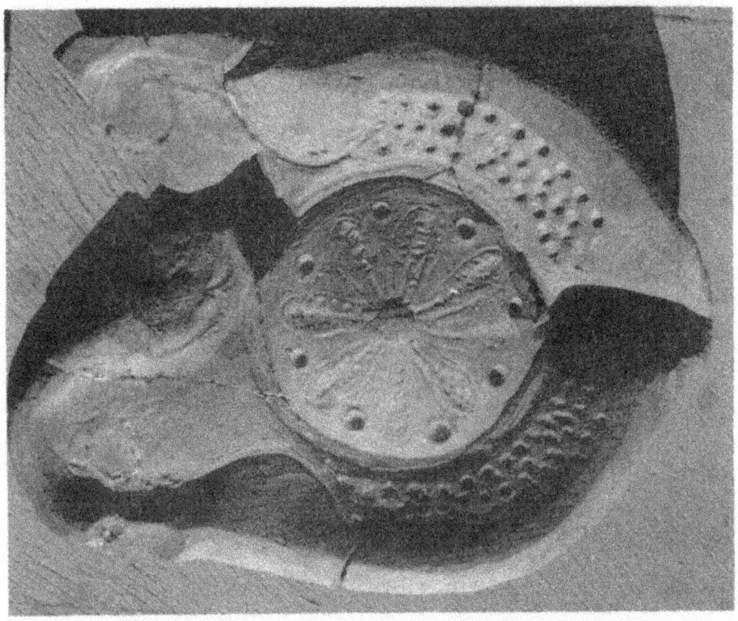

Plate 22.II, 1 Matrice di lucerna a due luci n. 6 (rapp. 2:3).
2 Matrice di lucerna n. 11 (2:3).

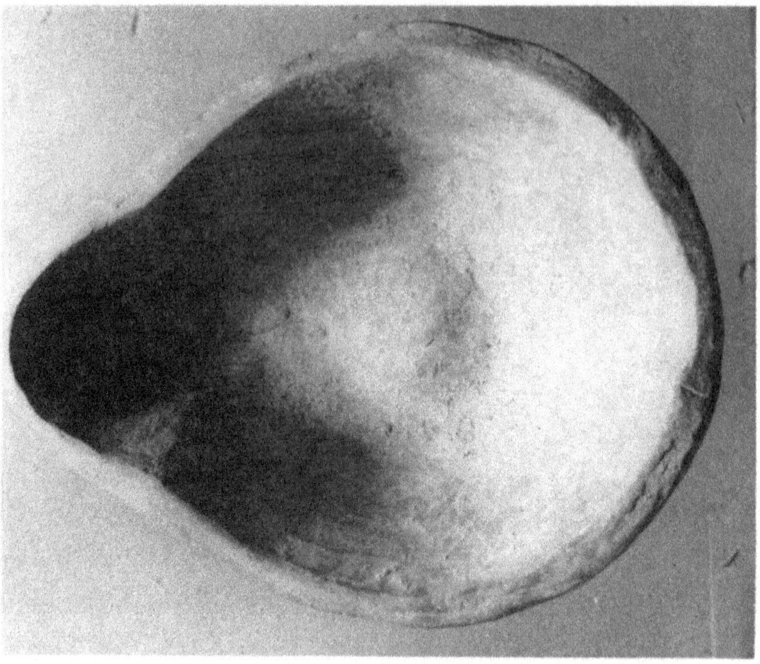

1

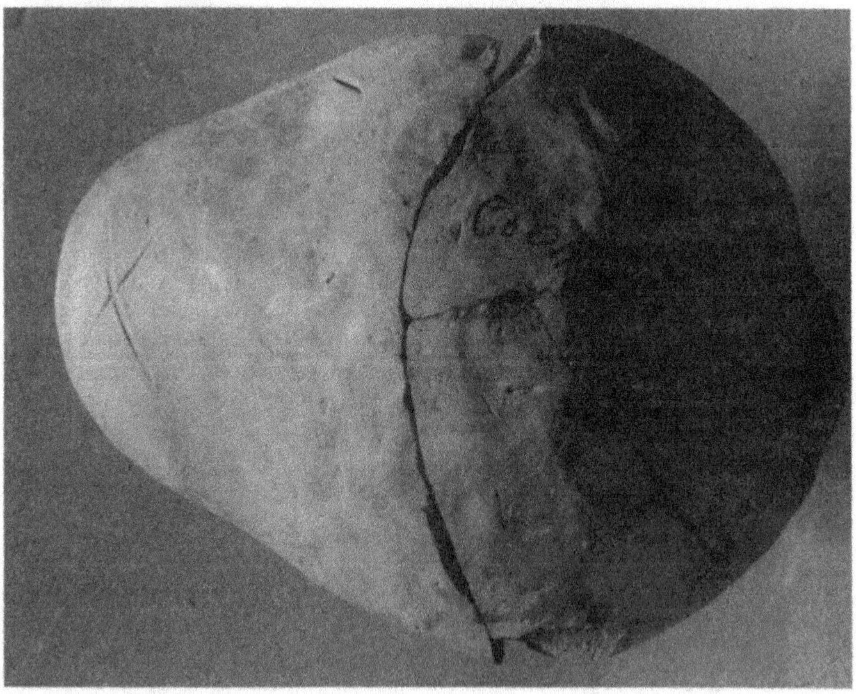

2

Plate 22.III 1 Stampo di vasca di lucerna n. 55 (3:4).
2 Stampo di vasca di lucerna n. 46, con sigla per il compbaciamento sul sorso (3:4).

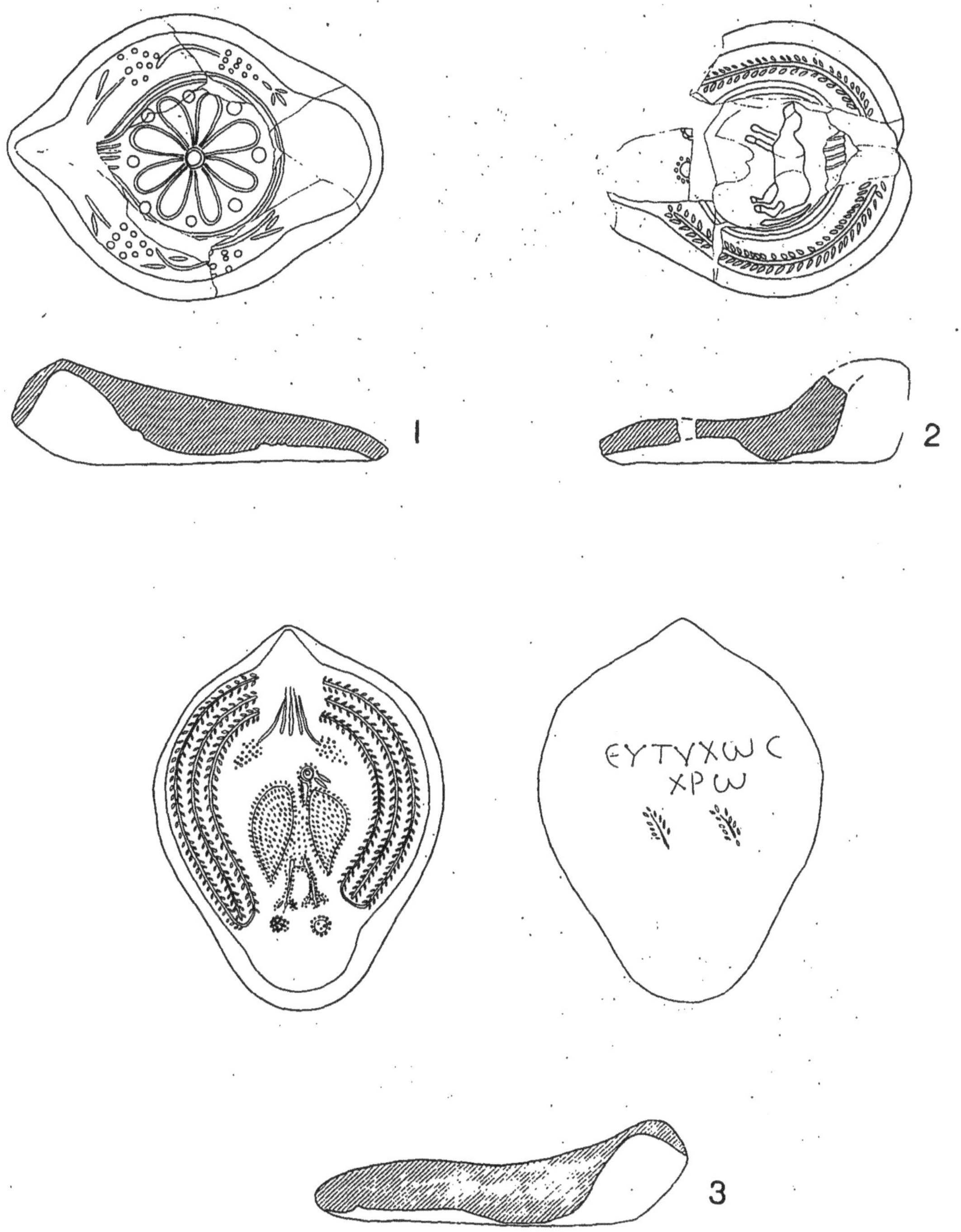

Fig. 22.2 Prospetti e sezioni delle matrici: 1 - n. 3; 2 - n. 17; 3 - n. 1 (Rapp. 1 : 3).

1

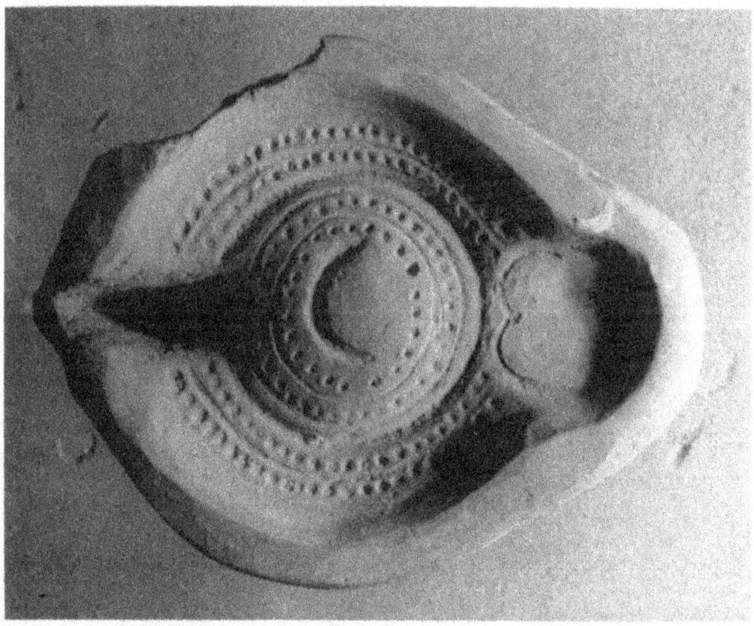

2

Plate 22.IV 1 Matrice di lucerna n. 20 (1:1).
2 Matrice di lucerna n. 2 (3:4).

1

2

Plate 22.V 1 Due valve della stessa lucerna contrassegnate con uguale lettera (n. 7).
2 Formula augurale sul dorso della matrice n. 15 (3:4).

identica sigla: Y, B, X (Fig. 22.3, 4). Si tratta di lettere dell'alfabeto greco,ad eccezione di una marca di combaciamento costituita da tre aste incrociate: Λ, A, Π, E, Γ, N. Inoltre, una epigrafe con acclamazione augurale è graffita a crudo sul dorso della matrice che si differenzia dalle altre per accuratezza di decorazione e per dimensioni (Gasperini, 1967:177, fig. 228): εὐτυχῶς χρῶ (Fig. 22.3, 3); sotto la formula augurale,corrispondente al latino utere feliciter, sono graffite due palmette. Su un altro esemplare è incisa la parola εὐτύχη (Plate 22.V, 2). Anche sul dorso di dodici vasche sono graffite singole lettere di riconoscimento, forse numeri, sempre in corrispondenza della punta: ; I; O; ; P; B; Y.

Il complesso di matrici per la sua omogeineità sembra poter appartenere ad una singola officina. Questa constatazione è avvalorata dal rinvenimento nella stessa circostanza anche di alcuni strumenti di lavoro e di altro materiale utilizzato nell'atelier. Si tratta di un grosso imbuto di terracotta (Plate 22.VI, 1), di una pietra per affilare utensili di ferro dell'officina (è a tronco di piramide e presenta su quattro facce serie di striature parellele) e infine di un ciottolo (Plate 22.VI, 2) probabilmente utilizzato come piccola incudine (mostra infatti tracce di consumo su quattro lati). Assieme agli stampi di lucerne è stato recuperato anche un piccolo volto di terracotta, con iride e pupilla segnate, ed un grosso frammento di matrice di testa caratterizzata da riccioli che scendono sulla fronte e soprattutto dall'occhio di vistose dimensioni con particolari bene incisi (Plate 22.VII, 1). Con tutta probabilita nella stessa officina, oltre a lucerne, si effettuavano altri lavori in terracotta.

Il materiale recuperato ed il contesto del rinvenimento non lasciano dubbi che si sia individuata la bottega di dimensione artigianale di un fabbricante di lucerne, spesso umili. Infatti, prendendo in esame l'edificio con cui sono in connessione, si è potuto notare che esso è costituito solo da pochi modesti ambienti (Fig. 22.4). Più in particolare esso si colloca nel contesto del Quartiere edificato all'interno del 'Cesareo' dopo il tremendo terremoto del 365 d.C. con materiale di crollo. Questo quartiere si riferisce all'ultima fase edilizia di Cirene, che va appunto dal 365 al definitivo abbandono del 5°-6° secolo d.C. (Bacchielli, 1981:191-7; Stucchi, 1965:318-41). L'atelier di lucerne è situato presso l'angolo Sud-Ovest ed e costituito da cinque stanze disposte attorno ad un cortile: in tutto una estensione non superiore ai 250 metri quadrati.

Va aggiunto che assieme alle matrici sono stati trovati anche quattro frammenti di lucerne che trovano riscontro in altrettanti stampi sia per sagoma che per motivi decorativi. La prima è caratterizzata dalla spalla ornata da file di perline frammiste a punti in rilievo (Plate 22.VII, 2) e può essere confrontata con la matrice n. 11 (Plate 22.II, 2); la seconda (Plate 22.VIII, 1) ha la spalla uguale alla precedente e il disco decorato con quattro palmette e aste incrociate con simmetria, assai simile allo stampo n. 5 (Fig. 22.1, 2); la terza (Plate 22.VIII, 2) mostra sul disco parte di ornato a spirale, come nella matrice n. 10. Infine il quarto frammento di lucerna (Plate 22.VIII, 2), con file di perle sulla spalla, è riferibile ad una matrice rinvenuta sul pavimento di una delle case che hanno occupato la vicina Agorà nell'ultima fase edilizia documentata a Cirene (Plate 22.IX, 1). Questo stampo, senza decorazione nel disco è stato datato all'inizio del 5° secolo d.C. (Pandolfi, 1967:163, fig.184; Stucchi, 1965:336, tav. 64,1), unitamente ad un altro frammento di lucerna simile rinvenuto sull'Agorà e confrontato con esemplari di Efeso.

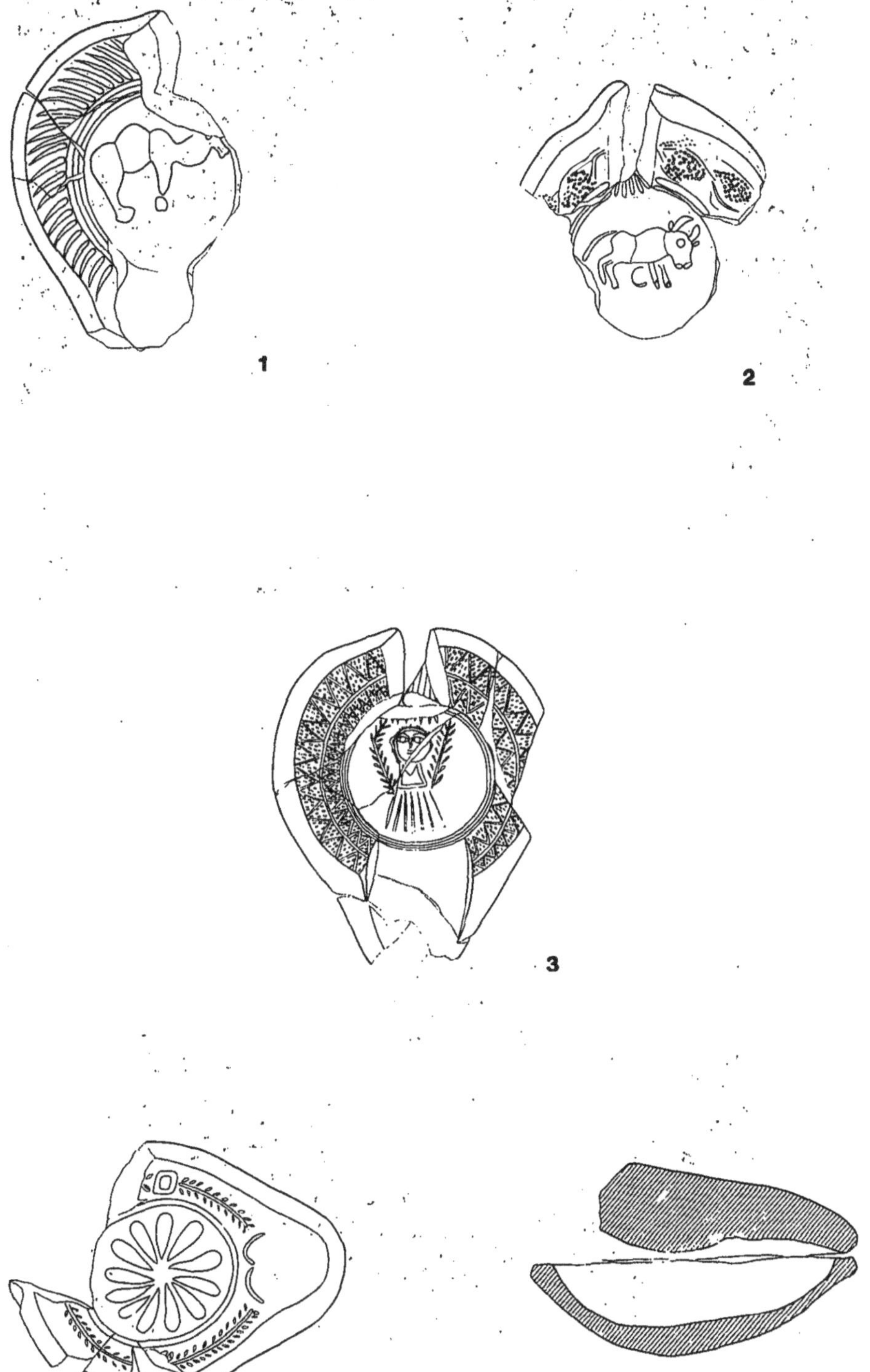

Fig. 22.3 Prospetti delle matrici: 1 - n. 16; 2 - n. 12; 3 - n. 8. 4 - Due valve, contrassegnate con la stessa lettera, perfettamente combacianti (n. 7) (Rapp. 1 : 3).

1

Plate 22.VI 1 Imbuto di terracotta (1:2).
2 Strumento rinvenuto nell'officina.

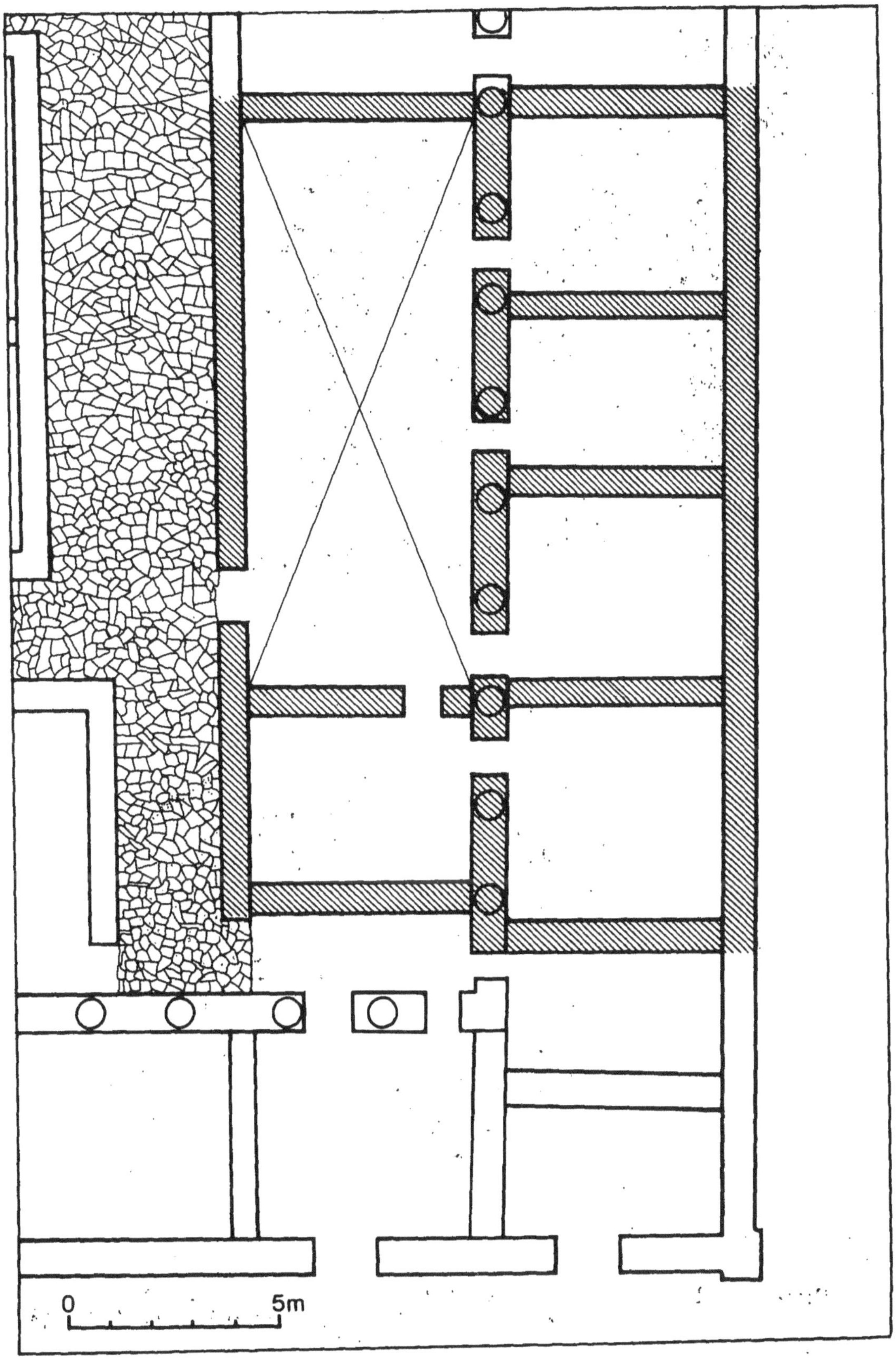

Fig. 22.4 Pianta dell'atelier di lucerne nel 'Cesareo' di Cirene.

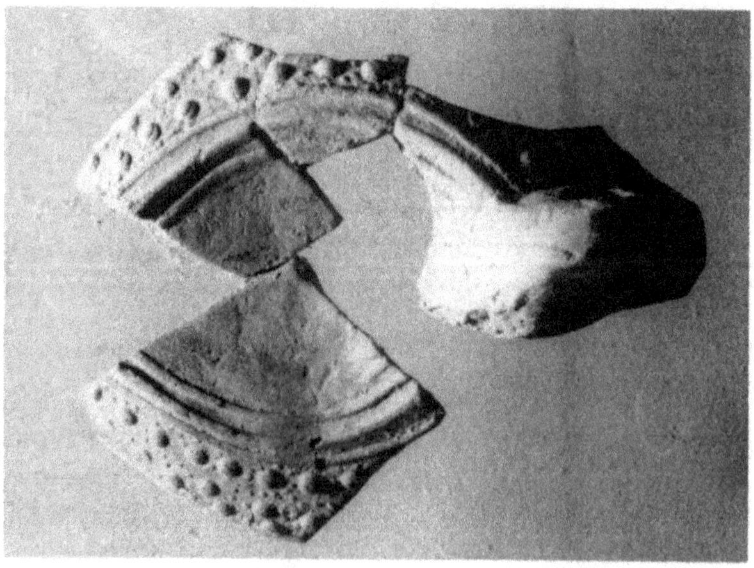

Plate 22.VII 1 Matrice di testa e volto di terracotta (2:3).
2 Frammenti di lucerna rinvenuti nell'officina (3:4).

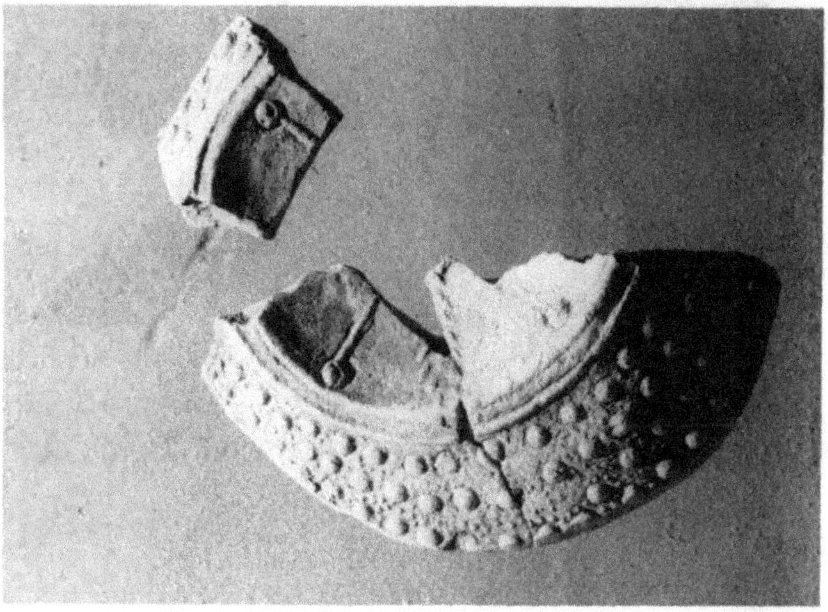

1

2

Plate 22.VIII 1 Frammenti di lucerna rinvenuti nell'atelier (3:4).
2 Frammenti di lucerne trovati nell'officina (1:1).

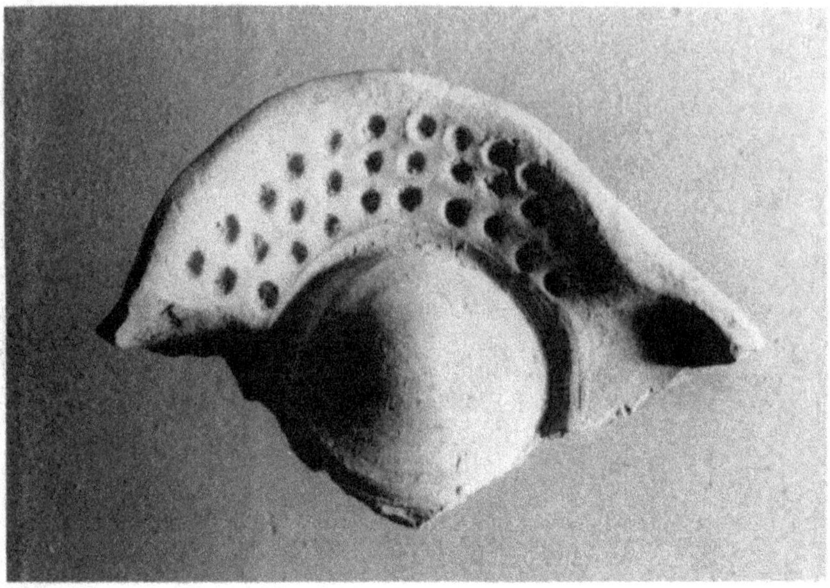

1

2

Plate 22.IX 1 Frammenti di matrice di lucerna rinvenuta nell'Agorà di Cirene (3:4).
2 Frammenti di lucerna trovata nell'Agorà di Cirene (4:5).

Di alcune altre matrici rinvenute nel 'Cesareo', inoltre, possediamo positivi analoghi recuperati sempre sul pavimento di case tarde dell'Agorà e pubblicati. Significativa in proposito la lucerna con un nodo gordiano sul disco e raggi obliqui sulla spalla, datata a poco dopo la metà del 5° secolo d.C. e messa a confronto con le lucerne del tipo 8.4 del Cimitero dei Sette Dormienti di Efeso (Stucchi, 1965:346, tav. 65, 4). Numerosi altri frammenti di lucerne recuperati in connessione con le povere casette dell'Agorà si riferiscono agli stampi del 'Cesareo' con rosette nel disco e talvolta con fronda di palma sulla spalla (Plate 22.IX, 2). Alcuni esemplari sono stati datati agli inizi del 5° secolo e hanno trovato confronto con le lucerne del tipo 6.1 dello stesso Cimitero di Efeso sopra citato (Stucchi, 1965:330, tav. 60, 4).

In particolare le matrici rinvenute nel 'Cesareo' di Cirene nella loro globalità trovano pertinente riscontro sia per tipologia che per elementi decorativi con le lucerne del Cimitero dei Sette Dormienti di Efeso sopratutto del tipo 1 e 6, databili nella seconda metà del 4° secolo e talvolta fino anche agli inizi del 5° secolo (Miltner, 1937:100-5, tavv, 1-2, 119-69; 5-6, 968-1046).

Sebbene lo studio del materiale non sia ultimato, si può tuttavia notare che il tipo di lucerne trova confronto con quello denominato comunemente Efeso-Mileto, dalle città nelle quali sono stati rinvenuti il maggior numero di esemplari. Nella stessa Sabratha sono state recuperate alcune lucerne del tipo microasiatico, che, per la loro diversità dai prodotti locali, sono state considerate merce di importazione dall'Asia Minore e messe in riferimento con la presenza di Bizantini, per altro documentata nella città (Joly, 1974:52-3). Anche per Cirene sono attestati nella tarda antichità rapporti con l'Asia Minore e l'atelier di lucerne, che probabilmente non era l'unico esistente in questo periodo nella città, costituirebbe una ulteriore importante riprova dei contatti esistenti tra le due regioni.

La fabbrica individuata nel 'Cesareo' era di limitata estensione e probabilmente produceva lucerne ed altri manufatti in terracotta che trovavano diffusione nel territorio della città di Cirene o poco più. Non si conoscono infatti lucerne simili in città vicine, come ad esempio Tolemaide (ringrazio la collega E. Fabbricotti per la notizia) e Tocra (Boardman and Hayes, 1973), e neppure a Sidi Khrebish (si veda il contributo di D.M. Bailey in questo stesso volume).

BIBLIOGRAFIA

Bacchielli, L. (1981) **L'Agorà di Cirene II, 1. L'Area Settentrionale del Lato Ovest della Platea Inferiore.** Monografie di Archeologia Libica, 15. Roma, L'Erma di Bretschneider.

Boardman, J. and Hayes, J. (1973) **Excavations at Tocra 1963-65. The Archaic Deposits II and Later Deposits.** Oxford, Thames and Hudson.

Gasperini, L. (1967) Le epigrafi. **In** S. Stucchi **Cirene 1957-1966. Un Decennio di Attività della Missione Archeologica Italiana a Cirene** :165-80. Tripoli.

Joly, E. (1974) **Lucerne del Museo di Sabratha.** Monografie di Archeologia Libica, 11. Roma, L'Erma di Bretschneider.

Luni, M. (1976) Documenti per la storia dell'istituzione ginnasiale e dell'attività atletica in Cirenaica, in rapporto a quelle della Grecia. **Quaderni di Archeologia della Libia** 8:223-84.

Miltner, F. (1937) **Das Coemeterium der Sieben Schläfer.** Forschungen in Ephesos 4. Wien.

Pandolfi, L. (1967) La ceramica. In S. Stucchi **Cirene 1957-1966. Un Decennio di Attività della Missione Archeologica Italiana a Cirene:** 149-63. Tripoli.
Perlzweig, J. (1961) **Lamps of the Roman Period.** The Athenian Agora 7. Princeton, New Jersey.
Stucchi, S. (1965) **L'Agorà di Cirene I. I lati Nord ed Est della Platea Inferiore.** Roma, L'Erma di Bretschneider.
Stucchi, S. (1975) **Architettura Cirenaica.** Monografie di Archeologia Libica 9. Roma, L'Erma di Bretschneider.

23. The Identity of some Structures on the Trans-Saharan "Bornu Route" in Southern Libya

M. Milburn

The aim of this paper is to call attention to that part of the so-called Bornu Route found today in the extreme south of modern Libya. Very little work seems to have been done on fortified buildings in the area, or indeed in several other zones lacking apparent hints as to Roman presence or influence. To what extent have these been examined in the present century? What is known about them as a result? And were they inspected, if at all, by those conversant with Classical architecture?

It has been suggested that the Romans were probably the first outsiders to gain any detailed knowledge of the Sahara, through their expeditions, of which a handful of confusing accounts have come down to us: they may have been the first to succeed in crossing from north to south, though the accounts of their geographers are seen as being lost or largely ignored (George, 1978:7). My attention was next taken by a report from a traveller who noticed what he believed to be the most southerly Roman building about ten miles south of Djerma (Diolé, 1959:135): this is comparable with a statement made around 100 years earlier, naming 'Jerma Kadím' in the same context (Barth, 1857, I:155). Almost at once I then stumbled upon mention of a well-fortified 'Roman-looking' construction well below Gatrun (Vischer, 1910:196).

To dwell briefly on the theme of geography and to what extent it influenced choice of route, it has been suggested that no long-range north-south trails actually traversed mountainous Tibesti, the home of the redoubtable Tebu (Weis, 1978:119), even though the same paper shows a track leading south from Wau el Kebir, then sweeping about south-west from roughly the latitude of Faya-Largeau towards Lake Chad (Weis, 1978:121). Thus it does traverse Tibesti.

The very same map depicts what must have been a very lonely way indeed, that from Benghazi via Kufra towards 'Abeshr' (Abéché, in Ouadai). This trail is mentioned earlier (Shaw, 1929:63) as being that which lies next to the Darb el Arba'in, the most easterly north-south route and one which need not here concern us, any more than communications between Cyrenaica and Egypt.

The problem of determining the antiquity or otherwise of long-range trails is a very real one, in spite of being able to read that some are age-old (Weis, 1978:118) and that most of the traffic from the Mediterranean coast during the last 2,000 years passed along the Bornu Route (Shaw, 1929:63). How, one wonders, did authors have such facts at their disposal? All too often one happens upon place-names connected by caravan routes--at any rate on the maps on which both are printed. The age of such liaisons is hardly ever mentioned and seldom convincingly attested.

I do not wish here to decry the Garamantes, popular as trans-Saharan travellers, even though horse-drawn chariots as trade vehicles, in a desert which was paradoxically becoming ever more waterless, have probably entered the realm of fiction (Spruytte, 1983). It is likely that a good many other factions moved about the desert too, whose names we may never know. Just how would men have moved heavy loads around, prior to the introduction of the camel, capable of carrying about 350 kg, unshod into the bargain? Nor is it my intention to try to deal with Saharan journeys before the Classical era, i.e. by Phoenicians or indigenous middlemen.

The exact separation of Prehistory and History can be difficult, as is shown by taking a trip back in time. Suppose that a caravan, however made up, passes out of territory controlled by Classical North Africa and heads into the little-known regions to the south (little-known, that is, by Europeans, though probably not by all members of the party). It is just as though the group passes out of a region already in the historical period, to penetrate another which is still prehistoric (Milburn, 1984:292). It is probably not accompanied by Greeks nor Romans, regardless of whether the intention is to go right down to Bornu, or merely a shorter distance south. In such a latter context, one can recall the mysterious 'Garamantian emeralds': although we now know that they were amazonite, the question as to just how they reached the Fezzan is unanswered (Monod, 1974).

Either someone had to go right to the mines and collect them, in very dangerous terrain and presumably surrounded by potentially hostile locals, or the same locals came some way north and delivered their wares, possibly at the risk of being enslaved or otherwise molested. Thinking back to guerilla operations even during this century, mountain men have often enjoyed comparative immunity, the better-armed regular units of the forces of 'law and order' being able to occupy mountainous regions at best only for a period. Lacking radio, aircraft, heavy weapons and motor-transport, the odds would be stacked even more drastically in favour of the mountain men of prehistory or classical times. Their local knowledge would keep them alive, in terms of food, water and fodder for animals, while they might well be able to isolate and to starve into submission intruders, by denying them one or other of such essentioal commodities.

Allowing that the apparent southernmost local Roman traces are at Tin Alkum, Fezzan, not far east of Djanet (2434N 0929E), as also near Abalessa, Ahaggar (2254N 0450E), though these latter belong firmly to the central Sahara (Rueger, 1978:342), it is not surprising that Roman pottery should have turned up in a tumulus at Djanet. The Roman mausoleum lying about ten miles to the south of Djerma has been termed the most southerly monument that Rome has left on the face of the earth (Diolé, 1959:135): in a local context, we may accept it as such.

Setting off along that part of the Bornu Route which leaves Gatrun (now styled Al-Qatrun) for the south, names cropping up in history during the first 60 km or so are El Bakhi and Medrusa, shown as water-points and both lying slightly to east of the 'piste non balisée' along which motor transport presumably travels today. Further on and seemingly around ten km west of this piste lies Tedjéré, another water-point. All these places are well inside Libya and are depicted on Michelin Map no. 153 (Africa North and West, published on a scale of 1:4,000,000, eleventh edition, 1983).

It looks as though this motor route has deviated some way from the camel track (or tracks?) going southwards. Thus just how much the modern motorist can expect to see of some of the buildings mentioned by camel-travellers is uncertain. We may also add to this the chances of camel routes(s) having varied slightly over 150 years, though I cannot be certain of this happening over the route in question. Creeping dunes have sometimes caused wide deviations to be inevitable, especially to motorists. Near Amguid (2626N 0522E) in eastern central Algeria I have come across a metal track-marker almost submerged by a dune.

I propose to start with a structure noticed in 1906 by a European caravaneer going south. Of two castles at Bakhi, that named Kasr Kimbe impressed him greatly by its size and regularity of construction. At the centre of a large square court was a solid tower with massive walls, several vaulted rooms and a ruined stairway. A generally well-preserved thick wall surrounded the courtyard, which had a tower at each corner. There were four more towers over the gates in the centre of the walls.

It is also recorded that the salty mud of the structure was as hard as stone, withstanding the destructive action of the desert, while of the surrounding town there remained only a few broken walls and trenches. This was the best preserved and most regularly built of the old Fezzan forts seen on the journey, the regular square lines and general construction appearing more Roman than anything else. The straight walls gave it an un-African appearance (Vischer, 1910:196). The same traveller earlier mentioned mighty mud castles once standing in the centre of large towns whose walls could still be traced, now standing alone in the bare desert (Vischer, 1909:255).

This traveller was in fact employed in Nigeria and chose this novel method of returning to his post from leave. In addition to viewing a good many structures north of the Sahara, he had also had time, during the journey from Tripoli towards Murzuk, to 'get his eye in' with regard to Roman ones too. The significance of both reports is, firstly, that the buildings were not made of stone. Secondly, there had been a requirement, at some unspecified period or periods, for defence by non-identified inmates against foes of whose nature we are ignorant. All this went on within the confines of present-day Libya.

A previous mention of 'Kasr Kimba' was made on 6 May 1862 by Von Beurmann, who found it especially interesting due to the type of cement used: this was a mixture of mud and a spice called Kimba, said to be brought from Sudan (Soudan?) and to taste like pepper. The walls of all the ruins were noted to be of mud (Franconie, 1973:114; Petermann and Hassenstein, 1862:86). Von Beurmann also sketched the largest ruin seen by him, named Senerenibbe: I have been unable to trace its publication.

For Nachtigal, the many ruins in the Bakhi region were clearly not Roman, though their presence testified to times of more active life and greater prosperity. Qasr Serendibe lay about ten minutes to the north-east of Bakhi, which is surprisingly labelled El Bahri in one modern text (Franconie, 1973:114). The three castles of Qasr Uled Ammi, Qasr Kimba and Qasr Serendibe "were obviously neither very well built nor on any large scale, being constructed of air-dried bricks held together with mortar" (contrast the descriptions given by Vischer above). Nachtigal examined the mortar of Kasr Kimba and failed to locate any trace of the material reported by Von Beurmann, concluding that the name was due only to the fact of profit from the kimba trade at one time having paid for its construction (Nachtigal, 1974:208).

I am uncertain how much importance should be accorded to an Arab name like Uled Ammi. There was nothing to prevent later peoples from refurbishing old structures and giving them any name they chose. The use of bricks of dried mud may be age-old (K.H. Striedter, personal communication, 18.2.1983), though I have so far failed to ascertain any hard and fast rules as to their date of introduction, locally or elsewhere.

Denham had passed El Bakhi even earlier, noting little more than that it was a prettily-situated nest of huts (Denham et al., 1836:4). Halting at Medroosa, he went on next day, leaving 'an Arab castle' to the south-west and reaching Kasroua. On his way south he came to Tedjere, calling it Tegerhy. The sketch published by him as Plate 7 is made from the south and shows the salt lake. It does not seem to appear in all editions of his work. The castle entrance was small, low and arched. There were loop-holes with second wall and gateway which would render the entrance by the passage extremely difficult. The second gateway had above it an opening from which missiles and firebrands, formerly put to great use by the Arbs, could be poured on assailants. There were wells (in the plural) within the walls and the water was fairly good. This officer had no doubt that Tegerhy might make a very good defence, with supplies and when in a good state of repair (Denham et al., 1836:5-6).

The illustration above-mentioned shows a building of solid aspect with an apparent flying-buttress on the extreme left, in strange contrast to a photograph taken around 1955, whose accompanying text states clearly that it stands in the open desert, a garrison on a route through the void (Diolé, 1959:190, pl. 26).

Just prior to Denham's visit, Lyon had twice passed 'El Bakkhi' without noticing fortified structures (Lyon, 1821:234, 249). We are ignorant as to what Hornemann may have seen. His last letter, written from Murzuk in 1800, mentions Tibbu hovering with intent to attack a caravan going south (Howard, 1951:168). Barth noticed the 'towering walls' of Tejerhy on his route north and camped on the north-west side of the Kasr, passing the village of Bakhil next day and continuing to Gatrun (Barth, 1857, V:442-3).

One modern traveller has gone to a good deal of trouble to think out who might have been the makers of fortified structures seen by him in Wadi Ajal (W. Ajial, near Djerma) as well as those far to the south in places like

Tedjéré, believing that their strategic arrangement and similarity of plan provide a basis for assuming a military organisation. The locals have seemingly lost all recollection of those who constructed the Qusur (singular: Qasr) and call them 'Roumi castles' (Diolé, 1959:142-3). He concludes that the civilisation which erected them can only have been Berber, using sun-dried brick and coarse cement. Lyon (1821:215) mentions that the people of Zuela, like all Moors, attribute strange buildings and writings to the Christians, while Duncan (1829, II:180) states that no vestiges appear to exist there of any Roman structures. Perhaps somewhere in texts dealing with the country further north there are some clues as to the origin of such buildings.

The findings of Pauphilet (1953:100) are that the locals attribute to 'Soudanese' the construction of the Tedjere gasr, with contrasting stone tombs 'of Garamantian aspect' which, he feels, tend to connect the area with central Fezzan. As at July, 1983, I can only conclude this survey of various opinions by thanking R. Mauny for a recent communication (12.12.1982). It seems that he keeps a set of maps, on which are entered all Roman remains located in works on ancient Libya. Nothing south of Djerma has so far turned up.

There probably exist very few photographs of structures south of Al-Qatrun, far less plans and descriptions by specialists, a situation also said to apply to numerous fortified buildings of the Kawar oases further south on the Bornu Route (G. de Beauchêne, personal communication, 16.11.1982). Dare one hope that tourists may have photographed ruins seen along this route and that in the course of time some of these may see the light of day? This does nonetheless assume that the modern motor track _is_ suitably placed for this purpose.

Seen in terms of a general need for defence of sedentarists dwelling along the Bornu Route, even in the present century, as well as of travellers, the experience of one European-led party is illuminating. It was attacked by apparent Tuareg raiders near Tedjéré. These were easily routed by the simple expedient of shooting-up their tethered camels. The opinion offered as a result was most uncomplimentary to the Tuareg as fighters (Vischer, 1910:214) and contrasts strangely with accounts of the Battle of Tit, Ahaggar, in 1902, when the Ahaggar Tuareg were routed once and for all (Cauvet, 1945) by a French-led camel group whose weapons did not yet include the machine-gun.

Further south among the oases of Kawar, it was considered as late as 1929 that French occupation would allow the villagers of Achenouma to revitalise their neglected palm-tree cultivation. Furthermore the Kel Owi Tuareg caravaneers from the Air Mountains had abandoned their visits to Dirkou, also in Kawar. Insecurity there, due to Tebu raids, caused these salt traders to prefer the more southerly hamlets of Bilma and Fachi (De Burthe, 1932, II:310-11), from which they were more likely to be able to load their salt free from attack.

The ability of Tuareg riders to travel far and fast under difficult conditions is too well-known to merit comment here. The Tebu, or Teda, are comparatively enigmatic, their exploits having attracted less attention in general. Pillage of travellers is a business going back further than these people can recall. A sub-activity is the long-distance raid aimed at carrying off badly-guarded flocks, along with shepherds who might otherwise raise the alarm. The very nature of Tibesti itself made such raiders safe, if only they could regain its confines. In the event of surprise in the open by maurauders or pursuers, it was often dispersion and extreme mobility which saved the Tebu camps (Chapelle, 1957:331-8). Some of the above skills were put to good use by LRDG and SAS raiders near the North African coast in the early 1940s. Even though an anthropological hiatus exists, references to Troglodytes who were extremely swift of foot, who ate snakes, lizards and other reptiles and whose language resembled the squeaking of bats, all fall easily into place today. I thank Dr. H. Felber for a remark (25.2.84) that the sound emitted by bats is undetectable by the adult human ear. It should suffice to compare Herodotus with several modern authors to deduce that the physical qualities of those who were harassed by four-horse chariots in the 5th century BC were largely the same as those of modern Tebu (Lyon, 1821:254-5; Peel, 1942:83, 85).

Now a short diversion to Abalessa, in Ahaggar, since little has appeared in English about an enigmatic structure of dressed stone blocks, known as the 'Tomb of Tin Hinan', in which occurred a sumptuous female burial and numerous grave-goods, some being Roman.

Initial excavation was by a traveller. Since then many have visited the site and speculated as a result. Probably the most detailed and best-illustrated account is that by Reygasse (1950:88-106), although the plan of the structure may be a most confusing document (1950:94). A more recent plan exists (Rueger, 1979:254) and C. Rueger agrees that further excavation is needed (personal communication, 22.2.1980).

I am not satisfied with a suggestion as to existence of a corridor linking rooms two and five in a 'déambulatoire' context, having failed to locate to my satisfaction any such passage. A further idea that the monument is to be linked, in theory at least, with the 'monuments a chapelle' of the Atlantic Sahara and Saharan Maghreb is unconvincing. The building seems to be unique, has been tampered with and one needs to find an explanation for the number of rooms not apparently anything to do with the burial, which is in the extreme south-west corner of the structure.

Within the monument and accompanying the burial occurred a wood bowl bearing imprints of coins of Constantine the Great and a Roman lamp. Two fragments of incomplete Libyco-Berber inscriptions are mentioned as having been incorporated into a wall and are taken as pre-dating the structure, or anyway that portion in whose wall they were used as building material (Reygasse, 1950: fig. 155).

If the Balsa mentioned in the triumph of Cornelius Balbus happens to be Abalessa, it is unlikely that we shall ever know whether he went there or whether--as has been suggested--he merely used a number of names from the interior of which he had heard. What is of interest is that, had he truly known of the place now called Abalessa, this knowledge would have predated by four centuries the female burial within the monument, so far fixed as having occurred in the 5th century AD.

Thus it remains to be determined whether the structure was totally dedicated to honouring a legendary Berber 'princess' from far-off Tafilalt (Morocco), elsewhere said to be the ancestor of the local Tuareg, as well as to what degree Rome may have been involved, if at all. Yet I have for some time past been puzzled by references to the possible existence of structures of similar architecture in Tibesti. One traveller heard, though possibly in a desert officer's mess, that the Tin Hinan structure is architecturally similar to some found in Tibesti (Toy, 1964:114). Just where these latter were situated and who found them appears unknown and my enquiries to the author have brought me no further. And a historian, now deceased, wrote that the ruins near Abalessa were of Roman date but built in the style of the negroid Tubu of Tibesti (Ki-Zerbo, 1979:87).

I heard recently of the seeming existence of an unusual building in north Niger, not far from the Libyan frontier and close to the Bornu Route itself. It was said to be about rectangular in shape and built of large dressed stone blocks. I can find no published material dealing with it. My information came from a chance contact who was good enough to tell me all he had heard as a yound man, without ever having seen it himself. His explanation as to the lack of publications on the subject was that Europeans during the 1930s believed the structure to be fairly modern. I intend to follow up this lead as circumstances permit.

Noting a theory that trans-Saharan trade in the Roman era was a myth (Swanson, 1975), plus the idea that the donkey and mule are near equals to the camel in terms of ability to endure heat and dehydration (Shaw, 1979:706), though not in terms of carrying capacity, it seems likely that these two animals will have been used prior to the general introduction of the camel as a Saharan beast of burden. I am grateful to J. Spruytte (personal communication, 26.6.1983) for information to the effect that unshod beasts of burden other than the camel are less efficient than when shod.

In terms of how far south the Romans went--apart from the individual expeditions of which some details have come down to us, including the legend that a mysterious Jolouta sometimes mentioned in connection with Tin Hinan may have been Julius Maternus—it is probably wise to regard actual Roman trade-routes through the Sahara as fiction; if there had existed a trans-Saharan trade of importance, its middlemen should be sought in western Black Africa (Rueger, 1978:342-3). It is significant that Roman knowledge of the Tebu appears minimal, while I am currently unaware of reports of veiled men by Classical authors.

Only on 1.4.1983 did I first become aware of the existence of the inscriptions(s) at Sidi Khrebish, Benghazi (Lloyd et al., 1977:241); a scrutiny of the inscription published by de Burthe (1939, I:699), running from the left-hand centre part of the page towards the top left-hand edge, reveals certain common ground. There are a few similar characters: and the same habit of repeating a character from time to time, next to an identical fellow.

As though the above sets of characters, some 1200 kms apart, were not already enough, some further symbols have been kindly passed to me by J. Chapelle (personal communication, 18.5.1983), with the information that they are used as camel-brands by local Tubu. These are reproduced in Fig. 23.1: it seems that they are used singly, but that it is possible to find a number of them also set on one and the same rock, in cases where a succession of travellers have wanted to record their passing by. J. Chapelle indicates his ignorance of the inscriptions from Er-Roui (de Burthe, 1939, I:699), so that the likeness of some of the Tubu camel-brands to characters at Sidi Khrebish and Er-Roui is all the more welcome. It is hardly likely, for instance, that all the camel-brands have come to exist through the characters being seen at Er-Roui. Therefore the chances are that there remain further inscriptions awaiting discovery. In fact Bent and Bent (1900:369) mention the

Figure 23.1 Camel-brands used by Tubu.

la trace de la gazelle

le sabot de l'âne

la patte du corbeau

les piquets de tente

le combat de sagaies

la corde sinueuse

le crochet du chevrier

le couteau de jet

habit of Sokotran camel-men of using brands consisting, in some cases, purely of Himyaritic letters, attributing this custom to the steady conservatism of the Oriental.

Towards the bottom left-hand corner of another illustration of inscriptions noted at Er-Roui (de Burthe, 1939,I:697) is included a line of characters that first attracted my attention by reminding me of the Greek alphabet. I am grateful to Miss J.M. Reynolds for encouragement in this respect. Time alone will show the significance of these varying characters on a major trans-Saharan route.

Finally, I must express concern, if no longer actual surprise, at the lack of English-language texts dealing with the not inconsiderable tract of wasteland lying between Classical North Africa and Africa south of the Sahara. In the event that my remarks have done little beyond underlining just how much we still do not know, I very much hope that they may stimulate interest and help to set the stage for investigation at interdisciplinary level in the deep south of modern Libya.

BIBLIOGRAPHY

Barth, H. (1857) **Travels and Discoveries in North and Central Africa.** London, Longman, Brown, Green, Longmans and Roberts.

Bent, T. and T. (1900) **Southern Arabia.** London, Smith, Elder and Co.

Cauvet, G. (1945) **Le Raid du Lieutenant Cottenest au Hoggar.** Marseille, Collection Raoul et Jean Brunon.

Chapelle, J. (1957) **Nomades Noirs du Sahara.** Paris, Librairie Plon. (Second edition, 1982, Paris, L'Harmattan).

Denham, D., Capt. Clapperton and the late Dr. Oudney (1836) **Narrative of Travels and Discoveries in Northern and Central Africa, in the Years 1822, 1823 and 1824.** London, John Murray.
Diolé, P. (1957) **The Most Beautiful Desert of All.** London, Jonathan Cape.
De Burthe d'Annelet, Lieutenant-Colonel (1932) **Du Caméroun à Alger (Septembre 1928-Juin 1931). Carnets de Route.** Paris, Editions Pierre Roger, tome II.
De Burthe d'Annelet, Lieutenant-Colonel (1939) **A Travers l'Afrique d' Française. Du Sénégal au Caméroun par les Confins Libyens et au Maroc 1935 par les Confins Sahariens (Octobre 1932-Juin 1935). Carnets de Route.** Paris, Firmin-Didot and Cie, tome I.
Duncan, J. (1829) **The Modern Traveller. Africa.** Edinburgh, Oliver and Boyd, Vol. II.
Franconië, M. (1973) **Karl Moritz Von Beurmann. Voyages et Explorations 1860-1863.** Le Gibanel, privately printed.
George, U. (1978) **In the Deserts of this Earth.** London, Hamish Hamilton.
Howard, C. (ed) (1951) **West African Explorers.** London, Oxford University Press.
Ki-Zerbo, J. (1979) **Die Geschichte Schwarz-Afrikas.** Wuppertal, Peter Hammer Verlag.
Lange, D. and Berhoud, S. (1977) Al-Qasaba et d'autres villes de la route centrale du Sahara. **Paideuma** 23:19-40.
Lloyd, J.A. et al. (1977) **Excavations at Sidi Khrebish, Benghazi (Berenice).** Tripoli, Department of Antiquities. Supplement to Libya Antiqua, V, Vol. I.
Lyon, G.F. (1821) **A Narrative of Travels in Northern Africa.** London, John Murray.
Milburn, M. (1984) Archaeology and Prehistory. **In** J.L. Cloudsley-Thompson (ed) **Sahara:** 291-310. Oxford, Pergamon Press.
Monod, Th. (1974) Le mythe de l'émeraude des Garamantes. **Antiquités Africaines** 8:51-66.
Nachtigal, G. (1974) **Sahara and Sudan. Vol. I. Tripoli and Fezzan, Tibesti or Tu.** London, C. Hurst and Co.
Peel, R.F. (1942) The Tibu peoples and the Libyan desert. **Geographical Journal** 100:73-87.
Petermann, A. and Hassenstein, B. (1862) Inner-Afrika nach dem Stande der geographischen Kenntniss in den Jahren 1861 u. 1862. **Petermann's Geographischen Mitteilungen.** Ergaensungsheft 10:84-96.
Pauphilet, D. (1953) Notes ethnographiques. Le village de Tejerhi et son évolution récente. **In** P. Bellair, E.G. Gobert, P. Jodot and D. Pauphilet (eds) **Mission au Fezzan (1949)** :100-13. Tunis, Institut des Hautes Etudes de Tunis.
Reygasse, M. (1950) **Monuments Funéraires Préislamiques de L'Afrique du Nord.** Paris, Arts et Métiers Graphiques.
Rueger, C. (1978) Die Sahara und die Roemer. In **Sahara. 10.000 Jahre zwischen Weide und Wueste:** 141-43. Koeln, Museen der Stadt Koeln.
Rueger, C. (1979) Das Grab der Tin Hinan bei Abalessa/Algerien. **In** H. Horn and C. Rueger (eds) **Die Numider. Reiter und Koenige noerdlich der Sahara:** 251-4. Koeln, Rheinland-Verlag.
Shaw, B.B. (1979) The camel in Roman North Africa and the Sahara: history, biology, and human economy. **Bullétin de l'Institut Fondamental d'Afrique Noire** 41:663-721, série B.
Shaw, W.B.K. (1929) Darb El Arba'in. The Forty Days' Road. **Sudan Notes and Records** 12:63-71.

Spruytte, J. (1983) **Early Harness Systems.** London, J.A. Allen.
Swanson, J. (1975) The myth of trans-Saharan trade during the Roman era. **International Journal of African Historical Studies** 8:582-600.
Toy, B. (1964) **The Way of the Chariots.** London, John Murray.
Vischer, H. (1909) A journey from Tripoli across the Sahara to Lake Chad. **Geographical Journal** 33:241-66.
Vischer, H. (1910) **Across the Sahara from Tripoli to Bornu.** London, Edward Arnold.
Von Beurmann, K.M. see Franconie, M.
Weis, H. (1967) Die Bornustrasse--Der Weg in das Herz Afrikas. **In** H. Schiffers (ed) **Heinrich Barth. Ein Forscher in Afrika. Leben, Werk, Leistung:** 421-90. Wiesbaden, Steiner-Verlag.
Weis, H. (1978) Die Sahara im Licht der Geschichte. In **Sahara. 10.000 Jahre zwischen Weide und Wueste:** 104-21. Koeln, Museen der Stadt Koeln.

24. Late Hellenistic and Early Imperial Vessel Glass at Berenice: A Survey of Imported Tableware Found During Excavations at Sidi Khrebish, Benghazi

J. Price

Only a very little evidence survives for the use of glass at Berenice before the 1st century BC. A tomb found in 1973 at Selmani contained a dark blue core-made amphorisk with opaque yellow trails, of a type which is early in Harden's Mediterranean Group 3 (Harden, 1981:122-37), and is likely to have been manufactured in the later 4th or 3rd century BC, though the contents of other burial chambers in the same tomb indicate that the final closure of the tomb did not take place before the end of the 1st century BC or early 1st century AD (Price, 1984:197-8). Elsewhere in Cyrenaica some core-made vessels dating from the mid or later 6th century BC onwards have been recorded from burials (Fossing, 1940:61; Harden, 1981:130 and nos. 153, 336), and a colourless cast Achaemenid bowl was found in 1969 in a later 5th century BC burial at Aslaia (Vickers, 1972). In addition, fragments of core-made and cast and ground vessels have occurred at excavated sites, including quite exceptional pieces such as the colourless cold-cut or cast vessel with drilled interior, perhaps an alabastron, decorated with a female head carved in relief which was found in the Sanctuary of Demeter and Persephone at Cyrene (White, 1975:44-5, Pl. 11, fig. 33), but there is very little reason to suggest that glass was a material in common use in the region before the late Hellenistic period.

In all, more than 5,300 fragments of vessel glass ranging in date from the Hellenistic period to the 9th-10th century AD were found during excavations at Sidi Khrebish, but this paper will concentrate on the Hellenistic and early Imperial material from the site, in order to compare this with similarly dated assemblages from other sites in the Mediterranean region, as well as to examine the probable centres of manufacture for the different vessel types present at Sidi Khrebish.

Only four pieces of core-made vessels were found (Figs. 24.1, 1-3) and these came from unguentaria and amphorisks or alabastra of Harden's Mediterranean Group 3, probably dating from the 2nd or 1st century BC (Harden, 1981:122-37). There is no likelihood that these were produced in Cyrenaica, and the vessels would have arrived in Berenice from elsewhere as containers for small quantities of unguents and other cosmetic preparations. A similar

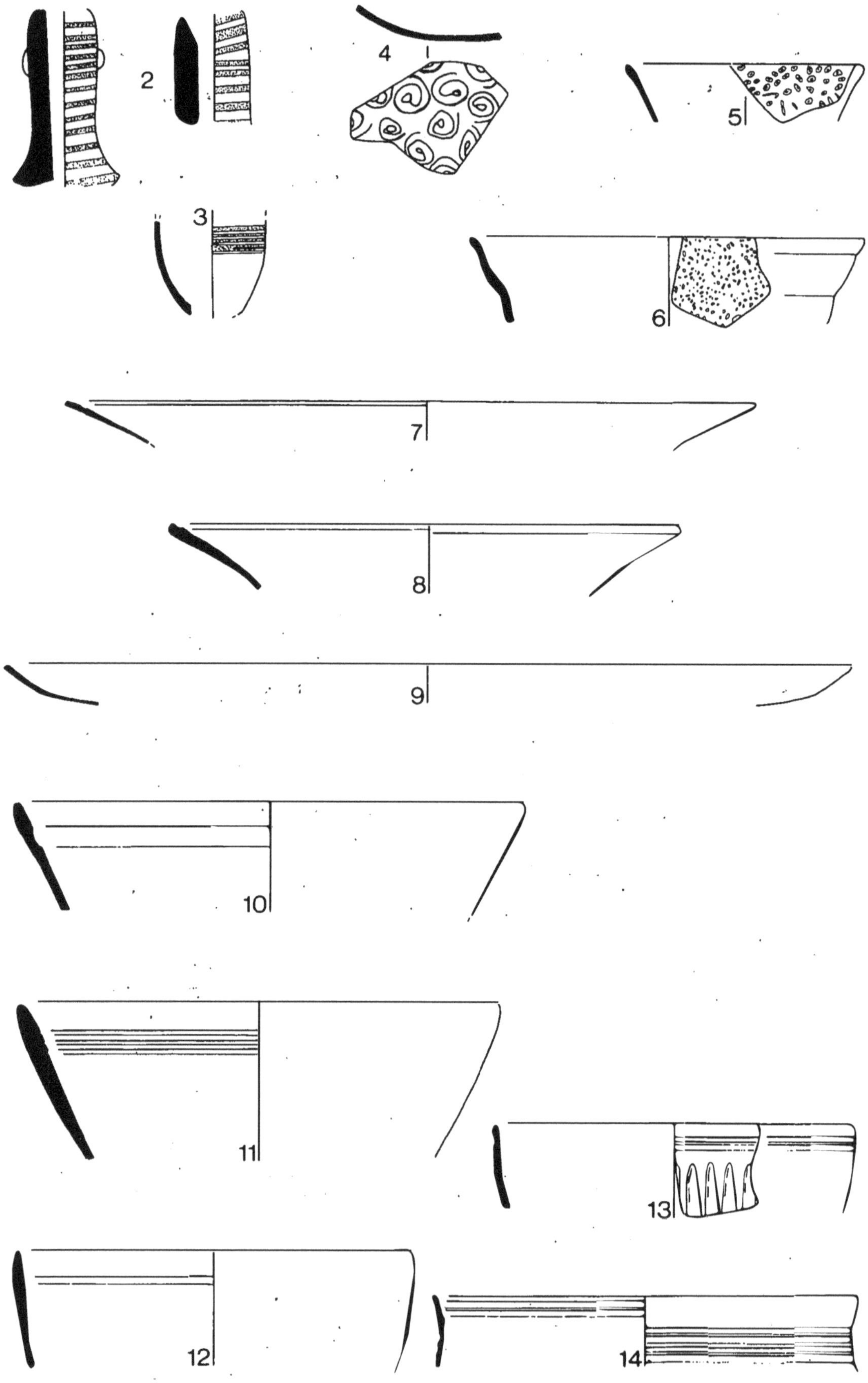

Figure 24.1 Sidi Khrebish, Benghazi: Core-made vessels (nos. 1-3)
Cast polychrome mosaic vessels (nos. 4-6)
Cast colourless plates (nos. 7-9)
Cast conical and hemispherical bowls (nos. 10-12)
Cast bowls with wheel cut exteriors (nos. 13-14)

scatter of fragments from late core-made vessels occurs at the Unexplored Mansion site at Knossos in Crete (unpublished), and elsewhere in the Mediterranean basin, as at Cosa in central Italy (Grose, 1973-1976:177), and there is a strong presumption that some of the forms may have been produced in Syria or Cyprus. It is probable that the production of core-made glass did not long outlast the discovery of glassblowing in or around the middle of the 1st century BC, if the two methods of manufacture overlapped at all; fragments of core-made vessels are quite rare in Augustan and later contexts, though a fragmentary alabastron has recently been found in a Gaian/early Claudian pit at Fréjus (Forum Iulii) in southern France (unpublished).

By contrast with the small amount of core-made glass from Sidi Khrebish, more than 730 pieces of Hellenistic and early Imperial cast vessels were recorded, representing about 14% of all the vessel glass found at the site. All but eight of these cast fragments came from monochrome vessels, the remainder being from open dishes and bowls made in floral or mottled mosaic patterns which for the most part seem to have been produced in the late 1st century BC or early 1st century AD, as they do not resemble the polychrome mosaic vessels known in the 3rd to early 1st century BC (Harden, 1968; Oliver, 1968), except for one piece (Fig. 24.1,4) which may come from a hemispherical bowl dating from the late 2nd or early 1st century BC (Oliver, 1968: figs. 15-18, 23-25). The forms of three of the vessels are identifiable, one being a pillar moulded bowl, one a small truncated conical dish (Fig. 24.1, 5) and a third is a small cup with constricted convex-curved side, similar to the Dragendorff form 27 in samian pottery (Fig. 24.1, 6). These vessels were certainly produced during the last years of the 1st century BC and the early 1st century AD, though it is at present difficult to define the period of manufacture more precisely. Two opaque red cups with constricted convex-curved sides are recorded in one of the Royal Pyramids at Barkal, in the Kingdom of Meroe, dating from around 20 BC (Stern, 1977), and the floral and mottled mosaic versions of the form occur frequently in Augustan and later contexts at sites in the western Mediterranean region, though they are also known in some of the eastern provinces, as in Syria (Zouhdi, 1964:73-8).

Judging by the distribution of finds of all types of early Imperial polychrome cast glass, which is very common in Italy and the west Mediterranean but quite rare in many parts of the east Mediterranean, it seems likely that most of this glass was produced at centres in the west, probably in Italy, though the precise location of such centres is not known. The vessels at Sidi Khrebish may well have come from Italy, though it is also possible that they were brought from Syria or another centre in the east Mediterranean. Similarly, the early Imperial fragments found occasionally in Crete, Greece, the Black Sea region and Anatolia may also have been supplied from the west or the east.

The rest of the cast glass at Sidi Khrebish is monochrome and most of it is translucent, ranging from colourless and pale bluish green through yellow and green to deep brown, blue and purple, though a little strongly coloured opaque glass is also present on the site. Two small groups of Hellenistic cast glass have been noted, the first dating to the late 3rd or early 2nd century BC, and the second to the late 2nd or early 1st century BC, but most of the cast vessels in this assemblage belong to the later 1st century BC and early 1st century AD.

Three fragments of good quality colourless glass belong to the Canosa group of vessels which were probably being made in the late 3rd/early 2nd century BC; a summary of recent work on this material and the vessel types included in the group is to be found in Grose (1981:62-5). Two fragments from large plates with ground rims and concave sides tapering inwards, which have wheel-cut grooves below the rim on the inside surface (Fig. 24.1, 7-8), are very similar to ones from Canosa, in Puglia, southern Italy (Harden, 1968:28, figs. 23-5), two from an unprovenanced burial group found in southern Italy and now in the Museum für Kunst und Gewerbe, Hamburg (von Saldern, 1975:41, figs. 7-10), plus two others in Ancona and Naples (Oliver, 1968:50, nos. 6-7), and a fragment from Morgantina, Sicily (Grose, 1982:23-4, fig. 2c). The third fragment, from a large shallow bowl (Fig. 24.1, 9), may be compared with one from Canosa (Harden, 1968:29, figs. 28-30), and two from the south Italian burial group in Hamburg (von Saldern, 1975:41, figs. 11-13). It is usually asserted that the Canosa group of vessels were produced at Alexandria in Egypt, although no vessels or fragments of this type have been found in that region. An alternative possibility might be that they were made at a centre in southern Italy or Sicily, the area in which the greatest number of examples has been recorded to date. Grose (1981:64) considered both possibilities, but concluded that it was foolhardy to suggest any such manufacturing centre on the basis of find-spots, since in his view the vessels were manufactured primarily for export.

A considerable amount of research in recent years has led to the recognition of the Syro-Palestinian coastal region as an important centre for the production of monochrome cast bowls from the mid 2nd century BC until the early 1st century AD (Grose, 1979; 1981:66-9; Weinberg, 1970, 1973), and Grose (1979) has divided them into four main groups, all of which are represented at Sidi Khrebish.

The initial production was concerned with two kinds of bowls, the heavy conical and hemispherical bowls with convex bases and broad horizontal grooves below the rim on the interior, which were made in yellow green and yellow brown glass (Group A) and hemispherical bowls with convex bases and elaborately cut exterior surfaces, bearing horizontal ridges and grooves below the rim, vertical grooves on the body, and a star or rosette on the base, which were made in colourless, pale green and yellow brown glass (Group B).

The earliest dating evidence for bowls of Group A occurs in the Athenian Agora (Weinberg, 1961:389, fig. 3:9), and Ashdod (Barag, 1971:202, fig. 105,1), where fragments were found in contexts dated around or a little before 150 BC, and the form is known in very large numbers at Tel Anafa from around 125 BC to around 80 BC when the Hellenistic settlement ceased to exist (Grose, 1981:67-8; Weinberg:1970). They also occur at very many other sites in the Syria-Palestine region, and in Greece and the Aegean, in the 2nd to mid 1st century BC, and are found occasionally in Sicily and Italy, though not further west (Grose, 1979:55-9). These bowls are not very numerous at Sidi Khrebish (Fig. 24.1, 10-12), and presumably arrived at Berenice in the course of trade with the east Mediterranean region, as did the three fragments from Group B bowls (Fig. 24.1, 13-14). The bowls of Group B are not as common as those of Group A, though they appear to be contemporary with them and are often found on the same sites. They generally have a very similar distribution, though one piece has been noted at Badalona, near Barcelona on the northeast coast of Spain (Price, 1981:70).

Group A bowls went out of production and disappeared from the archaeological record around the middle of the 1st century BC, and at the same time, or a little later, two new bowl types occur at Tel Anafa and other sites in the Syro-Palestinian region. These are ribbed bowls with concave bases and horizontal grooves in the interior (Group C) and thin-walled plain bowls with deep, hemispherical or shallow profiles, concave bases and horizontal grooves in the interior (Group D). Both forms were produced in a wide variety of bright colours as well as in the colourless, pale green, yellow green and yellow brown already encountered in Groups A and B.

Approximately 600 of the 730 fragments of cast glass found at Sidi Khrebish come from bowls of Group C and D (Figs. 24.2, 24.3, 27-34). This huge increase in the amount of cast glass in use at the site during the last 20 or 30 years of the 1st century BC and first 20 or 30 years of the 1st century AD reflects a situation which may be observed throughout the Roman world at the same time, as both monochrome and polychrome vessel glass suddenly became plentiful, not only in the east Mediterranean region, but also in Italy and at sites around the western Mediterranean as well. This aspect of the late Hellenistic/early Imperial glass industry has been examined on several occasions by Grose (1977; 1979; 1981; 1983). He has argued that bowls of Groups C and D were invented in the Syro-Palestinian region but soon afterwards were also being made in Italy, where a very vigorous industry was established at one or more centres during the late 1st century BC, probably by migrant Syrian glassmakers.

It is not yet possible to distinguish between the products of the eastern Mediterranean glasshouses and those from Italy, but is seems logical to assume that the Italian centres supplied the sites in the west Mediterranean basin. Both ribbed and plain bowls were in common use in the Augustan settlement at Fréjus and also occur in Tiberian to early Claudian contexts there. Both forms are present in the cargo of the early Imperial ship wrecked at La Tradelière, off the southern French coast near Cannes (Fiori and Joncheray, 1975:67, pl. 3), though some elements of this ship's cargo suggest that it had also called at ports in the eastern Mediterranean.

Surprisingly, most of the ribbbed bowl forms included in Grose's Group C have not often been recorded at sites in the Iberian peninsula (Price, 1981:72-3), though the version known as the pillar moulded bowl occurs very frequently. This bowl form (Isings, 1957: form 3) is extremely common throughout the western and north western provinces from the Augustan to the Flavian period, unlike the other forms of Group C and all of Group D, which scarcely ever occur away from the Mediterranean region. It is distinguished from other forms of cast ribbed bowls by several features; a) the shoulder, which is habitually ground to the tops of the ribs, and the rib tops, which are also sometimes flattened by grinding, b) the ribs, which are vertical, of similar size and shape, and symetrically placed round the bowl, usually extending to the bottom of the body and sometimes to the centre of the concave base, and c) the inside surface, which may be decorated with narrow horizontal grooves below the rim and/or on the body and base, though this feature does not always occur. Some fragments of pillar moulded bowls occur among the bowls of Group C at Sidi Khrebish (Fig. 24.2, 24-6).

On the evidence presently available, it is not reasonable to suggest that the bowls of Groups C and D found at Sidi Khrebish were locally produced, despite their quantity on the site. In view of the distances involved it seems likely that most if not all of them would have been imported

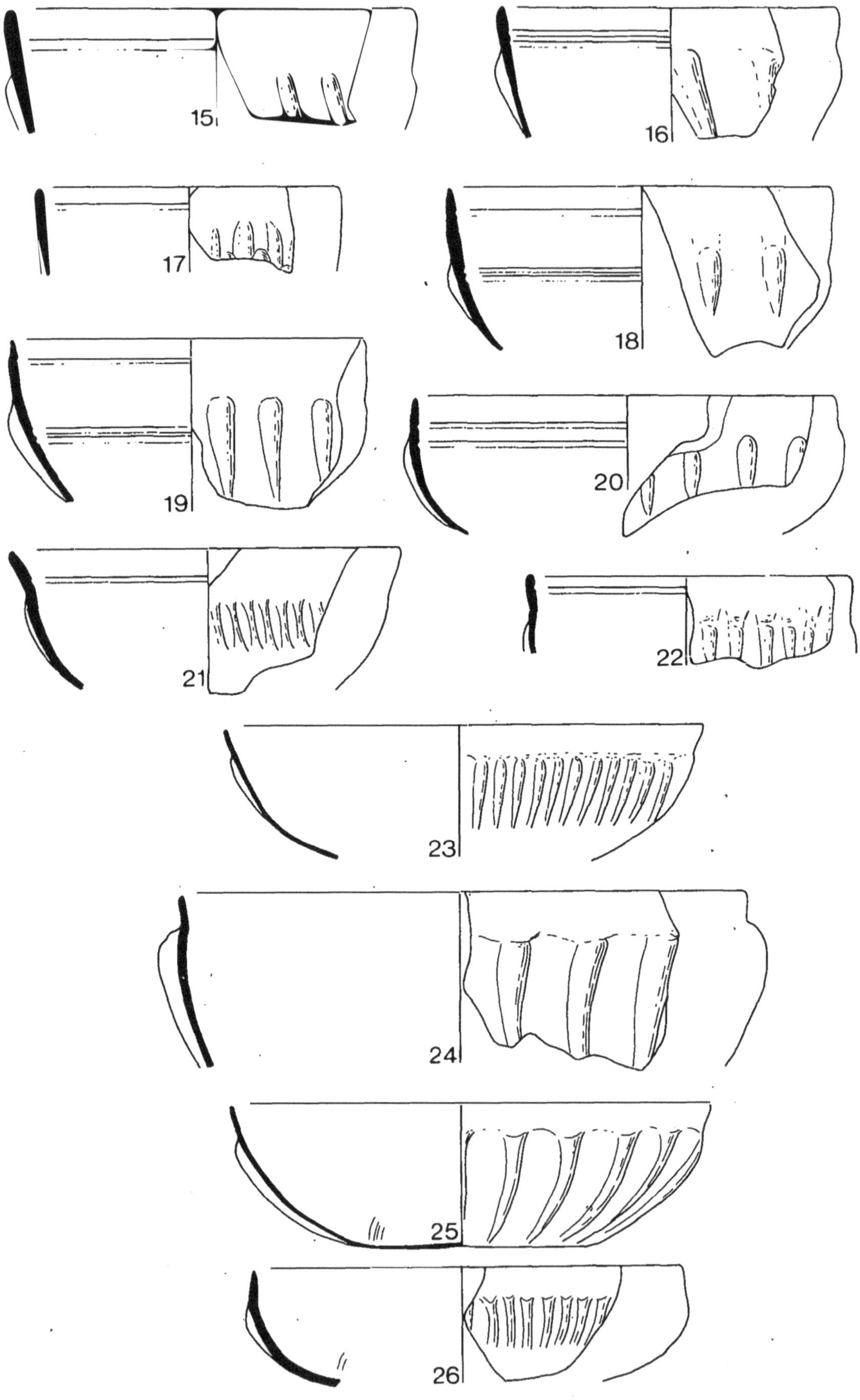

Figure 24.2 Sidi Khrebish, Benghazi: Cast ribbed bowls (nos. 15-23)
Pillar moulded bowls (nos. 24-26)

from Italy rather than Syria, though it may be possible in the future to demonstrate the existence of further centres for the manufacture of these bowls.

Cast glass with forms like pottery vessels has already been mentioned in connection with the polychrome mosaic fragments found at Sidi Khrebish, but there are also some pieces of translucent and opaque monochrome plates and bowls which resemble the Dragendorff forms 22, 23 and 27 and probably Ritterling 8 as well (Fig. 24.3, 35-8). It is perhaps unlikely that these glass vessels were copies of pottery forms, as it is sometimes possible to show that the glass version preceded the pottery version. It seems more probable that both the glass and pottery were produced in imitation of metal, or sometimes fine stone, prototypes.

A considerable range of ceramic-form glass vessels occur in early Imperial contexts,and the distribution patterns of all of them show a strong concentration at sites in the western basin of the Mediterranean and in the provinces to the north and west of Italy, indicating that the main centre of production was situated in Italy. Dated finds at sites such as the Magdalensberg (Czurda-Ruth, 1979:67-79), Cosa (Grose, 1973-1976:178), Vindonissa (Berger, 1960:24-30), Pasaje Cobos, Tarragona (Price, 1981:140-57), and Fréjus provide convincing evidence that the main period of production was at the end of the 1st century BC and during the first half of the 1st century AD. There can be little doubt that the examples found at Sidi Khrebish were imported from Italy.

Seventy two fragments of early Imperial decorated mould-blown vessels were found at Sidi Khrebish, though the range of vessel forms represented is quite restricted. There are pieces from four or five vessels of Romano-Syrian type, decorated with arcading, lozenges and foliage (Fig. 24.3, 39-42), but otherwise all the fragments come from shallow, hemispherical or ovoid cups and bowls with close-set vertical ribbing (Fig. 24.3, 42-6).

The precise date of the discovery of blowing glass into a decorated mould is not known, though it seems certain that this followed the invention of glassblowing, which probably occurred around the middle of the 1st century BC. The earliest archaeological contexts containing mould-blown glass occur in the second quarter of the 1st century AD at sites such as Cosa (Grose, 1974; 27-8), Magdalensberg (Czurda-Ruth, 1979: no. 1055), Corinth (McClellan, 1983:73) and Frejus, and the technique may have been developed during the reign of Tiberius or Gaius.

Roman-Syrian decorated glassware is so called because it has been suggested that Syrian craftsmen moved from their centres in the east Mediterranean region to establish subsidiary factories in Italy or possibly southern France (Harden, 1935; 1940), and fragments of these vessels occur in many parts of the Roman world; for instance, a fragment similar to Fig. 24.3, 41 was found at Vindonissa (Berger, 1960: no. 122). There is not enough evidence at present to determine whether these vessels were traded from the eastern Mediterranean or whether they were produced in Italy. The bowls and cups with close-set vertical ribbing, which were first studied by Berger (1960:55-6) in connection with finds at Vindonissa, occur in Claudian and Neronian contexts in all parts of the Roman empire, though there is a preponderance of finds in the western Mediterranean. They may have been produced at more than one centre.

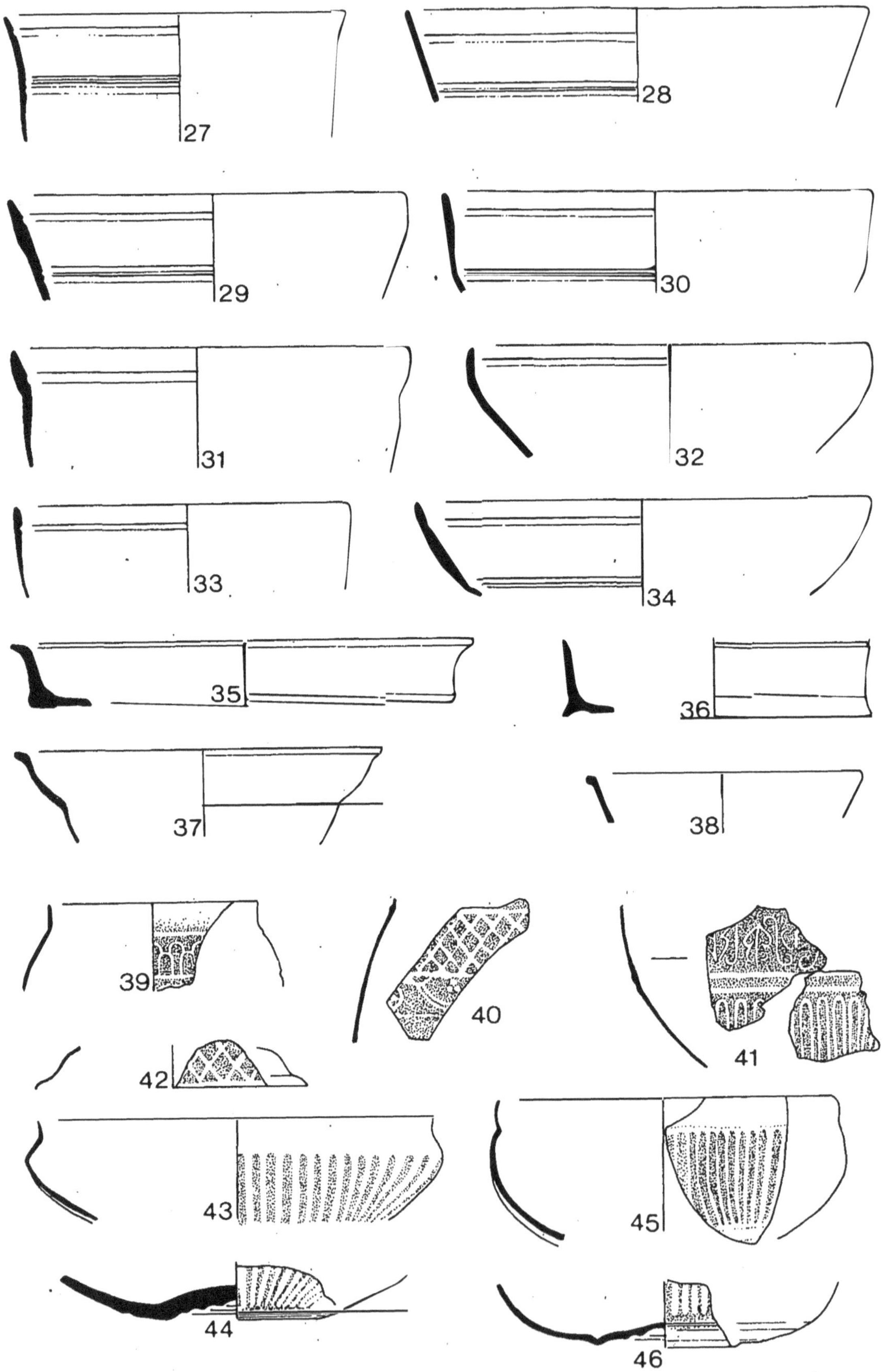

Figure 24.3 Sidi Khrebish, Benghazi: Cast plain bowls (nos. 27-34)
Cast vessels with ceramic forms (nos. 35-38)
Mould-blown vessels (nos. 39-46)

Most of the early Imperial free-blown glass vessels have been excluded from this brief survey of tablewares imported into Berenice, as many forms are found in large quantities throughout the Roman world and may have been made at several widely spaced production centres at about the same time, which means that it is often not possible to use distribution patterns to indicate the most likely places of manufacture. However, it is noteworthy that a certain amount of the strongly coloured tablewares with applied opaque white threads and trails, characteristic of the glassmaking centres of northern Italy in the early 1st century AD, found its way to this site, and there is a large group of fragments of the small ribbed cups known as 'zarte rippenschalen' (Haevernick, 1967; von Pfeffer and Haevernick, 1958), without opaque white trails but with abraded lines on the shoulder, which also appear to have been produced in northern Italy in the early 1st century AD.

In conclusion, the evidence of the early glass from the excavations at Sidi Khrebish suggests that very little was reaching Berenice until the later 1st century BC, and that most of this probably came from the eastern Mediterranean. Very much more glass was in use during the later 1st century BC and early 1st century AD and most of it is likely to have been produced in Rome or Campania or the glass-houses of northern Italy. This pattern is not unique to Berenice, as it is mirrored by the composition of the assemblages from other sites in the central and western Mediterranean region where the glass has been extensively studied, as at Cosa, Morgantina, Fréjus, Tarragona and other sites in the Iberian peninsula. In the light of the presently available evidence it seems that the glass tablewares imported into Berenice in the first century of the Roman empire demonstrate very close trading links with the western Mediterranean and scarcely any contact with the glassmaking centres further east, but this picture may be altered considerably as and when more assemblages of early Imperial glass are published from sites in the east Mediterranean area.

ACKNOWLEDGEMENT

I am most grateful to Margaret Ehrenberg for producing the illustrations used in this article.

BIBLIOGRAPHY

Barag, D. (1971) The glass vessels, Ashdod II-III. **Atiquot** 9-10:202-5.

Berger, L. (1960) **Römische Gläser aus Vindonissa.** Basel, Birkhäuser.

Czurda-Ruth, B. (1979) **Die römischen Gläser vom Magdalensberg.** Klagenfurt, Landesmuseums für Kärnten.

Fiori, P. and Joncheray, J.P. (1975) L'épave de la Tradelière. Premiers résultats des fouilles entreprises en 1973. **Cahiers d'Archéologie Subaquatique** 4:59-70.

Fossing, P. (1940) **Glass Vessels before Glass-blowing.** Copenhagen, Ejnar Munksgaard.

Grose, D.F. (1974) Roman glass of the first century AD: a dated deposit of glassware from Cosa, Italy. **Annales du 6e Congrès de l'Association Internationale pour l'Histoire du Verre:** 31-52.

Grose, D.F. (1973-1976) The glass from the Roman 'Colonia' of Cosa. **Bulletin de l'Association Internationale pour l'Histoire du Verre** 7:175-82.

Grose, D.F. (1977) Early blown glass: the western evidence. **Journal of Glass Studies** 19:9-29.

Grose, D.F. (1979) The Syro-Palestinian glass industry in the later Hellenistic period. **Muse** 13:54-67.

Grose, D.F. (1981) The Hellenistic glass industry reconsidered. **Annales du 8e Congrès de l'Association Internationale pour l'Histoire du Verre:** 61-72.

Grose, D.F. (1982) The Hellenistic and early Roman glass from Morgantina (Serra Orlando), Sicily. **Journal of Glass Studies** 24:20-9.

Grose, D.F. (1983) The formation of the Roman glass industry. **Archaeology** 36:38-45.

Haevernick, T.E. (1967) Die Verbreitung der 'zarte rippenschalen'. **Jahrbuch des Romisch-Germanischen Zentralmuseums Mainz** 14:153-66.

Harden, D.B. (1935) Romano-Syrian glasses with mould-blown inscriptions. **Journal of Roman Studies** 25:163-86.

Harden, D.B. (1940) Roman mould-blown glasses. **The Connoisseur** 106:102-5.

Harden, D.B. (1968) The Canosa group of Hellenistic glasses in the British Museum. **Journal of Glass Studies** 10:21-47.

Harden, D.B. (1981) **Catalogue of Greek and Roman Glass in the British Museum, Volume I.** London, British Museum Press.

Isings, C. (1957) **Roman Glass from Dated Finds.** Groningen, Wolters.

McLellan, M.C. (1983) Recent finds from Greece of first-century AD mold-blown glass. **Journal of Glass Studies** 25:71-8.

Oliver, Jr., A. (1968) Millefiori glass in Classical Antiquity. **Journal of Glass Studies** 10:48-70.

von Pfeffer, W. and Haevernick, T.E. (1958) Zarte Rippenschalen. **Saalburg Jahrbuch** 17:75-88.

Price, J. (1981) **Roman Glass in Spain.** Ph.D. thesis, University of Wales.

Price, J. (1984) The glass vessels. **In** J.S. Dent, J.A. Lloyd and J.A. Riley. Some Hellenistic and early Roman tombs from Benghazi. **Libya Antiqua** XIII-XIV, 1976-1977.

von Saldern, A. (1975) Two Achaemenid glass bowls and a hoard of Hellenistic glass vessels. **Journal of Glass Studies** 17:37-46.

Stern, E.M. (1977) A glass bowl of Isings' Form 2 from the tomb of an Ethiopian Candace. **Oudheidkundige Mededelingen uit het Rijksmuseum van Oudheden te Leiden** 58:63-72.

Vickers, M. (1972) An Achaemenid glass bowl in a dated context. **Journal of Glass Studies** 14:15-6.

Weinberg, G.D. (1961) Hellenistic glass vessels from the Athenian Agora. **Hesperia** 30:380-92.

Weinberg, G.D. (1970) Hellenistic glass from Tel Anafa in Upper Galilee. **Journal of Glass Studies** 12:17-27.

Weinberg, G.D. (1973) Notes on glass from Upper Galilee. **Journal of Glass Studies** 15:35-51.

White, D. (1975) Excavations in the sanctuary of Demeter and Persephone at Cyrene 1973: 3rd preliminary report. **American Journal of Archaeology** 79:33-48.

Zouhdi, B. (1964) Les verres mosaiques et millefiori du Musee National de Damas. **Annales de 3e Congrès des 'Journées Internationales du Verre':** 68-78.

25. Terracotta Figurines from the Demeter Sanctuary at Cyrene : Models for Trade

J. Pugliese Uhlenbrock

During the course of ten seasons of excavation in the Demeter Sanctuary at Cyrene by the University Museum of the University of Pennsylvania, an enormous quantity of terracotta figurines was brought to light. In comparison to bulk finds of figurines at sanctuaries elsewhere, the ensemble from the Demeter Sanctuary is one of the richest known in the eastern Mediterranean. More than 4500 mould-made figurines were recovered, together with masses of pottery fragments, marble sculpture, bronzes, lamps, coins, glass, inscriptions and miscellaneous small finds which formed part of the fill of the Middle Sanctuary (White, 1981:12). Of all the classes of objects found the figurines are the most numerous and are the only class which provides a continuous sequence of votives from the early 7th century BC through the 2nd century AD (Plate 25.I, 1-2). The majority of the early figurines were imported, in the early 7th century from Rhodes and perhaps Crete, in the 6th century from Ionia and later, to a lesser degree, from Corinth. In addition, for the late 6th and 5th centuries there are representative figurines from almost every major manufacturing centre, from Sicily to Ionia, with a least one example of almost every known type. The richness of the ensemble and the sheer numbers of figurines found provide excellent evidence to lend support to theories I have developed concerning the terracotta figurine trade, particularly in the archaic period. This is the period during which figurines were most widely exported from just a few manufacturing centres.

The presence of imported figurines in archaic votive deposits provides evidence for overseas traffic which obviously can be used to illustrate deliberate overseas trade of various types, or immigration. The quantity of figurines found is often the determining factor in the recognition of which kind of overseas traffic occurred. This clearly is telling for the social and economic history of a site. For example, among the earliest terracottas recovered from the Demeter Sanctuary are ten fragments of Daedalic figurines. Together they form a homogeneous group stylistically related in some respects to Cretan sculpture (Rizza, 1967:231, 9). As motives for their transport to Cyrene one is tempted to consider early colonial or even pre-colonisation trade, perhaps from Crete. However, variations in the shape of faces, which

Plate 25.1 Terracotta figurines from the Demeter Sanctuary at Cyrene

range from strict triangles with coarse features (Plate 25.I, 3) to a more rectangular outline (Plate 25.I, 4), suggest that as many as 70 years may separate some from others. Spread across the 7th century these ten figurines can hardly reflect mercantile activity. Instead, more likely agents for their appearance at Cyrene are the early immigrants for whom a Cretan association is historically documented (Herodotus 4.151, 3).

For the early years of the 6th century the continued sporadic appearance of imported figurines perhaps from Ephesos (Plate 25.II, 1), or Sparta (Plate 25.II, 2), also cannot be taken as a significant indicator of overseas commerce. Clear evidence for actual trade is only apparent from the middle of the 6th century when there is a sudden increase in the number of imported figurines from Ionia, an increase unrelated to the distribution of pottery at the site and therefore unrelated to demographic changes. The middle of the 6th century also witnessed the beginning of a rather poor and limited local production.

While investigations have been made on the nature of the pottery trade (Cook, 1959; Finley, 1979; Hopper, 1979), little has been written concerning the mechanisms behind the distribution of terracotta figurines. It should be noted that imported figurines do not necessarily accompany the imported pottery of a given site. Masses of Early Corinthian vases were found at the Demeter Sanctuary, yet no Early Corinthian figurines have been brought to light, unlike their frequent appearance in mainland Greek contexts (Stillwell, 1952); nor are there any archaic Attic figurines found with the volume of Attic black figure pottery. The nature of the commerce involved in the exporting of figurines clearly sometimes must have differed from that of pottery. Being non-utilitarian objects, and therefore having a more limited market value, figurines were most likely produced in more limited quantities. Yet, figurines were obviously mass-produced and, judging from the numbers of imports uncovered in many deposits, were produced in excess of local demands, presumably for an export trade. It is the mechanisms of this trade that warrant a more detailed examination.

The contents of more than 40 archaic votive deposits have been examined by this author as part of a continuing survey of 6th century votive ensembles containing a predominance of figurines. This survey has revealed that by the second half of the 6th century many sites around the Mediterranean had workshops actively producing figurines of a distinctive local typology. Yet only the products of an unnamed East Greek centre, believed to have been located on Rhodes (Breitenstein, 1945:123), Samos (Diehl, 1964:493) or perhaps Miletos (Boardman, 1966:75), those from Corinth, and, towards the turn of the century, Attic figurines were actually widely traded outside of their immediate neighbourhoods. A quantitative study of the East Greek and Corinthian figurines found at each of these 40 sites has resulted in the recognition of possibly three different kinds of commerce.

The first is a classic bulk trade, recognisable particularly at Sicilian sites. To account for this bulk trade one may reconstruct a hypothetical situation. <u>Naukleroi</u>, or merchant shippers, receive repeated orders for, let us say, 300 or 400 East Greek figurines which are to be sold directly to the inhabitants of a given city to satisfy their cultic needs. Such may have been the case at Gela where homogeneous groups of hundreds of figurines contemporary with one another, and representing relatively few mould families, can be documented over a period of roughly 30 years (Orlandini, 1966:24). It

Plate 25.II Terracotta figurines from the Demeter Sanctuary at Cyrene

should be noted that such a bulk trade is not evidenced by the finds from the Demeter Sanctuary at Cyrene. This fact in itself is of some importance and one which will be discussed shortly.

The second kind of commerce documented for terracotta figurines I call 'basket trade'. This commerce is a more restricted type of merchandising than one finds with bulk trade, but one which is as direct. For example, a ship loaded with Corinthian pottery for export may carry a single basket of figurines from a specific Corinthian workshop for direct sale at a well-known religious festival at some distant port. Because the naukleros is assured of a good market at such a festival the risky investment in non-functional items is bound to realise a good return. Such a distribution--that is, by 'basket trade'--may be documented archaeologically by the presence in a votive deposit of several dozen terracottas of the same date, fabric, technique and, most importantly same or similar mould families. The statistical survey of the types of figurines found in archaic votive deposits indicates that 'basket trade' in archaic figurines can not often be documented. Yet the homogeneity of a group of Late Archaic Corinthian figurines among the votives from the Demeter Sanctuary at Cyrene suggests that they travelled as a group from their Corinthian atelier. At least 30 fragments of 'spes' figurines, so well know at mainland sites (Stillwell, 1952:85), represent six mould families; eleven fragments of seated figures represent three mould families; and several other contemporary types have been recoverd in runs of three of four from the same mould. The appearance at the Demeter Sanctuary of several gross of Corinthian figurines where Corinthian pottery was the main type of imported pottery for the Archaic Period should not be significant were it not for the fact that Corinthian figurines rarely left the mainland for direct sale at a foreign port. While hundreds of Corinthian figurines are known at mainland sites, they are most rare in the Aegean and the Greek East. The ensemble from the Demeter Sanctuary, then, represents the largest known quantity of Corinthian figurines outside the Greek mainland. These figurines may have arrived at Cyrene by what I have termed 'basket trade'.

A third kind of commercial activity can be documented at the Demeter Sanctuary. This type of commerce I believe to have been the most common, not only for figurines, but for all other non-functional items which could be classified as trinkets. In contrast to 'basket trade', this trade in trinkets was indirect and can have little or no relationship to standard pottery routes. For this kind of trade Fernand Braudel (1972) has provided the model. Although Braudel describes the activities of merchant ships in the Mediterranean in the 16th century, on the basis of my statistical study of figurine distribution, I believe that these activities were essentially the same in antiquity.

Braudel, in his discussion of coastal routes and the practice of stopping at port every night, mentions 'tramping':

> Tramping also made it possible to take on cargo. It gave ample opportunity for bargaining and for making the most of price differences. Every sailor from captain to cabin boy would have his bundle of merchandise aboard, and merchants or their representatives would travel with their wares. The round trip, which could last several weeks or months was a long succession of selling, buying and exchanging, organised within a complicated itinerary. In

> the course of the voyage the cargo often would have completely altered its nature...Only the big salt or grain ships had any resemblance to the destination-conscious shipping of to-day. The others were more like travelling bazaars (1972:107).

Braudel's travelling bazaars were, I suggest, the main commercial agents at Cyrene for that conspicuous class of Ionian plastic vases and figurines commonly called 'Rhodian', but which I prefer to call East Greek. They are distinguished by an orange, to pink, highly micaceous fabric and a technique and workmanship generally considered excellent. At the Demeter Sanctuary roughly 200 of these figurines have been found to date. They comprise plastic vases of various types, kore alabastra and protome vases, seated goddesses, protomai, grotesques, dove and siren vases and figurines of pigs and turtles. Chronologically they start with the kore alabastra of the second quarter of the 6th century (Plate 25.II, 3) and end with the developed protomai stylistically associated with the sculptural trends of late archaism (Plate 25.II, 4).

An alternative suggestion for the presence of this East Greek material at Cyrene is that it found its way there with the Rhodian colonists who responded to Battos II's call for more immigrants (Schaus, forthcoming). This may indeed be the case although the unfortunate part of this suggestion is the assumption it makes that these figurines were manufactured on Rhodes. It must be stressed that the presence of East Greek figurines at the Demeter Sanctuary is merely a local manifestation of a broad phenomenon occurring at most Greek and some non-Greek sites around the fringes of the Mediterranean and Black Seas, as well as at Delos, Paros, Thasos, and Thera in the Aegean (Uhlenbrock, 1978). By far the greatest concentrations of these figurines are at West Greek sites. They are known by the thousands at Selinus (Gabrici, 1927:216), Gela (Orlandini, 1966:24) and Catania (Rizza, 1960), and by the hundreds elsewhere. On mainland Greece, however, they are found only sporadically while Corinthian, Argive and Attic figurines predominate.

When considering the numbers of each type of East Greek figurine uncovered at sites in the Eastern Mediterranean, the finds from Cyrene can be taken to be typical. The frequency of East Greek types found there to date indicates that they were only an occasional votive until approximately the third quarter of the 6th century. At this time a greater influx can be documented, particularly of late protomai and kore alabastra types. This is coincident with the abrupt disappearance of East Greek imports in the West, being supplanted by a very lively local production (Orlandini, 1966:31). But at Cyrene, and at other sites in the East, even these late types are rather limited in number. There is no evidence for the bulk trade well documented for Sicily. Nor do we seem to be dealing with basket trade. Roughly 30 heads of kore alabastra were recovered at Cyrene, not one of which shared a mould sequence with the other. The diversity of kore types is striking, as is the uneven quality of the technique. Of the 20 or so imported siren vases only two are mould related; the others differ widely in shape, facial iconography and date. The same holds true for the figurines of the seated goddesses. The sporadic character of these East Greek groups, and their rather limited quantities, impressive in contrast to the more unified character of the Sicilian groups, is not, I believe, due to the accidents of preservation or to the selective process that usually accompanies archaeological excavation, for I believe that similar circumstances could arise from the indirect, or 'bazaar', trade. For example, a naukleros, or even a passenger, may purchase a small group of figurines from a workshop, knowing that at the next port there is a weekly market. Some of the figurines from this group would be sold to hawkers, others carried along by the naukleros or even the passenger to be disbursed at the next port. The hawker now sells part of his lot with other diverse items to yet another trader who takes them up or down the coast. Eventually a local inhabitant would purchase a single figurine for cultic purposes. In this way, as it must be apparent, it would be highly unlikely that mould families would stay intact. Rather, as one finds at the Demeter Sanctuary, there would be a great diversity only remotely referring back to any one atelier.

It has been the prevailing belief that these East Greek figurines appear in great numbers in the eastern Mediterranean. This is not the case. At the most, only several hundred fragments or complete figurines of this fabric have ever been recovered from any sanctuary site in the East, including the 'grand depôt' of the Athenaion at Lindos (Blinkenberg, 1931), from the deposit of the archaic Artemision on Thasos (Amandry, 1959), from the Heraion on Delos (Laumonier, 1956), from Cos (Herzog, 1901), Theangela (Isik, 1980), Erythrai (Bayburtluoglu, 1977), and, of course, from the Demeter Sanctuary at Tocra (Boardman and Hayes, 1966), among other places. Furthermore, the character of the East Greek groups at these sites is as sporadic as that of the groups from Cyrene.

The limited appearance of East Greek figurines at the above named sanctuaries is, I believe, representative of an indirect trade, the so-called 'bazaar trade'. It establishes a pattern that links sites on the north, east and now, with the Tocra and Cyrene finds, the south shores of the Mediterranean, as well as with the Aegean islands mentioned above. This pattern is fundamentally different from that presented by finds of figurines in deposits on the Greek mainland, where East Greek figurines in any quantitiy are virtually absent, and from the pattern apparent in the Greek West where bulk trade can be documented.

I would like to suggest, then, that indirect, or 'bazaar trade' was the prevailing type of commerce responsible for the presence of East Greek figurines in the East. This can be explained if one considers the East Greek production to be primarily an export trade, with the bulk of the material always destined directly for the Greek West. The figurines at Lindos, Delos, Cos, Cyrene and the other sites mentioned above, represent what was available to the casual trade only after the large orders were shipped out. Furthermore, I suggest that this export production was abruptly curtailed around 530—perhaps because of the turmoil created by the Persian advance-- and the export trade to the West was abruptly halted. At the same time, a shift in focus to the eastern market may perhaps be documented by the greater numbers of late archaic East Greek types, and the inhabitants of Cyrene, and of other sites around the eastern Mediterranean, benefited from the increased availability of fine imported figurines.

BIBLIOGRAPHY

Amandry, P. (1959) Chronique des fouilles en Grèce. **Bulletin de Correspondance Hellenique** 83:77.

Bayburtluoglu (1977) **Erythrae II.** Ankara.

Boardman, J. and Hayes, J. (1966) **Excavations at Tocra I.** 1963-65. Supplement vol. 4. London, Thames and Hudson.

Braudel, F. (1972) **The Mediterranean and the Mediterranean World in the Age of Philip II.** Vol. 1. New York, Harper and Row.

Breitenstein, N. (1945) Analecta acragentina. **Acta Archaeologica** 16:123.

Cook, R.M. (1959) Das Bedeutung der bemalten Keramik für den griechischen Handel. **Jahrbuch des deutsches archaeologisches Instituts** 74.

Diehl, E. (1964) Fragmente aus Samos. **Archaeologische Anzeiger** 9:493.

Finley, M. (ed) (1979) **Trade and Politics in the Ancient World. Second International Conference of Economic History.** Vol. 1. New York, Arno.

Gabrici, E. (1927) Il santuario della Malophoros a Selinunt. **Monumenti Antichi** 32.

Herzog, R. (1901) Archaeologisches Anzeiger. **Jahrbuch des kaiserlich deutschen archaeologischen Instituts** 16:131.

Hopper, R.J. (1979) **Trade and Industry in Classical Greece.** London, Thames and Hudson.

Isik, F. (1980) **Die Koroplastik von Theangela in Karien und ihre Beziehungen zu Ostionien. Mitteilungen des deutsches archaeologisches Instituts. Istanbuler Abteilung.** Supplement 21.

Laumonier, A. (1956) **Exploration archéologique de Délos.** Vol. 23 **Les figurines de terre cuite.** Paris.

Orlandini, P. (1966) Lo scavo del Thesmophorion di Bitlemi e il culto delle divinite chthonie a Gela. **Kokalos** 12.

Rizza, G. (1960) Stipe votiva di un santuario di Demeter a Catania. **Bollettino d'Arte** 36.

Rizza, G. (1967) Le terrecotte di Axos. **Annuario della Scuola Archeologica di Atene** 45.

Schaus, G. (forthcoming) **Archaic Greek Pottery from the Demeter Sanctuary, Cyrene, 1969-76: The Minor Fabrics.** University Museum Monograph, University of Pennsylvania, Philadelphia.

Stillwell, A. (1952) **Corinth. Results of the Excavations conducted by the American School of Classical Studies at Athens.** Vol. 15:ii. **The Potter's Quarter. The Terracottas.** Princeton, Princeton University Press.

Uhlenbrock, J.P. (1978) **The Protomai from Gela: History, Chronology, Style.** Ph.D. dissertation, Institute of Fine Arts, New York University.

White, D. (1981) Cyrene's Sanctuary of Demeter and Persephone: A summary of a decade of excavation. **American Journal of Archaeology** 85.

History, Archaeology and Society

26. Origine e Diffusione del Culto Cirenaico di Zeus Ammon

A.M. Bisi

Il punto delle conoscenze che Fr. Chamoux ha fatto trent'anni addietro sul culto di Zeus Ammon a Cirene (Chamoux, 1953:329-39) è rimasto a lungo fondamentale, almeno fino alle scoperte di questi ultimi anni nella stessa colonia terea e in altri centri dell'antica Λιβύη. La sua trattazione, basata sia sull'esame delle principali fonti letterarie (Vitali, 1932:4-10) che su quello delle testimonianze archeologiche, rappresentate all'epoca pressoché esclusivamente dalle monete (Robinson, 1927) che a partire dalla fine del 6° secolo a.C. recano la testa del dio con corna d'ariete e successivamente (post 375 a.C.) la figura intera di Zeus Ammon accanto al suo animale-attributo, deve essere infatti oggi integrata con una documentazione scultorea che si dimostra altamente signifcativa per la storia dell'iconologia religiosa cirenaica e per i suoi possiblili contatti ed interferenze con elementi del sostrato libico. Accanto a questi monumenti--rilievi e sculture a tutto tondo—fatti oggetto di accurate analisi recenti (Bacchielli, 1981; Fabbricotti, 1981), acquistano un peso rilevante altre testimonianze figurative ed epigrafiche provenienti dalla stessa Africa settentrionale (Leglay, 1961, 1966a, 1966b; Rossi e Garbini, 1982) oltre che da aree periferiche come Cipro e la Fenicia (Bisi, 1982; Caubet, 1979; Karageorghis, 1977; Vermeule, 1974), che apportano notevoli contributi al problema del sincretismo religioso Zeus Ammon—Ba^{c}al Ḥammōn. Tale sincretismo, che ha alla base l'indubbia assonanza onomastica 'Amūn/Ammon/Ḥammōn (Donner e Röllig, 1964:77; Gsell, 1927:284, 286; Pietschmann, 1893:1856), è fonte di scambi di attributi (e quindi, evidentemente, di funzioni) fra l'antichissima divinità egizio-libica dell'oasi di Siwa, assurta a θεὸς ἡγεμών del pantheon cirenaico, e quella fenicio-punica, che ha larghissima diffusione, com'è noto, nell'Africa settentrionale di cultura punica prima e dopo la caduta di Cartagine.

Un primo approccio al problema è costituito dagli studi egittologici sulle origini del culto oracolare dello 'Amūn di Siwa, già in antico (Erodoto, 2.42, 4.181) riconosciuto di derivazione tebana ma assai posteriore all'assunzione di 'Amūn come divinità principale del pantheon da parte dei Faraoni tebani della XVIII dinastia (Bonnet, 1952; Donadoni, 1958; Leglày, 1961:137, 1966b:137, 427; Pietschmann, 1893) dopo il suo passaggio da divinità locale a divinità nazionale nel corso della XI dinastia. Anche l'archeologia non segnala tracce del culto ammonio a Siwa prima della XXVI dinastia (663-525 a.C.), sebbene l'oasi sembra sia stata colonizzata dagli Egiziani al tempo della precedente dinastia etiope, la XXV (Erodoto, 2.42). Riguardo alla data degli edifici templari superstiti, i pareri degli studiosi divergono (Stucchi 1975:568-9): mentre Fakhry riconosce nel tempio dell'oracolo di Ammon sulla collina di Aghurmi il nome di Amasis della XXVI dinastia (570-526 a.C.), lo Steindorff vi aveva letto precedentemente il cartiglio di Hakoris, della XXIX dinastia (392-380 a.C.). La lettura dello Steindorff sembra oggi la piu probabile, a seguito di uno studio recente di Stucchi, che vede nel tempio dell'oracolo "la parziale litizzazione di un precedente tempio 'libyo' costruito in legno", riscontrandovi analogie nella tecnica muraria con quella pseudo-isodomica, introdotta a Cirene solo all'inizio del 4° secolo a.C. (Stucchi, 1975:568, 571). Non sembrano invece sussistere dubbi sull'attribuzione a Nectanebo II, della XXX dinastia (359-341 a.C.), del vicino tempio di Ammon a Umm Obeida (Stucchi, 1975:572).

Una volta assodato che l'impulso al culto di 'Amūn tebano nell'oasi fu dato dai Faraoni della XXVI dinastia e che solo di qualche decennio posteriori sono le prime emissioni monetàli di Cirene con la testa di Zeus Ammon (Robinson, 1927:234), resta da vedere in che rapporti il dio oracolare di Siwa, giunto a Cirene lungo l'antichissima via carovaniera che segue il cordone delle oasi occidentali attraverso Giarabub, Augila, Zelten, Marada, Zella, per spingersi di là fino al deserto sirtico e al Gebel Soda (Rebuffat, 1969-1970), si ponga, nella nuova veste iconografica assunta a Cirene, rispetto alle altrettanto antiche figure di 'ram gods' del Mediterraneo orientale, da quelle egiziane come Khnum e Herishef (Keimer, 1938; Pietschmann, 1893), a quelle fenicio-cipriote che presentano, a partire dal 6 secolo a.C., i più interessanti fenomeni sincretistici del tipo già indicato Zeus Ammon--Ba^{c}al Ḥammōn (Karageorghis, 1977; Myres, 1914:181; Pryce, 1928:89-90).

Per una corretta impostazione metodologica del problema occorre innanzitutto, risalendo a monte del culto cirenaico, operare una distinzione fra il dio-ariete, quale è l' 'Amūn tebano, non più antico della XI dinastia (2060-2000 a.C.) (Germain, 1948:94; Pietschmann, 1893:1854-5), al contrario di altri 'ram gods' egiziani come Herishef di Herakleopolis e Khnum di Mendes (Keimer, 1938), e l'ariete, oggetto individuale di un culto ancora carico di valenze totemiche, quale appare nelle pitture e nei graffiti rupestri sahariani risalenti almento in parte all'eta neolitica, e che si perpetua con tre significati religiosi individuati dal Germain (Germain, 1948:93-124) fino all'islamizzazione del Maghreb.

La storia del dio-ariete o, più precisamente, del dio crioprosopo egiziano, e quella dell'ariete come animale sacro costituiscono a nostro giudizio due aspetti diversi, anche se spesso convergenti ed interferenti, di due 'trends' religiosi, l'uno di tipo altamente speculativo, l'altro ancora a livello naturalistico e totemico anche senza le esagerazioni e le generalizzazioni di matrice frazeriana. Ciò sembra confermato dall'analisi della documentazione iconografica offerta dai 'ram gods' egiziani e vicino-orientali. Non è un caso, infatti, che mentre l'ariete è oggetto di culto sin dalla preistoria sia in Egitto (epoca di Badari) che nel neolitico dell'Africa del Nord (Germain, 1948:94, 107), gli dèi con testa o corna d'ariete compaiano solo in una fase piu evoluta di sistemazione del pantheon.

Per tornare ora più specificamente all'ambiente cirenaico, accenneremo alle conclusioni raggiunte dal Robinson (1927:233-9) e riprese dal Naville (1951) sulle varianti iconografiche con cui Zeus Ammon compare nelle emissioni monetali della Cirenaica, per passare poi a un'analisi dettagliata degli altri e meno noti documenti figurati libyi.

Secondo il Robinson, a parte la comparsa nei conii arcaici di Barce (525-480 a.C.) di una protome d'ariete, che può interpretarsi come l'immagine del dio egizio-libico Ammon propria dell'ambiente indigeno della chora, meno ellenizzata del capoluogo (Naville, 1951:88, nn. 260-2;Robinson, 1927:234, 91-2, tav. 33, 3, 5-6), esistono nella monetazione di Cirene tre tipi fondamentali con la testa di Zeus Ammon a corna d'ariete (v. anche Vitali, 1932:8-10). Il primo, attestato già intorno al 500 a.C., presenta un corno ritorto sulla tempia ma l'orecchio è omesso (Robinson, 1927:234, tavv. 3, 1-3; 4, 22-5), mentre compare successivamente, nelle serie del II periodo (480-435 a.C.), e intorno ad esso allora si avvolge il corno d'ariete (Robinson, 1927: tavv. 5, 13-15; 45, 4). Sempre nel II periodo, e più precisamente intorno al 450 a.C., appare il secondo tipo con acconciatura più complessa, data da una capigliatura a boccoli che si configura a ciuffo sulla fronte, quasi a suggerire il vello dell'animale (Robinson, 1927:235, tav. 5, 16-21). Nel III periodo, infine (435-375 a.C.), si diffonde il terzo tipo che presenta numerose varianti e nel quale, accanto al diadema o alla corona, la testa di Zeus Ammon mostra il boccolo orizzontale caratteristico della pettinatura libya (Robinson, 1927:236, tab. 9, 4) mentre la barba e i capelli sono trattati come un vello caprino. La testa appare talora di fronte o di tre quarti anziché di profilo (Robinson, 1927: tav. 9, 8-10) e sembra recare a volte un ureo stilizzato sulla fronte (Robinson, 1927:237, tavv. 9,9; 11, 8, 10; 15, 34). Eccezionalmente, a Barce ed Euesperides, il corno si attorciglia sopra anziché attorno all'orecchio (Robinson, 1927: tavv. 34, 4; 35, 5; 36, 1, 10; 38, 11).

Vi è infine un quarto tipo monetale, con il dio a figura intera, sugli stateri aurei coniati a Cirene dalla fine del 4° secolo a.C., che introducono nell'iconografia di Zeus Ammon quella propria di Zeus Lykaios (Naville, 1951:22 sgg., tavv. 1-4; Robinson, 1927:238, 25 sgg., tavv. 13-14), diversificata solo per le corna d'ariete che continuano ad ornare le tempie del dio e per il piccolo ariete passante che talora lo accompagna, intercambiabile peraltro con l'aquila, peculiare del culto arcadico di Lykaios (Robinson, 1927:239).

E' da notare che il tipo monetale cireneo del 4° secolo a.C. con la testa di Zeus Ammon diademata e con un ornamento frontale simile a un ureo continua nella monetazione bronzea della Cirenaica durante il 3° secolo a.C., e adottato contemporaneamente dai Tolomei per le loro emissioni egiziane nello stesso metallo con la variante delle estremita delle corna rivolte in basso anziche verso l'alto (Fasciato e Leclant, 1949:26-9) e sopravvive nelle serie provinciali cirenaiche coniate sotto Lollio e Pupio Rufo (67-24 a.C.) (Robinson, 1927:238-9, tavv. 26-7, 13-25; 41, 6-14; 43, 1-3). Fatto singolare, in talune di queste stesse serie ricompare sul dritto l'ariete passante, animale-attributo del dio (Robinson, 1927:223, tav. 43, 4-5, 9). Il tipo monetale con la testa di Zeus Ammon diademata e dai capelli corti e attestato infine nelle emissioni monetali dei sovrani numidi del 1° secolo a.C. (Giuba I e Giuba II) (Mazard, 1955:51-2, nn. 90-2; 70, n. 123; 117, nn. 355-6), confermando l'avvenuta assimilazione Ba^{c}al Hammon/Zeus Ammon propria della cultura tardo-punica nordafricana (per la quale v. infra), che sopravvive nell'ideologia religiosa dei sovrani numidi, da Masinissa in poi, come portato dell'eredita di Cartagine.

Passando ora ai documenti scultorei cirenaici, accanto alle poche immagini di Zeus Ammon gia note da Cirene (Paribeni, 1959: nn. 183, 190, tavv. 107-8), fra le quali emerge la statua dal tempio di Apollo, copia romana del 1° or 2° secolo d.C. di un originale ellenistico (Huskinson, 1975:27, n. 52, tav. 22), occorre menzionarne altre che indagini recenti hanno scoperto o rivalutato e nelle quali il dio compare in associazione con divinita greche e libye.

Si tratta in primo luogo di una serie di rilievi votivi in pietra rinvenuti a Cirene e nei dintorni, che sono stati oggetto di una recente analisi da parte di E. Fabbricotti (Fabbricotti, 1981), la quale vi ha ravvisato i prodotti di una bottega attiva a Cirene fra la metà del 3° secolo a.C. e l'età romana. Tali rilievi, in cui Zeus Ammon velato e con scettro e seduto su un ariete, costituiscono la documentazione piu suggestiva di un culto delle acque in cui si mescolano elementi ctonii e mantici e che affonda le sue radici nel sostrato libico. Tale culto era praticato nelle grotte intorno a Cirene, in particolare nel complesso di Budraṣh se nelle nicchie di quest'ultimo santuario rupestre, come ipotizza la Fabbricotti, trovavano posto i suddetti rilievi.

La presenza in ambiente cirenaico dell'ariete, animale venerato da tempo immemorabile dai Libyi (Gsell, 1927:126-8), e testimoniata in altri documenti di scultura a tutto tondo, fra i quali le statuette di ariete che sostengono una doppia erma con Zeus e Libya costituiscono la classe piu omogenea. Oltre all'esemplare pubblicato a suo tempo dal Paribeni (Paribeni, 1959:144, n.416, tav. 181), la Fabbricotti ne cita nel suo lavoro (Fabbricotti, 1981) molti altri in marmo e in calcare da Cirene e da Tolemaide, databili fino all'eta romana. Apartengono alla stessa serie i due arieti in calcare, l'uno accovacciato su una base, l'altro passante, provenienti da Martuba, localita all'interno del golfo di Bomba vicino Aziris, insieme a un notevolissimo gruppo di sculture di stile libyo, illustrate di recente (Bacchielli, 1981). L'altare attorno al quale si arrotola un serpente, l'ureo isolato, il busto di un personaggio avvolto nelle spire di due serpenti, le due cosiddette Isidi pure associate a serpenti e con tunica e pettinatura libya che fanno parte del complesso di Martuba non sono altro che espressioni diverse di uno stesso processo di acculturazione che riveste di forme mediate dal mondo greco e da quello egizio-alessandrino divinita libiche di piu oscura origine. Anche se tale processo si verifica nella fattispecie nel 3° secolo d.C., non e inverosimile ricercarne gli antecedenti in epoca molto piu antica, sia sulla base dei noti passi erodotei che parlano della religione dei Libyi (Erodoto, 2.18, 32, 50; 4.158, 168-98), sia sulla base di quanto emerge dall'assimilazione dello Ammon di Siwa a Zeus, che diventa appunto Zeus Ammon gia alla fine del 6° secolo a.C., a giudicare dalla documentazione numismatica cirenaica precedentemente esaminata.

Resta ora da analizzare l'aspetto forse piu interessante del doppio sincretismo Zeus Ammon/divinita encorie libiche/Ba^{c}al Hammon fenicio-punico, quale e testimoniato da un lato da alcune statuette cipriote che dall'epoca della dominazione persiana sull'isola (ultimi quattro decenni del 6° secolo a.C.) si estendono all'avanzata eta ellenistica con appendici in eta romana, dall'altro, da una serie di stele votive neo-puniche e romane provenienti da diverse zone dell'Africa settentrionale.

Il documento piu antico e una statuetta fittile dipinta di un dio con corna d'ariete, seduto su un trono con suppedaneo ma senza spalliera, rinvenuta nel sacello rurale di Meniko presso Limassol e datata alla prima meta del 6° secolo a.C. (Karageorghis, 1977: 24-5, 35-6, 44-5, tavv. A e 6, 1).

L'associazione nello stesso luogo di culto della statua divina con due thymiateria a coppe sovrapposte (Karageorghis, 1977:28, 39-41, fig. 7, tav. 12), tipici del culto fenicio di Ba^c^al Hammon, il cui nome significa, com'e noto, 'signore dei hammanim' (cioe 'degli altari da incenso') (Leglay, 1966b:440-1), sembra indicare in modo inequivocabile che appunto tale divinita era venerata nel santuario rurale cipriota, anche se poi l'aggiunta delle corna d'ariete, proprie del dio di Siwa ma anche di divinita encorie cipriote protettrici delle greggi (Apollo Kereates, Opaon Melanthios) (Myres, 1914:178) che hanno un precedente ancora piu antico nello 'horned god' di Enkomi dell' 11° secolo a.C., fa intravedere un piu ampio e modulato processo di sincretismo religioso, comune ad altre figure divine in ambiente cipriota.

Gia il Myres aveva supposto (Myres, 1914:181) che il tipo del Ba^c^al Hammon a testa d'ariete, precedente quello in cui il dio reca le sole corna dell'animale, testimoniasse il sincretismo fra il fenicio Ba^c^al Hammon e l'egiziano 'Amun Re^c^, verificatosi nel 7° secolo a.C. in ambiente cirenaico, dal quale viene successivamente introdotto a Cipro. Con Cirene, infatti, il re Evelthon di Salamina intratteneva relazioni amichevoli intorno alla meta del 6° secolo a.C. (Bisi, 1982:193-4; Vermeule, 1974:152). Poco piu tardi, sotto il lungo regno di Batto IV di Cirene (514-462 circa a.C.), che vede una svolta in senso filopersiano della politica cirenea (Mitchell, 1966:99-113), si rafforzano sotto l'egida degli Achemenidi le relazioni fra Cirene e Cipro, conquistata dai Persiani intorno al 545 a.C., con il conseguente intensificarsi degli scambi anche a livello culturale e artistico.

Dopo il lavoro del Vermeule dedicato ai 'ram gods' ciprioti protettori delle greggi (Vermeule, 1974), appare evidente che nel repertorio figurato cipriota, e in particolare nella tipologia degli ex-voti offerti nei santuari, si consolida durante il periodo Cipriota-arcaico II quella dell' 'Amun Re^c^ a testa d'ariete introdotta nell'isola durante il regno di Amasis (569-525 a.C.), che ridusse per un venticinquennio Cipro in mano egiziana. E' tale tipologia, come afferma il Pryce, che e alla base dell'iconografia cipriota di Ba^c^al Hammon fenicio come di quella dello Zeus Ammon cireneo (Pryce, 1931:89). Importato il primo dai Semiti di Tiro insediatisi a Kition almeno dalla meta del 9° secolo a.C., e il secondo al tempo delle relazioni fra Feretima, madre di Arcesilao III, e di Evelthon re di Salamina (Erodoto, 4,162; Mitchell, 1966), entrambi confluiscono nella piu antica immagine degli dei locali crioprosopi protettori delle greggi: il che spiega il perdurare del tipo statuario del dio a testa o con corna d'ariete o seduto su un trono sorretto da arieti, in una numerosa serie di ex-voti templari di dimensioni generalmente minori del vero, che dal periodo Cipriota-arcaico II (600-475 a.C.) si estendono fino al Cipriota-classico II (400-325 a.C.), con attardamenti significativi in eta romana.

Tali ex-voti sono oggi dispersi fra il Louvre (Caubet, 1979:27, fig. 52; Karageorghis, 1977:35, n. 5, tav. 15, 2), il British Museum (Pryce, 1931:89-90, nn. C 222-4, figg. 144-5) e i musei di Cipro e provengono da tutti i santuari dell'isola--Tamassos, Golgoi, Dhali, Lefkoniko, Chytroi, ecc.--(Karageorghis, 1977:35, tav. 15, 1; Myres, 1940-45:54-6, nn. 411-24, tav. 17), piu un esemplare da una tomba di Amatunte (Pryce, 1931:90,n. C 223, fig. 144 a sinistra). Particolarmente interessanti sono alcuni esemplari da Lefkoniko con Zeus Ammon che reca una pelle di pecora sulle spalle al di sopra del chitone ionico a pieghe (Myres, 1940-5:65, n. 412a) ovvero con il dio recline sul dorso di un grosso ariete (Myres, 1940-45:66, nn. 418-9) o assiso in trono, con la mano sinistra che regge lo scettro e la destra posata su un ariete, mentre sostiene sul capo una patera (Myres, 1940-45:66, n. 420). Vi e infine un'altra variante in cui Zeus Ammon regge di nuovo una coppa sul capo ma ha il corpo dissimulato da un grande ariete (Myres, 1940-45:66, n. 421).

Anche in alcuni santuari greco-orientali, in particolare a Lindos (Bisi, 1982:195, nota 33; Pryce, 1928:167, n. B390, fig. 207), sono frequenti questi ex-voti ciprioti importati dall'isola o eseguiti _in loco_ da maestranze cipriote itineranti (Wriedt Sørensen, 1978:119-20). Lo stesso dicasi per alcuni centri della costa siro-palestinese durante il periodo persiano: a Tell Jemmeh è stato rinvenuto un busto barbato in pietra del dio con corna d'ariete, a Makmīsh una statuetta fittile in trono con i braccioli ornati da protomi d'ariete mentre da ᶜAmrīt proviene un altro gruppo fittile con il dio barbato a corna d'ariete seduto su un trono sostenuto da due animali della stessa specie (Bisi, 1982:195, fig. 1, tav. 47).

L'immagine del dio a testa umana ma con corna d'ariete, che rappresenta il fenicio Baᶜal Ḥammōn assimilato a una delle tante divinità encorie protettrici delle greggi, confluisce poi a Cipro in quella, ben nota nei territori mediterranei di colonizzazione fenicia e comune ad altre divinità semitiche occidentali (Melqart, Astarte) oltre che a Baᶜal Ḥammōn, del dio seduto su un trono sorretto da sfingi dai tratti egittizzanti (Bisi, 1967:48, 94-5).

Stante l'assenza a Cirene del tipo di Zeus Ammon sul trono sorretto da arieti, si deve ritenere che esso sia stato elaborato a Cipro, o comunque in quella _koiné_ artistica che si determina a Cipro e nei centri della costa fenicia nel 7° e nel 6° secolo a.C., innestando sul fondo già di per sé composito del _milieu_ locale elementi nordsiriani, egiziani e greci. A partire dall'eta persiana, e cioè dagli ultimi decenni del 6° secolo a.C., allorché Cipro e la Fenicia entrano a far parte della 6° satrapia, il dio con corna d'ariete, seduto su un trono sorretto da sfingi intercambiabili con arieti, si diffonde nelle colonie fenicie d'Occidente e in particolare in Nordafrica (Bisi, 1967:94-5; 1982:190), ove si scontra con un'altra antichissima tradizione religiosa, di cui si sono già rilevati gli antecedenti nella preistoria egiziana e sahariana, che faceva dell'ariete uno degli animali sacri per eccellenza, connesso col culto dell'acqua e della pioggia e quindi della vegetazione che dall'elemento liquido riceve l'impulso vitale in paesi di deserti e di torridi climi (Germain, 1948:103; Leglay, 1961:138-9).

E' da osservare peraltro che nei territori dell'Algeria e della Tunisia in cui Cartagine aveva esercitato un'influenza predominante e duratura sul pantheon libico, si verifca un ulteriore processo sincretistico, onde l'ariete appare sull stele votive dedicate nei _tephatīm_ a Tanit e a Baᶜal Ḥammōn ma sempre, si noti, come vittima del sacrificio sostitutivo del fanciullo (il cosiddetto _molchomor_) e non come animale-attributo della divinità (Bisi, 1967:107, 128, 131, 178), il che avverrà posteriormente, come frutto _dell'interpraetatio romana_ Baᶜal _Ḥammōn/Saturnus Africanus_ (per la quale _v. infra_).

Poiché, come nota giustamente il Germain, "il n'y a aucune preuve que Baal Hammon ait jamais figuré sous la forme d'un belièr, ni, de façon générale, qu'il ait existé des dieux-animaux carthaginois" (Germain, 1948:109), è utile distinguere, accingendoci all'esame del culto del dio a testa d'ariete nel Nordafrica, fra zone al di qua e al di là degli emporia di Tripolitania. "Dans l'Afrique imprégnée de latinité, c'est à Saturne que sont associées, de façon fréquente, les images de béliers. Dans la région des Syrtes, à Leptis Magna, peut-être à Audjila, c'est le culte de l'Amon gréco-égyptien qui est attesté" (Germain, 1948:110).

Alla luce di questa osservazione del Germain, che rispecchia le indubbie differenze di storia e di cultura dei territori nordafricani entrati nell'orbita cartaginese o restatine invece al di fuori per la presenza di colonie greche e di più dirette influenze egiziane attraverso la via delle oasi, come la Cirenaica (Leclant, 1950), si devono esaminare i documenti epigrafici ed archeologici rinvenuti al di qua e al di là delle Sirti (Leglay, 1966b:421-47; Rossi e Garbini, 1982).

Le regioni della Libia orientale hanno restituito, com'è noto, alcune preziose testimonianze epigrafiche sul culto ammonio. La prima è la dedica a Juppiter Hammon da Bu Ngem, del tardo 2°-3° secolo d.C., oltre il limes romano verso il Fezzan (di Vita, 1982:565; Goodchld, 1976:84; Reynolds e Ward-Perkins, 1952: n. 920), ove esisteva nell'ambito del fortino militare un tempietto dedicato al dio greco-egizio di Siwa (cosiddetto tempio nord), che fa riscontro a quello di Augilà ricordato da Procopio (de Aed. 6.2, 14 sgg.) (Gsell, 1927:142). L'edificio di Bu Ngem era probabilmente del tipo degli Ammonia tripolitani, modesti sacelli rurali posti entro un recinto come quelli rinvenuti a Senam Tininai, fra Mizda e Beni Ulid lungo lo wadi Sofeggin e a Sghedeida, ai margini dell'oasi di Tripoli (Goodchild, 1976:83).

La seconda iscrizione proviene dal tempio di Ammon a Ras el-Ḥaddagia, nel Gebel orientale di Tripolitania, scavato da R. Goodchild nel 1947 (Goodchild, 1976:79-84), e reca la dedica in neo-punico di un santuario 'al signore Ammon' da parte del libico TKSF all'epoca del proconsolato di L. Elio Lamia (15-17 d.C.) (Levi della Vida, 1976:93-6). Dato che il nome della divinita non e scritto col <u>he</u> iniziale (ma l'aspirata H compare, si ricordi, nella piu tarda iscrizione di Bu Ngem), e stato affermato, anche sulla base delle numerose attestazioni del culto ammonio di Siwa in Tripolitania, che il dio adorato a Ras el-Haddagia fosse Zeus Ammon e non Baᶜal Hammon (Goodchild, 1976:84, n. 20; Levi Della Vida, 1976:94). A rimettere in discussione il problema e ora intervenuta una terza iscrizione tripolitana, una bilingue latino-punica della fine del 1°-2° secolo d.C. incisa su un bacile marmoreo rinvenuto nel 1973 a sud di Sabratha (di Vita, 1982:564-5; Rossi e Garbini, 1982). Si tratta di una dedica a Baᶜal Hammon cui corrisponde nel testo latino Saturno (corrotto per vero in <u>Sapurno</u>). Questo fondamentale documento epigrafico sabrathense, che rappresenta la prima attestazione sicura in Tripolitania del culto della massima divinita maschile del pantheon cartaginese, mostra in realta come "il culto dei due Hammon—quello punico e l'altro di origine egiziano-libica--convissero nella Tripolitania romana, anche se nell'ambito di una classe sociale formata soprattutto da Libi punicizzati" (di Vita, 1982:565).

Il quadro epigrafico è parzialmente diverso nell'Africa settentrionale ad ovest del golfo di Gabès, nonostante sia ugualmente attestata un'alternanza <u>'alef/ḫe</u> per la lettera iniziale del nome Ḥammōn (Leglay, 1961:17). L'epiteto di <u>Balcaranensis</u> (= Baᶜal Qarnaīm, 'il signore dalle due corna'), portato da Baᶜal Ḥammōn/Saturno su alcune dediche nel suo santuario del Gebel Bu Kornine nel golfo di Tunisi (Leglay, 1961:32; 1966b:108-9) potrebbe infatti far ipotizzare un'assimilazione di Baᶜal Ḥammōn al dio a corna d'ariete egizio-libico del tipo di quella che si realizza a Cipro nel breve periodo della dominazione egiziana e che si consolida in età persiana, diffondendosi a partire dagli ultimi decenni del 6° secolo a.C. sia in Fenicia che nei territori del Mediterraneo occidentale interessati dalla diaspora fenicia.

Questo fenomeno sincretistico, di cui restano a testimonianza i gruppi ciprioti, fenici e punici del Nordafrica precedentemente ricordati, con il dio crioprosopo o con corna d'ariete seduto su un trono sostenuto da arieti intercambiabili con le sfingi di più antica tradizione vicino-orientale, sembra di alcuni secoli più antico dell'*interpraetatio romana* Ba^{c}al Ḥammōn/Saturno propria dell'Africa di età imperiale (Benabou, 1976:338-41; Leglay, 1961, 1966a e 1966b). Che in quest'ultima permanga un'eco del sincretismo cipriota Ba^{c}al Ḥammōn/Zeus Ammon di Siwa, è peraltro mostrato dall'epigrafia nordafricana in lingua latina, in cui la massima divinità locale è designata come Corniger, Balamon e Jupiter Hamon (Bénabou, 1976:334-8; Leglay, 1966b:430, n. 2). Afferma giustamente il Leglay: "Dans son appellation comme dans sa nature profonde, il représente l'étroite association, on peut même dire la confusion, du Jupiter latin et de l'Hammon libyco-punique, le premier avec sa physionomie caractéristique et ses attributs (foudre, sceptre), le second avec ses cornes de bélier ou avec le bélier à ses pieds" (Leglay, 1961:17).

Nella numerosissima serie di ex-voti consacrati a Saturno nell'Africa romana, si distinguono in effetti poche stele in cui è conservata l'antica simbologia dell'ariete libyo apportatore di fecondita (l'animale bruca una palma su alcuni rilievi lapidei da Henchir Mesti/Musti e da Henchir es-Srira nella Tunisia nordoccidentale: Leglay, 1961:222, tav. 6, 4, 312-4, 320, tav. 10, 2-3, 5), mentre altrove, al Bu Kornine, a el-Afareg (Begia), a Thala, a Sbeitla-Sufetula, a Tebessa-Theveste, a Ksiba, a Ippona, a Tiddis, a Philippeville, a Lambesis, ecc., l'ariete compare costantemente come vittima del sacrificio (Leglay 1961; 1966a). In quest'ultima funzione è talora cavalcato dal dedicante che visibilmente si identifica con esso (Leglay, 1961:443-4, 450, tavv. 17, 5; 18, 1, 5; 1966b:133, 421-2).

Solo a partire dalla seconda metà del 2° e poi per tutto il corso del 3° secolo d.C. appaiono e si moltiplicano nell'Africa romana gli ex-voti a Saturno in cui l'ariete figura non più o non soltanto come vittima sacrificale, ma come animale-attributo del dio supremo. Si tratta di stele che provengono tutte, come ha sottolineato il Leglay, dall'ambiente urbano, lontano dalla religiosità popolare del *bled* e sensibile per converso alle speculazioni teologiche delle civiltà che avevano permeato profondamente il *milieu* locale, quella fenicio-punica e quella greca (Leglay, 1966b:132). Solo così si spiega la comparsa di un tipo iconografico di Saturno assiso sul trono fiancheggiato da animali, intercambiabile con quello del dio appoggiato col gomito sulla testa di un ariete ovvero assiso o eretto su o accanto a un leone o a un toro coricati (Leglay, 1966b:133). A differenza del leone e del toro, l'ariete è un simbolo religioso prettamente africano, anzi, egizio-libico, onde la sua associazione con Saturno, dio specificamente africano--rileva ancora il Leglay--rafforza il carattere autoctono di quest'ultimo (Leglay, 1966b:136-8). L'ariete libico è animale celeste dispensatore della pioggia, come aveva ben visto il Germain, e pertanto il suo potere magico si confonde con quello del Saturnus Frugifer africano, caricandosi in ultima istanza di una valenza funeraria che dal concetto originario di animale apportatore di fertilità (e quindi di felicità ultraterrena) direttamente discende. Anche la sua costante presenza come vittima del sacrificio, anzi la vittima più adatta a sostituirsi al fanciullo nel sacrificio di rigenerazione che è il *molk* punico, si spiega alla luce di tale concezione plurivalente, dal momento che attraverso l'animale immolato ricade sul fanciullo e sulla sua famiglia ogni sorta di beneficio: la prosperità nella vita quotidiana e l'immortalità in quella ultraterrena (Leglay, 1966b:139).

E' proprio questo significato originario dell'ariete africano, che affonda in un 'background' culturale e razziale preistorico comune all'Egitto e ai territori sahariani, a dar ragione del 'revival' del culto e dell''imagerie' composita che lo contraddistingue nell'Africa romana.

L'espansione del culto dell' 'Amūn Rēᶜ di Tebe a Siwa e la fama internazionale che l'oracolo dell'oasi assume a contatto con i Greci di Cirene (Leclant, 1950; Leglay, 1966b:429-30), fama testimoniata anche dall'estendersi del culto a varie località greche (Pietschmann, 1893:1855-7), ritardano la penetrazione del Baᶜal Ḥammōn fenicio-punico in Tripolitania, anche se non debbono farla escludere in modo assoluto, come si riteneva fino a pochi anni addietro (Leglay, 1966b:430). Se è vero infatti che la maggior parte delle testimonianze letterarie, epigrafiche e monumentali concernenti la regione degli emporia parlano in favore di un predominio di Juppiter Hammon, ipostasi del dio egizio-libico di Sīwa, sul Baᶜal Ḥammōn fenicio-cartaginese, la comparsa inequivocabile di quest'ultimo nella bilingue sabrathense ultimamente edita rimette in discussione l'intero problema. Si deve cioè estendere anche alla regione delle Sirti quel fenomeno di sincretismo religioso più modulato e complesso che sinora appariva proprio dei territori di più diretta e antica colonizzazione o influenza culturale fenicio-cartaginese, e che consiste nell'interferenza dello Zeus Ammon cirenaico con il Baᶜal Ḥammōn fenicio (che dal dio greco-egizio riprende soprattutto un attributo—le corna d'ariete--mancante nell'iconografia vicino-orientale primitiva) e con il culto libyo dell'ariete, radicato nel sostrato indigeno piu o meno punicizzato. Tale interferenza si manifesta nella confusione, documentata a livello iconografico e favorita dall'omofonia, fra Ḥammōn e Ammon e nell'associazione, pressoché stereotipa nell'Africa romana, del Saturnus Frugifer con l'ariete, le cui valenze magico-religiose ritornano ad essere quelle delle origini: carattere astrale, funzione agraria, dominio sulle greggi, ruolo ctonio.

In campo figurativo, le corna d'ariete o l'ariete come animale-attributo, che caratterizzavano già il Baᶜal Ḥammōn fenicio a Cipro per la mediazione cirenaica e l'azione determinante delle credenze di sostrato, e che perdurano nell'iconografia ellenistico-romana del dio, quale viene adottata attraverso Cartagine dai Berberi della Numidia e della Mauretania, affidano all'imagerie africana degli ex-voti a Saturno l'ultima visibile eco del culto dello Zeus Ammon egizio-libico: da Tebe a Siwa a Cirene a Cartagine, lungo le piste carovaniere delle Sirti e del Gebel, lungo le coste scaglionate di 'comptoirs' punici, da Leptis a Sabratha a Hadrumetum fino a Tebessa, a Cirta, a Lambesis, esso si irradia con la forza di suggestione che gli proviene dalla sua consonanza con i culti e le entità religiose peculiari degli ambienti indigeni e in essi sopravvissuti anche dopo l'avvento di Fenici, Greci, Cartaginesi e Romani.

BIBLIOGRAFIA

Bacchielli, L. (1981) La scultura libya in Cirenaica e la variabilità delle risposte al contatto culturale greco-romano. In **Cirene e i Libyi (dall'ellenismo all'età di Sinesio).** Atti del Simposio internazionale, Roma-Urbino, 13-16 Aprile 1981, in stampa.

Bénabou, M. (1976) **La Résistance Africaine à la Romanisation.** Paris.

Bisi, A.M. (1967) **Le Stele Puniche.** Roma.
Bisi, A.M. (1982) Su una terracotta di tipo cipriota da ᶜAmrīt. **Rivista di Studi Fenici** 10:189-96.
Bonnet, H. (1952) s.v. Ammonium. **Reallexikon der Ägyptischen Religionsgeschichte.** Berlin.
Caubet, A. (1979) **La Religion à Chypre dans l'Antiquité.** Lyon.
Chamoux, F. (1953) **Cyrène sous la Monarchie des Battiades.** Paris.
Di Vita, A. (1982) Gli **Emporia** di Tripolitania dall'età di Massinissa a Diocleziano: un profilo storico-istituzionale. In **Aufstieg und Niedergang der römischen Welt** 2, 10, 2. Berlin, New York.
Donadoni, S. (1958) s.v. Ammone. **Enciclopedia dell'Arte Antica Classica e Orientale** 1. Roma.
Donner, H. e Röllig, W. (1964) **Kananäische und Aramaische Inschriften** 2. Wiesbaden.
Fabbricotti, E. (1981) Divinità greche e divinità libye in rilievi cirenei di età ellenistica. Atti del Simposio Internazionale **Cirene e i Libyi.**
Fasciato, M. e Leclant, J. (1949) Notes sur les types monétaires présentant une figure imberbe à cornes de bélier. **Mélanges de l'Ecole Francaise de Rome** 61:7-33.
Germain, G. (1948) Le culte du bélier en Afrique du Nord. **Hesperis** 35: 93-124.
Goodchild, R.G. (1976) Roman sites on the Tarhuna plateau of Tripolitania. The Sanctuary of Ammon at Ras el-Haddagia. In J.M. Reynolds (ed) **Libyan Studies. Selected Papers of the late R.G. Goodchild:** 79-84. London, Elek.
Gsell, S. (1924) **Histoire Ancienne de l'Afrique du Nord** 4. **La Civilisation Carthaginoise.** Paris.
Gsell, S. (1927) **Histoire Ancienne de l'Afrique du Nord** 6. **Les Royaumes Indigènes. Vie Matérielle, Intellectuelle et Morale.** Paris.
Huskinson, J. (1975) **Roman Sculpture from Cyrenaica in the British Museum.** London.
Karageorghis, V. (1977) **Two Cypriote Sanctuaries of the End of the Cypro-Archaic Period.** Roma.
Keimer, L. (1938) Remarques sur quelques représentations de divinités-béliers et sur un groupe d'objets de culte conservés au Musée du Caire. **Annales du Service des Antiquités de l'Egypte** 38:297-331.
Leclant, J. (1950) 'Per Africae Sitientia'. Témoignages des sources classiques sur les pistes menant à l'oasis d'Ammon. **Bulletin de l'Institut Francais d'Archéologie Orientale du Caire** 49:193-253.
Leglay, M. (1961) **Saturne Africain, Monuments I. Afrique Proconsulaire.** Paris.
Leglay, M. (1966a) **Saturne Africain, Monuments** 2. **Numidie-Maurétanies.** Paris.
Leglay, M. (1966b) **Saturne Africain, Histoire.** Paris.
Levi della Vida, G. (1976) The neo-punic dedication at Ras el-Haddagia. **Libyan Studies:** 93-6.
Mazard, J. (1955) **Corpus Nummorum Numidiae Mauretaniaeque.** Paris.
Mitchell, B.M. (1966) Cyrene and Persia. **Journal of Hellenic Studies** 86:99-113.
Myres, J.L. (1914) **Handbook of the Cesnola Collection of Antiquities from Cyprus.** New York.
Myres, J.L. (1940-45) Excavations in Cyprus 1913. A Sanctuary site at Lefkoniko. **Annual of the British School at Athens** 41:54-66.

Naville, L. (1951) **Les Monnaies d'Or de la Cyrenaïque de 450 à 250 avant J.C.** Genève.

Paribeni, E. (1959) **Catalogo delle Sculture di Cirene. Statue e Rilievi di Carattere Religioso.** Roma.

Pietschmann, J. (1893) s.v. Ammon, Ammoneion. In Pauly-Wissowa **Real Encyclopädie der classischen Altertumswissenschaft. Band 2.** Stuttgart.

Pryce, F.N. (1928-1931) **Catalogue of Sculpture in the Department of Greek and Roman Antiquities of the British Museum** 1(1, 2). London.

Rebuffat, R. (1969-70) Zella et les routes d'Egypte. **Libya Antiqua** 6-7:181-7.

Reynolds, J.M. e Ward-Perkins, J.B. (1952) **The Inscriptions of Roman Tripolitania.** Rome, London.

Robinson, E.S.G. (1927) **Catalogue of the Greek Coins in the British Museum 29. Catalogue of the Greek Coins of Cyrenaica.** London.

Rossi, M. e Garbini, G. (1976-77) Nuovi documenti epigrafici dalla Tripolitania romana. **Libya Antiqua** 13-14:7-19.

Stucchi, S. (1975) **Architettura Cirenaica.** Roma.

Vermeule, C. (1974) The ram cults of Cyprus: pastoral to Paphian at Morphou. **Report of the Department of Antiquities Cyprus:** 151-6.

Vitali, L. (1932) **Fonti per la Storia della Religione Cirenaica.** Padova.

Wriedt Sørensen, L. (1978) Early archaic limestone statuettes in Cypriote style. A review of their chronology and place of manufacture. **Report of the Department of Antiquities Cyprus:** 111-21.

27. The Social and Economic Context of the Roman Annexation of Cyrenaica

D. Braund

The evidence available for the reign of Ptolemy Apion and for the decades that followed his death in 96 BC is sparse. So sparse that there is much to be said for William Harris' recent statement that we cannot hope to understand Rome's dealings with Cyrenaica in these years on the basis of the existing evidence (Harris, 1979:115). Yet, in my view, the familiar sources have not been exploited to the full: they can be made to yield still more with the help of recent epigraphic discoveries and a rather broader historical framework than commonly applied hitherto.

Under Apion, Cyrenaica seems to have been caught up in the dynastic in-fighting that pervades Ptolemaic history after the death of Apion's father Physcon in 116 BC (Bagnall, 1976:27). When Apion died in 96 BC, he bequeathed his kingdom to Rome: parallels suggest that such a bequest in itself indicates a troubled reign (Braund, 1983). The Roman Senate responded to Apion's will by declaring the cities of Cyrenaica free (Livy _Per_ 50). We can detect the emergence of civic elites in the aftermath of these developments. In Cyrene itself, recently discovered inscriptions honour a Cyrenian named Aeglanor for his outstanding benefactions towards Cyrene _and_ the other cities _and_ the tribes of the _chora_ (Gasperini, 1967:63, n. 21). These texts tell us that this Aeglanor had been the _syngenes_ of Apion, who was evidently dead. It may very well be that this Aeglanor is the father of Aretaphila mentioned by Plutarch (Plut _Mor_ 255E-257E; Habicht, 1972:127-9). Plutarch describes Aretaphila's father as an _aner gnorimos:_ the very fact that Aretaphila was married to the priest of Apollo would suggest as much anyway. Given her father's prominence, we can readily understand the eagerness of the tyrant Nicocrates to have her as his wife. That Aeglanor does not figure in Plutarch's story of his daughter's relationship with Nicocrates probably means that he was dead by the time of Nicocrates' tyranny. This in turn tends to suggest that Nicocrates' tyranny may have been rather later than usually supposed. Inscriptions from other cities of Cyrenaica indicate similar developments outside Cyrene. A recently discovered inscription from Berenice shows that another aristocrat, a man called Apollodorus, played a leading role there after the death of Apion (Lloyd _et al.,_ 1977:234-6). Elsewhere, at Arsinoe, another important inscription has recently been discovered, detailing the considerable benefactions of an aristocrat named Aleximachus: its date is not certain, but is seems to come from the period after Apion's death (Reynolds, 1973-4). We have seen that at Cyrene itself tyrants emerged: the tyrant Nicocrates was succeeded by his brother, Leander. When Lucullus visited Cyrene in 87/6 BC, he found it in turmoil as a result of continual tyrannies and wars. It is quite possible that tyrannies occurred in cities other than Cyrene itself. Lucullus established order--not the first lawgiver in Cyrene's history--but we may doubt whether this order lasted long after his departure (Plut _Luc_ 2.3-4).

Our literary sources do not tell us what sort of wars had afflicted Cyrene before the arrival of Lucullus, but we can make some plausible guesses. Cyrenaica was always open to attack from the south: the story of Aretaphila indicates the potential for such attacks: she is said to have been in league with Libyans who ravaged the _chora_, laid siege to Cyrene and killed its tyrant, Leander. We may observe, in passing, the benefactions of Aretaphila's probable father to the tribes of the _chora_, noted above. Piracy was at least as big a problem. When Lucullus left Cyrene for Egypt, he suffered severe losses in an attack by pirates (Plut _Luc_ 2.5). The Apollodorus inscription tells us that Berenice was sacked by pirates twice in the years following Apion's death. Of course, such depredations were not simply a Cyrenaican phenomenon: they were part of a widespread upsurge in Mediterranean piracy in this period. In addition to invasions and piracy, stasis in the cities is well-attested. The tyrannies of Nicocrates and Leander were bloody affairs. Further, when Lucullus visited the city in 87/6 BC he found its Jewish population at odds with the Greeks (Jos _AJ_ 14.114; Applebaum, 1979). The Apollodorus inscription provides some evidence for stasis at Berenice, for I take the 'evil-doers' mentioned there to be a faction in civil warfare, subsequently defeated thanks to Apollodorus; though this interpretation is not certain, it would provide the necessary context for the contemporary _anarchia_ mentioned in the text. It is quite possible that the anonymous 'evil-doers' were attempting to establish a tyranny at Berenice, as did Nicocrates at Cyrene. At roughly the same time, the Aleximachus text shows that there was very serious fighting at Arsinoe: here too the identity of the combatants is not clear.

But the broad picture of the state of Cyrenaica is clear enough, though we could wish for more details. After Apion's death there was considerable disruption within the cities and, to some extent in the _chora_ too. This disruption must have inflicted severe damage on the society and economy of Cyrenaica. The social and economic problems generated by this disruption can only have led to more disruption and more problems--a vicious circle.

Oost has argued that the very existence of tyrants tends to suggest chronic social and economic problems in Cyrenaica (Oost, 1963). And it is certainly true that archaic Greece in particular provides telling evidence for an intimate relationship between chronic social and economic problems and the rise of tyranny and _anarchia._ But these parallels may be misleading: archaic Greece may be quite different from Cyrenaica after 96 BC. Cyrenaica had been ruled by kings for many years; the rise of tyrants there could very well be both a symptom and a result of the rise of members of the civic elites and the accompanying power struggles within those elites. We may therefore suppose strong political forces at work in the generation of tyrants. But, at the same time, that is not to underrate the essentially short-term social and economic problems, of which, to be fair, Oost was also well aware, despite the fact that less evidence was available in 1963 than today.

On each occasion that pirates sacked Berenice at least some of its population must have been killed and others carried off to slavery; accumulated wealth will have been seized, crops burnt, and livestock driven off. Stasis might involve at least as much upheaval. The isolation of each city can only have been increased. Pirates and bandits stood between the cities and the Greek world and between one city and another within Cyrenaica. On land, travel, agriculture and pastoralism must have become increasingly dangerous. As for the sea, Synesius tells us that, in his day, it was an important means of communication between coastal cities; in Synesius' day fishing was also important. The sea probably had a similar significance in our period (Synesius Ep 51; Jones and Little, 1971:77). If Lucullus' flotilla could be attacked by pirates, travellers and fishermen would be very vulnerable. As the Apollodorus text shows, the city itself was an insecure haven of refuge. We have already observed the vicious circle that developed as men were driven from the land by insecurity to become pirates and bandits themselves. It is therefore entirely likely that the social and economic problems of Cyrenaica were great enough to make a significant contribution to the generation of tyranny. But it must be stressed that these problems were, as far as we know, essentially short-term: once a degree of stability was introduced, the society and economy of Cyrenaica should revive fairly quickly.

These general considerations may shed some light on a more particular issue. In 67 BC Pompey seems to have settled defeated pirates at Ptolemais in Cyrenaica. It has been very plausibly suggested that he settled pirates there, as in cases elsewhere, because Ptolemais had become underpopulated. The question must then be: why had Ptolemais suffered a loss in population down to 67 BC? It has been suggested that Ptolemais declined as a result of the loss of royal patronage after the death of Apion: Reynolds has provided the crucial evidence and discussed it (Reynolds, 1962). Our evidence is not really good enough to allow us to evaluate this latter suggestion, although it remains plausible. However, once we set the case of Ptolemais in the context of the broad picture of insecurity and decline that I have developed, a rather different explanation emerges. It seems likely that Ptolemais, like Berenice, Arsinoe and Cyrene itself, had fallen victim to stasis and/or depredations. If this is right, we may then wonder whether Pompey settled pirates elsewhere in Cyrenaica, for conditions were apparently ripe for such settlements. Of course, whilst risking circularity, these speculations tend in turn to support the broad proposition that, in the period after the death of Apion, Cyrenaica was in a state of considerable debilitation. This is the main point.

We are now in a position to examine more closely Rome's part in all this. The central question is a familiar one: why did Rome annex Cyrenaica?

After Apion's death, as I have said, the Roman Senate declared the cities of Cyrenaica free. It must immediately be stressed that we know very little beyond this. We tend to assume that the royal lands were declared *ager publicus* in 96; they had certainly been declared to be such by 63 BC. It is usually assumed that there were no *publicani* in Cyrenaica before annexation. This may well be right, but our sources for Cyrenaica in this period are not good: it is worth observing that our earliest reference to *publicani* in Cyrenaica is as late as 54 BC (Cic. *Planc* 63). By 54, on the usual view, *publicani* had been active in Cyrenaica, quite unattested, for some 20 years.

Publicani or no *publicani*, Rome seems to have had more to do with Cyrenaica between 96 and 75 than sometimes imagined. Roman *negotiatores* were probably active there; they were certainly there in 67 (Reynolds, 1962:98). Probably more significant is a recently discovered statue-base from Cyrene: it was apparently inscribed in 92 in honour of the consul of that year Gaius Claudius Pulcher (Gasperini, 1967:53-7). The Cyrenians describe Pulcher as their patron and benefactor. It would be nice to know how Pulcher had earned these honours; it may be significant that he was praetor designate in 96, the year of Apion's death, but we are grasping at straws. What is clear and important is that, to generalise from Pulcher's case, relationships were developing between members of the Roman elite and the elites of the newly autonomous cities of Cyrenaica. There is no reason to suppose that Pulcher's case is particularly exceptional. This inevitably brings us to the much-debated issue of the 30 pounds of silphium sent *publice* from Cyrene to Rome in 93, according to the elder Pliny (Plin. *NH* 19.40). This silphium has been variously taken to be a purchase by the Roman state, tribute to Rome or a gift to the Roman state. The point cannot be argued in detail here: suffice it to say that, in my view, the third option seems to involve least difficulties. The best discussion rejects the second option in favour of the first (Badian, 1965:119). Whichever option is preferred, the passage of this silphium to Rome from Cyrene constitutes further evidence of developing relationships between the two after the death of Apion. In the winter of 87/6 Lucullus arrived in Cyrene. According to Plutarch he had been sent specifically to collect ships for Sulla (Plut. *Luc* 2.2). A rather different account is given by Strabo, as preserved in Josephus, who says that Lucullus was sent to deal with stasis in Cyrene in which the Jews were involved: unfortunately, Josephus' text is not without suspicion at this point (Jos. *AJ* 14.114). There can be little doubt that the swift collection of ships was Lucullus' main concern: it was for this that he risked a voyage in winter through seas infested by pirates and it was for this that he went elsewhere in the eastern Mediterranean. But, for all that, though Strabo--or possibly Josephus or even textual corruption--may well be misleading, it must be significant that Lucullus, having arrived at Cyrene, did not simply grab what ships he could and rush away. Rather, he stayed long enough to establish some sort of order in Cyrenaica and to fix a constitution, so that Plutarch describes him as Cyrene's lawgiver (Plut. *Luc* 2.4). *Prima facie*, this looks like a relatively complicated and time-consuming business. Why Lucullus took the trouble to do this, we are not told. If he did not already have friends in Cyrenaica he presumably gained some.

In 75 BC, on my view, the Senate decided to annex Cyrenaica. Why? The most straighforward approach to this question is through a broad consideration of the situation in Rome and Cyrenaica in the mid-70s.

The political developments at Rome in the 70s, in the aftermath of Sulla, are well-known. Rather less well-known are the economic difficulties of Rome in this period. Sallust makes Cotta, the consul of 75, state quite explicitly that the maintenance of the armies in Spain, Asia, Cilicia and Macedonia had drained the treasury at a time when Rome's income from the provinces was greatly reduced by the very wars she was waging. Cotta is made to say that as a result of financial stringency the number of ships guarding Roman supply lines was diminished, while the pirates who preyed on these supplies were consequently doing very well at Rome's expense (Sall. *Hist* 2, fg. 47). Sallust's letter of Pompey, supposedly sent by Pompey to the Senate late in 75, paints a grim picture of the logistical position in Spain: the devastation of the Sertorian war meant that his army could not be fed by the communities of the Spanish hinterland. Gaul, which had prevously supplied the army of Metellus with pay and provisions, had suffered a failed harvest and could scarcely feed itself. At Rome in 75 there were hunger riots (Sall. Hist 2, fg. 98; Rickman, 1980:50-1).

These problems tend to suggest a prima facie reason for Rome's annexation of Cyrenaica. It has been argued that Rome annexed because she needed the resources that Cyrenaica could provide, especially money and grain: Badian (1965:119-20) presents the most powerful version of this case and cites earlier presentations. This line of argument is attractive, but, I suggest, it proves rather unsatisfactory on closer examination.

In the first part of this paper I have attempted to show that Cyrenaica was in no position immediatley to supply Rome with the resources she seems to have needed in the mid-70s. Cyrenaica was seriously debilitated. The inscription from Arsinoe even suggests that there was at that time a shortage of grain in Cyrenaica itself. Nor is there likely to have been much accumulated wealth which Rome might seize.

What is more, Rome could easily have increased her income in 75 without taking on the commitment of annexation. It was in that year that the publicani pressed for changes in the lex Hieronica--changes which, according to Cicero, would have increased Rome's income from Sicily. But despite this and despite Rome's apparently pressing need for resources, no real change was made (Cic. Verr 2.3.18; Badian, 1972:95). Nor was it until 73 BC that the lex Terentia-Cassia instituted a second grain tithe in Sicily. This was not a new idea: a second tithe had been instituted at various times of difficulty since 191. Of course, under this law Rome paid for the second tithe, but she need not have done and may not have done on earlier occasions (Briscoe, 1981:221; Rickman, 1980:166-8; Scramuzza, 1937:255-7).

We must find another reason for the Roman annexation of Cyrenaica. It is worth comparing another issue of 75 which tends to be ignored: namely, the ager publicus held by Hiempsal II of Numidia. This was probably land held by Hiempsal's family since the Third Punic War. It is probably the ager publicus specifically exempted in the lex agraria of 111 BC; it was subsequently exempted again under the wide-ranging terms of the Rullan bill (Fentress, 1979:54). In 75 the consul Cotta made a foedus with Hiempsal, under the terms of which the king was to retain the land. However, Cotta's foedus was not ratified; this would seem to suggest oppostion within the Senate. It seems that there were those at Rome in 75 who were willing to break with precedent and take possession of the ager publicus held by Hiempsal (Cic. de leg agr 2.58-9; 1.10-11). Why had this land become an issue? Perhaps because of Rome's apparent economic problems. But, it these were so great, one wonders why Cotta was apparently prepared, unlike others, to allow the king to retain the land. This question becomes particulary pressing if one agrees with those who hold that Cotta was behind the annexation of Cyrenaica (Perl, 1970:321, n. 1). At the same time, it may be significant that the ager publicus held by Hiempsal lay on the coast, as Cicero tells us (Cic. de leg agr 2.58). We may legitimately ask whether piracy played a part in making this land an issue in 75. It is even possible that the foedus in question involved the suppression of piracy in the area by the king. Speculation, but the Piracy Law of 101/100 BC provides something of a parallel (Hassall et al., 1974).

It is with piracy in mind that we may now return to Cyrenaica itself. By the 70s, piracy had become one of the gravest and most intractable problems facing Rome. In 77 she had taken action against the pirates of Cilicia. In 74 Marcus Antonius was given a special command with unlimited authority to deal with the pirates of the Mediterranean. He was active, though to no great effect, in Crete (Rickman, 1980:50-3). I have attempted to show that Cyrenaica had become a field of operations and a recruitment area for pirates. Here, I suggest, may be the main reason for the Roman annexation of Cyrenaica: it was primarily a measure against piracy, any direct economic advantages being relatively long term and subsidiary.

Our best evidence on the annexation would be a fragment of Sallust's Histories, it it were not for the fact that the text of this fragment is very much in doubt; but it does seem that Sallust described the annexation in terms of the establishment of order in Cyrenaica. Perl's re-reading of the crucial Berlin palimpsest does not entirely convince me (Sall. Hist 2, fg. 48; Perl, 1970:321, n. 3). Sallust's evidence would in any case square with action against piracy. It is probably also worth observing that Apion's will may well have called upon Rome to ensure the security of his kingdom: the will of Apion's father in 155 had certainly done so (SEG 9.7). Rome may also have been stimulated to annexation by direct appeals from Cyrenaica, appeals which will have been supported by Roman patrons: Badian has suggested that Lucullus played some such role (Badian, 1965:119). It is easy to forget that communities might actively seek their own annexation. Having said all this, however, very great doubts remain as to how much was done before Pompey. Pompey's concern was of course, significantly, the suppression of piracy.

ACKNOWLEDGEMENT

I would like to express my thanks to Joyce Reynolds for her specialist help with epigraphic material. Needless to say the views expressed here--intended more as provocative questions--are entirely my own responsibility.

BIBLIOGRAPHY

Applebaum, S. (1979) **Jews and Greeks in Ancient Cyrene.** Leiden, Brill.

Badian, E. (1965) M. Porcius Cato and the annexation and early administration of Cyprus. **Journal of Roman Studies** 55:110-21.

Badian, E. (1972) **Publicans and Sinners.** Oxford, Blackwell.

Bagnall, R.S. (1976) **The Administration of the Ptolemaic Possessions outside Egypt.** Leiden, Brill.

Braund, D.C. (1983) Royal wills and Rome. **Papers of the British School at Rome** 51:16-57.

Briscoe, J. (1981) **A Commentary on Livy Books 34-38.** Oxford, Clarendon.

Fentress, E.W.B. (1979) **Numidia and the Roman Army.** Oxford, British Archaeological Reports, International Series 53.

Gasperini, L. (1967) Due nuovi apporti epigrafici alla storia di Cirene romana. **Quaderni di Archeologia della Libia** 5:53-64.

Habicht, C. (1972) Beitrage zur Prosopographie der altgriechischen Welt. **Chiron** 2:103-34.

Harris, W.V. (1979) **War and Imperialism in Republican Rome, 327-70 BC.** Oxford, Clarendon.

Hassall, M. et al. (1974) Rome and the eastern provinces at the end of the 2nd century BC. **Journal of Roman Studies** 64:195-220.

Jones, G.D.B. and Little, J.H. (1971) Coastal settlement in Cyrenaica. **Journal of Roman Studies** 61:64-79.
Lloyd, J.A. et al. (1977) **Berenice I, Excavations at Sidi Khrebish, Benghazi (Berenice), Vol. 1, Supplements to Libya Antiqua, V.** Tripoli, Department of Antiquities.
Oost, S.I. (1963) Cyrene, 96-74 BC. **Classical Philology** 58:11-25.
Perl, G. (1970) Die romische Provinzbeamten in Cyrenae und Creta zur Zeit der Republik. **Klio** 52:319-29.
Reynolds, J.M. (1962) Cyrenaica, Pompey and Cn. Cornelius Lentulus Marcellinus. **Journal of Roman Studies** 52:97-103.
Reynolds, J.M. (1973-4) A civic decree from Tocra in Cyrenaica. **Archeologia Classica** 25-6:622-30.
Rickman, G. (1980) **The Corn Supply of Ancient Rome.** Oxford, Clarendon.
Scramuzza, V.M. (1937) Roman Sicily. **In** T. Frank (ed) **An Economic Survey of Ancient Rome** Vol. 3. Baltimore, Johns Hopkins.
SEG = **Supplementum Epigraphicum Graecum.**

28. Burial Practices in Cyrenaica

J. Dent

INTRODUCTION

The purpose of this paper is to suggest ways in which the information from numerous burials in the province of Cyrene may prove to be useful as a means of understanding more about the ancient population and their social arrangements. Only in recent years has the subject of funerary archaeology come back into prominence, but this has generally been in connection with preliterate societies where no written evidence exists to describe the people concerned. While these prehistoric societies obviously stand to gain by such treatment, there is no valid reason why the examination of burials among more sophisticated groups might not also prove rewarding. The main uses of funerary remains are as evidence for chronology, social grouping, settlement development, biological grouping, demography, pathology and diet.

With a few notable exceptions the majority of recorded Cyrenaican burials consist of those at the urban centres of the province, and of these the necropolis of Cyrene is by far the largest, itself an indication of the pre-eminence of that city (Cassels, 1955). The tombs at these sites are usually extant, but most have been emptied of their contents and too often the precise provenance of objects in museum collections is unknown. Work carried out this century has approached the problems of excavation with a greater deal of expertise than previously, but events up to and during the Second World War did little to help research in the region. The best recorded burials are those which have been excavated since the war at Benghazi (Dent et al., in press), Tocra (Wright, 1963), Tolmeita (Kraeling, 1962:107-15), Apollonia (White, 1976:115-26) and Cyrene (Brown, 1948; Rowe et al., 1956), and also at Aslaia to the southeast of Barce (Vickers and Bazama, 1971). In addition to excavations, surveys of sites have been carried out and of these I have found John Cassels' corpus of tombs at Cyrene exceptionally valuable (Cassels, 1955).

Although some thousands of burial monuments have been examined, very few have rewarded excavation in recent times. Various funerary and acquisitive activities have combined to frustrate the modern archaeologist. Firstly, while the tombs were in use many appear to have undergone re-opening at intervals to accommodate new burials, with the consequent disturbance of, and damage to, existing burials. Subsequently, tomb robbers ransacked a large number of tombs and sarcophagi in the search for valuables. A third attack was made upon the tombs in the 19th century by various miscreants, usually attached to the diplomatic service, who excused themselves by claiming to be scholars. The result of these activities has been to leave very few undisturbed groups for modern excavators. The best opportunities for the examination of intact burials are likely to lie in tombs and graves of modest form which remain unrecognised.

BURIAL MORPHOLOGY

At this point it is appropriate to identify from the recorded burials the basic forms of funerary monument which have survived. It is fairly clear that most burials were inhumations, a conclusion indicated by the elongated shape of the burial chambers as well as by the excavated evidence. Some cremations have been found, sometimes in the same tombs as unburnt bodies, and there may have been special reasons for the use of this rite.

The simplest form of burial so far found is the flat grave (Fig. 28.1, 1), in which the body is laid in an elongated pit and the excavated soil is then returned to the hole. Although the most widespread form of burial in many cultures and at many periods, the common use of this procedure in Cyrenaica has not been demonstrated. A group of burials of this type was cut by an electricity trench in the Benghazi suburb of Selmani in 1973 but there was no opportunity to confirm that backfilling had been immediate or that capstones had never existed. This type of burial may have been common but is the most difficult to recognise; potentially many await discovery by archaeologists equipped with geophysical survey equipment, although the sandy soil may have a detrimental effect on the physical remains of the burial. Much of the bone had deteriorated in the Selmani graves (Dent et al., in press).

More elaborate than this, but again easily overlooked, are cist graves which were not backfilled but were partly covered by capstones and allowed to fill with wind blown or water born soils (Fig. 28.1, 2). Such burials were excavated by Dennis (1867:161-2) and Wright (1963: fig. 13) at Tocra close to the Hellenistic walls and many are illustrated on the map of the city drawn by the Beechey brothers (Kraeling, 1962: fig. 7). Others were encountered by White while tracing the line of the Hellenistic walls of Apollonia, where the defences had clearly extended over a former area of burial (White, 1976:119 ff.). Such cists were either rock-cut or, where the rock was covered with a thick bed of soil, the sides of the cists were revetted and sometimes plastered over. Dennis found that most cists were lying approximately east-west and that in a majority of cases the head was to the east. Although he does not say so, it is likely that the corpses were extended, for he would probably have remarked upon a crouched or flexed attitude. In the few graves which survived intact the corners of the cist were utilised for grave goods, usually pottery, and Dennis implies that the best pots, which included a Panathenaic amphora, were placed close to the deceased's right shoulder (Dennis, 1867:162). Massive blocks were used to cover the cist, but frequently small spaces were left open.

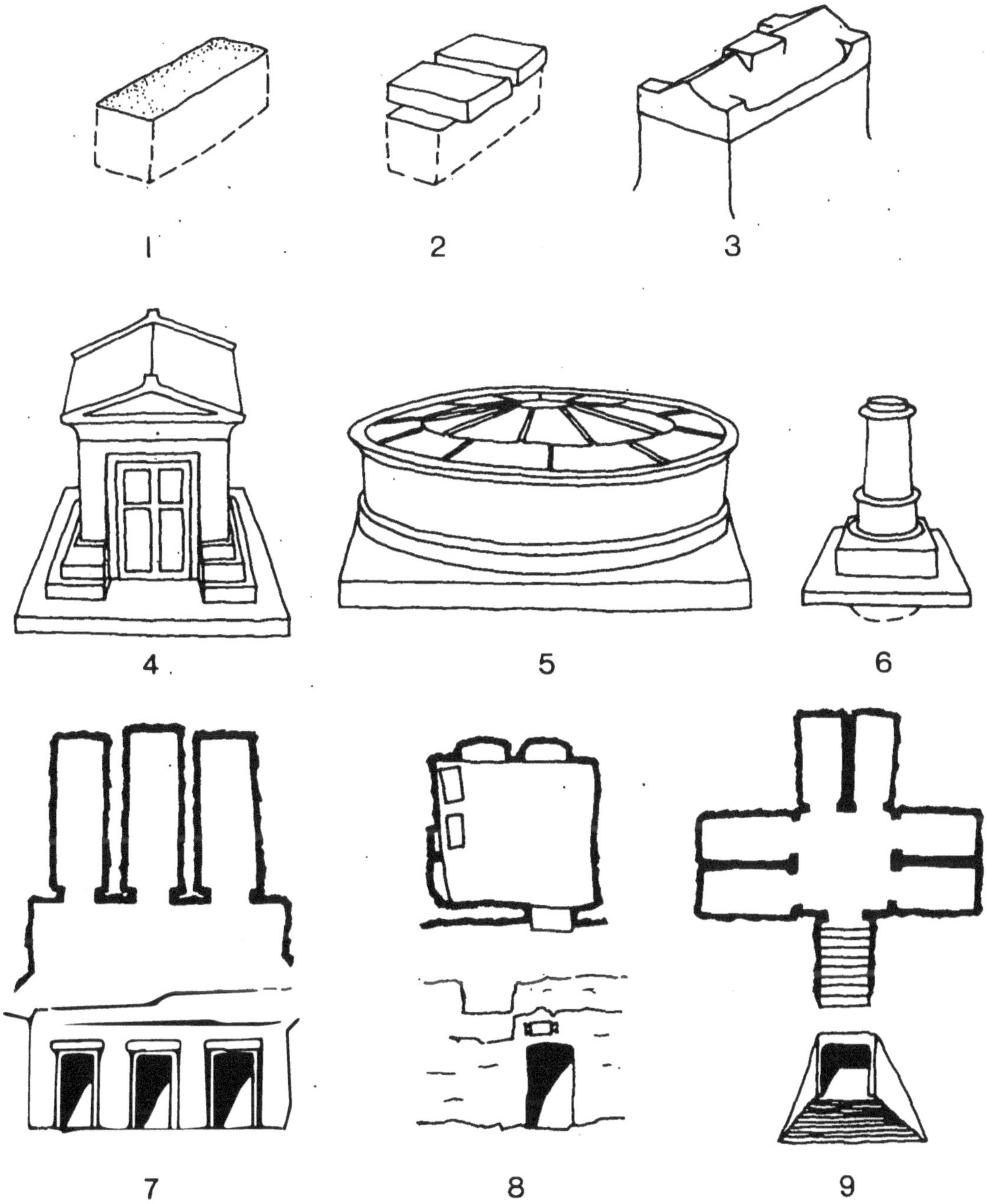

Figure 28.1 Types of burial monuments at Cyrene. 1) basic grave; 2) rock-cut cist; 3) sarcophagus; 4) rectangular built tomb; 5) circular built tomb; 6) stele grave marker; 7) parallel rock-cut compartments; 8) rock-cut chamber with small loculi; 9) subterranean chamber with radiating compartments.

While the flat grave is a single burial pit lying wholly below ground surface and the cist grave is a chamber which projects above ground to the thickness of its capstones, the sarcophagus (Fig. 28.1, 3) is essentially a monolithic chamber which stands above ground and which may be either rock-cut or detached. Groups of several sarcophagi exist around a central courtyard at Cyrene (Cassels, 1955: Pl. 3b), a distribution suggesting family groups. The lids of the sarcophagi are shaped like roofs of buildings and there is often a platform for a funerary sculpture or other feature. A few have names inscribed on the lids. Two were excavated by Burton Brown in 1947 (Brown, 1948); one contained pottery vessels and two extended inhumations, possibly males of about 20 years of age, one of whom had been struck on the head with a sharp weapon. The other contained a single extended inhumation and pottery vessels.

Sarcophagi are basically stone coffins and groups of them have been found inside tombs of more elaborate construction. At Cyrene a high proportion of the tombs consists of rectangular masonry structures and the dividing line between some of the larger sarcophagi and some of the smaller built tombs is indistinct. As with sarcophagi, there is usually some resemblance in tomb construction to a monumental building, but there may be accommodation within for a large number of bodies (Fig. 28.1, 4). The largest of the rectangular tombs is the great masonry tower tomb at Tolmeita which now stands on a cube of rock in the middle of an ancient quarry (Kraeling, 1962: figs. 39-40).

At Cyrene and also at Meghernes to the southeast a number of circular tombs is known (Fig. 28.1, 5). These take different forms, and the earliest may have been simply burial mounds with a crude stone revetment (Cassels, 1955: pl. 7a; Rowe et al., 1956: fig. 1). A typology has been suggested which sees the development from these into a roofed masonry structure. The so-called Tomb of Battus at Cyrene is a circular tomb. Burials within these tombs were in cists or sarcophagi. In one Cyrene tomb the circular wall enclosed an earlier rectangular tomb (Cassels, 1955: N 1). The other type of masonry tomb to be mentioned consists of a small pillar or stele (Rowe et al., 1956: fig. 8) (Fig. 28.1, 6). One such monument at Cyrene (Cassels, 1955: N 192) was found in the forecourt of a rock-cut tomb where it covered an inhumation.

The most intriguing in many ways are the rock-cut tombs. At Cyrene these often have elaborate facades with entablature and columns carved from the rock with long burial chambers behind, usually several rectangular chambers lying parallel and with blocking stones carved to resemble wooden doors (Fig. 28.1, 7). These are to be found in places where a natural outcrop of rock exists to form a workable face, notably on the north-facing escarpment at Cyrene and in the sides of wadis. Such tombs have long since been ransacked, but the architectual features are of considerable interest and are of value as dating evidence (Rowe et al., 1956: fig. 10).

A second type of rock-cut tomb has a wider distribution. This type consists of a roughly squared chamber with a single door and with loculi or niches opening from it, possibly leading off all the walls of the central chamber (Fig. 28.1, 8). Tombs of this type have been found at Cyrene (Rowe et al., 1956:fig. 12) and at Tocra (Wright, 1963: figs. 4-5, 10), Tolmeita (Kraeling, 1962: fig. 38) and possibly at Driana (Jones and Little, 1971:69) where they are cut into the sides of abandoned quarries. The niches of such tombs have been found to hold contracted skeletons, including some of children, while the main chamber sometimes contained further burials, either extended on the floor, or scooped up into half amphorae used as ossuaries, or in a small sarcophagus (for example, Wright, 1963: figs. 8-9). Jewish inscriptions were found with representations of the seven branched candlestick or menorah at Tocra (ibid: fig. 12).

A variant of this type is the tomb which has a central chamber with pairs of chambers or loculi opening from the sides, but which lies wholly below ground and is reached by steps or by a trap door (Fig. 28.1, 9). Such were the tombs excavated in consolidated sand dunes near the Sebka-es-Selmani (Benghazi) in 1973 (Dent et al, in press), and where it was clear that one of the tombs had been used as a vault with the different chambers being cleared at intervals to allow new burials.

Other types of tomb appear to have existed. Dennis observed tombs covered with roofing tiles at Tocra (Dennis, 1867:154), but no trace of these is visible today. Herodotus refers to the tombs of the Libyan tribes and mentions that the Nasamones were encouraged to die sitting up as their dead were buried in that position (Herdotus 4.190-1). Until these forms of burial are recognised by fieldwork we must be content with extant remains. The broad classes of monument which I have described show a series of different approaches to the problem of the disposal of the dead. It is essential to understand the chronology of the burials in order that differences in funeral monument can be ascribed to changing fashion, or to other social or economic causes.

BURIAL CHRONOLOGY

Stratigraphical evidence exists to indicate the chronological relationship between burials of different type in a few cases. At Tocra, cist graves in the area of the Hellenistic city wall (which may have preceded its construction as at Apollonia: White, 1976:119, fig. 14) were cut by a quarry which subsequently provided the necessary rock face for the cutting of chambered tombs with sarcophagi (Wright, 1963: fig. 7). At Cyrene a rectangular built tomb was converted into an elaborate circular tomb with a pitched stone roof (Cassels, 1955: N 1). Also at Cyrene the forecourt of a rock-cut tomb was occupied by a stele tomb (ibid: N 192). These stratigraphical relationships between tombs of different types may or may not have a broader chronological significance.

Grave goods should supply much of the dating evidence, but these are not in great supply, nor have they been recovered from all classes of tomb. The inhumation graves from the Sebka-es-Selmani cemetery dated from the 3rd century BC until the 1st century AD. The (largely below ground) cist graves at Tocra began in the 4th century BC and also lasted until the 1st century AD. A Panathenaic amphora of the 4th century was found in a cist grave there by Dennis (1867:161, 175ff.) and a similar date was suggested for cist graves at Apollonia (White, 1976:126).

One tomb which probably relates to this class more closely than to any other is the isolated tomb from Aslaia. This was a masonry structure built into deep deposits of earth and apparently only the capstones were intended to be seen when finished. Inside were a number of exotic artifacts including a 5th century Panathenaic amphora, a red figure pelike and a glass bowl (Vickers and Bazama, 1971).

The sarcophagi excavated by Burton Brown at Cyrene contained pottery vessels consistent with a date in the 4th century BC. The earliest date for rectangular masonry tombs so far is in the 4th century BC, but an example of the 2nd century AD was examined by Lloyd at Sidi Hussein (Benghazi) in 1974 (Dent et al., in press). The circular tomb at Cyrene which began life as a rectangular structure was associated with objects of the 4th century BC (Cassels, 1955:12, N 1). Typologically this form is quite sophisticated. An example without a stone roof also had 4th century material associated with it (Cassels, 1955:13, E 174).

The rock-cut tombs with parallel loculi and elaborate facades provide architectural dating evidence and a 6th or 5th century date has been ascribed to some of these in the northern necropolis at Cyrene (Cassels, 1955:18). A less elaborate pair of chambers at Apollonia was dated by White to the 4th or 3rd century BC (1976:118). Tombs cut into the sides of quarries are more clearly datable from the inscriptions which adorn them and from the grave goods found in a number of intact examples. Those which succeeded the cist graves at Tocra, for example, appear to belong to the century either side of AD 50 (Rowe et al., 1956: 52ff.). Of the two subterranean tombs excavated at Benghazi in 1973, one contained objects of the 3rd and 2nd centuries BC while the range from the second group was early 2nd century BC to 1st century AD.

Of the broad classes of tomb which I have described, it appears that several were in use at the same time. There is clearly the contemporary use in the 4th and 3rd centuries BC of flat graves, cists, sarcophagi, rectangular and circular built tombs, and some rock-cut tombs. Some of these continued in use with little change, while new forms appear to have been developed.

To some extent this variety depended upon geology. Rock-cut tombs can be cut out of the rock from above, as at Benghazi, but the majority consists of chambers entered from the same level, that is, chambers which require a cliff face. At Cyrene the rock-cut tombs are restricted to the escarpment, to the sides of wadis and to quarries, while built tombs are more common on the flat ground. The structural details of cists vary according to the amount of topsoil covering the bedrock. At Aslaia, where the bedrock was not reached, the chamber was constructed entirely of masonry.

In view of this, it seems fair to look for chronological change only among similar classes of tomb. Rock-cut tombs are the one class which alters in layout with the passage of time: a change may be detected between those cut into natural cliffs at Cyrene and Apollonia in the earlier centuries and those cut into the walls of later quarries at Tocra, Tolmeita and Driana. Further evidence is urgently required for the date of the large circular tombs at Cyrene, for the crudeness of the revetment in some suggests that they are archaic, while more sophisticated examples are probably still as early as the 4th century BC.

DISCUSSION

So far I have described different types of tomb which were in use, for varying periods, from the time of the earliest settlement at Cyrene (some rock-cut tombs with colonaded facades and, one suspects, some circular tombs) through to the 2nd century AD, when a number of elaborate rock-cut tombs was being carved out at Cyrene. While the variation in type is clearly due in part to the geological conditions and to chronology, this is not the whole story and other, presumably social, conditions are likely to have determined the quality of the burial. Having examined the evidence in this way it is now time to apply it to the broader questions concerning the population of the region and their social development.

It is a great loss that so much of what was recovered from tombs by antiquarians has gone missing. Even though many of the grave goods have survived, associations must often be suspect. Worse is the loss of the physical remains of the dead: much of the most exciting results in the modern study of funerary remains have come from the close examination of human bones. Demographic evidence--the details of mortality rates, incidence of disease, and so on--is dependent upon the survival of skeletal material, although the loss can be made good to some extent when inscriptions provide more specific information. The assessment of diet from the examination of teeth and bone structure would not have occurred to early antiquarians, although they might have looked for signs of wounding. Of three bodies excavated at Cyrene by Burton Brown one showed signs of serious, probably fatal, injury. It would indeed be useful to know the extent to which such incidents were common. The age of two of these skeletons, males of about 20 years, may seem rather young, but at present we lack a good sized sample to judge whether or not this is typical. It would be unfair to suggest that archaeologists made little attempt to recover the bones carefully from burials, for in many cases re-shuffling of the bones while the tombs were in use would already have caused much disordering of the material and breakages. Soil conditions above all else can speed up the deterioration of bones: sand often has a particularly detrimental effect upon bone but will leave most grave goods in good condition. It is neverthless sad to read in one report that "This complex of tombs was half full of drift sand and masses of bones and was completely devoid of objects except for one crude lamp. Although the contents were thus of no interest, the facade was elaborated. . . " (Wright, 1963:54).

The best evidence of disease and mortality so far published is that from the tombs found in 1973 and 1974 in Benghazi where pieces of sixteen individuals were recovered. These showed signs of arthritis and tooth disorders, including caries, the cavities which too often result from too sweet a diet. However, the sample was too small and fragmentary to be of great value, for only one skeleton was complete, most of the rest having been swept up into one of the burial chambers. In ten cases the approximate age at death could be determined and in half of these it was under 35; in two examples death took place before the age of 25. Even in the case of a cremation it was possible to identify a female of between fifteen and 25 years whom the inscription on the urn named as Akeso, daughter of Thearus (Dent et al., in press).

Mortality, disease and diet are aspects which can be tackled meaningfully only when a large sample is available for study. Another is biological distance, that is, genetic variation in the shape of bones. Although this approach was grossly misused under the Third Reich, valuable progress has been made in more recent years by quantitative and computerised analyses (Brothwell, 1972). The cosmopolitan nature of Cyrenaican society would be an obvious subject for study, particularly at somewhere like Tocra where Jewish inscriptions suggest a genetically distinct group. This approach could be used to measure the physical affinities of the inhabitants of Cyrene with those of Thera, the traditional homeland, or to measure the extent to which native Libyan characteristics were absorbed through intermarriage.

Another avenue of inquiry is that of status and social stratification. Status is usually, but not necessarily, allied to wealth. In cases where contemporary burials were carried out using a variety of funeral monuments, it may be that the different classes of monument correspond to different social or economic levels. With the shortage of surviving grave groups it is difficult to gauge just how wealthy were tombs like that at Aslaia with its wooden coffin, Panathenaic amphora, two wine amphorae, large stone alabastron, strigil, glass bowl and other vases. A Panathenaic amphora from a simple cist at Tocra suggests that finer things might be expected from more elaborate tombs, and in the past the task must have been worth the effort for tomb robbers to go to so much trouble.

Clearly there are wealthy burials and varieties of burial monument which one would expect to correspond with levels in social stratification. The chronology of the tombs is not yet clear enough for us to look for differences in size or richness which might correspond with social changes under the Battiad kings, the Republic, the Hellenistic monarchs, or the Roman Empire, but these are aspects of funerary archaeology which deserve attention.

The Jewish inscriptions from Tocra which cover the period from 33 BC to AD 83 end during a period of political stress which reached its climax with the revolt of AD 115-116; this may be an example where political events ought to be reflected in the funerary archaeology.

When large numbers of burials are associated with a settlement, it is likely that there was an intricate inter-relationship between the two which altered with time. To understand large cemeteries it is necessary to know where they began and how they grew. The documentary evidence for the Greeks at Cyrene is scanty and many questions cannot be answered using this alone. The period of the Battiad kingdom of the 6th and earlier 5th centuries BC is a little known one, but it is likely that the Acropolis (Fig. 28.2) was in use as a refuge if not as the actual settlement area. The traditional Tomb of Battus which is mentined by Pindar as standing in the Agora suggests that at the time of his desath this was outside the settlement area. Goodchild suggested (1970:51) that the area of the valley street leading down to the springs at the Sanctuary of Apollo was the site of the first settlement. That the Temple of Zeus was outside this settlement is suggested by the reference to the Persian army which camped on the hill of Zeus Lykaios, that is outside the city, in 515 BC (ibid:52). In these early stages the city may have been little more than a hillfort with a cluster of houses in the valley below with an adjacent shrine, the whole thing barely 500 m across. At this time (that is, in the 6th century BC), it is believed that some of the rock-cut tombs in the northern necropolis were already in use. What is interesting here is the distribution of the more primitive round tombs--those with a rough kerb of orthostats--for which an early date seems likely although none has yet rewarded excavation (Fig. 28.2). A number of ancient tracks radiate from the city, forming a focus for burials of all kinds, including the primitive circular tomb. At about 1.5 to 2 km from the city a scatter of these archaic-seeming tombs describes an arc some four km in length and in places one 1 km wide. These tombs would have affirmed the presence of Cyrene to anyone approaching the settlement from the south or east. From the west, approach was hindered by broken ground; from the north, the escarpment and the northern necropolis were also obvious features. What this seems to suggest is that the settlers deliberately placed their more elaborate

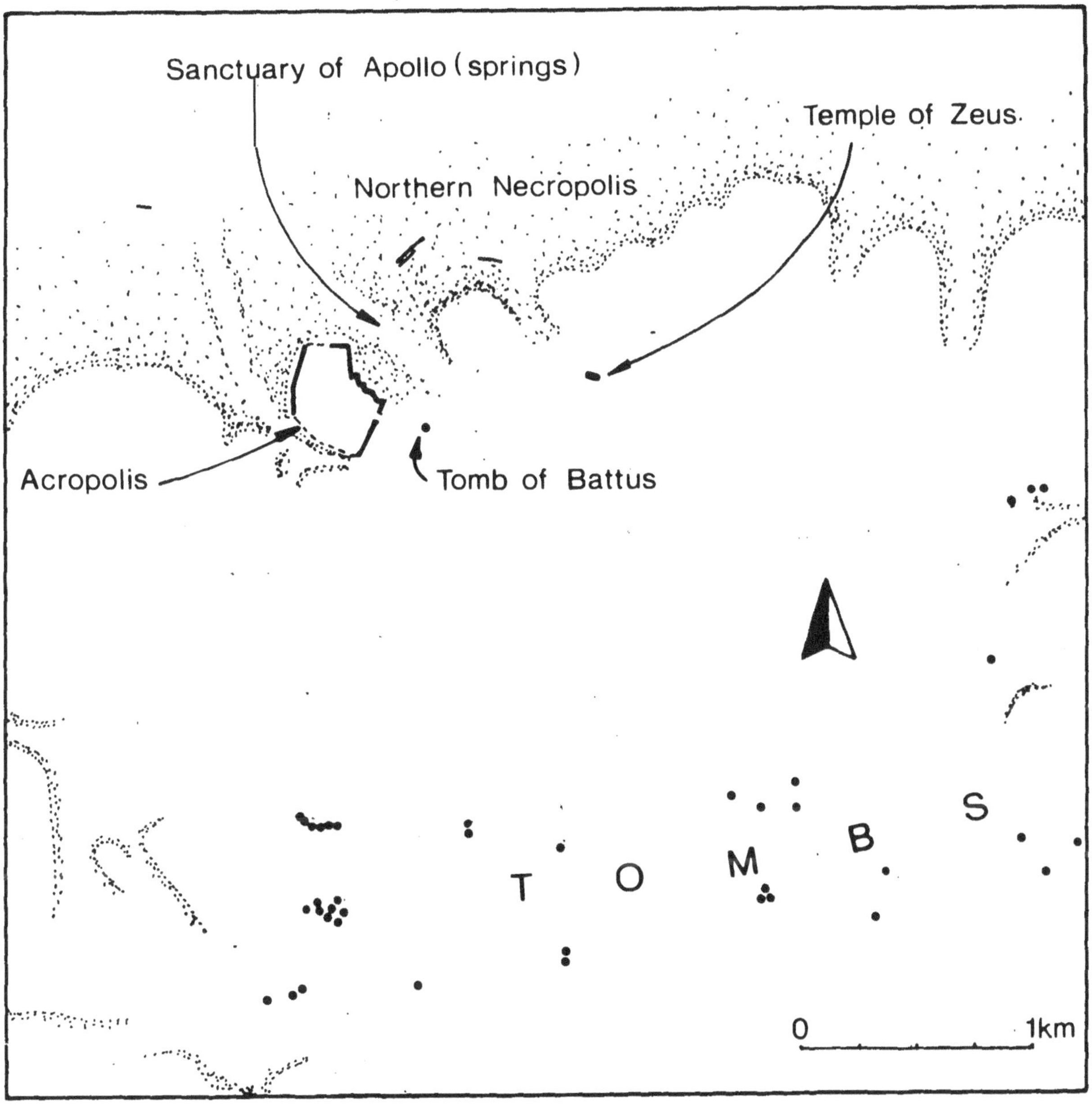

Figure 28.2 The distribution of circular tombs with orthostatic kerbs at Cyrene in the 6th century BC. The tombs occupy a broad band of unbroken ground about two kilometres to the south and east of the settlement. The intervening space could represent the area of farmland which supported the early colony, with the tombs in part serving as territorial markers.

tombs as territorial markers where they would have provided clear evidence of tenure in any dispute over land. Moreover, the distribution could also imply that the area inside the arc of mounds was the most important land claimed by the city--perhaps it was here that the arable fields of Cyrene lay. As the city grew, outlying settlements would have produced much of the grain for the population, but here is evidence of a developing agricultural community in the days before success outstripped the farming potential of the neighbourhood.

I have tried to indicate the variety of burial evidence found in Cyrenaica and to suggest ways in which it may play a part in helping us to understand aspects of social organisation in the province in antiquity. Further work in the region will, I hope, take full account of the value of burials as a potential source of such information. Above all it is imporant to use all the information which can be recovered from tombs, even those which have apparently been ransacked in the past. This information includes the human bones, so sadly neglected in the past but nevertheless a valuable source of information; they may be visually unimpressive but they are certainly not 'of no interest'!

BIBLIOGRAPHY

Brothwell, D. (1972) Palaeodemography and earlier British populations. **World Archaeology** 4(1):75-87.

Brown, T.B. (1948) Hellenistic burials from Cyrnaica. **Journal of Hellenic Studies** 68:148-52.

Cassels, J. (1955) The cemeteries of Cyrene. **Papers of the British School at Rome** 23, new series 10:1-43.

Dennis, G. (1867) On recent excavations in the Greek cemeteries of the Cyrenaica. **Transactions of the Royal Society of Literature** 9: 135-82.

Dent, J.S., Lloyd, J.A., and Riley, J. (in press) Some Hellenistic and Roman tombs from Benghazi. **Libya Antiqua.**

Goodchild, R.G. (1970) **Cyrene and Apollonia: an Historical Guide** 3rd edition.

Jones, G.D.B. and Little, J.H. (1971) Coastal settlement in Cyrenaica. **Journal of Roman Studies** 61:64-79.

Kraeling, C.H. (1962) **Ptolemais, City of the Libyan Pentapolis.** Chicago.

Rowe, A., Buttle, D. and Gray, J. (1956) **Cyrenaican Expedition of the University of Manchester 1952.** Manchester.

Vickers, M. and Bazama, A. (1971) A fifth century BC tomb in Cyrenaica. **Libya Antiqua** 8:69-84.

White, D. (1976) The city defenses of Apollonia. **In** J.H. Humphrey (ed) **Apollonia, the Port of Cyrene.**

Wright, G.R.H. (1963) Excavations at Tocra incorporating archaeological evidence of a community of the Diaspora. **Palestine Exploration Quarterly** 95:22-64.

29. Soggetti Cirenaica della Ceramica Laconica

A. Faustoferri

L'esame dei soggetti raffigurati all'interno delle *kylikes* laconiche di 6° sec. a.C. ripropone l'annoso problema della 'eresia cirenaica', inaugurato, già alla fine del secolo scorso, da Studniczka (1890:1-27), che riconosceva Arkesilas II, Kyrene Silphiophoros e Zeus Lykaios nelle figure dipinte su alcune coppe, forse soprattutto in considerazione della supposta origine cirenaica delle coppe stesse. In seguito, stabilito il luogo di produzione della ceramica in oggetto (Droop, 1910:1 sgg; 1929:52-116), si è avuta la tendenza ad attribuire piuttosto al pantheon laconico quelle immagini che risultassero più 'particolari', e così Kyrene è diventata Artemis Orthia (Droop, 1929:54) e Zeus Lykaios Zeus Olympios (Simon, 1976: n. 37).

Nonostante i numerosi tentativi compiuti dagli studiosi al fine di riassorbire all'interno del 'patrimonio iconografico comune' della Grecia continentale le raffigurazione di tipo 'cirenaico', abbiamo tuttavia sempre una quantità, più o meno elevata, di coppe, che testimonia la persistenza del problema (per ultimo Schaus, 1978:240 sgg.). Esso, evidentemente, esiste come tale, e necessita dunque di una spiegazione nell'ambito della produzione ceramica figurata di 6° sec. a Sparta e in rapporto alla vita economica e culturale della città medesima.

Schaus, che per ultimo si è occupato del 'fenomeno cirenaico' nei suoi lavori sulla ceramica laconica, ha seguito soprattutto questa seconda strada, giungendo ad attribuire la conoscenza dei soggetti in questione alla personale familiarità dei pittori laconici con la realtà cirenaica (Schaus, 1978:240-3; 1979:102-6; questo volume). Sarebbe però forse più opportuno vedere in primo luogo quali siano gli effettivi rapporti tra i pezzi con raffigurazioni cirenaiche e l'intera produzione figurata laconica, per verificare la reale entità del fenomeno in modo che questo possa essere inquadrato quantitativamente e cronologicamente.

Un tentativo in tal senso è stato recentemente compiuto nell'ambito di un piu vasto riesame della ceramica laconica nel suo complesso (*Atti Perugia*, 1981): in quella sede si è cercato di fare il punto della situazione anche nel settore delle iconografie, e la rilettura delle rappresentazioni ha sensibilmente accresciuto il numero delle coppe laconiche con scene di tipo cirenaico.

Zeus Lykaios (Studniczka, 1890:14; contra Simon, 1976: n. 37), per esempio, oltre che nelle coppe di Taranto e del Louvre (Stibbe, 1972: nn. 8, 31), può essere riconosciuto in una *kylix* da Tocra (Stibbe, 1972: n. 285) con analogo schema compositivo: una figura seduta--questa volta su una colonna--di fronte a un'aquila in volo. La scena è completata da un serpente--in basso, sulla linea d'esergo--e da un uccello stante collocato dietro a Zeus, come solitamente avviene nella ceramica laconica (per es. Stibbe, 1972: nn. 155, 353). Già l'editore della coppa, Hayes (Boardman and Hayes, 1966:81), associava questa scena alle due dipinte dal Pittore di Naukratis e notava come "if the Naukratis Painter's Zeus in Taranto is in fact sitting on an altar, he might also legitimately sit on a column, representing his temple".

Nella coppa di Tocra ritroviamo l'estrema rigidezza nell'impianto della figura del dio, avvolto in una veste decorata a bande e privo di qualsiasi indicazione delle braccia, e l'aquila,la cui reduplicazione sembra enfatizzarne il valore espressivo a ulteriore conferma dell'identificazione. L'associazione dell'aquila con Zeus Lykaios, già notata da Elderkin (1940:225-33), è analizzata soprattutto da Mylonas (1945-6:203-7), che rileva come essa sia originaria del sud, da Creta (*FHG* 4.293), e come le prime manifestazioni artistiche siano presenti già dal 7° sec. a.C., ma solo in connessione con il Lykaion. La migrazione del simbolo a Olimpia sembra più tarda, come indicano le monete, databili dopo il 480 a.C. e di probabile derivazione dal tipo arcade, e lo studioso nota come "Mount Lykaion is not very far from Laconia, and the Laconian potters would naturally represent the Lykaian Zeus in cups destined for Cyrene, when the cult of that god seems to have been popular" (Mylonas, 1945-6:205; circa la connessione del dio con l'aquila e la colonna, Mylonas, 1943:122-33). Ancora, i legami tra Zeus Lykaios e Creta sembrano attestati sia dalla tradizione letteraria (Kallim. Hymn. 1.4-8), sia dal preciso riferimento topografico: χώρα τέ ἐστιν ἐν τῷ Λυκαίῳ Κρητέα καλουμένη (Paus. 8, 38.2; Jannoulides, 1956:78-83).

L'unico elemento nuovo è dato dalla presenza in basso del serpente, che potrebbe avere semplicemente la funzione di riempitivo, ma per il quale non è esclusa un'allusione in senso ctonio al mondo infero: la sua immagine nei tondi delle coppe laconiche infatti non è mai casuale. Il serpente dipinto dal Pittore di Arkesilas nella coppa con Prometheus e Atlas (Stibbe, 1972: n. 196), per esempio, potrebbe essere allusivo al giardino delle Hesperides, che si riteneva fosse appunto collocato a ovest, o/e anche al mondo infero (Wittkower, 1938-9:307-12), localizzato almeno fin dal tempo di Omero a ovest. Il serpente, poi, è usato soprattutto dal Pittore dei Cavalieri, autore della coppa di Tocra: lo troviamo nella *kylix* con Polyphemos (Stibbe, 1972: n. 289), in cui fornisce chiaramente un'indicazione 'spaziale' (l'ambientazione della scena nella caverna del Ciclope, e quindi sotto terra), e ancora nelle coppe con agguato a Troilos (Stibbe, 1972: nn. 291, 294) e con Kadmos (Boitani, 1981; Stibbe, 1972: n. 303), in cui è evidentemente inserito nell'azione.

Il culto di Zeus Lykaios, la grande divinità degli Arcadi, non era però particolarmente diffuso oltre i confini dell'Arcadia medesima: per quanto riguarda la Laconia sappiamo solo di un inno a lui dedicato da Alcmane (fgm. 1 Bergk), ma l'apparente contraddizione tra l'inno stesso e il silenzio circa un luogo di culto ha spinto Wide a riservare un giudizio in proposito e ad avanzare l'ipotesi che Zeus Lykaios e Zeus Olympios si identifichino qui come in Arcadia (Paus. 8, 38.2; Wide, 1893:11, n. 2). Di più difficile valutazione l'iscrizione, trovata a Sparta *iuxta turrim septentrionalem*, che menziona i vincitori dei *Lykaia* (*CIG* 1431).

Una situazione alquanto diversa ci viene invece prospettata a Cirene, dove è chiaramente attestata l'esistenza di uno specifico luogo di culto (Hdt. 4, 203), localizzabile, forse, sulla stessa collina dove poi sòrgerà il grande tempio dorico di 5° sec. a.C. (Pesce, 1947-8:307-58). È possibile che in età più antica il culto si svolgesse entro un *temenos*, ed è comunque interessante rilevare come questo fosse extra-urbano e assai vicino allo stadio antico: sembra quasi di rivedere la medesima struttura del tempio arcade, con il santuario sulla collina e, vicino, l'ippodromo e lo stadio per gli agoni dei *Lykaia* (Paus. 8, 38.5).

Si può connettere a Zeus Lykaios anche una raffigurazione nota da una coppa di Samos (Stibbe, 1972: n. 210) e da una replica rinvenuta a Gravisca (Boitani, 1981), entrambe non integre.

Il frammento di Samos, molto rovinato dal fuoco, è stato pubblicato da Boehlau (1898: tav.10, 4) solo in un disegno, ed è andato quindi perduto quasi completamente negli anni della Seconda Guerra Mondiale. Esso ci mostra a sinistra una figura eroica--come indicano la presenza della barba e la tenia--in atto di 'arrampicarsi' reggendo con ambedue le mani un grosso oggetto rotondo colorato di rosso e, al centro, di grigio; a destra resta parte di una decorazione a bande sostenuta da una colonna dorica. Fin dalla prima pubblicazione della *kylix* la strana decorazione a strisce orizzontali sovrapposte è stata identificata con un edificio, certo soprattutto in considerazione della presenza della colonna, mentre recentemente Schaus (1983) vi ha riconosciuto una collina: parallelamente l'uomo non sarebbe un 'costruttore' o Apollo con il disco, ma Sisyphos negli Inferi. Alla base di tale interpretazione, il riferimento alle teorie cosmologiche di Anaximandros, che si sarebbero diffuse a Sparta al tempo della visita del filosofo nella città: i pittori avrebbero quindi recepito l'idea della similitudine tra la forma del mondo e quella di una colonna, e ne avrebbero informato talune rappresentazioni vascolari.

Certamente i pittori attivi in Laconia nella prima metà del 6° sec. a.C. non sono estranei al dibattito culturale e filosofico che veniva svolgendosi con i Milesii: la coppa come immagine del mondo è un'idea presente nelle raffigurazioni laconiche (Faustoferri, 1981), e la *kylix* con Prometheus e Atlas ne è l'esemplificazione migliore, effettivamente in linea con talune teorie anassimandree (Gelzer, 1979:170-6; Yalouris, 1980:313-8). Forse, però, non è stato necessario attendere la visita di Anaximandros a Sparta per conoscere i nuovi orientamenti filosofici. E' probabile, anzi, che essi siano entrati a far parte del patrimonio culturale di Sparta portati dalla medesima ondata 'ionizzante' che cosi tanto ha contribuito allo sviluppo artistico della città: limitandoci alla ceramica, ricordiamo che per esempio denunciano chiaramente la loro formazione ionica, o piu genericamente 'East Greek', pittori come quello dei Boreadi, di Arkesilas e dei Cavalieri, forse non a caso gli stessi che hanno introdotto nella ceramografia una nuova concezione compositiva e anche nuovi temi iconografici (Faustoferri, 1981). Essi, infine, hanno utilizzato l'immagine della colonna, che tanti problemi ha creato, per esempio, nel riconoscimento dello Zeus Lykaios nella coppa di Tocra: così il Pittore dei Boreadi, di cui abbiamo un frammento in cui la colonna regge la linea d'esergo (Schaus, 1983:fig. 3); il Pittore di Arkesilas (Stibbe, 1972: n. 196) e il Pittore dei Cavalieri (Stibbe, 1972: nn. 285, 291, 294, 300, 304). Eppure, come già rilevava Hayes (Boardman and Hayes, 1966:81), se il dio puo sedere sul suo altare, ugualmente potrà sedere su una colonna che rappresenti il suo tempio; ancor più, aggiungiamo, in considerazione del significato della colonna nel suo culto (Paus. 8, 38.7; Mylonas, 1943; sul significato della colonna, soprattutto isolata, Evans, 1901:99-204; Nilsson, 1927:463, n. 2).

Sappiamo poi che Ἔστι δὲ ἐπὶ τῇ ἄκρᾳ τῇ ἀνωτάτω τοῦ ὄρους γῆς χῶμα, Διὸς τοῦ Λυκαίου βωμός (Paus. 8, 38.7) e conosciamo almeno un altro esempio in cui una montagna e rappresentata mediante una colonna: la famosa coppa del Vaticano con Prometheus incatenato al Caucaso (Stibbe, 1972: n. 196).

Ciò premesso, ritorniamo al frammento di Samos, in cui abbiamo una colonna--come nella coppa di Tocra--e una decorazione a bande sovrapposte che richiama immediatamente le figure di Zeus Lykaios dipinte dal Pittore di Naukratis--ma ricordiamo che il frammento di Samos è una delle opere piu antiche del Pittore della Caccia, inserita da Stibbe (1972:132-5) nel gruppo A, che risente fortemente dell'influenza della personalita del Pittore di Naukratis. È assai probabile, a questo punto, che si tratti ancora una volta del dio, avvolto nella sua ricca e rigida veste. D'altra parte non abbiamo altri esempi in cui la sproporzione tra un edificio e una figura umana sia così marcata, ed è comunque assai difficile concepire la verosimiglianza architettonica della struttura, apparentemente pesantissima, che la colonna dovrebbe sostenere: l'architettura delle fontane dipinte sulle coppe laconiche, per quanto estremamente semplificata, non è così assurda (Stibbe, 1972: nn. 291, 294, 303). Nè conosciamo, anche fuori del mondo laconico, simili rappresentazioni di colline in questo periodo: Eckhart (1953:71), per esempio, indica i migliori paralleli nel mondo cretese, e cioè il Labirinto dipinto nella *lekythos* del Beldam Painter (Haspels, 1936: tav. 54a, b) e le sottobasi di colonne presenti negli affreschi di Knossos (Evans 3, 1930: tav. 16).

Forse non è del tutto fuori luogo, allora, sostenere che l'immagine dipinta nella *kylix* sia connessa con gli agoni dei *Lykaia*. Il grosso oggetto rotondo portato, in gesto di offerta, dal personaggio maschile a sinistra, ha poi l'aspetto di un disco (Woodward, 1932:39-41, n. 19), e nella singolare colorazione si potrebbe leggere un'allusione al materiale, verosimilmente il ferro.

Il riferimento più immediato è al disco di Iphitos visto da Aristotele nello *Heraion* di Olimpia (Paus. 5, 20.1; Plut. Lyk. 1). Si può ipotizzare che tale disco, *anathema* dei fondatori degli agoni, fosse di fatto l'offerta alla divinità in seguito a una vittoria nei giochi, e tale evento potrebbe essere commemorato anche nella nostra coppa; d'altra parte la notizia per cui sarebbero stati ammessi alle gare solo coloro i quali avessero superato le prove e fossero ormai adulti e in età da matrimonio (Burkert, 1981:79) sembra trovare una corrispondenza nella classe di età rappresentata dalla figura a sinistra nella nostra coppa.

La conclusione più ovvia è che il pittore abbia attinto a un patrimonio culturale che, per quanto non sconosciuto alla Laconia, non era precisamente laconico, ma ciò non basta per farne un cireneo. Non credo alle spiegazioni di tipo 'etnico' che attribuiscono all'origine cirenaica dei pittori la conoscenza del repertorio iconografico in questione--anche perchè tutti i pittori laconici ci hanno lasciato soggetti cirenaici (Pittore di Naukratis: Zeus Lykaios e

Artemis Silphiophoros; Pittore dei Boreadi: Aristaios e Battos; Pittore di Arkesilas: Arkesilas II; Pittore dei Cavalieri: Zeus Lykaios; Pittore della Caccia: vincitore dei *Lykaia* ed Hesperides; Pittore di Kyrene: Kyrene). Nè possono offrire un aiuto in tal senso le iscrizioni, perchè nel frammento proveniente *dall'agorà* di Cirene (Dobias-Lalou, 1970:233, n. 2; Gasperini, 1965:83, tav. 17, 6a; 1967:166, fig. 187; 1973-4:300; Stibbe, 1972: n. 257) il graffito è stato eseguito a cotto, e lo *iota* a tre tratti del frammento n. 43 Schaus (1978:40-2; 1979:102 sgg., tav. 16.1) è presente anche nell'alfabeto di Corinto (Guarducci, 1967:172, 178, 212, 238, 276), città cui il Pittore di Naukratis, che ha dipinto la coppa, sembra debitore del suo patrimonio iconografico e stilistico.

Si può piuttosto supporre che il punto di riferimento non fosse, o non soltanto, la realtà locale. Cura del ceramista era, evidentemente, quella di soddisfare il mercato: Samos, Naukratis, Taranto e la Cirenaica, dove la ceramica laconica, presente già dall'ultimo quarto del 7º sec., continua ad essere importata ancora nel 5º sec. a.C., quando la produzione figurata è ormai ristretta al solo consumo interno.

Il vasaio laconico, non appoggiato come i suoi colleghi attici e corinzi da un'attiva politica commerciale della *polis*, cerca probabilmente di sostenere la competitività del prodotto mantenendo un livello qualitativo piuttosto alto e specializzando la produzione (Pompili, 1981), anche attraverso l'uso di motivi iconografici graditi agli acquirenti o addirittura richiesti: esemplari, in tal senso, le coppe di Pratica di Mare e Olimpia (Stibbe, 1972: nn. 19, 101).

Altro esempio interessante è poi la famosa *kylix* rinvenuta nel *temenos* di Apollo a Naukratis, un pezzo la cui provenienza tradisce chiaramente la destinazione votiva, peraltro ben sottolineata dall'eccezionalità delle dimensioni e dall'accurata esecuzione del disegno (Stibbe, 1972: n. 23). L'immagine, finora ritenuta unica, è replicata in due coppe, anch'esse frammentarie, provenienti dallo *Heraion* di Samos: ancora pezzi laconici di indubbia destinazione votiva, dunque, inseriti da Stibbe (1972:212-4, nn. 24, 25b) nella categoria delle coppe grandi. Nei tre esemplari, tutti dipinti dal Pittore di Naukratis, vediamo al centro della composizione un'alta e rigida figura femminile vestita di un lungo chitone, certamente una dea, che stringe nelle mani rami carichi di frutti ed è attorniata da diverse figurette alate. Non si tratta, come voleva Studniczka (1890:16 sgg.), della ninfa Kyrene, di cui abbiamo una raffigurazione coerente con il mito raccontato da Pindaro (Pyth. 9.5-70) in un'altra coppa laconica, di generica provenienza tarantina, nella quale è conservata una figura femminile nell'atto di strozzare un leone (Drexler, 1931:455-64; Stibbe, 1972: n. 358).

Nell'imponente divinità femminile si può invece identificare, come già Droop (1929:54; Ducati, 1911:142 sgg. ritiene invece si tratti di Persephone attorniata dalle anime), Artemis Orthia, soprattutto in considerazione delle nostre informazioni circa la dea, il cui simulacro era tenuto eretto da rami di *lygos* (Paus. 3, 16.11) come quello di Hera a Samos (Athen. 15, 672d).

Ritengo tuttavia fosse nel giusto Studniczka quando riconosceva in uno dei due rami raffigurati sulla *kylix*--e più precisamente in quello in alto--una pianta di silfio, sostenuto in ciò dallo stringente confronto tra le foglie pertinenti al ramo stesso e quelle note dalle monete (Studniczka, 1890). Non è chiaro, invece, il motivo per cui lo studioso abbia operato delle integrazioni rispetto al disegno pubblicato da Flinders Petrie (1886: tav. 8), integrazioni che consistono nell'aggiunta di sepaletti di diversa forma a frutti che nella pubblicazione di Petrie sono semplicemente rotondeggianti: in tal modo Studniczka distingue i frutti del silfio--da lui disegnati come i melograni che ornano i bordi interni dei tondi delle coppe laconiche (Stibbe, 1972: nn. 121, 122, 150 etc.)--dagli altri, che sarebbero i pomi delle Hesperides e che somigliano a comuni melograni. Eppure nell'unico frammento in cui i frutti sono chiaramente leggibili (Stibbe, 1972: n. 24, tav. 12.2) la terminazione applicata da Studniczka al ramo inferiore è invece pertinente al presunto ramo di silfio, quello superiore. Non è forse fuori luogo così supporre che nella nostra immagine si fonda anche la Silphophoros di Cirene, ancora una Artemis strettamente connessa con il mondo vegetale, cui ben si addice, evidentemente, una corte di venti (Smith, 1893): non dimentichiamo, infatti, che i venti giocano un ruolo fondamentale non solo nella fase della crescita e della maturazione della pianta del silfio quanto soprattutto nel successivo momento dell'esportazione dello stesso, fonte di notevole arricchimento per la città di Cirene.

La coppa presenta quindi due dati interessanti perchè: (a) contiene una chiara allusione al silfio, dunque a una precisa realtà cirenaica; (b) pare che nel realizzare la coppa il pittore abbia utilizzato un'immagine locale per esprimere un'altra funzionalità, connessa con il mercato cui la coppa stessa era destinata. Ciò implicherebbe, evidentemente, un programma preciso, e forse anche una produzione a richiesta, come d'altronde sembrano indicare le provenienze dei pezzi da famosi santuari.

Si ritiene di poter riconoscere una raffigurazione del silfio anche in un altro esemplare frammentario: di nuovo una <u>kylix</u> di cospicue dimensioni e rinvenuta a Naukratis (Stibbe, 1972:n. 154), in cui vediamo due personaggi maschili che sono stati finora variamente interpretati: Kyrene e Apollo (Studniczka, 1890:22 sgg; Walters, 1893:2.51), Kyrene e Battos (Dugas, 1907-1:390; Maass, 1890:340), Hades e Persephone (Ducati, 1911:148), Kore e Plouton (Woodward, 1932:39, n. 18), Hera e Paris (Hampe, 1937:145, n. 10; 1954:81, n. 7; Stibbe, 1972:101). Tali interpretazioni si basano tutte sul presupposto che la figura al centro della coppa, in quanto imberbe, sia femminile, e non considerano l'uso, ben più generalizzato di distinguere le donne attraverso l'applicazione del colore bianco sull'incarnato. Nella <u>kylix</u> abbiamo dunque, in realtà, un giovane, raffigurato nell'atto di porgere a un uomo maturo un frutto in cui si è cercato di riconoscere un melograno (Ducati, 1911), un pomo (Hampe, 1937; 1954; Stibbe, 1972) o il silfio (Studniczka, 1890). Si tratta di un frutto dalla forma assai particolare, per il quale l'unico confronto è dato dalle coppe con Artemis Silphiophoros; più esattamente esso è identico al frutto visibile nel frammento con il già discusso ramo di silfio (Stibbe, 1972: n. 24). E forse possibile, allora, identificare la figura dell'offerente con quella di Aristaios nell'atto di porgere il silfio a Battos, anche in considerazione del fatto che Aristaios soddisfa una serie di requisiti, oltre a quelli relativi al mero problema iconografico. Egli è infatti il figlio di Apollo a Kyrene (Schol. Pind. Pyth. 9.4; Schol. Arist. Hipp. 894; Dio. 4, 81.1) ed è noto dalle fonti quale demone strettamente connesso con i venti, il mondo vegetale e l'agricoltura (Aristot. <u>FHG</u> 2.190, n. 285; Heracl. <u>FHG</u> 2, 214.9): come tale viene ricordato già da Esiodo (Serv. ad. Verg. <u>Georg.</u> 1.14), e le testimonianze offerte dalla ceramica sono anch'esse molto antiche (Cook, 1962-3; Marangou, 1972; Papaspyridi Karousou, 1946-8). A Cirene, poi, Aristaios è famoso quale <u>protos euretes</u> del silfio (Schol. Aristoph. Hipp. 894), e non è escluso che ivi la sua presenza fosse assai più antica di quanto appaia attualmente: ben si addice, infatti, la sua figura a questa città che doveva la propria fama alle eccezionali condizioni climatiche che favorirono lo sviluppo di un'economia a base agricola.

La prosperità e la fertilità della terra libica costituivano un autentico *topos*, e qui veniva localizzato il famoso giardino delle Hesperides (Stucchi, 1976:19-25; Vitali, 1932:87-8), un soggetto anch'esso presente all'interno di una coppa laconica (Stibbe, 1972: n. 209). Nella medesima è raffigurata, infatti, un'immagine assai significativa: tre fanciulle--una in piedi, una inginocchiata e l'altra accovacciata--si stagliano su uno sfondo di acqua e di giardini. Già Boehlau (1898:128-31) aveva avanzato l'ipotesi che si trattasse delle Hesperides, ma l'assenza dell'albero dei pomi lo ha portato a concludere che esse stessero semplicemente bagnandosi nel Lethos. Tale identificazione, esatta e purtoppo dimenticata, perduta insieme alla coppa stessa negli anni della guerra, può essere recuperata e meglio definita: l'acqua, mossa da una serie di onde regolari, non è un fiume, ma l'oceano, che si diceva appunto bagnasse le terre delle Hesperides. L'allusione al giardino è quindi visibile chiaramente nell'intreccio dei rami carichi di frutti diversi, e possiamo riconoscere anche l'albero con il serpente avvolto in spire (oltre l'orizzonte dell'acqua, tra la fanciulla in piedi e quella inginocchiata).

L'insistenza sulla fertilità del paese e, soprattutto, sul frutto più famoso e redditizio prodotto nella Cirenaica, il silfio, trova infine la sua esemplificazione più alta nella reproduzione di Arkesilas che controlla personalmente la pesatura e l'immagazzinaggio dei ῥιζοτομίαι (Theophr. H.Pl. 6, 3.2; Stibbe, 1972: n. 194). La diversa opinione di Lane (1933-4:161), che sulla base di una lettura troppo parziale di Teofrasto (6, 3.1, ma è chiaro che nella *kylix* abbiamo la raccolta e non l'esportazione del frutto già lavorato) vedeva negli oggetti bianchi avvolti nei sacchi della lana, è stata già ampiamente discussa da Chamoux (1953; questo volume), che ne ha dimostrato l'insostenibilità. Abbiamo qui dunque una coppa eccezionale rispetto a tutte le raffigurazioni a noi note dalla ceramica greca: la rappresentazione di un avvenimento contemporaneo e per di più, ambientato in una città diversa da quella del luogo di produzione dell'oggetto contenente la scena medesima. Ciò risulta assai interessante, e soprattutto in considerazione del fatto che la figura rappresentata è quella di Arkesilas II, un re noto con l'appellativo di *Chalepòs* (Steph. Byz. s.v. βαρκε) e morto per mano di un fratello dopo pochissimi anni di regno che videro la scissione degli oligarchi--capeggiati dagli stessi fratelli del re--, la fondazione di Barce e la rivolta dei Libî (Chamoux, 1953:136-43).

Ecco dunque che la nostra coppa sembra costituire una sorta di visualizzazione e di *summa* dell'intricato quadro storico: la presenza di Arkesilas alla pesatura del silfio sottolinea infatti, inequivocabilmente, il diretto intervento del potere regale e conferma le nostre notizie circa la monopolizzazione del silfio (Chamoux, 1953:137, 249, 263). Se poi si accettasse la nuova lettura proposta da Schaus (1983:88-9), è chiaro che l'immagine di propaganda regia verrebbe notevolmente rafforzata dalla presenza della moglie di Arkesilas, Erycho, una donna che, peraltro, dimostrerà un temperamento non comune (Plut. De Mul. Virt. 25)

Non è forse fuori luogo, così, ritenere la coppa una 'illustrazione' della storia, con le quali si riporta alla luce ciò che la storia ha ormai sepolto: essa pare infatti suggerire che abbiamo davanti proprio l'artefice della famosa 'monopolizzazione' del silfio.

Altri elementi giocano a favore di questa ipotesi: il gesto 'tirannico' non può essere attribuito a Battos II, ricordato invece come Εὐδαίμων , e assai probabilmente è successivo alla battaglia di Irasa, che acquisì a Cirene un più vasto territorio e il tributo dei Libî sottomessi. Parallelamente sembra di poter individuare in un simile gesto tirannico la causa che costò ad Arkesilas l'epiteto di Chalepos e la vita stessa: contro di lui si coalizzerà l'opposizione aristocratica--e ricordiamo la presenza di elementi della famiglia reale a capo dei secessionisti--la cui pressione culminerà nell'intervento dalla Pizia e nella svolta isonomica di Demonax nel momento di debolezza della monarchia.

Le coppe sin qui esaminate costituiscono un insieme piuttosto omogeneo per il quale si può notare una coincidenza forse non casuale: il pezzo più antico è la coppa tarantina di Zeus Lykaios, datata da Stibbe intorno al 570 a.C., e contemporanee, o di poco più recenti, sono lo Zeus Lykaios proveniente dal primo deposito di Tocra--e quindi assegnabile, su dati di scavo, prima del 565--e le altre, datate prima del 560 a.C. Ad eccezione della grande coppa Droop con Kyrene, dipinta dopo il 530, esse hanno dunque una datazione, su base stilistica, che oscilla nell'arco del decennio 570/60 e sembra fornire un supporto notevole alla discussa cronologia di Arkesilas II (Stibbe, 1972:195-201, con bibl. precedente). Non si vuole con ciò affermare che le coppe con motivi cirenaici siano dovute all'influsso propagandistico del regime tirannico di Arkesilas, ma è pur vero che la coppa tarantina con Kyrene, datata negli anni di poco successivi al 530 a.C., sembra trovare un'incredibile corrispondenza cronologica con il periodo in cui a Cirene si ricorda un altro tiranno, Arkesilas III.

Nessuna delle _kylikes_ esaminate è stata rinvenuta a Cirene, ma è vero altresì che lo scavo, se si esclude il santuario extra-urbano di Demeter, ha restituito una percentuale bassissima di pezzi rispetto al numero complessivo delle coppe laconiche note. D'altra parte un cireneo non acquistava forse di buon grado _kylikes_ con rappresentazioni simili, mentre si può ragionevolmente supporre che i temi connessi con la politica commerciale del silfio trovassero buona accoglienza in luoghi come Samos e Naukratis, a tale commercio certamente interessati.

Altra obiezione è il fatto che i luoghi di rinvenimento delle coppe in questione non siano particolarmente significativi, trattandosi appunto dei luoghi di sbocco della ceramica laconica fino alla metà del 6° sec. a.C., ma tale obiezione puo essere agevolmente capovolta considerando la possibilità che i vasai producessero conoscendo già la ricettività dei loro mercati, dato che ci viene ben attestato attraverso gli esemplari laconici recuperati nei grandi santuari di Samos e Naukratis.

Assai più importante, a nostro avviso, la constatazione dell'esistenza della serie iconografica e la discussione circa i tempi e i modi di elaborazione dei modelli iconografici stessi. E' chiaro infatti che una raffigurazione non veniva creata per essere collocata in una coppa e che l'interno della _kylix_ ci rimanda solo un riflesso, a volte assai pallido, della pittura maggiore.

E' in questo senso, riconoscendo la priorità della pittura (su _pinakes?_) rispetto a quella a noi nota, delle coppe, che si può parlare di una produzione a richiesta, e quindi pensare a motivi propagandistici connessi con la politica di Arkesilas II. Se ciò implica, naturalmente, l'esistenza di una committenza di livello altissimo che aveva legami assai stretti con Sparta, abbiamo in proposito una serie di informazioni, sia storiche, a proposito degli Aigeidai e dei loro rapporti personale con i Battiadi, sia mitiche, esemplificate dalla nota 'visita' dei Dioskouroi alla casa di Phormion. La storia, con le significative varianti dovute alle diverse tradizioni riportate in Pausania (3, 16.2-3) e nella

Suida (Adler, 1935:4.751, n. 604), è chiaramente indicativa dei legami esistenti tra Sparta e Cirene e mediati attraverso le figure dei Dioskouroi. Questi, tuttavia, appartengono a un mondo che non è quello dorico di Sparta, ma neppure quello cirenaico.

Pausania narra che i Dioskouroi, arrivati a Lacedemone in veste di stranieri, da Cirene, chiesero ospitalità a Phormion, che però negò loro la camera da essi chiesta. Il giorno dopo erano già scomparsi: avevano portato via la parthenos figlia di Phormion e lasciato sul tavolo le loro immagini e un ramo di silfio.

La storia raccontata da Teopompo e raccolta dalla Suida, con interessantissime suggestioni sulle quali mi riservo di tornare, è alquanto differente: Phormion è un crotoniate connesso con la battaglia della Sagra, un personaggio destinato a diventare proverbiale per la valentia guerriera: " ἀγαθὸς στρατηγός...φιλοπόλεμος " . I Dioskouroi, dunque, si pongono come mediatori del rapporto tra Sparta e Cirene, e il confronto delle due tradizioni ci fornisce una serie di elementi in proposito: essi sono coloro che 'vengono' da Cirene, ma soprattutto che 'tornano' a Sparta; cercano ospitalità presso colui che occupa la casa in cui "ἡνίκα μετὰ ἀνθρώπων ἦσαν" e che è un valente guerriero; portano via (a Cirene?) una fanciulla e lasciano un ramo di silfio a Sparta.

Si può forse dedurre che a sparta fosse interessata al commercio del silfio una famiglia con spiccate caratteristiche 'guerriere' e che i rapporti con Cirene passassero attraverso l'elemento femminile e il matrimonio; garanti di questi scambi i Dioskouroi che, affermando la propria provenienza cirenaica, proclamano altresì una antica familiarità con la città di Sparta. Questa caratteristica si addice molto bene agli Eufemidi-Battiadi, mentre l'immagine della 'base' spartana sembra rievocare le figure dei bellicosi Aigeidai. Ancora, è assai verosimile che la grande raffigurazione di Arkesilas trovasse posto nella 'galleria' della Lesche Poikile, come è stato proposto da Nafissi (1980-1; questo volume).

Ciò non basta tuttavia a spiegare l'esistenza della coppa di Arkesilas: la sua monumentalità e l'estrama accuratezza del disegno,cui si fa riferimento per riconoscere la mano di questo pittore anche in altre coppe, e ancora la sua provenienza vulcente, ne fanno un pezzo 'fuori serie', certamente non un 'oggetto di mercato'.

Abbiamo già visto la duttilità dei pittori laconici circa la produzione destinata ai santuari, e in primo luogo viene in mente la nota coppa da Lavinium, un tipica 'special commission', un pezzo eccezionale per il quale si puo facilmente comprendere come qualcuno abbia richiesto al pittore la raffigurazione dei Dioskouroi da dedicare al famoso santuario (Paribeni, 1975:366).

E' spontaneo, a questo punto, supporre che dietro l'immagine di Arkesilas si debba collocare tutta una serie di rapporti di philia che legavano, in una maniera purtroppo non più documentabile altrimenti, i ceti dominanti di Cirene--e di Sparta--ai membri dell'aristocrazia etrusca. Più precisamente, considerando la forte incidenza del commercio e dei traffici marittimi sulle entrate dei gruppi dominanti etruschi, possiamo benissimo immaginare i contatti da essi mantenuti con i loro pari del Mediterraneo. Si può forse ragionevolmente indicare in tali aristocratici interessati alla grande emporia i fautori dello scambio, e la scelta dell'immagine 'ufficiale'--e tirannica--di

Arkesilas si spiegherebbe allora molto bene, soprattutto in considerazione del ruolo svolto, come sembra, dagli Aigeidai, in un certo tipo di commercio (Nafissi, 1980-1). Forse nella stessa ottica può essere inquadrata la stupenda coppa, rinvenuta a Cerveteri (Stibbe, 1972: n. 35), con la raffigurazione di Poseidon Hippios, una divinità molto importante a Cirene, identica, a Sparta, a quel Poseidon Genethlios che è la divinità tutelare degli Aigeidai.

BIBLIOGRAFIA

Adler, A. (ed) (1935) **Suidae Lexicon.** Lipsia.

Boardman, J. and Hayes, J. (1966) **Excavations at Tocra 1963-1965, The Archaic deposits I.** The British School of Archaeology at Athens, Supplementary Vol. 4. Oxford, Thames and Hudson.

Boehlau, J. (1898) **Aus ionischen und italischen Nekropolen.** Leipzig.

Boitani, F. (1981) Il materiale laconico di Gravisca. **In** AA.VV. Studi Sulla Ceramica Laconica. Atti dell Convegno tenutosi è Perugia il 23-24 febbraio 1981, **Archeologia Perusina** vol. 3 (in corso di stampa). Roma, Bretschneider.

Burkert, W. (1981) **Homo Necans. Antropologia del Sacrificio Cruento nella Grecia Antica.** Torino.

Chamoux, F. (1953) **Cyrène sous la Monarchie des Battiades.** Paris, de Boccard.

CIG = **Corpus Inscriptionum Graecarum** (ed. A. Boeckh), Berlin. 1828.

Cook, B.F. (1962-3) Aristaios. **Bulletin of the Metropolitan Museum of Art** 21:31-6.

Dobias-Lalou, C. (1970) Pour une chronologie des inscriptions archaiques de Cyrène. **Revue de Philologie** 3a serie 44:228-56.

Drexler, H. (1931) Nachträge zur Kyrenesage. **Hermes. Zeitschrift für klassische Philologie** 71:455-64.

Droop, J.P. (1910) The dates of the vases called Cyrenaic. **Journal of Hellenic Studies** 30:1-34.

Droop, J.P. (1929) The Laconian pottery. **In** R.M. Dawkins The Sanctuary of Artemis Orthia at Sparta. **Journal of Hellenic Studies** Suppl. 5:52-116.

Ducati, P. (1911) Di due pittori Vasculari. **Rendiconti della Reale Accademia dei Lincei** 5a serie 20:142-54.

Dugas, C. (1907-I) Essai sur les vases de style Cyrénéen. **Revue Archéologique** 9:377-409.

Eckhart, L. (1953) Bemerkungen zu dorischen Säulen auf archaischen griechischen Vasen. **Jahreshefte des Oesterreischen Archäologischen Instituts in Wien** 40:60-72.

Elderkin, G.W. (1940) Bronze statuette of Zeus Keraunios. **American Journal of Archaeology** 44:225-33.

Evans, A.J. (1901) Mycenean tree and pillar cult and its Mediterranean relations. **Journal of Hellenic Studies** 21:99-204.

Evans, A.J. (1930) **The Palace of Minos** III. London.

Faustoferri, A. (1981) Tentativo di interpretazione dei soggetti raffigurati all'interno delle coppe laconiche del VI secolo a.c. **In** AA.VV. Studi Sulla Ceramica Laconica. Atti dell Convegno tenutosi è Perusia il 23-24 febbraio 1981, **Archeologia Perugina** vol. 3 (In corso di stampa). Roma, Bretschneider.

FHG = **Fragmenta Historicorum Graecorum** (ed. C. Muller), Paris, 1868.

Flinders Petrie, W.M. (1886) **Naukratis I. 1884-5.** London.

Gasperini, L. (1965) **In** S. Stucchi L'agorà di Cirene I:I Lati Nord ed Est della Platea Inferiore. **Monografie di Archeologia Libica** 7. Roma.

Gasperini, L. (1967) In AA.VV. **Cirene 1957-1966. Un Decennio di Attività della Missione Archeologica Italiana a Cirene**:166. Tripoli.
Gasperini,L. (1973-4) Alfabetario arcaico di Cirene. **Archeologia Classica** 25-6:297-302.
Gelzer, T. (1979) Zur Darstellung von Himmel und Erde auf einer Schale des Arkesilas Maler in Rom. Ein Nachtrag. **Museum Helveticum** 36:170-6.
Guarducci, M. (1967) **Epigrafia Greca I, Roma.**
Hampe, R. (1937) Rückkehr eines Jünglings. In AA.VV. **Corolla Ludwig Curtius zum sechzigsten Geburtstag dargebracht:** 143-7. Stuttgart.
Hampe, R. (1954) Das Parisurteil auf dem Elfenbeinkamm aus Sparta. In AA.VV. **Neue Beiträge zum klassischen Altertumwissenschaft. Festschrift zum 60. Geburtstag von Bernhard Schweitzer:** 77-86. Stuttgart.
Haspels, C.H.E. (1936) **Attic Black-Figured Lekythoi.** Paris, Ecole Francaise d'Athènes, Travaux et Memoires 4.
Jannoulides, K. (1956) 'Zeu Diktaion aeisomen he Lykaion' oder Diktynna-Ida. **Platon** 8:78-83.
Lane, E.A. (1933-4) Laconian vase-painting. **Papers of the British School at Athens** 34:99-189.
Maass, E. (1890) F. Studniczka: Kyrene, eine altgriechische Göttin (recensione). **Göttingische Gelehrte Anzeigen**:337-84.
Marangou, L. (1972) Aristaios. **Mitteilungen des deutschen Archäologische Instituts. Athenische Abteilung** 87:77-83.
Mylonas, G.E. (1943) The Lykaian altar of Zeus. In AA.VV. **Classical Studies in honor of William Abbott Oldfather**:122-33. Urbana.
Mylonas, G.E. (1945-6) The Eagle of Zeus. **Classical Journal** 41:203-7.
Nafissi, M. (1980-1) A proposito degli Aigheidai: grandi ghene ed emporia nei rapporti Sparta-Cirene. **Annali della Facoltà di Lettere e Filosofia dell'Università di Perugia** 18, n.s.:183-213.
Nilsson, M.P. (1927) **The Minoan-Mycenean Religion and its Survival in Greek Religion.** Lund.
Papaspyridi Karousou, S. (1946-8) Un 'Protos Euretes' dans quelques monuments archaiques. **Annuario della Scuola Archeologica di Atene e delle Missioni Italiane in Oriente,** ns 8-10:37-46.
Paribeni, E. (1975) Ceramica d'importazione. In AA.VV. **Lavinium II. Le Tredici Are:** 361-94. Roma.
Pesce, G. (1947-8) Il 'Gran Tempio' di Cirene. **Bulletin de Correspondance Hellénique** 71-2:307-58.
Pompili, F. (1981) Le officine. In AA.VV. Studi Sulla Ceramica Laconica. Atti dell Convegno tenutosi e Perugia il 23-24 febbraio 1981, **Archeologia Perusina** vol. 3 (in corso di stampa) Roma, Bretschneider.
Schaus, G.P. (1978) **Archaic Greek Pottery from the Demeter Sanctuary, Cyrene 1969-1976: Minor Fabrics.** University of Pennsylvania, Ph.D. dissertation.
Schaus, G.P. (1979) A foreign vase painter in Sparta. **American Journal of Archaeology** 83:102-6.
Schaus, G.P. (1983) Two notes on Lakonian vases. **American Journal of Archaeology** 87:85-9.
Simon, E. (1976) **Die griechiscen Vasen.** München.
Smith, C. (1893) Harpies in Greek art. **Journal of Hellenic Studies** 13:102-14.
Stibbe, C.M. (1972) **Lakonische Vasenmaler des 6. Jahrhunderts v Chr.** Amsterdam-London.

Stucchi, S. (1976) Il Giardino delle Esperidi e le tappe della conoscenza greca della costa cirenaica. **Quaderni di Archeologia della Libia** 8:18-73.

Studniczka, F. (1890) **Kyrene, eine altgriechische Göttin** Leipzig.

Vitali, L. (1932) **Fonti per la Storia della Religione Cyrenaica.** Padova.

Walters, H.B. (1893) **Catalogue of the Greek and Etruscan Vases in the British Museum** II. London.

Wide, S. (1893) **Lakonische Kulte.** Leipzig.

Wittkower, R. (1938-9) Eagle and serpent. A study in the migration of symbols. **Journal of the Warburg Institute** 2:293-325.

Woodward, J.M. (1932) Bathycles and the Laconian vase-painters. **Journal of Hellenic Studies** 52:25-41.

Yalouris, N. (1980) Astral representations in the archaic and classical periods and their connections to literary sources. **American Journal of Archaeology** 84:313-8.

30. Fasi Epigrafiche e Fasi Monumentali : Contributi alla Storia e all'Archeologia di Cirene Greca e Romana

L. Gasperini

Quale e quanta importanza rivesta nello studio dei manufatti antichi il discorso sulle fasi e sulle rilavorazioni è nozione ed esigenza metodologica ormai definitivamente assorbita ed acquisita.

Cirene stessa e la Cirenaica può additarsi come area archeologica in questo senso esemplare, dopo le indagini rigorose di Sandro Stucchi e della sua scuola, approdate spesso--come sull'Agorà--a risultati clamorosi e ad interpretazioni talmente nuove da aver mutato radicalmente l'aspetto della fascinosa piazza.

Sulle rilavorazioni di pezzi scultorei e sulla riutilizzazione di membri architettonici più antichi per edifici più recenti siamo stati ampiamente illuminati in questo stesso convegno rispettivamente dalle relazioni di Emanuela Fabbricotti e di Martin Harrison.

Ma se il discorso delle fasi, delle rilavorazioni e dei reimpieghi è cosa, come ho detto, scontata nel campo prettamente archeologico (sia nel settore architettonico, sia in quello della statuaria), non altrettanto può dirsi—bisogna avere il coraggio di confessarlo chiaramente--nel campo di quella specialissima archeologia che è costituita dai materiali epigrafici. E questo, secondo me, per un motivo semplicissimo e--direi--emblematico: che, cioè, presso gli epigrafisti si parla troppo insistentemente di epigrafi e troppo poco, per non dire quasi mai, di monumento iscritto. Cosicché si finisce ben presto, dinanzi ad un pezzo archeologico arricchito da una scritta, per parlare da parte di codesti specialisti unicamente di epigrafe, come di un qualcosa di immateriato, di astratto e di astraibile, di avulso dal contesto archeologico. Quante volte sentiamo dire: "il tale ha scoperto una nuova epigrafe". E' sintomatico!

Dietro a tutto ciò c'è una precisa forma mentis, antica di secoli, risalente ad epoche interessate unicamente al testo epigrafico in quanto tale. Non importava su che cosa esso giacesse; importava soltanto il suo dettato, da studiare, da confrontare, da meditare, da imitare, al pari di un brano di Cicerone o di Livio, e al fine specifico e sempre più di moda di imparare a comporre epigrafi in latino sull'esempio degli antichi per la società del tempo. Dunque, si avvicinavano le iscrizioni antiche per fabbricare le iscrizioni moderne.

Questo modo di fare epigrafia è senza dubbio ormai un ricordo del passato, ma un qualcosa di esso è rimasto: è rimasto un certo *habitus*, anche e sopratutto a motivo della provenienza maggioritariamente filologica e storica degli epigrafisti (e solo raramente archeologica), la quale fa di costoro non di rado degli studiosi sí validi ed agguerriti nell'ermeneutica dei testi, ma anche simultaneamente allergici all'impatto col 'monumento iscritto' e incapaci perciò stesso di penetrare l'epigrafe, che ne è parte, in tutta la sua più completa e concreta significazione. Il primo, fondamentale, momento dell'epigrafista al lavoro, quello del rilevamento, è--come hanno detto insigni maestri di epigrafia--eminentemente archeologico. In nulla esso si diversifica da quanto fa l'archeologo dinanzi al medesimo 'pezzo' se non in questo: che, mentre l'archeologo nota e rileva tutti i membri del manufatto, l'epigrafista, dopo una indispensabile panoramica archeologica del manufatto, nota e rileva di esso solo quanto risulti correlato con la parte scritta.

Si usa prestare grande (alle volte minuziosa) attenzione alla forma, al solco e alle dimensioni delle lettere; non altrettanto si usa fare purtroppo per quanto attiene alle superfici preparate per accogliere quello che a noi è giunto come testo definitivo. Lì, in quella epidermide, sta sovente la spia visibile della 'storia' del pezzo, storia subita in antico: cancellature e re-impaginazioni, correzioni, aggiunte in buona fede e in mala fede, rifacimenti totali o parziali, scritte più recenti su supporti più antichi, testi più antichi su supporti più recenti, ecc.

Esempi ne conosciamo tutti in mille parti del mondo antico, a cominciare da Roma (dal pasticciaccio del cosiddetto Arco di Gallieno al palinsesto dell'obelisco di Piazza S. Pietro, dalle iscrizioni dell'epistilio del Pantheon a quelle della cosiddetta Porta Maggiore, dall'elogio di Gaio Duilio alla dedica alla *Bona Dea* dei *castra fontanorum* sull'Esquilino).

Ma i casi che conosciamo sono certamente una minima parte respetto a quelli che realmente esistono nell'immenso patrimonio di epigrafi recuperate, non importa in quale lingua redatte. Una revisione generale del materiale epigrafico con occhio archeologico rivelerebbe grandi sorprese e ci porterebbe senza dubbio a correggere in mille casi e in tutte le aree del mondo antico la *communis opinio* ripetuta da secoli.

Cirene e la Cirenaica non fanno certo eccezione. Vi ricorrono, come altrove, casi di monumenti iscritti rilavorati (per intero o parzialmente) o corretti, nonché ripristini di iscrizioni più antiche.

Scopo della presente comunicazione, che si limita alla città di Cirene, non è tanto quello di riunire tutti i casi individuati di iscrizioni cirenee con fasi, quanto quello di richiamare l'attenzione sul problema, che cercherò di illustrare con alcuni esempi presi qua e là a caso. Alcuni di essi sono già noti, altri si presentano qui per la prima volta. Tralascio per brevità i casi più semplici e più risaputi di *rasurae* da *abolitio nominis*, legate alla *damnatio memoriae* del tale o del talaltro imperatore o del tale singolo personaggio. Così pure non mi soffermerò sulle iscrizioni opistografe, le quali, pur comportando una riutilizzazione di un manufatto nato precedentemente e spesso per altra destinazione, non presentano sovrapposizione di testi sulla medesima facciata. Un bellissimo esempio di iscrizione opistografa--mi piace qui segnalarlo--è quello recentemente recuperato a Cirene grazie all'intelligente militanza di Catherine Dobias-Lalou (1982:37 sgg.), che reca su una facciata un epitafio di 4° sec. a.C., sull'altra un epitafio del 251-252 d.C.

Un caso noto di epigrafe reincisa sulla precedente col medesimo testo, ma differentemente impaginato, è quello, messo in evidenza da Gaspare Oliverio (1933:111, n. 84, fig. 40a, b), dell'epitafio di un Παρμένων Νικία Κρῆς , un cretese. Qui non si tratta che di un dettaglio officinale, che non comporta modifiche di sorta, né nella interpretazione, né nella cronologia del testo.

Più raro, ma altrettanto noto, è il caso di due testi identici, salvo che per l'aspetto paleografico, incisi su due distinti blocchi. Alludo al μνάμα τῶ Ἑρμησάνδρω del celebre carme epigrafico cireneo SEC 161 e 162, ristudiato recentemente da Francois Chamoux (1975:272-3). Secondo me, qui si tratta chiaramente di una duplicazione da restauro. La vecchia originaria epigrafe era evidentemente mal ridotta e si provvide a duplicarla identica, tranne che per la paleografia, la quale naturalmente è quella che andava di moda al momento della riduplicazione. Il vecchio blocco non fu distrutto, bensì religiosamente rispettato, essendo ἀνάθημα, dono sacro, oggetto consacrato. Cosicché gli epigrafisti, gli storici e i linguisti dovranno tener conto della più antica redazione, gli archeologi e i paleografi dovranno tener conto e della prima e della seconda fase.

Casi di epigrafi su piani rilavorati di membri architettonici più antichi sono piuttosto frequenti a Cirene, come del resto anche altrove. E' nota, per esempio, agli studiosi di Cirene antica, la reincisione, su un piano appositamente ribassato, dell'epistilio del Portico Nord (B5) dell'Agorà a seguito della ridedicazione del monumento a Zeus Sotere, a Roma, ad altre divinità e ad Augusto (Stucchi, 1965:218 sgg.); la stessa cosa può dirsi per gli altari marmorei dell'Agorà. Nell'uno e nell'altro caso non potremo non tenere nella debita considerazione il fatto che le nuove epigrafi presero il posto di epigrafi precedenti e del tutto perdute, da ricollegare con la fase di nascita sia del Portico B5 (2° sec. a.C.) sia degli altari marmorei: questo specie al fine di riscoprire la precisa motivazione storica, storico-sociale, storico-politica dell'erezione dei monumenti.

Meno nota è la rilavorazione del piano frontale della base votiva utilizzata per accogliere la dedica a Hermes e Herakles di un Ἰγισάν figlio di Ἀντίμαχος (Luni, 1976:241). Il pezzo, come mostrano parecchi confronti cirenei, è chiaramente ellenistico e tale rimane ad una valutazione archeologica degli ornati e della volumetria. All'opposto l'arricchimento epigrafico conduce ad un momento successivo, ormai in piena età romana.

Un caso inverso, invece, di nuova fase archeologica per un manufatto iscritto più antico e di differente destinazione è quello, noto, della lastra marmorea dell'Agorà menzionante il principe Tiberio e Marco Sufenate Proculo, riutilizzata e risagomata a zoccolo ottagono per sostenere una base pur essa ottagona.

Nota è anche la ricollocazione (contro il precedente restauro architettonico) sulla fronte di una quarta facciata di propileo di un frammento di epistilio iscritto del Cesareo menzionante un C. Rubellius L(uci) [f(ilius)] Bl[andus] (Gasperini, 1971:7 sgg.), che una recente scoperta fatta a S. Benedetto dei Marsi, ci indica ora come oriundo da Marruvium (cfr. Letta and D'Amato, 1975:84 sgg.). La precedente ricongiunzione di questo frammento con altri tra loro coerenti menzionanti un [--]ius M.f.Pacilaeus si è rivelata insostenibile sia per la differente altezza delle lettere sia per la differente sezione del solco (lì triangolare, qui rettangolare). La conseguenza sul piano della valutazione monumentale è che, apparendo inevitabile la ricollocazione del frammento sulla facciata interna del propileo meridionale del Cesareo, avremmo che questo dovette essere realizzato per l'intervento congiunto di Rubellio Blando e di Sufenate Proculo (il cui nome figura sulla facciata esterna dello stesso propileo). Ciò in contrasto con quanto sembra potersi affermare per il propileo orientale, le cui epigrafi, dalla paleografia identica, richiamano a medesimi personaggi sia per l'intervento architettonico sulla facciata esterna sia per quello sulla facciata interna. Ove la conclusione sopra affacciata--di un intervento congiunto di Rubellio Blando da un lato di Sufenate Proculo dall'altro--sia da scartare, non rimarrà che scaglionare le due epigrafi su due differenti livelli cronologici (e il dato paleografico offrirebbe senz'altro materia!) e parlare per la facciata interna di restauro.

Casi di sovrapposizione di molte fasi su una fase epigrafica originaria sono frequenti a Cirene, specie nel campo delle iscrizioni efebiche. Bastino due esempi.

Nel groviglio di epigrafi apposte sulla parte inferiore della base calcarea SEG 20.740, proveniente dall'area della Casa di Giasone Magno, Giovanni Pugliese Carratelli riuscì a individuare con occhio felice (a l.15 e a l.20) l'iscrizione originaria che su due linee correva sullo zoccolo: Τίμαρχος Ζευξιμάχω/Ἑρμᾶι Ἡρακλεῖ. Si dovrà allora parlare della base di Timarchos di Zeuximachos e si dovrà controllare non solo sui particolari architettonici, ma anche su quelli eventuali del dato prosopografico, la datazione alla fine del 1° sec. a.C. (più precisamente non post 19 a.C.), assegnata dall'Oliverio e generalmente accettata.

Parimenti sulla bella base marmorea dell'Agorà con auriga su quadriga, pubblicata dal Pugliese Carratelli (SEC 164) e ripubblicata da Luni (1976:245), compare una sovrapposizione di più testi, di differente grafia, di differente accuratezza e di differente cronologia. Il Pugliese Carratelli stavolta non si è pronunziato; ma io non esiterei a individuare una prima fase epigrafica, coeva a quella monumentale, nelle attuali linee 1 e 4, e leggerei Εὐμηλ[ίδα]ς / Ἑρμᾶι Ἡρακλεῖ. Se così è, dovremo parlare della base di Eumelidas e fare i conti anche qui, nel definire la datazione (che in ogni caso non scende oltre il 12 a.C.), sia col dato scultoreo sia, ove possibile, col dato prosopografico.

Assai più complicati e delicati sono i casi di rilavorazioni parziali, il cui esito è un vero e proprio rappezzo, un 'collage' di spezzoni di testi distanti tra loro cronologicamente e non pertinenti, che l'operazione 'collage' fa diventare maledettamente un discorso epigrafico a prima vista unitario.

Cito due casi.

Uno è costituito dalla scritta--anzi dalle scritte--incise nella viva roccia sul pilastro di sinistra della Grotta dei Sacerdoti di Apollo (SEC 110). E' merito di Joyce Reynolds aver parlato per prima di una rasura, non vista dai precendenti editori. Questa rilavorazione interessa una porzione della specchiatura epigrafica, così come mostra un mio apografo fatto in situ il 23 agosto 1969. Si spiega quindi facilmente il grosso divario paleografico tra la parte superiore, più recente, e la parte inferiore, più antica: divario paleografico cui non potrà non corrispondere anche un divario cronologico, non messo in evidenza nella riedizione di <u>SEG</u> 18.750<u>a</u>,e <u>b</u>. Dovrà intanto essere respinta l'interpretazione onomastica del Pugliese Carratelli, che a 1.6 leggeva, sia pure interrogativamente, Ἔπαφος Θεοδώρω in quanto il presunto Ἔπαφος giace sul piano rilavorato di seconda fase e Θεοδώρω sulla porzione superstite di prima fase.

Un altro caso, assai più interessante, è costituito dalla facciata iscritta di un blocco marmoreo recuperato nel 1971 nel corso degli importanti e fortunati scavi condotti da Donald White nell'area del Santuario di Demetra. La lezione che del testo è stata data e che è stata accolta in <u>SEG</u> 26.1825 non corrisponde alla realtà archeologica, prima ancora che epigrafica, del pezzo. Vedasi la foto, cortesemente donatami dal White, la quale è tuttavia assai meno rivelatrice di un mio apografo fatto dinanzi all'originale il 15 ottobre 1972 (Fig. 30.1).

Non si è badato--tanto per cominciare--che la porzione sinistra del blocco è tutta ribassata rispetto alla superficie iscritta. In questa porzione ribassata, che la penultima linea mostra inequivocabilmente interessata dalla parte iniziale della scritta, cadono per motivi di simmetria gli inizi della 1.1, della 1.2, della 1.3, della 1.4, date tutte come integre (ad eccezione della prima) dall'editore e dal <u>SEG</u>. Seconda cosa importantissima non rilevata è la rilavorazione sottile dei due terzi del campo epigrafico, dal margine superiore al filo superiore della 1.4, dove si legge [K]υραναῖοι . E' evidente che ci troviamo dinanzi ad un testo che è uno solo in apparenza. Esso consta infatti di un testo 1^ fase (di cui rimane la clausola col nome dei dedicanti e con la firma dell'artista) e di un testo 2^ fase, costituito di tre nuove linee che si saldano ibridamente alla clausola del testo 1^ fase. Le conseguenze ermeneutiche di questo pasticcio sono molte e gravi, ovviamente. Il testo 1^ fase è certamente ellenistico; il testo 2^ fase è certissimamente romano. Molte cose, dunque, devono essere rimesse a posto: a cominciare dal blocco, da ricollocare nel suo originario contesto ellenistico, a finire dal testo superiore, romano, tutt'altro che integro.

Ne propongo la seguente lettura:

[M-]μμίαν Λευκίω τὰν Λευκίω
[Βαρ]γοντήιω Λευκίω ὑιῶ 'Ρούφω
[τῶ]πάτρωνος καὶ εὐεργέτα ματέρα

[K] υ ρ α ν α ῖ · ο ι .
Ἄριστις Ταβάλβιος ἐπόησε.

"A Memmia (o Mummia) figlia di Lucio, madre di Lucio Varrgunteio Rufo, figlio di Lucio, patrono e benefattore// i Cirenei. Aristis figlio di Tabalbis fece".

Abbiamo in tal modo recuperato la vera identità di uno dei patroni della città, da aggiungersi al numero non grande di quelli già noti. Su questo patrono e sugli agganci politici tra il personaggio e la πόλις occorrerebbe naturalmente approfondire il discorso. Ma non è possibile farlo qui dove oltre

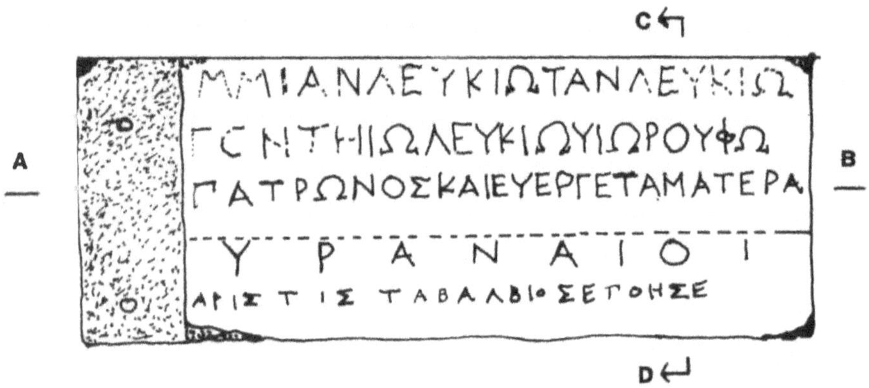

Sezione A-B

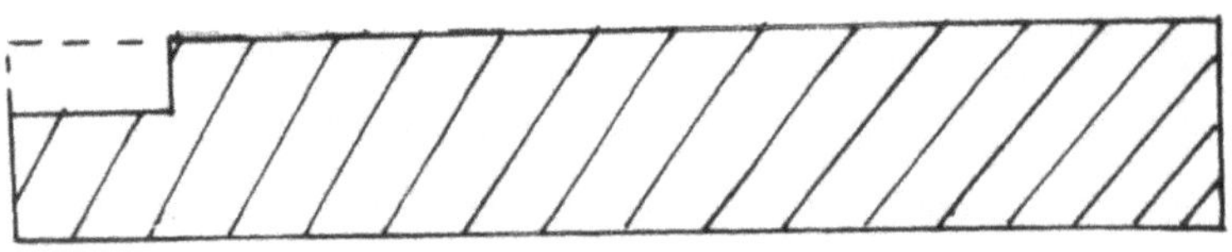

Sezione C-D

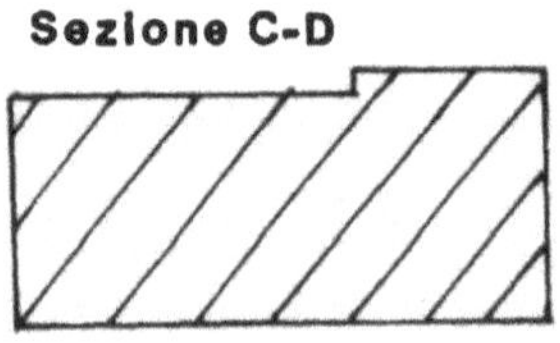

Prima fase

[ ]

[Κ]υραναῖοι.
Ἄριστις Ταβάλβιος ἐπόησε.

Seconda fase

[Μ-]μμίαν Λευκίω τὰν Λευκίω
[Βαρ]γοντηίω Λευκίω υἱῶ Ῥούφω
[τῶ] πάτρωνος καὶ εὐεργέτα ματέρ[α]

[Κ]υραναῖοι.
Ἄριστις Ταβάλβιος ἐπόησε.

tutto l'assunto è un altro. Mi permetto perciò di rinviare quanti interessati a tali problemi ad un mio articolo in pubblicazione nel prossimo numero di Libya Antiqua.

Tornando al testo, anzi ai due testi giustapposti, resta ignoto il primo destinatario (o, meglio, la prima destinataria) dell'omaggio monumentale, per il quale i Cirenei scomodarono un artista, certamente uno scultore, che, a giudicare dalla sua formula onomastica, va considerato un cireneo, o, tutt'al più un cirenaico. Anche questo artista va, dunque, ricollocato al suo livello cronologico, ben più antico di quello in cui si colloca l'onore della statua eretta dai Cirenei nel 'temenos' di Demetra alla madre di Lucio Vargunteio Rufo. Con l'artista--come si è detto--anche il blocco stesso dovrà essere riportato ai suoi giusti livelli. Ma su questo la parola è agli archeologi.

Come si è visto, è tutt'altro che inutile e improduttivo guardare e riguardare con occhio archeologico i testi epigrafici. Il mio ha voluto essere non più che un richiamo e un invito ai colleghi epigrafisti, a quanti si trovano ad utilizzare pietre iscritte a fini archeologici e storici, e sopratutto agli studiosi più giovani su un problema che a me sembra consistente e importante.

Guardare con occhio archeologico le superfici iscritte non è per un epigrafista né un lusso né una pedanteria, ma semplicemente un dovere professionale. Solo dopo questa scrupolosa partenza (la più scrupolosa possibile) egli avrà il diritto di iniziare la sua decifrazione, di intraprendere, cioè, quel meraviglioso viaggio che lo porterà ogni volta immancabilmente dall'archeologia alla storia: un andirivieni incessante, fascinoso, che qualifica e contraddistingue in modo singolare e inconfondibile sia l'epigrafia, sia l'epigrafista al lavoro.

Certo, tornando al tema, ben altra messe di risultati darebbe una revisione sistematica, in questa precisa ottica, di tutto il materiale epigrafico di Cirene e della Cirenaica. Ne verrebbe una serie imponente di quei contributi alla storia e all'archeologia, qui presentati per briciole, e che forse un po' troppo ambiziosamente ho messo come sottotitolo alla mia comunicazione.

BIBLIOGRAFIA

Chamoux, F. (1975) L'épigramme d'Hermésandres à Cyrène. **Živa Antika** 25:272-3.

Dobias-Lalou, C. (1982) Une épigramme funéraire de Cyrène **Revue des Etudes Grecques** 95:37-53.

Gasperini, L. (1971) Le iscrizioni del Cesareo e della Basilica di Cirene. **Quaderni della Archeologia della Libia** 6:3-22.

Letta, C. e D'Amato, S. (1975) **Epigrafia della Regione dei Marsi.** Milano.

Luni, M. (1976) Documenti per la storia della istituzione ginnasiale e dell' attività atletica in Cirenaica in rapporto a quelle della Grecia. **Quaderni di Archeologia della Libia** 8:223-84.

Oliverio, G. (1933) La stele dei nuovi comandamenti e dei cereali. **I Conti dei Demiurgi.** Documenti Antichi dell' Africa Italiana 2.1.

SEC = **Supplemento Epigrafico Cirenaico**

SEG = **Supplementum Epigraphicum Graecum.**

Stucchi, S. (1965) **L'Agorà di Cirene I. I Lati Nord ed Est della Platea Inferiore.** Roma, Bretschneider.

31. Egyptian Influence in Cyrenaica During the Ptolemaic Period

M. von Habsburg

In the winter of 332-331 BC, Alexander the Great conquered Egypt, which with Cyrenaica, formed the last remaining Satrapy of the Persian Empire. The ancient Egyptian civilisation did not encounter an abrupt end, but entered a new phase: the confrontation with the Greek and then the Greco-Roman world. Thus Cyrene, for many centuries Greek, received from Alexandria a mixed influence which was Greek-Hellenistic and Egyptian at the same time. Before considering Egyptian influence and (very rare) Egyptian presence in Cyrenaica, I shall discuss as background some aspects of Ptolemaic policy, Ptolemaic influence on the Greco-Roman world and interconnections in Egypt.

It had been necessary for Alexander to obtain possession of Egypt, and perhaps Cyrene farther west, as Bevan suggests, "before he plunged into the countries of the East, because his enemies were still strong at sea, and he had no fleet with which to counter them" (Bevan, 1968:1). Then during that same winter of 332-331, the Macedonian hero went into the Libyan Desert, to the oasis of Siwa, where he had himself recognised as the son of Amon by the Oracle. The renown of the Ram-god, god of the water and of the fertility of the Libyan oasis, had acquired a great fame through Cyrene. Its worship had spread in the East Mediterranean influencing perhaps also the royal Macedonian family and the young hero. Fakhry (1973) gives an accurate account of this oasis. Leclant (1981:666), in a more recent study, suggests that the people who first constructed the temple of Amon at Aghurmi in the oasis of Siwa could have been the Libyans who honoured a local divinity— because the first plan of this temple has no Egyptian or Greek influence. When the Egyptians asserted their rule over the oasis, the Ram-god was assimilated with the pharaonic Amon with which it had affinities. As Leclant points out, this syncretism appears in the architectural alterations to the temple and in the reliefs which gave it an Egyptian aspect. The most ancient cartouche found there is the one of Amasis (568-526 BC).

A month after his visit to Siwa, Alexander the Great began the long march towards the countries of the East. He left in the the rich land of the Nile a consolidated political and military position. He founded Egypt's new captial--Alexandria--which was to become one of the ancient world's most important centres, taking over the leading cultural position which had been held until then by Cyrene.

At the death of Alexander the Great, Ptolemy Lagos set out to gain the hegemony of the Mediterranean. In Egypt he created a state which extended its dominion over Phoenicia on the one side and Cyrenaica on the other, conveying and regulating the trade along the African coasts. Positions along the coasts were strengthened: towns and harbours bearing names of the Ptolemies include Ptolemais in Coele-Syria; Arsinoe (Tocra), Ptolemais (Tolmeita) and Berenice (Benghazi) in Cyrenaica; and Berenice on the Red Sea, a harbour built also for the trade with the East.

Since the XXVI Dynasty (663-525 BC) there were Greek trade centres in Egypt and small goods were brought to Cyrenaica: scarabs of the type found in Naucratis have been found also in Tocra and Cyrene. A head scarab from Tocra is described by Boardman (1966:165) and scarabs of Cyrene's Demeter Sanctuary are mentioned by White (1976:177). Furthermore the Greeks learnt from Egypt the technique of manufacturing Egyptian faience (a glass substance of ground quartz and natron) as Fraser (1972:123-6) points out, but according to Thompson (1973:7), it was only when they settled in Alexandria that they began to make many types of objects from this material. In Greco-Roman times Cyrenaica imported papyrus and luxury wares like perfume from Alexandria.

Egypt was a country of immigration, not emigration. As Fraser (1972:152) comments, "no Alexandrians appear in Cyrenaean documents", whereas the largest number of Greeks in Egypt in Ptolemaic times were the Cyrenaicans, mostly soldiers. The oldest garrison was in Elephantine (at the first cataract), but graffiti bearing names of Cyrenaeans also occur further south as far as Wadi-Halfa (Launey, 1949:594). The greatest concentration of Cyrenaicans, according to papyrological evidence, was in the Arsinoite nome (modern Fayum), a rich agricultural region of Egypt. Through these papyri one can retrace their daily life, their laws, and creeds. They are mostly families of military people. The Ptolemies, like the Pharaohs, gave them land. Land grants were according to function in the army corps, not according to the years of service (Launey, 1949:44-7). At that time Egyptians (generally members of the police) also received grants of land.

In Alexandria there are numerous stelae of Cyrenaeans. Along the route leading to the Red Sea, on the rock temple of Wadi Miah (dedicated by Seti I to Amon), are graffiti honouring Pan and Amon-Min, both protective deities of the travellers. Another important community of Greeks and Cyrenaeans was in Oxyrinchus, south of the Fayum, on the route to the oases of the Libyan desert--the nearest being Bahria, with a track to Siwa.

The most important Cyrenaean immigration took place during the 3rd century BC, which is understandable given that the links between the two neighbouring countries had become stronger through Ptolemy III Euergetes' marriage to Berenice, daughter of Magas, and the resultant annexation of Cyrenaica by Egypt. Cyrenaica was the only African region to furnish large numbers of men to the Egyptian military in Hellenistic times.

One should also consider the attitude of the Ptolemies towards the religion in Egypt. In fact, like the Kushite kings and the Libyan dynasties, the Ptolemies (and then the Romans) considered themselves the legitimate descendants of the Pharoahs and the defenders of the cultural traditions and religion of Egypt. Ptolemy I Soter created the god Seraphis, divinity of the Egyptians and Greeks; but amidst the Pantheon promoted by the Ptolemies, Isis remained the strongest divinity and was the last to die out. In Cyrene Isis was well known. Herodotus (4.186) says that the women of Cyrene deemed it wrong to eat cow's flesh, because of the Isis of Egypt. They even honoured her with fasts and festivals; and the Barcean women refused to eat pigs as well as cows. Furthermore, he says that Isis was comparable to Demeter (2.156). A small terracotta from Tocra dated by Higgins (1954:384) to not earlier than the later 5th century BC actually figures Demeter-Isis, as Boardman (1973:100) pointed out. The goddess wears a 'polos' and an 'uraei modius'.

In Cyrene there are three small temples dedicated to Isis. Stucchi (1975:243) explains that the one in the Sanctuary of Apollo was rebuilt under Hadrian. The two others are at the northeast of the Acropolis, outside the wall; one of these, dedicated to Isis and Serapis, was refurbished during the 3rd century AD (Stucchi, 1975:334). Although Serapis was the tutelary divinity of Alexandria, he was not always popular either with the Egyptians or with the Greeks at the time of the Ptolemies, and the policy of the Ptolemies wll be always linked with Isis.

The Ptolemaic queens were identified with Isis after their death (Arsinoe II was the first to be thus deified); later they would be deified during their lifetime. The sovereigns received a special cult and the priests of Ptah in Memphis, the ancient capital, were devoted to their worship: thus the Ptolemies ensured themselves the fidelity of the powerful clergy, the only class capable of organising a revolt against the government. The function of high priest was hereditary. These dynasties have been discussed by Quaegebeur (1980:47-81).

Statuettes of Ptolemaic high priests have been found in the Serapeum of Memphis and also in Ptolemais in Cyrenaica. The latter one (now lost) had been reduced to a small fragment of the back, bearing two inscriptions: 'scribe of the Phyladelphia belonging to the Fifth Phylae of the Benefactor Gods' and 'Harmachis son of the prince'. The Fifth Phylae was founded in 238 BC with the Canopus decree, under Ptolemy III. These inscriptions had been noticed and published by Rowe (1954:495-6) and later by Yoyotte (1978:174-5) from a squeeze of Montet's expedition. The headless statuette of a successor of Harmachis, Petobastis II, was discovered in Jo Cesarea (Cherchel, Tunisia), in the palace of Juba II, king of Mauretania. Its presence there is due perhaps to the wife of Juba II being Cleopatra Selene, daughter of Antony and Cleopatra VII, as suggested by Fittschen (1979:238-9, 520).

Many Egyptian and Egyptianising monuments have been found in Ptolemais (Tolmeita), mostly in the 'Palazzo delle Colonne'. The town was named either after Ptolemy I or Ptolemy II, or after Ptolemais, the daughter of Ptolemy I and Eurydice (Pesce, 1966:896). There are many links with the Valley of the Nile: I have already mentioned the marriage of Berenice, daughter of Magas, which allowed the annexation of Cyrenaica to the kingdom of Egypt. Ptolemy; III restructured Tocra, which took the name of Arsinoe II. An inscription of 270 BC in Ptolemais extols this queen (SEG 9.357) and another one of 163 BC mentions Cleopatra II (ibid, 358).

Ptolemais was a suburb of Barce and one of its harbours, but from at least 264 BC it was Ptolemais which became the polis rather than Barce. One could thus suppose that some Egyptian statues were imported already at the time of the Ptolemies, such as the statue of Amenmose, royal scribe under Ramses II, or the statuette of Osiris dedicated by the general Psamtik of the 7th century BC, of which only the base survives today with the inscription: "(May Osiris the great give) life, prosperity, health--a long lifetime and a great happy old age". Another example is the statue of general Harpocrates of the late 4th century BC, bearing a long inscription (Plates 31.I, 31.II). In the catalogue of the 'Palazzo delle Colonne' the translation of the inscription is given by Botti (1950:72-5), followed by Pesce's commentary comparing with Rowe's version (Pesce, 1950:75-7). Rowe (1948:69-75) thought that the temples mentioned in the text were in Ptolemais, Cyrenaica; Otto (1951:28-9) was sceptical. The thesis of Rowe is taken up by Wildung (1977:125-6), but there is no proof yet to confirm this theory.

This collection of sculptures reminds one of the Roman preference for certain Egyptian monuments in dark stone, examples of which have been found in Campania, especially in Benevento and also in the Roman Isea. At the time of the Ptolemies or of the Caesars, many statues of Pharaonic times were torn from their original site, shipped down the Nile to Alexandria and Canop, and eventually landed on the coasts of Campania. Egyptian monuments have not been found only in Cyrenaica: for example, a fragment of an Egyptian Ptolemaic 'naos', published by Ryhiner (1978:172-4), was found by Montet amidst the ruins of Leptis Magna--beyond the limits of the Ptolemaic hegemony.

During the Roman Period granite was exported from Assuan to Apollonia and a foot of a table (monopodium) in the same pink material can be seen in Ptolemais. In Ptolemais also is a block of porphyry lying in front of the house of the Triconchos; this stone was quarried in Roman times in the Mons Porphyrites (Gebel Abu Dukhan, in the eastern desert) and fragments of a small statuette found in the 'Palazzo delle Colonne' are of porphyry.

The study of the Egyptian and Egyptianising sculptures of Ptolemais reveals joint fragments, ancient repairs, and pieces which have not been finished or have been readjusted--evidence for the presence of workmen who worked locally in Hellenistic-Roman times with Egyptian material and techniques. Certain stylistic details can be observed which are less conventional and freer than was the norm, probably due to Hellenistic and Roman influence. The particular techniques of working the granite and basalt, however, were traditional, handed down from Pharoanic times. These were in response to the hardness of the stone, which can be cut with the chisel but not with the drill; for the same reason subsidiary ornaments like pleats, creases and so forth had to be avoided. All this confers to the statues that sober linearity which identifies them, apart from the colour and the type of stone, as Egyptian. It is difficult to establish if they are Egyptian with Hellenistic or Roman influence, or Hellenistic with Egyptian influence: the two worlds have met and assimilated. It was always likely that one of these centres of assimilation would have been the north African coast of Cyrenaica, geographically near to Egypt and politically (at least in ancient Hellenistic times) linked to her.

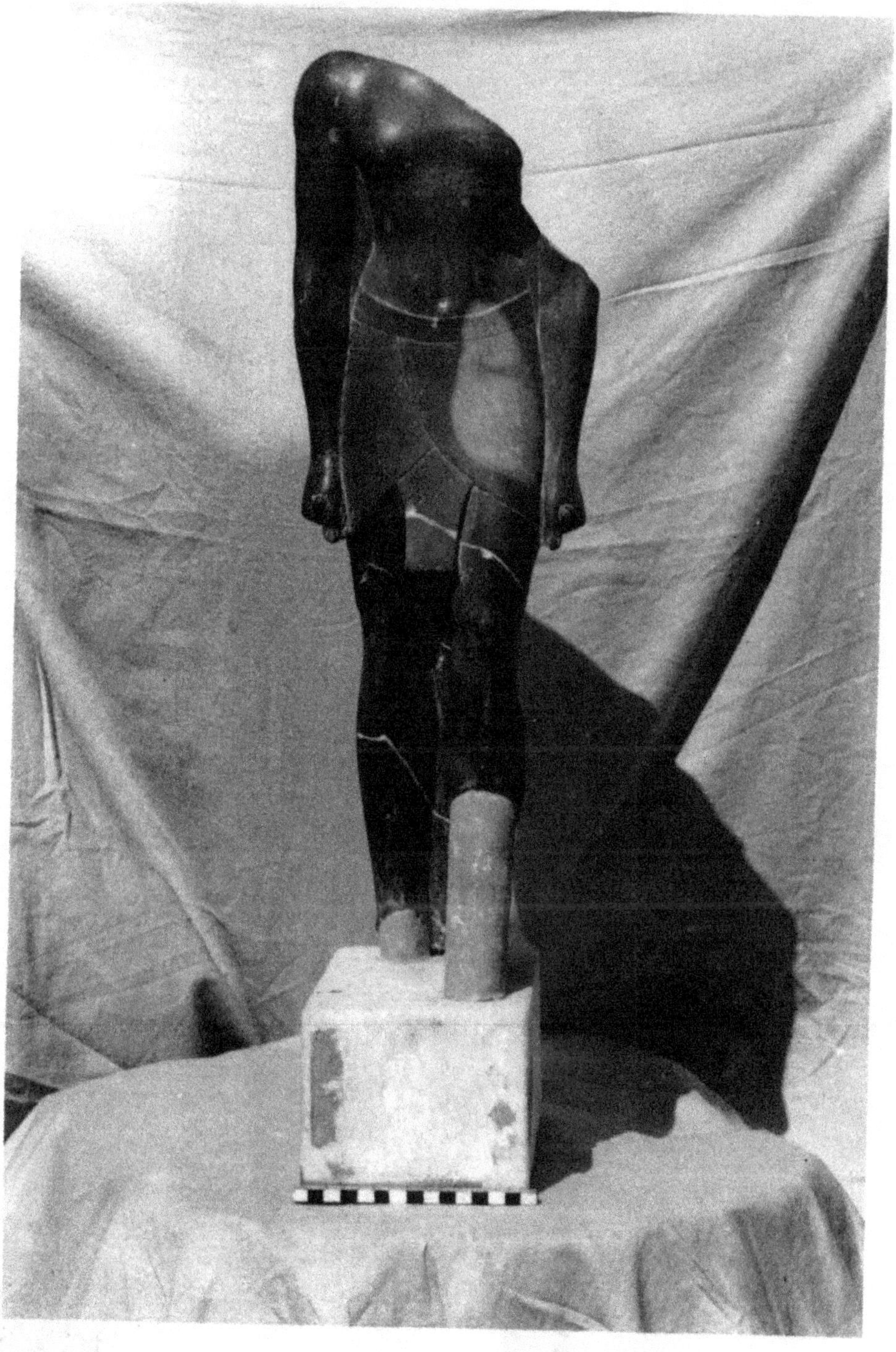

Plate 31.I Egyptian statue of General Harpocrates of the late 4th century BC, found in the 'Palazzo delle Colonne' in Tocra (Ptolemais): front view.

Plate 31.II Egyptian statue of General Harpocrates: view of inscription on the back.

It is this political link which can be detected most clearly in the Egyptian influence in Cyrenaica during the Ptolemaic period: a display of royal power, rather than the inclination of the people of the country. Look at the statues of the rulers in official buildings: at Cyrene, Berenice II in the temple of the divinities of Alexandria; Ptolemy III in the Sanctuary of Zeus; in the Agora, the bases of statues mentioned by Pesce (1959:677), bearing the names of Ptolemy Euergetes II, Cleopatra II and Ptolemy Soter II; also in Ptolemais there is a marbel head of Ptolemy III. To these can be added the Ptolemaic regal coinages of Cyrene, which exercises a predominant influence over the remaining civic coinage (Robinson, 1927:110).

In Cyrene, some tombs of the 3rd century BC have columns with palm-leaved capitals which are typically Egyptian but which are also found in Pergamon. Other Egyptianising tombs have a cavetto corniche and some rock tombs are decorated, like those of Alexandria, with a scenae frons as discussed by Stucchi (1975:161-3, 170-3). It is the decorative art of the Koine, not imposed by the authorities nor assimilated by the people. The mosaic of the Apollonion of Cyrene, of the 3rd century BC, with its richly decorated border recalls the mosaics of Pergamon, Delo and Morgantina--but, details of the technique are similar to those of the mosaic from Shatbi, now in the Museum of Alexandria (Baldassarre, 1970:59). The illusionistic mosaic of the Agora also finds parallels with mosaics of Alexandria (Baldassarre, 1976:198, 200, 217), but there are no landscapes figuring on the mosaics nor does one feel the Egyptianising influence through objects of daily life. Only one lamp with an Egyptian subject was found in Cyrene and another in Ptolemais.

In the Hellenistic period, Egyptian and Egyptianising influence along the north African coast was limited to Cyrenaica, whereas the Egyptian revival at the time of Imperial Rome extended over Tripolitania, Africa Proconsularis, Numidia and Mauretania. Egyptomania was closely linked with the cults of the divinities of Alexandria, and it is difficult to discern what belongs to the general cultural world or specifically to the worship of Isis and Serapis. Egypt and Cyrenaica, two neighbouring countries with the desert between them, formed under the Ptolemies one world with the same government. Yet they reacted differently—Cyrenaica in fact in two different ways, one imposed by the leading class (portraits of the Ptolemies and coins for example) and one assimilated, but only in details (funerary architectural elements, mosaics, jewels and so forth). Egypt assimilated some forms of the Hellenistic world, but its art was rooted in the past from which it draws its ultimate strength.

ACKNOWLEDGEMENT

I would like to thank Professor E. Fabbricotti for help and advice in the preparation of this paper.

BIBLIOGRAPHY

Baldassarre, I. (1970) Il mosaico dell'Apollonion di Cirene. **Studi Miscellanei** 15:57-61.

Baldassarre, I. (1976) Mosaici ellenistici a Cirene e a Delo:rapporti e differenze. **Quaderni di Archeologia della Libia** 8:193-221.

Bevan, E. (1968) **The House of Ptolemy. A History of Egypt under the Ptolemaic Dynasty.** Chicago, Argonaut.

Boardman, J. and Hayes, J.W. (1966) **Excavations at Tocra 1963-1965. The Archaic Deposits I.** London, Thames and Hudson.

Boardman, J. and Hayes, J.W. (1973) **Excavations at Tocra 1963-1965. The Archaic Deposits II and Later Deposits.** London, Thames and Hudson.

Botti, G. (1950) Le sculture egizie di Tolemaide recanti iscrizione. **In** G. Pesce **Il 'Palazzo delle Colonne' in Tolemaide di Cirenaica. Monografie di Archeologia Libica** 2:70-5. Roma, L'Erma di Bretschneider.

Fakhry, A. (1973) **The Oases of Egypt I—Siwa Oasis.** Cairo, The American University in Cairo Press.

Fittschen, K. (1979) Statuette des Priesters Petubastes 4. **In** H.G. Horn und C.B. Ruger **Die Numider Reiter und Könige nördlich der Sahara. Rheinisches Landesmuseum Bonn. Ausstellung** 29.11.1979-29.11.1980:238-9, 520. Koln, Rheinland-Verlag, Bonn, R. Habelt.

Fraser, P.M. (1972) **Ptolemaic Alexandria** I. Oxford, Clarendon Press.

Higgins, R.A. (1954) **Catalogue of the Terracottas in the Department of Greek and Roman Antiquities—British Museum I: Text—Greek: 730-330 BC.** London, University Press.

Launey, M. (1949) **Recherches sur les Armées Hellénistiques I Bibliothèque des Ecoles Françaises d'Athènes et de Rome** 169. Paris, de Boccard.

Leclant, J. (1981) Ammon. **Lexicon Iconographicum Mythologiae Classicae** I:666-89. Zurich-München, Artemis.

Otto, E. (1951) **Bibliotheca Orientalis** 8:28-9.

Pesce, G. (1959) Cirene--scultura. **Enciclopedia dell'Arte Antica Classica e Orientale** 2:677-9. Roma, G. Treccani.

Pesce, G. (1966) Tolemaide. **Enciclopedia dell'Arte Antica Classica e Orientale** 7:896-8. Roma, G. Treccani.

Quaegebeur, J. (1980) Studies on Ptolemaic Memphis. **Studia Hellenistica** 24:47-81.

Robinson, E.S.G. (1927) **Catalogue of the Greek Coins of Cyrenaica.** Oxford, University Press.

Rowe, A. (1948) A history of ancient Cyrenaica: new light on Aegypto-Cyrenaean relations; two Ptolemaic statues found in Tolmeita. **Supplement aux Annales du Service des Antiquités de l'Egypte** 12:1-84.

Ryhiner, M.L. (1978) Un fragment d'inscription hiéroglyphique trouvé à Leptis Magna. **Revue d'Egyptologie** 30:172-4.

Stucchi, S. (1975) **Architettura Cirenaica.** Roma, Bretschneider.

SEG = **Supplementum Epigraphicum Graecum**

Thompson Burr, D. (1973) **Ptolemaic Oinochoai and Portraits in Faience. Aspects of the Ruler Cult.** Oxford, Clarendon Press.

White, D. (1976) Excavations in the Sanctuary of Demeter and Persephone at Cyrene. Fourth Preliminary Report. **American Journal of Archaeology** 80:165-81.

Winter, D. (1976) **Imhotep und Amenhotep. Gottwerdung im Alten Agypten. Munchner Agyptologische Studien** 36. München-Berlin, Deutscher Kunstverlag.

Yoyotte, J. (1978) Un souvenir d'ungran-prêtre memphite en Cyrénaïque. **Revue d'Egyptologie** 30:174-5.

32. The Joining of Cyrenaica to Crete

G. Harrison

Crete and Cyrenaica, separately, belong to the patchwork of Roman expansion. Individually, their entry into the Roman sphere can be paralleled by other states. Their combination, however, if not unique, still remains mysterious and the process of when, how and for what reasons these areas were joined should be explored in more detail, especially since there were significant social and cultural differences between Crete and the Pentapolis. Their unification belongs as much to the constitutional history of the Roman Empire as it does to the political history, and so it is necessary to start by looking at the earlier Roman provinces.

All of Rome's first overseas possessions make political, if not geographical sense. Sicily stands pre-eminent. Conquered around 242 BC, its importance in controlling shipping west of Italy cannot be overestimated. Further, it denied the island as an advance base to both the Carthaginians and the Greeks. The addition of Corsica and Sardinia, governed jointly by 227 BC, would also have allowed control of shipping lanes on Rome's western flank, and prevented the Carthaginians from using the island as a base or entrepot for Etruscan metals.

The Roman presence in Spain was also precipitated by Carthaginian moves. The conquest of the entire Iberian peninsula, entailing the dispatch of consular armies annually from 196 BC, no doubt reflected Roman desire to obtain silver from the mines, for militarily Rome needed only control of the coastal strips. Spain was regularised as a province only in 133 BC, although Romans no doubt profited greatly from this remote possession from the very beginning.

That Rome had isolated Carthage so completely is shown by the ease with which it was conquered in 146 BC and incorporated into the Republican Empire as the province of Africa. Greece, ever quarrelsome, was brought under direct control by Mummius at the same time. It is at this time, or a little before, that Cyrenaica enters the Roman purview. Psychon, later king in his own right, had brought his quarrel with his brother to Rome for arbitration in 163 BC, and the Romans judged that he should be given Cyrenaica as his domain. Rome's motive is clear: it would be advantageous to weaken the Ptolemaic hegemony in the region, and thus its ability to interfere in other areas, without having to wage a war or add any more territory. In 155 BC, Psychon reappeared in Rome and made public the will he doubtless circulated privately before which would give Cyrenaica to Rome if he died without an heir.

There was no precedent for such an offer in 163 BC, or precedent for accepting such a gift in 155 BC. Roman politics had entered a troublesome period, with its three main factions balancing each other, and it is doubtful that an agreement to accept, and probably more crucial, to set up the necessary governmental machinery to administer, could have been promulgated and passed. Yet in 146 BC, Rome considered accepting the bequest, even though the testator was still alive, as a cap to its conquest of Carthage.

In 133 BC, Rome obtained a watch-post in the east from which it could monitor its eastern possessions and interests, and observe both Rhodes and Egypt. The will of Psychon probably suggested Attalus' will to him, and in turn the acceptance of Attalus' domains by Rome made possible, without provoking a constitutional crisis, the acquisition of Cyrene a generation later.

From this date on, if not before, one cannot speak of Rome in monolithic terms. One often sees in the literature 'Roma sagt', 'Rome sent', 'it was decided by Rome that...' The period of the civil wars had begun, and the policy carried out by the Senate is only the policy of the party (or combination of smaller factions) in ascendance. There was from at least 133 BC until 31 BC always at least one group desperately trying to undo any legislation just passed. One should also remember, and it is very important to the understanding of the so-called inconsistencies in Roman policy, that the minority could at any time, by legal manoeuvres or extra-parliamentary means, assert control in Rome. To complicate matters, at all times bargains were struck and compromises reached between opposing parties in order to keep the government functioning.

The addition of Gallia Narbonensis in 121 BC is difficult to explain. The plea for aid from the Massiliotes against pressure from neighbouring Gallic tribes need not have resulted in the addition of a province, and one which ended the *de facto* freedom of one of Rome's staunchest and oldest allies. One cannot cite the motives seen in the annexation of other provinces. Rather, it may be considered an attempt by *optimates*, who then controlled the levers of government, to balance the establishment of Asia by the *populares* twelve years earlier, a decade before Marius' reforms led to the pre-eminence of commanders whose soldiers owed their allegiance to their commander above all. At the same time began the rise of *amicitia* and patron-client relationships as a part of personal political power and prestige involving families and communities outside Rome.

It might at first seem odd that the enrolment of a province should be related to developments in *clientelia*, but the key question to be asked is: 'When did Roman commanders realise that provinces, which became *clientes* to their governors but had special ties to their first governor, were fertile recruiting grounds for personal armies and could supply those troops with foodstuffs and cash?' Pompeius Strabo's wholesale enfranchisements in Spain in 95 BC demonstrate that he was well aware of what form the gratitude of his newly-made Roman citizens could take, enough so that he dared treason.

Although the organisation of Cilicia did add territory, it also brought the Roman frontier closer to Pontus and Syria, the dominant powers in the east hostile to Rome. But the pretext for the action was a war against piracy, yet former pirates, now newly-pacified gentlemen farmers (if one believes Cicero), could easily be employed as captains by their patron. It is possible to cite both the continued problem with piracy and much later the use of Cretan and Cilician pirates by Sextus Pompey. Against whom would an unscrupulous commander use pirates? In the context of the politics of 102 BC and after, Antiochus and Ptolemy are less satisfactory targets than fellow Romans.

This brings us to 96 BC finally, and the acceptance of Cyrenaica, the bequest of Ptolemy Apion. One is finally in a position to question the validity of Polybius's view that Rome had a master plan, a ὡλῶν βουλή for conquest; suspect also in Tenny Frank's 'empire by accident', as is Caesar's assertion that he conquered an empire by protecting the friends of Rome. What one sees is an odd collection of provinces added at irregular intervals, for many different reasons, and reflecting the desire of the home government at some times, and at others, its dominant faction. The entry of each province, then, must be examined individually. Because of the dearth of primary sources, this is more difficult for Cyrenaica than for any other province, and failing answers, several questions should be raised.

Perhaps most puzzling is the question of why Apion willed his province to the Romans. That he was following his father's example is not a sufficient response. Brothers, in-laws, and other degrees of relatives and dependents had ruled Cyrenaica before, but upon their deaths, it had always reverted to Egypt. Why not now, especially since as a bastard his rule was mainly by sufferance? One suspects pressure from Rome. There may have been an interest in Rome to tri-sect the Mediterranean, and have a southern watch-post close to its possessions in the east. Certainly, as the Roman conquests increased, and the more immediate enemies were suppressed, attention in Rome may have turned to Egypt. This is the first piece of territory which Rome took from the Ptolemies. But there may also have been a need to bolster Roman prestige following the reverses in the war against the Cimbri, the inept fighting against and scandalous capture of Jugurtha, and the beginning moves in the career of Mithridates, who, once in control, continued the expansionist policies of his father (Hassal <u>et al.</u>, 1974:218-9).

But if one accepts that the will was made at Rome's urging, there can be no reason why the province was not regularised immediately. Nor can one truly know why the Romans suddenly wanted in 96 BC territory they had shunned in 163 BC and 155 BC, and rejected in 145 BC, after considering conquest. Certainly, in 145 BC, they must have thought Cyrenaica was theirs to demand. Perhaps Ptolemy thought to throw them a less-worthwhile and quarrelsome parcel in order to preserve Nilotic Egypt and the wealth of Cyprus. There is no easy answer, but it is known that the province was allowed to rule itself.

If there are unanswered questions as to Ptolemy's bequest of 96 BC, there are doubtless too may answers for the organisation of the province in 74 BC. They need not be mutually exclusive, although one might easily be led to presume that Rome's need for grain was the greatest consideration (Rickman 1980:167). Certainly, the Cyrenaicans had helped relieve Greece of famine in 330 BC, and might look to do the same for Rome in 74 BC, especially since Sicily, normally called upon to make up differences, had the twin troubles of Verres and a slave revolt. It fits well with the annexation of Bithynia, also in 74 BC, and another renowned granary, especially since it is mentioned in Cicero's speech 'de lege agraria'.

It was a wise decision, indeed a necessary one, to accept the legacy of Nicomedes of Bithynia in order to deny the territory to the intrigues of Mithridates, and equally wise and necessary to save the Cyrenaicans from their own internecine intrigues. The interminable stasis of the Greek city-states is often cited as the main reason for the annexation of Macedonia-Achaea in 146 BC, and the continued wrangles between cities of the Pentapolis probably hindered their production of cereals and other export products. A quiet, organised, state could pay more attention to agriculture, and it was fortuitous that Lucullus, who had personal experience of Cyrenaica in 86 BC, was consul in 74 BC. It is also put forward that the Pentapolis was organised as one of the measures in preparation for the pirate wars. One wonders how great a consideration this might have been at Rome. Antonius could have used the coastal cities of a Roman territory for his fleet; formal inclusion under the Roman umbrella would not necessarily have increased the availability of its ports to Antonius.

The Gabinian law and Pompey's extraordinary command in the pirate war were passed in 67 BC. A result of this was the inclusion of Crete in the Republican Empire. It seems apparent that Crete was not united with Cyrenaica at this early date, for the name of the Cretan governor, Metellus Creticus, is known, as are the names of the Pompeian legati to Crete and to Cyrenaica. The constitutinal precedents to the lex Gabinia, and the issues it raised, do have a bearing on the matter, since by the terms of Pompey's maius imperium it was unnecessary for him or anyone to combine Crete with Cyrenaica in order to make his task easier.

It is difficult to see how the situation changed when Pompey made his settlement in 63 BC at the expiration of his command. That settlement confirmed the conquests he had made and ratified his arrangements; it is unknown how it affected the affairs of Crete and Cyrenaica. The sources for this period are extensive enough that if Pompey had combined Crete with Cyrenaica, there should have been some mention of the constitutional crisis it would have provoked, for Cyrenaica had already been enrolled in 74 BC and it was not strictly within Pompey's power to make a new province by grafting new territory to old. It would have suited Pompey greatly, since he could have claimed to be patronus of both areas. But, in that event, the furore raised by the families long involved in Cyrenaica (the Luculli, Lentuli Marcellini, and Apii Claudii) would have been preserved in the record. There is no real precedent for combining new and existing territories: Sardinia and Corsica being a special case and one remote in time. The absorption of Cyprus and its administration with Cilicia came later in 58 BC, did not last long, and is alleged to have been an ingenious manoeuvre by Coldius to pay for his grain legislation and, he hoped hoist Cato with his own petard. Nor would it have been viewed with pleasure either at Cyrene or at Rome to have made a city in rebel Crete the capital of the newly-grafted province. Cyrenaica had entered the Roman realm by a will, after repeated entreaty, and seven years before Crete. It is unnatural that an enemy should be so rewarded.

Whether the governance of Sufenas in 51/50 BC was of both Crete and Cyrenaica is a problem of our own creation. Even if one would posit a joint tenure of Crete and Cyrenaica at this time, it would more probably have been a temporary measure of the Pompeian command, rather than indicative of a Roman policy initiated in 67 BC. The contest between Caesar and Pompey caused a drain on the number of able commanders-cum-administrators and it is possible to view this as a measure to assure Pompey's supply posts and harbours in Cyrenaica, while using Crete as a pivot to keep Caesar out of the eastern half of the Mediterranean, especially Athens (Alföldi, 1966:25-43). Problematical, too, from both historical and numismatic viewpoints, is the Libya/Creta issue of Licinius assigned by Robinson (1965:113) to 55 BC. Coins implying a union of Crete and Cyrenaica do not reappear until 36 BC, and then the crocodile series of Crassus may be more indicative of a wish than reality.

In evidence of this view is the political ploy of Antony in 44 BC, which has been underrated in modern scholarship. Crete and Cyrenaica were given separately to Brutus and Cassius, Caesar's assassins. In a stroke, Antony managed to save them, since as governors they were immune from prosecution, and induce them to leave Italy. This would have put them in his debt, and it was obviously his hope that Brutus and Cassius might be useful once the storm blew over. But it should be noted also that Antony gave them unimportant provinces, and comparatively poor ones, in an attempt to insure that they would not rise up against the Republic. It was a beautiful piece of work which, unfortunately, did not succeed. Cassius and Brutus, apparently not fooled, headed off to richer provinces in the east to recruit an army. Cicero also was not fooled, as his second Philippic shows, when in paragraph 97 he lambasts Antony. If Crete and Cyrenaica had been united as a single province, and Antony separated them, one would expect that Cicero, now Antony's implacable foe, would have mentioned prominently this unprecedented division of a province.

One hastens to add that mustering a province entirely out of the Empire, as Antony did in 36 BC to create a dowry for Cleopatra Selene, is also without any Roman legal basis. It is unlikely that Crete was part of the dowry. The crocodile series of 36 BC may be an attempt to show that Crete was under Antonian control. Roman coins often display propaganda of unfulfilled dreams, and such may be the case here, for the foundation of Roman Knossos seems to have been in 31 BC and by the Augustan party. It would seem probable, then, that Crete was not part of the dowry, since it was not firmly controlled by either of the contestants in the last phase of the civil war.

Augustus combined Crete and Cyrenaica, probably for the first time, in 27 BC. This accords with the archaeological evidence: Di Vita (1980:350-7) has confirmed an Augustan foundation for the Praetorium in Gortys. No earlier administrative building or phase at the Praetorium is known. The political considerations for his settlement seem clear, in that Africa Proconsularis was already too long and ungainly. The addition of yet more territory, separated from the main centres of the province by desert, would have made it ungovernable. As to Egypt, aside from the desert which separates Alexandria from the Pentapolis, Augustus would not have wanted to put any more territory and resources in the hands of that governor. The Ptolemies and Antony had shown the potential of Egypt for trouble, and the number of governors of Egypt removed from office or put to death in the 1st century AD shows that they, too, realised its potential.

Yet this only explains why Cyrenaica was not joined to Africa or Egypt; it does not give any rationale for its combination with Crete. There are, it might be suggested, strong cultural differences between Crete and Cyrenaica which would make their union uncomfortable. The first is that is was a difficult enough task to rule the Cretans; the prospect of joining them with the Cyrenaicans should have been daunting.

Historically, the Cretan mercenaries had often served rulers hostile to Egypt or had been enrolled in Egyptian armies quelling yet another upstart regime in Cyrenaica. This picture is clouded for, as one cannot speak of Rome as a monolith, one cannot consider Crete in the singular, either. The inter-city rivalries often caused mercenaries of one city to enrol in an army facing in battle mercenaries from yet another Cretan _polis._ Also, Cyrenaican commerce must have borne the brunt of Cretan piracy, both because it was the closest trading state to Crete and because the best priate lairs in Crete are on the south coast, looking longingly toward Libya.

Most troublesome, though, is the difference in their cultures. Although trade in the Mediterranean makes the entire circuit, as artifacts clearly show, there seem to have been two zones of east-west influence, both originating in Rome in the Imperial period, but doubtless pre-dating the years AD. The northern band seems to have included Crete, Greece and Turkey; the southern one, Cyrenaica, Egypt and Syria. Kenrick's recent work (this volume) on the deposits in Benghazi puts the dominant pottery styles in clear focus, beginning with the Gnathian or Campana ware which appears as early as the first part of the 3rd century BC. It shows a recognition of Rome by Cyrenaica more than a century before the historical record. Italo-Roman wares are not to be found in Crete this early,and many of the mainland Greek styles dominate in the archaeological record until the time of conquest and after. These differences persist in spite of known links between Cretans and Cyrenaicans, as the treaty of the confederation of the Oreioi and Magas (van Effenterre, 1948:120-6).

The Roman era constructions in Crete are dominated by nymphaea which can be paralleled in Argos and Epidauros, and elsewhere in Greece, but not in Cyrenaica. There is also a surprising number of amphitheatres, theatres, and public buildings and altars, which has been published over the years in the _Annuario della Scuola Archeologica di Atene_ (especially 1914 and 1915), and by Halbherr (1892) for Gortys in particular. Sanders' study (1982) of Roman Crete attempts to cover the entire island. His plates show how different from each other Roman and Hellenistic buidlings are in scope. They convey the strong Greek element in the population, with its admixture of Italian settlers, many of them veterans.

Cyrenaican structures, on the other hand, show not only some Greek influence, but their links with the native Libyans, and the strong Semitic-Oriental element in their population. Thus Stucchi's book (1975) is full of decorated _temenoi_ and street arcades for public structures, which are not found in Crete, but with their basins and lion bolsters, look more to Baalbek and Palmyra in spirit, if not in actual detail. The serpentine column, palmette fascia, and figured capitals appear in Cyrenaica long before they do in Crete.

In reference to Cyrenaica, Kurtz and Boardman (1971:324) have correctly pointed out that "by the time we learn anything of their graves, any clear connection with practice in the founding cities had been broken". Its aniconic statues are unparalleled in the Greek world. The sarcophagus type of grave is also unique in its application. Sarcophagi had been known in the Greek world for some time, but the two-level house-sized sarcophagus is not to be seen elsewhere. The prototype, or inspiration, is probably from Asia Minor. The 'temple tomb' types (Stucchi, 1975:41 and *passim*; Kraeling, 1962:111) differs from the better known Macedonian models and the rows of adjoining tombs (Stucchi, 1975:71) remind one much more of Etruscan *necropoleis* than of Greek burials (Dinsmoor, 1975:327-30). The problem in Crete is the scarcity of datable Hellenistic burials, and published ones (Hood and Smyth, 1981). But from what is known, cremation and cist are the norm, although there are some inhumation burials. The rock-cut tombs at Prinias (Carington Smith, 1982:258; Spanakis, 1964:317) are controversial, but may go back to 460 BC and a type known on Aegina (Kurtz and Boardman, 1971:194).

The lack of identifiable trade goods is a worry, although minor. The trade problem for a Roman governor was regulating two halves of a province which were exporters of different goods, and here one speaks of large scale export, which would have mandated two different sets of laws, applying only to individual sectors of his province, one for wine, gypsum, fuller's earth; another for silphium (early), cereals, and number two olive oil for lamps. Passages in Pliny's letters to Trajan, the *Institutes* of Gaius, and the Teubner *iurisprudentia ante iustianiana* all show that the legal obstacles were staggering.

Several minor peculiarities, which may be purely local, stress the differences between Cyrenaica and Crete, without, perhaps, amplifying them. They can be summarised briefly:

(a) *Dialect.* A study by Guarducci (1939-1950) and the inscriptions published by Reynolds confirm that differences developed in their dialects. The Cretan dialect was much more conservative in the treatment of numerals (Buck, 1928:94-7), and there are different treatments of the digamma and of the change from ἰν to ἐν, the Cretan dialect again being more conservative, although Crete was among the first to change the sound of *beta* to the modern 'v'. Jefferey (1961:308-16) lists the differences in their alphabets.

(b) *Marble.* The preferred Cretan marble in the first century of Roman rule seems to be Naxian, which is the reverse of the Cyrenaican usage. It may be merely a matter of supply. One can note here also the number of buildings (Sackett and Jones, 1979) which were painted with *faux* marble walls. This seems to come from Roman communities, especially, and derives from Italian decoration schemes, although further excavation may well change this impression. The date and extent of the use of marble revetment in public and private buildings are still very problematical.

(c) *Lamps and plain wares.* Types of Cretan lamps have not yet been studied systematically. One hazards to say anything about them, but they do seem to be of local manufacture and of late Hellenistic shapes and decoration. In general, one can say, however tentatively, that the Hellenistic Age hangs on in Crete until the turn of the millennium and only late in the reign of Augustus do typical Roman wares predominate. This can cause great mischief in dating. One stresses 'tentatively', however, since few undisturbed deposits are known, and coins are extremely scarce. Much material at Gortys awaits publication, and ongoing excavation in a residential quarter may change this impression, as well. The lamps of Cyrenaica, in the main, look to the west, as Bailey illustrates in his contribution to this volume.

It is not attempted here to deal with periods later than the last century BC; however, it can be noted in passing that in the 2nd century AD there was a sudden burst of activity throughout the Greek East under the influence of the Hellenophile emperors. Much of this activity is interrelated, although some may be parallel.

The sculpture of Cyrenaica (McAleer, 1978) compares well with contemporary pieces from Gortys in the Heraclion Museum, and ones from Cania and Hierapetra published by Raftopoulou (1968), all perhaps direct descendants of the Hadrianic School at Athens (Toynbee, 1934:161-246). Coarse wares moved between Crete and Cyrenaica. Especially popular was the Knossian amphora type, presumably not shipped empty. Crete and Cyrenaica also seemed to have been among the first to use Çandarli and the African wares.

In summary, the first time that compelling political considerations came together to warrant the unification of Crete and Cyrenaica was after the battle of Actium. Before that date, no provincial government would have had sufficient authority and backing from Rome to have overcome the cultural divergences between the Cretans and the Cyrenaicans. The period between 96 BC and 27 BC was a very confused one, and one in which Cretans, left to their own devices and administering a combined province from their capital, rather than from Cyrene, would have done untold harm to Cyrenaica. Only after 27 BC could such a province be governed from Gortys and still effectively guarantee the rights of the citizens of the Pentapolis.

The considerations which moved Augustus to unite these areas must have been strong indeed. Still unresolved is why Cyrenaica could not have been governed on its own, as it sometimes had been under the Ptolemies. Certianly, some of Augustus' alpine provinces, such as Raetia, were smaller than Cyrenaica, as was Cyprus. Even Corsica and Sardinia, which are our only evidence of areas jointly administered for a long period of time, were split up at some time during the Empire and made separate provinces.

The reasons for unification, then, must be sought in the last years of the civil war, and probably they have more to do with the Cyrenaican polity (natives, Greeks and Jews) than with the Cretans. I would suggest that the social, religious and military calculations which prompted Augustus and his staff can be extracted from the dynamics of north African domestic and foreign relations during the first century of the Principate.

BIBLIOGRAPHY

Alföldi, A. (1966) Commandants de la flotte romaine stationée à Cyrène sous Pompé, César et Octavien. **Mélanges d'Archéologie, d'Epigraphie, et d'Histoire Offerts a Jérôme Carcopino.** Paris, Hachette.

Buck, C.D. (1955) **The Greek Dialects.** Chicago, Chicago University Press.

Carington Smith, J. (1982) A Roman chamber tomb on the southeast slopes of Monasteraki Kephala, Knossos. **Annual of the British School at Athens** 77:255-93.

Dinsmoor, W.B. (1975) **The Architecture of Ancient Greece.** New York, Norton.

Di Vita, A. (1980) Atti della Scuola. **Annuario della Scuola Archeologia di Atene** NS 39:150-7.

Effenterre, H. van (1948) **La Crète et la Monde Grec.** Paris, de Boccard.
Frank, Tenny (1921) **Roman Imperialism.** New York, MacMillan.
Guarducci, M. (1939-1950) **Inscriptiones Creticae.** Roma, Bretschneider.
Halbher, F. (1892) Scavi di Gortyna. **Monumenti Antichi** 1:9-76.
Hassall, M., Crawford, M., and Reynolds, J. (1974) Rome and the eastern provinces at the end of the second century BC. **Journal of Roman Studies** 64:195-220.
Hood, Sinclair, and Smyth, D. (1981) **Archaeological Survey of the Knossos Area.** London, Thames and Hudson.
Jeffrey, L.H. (1961) **The Local Scripts of Archaic Greece.** Oxford, University Press.
Kraeling, C. (1962) **Ptolemais.** Chicago, University Press.
Kurtz, D. and Boardman, J. (1971) **Greek Burial Customs.** Ithaca, Cornell University Press.
McAleer, M. Philip (1978) **A Catalogue of the Sculpture from Apollonia.** Tripoli, Department of Antiquities.
Raftopoulou, E. (1968) Un portrait romain au Musée de Chania. **Bulletin de Correspondence Hellènique** 92:1-20.
Reynolds, J. (1962) Cyrenaica, Pompey, and Cornelius Lentulus Marcellinus. **Journal of Roman Studies** 52:97-103.
Reynolds, J. (1965) Notes on Cyrenaican inscriptions. **Papers of the British School at Rome** 33/NS 20:52-4.
Rickman, G. (1980) **The Corn Supply of Ancient Rome.** Oxford, University Press.
Robinson, E.S.G. (1965) **A Catalogue of the Greek Coins of Cyrenaica.** Bologna, Forni.
Sackett, Hugh and Jones, J.E. (1979) Knossos: A Roman house revisited. **Archaeology** 32:18-27.
Sanders, I.F. (1982) **Roman Crete.** Warminster, Aris and Phillips.
Spanakis, S.G. (1964) **Crete.** Heraclion, Sfakianakis.
Stucchi, S. (1975) **Architettura Cirenaica.** Roma, Bretschnieder.
Toynbee, J.M.C. (9134) **The Hadrianic School.** Cambridge, University Press.

33. Battiadi ed Aigeidai : Per la Storia dei Rapporti tra Cirene e Sparta in eta Arcaica

M. Nafissi

Dall'esame di alcuni elementi della tradizione letteraria e di alcune testimonianze di natura archeologica sui rapporti tra Cirene e Sparta emerge l'importanza, ai fini dell'intesa fra le due città, dei motivi emporici e dei vincoli di sangue e amicizia fra génе appartenenti alle classi dominanti. Di particolare rilievo sembrano essere state le relazioni tra i Battiadi e gli Aigeidai, una phylé spartana (Hdt. 4.149) formata probabilmente da diverse famiglie aristocratiche: ad essi, veri e propri specialisti della guerra durante le età oscure (Detienne, 1968:138 sg; Vian, 1963:216-25), la tradizione lega la conquista di Amicle (Pind. Isthm. 7.12 sgg; Arist. fr. 532 Rose) ed episodi della prima guerra messenica (Paus. 4.7, 8); depositari di tradizioni risalenti all'età del bronzo, forse non dorici e legati al mondo beota, la loro storia si fa vieppiù oscura dall'età arcaica in poi.

Non mi occuperò delle analogie negli aspetti istituzionali, nelle tradizioni religiose o mitiche [un sommario elenco in Nafissi (1980-81:185 n. 1)] che, se evidenziano i legami tra Sparta, Tera e Cirene, è azzardato spiegare a priori come un processo lineare di trasmissione da Sparta a Tera e da Tera a Cirene, e vanno piuttosto inserite nel contesto di una storia di relazioni segnata da fratture anche profonde, tenendo conto delle loro specifiche valenze socio-politiche. Converrà piuttosto analizzare le tradizioni sulle fondazioni di Tera e Cirene, sugli Aigeidai e su alcuni aspetti della vicenda del principe spartano Dorieo.

LE TRADIZIONI SULLA FONDAZIONE DI TERA E CIRENE

Pindaro nell IV e V Pitica, traendo spunto dalla tradizione familiare dei Battiadi, ha conservato la versione di queste vicende in auge alla corte di Cirene, mentre Erodoto fornisce per esteso la versione terea e quella diffusa a Cirene dopo la caduta dei Battiadi (cf. Chamoux, 1953:207; Legrand, 1960:152) ed in più testimonia l'opinione spartana circa una parte del racconto tereo.

Non è difficile ripartire correttamente le varie tradizioni raccolte da Erodoto là dove sono fisicamente distinte da cesure (all'inizio di 4.150 e di 4.154) nelle quali lo storico indica esplicitamente le fonti utilizzate. Così 4.145-9 (misfatti dei Minii in Laconia, *ktíseis* di Calliste--Tera ad opera di Membliaros e Theras) sono tereo--spartani, mentre 4.150-3 (antefatti della spedizione in Libia: doppia consultazione della Pizia, storia di Korobios, scelta e partenza dei coloni) sono esclusivamente terei. Il problema si complica all'inizio di 4.154: Ταῦτα δὲ Θηραῖοι λέγουσι, τὰ δ' ἐπίλοιπα τοῦ λόγου συμφέρονται ἤδη Θηραῖοι Κυρηναίοισι. Κυρηναῖοι γὰρ τὰ περὶ Βάττον οὐδαμῶς ὁμολογέουσι Θηραίοισι. Λέγουσι γὰρ οὕτω ...: la cesura tra la seconda sezione e gli *epíloipa toû lógou* è collocata là dove la versione terea cessa di opporsi a quella cirenea; prima però Erodoto deve introdurre la versione cirenea dei fatti appena narrati (*tà perì Bátton*). Egli ricorda la storia di Fronime, riferisce ancora di due consultazioni di Delfi (la prima, ora, ad opera di Battos), fino alla partenza per la Libia (Ἀπέστελλον μετὰ ταῦτα τὸν Βάττον δύο πεντηκοντέροισι 4.156, 11. 6-7 ed. Legrand).

Come ha notato Graham (1960:96 sg.) queste parole richiamano la conclusione della versione terea (4.153: οὕτω δὴ στέλλουσι δύο πεντηκοντέρους ἐς τὴν Πλατέαν) e per di più dopo questa frase Battos è menzionato di rado: terminano dunque qui i *tà perì Bátton* (4.154-6, 1.7). Così Graham si oppone alla partizione tradizionale (4.150-3 terei; 154-6 cirenei) operata da Jacoby (1913:436) e generalmente accettata (e.g. Chamoux, 1953:93 sg.; Giangiulio, 1981:3 sg. n. 7; Legrand, 1960:151 sgg.; Lepore, 1978:243 sg.; Mazzarino, 1966:218; Schaefer, 1952:138), in quanto assegna agli *epíloipa toû lógou* la seconda parte di 4.156: l'episodio della cacciata dei coloni era ammesso dai Terei.

Aggiungerei che le espressioni usate da Erodoto in 4.150 (Λακεδαιμόνιοι Θηραίοισι κατὰ ταὐτὰ λέγουσι) e 4.154 (συμφέρονται ἤδη Θηραῖοι Κυρηναίοισι) non pongono sullo stesso piano Terei e Spartani, Cirenei e Terei, ma indicano solo un generico consenso rispettivamente di Spartani e Terei alla tradizione terea e cirenea alla quale di volta in volta Erodoto si attiene più fedelmente.

Così 4.145-9 sono propriamente terei, e solo confermati dagli Spartani: non a caso 4.145-53 sono uniti, come protremo constatare, da una notevole coerenza logica e strutturale, che si sviluppa indipendentemente dall'apporto della tradizione spartana; ciò significa che la genesi del testo erodoteo è molto meno composita di quanto pensino Jacoby (1913:435 sgg.) e Legrand (1960:152).

Analogamente 4.156, 1.7 sgg. è di fatto di ispirazione cirenea: per quanto Erodoto riferisca eventi ammesi dai Terei come dai Cirenei, il tono di vivace polemica si oppone alle affermazioni teree di 4.151-3. Lo stesso ordine delle parole finali dei *tà perì Bátton* (ἀπέστελλον κτλ.) è enfatico: a questo punto, senza aver organizzato la spedizione di Korobios, i Terei fanno partire Battos. I coloni partono verso la Libia, non verso Platea, come sarebbe naturale dopo la missione precedente; sono costretti a tornare indietro; vengono respinti dai Terei ed allora 'fondarono un'isola situata presso la Libia'. Il tono generico è in evidente polemica con la storia di Korobios, ma è importante anche l'accenno alla *ktísis* solo adesso avvenuta: in 4.153 gli esploratori di ritorno a Tera annunciarono di aver già provveduto alla *ktísis* (ὥς σφι εἴη νῆσος ἐπὶ Λιβύῃ ἐκτισμένη).

In linea generale più che sottolineare le analogie fra le tradizioni di Pindaro ed Erodoto (così Schaefer, 1953:136), ben evidenziate da Chamoux (1953:86 sg., 94), se ne devono analizzare le divergenze. Nel loro polemico configurarsi i vari *lógoi* rivelano ed anzi sono determinati dai rapporti fra Tera, Cirene e Sparta in età arcaica e classica. Essi vanno cioè intesi in primo luogo come testimonianza dell'epoca in cui nacquero e si contrapposero, e solo secondariamente in vista di una ricostruzione 'obiettiva' del passato, in funzione della quale non erano certo nati (cf. Finley, 1965:296-9).

LA TRADIZIONE TEREA

La tradizione terea ha come filo conduttore i rapporti fra le stirpi regali di Tera e di Cirene (si vedano le genealogie di Grinnos e Battos in 4.150: Γρῖννος ὁ Αἰσανίου, ἐὼν Θήρα τούτου ἀπόγονος καὶ βασιλεύων Θήρης τῆς νήσου, Βάττος ὁ Πολυμνήστου, ἐὼν γένος Εὐφημίδης τῶν Μινυέων). I principi terei e Tera stessa si atteggiano a benefattori dei Battiadi: prima Theras, intercedendo presso gli Spartani, salva i Minii dalla morte; poi Grinnos di fronte alla Pizia investe Battos della autorità di ecista e quindi, in prospettiva, di re di Cirene; infine la metropoli, a tutela del futuro dei coloni, organizza le spedizioni a Creta e a Platea.

In questo quadro idilliaco la cacciata dei coloni costituiva un episodio scomodo, da giustificare. Di ritorno da Platea gli esploratori avrebbero annunciato l'avvenuta *ktísis* (4.153: ὥς σφι...ἐκτισμένη). Lo ὥς introduce una nota di soggetività, induce a credere che gli esploratori abbiano mentito. E poi, perché il momento in cui è avvenuta la *ktísis* (si ricordi il risentito richiamo cireneo in 4.156) è oggetto di polemica? Forse cacciando i coloni avevano contestato loro l'abbandono di un suolo già consacrato dalla *ktísis* e a distanza di tempo cercano di rendere responsabili gli esploratori del loro comportamento? Mi chiedo se le stesse clausole di ritorno dello *hórkion tôn oikistéron* (sulla cui autenticità continuo ad avere dei dubbi nonostante tante voci favorevoli; da ultimo v. Dušanić, 1978) non siano da leggere in chiave giustificatoria.

L'intento primo dei Terei è dunque quello di presentare gli avvenimenti in modo tale da assicurarsi l'attaccamento e il rispetto filiale che una colonia deve alla sua metropoli (Legrand, 1960:153 sg.).

Contemporaneamente essi sottolineano la *hýbris* dei Minii nei confronti degli accondiscendenti Spartani. Ai Minii vengono attribuiti tratti tipicamente marginali: stranieri, il loro *status* inferiore risalta di fronte alla nobiltà delle mogli concesse loro dagli Spartani (Briquel, 1974:687 sg.). L'intento denigratorio è palese anche nella descrizione della loro fuga, caratterizzata dall'insistenza sul particolare disdicevole del travestimento femminile (οἱ δὲ Μινύαι ἐνδύντες τὴν γυναικηίην ἐσθῆτα ἅτε γυναῖκες ἐξήισαν ἔξω, ἐκφυγόντες δὲ τρόπῳ τοιούτῳ). Donne e stranieri alle origini di Tera; l'analogia con le tradizioni sulla fondazione di Locri e Taranto è stringente [e giustamente messa in luce da Briquel (1974:686 sgg.)] e ci rimanda al mondo del margine: donne, schiavi, stranieri, gli esclusi dalla *pólis* (Vidal-Naquet, 1970:64).

Al di là dell'evidente uso polemico, cui la tradizione di per sé si prestava, l'analogia Tera-Taranto è forse rivelatrice di una sostanza storica relativa al fenomeno della colonizzazione spartana, tra inizio e fine dell'8° sec. (sulla cronologia della rioccupazione di Tera v. Desborough, 1952:215). La formazione della compagine statale spartana produce all'esterno inesorabili processi di asservimento, mentre all'interno del corpo civico, anche a causa dell'oligandria e del particolare ruolo della donna, comporta momenti di tensione che si risolvono nell'espulsione dei rami 'meno nobili' dei gruppi familiari facenti parte del *démos*.

Tera, infine, contrappone l'origine dorica del seguito personale di Theras (λεῶν...ἀπὸ τῶν φυλέων) a quella minia dei Battiadi e, di riflesso, di Cirene.

Tera, dunque, da un lato si presenta come metropoli modello, dall'altro, rievocando le antiche inimicizie tra Spartani e Minii, si propone, un po' come Theras, 'mediatrice' necessaria tra Sparta e Cirene, secondo il rapporto 'biologico' che unisce le tre città. Perno di tutto il sistema è la figura di Theras e la sua genealogia: come discendente di Cadmo assicura ai re di Tera il diritto alla sovranità sull'isola [la tradizione dei Battiadi la fa nascere dalla zolla di Euphemos (Pind. Pyth. 4.42 sg.: Kall. fr. 7, 19 sgg. Pf.; Apoll. Rhod. 4.1755-8); opposte rivendicazioni connesse alle vicende che portarono alla fondazione di Cirene (Vian, 1963:62)?], come antenato degli Aigeidai e tutore di Euristene e Procle è garanzia dei buoni rapporti con Sparta.

Proprio il rapporto genealogico fra Theras e gli Aigeidai è sembrato a molti contraddittorio. Theras guida i coloni a Tera prima della nascita di Aigeus, eponimo degli Aigeidai, che tuttavia sono presenti a Tera (cf. Hdt. 4.149; Pind. Pyth. 5.75; le iscrizioni *IG* 12,3, Suppl. 1502, *IG* 12.3, 1440, *IG* 12.3, 1549 sulle quali v. Malten 1911:178 sg.). Le soluzioni proposte da Kiechle (1963: 86 sg.), Malten (1911:178 sgg.), Robert (1915:567 sgg.) e Vian (1963:217 sgg.) non sono prive di punti deboli [v. la discussione in Nafissi (1980-81:191 sgg.)]. Tenendo presente la logica della tradizione terea, che Grinnos e tutti i re di Tera non sono Aigeidai e che l'ecista figura naturalmente nella genealogia dei sovrani legittimi dell'isola, dobbiamo concludere che l'inserimento di Theras nell'albero genealogico degli Aigeidai è frutto dell'iniziativa dei reali terei, che vogliono essere considerati parenti degli Aigeidai, pur non essendo tali: così Theras *deve* essere posto prima di Aigeus e *deve* lasciare un figlio a Sparta, perché da lui possa nascere una doppia discendenza, gli Aigeidai a Sparta, la casa reale a Tera.

Le classi dirigenti teree, proponendo la propria isola come anello di congiunzione fra Sparta e Cirene, inseriscono la prestigiosa figura dell'ecista nella genealogia degli Aigeidai, un gruppo gentilizio che doveva avere molto peso a Sparta, e sottolineano opportunamente la comunanza di riti e destini che unisce i due rami della *phyle* (4.149: "poiché agli uomini di questa *phylé* i nati non rimanevano in vita, istituirono, conformemente ad un oracolo, un santuario alle Erinni di Laio e di Edipo: ed allora sopravvissero. Accadde la stessa cosa anche a Tera ai discendenti di questi uomini").

E' evidente che il *lógos* è pensato avendo di mira la Cirene dei Battiadi: va perciò confrontato con il testo di Pindaro.

LA TRADIZIONE FAMILIARE DEI BATTIADI

Nella IV e V Pitica, composte per la vittoria riportata dalla quadriga di Arkesilas IV nei giochi del 462, Pindaro rielabora molti particolari della tradizione familiare dei Battiadi. Come nel *lógos* tereo anche in Pindaro la discendenza dell'argonauta Euphemos, originario del Tenaro, passa da Lemno a Sparta e da qui a Tera prima di guingere a Cirene; ritroviamo pure la consultazione di Delfi: ma le differenze sono assai significative.

Battos-Aristoteles (Pind. Pyth. 5.87) va a consultare la Pizia per la propria voce ed ottiene un'inattesa risposta [Pyth. 4.59 sgg.: "Beato figlio di Polimnesto (...) l'oracolo dell'ape delfica ti salutò αὐτομάτῳ κελάδῳ, ella, datoti tre volte il benvenuto, πεπρομένον βασιλέ' ἄμφανεν Κυράνᾳ]. Qui Pindaro, con un linguaggio oscuro per noi, non per i Cirenei, allude alla supposta identità tra la parola _báttos_ e il vocabolo libico per sovrano, secondo la tradizione accettata anche da Erodoto (4.155, 11.6-17 ed. Legrand). Erodoto esaltava così la chiaroveggenza del dio delfico, Pindaro annunciava la predestinazione al regno di Aristoteles e dei Battiadi (su questi argomenti v. Chamoux, 1953:95 sgg.; Giangiulio, 1981:2-11; Graham, 1960:106 sg.; Legrand, 1960:154 sgg.). Secondo Pindaro Battos andò a Delfi per proprio conto; la Pizia lo designa con grido spontaneo (αὐτομάτῳ κελάδῳ), non v'è posto per il ruolo paterno di Grinnos.

In Pyth. 4.257 sgg., poi, Pindaro sostiene che gli Eufemidi a Sparta condivisero i costumi dei Lacedemoni (Λακεδαιμονίων μειχθέντες ἀνδρῶν ἤθεσι); non c'è spazio per le accuse infamanti dei Terei, e forse abbiamo qui un preciso e pregnante riferimento a una tradizione già nota. Il rapporto con Sparta, secondo i Battiadi, è dunque privo di ombre, non necessita della figure conciliatoria di Theras.

Interessantissimi a questo proposito sono i versi Pyth. 5.72 sgg. (ed. Puech, 1922:

τὸ δ'ἐμὸν γαρύειν
ἀπὸ Σπάρτας ἐπήρατον κλέος,
ὅθεν γεγενναμένοι
ἵκοντο Θήρανδε φῶτες Αἰγεΐδαι,
ἐμοὶ πατέρες, οὐ θεῶν ἄτερ, ἀλλὰ Μοῖρά τις ἄγεν·
πολύθυτον ἔρανον
ἔνθεν ἀναδεξάμενοι,
Ἄπολλον, τεᾷ,
Καρνήϊ', ἐν δαιτὶ σεβίζομεν
Κυράνας ἀγακτιμέναν πόλιν·
ἔχοντι τὰν χαλκοχάρμαι ξένοι
Τρῶες Ἀντανορίδαι· σὺν Ἑλένᾳ γὰρ μόλον,
καπνωθεῖσαν πάτραν ἐπεὶ ἴδον
ἐν Ἄρει· τὸ δ'ἐλάσιππον ἔθνος ἐνδυκέως
δέκονται θυσίαισιν ἄνδρες οἰχνέοντές σφε δωροφόροι,
τοὺς Ἀριστοτέλης ἄγαγε ναυσὶ θοαῖς)

brano assai controverso sul culto di Apollo Carneo e su quello degli Antenoridi, che doveva aver luogo nell'ambito delle Carnee (Vian, 1955; Brunel, 1964). L'idea della 'spartanità' di Cirene, enfaticamente suggerita dal distico iniziale, guida, esplicita o sottintesa, l'intero periodo. Le _thysíai_ e i doni con i quali si accolgono gli Antenoridi (v. 85-6), protettori di Cirene (v. 82-3), sono gli atti concreti con i quali nel culto di Apollo si onora Cirene (v. 81), e la menzione del viaggio di Battos e dei suoi compagni (v. 87) chiude il cerchio lasciato aperto all'inizio del periodo: Cirene vanta radici spartane/ da Sparta a Tera vengono gli Aigeidai/ da Tera è venuto a Cirene il rito di Apollo Carneo/ da Tera vengono Battos e i suoi compagni. Se _emoì patéres_ è riferito a Pindaro (sull'origine tebana degli Aigeidai, cf. Arist. fr. 532 R, Pind. Isthm. 7.12 sgg.) e non al coro (Des Places, 1947:9), non è affatto necessario intendere i versi 72-81 nel senso che anche gli Aigeidai vennero da

Tera a Cirene (così Cauer, 1893:949; Malten, 1911:176 sg.; e, dopo di loro, e.g. Bowra, 1964:100; Giannini, 1979:47 sg.; Kiechle, 1963:92; Mitchell, 1965:108 n. 53; Vian, 1963:217); si confronti del resto Kall. Hymn. 2.62 sgg., che quasi parafrasa Pindaro.

Sulla sola base delle origini tebane degli Aigeidai, della possibile discendenza di Pindaro dagli stessi e dell'ospitalità concessa a Tebe dal poeta a Damophilos, l'aristocratico cireneo in esilio, è difficile identificare con il supposto ramo cireneo dalla *phylé* gli oppositori di Arkesilas IV e in particolare lo stesso Damophilos (Schroeder, 1922:34; Giannini, 1979:47 sg.). In tal caso la loro menzione nella convenzionale Pitica V sarebbe stata molto sconveniente. Il ricordo degli Aigeidai, comunque, difficilmente può essere spiegato dalla loro presenza nella città libica, né può essere considerato una semplice iniziativa di Pindaro.

La festa di Apollo Carneo, occasione della *performance* poetica, è in Pindaro crocevia di un passato che, con gli Aigeidai o Elena, risale sempre a Sparta: il brano è (polemico?) inno alle radici spartane di Cirene. La menzione degli Aigeidai è dovutá alla realtà del rapporto Sparta-Cirene e i Battiadi ne propongono un'immagine ben precisa. Esso non è mediato dalla madrepatria se non in virtù della presenza degli Aigeidai a Tera; questa *phylé*, e non Theras, è il simbolo della filiazione di Tera da Sparta: il potere centrale tereo, e Tera stessa, in sostanza, sono 'saltati' (secondo l'espressione di Mazzarino, 1966:221), per ricollegarsi direttamente a Sparta tramite gli Aigeidai. Perciò molto convenientemente Pindaro sottolinea i propri legami di sangue con gli Aigeidai; forse anche per questo i re di Tera inseriscono Theras nella loro genealogia.

Prima di passare ad altre testimonianze sui rapporti fra Cirene, Tera e Sparta, ancora alcune considerazioni sulle tradizioni fin qui esaminate.

Si è spesso sollevato il problema delle fonti della notizia terea in Erodoto, e si è spesso pensato ad una fonte scritta, fossero delle genealogie (Jacoby, 1911:435 sg., particolarmente per 4.145-9), Ecateo (Robert, 1915:565 sgg.) o una cronaca locale a carattere annalistico (Legrand, 1960:153). L'esistenza di una simile fonte risalente ai primi anni del 5° sec. mi sembra confermata da molti indizi: forse la tradizione terea già circolava quando Pindaro compose la IV e V Pitica; essa del resto sembra parzialmente inadeguata alla realtà storica dell'epoca di Erodoto: non solo il *lógos* tereo ha di mira l'ormai caduta monarchia battiade, ma Erodoto è spesso costretto ad adeguarlo alla nuova situazione. E' il caso della notizia sulle città fondate dai Minii nel Peloponneso Occidentale, devastate 'ai *suoi* tempi' dagli Elei (4.148), e di Sostrato, il ricco mercante dei 'tempi nuovi' menzionato per limitare l'affermazione che "i Samii (con Coleo) avevano fatto i più grandi guadagni fra tutti i Greci" (4.152; la storia di Coleo, anche se arricchita dalla autopsia erodotea, deriva dalla tradizione terea: Nafissi, 1980-81:194 n. 31). Dato il contenuto della narrazione non escluderei che Erodoto si sia rifatto ad un'opera del genere delle *ktíseis*.

L'assenso spartano alla versione terea, infine, non implica che il modello dei rapporti Sparta-Cirene proposto dai Battiadi sia necessariamente meno valido di quello tereo. Abbiamo visto nel caso 4.156, 1.7 sgg. quali possano essere i limiti di questo assenso: praticamente potrebbe non comportare un'adesione agli aspetti piu aggressivi della tradizione terea. E' forse istruttivo il caso della storia di fondazione di Locri, sentita come infamante da Timeo, ma non da Aristotele e Polibio (Musti, 1977:39 sgg.). Inoltre

Erodoto dovrebbe aver raccolto quell'assenso quando Sparta andava estendendo la propria egemonia su Tera, riconosciuta ormai come sua colonia, e forse dopo la caduta del regime battiade (difficilmente databile, cf. Chamoux, 1953:206 sg.; Mitchell, 1965:110 sgg.).

SPARTA, TERA E CIRENE: DALL'APOIKÍA IN LIBIA A DORIEO

Dunque i Battiadi e i Terei propongono due immagini diverse del rapporto Cirene-Tera-Sparta, evidenziando un dissidio fra metropoli e colonia nato, forse, insieme *all'apoikía*; per i Terei essa fu dovuta ad una carestia (4.151; una causa naturale, nello spirito del *lógos* tereo), i Cirenei ricordavano imprecisati *kaká* provocati da Battos (4.155, 1.17-156, 1.4): il tono generico, in una tradizione che privilegia i momenti di rottura, dovrebbe esprimere consenso con la versione terea, ma potrebbe alludere ad altro: la fonte di Menekles di Barce (F. Gr. Hist. 270F6), letterato di età ellenistica, ricordava una *stásis* come causa della *apoikía*; del resto abbiamo notato (cf. sopra) le possibili rivendicazioni dei Battiadi e dei discendenti di Theras alla sovranità sull'isola. La vivacità della polemica ostacola una ricostruzione obiettiva dei fatti che portarono alla fondazione di Cirene ed impone cautela nella valutazione positiva delle tradizioni; la versione terea, esemplare già per gli antichi, è forse un modello dell'organizzazione delle *apoikíai* ancor meno estensibile di quanto pensino Graham (1964:8, 29) e Lepore (1978:242).

La cacciata dei coloni è però un fatto certo che non avrà favorito il mantenimento di buoni rapporti fra Terei ed *ápoikoi*. Più tardi l'assenza di Tera sia in occasione dell'appello di Battos II per *époikoi* (Hdt. 4.159), sia quando Cirene si rivolse a Delfi ed ottenne il nome del mediatore Demonax (Hdt. 4.161), ed addirittura l'aiuto dato dai Terei agli oppositori di Arkesilas III sono importanti sintomi (come li definisce Graham, 1964:212), o meglio conferme della rottura fra Cirene e Tera. Il dissidio fra le due *póleis* non si sopisce, come abbiamo visto, con la caduta dei Battiadi, semmai la discussione si sposta dal mondo delle genealogie, dei Minii, di Euphemos, di Battos, a quello 'storico' della *apoikía* in Libia: probabilmente il suo temine è segnato solo dallo *hórkion tôn oikistéron*.

Strettissimi dovevano invece apparire i rapporti fra Cirene e Sparta ad Isocrate (Philipp. 5: Λακεδαιμόνιοι Κυρηναίους ἀπῴκισαν): egli avrà tratto le estreme conseguenze dalla *syngéneia* fra le due *poleis*, e molto difficilmente avrà fatto riferimento alla tradizione su Chionis, a noi tramandata da Pausania (3.14, 3), lo spartano olimpionico tra il 668 e il 656, che avrebbe aiutato Battos a fondare Cirene e a cacciare i Libici dei dintorni. Episodi questi da assegnare con Schaus (1978:230 sgg., ed in questo colloquio) ai primi momenti della presenza greca in Libia. I Cirenei, abbandonata Tera, si volgono a Sparta; l'olimpionico Chionis sembra espressione del mondo degli *áristoi*, di ambienti tradizionalmente avvezzi all'arte della guerra, che solo recentemente il duro tirocinio della seconda guerra messenica aveva diffuso nelle più ampie fasce del *démos* oplitico.

Se le prime presenze di oggetti laconici in Cirenaica sono segno di modeste correnti coloniarie (cf. Schaus, 1978:230 sgg.), la ceramica laconica, assente a Tera e importata in Cirenaica in quantità che continuano ad essere relativamente notevoli (Nafissi, 1980-81:201 n. 62, al cui elenco *adde* Schaus, 1978:34-102 e n. 3; in generale sulla distribuzione della ceramica laconica v. Nafissi, in corso di stampa), è 'segno' di traffici regolari tra Laconia e Cirenaica, gestiti, almeno nella prima metà del 6° sec., soprattutto da mercanti Samii: significativi in questo senso la concentrazione di ceramica laconica a Samo (110 exx. su 360 in Stibbe, 1972), e i ritrovamenti di Naukratis, Torre S. Sabina (D'Andria, 1976), Gravisca (Boitani Visentini, 1978:216; Torelli, 1971:73 sgg., 1977:404, 408 sg, e 1978:401 fig. 5) e la tetimonianza di Erodoto sui rapporti fra Sparta e Samo (sulla quale v. Nafissi, in corso di stampa). In questo quadro si inseriscono le _philíai megálai_ verso i Samii che il comportamento di Coleo avrebbe suscitato in Terei e Cirenei (Hdt. 4.152) e la fuga a Samo di Arkesilas III (Hdt. 4.162 sg.).

Vi è poi la questione dei cosiddetti soggetti cirenaici nella ceramica laconica (sui quali cf. Faustoferri in questo volume), alla cui soluzione può forse essere utile una testimonianza di Pausania (3.15,8): "A Sparta c'e poi una _lésche_, detta _poikíle_, e degli _herôa_ presso di questa (Ἐν Σπάρτῃ δὲ λέσχη τέ ἐστι καλουμένη ποικίλη καὶ ἡρῷα πρὸς αὐτῇ), di Cadmo figlio di Agenor e dei suoi discendenti Oiolykosfiglio di Theras e Aigeus figlio di Oiolykos". E' evidente uno stretto rapporto fra la _lésche_ e gli _herôa_ degli Aigeidai (λέσχη τέ.. καὶ ἡρῷα πρὸς αὐτῃ); un'altra _lésche_ si trova presso le tombe degli Agiadi (Paus, 3.14, 2). D'altra parte, se Pausania ha qui completato le informazioni avute a Sparta traendo i patronimici da Erodoto (Robert, 1915:570 sg.), i nomi degli intestatari degli _herôa_ ci testimoniano la piu antica genealogia degli Aigeidai, nella quale Theras non è inserito.

Mancano invero elementi per datare la costruzione e la decorazione della _lésche poikíle_: certo è che il prestigio degli Aigeidai sembra già declinante in epoca classica (Nafissi 1980-81:203 sg. n. 72), mentre possiamo collegare la _lésche poikíle_, la dipinta per eccellenza, al grande momento della pittura spartana, il secondo venticinquennio del 6° sec., quando la ceramografia laconica denota "evidente ispirazione da pitture di scala e destinazione monumentale, come dimostrano alcuni soggetti, quali la coppa di Arkesilas, o dettagli stilistici, come la visione a oblò di alcuni tondi che tagliano a mezzo scene e figure" (Torelli 1978a:702 sg.).

Torelli (in corso di stampa) ha ipotizzato che due coppe con Cadmo e il drago [da Gravisca (Torelli, 1978:401 fig. 5) e da Caere (Stibbe, 1972: nr. 303)] possano essere 'repliche' di un originale dipinto nella _poikíle_ (si ricordi l'_herôon_ di Cadmo). Lo stesso può forse dirsi per la coppa di Arkesilas (Stibbe, 1972: nr. 194) e, non è da escludere, per altre coppe dai soggetti cirenaici. Forse negli anni tra il 570-65 e il 550 circa le _lésche_ fu decorata con un ciclo pittorico avente per soggetto le gesta degli Aigeidai e quelle degli Eufemidi, monumentale suggello dell'amicizia tra la potente _phylé_ e i reali cirenei.

DORIEO E GLI AIGEIDAI: SPARTA, TERA E CIRENE TRA 6° E 5° SEC.

Le attività del principe spartano Dorieo (Hdt. 5.39-48) segnano un altro momento importante nella storia dei rapporti fra le tre _póleis_. Nato dalla prima moglie del re Agiade Anassandrida, fratello di Cleomene, frutto invece di un matrimonio imposto dagli efori al re, Dorieo, non volendo rimanere a Sparta sotto lo scettro di Cleomene, partì per colonizzare il paese di Cinipe in Libia, noto per la sua eccezionale produzione di grano (Hdt. 4.175, 198). Vi giunge guidato da Terei e, cacciato da Maci e Cartaginesi (514-512), torna in patria, passando, non sappiamo se all'andata o al ritorno, da Cirene. Poi su consiglio del _mántis_ beota Antichares e dei suoi oracoli di Laio, va a conquistare il paese di Erice in Sicilia. Aiuta i Crotoniati a sconfiggere i Sibariti, e muore combattendo in Sicilia contro Segestani e Punici.

Vian (1963:225) e Miller (1971:38) hanno notato 'analogie' tra alcuni particolari di questa storia e le tradizioni relative agli Aigeidai: gli Aigeidai a Sparta e a Tera non potevano conservare in vita i propri figli, la prima moglie di Anassandrida, supposta sterile, stava per lasciare il re senza discendenza; Dorieo parte δεινὸν ποιεύμενος καὶ οὐκ ἀξιῶν ὑπὸ Κλεομενέως βασιλεύεσθαι, Theras δεινὸν ποιεύμενος ἄρχεσθαι ὑπ' ἄλλων dopo aver gustato il potere; un compagno di Dorieo si chiama Euryleon (Hdt. 5.46), come l'Aigeide che avrebbe comandato il centro dell'esercito spartano durante la prima guerra messenica (Paus. 4.7, 8); Dorieo ha guide teree, passa per Cirene, città strettamente legate agli Aigeidai; infine il beota Antichares e i <u>Laíou chresmoí</u>: gran parte della tradizione antica riconosceva le origini beotiche degli Aigeidai (Vian, 1963:221), essi si vantavano discendenti di Laio, ed alle Erinni di Laio ed Edipo avevano eretto un santuario a Sparta e a Tera.

Vian concludeva (1963:225): "è impossibile distinguere fra analogie fortuite e corrispondenze volute, ma è probabile che gli Aigeidai non siano stati estranei a questo affare". Miller (1971:39) indicava in questa <u>phylé</u> il pricipale sostegno di Dorieo e ipotizzava cautamente che il padre della prima moglie di Anassandrida, nata da una sorella dello stesso re, fosse un Aigeide. Nel 6° sec. sarebbero in tal caso esistiti stretti rapporti familiari fra Aigeidai ed Agiadi, che chiarirebbero almeno in parte il ruolo 'quasi regale' svolto da Aigeidai in molte tradizione: penso soprattutto ad Argeia, madre di Euristene e Procle, ma anche a Theras (che in quanto suo fratello è tutore degli stessi gemelli regali), e a Euryleon, che comanda il cento dell'esercito spartano con a fianco Theopompos e Polydoros. Era perfettamente verosimile che una Aigeide sposasse un re di Sparta.

Si è spesso pensato che il mancato aiuto di Cirene a Dorieo indicasse indifferenza, o peggio ostilità, nei suoi confronti (Chamoux, 1953:162 sg.; Mitchell, 1965:155 sgg.), ma la situazione interna di Cirene all'epoca della spedizione persiana a Barce e negli anni immediatamente successivi, a noi ignota, può aver impedito un qualsiasi intervento.

In occasione di questa grave crisi a Cirene, è ben comprensibile che Dorieo metta a frutto i vincoli gentilizi tra gli Aigeidai di Sparta e di Tera, la cui unità di culti e destino (Hdt. 4.149), segno tangibile di <u>syngéneia</u>, potrebbe essere stata sancita ufficialmente a Tera proprio in tali circostanze.

In generale la scelta degli obiettivi coloniali di Dorieo, collocati in importanti nodi emporici (la Sicilia occidentale: Maddoli, 1982), o in luoghi che potevano facilmente diventarlo (penso al grano del Cinipe), sembrano evidenziare una certa attenzione per le opportunita mercantili, tanto più in quanto egli muove verso le zone allora maggiormente toccate dal commercio laconico (cf. Nafissi, in corso di stampa). Ciò significa che Dorieo prevedeva di mettere a frutto e potenziare le intese internazionali già esistenti, utilizzando altresì quegli intermdiarii, probabilmente ormai perieci (cfr. Nafissi, in corso di stampa), la cui attività, mentre forniva in maniera 'indolore' per il tessuto sociale spartano quel servizio di circolazione dei beni che è funzione indispensabile della produzione e della accumulazione, anche per società rigidamente aristocratiche (su questi temi Musti, 1981), sostanziava i rapporti fra Sparta e Cirene. A garantire questi rapporti, l'abbiamo visto, erano gli Aigeidai, che significativamente ritroviamo vicino a Dorieo: dal mondo degli <u>hómoioi</u> sembrano emergere dei gruppi nobiliari più legati agli interessi mercantili. Le imprese di Dorieo non si inseriscono in un'improbabile politica commerciale di Sparta, anzi, coincidono con la fine dell'attività marinara della città dorica [si pensi alla spedizione contro Policrate, 525 a.C., e alla--non a caso effimera--talassocrazia del 517-16 (per la data v. Miller, 1971:20 sg.)], e il suo esilio segna l'emarginazione degli interessi mercantili e delle cerchie in essi coinvolte.

Difficile dire cosa abbia significato tutto ciò per Tera e Cirene. La propaganda di Tera potrebbe essere stata indirizzata particolarmente a Leonida, fratello di Dorieo: si spiegherebbero così l'equiparazione Theras—Dorieo (cf. sopra) e il riferimento agli Aigeidai; d'altronde proprio a Leonida, intorno al 491, ancora re Cleomene, si era rivolto Gelone, per invitarlo a vendicare Dorieo e liberare gli <u>empória</u> siciliani (Maddoli, 1982). Il rifiuto opposto a Gelone, che pur ricorda, forse con qualche esagerazione, i grandi profitti degli Spartani (Hdt. 7.158), attesta il declino degli interessi commerciali e dei gruppi ad essi legati a Sparta; la propaganda di Tera invece avrà alla fine avuto successo, ben adattandosi alle aspirazioni egemoniche della città dorica. Così verso la metà del V sec. l'assenso spartano alla tradizione terea e un'iscrizione onorifica ateniese (invero troppo mutila) che sembra ricordare l'operato di un cittadino tereo presso gli Spartani in favore degli Ateniesi (<u>IG</u> I^2.31, cfr. Humphreys, 1966:918) attestano che Tera era ormai <u>'ufficialmente'</u> considerata colonia di Sparta. Certo Tera non avrà scalzato la posizione della ben più importante Cirene: Pindaro canta l'orgogliosa sicurezza del suo legame con Sparta. Ma ormai il rapporto tra metropoli e colonia, nel conflitto imperialistico tra Sparta e Atene, è precaria garanzia di protezione: lo sperimenteranno duramente i Melii, altri 'coloni' di Sparta.

BIBLIOGRAFIA

Boitani Visentini, F. (1978) Le ceramiche decorate di importazione greco-orientale da Gravisca. In **Les céramiques de la Grèce de l'Est et leur diffusion en Occident** (Actes Coll. CNRS, Naples, 1976):216-22. Paris, Naples, CNRS, Centre Jean Bérard.

Bowra, C.M. (1964) **Pindar.** Oxford, Clarendon Press.

Briquel, D. (1974) Tarente, Locres, les Schytes, Thera, Rome, précedents antiques du thème de l'amant de Lady Chatterley? **Mélanges de l'École Française de Rome, Antiquité** 86:673-705.

Brunel, J. (1964) Les Antenorides à Cyrène. **Revue des Études Anciennes** 66:5-21.

Cauer, F. (1893) Aigeidai. in **RE** 1(1):949-50.

Chamoux, F. (1953) **Cyrène sous la monarchie des Battiades.** Paris, De Boccard.

D'Andria, F. (1976) Le ceramiche arcaiche da Torre S. Sabina (Brindisi) e gli approdi adriatici della Messapia. **Ricerche e Studi** 9:19-66.

Desborough, V.R. d'A. (1952) **Protogeometric Pottery.** Oxford, Clarendon Press.

Des Places, E. (1947) **Le pronom chez Pindare.** Paris, Klincksieck.

Detienne, M. (1968) La phalange: problemes et controverses. **In** J.P. Vernant (dire) **Problèmes de la guerre en Grèce ancienne:** 119-42. Paris, La Haye, Mouton.

Dusanic, S. (1978) The ὅρκιον τῶν οἰκιστήρων and Fourth century Cyrene. **Chiron** 8:55-76.

Finley, M.I. (1965) Myth, memory and history. **History and Theory** 4:281-302.

Giangiulio, M. (1981) Deformità eroiche e tradizoni di fondazione. Batto, Miscello e l'oracolo delfico. **Annali della Scuola Normale Superiore di Pisa** 11(1):1-23.
Giannini, P. (1979) Interpretazione della Pitica 4 di Pindaro. **Quaderni Urbinati di Cultura Classica** 31:35-63.
Graham, A.J. (1960) The authenticity of the ὅρκιον τῶν οἰκιστήρων of Cyrene. **Journal of Hellenic Studies** 80:94-111.
Graham, A.J. (1964) **Colony and Mother City in Ancient Greece.** Manchester, University Press.
Humphreys, S.C. (1966) Colonie e madre patria nella Grecia antica. **Rivista Storica Italiana** 78:912-21.
Jacoby, F. (1913) Herodotos. In **RE** Suppl. 2:205-520.
Kiechle, F. (1963) **Lakonia und Sparta.** München, Berlin, Beck.
Legrand, Ph.E. (1960) **Hérodote IV.** Paris, Les Belles Lettres, 3eme éd.
Lepore, E. (1978) Città-stato e movimenti coloniali: struttura economica e dinamica sociale. In **Storia e civiltà dei Greci. 1. Origini e sviluppo della città. Il medioevo greco:** 183-253. Milano, Bompiani.
Maddoli, G. (1982) Gelone, Sparta e la 'liberazione' degli empori. In ΑΠΑΡΧΑΙ **. Nuove Ricerche e Studi sulla Magna Grecia e la Sicilia Antica in Onore di Paolo Enrico Arias:** 245-52. Pisa, Giardini.
Malten, L. (1911) **Kyrene, sagengeschichtliche und historische Untersuchungen.** Berlin, Weidmann.
Mazzarino, S. (1964) Metropoli e colonie. In **Metropoli e Colonie di Magna Grecia.** (Atti 3. conv. Magna Grecia, Taranto 1963):51-85. Napoli, Centro Studi Magna Grecia, Ente prov. Turismo Taranto.
Mazzarino, S. (1966) **Il pensiero storico classico I.** Bari, Laterza.
Miller, M. (1971) **The Thalassocracies.** Albany, State University of New York Press.
Mitchell, B.M. (1965) Cyrene and Persia. **Journal of Hellenic Studies** 85:99-113.
Musti, D. (1977) Problemi della storia di Locri Epizefiri. In **Locri Epizefiri** (Atti 16 conv. Magna Grecia, Taranto 1966):23-146. Napoli, CNR, ente prov. Turismo Taranto.
Musti, D. (1981) **L'economia in Grecia.** Bari, Laterza.
Nafissi, M. (1980-81) A proposito degli Aigheidai: grandi ghéne ed emporía nei rapporti Sparta-Cirene. **Annali della Facoltà di Lettere e Filosofia, Università degli Studi di Perugia** 18(1):183-213.
Nafissi, M. (in corso di stampa) Distribuzione della ceramica laconica. In **Studi sulla ceramica laconica** (Atti incontro di Studi, Perugia 1981). Roma, Bretschneider.
Puech, A. (1922) **Pindare Pythiques.** Paris, Les Belles Lettres.
Robert, C. (1915) **Oidipus. Geschichte eines poetischen Stoffs in griechischen Altertum.** Berlin, Weidmann.
Schaefer, H. (1952) Die verfassungsgeschichtliche Entwicklung Kyrenes im ersten Jahrhundert nach seiner Bergründung. **Rheinisches Museum fur Philologie** 95:135-70.
Schaus, G.P. (1978) **Archaic Greek Pottery from the Demeter Sanctuary, Cyrene 1969-1976. Minor Fabrics.** University of Pennsylvania (Philadelphia), Ph.D. dissertation.
Schroeder, O. (1922) **Pindars Pythien.** Leipzig, Berlin, Teubner.
Stibbe, C.M. (1972) **Lakonische Vasenmaler des sechsten Jahr. v. Chr.** Amsterdam, London, North Holland.
Torelli, M. (1971) Il santuario di Hera a Gravisca. **La Parola del Passato** 26:44-67.

Torelli, M. (1977) Il santuario greco di Gravisca. **La Parola del Passato** 32:398-458.

Torelli, M. (1978) Il santuario greco di Gravisca. In **Un decennio di ricerche archeologiche** : 395-414. Roma, CNR.

Torelli, M. (1978a) La cultura artistica dell'età arcaica. In **Storia e civiltà dei Greci. 2. Origini e sviluppo della città. L'arcaismo:** 645-720. Milano, Bompiani.

Torelli, M. (in corso di stampa) **Pausania. La Laconia.** Milano, Mondadori, Valla.

Vian, F. (1955) Les Antenorides à Cyrène et les Καρνεῖα . **Revue des Études Grecques** 68:307-11.

Vian, F. (1963) **Les origines de Thèbes, Kadmos et les Spartes.** Paris, Klincksieck.

Vidal-Naquet, P. (1970) Esclavage et gynecochratie dans la traditon, le myth, l'utopie. In **Recherches sur les structures sociales dans l'antiquité classique** (Coll. CNRS, Caen 1969):63-80. Paris, CNRS.

34. L'Economie de la Cyrénaïque au Bas-Empire

D. Roques

Depuis le 18ème s. jusqu'à maintenant les érudits qui se sont attachés à comprendre l'histoire de la Cyrénaïque du Bas-Empire ont conclu à la décadence de la région à cette époque (Lebeau, 1762; Reynolds, 1977; Stucchi, 1975). Fidèles à une tradition historiographique solidement ancrée, bien que largement critiquable, ils ont considéré que, là comme ailleurs, le 3ème s., avec ses crises dynastiques et militaires, n'avait fait qu'oeuvre de mort. Ces préjugés tenaces ont encore largement cours aujourd'hui, même si un nombre croissant de spécialistes a, depuis _ca._ 1950, remis en cause des perspectives aussi catastrophistes (Chastagnol, 1982; Petit, 1974; Piganiol, 1947). Loin de voir dans la crise du 3ème s. l'amorce d'un déclin, on considère actuellement qu' elle a eu, à long terme, des effets salutaires, amenant une rénovation des structures (réforme administrative de Dioclétien) et un remodelage de l'organisation militaire (sous Dioclétien et surtout sous Constantin) et financière (Chastagnol, 1982). La création du _solidus_ constitue un beau symbole de cette régénération, de ce nouveau départ que prit l'Empire romain au début du 4ème s., concrétisés par la dédicace de Constantinople en 330. Sur le plan économique les commentateurs de jadis et de naguère sont allés jusqu'à croire à un retour à l'économie naturelle, au troc, se fondant sur des témoignages rapidement interprétés ou arbitrairement présentés, et souvent sur une explication _a priori_ des phénomènes historiques. De tels préjugés, que dément la lecture des textes, doivent maintenant être abandonnés au profit d'études plus détaillées, plus soucieuses des réalités et surtut de la diversité des situations régionales. L'analyse de l'économie de la Cyrénaïque au Bas-Empire à travers la _Correspondance_ de Synésios voudrait illustrer cette nouvelle orientation et montrer qu'en dépit des propos souvent alarmistes de Synésios lui-même et des historiens modernes la région a indiscutablement connu une certaine aisance.

Il serait trop long et fastidieux de détailler la liste des érudits qui, s'inspirant des préjugés traditionnels sur le déclin du Bas-Empire, ont transposé ce thème à l'étude de l'évolution de la Cyrénaïque à cette époque. Les uns ont insisté sur les causes humaines (politiques, militaires, commerciales); les autres sur les causes naturelles (géologiques: séismes; climatiques: sècheresse grandissante; zoologiques: invasions de sauterelles). Cette décadence trouverait son image dans le sort de Ptolémaïs, qui serait, dans la première moitié du 5ème s., réduite "à la dimension d'un village" (Reynolds, 1977) ou de Cyrène, qui aurait subi le même sort (Stucchi, 1975) et serait devenue un "amoncellement de ruines au confins du désert" (Lacombrade, 1978:7).

Tant de jugements catégoriques s'expliquent en partie par les déclarations presque contemporaines des deux auteurs qui nous informent sur la Cyrénaïque du Bas-Empire: Ammien Marcellin et Synésios lui-même. Leurs affirmations ont conditionné le développement de toute la recherche moderne et l'ont largement fourvoyée. Selon Ammien (ca. 390) Cyrène est une 'urbs antiqua sed deserta' (22, 16, 4). On a pris ce propos à la lettre sans en analyser le contexte. Or l'étude du passage incriminé montre à l'évidence qu'Ammien ne définit pas la réalité contemporaine, mais s'est simplement inspiré de sources livresques dont la teneur n'offre aucun rapport avec la Cyrenaïque de la fin du 4ème s. Le fait avait d'ailleurs été signalé dès le siècle dernier par une génération d'érudits qui se sont consacrés à la Quellenforschung (Gardthausen, Mommsen). La notice d'Ammien comporte trop de bizarreries pour pouvoir être interprétée comme valant pour le 4ème s. ap. J.C. Tout porte à croire au contraire qu'elle reflète des témoignages livresques qui valent sans doute pour le 2ème s. ap. J.C., c'est-à-dire pour l'époque immédiatement postérieure à la révolte juive de 115-117. Tout aussi célèbre que cette affirmation celle de Synésios, selon laquelle Cyrène était, au moment de son ambassade à Constantinople (399-402), un μέγα ἐρείπιον (Péri Basiléias, Terzaghi, 1944:7), demande à être examinée avec un oeil critique. Car on l' a isolée de son contexte pour l'appliquer à la situation matérielle de la cité. Mais à bien lire le Discours sur la Royauté, oeuvre rhétorique par excellence, on découvre que Cyrène, si elle est une 'grande ruine', l'est sur le plan intellectuel. Synésios ne déplore pas le délabrement matériel de la cité, mais la fin de son rayonnement culturel. Le Discours est placé sous le patronage de la Philosophie, qui seule doit guider les rois et inspirer les réflexions de leurs conseillers. Le Cyrénéen regrette que sa cité ne soit plus digne de son archaiologia,de son antique splendeur culturelle, et qu'au lieu de donner naissance à des Aristippes ou à des Carnéades elle ne produise plus que des êtres médiocres, intéressés comme Ioulios ou malfaisants comme Jean (lettre 52, Garzya, 1979:92). Il est donc faux d'invoquer cette déploration de Synésios pour attester la décadence matérielle de la Cyrenaïque au Bas-Empire.

Aux témoignages d'Ammien et du Discours sur la Royauté il conviendrait d'ajouter plusiers passages de la Correspondance et des Catastases. Tous sont marqués par une évidente dramatisation et comme tels ont été utilisés pour prouver le déclin de la province. Mais quiconque est familiarisé avec la littérature du Bas-Empire, de Libanios à Eunape et à Zosime, d'Ambroise à Jérôme, à Augustin et à Salvien, décèle rapidement la part essentielle de la rhétorique dans ces lamentations. L'art épistolaire recherche par principe l'effet et y parvient en utilisant les procedes traditionnels de l'éloquence tels que les enseigne la paidéia multiséculaire. L'un d'entre eux est celui de la deinôsis, de l'amplification oratoire. Par définition donc on doit interpréter les propos apocalyptiques de Synésios non en les prenant à la lettre, mais en les minorant. D'une manière générale il faut se tenir constamment en garde contre la rhétorique conventionnelle des écrivains du Bas-Empire. Non qu'elle trahisse systematiquement la réalité, mais parce qu'elle la banalise et la gauchit: elle la banalise en la masquant par des procédés qui interviennent de façon mécanique, elle la gauchit en uniformisant le dissemblable et en supprimant toute spécificité, effaçant en quelque sorte les volumes pour ne laisser que les surfaces.

Un exemple suffira. Parmi les phénomènes que Synésios considère comme responsables des difficultés de la Cyrénaïque figurent les invasions de sauterelles, les pestilences, les incendies, les agressions barbares et les méfaits du gouverneur Andronikos (lettre 41, Garzya, 1979:53, 1.17 sg.). Cette énumération peut en elle-même correspondre à la réalité géographique de la Cyrénaïque: les invasions de sauterelles y étaient un fléau endémique; elles entraînaient effectivement des pestilences et l'un des moyens pour lutter contre ces insectes était précisément de leur imposer un rempart de feu, cause possible d'incendies. Malheureusement Synésios s'est efforcé d'accumuler les causes sans en définir la gravité relative. Cette présentation fausse donc la perspective d'explication. Surtout, d'autres énumérations qui cherchent simultanément à définir les responsables des difficultés de la région ne constituent pas des séries identiques. Ainsi l'on trouve invoqué en outre,pour les expliquer, un séisme (lettre 42); une famine (limos: lettre 42) est mentionnée à la place d'une pestilence (loimos); ailleurs (lettre 73) intervient la corruption de l'armée. Ces variations ôtent une large part de crédibilité à une énumération qu'on pouvait croire initialement réaliste. Mieux encore: des séries analogues se retrouvent en abondance à la fois chez les les auteurs chrétiens et païens, tous héritiers de la même paidéia, aux 4ème, 5ème, 6ème s. Dès lors le caractère rhétorique de ces propos saute aux yeux. Une telle constatation impose une vigilance supplémentaire dans la délimitation precise de ce qui ressortit à l'art ou à la réalité.

Ces remarques, essentielles pour la compréhension de l'ensemble de la Correspondance, permettent seules d'envisager un essai d'explication historique. La Correspondance n'est ni un journal qui enregistre des faits bruts, ni une oeuvre littéraire purement fictive. Il faut se fier à elle, mais aussi s'en méfier. S'agissant des difficultés que la Cyrénaïque a traversées, les causes en sont multiples et d'inégale portée. Mais on ne saurait en aucune façon parler de décadence, même si Synésios emploie (à dessein) un langage hyperbolique. Les conflits militaires ont été bien moins nombreux qu'on ne l'a écrit depuis deux siècles, et furent bien plus proches du raid et de la razzia que de la guerre: ils provoquaient un sentiment intermittent d'insécurité sans constituer une menace de guerre permanente. Les problèmes politiques sont limités à la gestion de tel ou tel administrateur civil ou militaire, et ne sauraient condamner tout un système bureaucratique. Quant aux catastrophes naturelles, qu'on a souvent invoquées, elles ont été soit démesurément grossies soit inventées de toutes pièces. Un seul séisme a causé des dégâts, en 365 ap. J.C., et pas dans toute la province: c'est lui qui a entraîné des difficultés financières dans la curie de Cyrène et en partie légitimé l'ambassade de Synésios. La preuve de modifications écologiques qu'on a cru déceler dans les oeuvres de Synésios repose sur une fausse interprétation. Le silphion, symbole économique de la Cyrénaïque, n'a pas, contrairement à ce que plusieurs siècles d'érudition ont affirmé en dépit de textes pourtant clairs, disparu de la région à l'époque de Synésios. Sur le plan démographique l'analyse de la Correspondance, loin de montrer un appauvrissement, prouve l'existence d'une population nombreuse et active: aussi une théorie archéologique fondée sur un mouvement de repli des cités sur elles-mêmes similaire à ce qu'on constate dans certaines contrées d'Europe occidentale (sous l'effet des 'grandes invasions') gagnerait-elle à être fortement corrigée, tant elle reposerait sur des présupposés. Bien des arguments invoqués pour affirmer le déclin de la province reposent en fait sur des silences, coutumiers dans les

Correspondance, qui fuient le détail concret, le terme technique et précis, en bref tout ce qui pourrait donner à une esthétique la saveur de la contingence (Karlsson, 1962). Si Synésios ne mentionne jamais Sôzousa, cela ne veut pas dire que la cité soit en déclin: elle n'est plus le port de Cyrène et n'intéresse donc pas directement le Cyrénéen. Si Synésios ne consacre aucune lettre exclusivement à l'évocation des activités économiques de l'ensemble de la Pentapole, cela ne veut pas dire que la région soit en décadence: simplement l'art épistolaire refuse de s'inscrire dans la réalité technique.

Ainsi par *a priori* sur le déclin du Bas-Empire, et de la Cyrénaïque en particulier, on a accepté aveuglément les propos outranciers de Synésios et surinterprété ses silences. Le seul domaine véritablement où le Cyrénéen se garde de noircir le tableau est celui de l'économie. Il convient donc d'accorder une attention et un crédit d'autant plus grands à ses propos qu'ils sont nuancés et pondérés. Au lieu d'affirmer, comme ailleurs, que "c'en est fini de la Pentapole, que la Pentapole est morte, bien morte" (*Catastase* 2), il assure à son correspondant de Syrie Olympios qu'elle tient le premier rang dans les seconds rôles (τὸ ἐκ δευτέρων πρωτεῖον ; lettre 148). L'équilibre de ce jugement est d'autant plus remarquable que l'ensemble de la lettre, qui repose sur une comparaison implicite entre la Cyrénaïque et la Syrie, vise à montrer que la vie en Pentapole, c'est 'la vie à l'époque de Noé': en un mot l'âge d'or. On pourrait craindre un banal exercice rhétorique, une *antilogia* ou un *enkômion* dans la meilleure tradition oratoire, comme il en existe d'autres exemples dans la *Correspondance*. Tel n'est pas le cas puisque Synésios, dans une perspective d'ailleurs parfois moralisante, propose de la réalité économique une image qui n'est pas systématiquement embellie.

Les sources antiques qui nous informent sur l'économie de la Pentapole au Bas-Empire sont au nombre de deux: l'*Expositio totius mundi* et la *Correspondance* de Synésios. La première n'est que limitée, mais elle reste essentielle parce qu'elle confirme, correctement interprétée, le point de vue de Synésios,dont elle est totalement indépendante. L'auteur de l'*Expositio* indique, *ca.* 360,que la *regio Pentapolitana*, quoique peu étendue (par opposition aux déserts de la Syrte et de la Marmarique), est 'riche en récoltes et en chevaux' (*fructibus et jumentis dives*) (Rougé, 1966:204). S'agit-il, comme on l'a cru, d'un témoignage livresque? Ou bien de l'évocation d'une réalité contemporaine? Le rédacteur affirme lui-même avoir utilisé ses connaissances personnelles, ses lectures et les informations orales qu'il avait reçues. L'analyse de sa notice sur la Pentapole montre: 1) qu'il a l'honnêteté de signaler ses emprunts; 2) qu'il connaît bien la réalité administrative nouvelle crée par la réforme de Dioclétien et l'implantation religieuse récente effectuée dans le désert libyque; 3) qu'il ne présente aucune parenté avec les notices contemporaines (Eutrope, Justin, Festus, Ammien), toutes livresques. Il ne fait aucun doute que l'information de l'auteur ne soit puisée à la réalité contemporaine. Témoignage capital, car il caractérise la Pentapole de *ca.* 360 comme une région riche par son agriculture et son élevage.

C'est précisément le point de vue que laisse transparaître, un demi-siècle plus tard, la *Correspondance* de Synésios. Plusieurs lettres évoquent l'économie des Libyes, mais elles présentent une inégale valeur. La lettre 5, de 407, qui décrit le retour de Synésios d'Alexandrie à Cyrène, peint brièvement une scène de pêche. A la vérité elle se déroule sur le littoral de Marmarique, où Synésios prend murènes, langoustes, patelles, etc... Visiblement le Cyrénéen est peu familiarisé avec cette activité: attitude normale de la part d'un propriétaire terrien du plateau, passionné, qui plus est, de chasse. Cette lettre 5 décrit aussi les présents que les riverains donnent à leurs visiteurs inattendus: "fromages, farines de froment, gâteaux d'orge, viandes d'agneau, poules et oeufs", et même outardes. Ces évocations piscicoles, pastorales et agricoles pourraient a fortiori s'appliquer à la Cyrénaïque, dont la richesse naturelle est sans comparaison possible avec les mornes solitudes de la Marmarique.

La lettre 114 (Garzya, 1979:200), de 405, qui respire l'atmosphère de l'idylle, suggère délicatement les charmes des campagnes cyrénéennes: arbres, ruisseaux, caresses de la brise, chants d'oiseaux, tapis de fleurs. Elle célèbre 'les travaux de la culture et les dons de la nature' qui s'y manifestent et 'les sucs d'une terre en pleine santé', soulignant la prospérité agricole de la région. La lettre 130 (Garzya, 1979:223), de 405,regrette les chasses d'antan, gênées par le début des raids barbares, et déplore les incendies de moissons qu'ont allumés ces derniers. "Pour la plupart d'entre nous", confie Synésios, "notre richesse consistait en bétail, en troupeaux de chameaux, en chevaux de pâture" (Garzya, 1979:222). La lettre 134 (Garzya:233), de 406, adressée à l'un des correspondants constantinopolitains du Cyrénéen, regrette elle aussi l'époque des chasses d'antan, occasion de capturer des autruches, et énumère quelques-uns des produits que Synésios envoie à ses amis de la capitale: autruches, vin, huile, safran (il précise fièrement que Cyrène en produit 'du bon'). Il faut y ajouter 'beaucoup de suc de silphion', ce qui laisse présumer une production importante de cette plante qu'on a dite à tort disparue: la lettre 106 assure que le frère du Cyrénéen en cultivait même dans un petit jardin de la plaine littorale.

Le document le plus étendu sur l'économie de la Cyrénaïque reste la lettre 148 (Garzya, 1979:260-7), de 402, qui décrit la vie dans l'arrière-pays de Cyrène, dans l' 'extrême-Sud', à environ 30 km de la ville, encore en-deçà de la ligne des crêtes (météôron) qui sépare le Nord, humide, du versant Sud prédertique. Le plus pittoresque du tableau se rapporte au domaine où séjourne l'auteur. Là on ignore tout de la mer et l'on ne veut pas croire qu'il se fasse des conserves de poissons en jarres. En revanche on y vit au rythme de la campagne et dans une évidente facilité d'existence. Aux hennissements des chevaux s'ajoutent les bêlements des chèvres, les cris du petit bétail, les mugissements des taureaux, le bourdonnement des abeilles. On y subsiste des produits de la chasse. Sans oublier les bouillies farineuses, les gâteaux de froment, les fruits à coque, 'tous produits du pays et sucs d'une terre excellente', les rayons de miel, le lait de chèvre. Pour le vin, le miel, l'huile, le froment, commente Synésios, d'autres régions peuvent surpasser la Cyrénaïque par la haute qualité de leur spécialité: 'La nôtre triomphe de chacune pour tout le reste', elle obtient 'le premier prix dans les seconds rôles'. L'huile est particulièrement précieuse parce qu'elle sert à l'éclairage, à la cuisine, aux activités athlétiques. Dans les chants qui animent la communauté rurale on vante 'la brebis qui met bas deux agneaux', mais aussi les produits du figuier et de la vigne.

D'autres indications éparses viennent renforcer l'impression de richesse que laisse la lecture de cette lettre 148 où l'inspiration littéraire cède largement le pas à la description réaliste des campagnes de la Pentapole. Ainsi la lettre 45 fait une brève allusion à une cargaison de vin expédiée par bateau à Alexandrie. Une autre lettre contemporaine (lettre 66) mentionne l'existence de vignobles et d'olivettes à la frontière entre la Libye Pentapole et la Libye Inférieure, dans l'actuelle région d'Aïn Mara (anc. Hydrax). Plus importante est la Catastase 2 qui indique en 411 la nature de la richesse des propriétaires de la Pentapole. Les razzias des barbares Macètes et Ausuriens, déclare Synésios, leur ont fait perdre leurs brebis et leurs vaches qu'ils avaient pourtant pris la peine de cacher dans les cavernes du massif montagneux. Pis encore: ils ont laissé à l'ennemi leurs troupeaux de chameaux, dont la perte est évaluée à 5000 têtes: ceux-ci, utilisés comme animaux de bât, ont servi à l'ennemi à transporter le butin réalisé lors de leur raid (Catastase 2, Terzaghi, 1944:290).

Le tableau d'ensemble que permettent de brosser ces détails disséminés dans les Lettres est celui d'une économie riche. Sans doute l'industrie y est-elle absente, faute de matières premières, et Synésios le fait comprendre incidemment. Mais il s'agit d'une donnée naturelle à laquelle rien ne peut remédier (et qui constitue encore un handicap de la Cyrénaïque moderne). En revanche l'économie de la Pentapole est dominée par l'agriculture et l'élevage. La céréaliculture représente traditionnellement une des richesses de la région (Chamoux, 1952), déj-à suggérée par Pindare et confirmée, entre autres, par les exportations de blé de Cyrénaïque dans le bassin méditerranéen oriental ca. 330 av. J.C. (SEG 9.2) ou les réquisitions de l'époque de Pompée (César Bell. Civ. 3.5). L'oléiculture restait au temps de Synésios bien vivace, ce qui, compte tenu de ses divers usages, n'offre rien d'étonnant: la présence de pressoirs à huile dans l'ensemble de la campagne cyrénéene concrétise l'importance de cette culture. Enfin Synésios signale à plusieurs reprises (lettres 45, 134, 148) l'existence d'une viticulture qui paraît assez florissante pour donner lieu à des exportations. Outre cettre trilogie typiquement méditerranéenne les Pentapolitains pratiquaient l'arboriculture, productrice de ces fruits à coque dont fait état la lettre 148 (noyers, amandiers). Enfin on se gardera d'oublier la culture du silphion que Synésios signale à deux reprises (lettres 106, 134) et du suc duquel il pouvait envoyer de grandes quantités à ses amis de Constantinople.

L'élevage n'était pas moins dynamique. Comme de tout temps, le cheval formait une bonne part du cheptel de la région et l'on ne voit pas de raison de penser qu'il ait été à l'époque de Synésios inférieur à la réputation dont il jouissait sous les Battiades: l'Expositio totius mundi rappelle la richesse de la Cyrénaïque sur ce plan et une lettre de Synésios (lettre 37) fait même l'éloge des chevaux cyrénéens en en détaillant les qualités et les infériorités par rapport à d'autres races. Le cheval restait cependant l'animal noble, réservé à l'usage personnel des propriétaires ou susceptible d'être vendu à l'armée impériale lorsque du moins il n'était pas réquisitionné. Mais la grande nouveauté introduite dans l'économie de la région depuis la fin de la République romaine était le chameau. En 411, 5000 chameaux tombent aux mains des Barbares, chiffre plus important que celui des chameaux qu'auraient dû livrer les riches Leptitains ca. 365 au Comes Africae Romanus (Ammien, 28, 6, 5). Animal de boucherie, le chameau servait à la consommation courante. Animal de bât et de trait il facilitait grandement la vie agricole: ce n'est pas un hasard si de nos jours encore il apparaît dans ces fonctions de l'Egypte au Maghreb. Enfin, à côté du cheval et du chameau, il faut mentionner le gros et le petit bétail (bovins, ovins, caprins) dont la lettre 148 et la Catastase 2 suggèrent l'abondance en Cyrénaïque au début du 5ème s., tout comme à l'époque d'Homère ou d'Hérodote quand la région était déjà considérée comme la Libye 'mèlotrophe'.

Cette économie prospère où l'agriculture et l'élevage, fondements traditionnels des économies antiques, se taillent une part léonine, suffisait à satisfaire les exigences alimentaires de la population. Elle donnait lieu à des échanges commerciaux à l'intérieur de la province, où du reste le réseau routier avait été rénové dans le 2ème quart du 4 ème s. (Goodchild, 1968). La lettre 148 campe des paysans qui vivent, peu s'en faut, dans l'opulence. De maniere plus révélatrice encore Synésios ne parle nullement de pauvreté, ou plutôt, s'il en parle, c'est à propos d'Alexandrie et pour signaler que l'évêque Dioscore de Darnis contribue fortement à nourrir les pauvres que l'archevêque Théophile a sous sa protection et sa responsabilité (lettre 66). Cette indication pose la question de la capacité exportatrice de la Cyrénaïque à l'époque de Synésios. Plusieurs fois ce dernier mentionne des envois de produits soit à Constantinople (lettres 129 et 133), soit à Alexandrie (lettres 45 et 66). Mais il s'agit d'exportations à caractère charitable (Dioscore de Darnis) ou privé (Synésios)qui ne sauraient être prises en compte dans une définition des circuits économiques. Seule la lettre 45 évoque une exportation de vin à Alexandrie qui paraît faire l'objet d'une transaction commerciale,mais elle est suffisamment imprécise pour interdire toute conclusion et plus encore toute généralisation.

Cependant la Cyrénaïque ne se situe pas en marge du monde économique contemporain. Sans doute les relations avec le Sud n'existent-elles plus comme à l'époque hellénistique: l'oasis d'Augila paraît rester jusqu'à Justinien en dehors du mouvement de civilisation (Procope, De Aedificiis 6.2, 15-20). Cette rupture avec le grand Sud a tari les approvisionnements en or en provenance de l'Afrique intérieure (Laronde, à paraître), mais le phénomène doit dater du Haut-Empire. Les relations qu'entretient la Cyrénaïque avec l'extérieur ne sont pas rares si l'on en croit les fréquentes apparitions de nauklèroi dans la Correspondance et ne sont interrompus que par le mare clausum. C'est précisément la fermeture hivernale de la navigation qui explique le propos de la lettre 148 d'après lequel "aucun des Grecs de Libye ne consent à envoyer des cargos" en Syrie tout comme "les Syriens ne se soucient pas de relâcher dans les bases navales de Cyrène" (Garzya, 1979:260). Quant à la lettre 54 qui dépeint rapidement la venued'un marchand athénien à Phycous, elle ne décrit pas une pratique exceptionnelle ni révélatrice du dépérissement économique de la région, mais traduit plutôt l'engouement d'une clientèle locale pour les produits manufacturés de qualité. Pourtant il n'existe dans la Correspondance aucune indication dépourvue d'ambiguité sur la réalisation d'échanges économiques consistants avec l'extérieur, c'est-à-dire avec le bassin méditerranéen oriental. Sans doute faut-il incriminer la nature même de l'art épistolaire qui refuse ce genre de précisions. Mais la raison fondamentale de ce silence doit être cherchée ailleurs: elle réside dans l'autosuffisance que procurait à la Cyrénaïque son économie prospère et qui la dégageait largement d'une dépendance extérieure.

En définitive l'étude de l'économie de la Cyrénaïque à l'époque de Synésios invite à abandonner la théorie traditionnelle de la décadence de la région au Bas-Empire, qui repose sur des préjugés, non sur une étude des documents. Elle oblige en outre à conclure que la situation économique de la région, fondée sur une agriculture et un élevage florissants qui permettaient de compenser ses handicaps en matière industrielle, était prospère. Il convient d'insister sur la permanence qu'a connue la contrée depuis l'époque brillante des Battiades. Sans doute la Cyrénaïque a-t-elle vécu son apogée a l'époque des Ptolémées, mais il serait faux de croire, comme les réflexions moralisantes d'un Pline inviteraient à le faire, qu'ultérieurement commence une lente agonie de la province. Après avoir atteint les sommets elle revenait à une aurea mediocritas. Elle n'était sûrement pas l'une des régions les plus dynamiques ni les plus vitales de l'Empire romain d'Orient, mais elle faisait partie des pays heureux qui n'ont pas d'histoire. Assurément, au début du 5ème s. et plusieurs fois encore dans le siècle, des difficultés momentanées lui furent causées par les raids barbares. Mais ces désorganisations passagères ne traduisent que la convoitise de populations menacées de famine pour les richesses de la Cyrénaïque utile. Celle-ci ne vivait pas en déréliction, mais seulement en autarcie, exploitant à plein ses capacités productives. Nulle image ne saurait mieux peindre les charmes bienfaisants de cette vie provinciale que celle qu'emploie Synésios lui-même au terme de l'idyllique lettre 148. Ses compatriotes, s'exclame-t-il, vivent comme on vivait 'à l'âge de Noé': âge béni de Dieu, véritable âge d'or!

BIBLIOGRAPHIE

Chamoux, F. (1952) **Cyrène sous la Monarchie des Battiades.** Paris, De Boccard.

Chastagnol, A. (1982) **L'Evolution Politique, Sociale et Economique du Monde Romain.** Paris.

Garzya, A. (1979) **Synesii Cyrenensis Epistolae.** Rome.

Goodchild, R.G. (1968) The Roman roads of Libya and their milestones. **Libya in History.** Historical Conference, Benghazi, March 1968. Beyrouth, s.d.

Karlsson, G. (1962) **Idéologie et Cérémonial dans l'Epistolographie Byzantine.** Uppsala.

Lacombrade, C. (1978) **Hymnes de Synésios.** Paris.

Laronde, A. (à paraître) **Recherches sur la Cyrénaïque à l'Epoque Hellénistique.**

Lebeau, Ch. (1762) **Histoire du Bas-Empire** t. 6. Paris.

Petit, P. (1974) **Histoire Générale de l'Empire Romain.** Paris.

Piganiol, A. (1947) **L'Empire Chrétien.** Paris.

Reynolds, J.M. (1977) The cities of Cyrenaica in decline. **Thèmes de Recherche sur les Villes Antiques d'Occident:** 53-8. Paris.

Rougé, J. (1966) **Expositio Totius Mundi.** Paris.

SEG = **Supplementum Epigraphicum Graecum.**

Stucchi, S. (1975) **Architettura Cirenaica.** Rome.

Terzaghi, N. (1944) **Synesii Cyrenensis Opuscula.** Rome.

35. The Evidence for Laconians in Cyrenaica in the Archaic Period

G. Schaus

Isocrates (Philip. 5) suggested to his fellow citizens that "Athens... should seek out for colonisation the regions which are far distant from peoples which have a capacity for dominion and near those which have been habituated to subjection--such a region as, for example, that in which the Lacedaemonians established the colony of Cyrene" (Loeb translation). These words from the 4th century BC, although not trustworthy as historical evidence, echo a persistent tradition in the ancient sources concerning involvement by Lacedaemonians in the founding and early history of Cyrene. Isocrates here makes a passing reference to the Lacedaemonians establishing the colony of Cyrene though he and other writers like him may indirectly be referring to the Spartan ancestry of the Theraean colonists. Herodotus (4.150-8), our best source for the foundation story, makes no reference at all to Lacedaemonians being present in Battus' colonising expedition, nor does he (4.159-67, 200-5) make specific reference to them even living in Cyrenaica during the first century and a half of Greek settlement. His only mention of Lacedaemonians here is in the colonising expedition from Laconia to settle the island of Thera, perhaps c. 800 BC, long before the Theraeans went to Cyrene. The Cyrene Foundation Decree and Pindar's Fourth and Fifth Pythian Odes likewise support Herodotus, making no reference whatever to any possible joint venture in the settling of Cyrene.

We must ask then, was the traditional founding of Thera by people from Laconia enough to blur the distinction between Theraean and Lacedaemonian founders of Cyrene by the time Isocrates was writing, especially if the Cyrenaeans themselves and the kings of Cyrene in particular nurtured their legendary descent from Spartan families, such as the Aigeidai (Aegidae)? (This connection is treated in detail in Nafissi's paper, this volume.) This may be why some later writers refer to the Cyrenaeans as 'the breed (genos) of the Lacedaemonians'. But is there another, perhaps contributory, explanation, that is, that people from Laconia actually did become settlers in Cyrene, not in the original founding expedition perhaps, but shortly afterwards, once the colony was established? It is this point, that Laconians were settlers in Cyrenaica from an early time, which will be looked at here. At the same time an attempt will be made to suggest who these Laconians may be and at what date they came to Libya. (The term 'Laconian' is used here to mean any person from the area of Laconia, not just Spartiates. In antiquity the term 'Lacedaemonians' seems regularly to have included both Spartiates and Perioikoi).

There is a little literary evidence which can be cited to support a Laconian presence in Libya. Besides the reference in Isocrates, already mentioned, and a passage in Thucydides (4.53, 2, 3) referring to Sparta's interest in Cythera as a port for merchant ships from Libya and Egypt, Herodotus (4.161) says that Peloponnesians, without specifying what part of the Peloponnese, made up part of one of the three divisions of Cyrene's citizens by the mid 6th century. There is also a fascinating mention in Pausanias (3.14.3) of a tradition that a Lacedaemonian Olympic victor, named Chionis, "took part in the expedition of Battus of Thera, helped him to found Cyrene and to reduce the neighbouring Libyans" (Loeb translation). The passage is late, it is reported as heresay by Pausanias, and it seems to run counter to Herodotus' description of the founding expedition; however, it is the one reference we have to a Laconian actually living in Cyrenaica. More will be said about this passage below when discussing dates for the Laconian arrival.

It is the archaeological evidence which strongly indicates a Laconian presence in Libya in the archaic period. Pottery is the mainstay of this evidence, being found in quantity at the two sites in Cyrenaica with substantial amounts of excavated archaic material: Taucheira (modern Tocra) and Cyrene.

At Tocra it was calculated by the excavators, Boardman and Hayes (1973:4), that Laconian vases made up 7% of the total quantity of excavated archaic pottery. This is an extraordinary amount for an overseas site since Laconian pottery normally was no match for the fine ware products of Athens and Corinth. Laconian black-figure cups and certain black-glaze shapes, such as kraters and aryballoi, were always able to capture a very small share of the overseas market, for example, in Etruria, perhaps partly because of the trade route past the southern Peloponnese (Cook, 1979:154). But the quantity as well as the variety at Tocra is very unusual. Not only are there black-figure cups, black-glaze aryballoi and kraters, but there are rarer black-glaze shapes like kantharoi, mugs, jugs, oinochoai, and a double vase (cup/lakaina) (Boardman and Hayes, 1966:81-95, 1973:39-41). This certainly points towards a Laconian presence in the town on the hypothesis that only settlers from Laconia would support such a trade in otherwise not very popular wares.

At Cyrene, from excavations in the extramural Sanctuary of Demeter and Persephone, a similarly impressive array of Laconian pottery has been found, though admittedly more fragmentary (Schaus, 1978:34-102; Schaus, forthcoming, catalogue numbers 44-266). The percentage of Laconian to the total finds is less than at Tocra, perhaps by a half, but the quantity is equal to that known from any other overseas site. The variety of shapes and decoration is almost unparalleled for a foreign site, rivalling Tocra. Not only are cups decorated with black-figure, but also aryballoi, lakainai, dishes, and large closed and open shapes. And the cups which are found continue to be imported into Cyrene at least to c. 500 BC, at a time when the Laconian vase industry had been beaten out of all other overseas markets. The black-glaze vases from Cyrene's Demeter Sanctuary include the popular kraters and aryballoi, but also many dishes, lakainai and large closed vases (like amphorae and hydriae), and a rare stamnos, a beaker and several chalices. It is difficult to explain this assemblage any other way than to suppose a significant number of Laconians living in Cyrene and maintaining ties with their homeland.

There is, as far as I see, one possible alternative explanation for this. Laconian pottery may have been carried by Samian merchants since Samos had an early and, it seems, strong connection with Cyrene (Her. 4.152, 162-3). It also maintained close ties with Sparta, ever since giving aid to Sparta against the Messenians, probably in the 7th century (Her. 3.47) (Cartledge, 1982:258-9). Certainly there is a large number of Laconian vases found on the island (Cartledge, 1982:252-4) and a smaller but still significant number found at Naucratis, another port of interest to Samos (Her. 2.178). Samos has already been noted by Jeffery (1976:129) as a possible mid-point for Laconian pottery going to Naucratis. And, I suppose, Samians could be posited as the carriers of East Greek pottery to Cyrenaica which is found in some quantity at Tocra and Cyrene and has some obvious similarities to the types at Naucratis (especially that from Cyrene).

But this explanation is not very convincing in view of other considerations. Samos was also supposed to have a special relationship with Thera (Her. 4.152), yet very little Laconian pottery occurs there at all. Naucratis has yielded a quantity of Laconian black-figure kylikes, but if trade in Laconian pots to Cyrenaica and Naucratis depended only on Samian commercial ties, one would expect much greater similarity between the assemblages in Cyrenaica and Naucratis. This is not the case (although I am not sure what bias Petrie's selection of sherds may have imposed on the sample from Naucratis). The quantity of Laconian vases, range of shapes, variety of decoration and occurrence of plain black-glaze ware are all much greater in Cyrenaica than in Naucratis. Finally, the fact that a strong and continuous stream of pottery comes to Libya from Laconia over a period of about 120 years (620-500 BC), and includes over much of that time the less popular black-glaze vessels, cannot be easily explained by supposing a third party (the Samians) as the direct cause of the trade. Therefore, the hypothesis that there were Laconians settling in Cyrenaica and giving rise to this long and steady trade with Laconia is much preferred.

To add to the pottery evidence, there are also a number of other finds from Tocra and Cyrene which are well matched by material found around Sparta. These are, for the most part, articles of personal adornment. Boardman and Hayes (1973:80) noted the resemblance between the assemblage of bone and ivory spectacle fibulae, double axes and pendants at Tocra and the finds from the Artemis Orthia Sanctuary at Sparta. Furthermore, an ivory ram fibula, described as 'of purely Laconian type', was found, having originally been pierced for use as a pendant (Boardman and Hayes, 1973:80).

In the Cyrene Demeter Sanctuary similar articles have been found, including silver and bronze pins, spectacle fibulae and small pendant animals (e.g. White, 1973:183 n. 58, 192 n. 105, pl. 95c, d, f; 1975:41 n. 30). If these articles of feminine apparel are Laconian products, or even common ornaments worn by Laconians, they would seem to suggest, though by no means prove, that Laconian women were present in Cyrenaica and that we are not simply dealing with a group of Laconian merchants trading in Libya.

Laconian vase painters as a whole probably show more interest in Cyrenaean themes that any group of vase painters show in local themes of any other overseas colonies (Faustoferri's paper in this volume looks at this topic in some detail). If Laconian vase painters were not directly inspired by pieces of art, particularly wall paintings in Laconia which had Cyrenaean themes, then the painters may give evidence for personal familiarity with Cyrenaica (Nafissi kindly pointed out to me the role which wall paintings could have played in this respect). In any case, the fact that they chose Cyrenaean subjects for vases certainly points to a strong interest in this region.

The well-known Arcesilas vase (Fig. 35.1) (Stibbe, 1972: cat. no. 194) is a unique example of an historical scene from daily life. King Arcesilas II of Cyrene supervises the weighing of a material which Professor Chamoux has persuasively argued is silphium (see his paper in this volume). Details of the scene show that the vase painter had in mind or used as a basis Egyptian tomb paintings depicting the weighing of souls, as several authors have noted (Schaus, 1979:105 n. 25), but he has made some additions, again either copying some wall painting or else showing his personal familiarity with Cyrene. These include the tarpaulin used to shade the king, the hunting cat and crane in the scene and the inscriptions including possible non-Greek words. Recently I tried to show that OPYXO may be taken from the name of Arcesilas' wife, Eryxo, mentioned by Herodotus (4.160) as having revenged her husband's murder (Schaus, 1983:89). If this is so, we may have further evidence of the Arcesilas Painter's knowledge of affairs at Cyrene, unless you care to argue that, on the contrary, the Arcesilas Painter made a mistake in his sketch-book, omitting a figure of Eryxo which was in the original wall painting.

Other Laconian vase painters also show an interest in Cyrene. The Naucratis Painter produced one vase with a goddess in the tondo, apparently holding a branch of silphium (Stibbe, 1972: cat. no. 23). The same painter in doing a vase discovered in the Cyrene Demeter Sanctuary added an inscription in what must be a non-Laconian, possibly Cyrenaean script (Schaus, 1979:102-106). It is fragmentary, but the repeated letter cannot be a Laconian three-bar sigma if the name is to be readable. Faustoferri's suggestion in her paper (this volume) that the inscription is Corinthian in script has some merit to it, but the evidence is just as strong for it being in the Cyrenaean script.

Finally, the Cyrene Painter takes his name from a vase in Taranto which depicts the unusual myth of the nymph Cyrene strangling a lion (Stibbe, 1972: cat. no. 358). The myth is shown several times in sculpture at Cyrene, but otherwise is rare in Greek art.

All this evidence points to close ties between Laconia and Cyrenaica. Given the nature of the colony and the possibly difficult social situation in Laconia at the time, which will be discussed briefly below, it is hard to avoid the conclusion that Laconians were among the colonists in Libya.

Before leaving the archaeological evidence though, a date may be suggested for the beginning of the contact between Laconia and Cyrenaica.

The evidence for dating is strongest from Tocra. Here the earliest Laconian pottery came from Deposit I, dated c. 620-590 BC by the excavators (Boardman and Hayes, 1966:89; 1973:3, 5, 39). It was estimated that Laconian only made up about 3-4% of the total in this deposit, but both decorated and plain black-glaze were found. Other objects of possible Laconian type (pins, fibulae, pendants) may also belong to the late 7th century. The earliest may be the ivory ram, which was found in Deposit III,

Figure 35.1 Tondo of the Arcesilas cup (Bibliotheque Nationale).

but which was converted from its original use as a pendant at some point before being deposited in the later 6th century (Boardman and Hayes, 1973:80 cat.no. F150). Nothing need be dated before c. 620 BC or even necessarily for a decade after 620 BC; however, before the end of the 7th century, the pattern of contact between Laconia and Cyrenaica had been established.

Cyrene supplements this view. One piece of Laconian I black-figure pottery, normally dated before 620 BC, has been identified in Professor Stucchi's excavations in the agora of Cyrene (Stucchi, 1965:37-8, pl.10.2). An isolated piece cannot be used to base any conclusions on, but its presence is noteworthy. In the Demeter Sanctuary, perhaps established only about 600 BC outside the city in Wadi Bel Gadir, the earliest Laconian pottery seems to date to the first two decades of the 6th century. It is possible that Laconian pottery entered the sanctuary as soon as it was established.

All this is important because it strongly argues for a date for the possible arrival of Laconians in Libya earlier than that normally assumed from the literary evidence, c. 580 BC. Herodotus (4.159) clearly tells us:

> in the time of Battus, the founder of the colony,
> who ruled for forty years, and of his son Arcesilas
> who ruled for sixteen, the dwellers in Cyrene were
> no more in number than when they had first gone forth to
> the colony. But in the time of the third ruler, that Battus
> who was called the Fortunate, the Pythian priestess
> admonished all Greeks by an oracle to cross the sea
> and dwell in Libya with the Cyrenaeans (Loeb translation).

They came in great numbers; they took land from the neighbouring Libyans; they increased the military strength of the city; but they caused severe strains on the political system. This is dated to some time after 580 BC. The political problems led to an arbitrator being summoned, Demonax of Mantinea, who, as part of his solution, divided the citizens into three tribes: Theraeans and perioikoi made up the first 'moira' or division, Cretans and Peloponnesians the second, and all the Islanders the third. (The Peloponnesians of the second 'moira' have long been thought to include a large number of Laconians.) Thus, Herodotus's statement that the population did not increase for 56 years or more after either the colonising expedition left (639 BC) or Cyrene was founded (631 BC) suggests that the Theraean colonists were alone in Libya till the coming of a second wave of settlers, c. 580 BC. But the archaeological evidence suggests that there may have been Laconian and possibly other settlers even earlier. Is Herodotus wrong or is he exaggerating Cyrene's slow growth, or is there a way to interpret what he says which will fit the evidence?

John Boardman (1966:149-56) surveyed the archaeological evidence from other major sites in Cyrenaica to try to establish when they were first settled. Briefly, he found that Taucheira (Tocra) and probably Ptolemais (Tolmaida) were established by c. 620. The evidence from Tauchaira suggests it quickly became a thriving little town. Apollonia, Cyrene's port, was established by about 600 BC and Euesperides (Benghazi) possibly in the first quarter of the 6th century. Such expansion, and this is likely just a partial view of it, must mean a substantial influx of Greeks into Libya, since the founding expedition could not possibly populate all these towns. It is barely conceivable that the small island of Thera could provide enough people for this broad expansion. Rather, it seems to me that other areas of

Greece, ones with ties to Thera like Crete or Laconia, probably helped to settle these new territories in Cyrenaica, although likely at Cyrene's direction and sponsorship.

Did Cyrene have only as many citizens about 580 BC as it did when it was founded c. 630? Certainly helping to expand along the coast would be a drain on her manpower, but Cyrene was always the richest and largest of the Cyrenaean cities in the early period. It is hard to believe that with the rest of the expansion into Libya, Cyrene did not grow during this time. Archaeological proof of a growing city will be some time in coming yet, but from the remains at the Demeter Sanctuary, there is strong evidence for vigorous trading contacts with many areas of Greece, going back to c. 600. Also, the fact that the Demeter cult seems to be established outside the city at this date may indicate a need for more space for the cult, thus reflecting the growth of the city. To suppose that the founding of a new cult location outside the city was caused solely by a need for privacy for mystery rites is not supported by two pieces of information: one is that there are indications of Demeter worship in the agora which, if the worship goes back to the beginning of this agricultural colony, would explain why the extramural sanctuary only seems to be founded c. 600 and would also suggest that the Cyrenaeans did not seek or need privacy for the cult's earliest rituals; the second is that the Demeter Sanctuary at Tocra was always situated near the centre of the town, again not seeming to need great privacy.

Therefore, there is reason to suspect that Herodotus is either wrong or exaggerating when he says "the dwellers in Cyrene were no more in number than when they had first gone forth to the colony", unless, of course, events like battles with the Libyans or epidemics or transfers of people drained Cyrene's population between 630 and 580 BC. This is possible but difficult to prove now.

The archaeological evidence indicates a significant influx of Greeks into Cyrenaica after 630 BC and points to Laconia as one source of these people. Who were the Laconians that may have come?

Pausanias (3.14.3) tells us a Lacedaemonian, Chionis, came with Battus and helped subdue the Libyans. He was an Olympic victor in the stade races of 664, 660 and 656 BC, and thus would be suitably mature at the time Battus was settling Libya in the 630s. If, in fact, he did go with Battus in the colonising expedition and helped found Cyrene, why didn't Herodotus mention it? Surely this would have been a memorable detail. Or could Chionis have come to Libya somewhat after the initial settlement, help subdue the Libyans and thus in a way help to establish the new city?

Other Laconians are more difficult to identify. However, by this time the division of the inhabitants of Laconia into three groups, Spartiates, Helots and Perioikoi, had taken place (Cartledge, 1979:96-100). This was probably a long process, but by the end of the Second Messenian War (the mid 7th century?), the Spartiates had control of the southern Peloponnese and exercised their authority over both Helots and Perioikoi. There would seem to be little motive for Spartiates to move to Libya at this time, at least in any number. The Laconian colonists of Tarantum in the late 8th century were dissidents deprived of full rights at home, due to special events of the First Messenian War, we are told. But there is nothing to suppose that similar circumstances arose about 630. The Helots, with their lowly status in Spartan life, would find it hard to leave their country in order to colonise. This leaves the Perioikoi as candidates for the Laconian settlers in Cyrenaica. They presumably would have the freedom to leave their homeland if they wished, as well as the motive, if they were unhappy with having less than full political rights.

There is one piece of archaeological evidence which indeed points to the Perioikoi of Laconia as settlers in Libya, that is the scenes and perhaps one inscription on Laconian pottery. The crafts of Laconia, including pottery making, were left, for the most part it seems, in the hands of the Perioikoi (Cartledge, 1979:182-5). Certain vase scenes on Laconian pottery show a very unusual interest in Cyrenaean themes, and the Naucratis Painter's inscription may suggest he knew the Cyrenaean script.

It is at this point that one may be struck suddenly by recalling a detail of the three moirai or divisions of Cyrene's citizens in the mid 6th century. The second moira was made up of Cretans and Peloponnesians, but the first moira had Theraeans and perioikoi.

Is this coincidence possible? Perioikoi from Laconia in Cyrenaica, and perioikoi mentioned as citizens in the first moira at Cyrene? It seems to me worth considering even if it appears a little far fetched. The perioikoi mentioned by Herodotus have often been thought to refer to the Libyans dwelling near Cyrene. Herodotus (4.159), shortly before this passage on the moirai, does mention the neighbouring Libyans (οἱ περίοικοι Λίβυες). And it has been suggested that they were included with the Theraeans in the first moira as political underlings to give greater authority to the Theraeans in the political system. But other people have been disturbed by the inclusion of barbarians in a Greek citizen body, especially in the first and therefore it seems, most prestigious, moira (Jeffery, 1961:143). An alternative suggestion by Jeffery (1961:142-3) is that the perioikoi were men from smaller towns on Thera (the 'perioikis') rather than from the city of Thera. This seems possible, but still difficult to prove. If there were Laconian Perioikoi in Cyrenaica, it would seem strange for them to retain this designation once they left Laconia since one would expect it would be an unhappy one for them. Who the perioikoi of Cyrene really were, I believe, will remain a matter of speculation for some time yet.

In any case, there is evidence to show that Laconians were present as settlers in Cyrenaica in the archaic period. They seem to appear there already in the 7th century, and they likely had belonged to the Perioikoi class in their homeland.

BIBLIOGRAPHY

Boardman, J. (1966) Evidence for the dating of Greek settlements in Cyrenaica. **Annual of the British School of Archaeology at Athens** 61:149-56.

Boardman, J. and Hayes, J. (1966) **Excavations at Tocra 1963-1965, The Archaic Deposits I.** The British School of Archaeology at Athens, supplementary volume 4. Oxford, Thames and Hudson.

Boardman, J. and Hayes, J. (1973) **Excavations at Tocra 1963-1965, The Archaic Deposits II and Later Deposits.** The British School of Archaeology at Athens, supplementary volume 10. Oxford, Thames and Hudson.

Cartledge, P. (1979) **Sparta and Lakonia, A Regional History 1300-362 BC.** London, Routledge and Kegan Paul.

Cartledge, P. (1982) Sparta and Samos: a special relationship? **Classical Quarterly** 32:243-65.

Cook, R.M. (1979) Archaic Greek trade: three conjectures. **Journal of Hellenic Studies** 99:152-55.

Jeffery, L. (1961) The pact of the first settlers at Cyrene. **Historia** 10:139-47.

Jeffery, L. (1976) **Archaic Greece, The City States c. 700-500 BC.** New York, St. Martin's.

Schaus, G. (1978) **Archaic Greek Pottery from the Demeter Sanctuary, Cyrene 1969-1976: Minor Fabrics.** University of Pennsylvania, Ph.D. dissertation. Ann Arbor, Michigan, University Microfilms International.

Schaus, G. (1979) A foreign vase painter in Sparta. **American Journal of Archaeology** 83:102-6.

Schaus, G. (1983) Two notes on Lakonian vases. **American Journal of Archaeology** 87:85-9.

Schaus, G. (forthcoming) **Excavations in the Sanctuary of Demeter and Persephone, Cyrene. Final Reports II. The East Greek, Island and Laconian Pottery.** Philadelphia, Pennsylvania, University Museum, University of Pennsylvania.

Stibbe, C.M. (1972) **Lakonische Vasenmaler des sechsten Jahrhunderts v. Chr.** Amsterdam, North Holland.

Stucchi, S. (1965) **L'Agorà di Cirene I, I Lati Nord ed Est della Platea Inferiore.** Rome, Bretschneider.

White, D. (1973) Excavations in the Demeter Sanctuary at Cyrene 1971. Second preliminary report. **Libya Antiqua** 9-10:171-95.

White, D. (1975) Excavations in the Sanctuary of Demeter and Persephone at Cyrene 1973: third preliminary report. **American Journal of Archaeology** 79:33-48.

www.ingramcontent.com/pod-product-compliance
Lightning Source LLC
Chambersburg PA
CBHW041158150926
51501CB00052B/1671